高等院校市场营销专业本科精品教材

零 售 营 销

王国才　编著

南开大学出版社

天　津

图书在版编目(CIP)数据

零售营销 / 王国才编著. 一天津：南开大学出版社，
2012.6

高等院校市场营销专业本科精品教材

ISBN 978-7-310-03931-9

Ⅰ.①零… Ⅱ.①王… Ⅲ.①零售商业－市场营销学
－高等学校－教材 Ⅳ.①F713.32

中国版本图书馆 CIP 数据核字(2012)第 117168 号

南开大学出版社出版发行

出版人：孙克强

地址：天津市南开区卫津路 94 号 邮政编码：300071

营销部电话：(022)23508339 23500755

营销部传真：(022)23508542 邮购部电话：(022)23502200

*

天津泰宇印务有限公司印刷

全国各地新华书店经销

*

2012 年 6 月第 1 版 2012 年 6 月第 1 次印刷

787×1092 毫米 16 开本 27.5 印张 1 插页 680 千字

定价：45.00 元

如遇图书印装质量问题，请与本社营销部联系调换，电话：(022)23507125

出版说明

市场营销起源于美国,在 20 世纪 50 年代形成现代意义上的市场营销学。1978 年我国改革开放后引入了市场营销,一些高校在 80 年代开始陆续讲授市场营销课程,但直到 90 年代才正式设置专门的市场营销专业。随着我国社会主义市场经济的发展,企业对营销人才的需求日益增长,市场营销专业也连续几年成为我国十大热门专业之一,大部分高校都设置了此专业。

我国现已成为"世界工厂",发达国家的商品市场中很多消费品都是中国制造的,Made in China 已震惊了世界,也极大地推动了我国经济的增长。同时,我们也知道,这种形式的中国制造处于国际产业价值链条上的低端环节,在我国外贸出口中,很多企业赚取的仅是产品中百分之二三的利润,而大部分利润则是被国外公司赚取了,这固然有技术、资金等多方面因素的制约,但不可否认,其中重要的因素之一,是我国大量企业的市场营销能力不足。市场营销能力薄弱、品牌形象不佳、营销渠道不畅等制约了我国企业的发展。因此,我国企业市场营销能力亟待提高,需要大量的、高水平的营销人才。

南开大学出版社近年来一直致力于市场营销类图书的出版,通过努力,我们联系了南京大学、中山大学、北京大学、华中科技大学、南京工业大学、华南理工大学、南京航空航天大学、深圳大学、北京航空航天大学、对外经济贸易大学、南开大学等十余所高校联合编写了这套"高等院校市场营销专业本科精品教材",共 12 种,即现代市场营销管理、品牌管理、客户关系管理、公共关系学实用教程、网络营销与电子商务、零售营销、市场调研、组织间市场营销、消费者行为学、营销渠道与物流管理、国际市场营销学、服务营销与管理等。

本丛书具有以下特点:

1. 吸收国外经典教材编写体例,如每章开头安排一个"引例",在读者正式阅读之前先提供一个的"真实营销环境",以便于理解正文,可避免枯燥、乏味之感。

2. 注重理论的系统性。每本教材都尽可能地介绍国内外权威学者的管理思想,使读者能系统学习本门课程的理论知识。

3. 注重实际应用。每本教材都配备了大量国内外经典案例分析,尤其注重本土化案例分析。

4. 注重培养读者的独立思考能力。在引例、案例、复习思考题中均给出了问题,引导读者思考问题、解决问题。

5. 方便教学。每本教材均配备了教学课件,方便读者使用,读者可到南开大学出版社网站(www.nkup.com.cn)下载。

本套教材是上述十余所高校教师紧密合作的成果,他们有的是本领域的知名学者,有的是年轻有为的一线教师,在本领域具有一定的代表性,我社对他(她)们的辛苦付出致以真诚的感谢,同时,也希望广大读者批评指正,以改进我们的工作。

南开大学出版社

2008 年 8 月

目　　录

第一章　零售业营销

【开篇案例】

Tesco：冲进中国零售业的第三条鳄影

Tesco 的中文名称为特易购。成立于 1919 年的 Tesco 公司，是英国目前最大的零售商，世界 500 强企业之一，年销售额超过 700 多亿美元，在世界零售业排名中仅次于沃尔玛和家乐福，位居世界第三。在英国本土，每 8 英镑的居民消费中，就至少有 1 英镑是花在 Tesco 的连锁店中的。如今，大约 60% 的英国公众每月至少会进 Tesco 一次。花旗集团分析师戴维·麦卡锡等人更是将其评定为"全球最佳食品零售商"。

早在 20 世纪 90 年代中期，世界零售业的两大顶级巨头家乐福和沃尔玛就已先后来到中国开拓市场，而直到 2004 年 7 月之前，Tesco 在中国几乎都没有留下什么痕迹，中国的消费者也很少听说过 Tesco 的大名。但是就在短短的几年之后的今天，Tesco 已经在中国拥有了 39 家大卖场，而家乐福在中国苦心经营了 10 年也才只有 70 家店。Tesco 的成长速度之快，可以用"惊人"来形容。

Tesco 主要是通过收购台湾顶新集团旗下的乐购超市正式进入国内市场的。2004 年 7 月，Tesco 与台湾的顶新国际集团签订合同，出资 1.4 亿英镑收购顶新在中国内地的附属企业"乐购连锁超市"50% 的股份。然后，Tesco 借助乐购原有的销售网络，迅速完成了在中国东北、华北、华东市场的战略布局，北京、深圳的店面也在 2007 年开业。至此，Tesco 在中国市场由一无所有摇身一变成为了拥有 25 家连锁超市的零售大鳄，并与已经在中国安营扎寨的法国家乐福和美国沃尔玛集团展开了激烈的竞争。其实 Tesco 也毫不掩饰自己的野心，Tesco 执行者莱西在公共场合已经不止一次地表露出企图赶超沃尔玛、家乐福的意愿。Tesco 的目标是要做中国零售业的老大。

资料来源：杨育谋. Tesco：冲进中国零售业的第三条鳄影. 现代营销·营销学苑. 2006(6)

零售是经济领域里一项非常重要的活动，在产品供应链中拥有举足轻重的作用。自从我国实行改革开放以来，国民经济保持了持续、快速、健康发展的良好态势。国民经济的持续快速发展，为我国零售业的发展提供了良好的发展环境，并且随着居民购买力的持续提高、市场供应商品的极大丰富以及市场经营主体规模的不断扩大，我国零售市场的商品零售规模也快速扩大。从 1997 年到 2006 年，我国社会消费品零售总额平均实际增长速度超过 10%。2004 年以来，居民消费结构的升级，促使我国消费品市场稳定中加快增长的势头进一步增强。从 2004 年到 2006 年，我国社会消费品零售总额实际增长速度分别为 10.2%、12% 和 12.6%，增长速度逐年加快。2007 年上半年，我国社会消费品零售总额达 76410 亿元。即使在金融风暴

席卷全球的时候,我国 2009 年 1 到 8 月份的社会消费品零售总额也达到了 78763.3 亿元,同比增长 15.1%。这些都表明我国消费品市场的发展已进入了一个新的时期。

第一节　零售与零售商

一、零售的定义

"零售"一词源自法语动词"retailer",意思是"切碎(cut up)",即大批量买进并小批量卖出。

关于零售的定义,营销学大师菲利普·科特勒认为:零售(retailing)包括将商品或服务直接销售给最终消费者,供其个人非商业性使用的过程中所涉及的一切活动。

国内的学者一般采用如下定义:零售(retailing),是指将产品和服务直接出售给最终消费者,从而增加或实现产品和服务价值的一种商业活动。从对零售的定义中我们可以看出以下几点:

1.零售的属性是活动,是发生在产品和服务交易过程中的活动,而不仅仅是一种形式。

2.零售的对象是最终消费者。最终消费者包括个人、家庭、社会集体,他们获得产品和服务后供自己使用,此后不再发生价值的转移。

3.零售的活动能够实现产品和服务的价值。零售活动离消费者最近,所购买的产品和服务满足消费的需求后,产品和服务的价值便体现出来。

零售活动的特点:

1.交易次数多,单个交易额少。由于零售是商品流通的最后一个环节,属于 B2C,面对的是购买个体,因此他们的数量众多,但是相比 B2B 的交易量来说,个体每次消费的数量总是有限的。正因为如此,零售企业需要开展一些营销活动来扩大消费者的需求。

2.零售活动经营范围灵活。零售活动的经营范围可以是单一的商品,如烟酒专卖,也可能涵盖人们的日常生活用品,如大型超市沃尔玛、家乐福。这个特点决定了在市场上具有多种多样的零售商。

3.零售活动形式的多样化。信息化时代的到来和网络技术的飞速发展使得零售活动富有多样性。除了传统的店面销售和上门推销,无店铺销售、自动售货机销售、电话直销等形式的零售活动也逐渐出现,且日渐成熟,并通过不同的方式来满足消费者的各方面需求。

4.零售活动中,消费者的冲动性购买。消费者在零售活动中不仅会购买那些能满足自己日常生活所必需的商品,而且还会购买那些不在计划之内的商品。由于购买风险小,消费者往往会进行冲动性购买,这常常是因为受到了消费者心情、店面装饰、促销活动、购物环境等因素的影响。这就需要零售商采取不同的营销措施激发消费者的冲动性购买。

表 1-1　2009 年世界零售巨头 10 强

编号	世界排名	中文常用名称	总部所在地	主要业务	营业收入（百万美元）
1	3	沃尔玛	美国	一般商品零售	405607
2	25	家乐福	法国	食品、药品店	129134
3	50	麦德龙	德国	食品、药品店	101217
4	56	特易购	英国	食品、药品店	94300
5	82	克罗格	美国	食品、药品店	76000
6	88	好事多	美国	专业零售	72483
7	90	家得宝	美国	专业零售	71288
8	100	塔吉特	美国	一般商品零售	64948
9	122	沃尔格林	美国	食品、药品店	59034
10	126	欧尚	法国	食品、药品店	57792

资料来源：美国《财富》杂志，2009 世界 500 强

二、零售商

零售商（retailer），是指那些实践零售活动，将产品和服务传递给最终消费者，实现其价值的企业。

从传统意义上讲，零售商介于批发商和消费者之间，从批发商那里获取商品，然后再销售给消费者。但是，在现代经济活动里，有些批发商直接将商品出售给消费者，扮演零售商的角色；有些制造商甚至通过网络直接将产品销售给消费者。因此，从广义上来讲，只要能够将产品直接销售给最终消费者的企业或组织，都可以称为零售商，如图 1-1 所示。

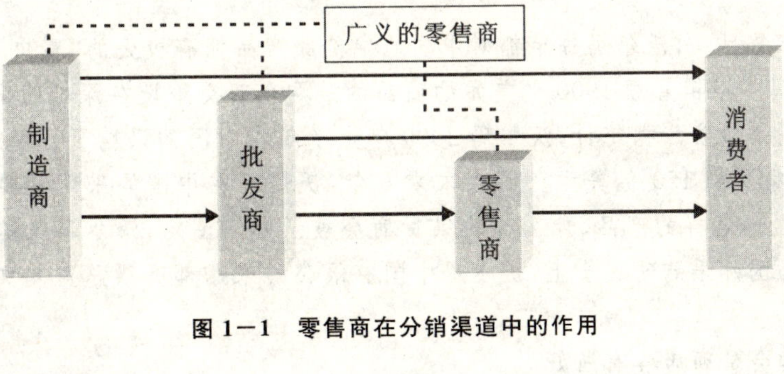

图 1-1　零售商在分销渠道中的作用

三、零售商的功能

零售商处于连接制造商、批发商和消费者的分销渠道中的最终业务环节，起到了中介的作用。在消费品流通过程中，零售商起到了承上启下、提高流通效率、促进生产、引导消费的作用。作为经济活动中一个社会角色，零售商承担着其相应的功能，这些功能包括采购、库存、陈列、销售和信用。

1. 采购。零售商为了满足消费者的需求，就需要提供那些能够满足消费者需求的产品，而零售商往往自己不生产这些产品，他们需要从批发商或制造商那里获得产品，这个过程就是采

购。采购是产品变为商品的过程,零售商与产品供应商的关系往往决定了所采购商品价格的高低。该过程最大的特点就是采购的量比较大,而且种类多。

2. 库存。消费者总是希望自己想得到的东西能够立刻获得。而对于零售商来讲,他们希望自己所采购的产品能够立刻传递到消费者手中,而不在自己那里有任何时间的停留。但是,由于受到时间、空间的限制以及信息的不对称性,从需求产生到需求满足的过程中总是存在一定的时间差。在顾客就是上帝的时代,零售商为了保证消费者在需要时就能买到商品,总是要存储一定数量的商品。而储存商品会产生一定的成本,如人员管理费、仓库使用费等。因此,存储商品数量的多少视经营情况而定。

3. 陈列。零售商是面对最终消费者的,为了使消费者能够方便、及时地满足自己的需要,获得心仪的产品,零售商就要把自己所拥有的商品陈列出来供消费者选择。在网络2.0时代,零售商陈列商品已不仅局限于实体商店的摆设,网上陈列商品也成为了当代社会的发展潮流,因为这样省去了场地租用、人员管理等费用。同时,同样的产品由于陈列次序的不同会产生不同的销售结果,这会在后面的章节提到。

4. 销售。零售商不仅仅销售产品,而且还出售服务。零售商是依靠买进和卖出的差价——利润来生存的。因此,为了获得更多的利润,零售商需要卖出更多的商品。这就要求零售商不仅要满足消费者目前的需要,还要通过各种促销手段,激发消费者的潜在需要,增加消费者单位购买量。

5. 诚信。诚信不仅是个人应该具备的美德,也应该成为市场经济单位——企业应该具有的素质。零售商作为供应链的最后一个环节,是产品从生产车间到最终消费的最后把关者。如果零售商采用坑、蒙、拐、骗的方式去经营,那么该零售商最终是要被市场所淘汰的。而且,零售商销售产品的质量也影响着人们生活质量的好坏。

沃尔玛采购标准揭密

作为国际零售巨头,沃尔玛每年都对中国质优价廉产品拥有极大的"胃口"。2002年2月1日以后,沃尔玛将年销售额1900亿美元的商品的采购全部交给设在深圳的全球采购总部及其所属的采购网络负责。据统计,沃尔玛2009年上半年在中国的采购量已超过上年同期,估计2009年全年将达到150亿美元。而在未来5年,沃尔玛在中国的采购量将达到250亿到300亿美元。那么,怎样的产品、什么样的供货商会被沃尔玛圈定,沃尔玛采购遵循怎样的套路呢?在沃尔玛国际采购研讨会上,沃尔玛中国有限公司采购部高级总监艾文纳向记者透露了"采购秘密"。

购物广场和会员商店各有所好

沃尔玛购物广场和山姆会员商店在采购模式和顾客基础上是不同的。山姆会员商店是专门向会员提供服务的仓储式购物商店。它的商品策略是为会员提供比一般零售商店更低的价格及更高的品质保证。主要商品是高科技产品、高档生活用品、新鲜食品、进口食品及特别为会员开发的自有品牌商品等。而沃尔玛购物广场侧重为广大市民提供"一站式购物"。面包熟食、新鲜果蔬、肉类海鲜、冷冻食品、烟酒礼品、服装服饰、美容化妆品、图书文具等都属质优价廉的大众商品。沃尔玛社区店是沃尔玛开创的全新经营模式。它有别于沃尔玛购物广场和山姆会员商店,致力于为广大社区居民提供最便利的日常服务。

只需选出头 10 个最好的产品

在召开采购会时,样品和报价单是两样必须的东西。供货商要弄清自己的产品跟其他同类产品有什么区别,同时要提供公司的相关资料,并注明工厂的规模、产能等。如果你有 100 种产品需给沃尔玛看样时,你不必都带来,只需要带来头 10 个最好的产品就可以。如果沃尔玛对你的 10 个产品有兴趣的话,肯定会与你做生意。艾文纳还提醒说,在沃尔玛的每一次采购会上,供货商一定要准时到会,这是入选的一个重要前提。

艾文纳说,每一种产品是否合乎要求,沃尔玛有四个检验标准,即你的产品拿来以后会不会提高我们的质量、会不会使我们的价格得以改善、会不会增加我们的价值、会不会丰富我们的种类。如果你的产品在市场上没什么优势,你就需要把自己的强项突出出来,千万不要把差的产品拿来。此外,怎么包装产品,对成功的供应商来说也是一个非常重要的问题。

资料来源:央视国际,2002—09—19.北方网,http://www.enorth.com.cn

【思考】

1. 沃尔玛购物广场和山姆会员商店开展的零售活动有什么不同?
2. 沃尔玛对产品的要求说明了什么?

第二节　零售业态

零售业态和零售业是两个完全不同的概念。零售业(retail industry)是以向消费者销售商品为主,并提供相关服务的行业。而零售业态(retail formats)是指零售企业为满足不同的消费需求进行相应的要素组合而形成的不同经营形态。可见,零售业是经济社会产业链中的一个环节,是一个相对宏观的概念。而零售业态则是零售商的经营方式的外在表现。

根据近年来我国零售业发展的趋势,并借鉴发达国家对零售业态的划分方式,我国于 2004 年 10 月 1 日起开始实施新国家标准《零售业态分类》。新标准按照零售店铺的结构特点,根据其经营方式、商品结构、服务功能,以及选址、商圈、规模、店堂设施、目标顾客和有无固定营业场所等因素将零售业态分为食杂店、便利店、折扣店、超市、大型超市、仓储会员店、百货商店、专业店、专卖店、家居建材店、购物中心、厂家直销中心、电视购物、邮购、网上商店、自动售货亭、电话购物等 17 种。

零售业态是构成城市商业网点的基础。随着社会的进步和科学技术的飞速发展,零售业态从总体上可以分为有店铺零售业态和无店铺零售业态两类。所谓有店铺零售(store-based retailing)是指有固定的进行商品陈列和销售所需要的场所和空间,并且消费者的购买行为主要在这一场所内完成的零售业态,包括食杂店、便利店、折扣店、超市、大型超市、仓储会员店、百货商店、专业店、专卖店、家居建材商店、购物中心等。而无店铺零售(non-store selling)是指不通过店铺销售,由厂家或商家直接将商品递送给消费者的零售业态,包括电话购物、电视购物、邮购、网上商店、自动售货亭等。

一、有店铺零售业态

(一)食杂店(traditional grocery store)

食杂店是以香烟、酒、饮料、休闲食品为主,独立、传统的无明显品牌形象的零售业态。

食杂店可以说是最早出现的零售组织,是其他零售组织的"始祖",从宋代的《清明上河图》中便可见一斑。这种古老的零售组织形式之所以能够生存到今天,是由于其大都具有位于社区以及进入门槛低的特点。但是现在,由于受到便利店、社区超市等新型零售组织的冲击,再加上其自身弊端如销售产品质量无法保证、店面环境糟糕等因素的制约,杂食店发展的空间越来越小。

尽管如此,食杂店还是通过增加一些服务项目,实现了自身的发展,比如帮忙带孩子、缝补衣物、代订牛奶、代售彩票等。

(二)便利店(convenience store)

便利店是指以满足顾客便利性需求为主要目的的零售业态。便利店是小商店新功能的载体,主要是满足顾客方便的要求。随着人们工作、生活节奏的加快,办事的高效率逐渐成为人们追求的目标,快捷的购物成为了一些人特别是白领的要求。便利店除了方便的特点外,还具有库存调整灵活、利润率高、易于拓展等优点,但是便利店中的商品价格比一般超市的商品价格要高。

便利店这种零售业态起源于美国。1946年,美国南地公司创建了7-Eleven便利店,由于营业时间是从早上7点到晚上11点,故称7-Eleven商店。随着便利店概念的发展,由日本伊藤洋华堂于1974年引入日本,并从1975年开始变更为24小时全天候营业,成为在日本广受欢迎的连锁便利店。发展至今,店铺遍布美国、日本、中国大陆、新加坡、中国台湾、马来西亚、菲律宾、瑞典、墨西哥、巴拿马、挪威、加拿大、澳大利亚、印尼等国家和地区,全球店面数目逾三万家,是全球最大的连锁店体系。

在我国并没有形成全国性的便利店品牌,如上海的良友金伴、好的和南京的苏果便利等主要是区域性的,而且这些便利店主要集中在大城市,如上海、北京、南京、广州、深圳等。

在南京,苏果便利已经遍地开花,有的便利店甚至与苏果标准超市相隔不过数百米。有人说,随便站在哪儿,随便向哪个方向走,不出5分钟就一定有一家苏果便利。这种情况在上海也十分普遍,某些路段已形成了"便利店一条街"。广东路、乳山路、袁阳路等路段,各种便利店是"三步一岗,五步一哨"。在浦东有一条街,在短短的400米路段上,先后开了9家便利店,平均40余米开一家店。如今,有不少"两街四角地"已开出了2～3家便利店,"四角四店"相对的情况随时都有可能出现。有时同一房东把相邻的两个铺面出租给两家便利公司。特别是在新的居住区,由于铺面空间较多,几家便利店开在相邻处的情况也比较普遍。

(三)折扣店(discount store)

折扣店是店铺装修简单、提供有限服务、商品价格低廉的一种小型超市业态。拥有不到2000个品种,并经营一定数量的自有品牌商品。

折扣店生存的根基在于其"折扣"两个字,主要针对的是价格敏感型顾客。它们采用长期保持定价的每日低定价策略,而不是采用促销降价的高定位策略,面向的是低收入的消费群体。而且,折扣商趋向于经销更多品种而较少种类的商品,比如只做某一两个品牌服装的销售,但是却拥有很多种不同类型的服装。比较知名的折扣店有沃尔玛公司、Kmart 公司、Target 公司、Netto 公司等。

　　在 Google 里输入"打折"和"纽约",就能搜到 57994 家本地商户。洛克史密斯折扣店(Locksmith Discount)的接线生也弄不明白为什么公司要冠以"折扣"之名。纽约城到处是廉价商店,有时你可能会发现一个可以讨价还价的地方就坐落在一条没人清扫的大街上。在这些店里,你能买到很多带完整标签的衣服,价格比在百货商店或者品牌店低很多。现在,商店主人们越来越难以盈利。即使是很高档的商店也像受到上天的启示一般,用厂家建议的零售价来兜售自己的商品。当然,厂家的建议价格里

折扣店打出的大幅折扣海报

包括了故意抬高的部分,由此店家可以再次降价,让消费者觉得自己好像占了大便宜。连巴尼斯(Barneys)和波道夫·古德曼(Bergdorf Goodman)这样的精品商店都开始低价销售。所有商品中销售最好的、整年金额最大的合同都来自低价零售商,同时货品清单上可能写着"产品过剩"、"样品"、"取消订单"或者"清货"。

　　资料来源:决策与信息,2009(4)

(四)超市(supermarket)

　　超市的全称是超级市场,是开架售货,集中收款,满足社区消费者日常生活需要的零售业态。根据商品结构的不同,可以分为食品超市和综合超市。

(五)大型超市(hypermarket)

　　大型超市是指实际营业面积 6000 平方米以上,品种齐全,满足顾客一次性购齐需要的零售业态。根据商品结构,可以分为以经营食品为主的大型超市和以经营日用品为主的大型超市。

　　以上两种零售业态都是自助服务式的店铺,属于同一个"族系"。超市最早出现在美国,是零售业发展史上的第二次变革,从根本上改变了人们的购物方式。以往顾客需要到柜台前要求店员拿自己所需的商品,而超市的出现使人们在购买商品前就能够接触商品,并且可以试用新产品,因而延长了购买时间,同时增加了购买量。

　　超市和大型超市的区别主要在于规模和所提供的服务和产品上。在规模上,大型超市主要位于城市边缘或城乡结合部,有宽敞的停车场,面积在 50000 平方英尺之上。在供应物上,后者还提供诸如轮胎、家具、自行车等大型商品。

　　超市是所有零售业态中发展最快、最成功的业态形式之一。在 2009 年全球 500 强企业中,美国的沃尔玛公司以年收入 405607000000 美元位居第三,法国的家乐福公司以年收入 129134000000 美元排在第二十五位。

表1-2　超市与大型超市特点对比

业态	选址	商圈与目标顾客	规模	商品(经营)结构	服务功能
超市	市、区商业中心,居住区	辐射半径2公里左右,目标顾客以居民为主	营业面积在6000平方米以下	经营包装食品、生鲜食品和日用品。食品超市和综合超市商品结构不同	营业时间12小时以上
大型超市	市、区商业中心,城郊结合部,交通要道及大型居住区	辐射半径2公里以上,目标顾客以居民、流动顾客为主	实际营业面积在6000平方米以上	大众化衣服、食品、日用品齐全,一次性购齐,注重自有品牌开发	设不低于营业面积40%的停车场

(六)仓储会员店(warehouse club)

仓储会员店是以会员制为基础,实行储销一体、批零兼营,以提供有限服务和低价格商品为主要特征的零售业态。这种零售业态的店面装修比较简陋,只要能够满足基本的购物即可。仓储会员店通常位于郊外,这样可以降低经营成本,体现价格优势。

仓储会员店除了有价格的优势外,其最大的特点是实行会员制,而只有拥有营业执照或法人证明才能办理会员卡。由此可见,仓储会员店的目标客户主要是一些经营单位,如餐馆、学校、小型零售店等。比较成功的仓储会员店有德国的麦德龙公司、沃尔玛的山姆俱乐部等。而于1993年创办的中国首家仓储商店——广州广客隆贸易公司在经过一段时间的火爆经营后,便销声匿迹了。

现购自运:独特经营理念的缔造者——麦德龙

1964年,在商业领域中,一个崭新理念和管理方式在德国诞生了,这就是麦德龙。麦德龙(METRO Group)是德国最大和最成功的企业之一,是欧洲第三大、世界第五大贸易和零售集团。它在全球29个国家中经营现购自运(Cash and Carry,C&C)商场、大型百货商场、超大型超市折扣连锁店、专卖店等,全球商场总数突破了600家。目前,麦德龙年营业额高达500亿欧元,其中46%来自海外,员工超过23万人。麦德龙现购自运商场是麦德龙集团旗下最具销售能力和最国际化的分支机构,其凭借占麦德龙集团总营业额超过50%的贡献率,成为麦德龙集团最大的销售分支。

"现购自运"是指专业顾客在仓储式商场内自选商品,以现金支付并取走商品。与传统的送货批发相比,现购自运的优势在于较好的性价比、食品和非食品分类范围广、即时获得商品以及更长的营业时间。商场提供17000种以上食品、30000种以上的非食品。特别是在生鲜食品的供应上,包括水果、蔬菜、活鱼、肉制品、奶制品等。麦德龙现购自运商场的目标顾客包括餐饮业、酒店业的企业,食品、非食品贸易服务商以及机构采购。在麦德龙里,他们可以找到大包装以满足其特殊需求。

麦德龙的做事方式与我们平常见到的其他连锁业态的跨国企业不同,其经营模式显得特立独行:

拥有自有产权的店面

40年来,它无论在全球什么地方都强调拥有自有产权的店面。麦德龙是仓储式会员店,目前在中国的店铺一般都超过1万平方米,加上建筑面积和与建筑面积基本等同的停车场面积,有的甚至达到3万～5万平方米。与大型综合超市如家乐福与沃尔玛相比,麦德龙店对地点、面积的要求更严格,更难选到合适的店,所以自建成为麦德龙的一贯选择。

禁止1.2米以下的儿童进入卖场

麦德龙有条规定是,禁止1.2米以下的儿童进入卖场。麦德龙的理由很有趣:作为一家大型仓储式商场,需要进行叉车作业,补充货品,而1.2米以下的儿童恰恰处于叉车驾驶员的视觉盲区。

"透明"收银单

尽管你不愿意,但你的名字将不得不重复出现在你的每一张收银单上。"透明"收银单上面详尽地排列着消费者所购商品名称、单价、数量、金额、日期和顾客姓名等,详细到甚至连每包卫生纸的卷数都有说明,绝无丁点含糊。在欧洲,这种透明方式很受欢迎,可是在中国市场推行起来却有了问题。据说,截至2003年初,麦德龙为此事已经遭遇了金额高达上百万元的退货。

会员制

麦德龙采用的是"会员制",只有申请加入并拥有"会员证"的顾客才能进场消费,其余消费者"请留步"。

(七)百货商店(department store)

百货商店是指在一个建筑物内,经营若干大类商品,实行统一管理、分区销售,满足顾客对时尚商品多样化选择需求的零售业态。百货商店根据需要划分出不同的部门,并且为每个部门划出一块专门的销售区域。同时,百货商店会雇佣许多帮助顾客的销售人员,他们能够提供优质的服务,但是这在一定程度上也提高了经营成本。

进入工业时代后,生产在广度和深度上都取得了长足的进步,大规模生产提供了品种日益繁多的商品。与此相适应,在19世纪60年代,零售业态出现了"第一次革命",即"百货店"应运而生。百货商店是零售业第一次变革的标志,是最古老的大型商店形式。世界上第一家百货商店诞生在巴黎,是由阿里斯蒂德·不西科创办的,名为Bon Marche。至今,这家百货商店仍在经营。由俄罗斯人在哈尔滨创办的秋林公司是我国的第一家百货公司。

内曼·马库斯当选全美最尊贵百货公司

"除非顾客买到了所喜欢的商品,否则内曼·马库斯公司的销售就不算成功。"这是最受美国服装消费者青睐的高档服装连锁店内曼·马库斯公司信奉的商业箴言。

内曼·马库斯(Neiman Marcus)是美国以经营奢侈品为主的高端百货商店,已有100多年的发展历史。1907年,29岁的Herbert Marcus、他的妹妹Carrie Marcus以及妹妹的丈夫A. L. Neiman带着2.5万美元现金以及储蓄,并通过向家人出售股份筹集了开办经费,第一家50平方米左右的内曼·马库斯店于1907年9月10日在美国德克萨斯州的Dallas开业。同时,内曼·马库斯还收购了整个德克萨斯最好的专门生产线,用于生产不同风格的女装。作为美国南部第一家专卖店,内曼·马库斯很顺利地以独家经营的方式建立起了最为出色的专卖品经营链条。

1913年的一场火灾,使立足未稳的内曼·马库斯几乎夭折,然而创始人以惊人的毅力和速度使内曼·马库斯迅速复原,并于1914年开设了第一家旗舰店。1926年,桑格尔兄弟公司的员工因为被收购方解雇,大部分投奔到内曼·马库斯,带动大量忠诚顾客转移到内曼·马库斯。同年，内曼·马库斯在纽约举办了美国有史以来的第一场时装秀。1928 年，内曼·马库斯开始销售男装，如法国产的领带和英国产的衬衫等。1934 年，开始在 *Vogue* 和 *Harper's Bazaar* 等全国性的时尚杂志作广告，成为第一家进行全国性市场推广的零售商。

1938 年，随着业务的发展，内曼·马库斯开始提供完全不同的、以欧洲和美国设计师命名的商品，第一批设计师包括克里斯汀·迪奥（Christian Dior）、可可·香奈尔（Gabrielle Chanel）等。1939 年，出版了第一本年度圣诞商品目录集，其中包括精美的外衣、时尚饰品、香水、玩具等。1984 年，内曼·马库斯率先建立了行业第一个顾客忠诚度跟踪系统。1988 年，收购了 Horchow Collection，使经营范围扩大至家居等家庭用品。1989 年，收购了波道夫·古德曼（Bergdorf Goodman）百货店，并于 1989 年组建了内曼·马库斯集团。

1999 年成立 Neiman Marcus Direct 公司，在互联网上开展奢侈品的直销业务。至此，内曼·马库斯集团的主营业务涵盖了零售和直销两大部分，其中零售部分主要包括内曼·马库斯和波道夫·古德曼两个品牌的高端百货店。2004 年内曼·马库斯集团年销售收入为 35.46 亿美元，比 2003 年增长了 14%，其中忠诚性顾客的销售额占 50%；净利润达到 3.55 亿美元，增长了 87%；每平方英尺销售额为 532 美元。在世界零售百强排行榜中位居第 74 位。

2006 年销售收入达 40.3 亿美元，其中女装占 35%，女鞋、手包和饰品占 19%，男装和男鞋占 12%，化妆品和香水占 11%，家居占 8%，设计师品牌和贵重珠宝占 10%。到 2007 年，内曼·马库斯集团的店铺数量达到了 39 家，其中有 37 家内曼·马库斯店和 2 家波道夫·古德曼店，成为目前美国营业业绩最好的、以经营奢侈品为主的高端百货商店。2007 年销售收入 43.9 亿美元，同比增长 6.2%。

2008 年，纽约奢侈品协会将全美"最具有声望的奢侈品零售商"称号授予了内曼·马库斯。

资料来源：联商网

（八）专业店（speciality store）

专业店是以专门经营某一大类商品为主的零售业态。专业店通常雇佣具备丰富专业知识的销售人员，并提供适当的售后服务，满足消费者对某类商品的选择需求。例如办公用品专业店、玩具专业店、家电专业店、药品专业店、服饰店、珠宝店等。

专业店的规模要根据其所涉及的行业和提供的产品来确定。例如，家电行业的国美、苏宁就比药品行业的专业店要大很多。

专业店由于只涉及一个行业，对该行业拥有深刻的认识，所以一直焕发着旺盛的生命力，其势力范围从传统的书店、鞋店一直延伸到现代的大型家电商场。可以说，由于定位准确，专业店走出了一条差异化的道路，在零售业态中占据了一席之地。

随着 20 世纪末 21 世纪初我国政府对医药市场的政策逐步放宽，近 10 年来我国药品市场经历了"圈地热"、"连锁热"、"投资热"、"评价热"等过程，目前该市场逐渐向健康稳定的方向发展。根据 SFDA 南方医药经济研究所的数据，2008 年，我国药品零售市场销售规模为 1295 亿元，同比增长 17.7%；而 2009 年上半年，国内药品零售市场销售规模约为 741 亿元，同比增长 15.24%。有关专家预计，到 2013 年我国的药品零售市场销售规模将达到 3900 亿元，成为全球第三大市场。在药店数量上，截至 2008 年末，我国药店总数（包括连锁门店和单体药店）为 365578 家，比 2007 年同期的 344931 家增加了 20647 家，增长了 5.99%。而 2009 年上半年，药店数量刷新为 37.86 万家,增长了 3.56%。可见,虽然目前我国的药品零售市场增幅较慢,但是市场前景广阔,药品专业零售店会在近几年内高速发展。

(九)专卖店(exclusive shop)

专卖店是以专门经营或被授权经营某一主要品牌商品为主的零售业态。专卖店出现得比较晚,其主要伴随着消费者品牌意识的增强而出现。当我们走进商业街,便可以看到很多专卖店,因为这已经是现在人们创业的主要形式。专卖店的兴起,主要得益于特许经营。

特许经营(franchising)是一种特许人通过许可协议允许受许人在既定名称下根据既定模式开展特定形式经营、销售商品或提供服务的零售形式。对于受许人来说,通过少量的投资就可加入一个成熟的零售领域,享用成熟管理技术和品牌知名度,降低了经营风险。对于特许人来说,通过收取一定数额的加盟费,可以在较短的时间内增加店铺数量、扩大市场影响力、快速占领市场。可以说,这对于双方是双赢的结果。

(十)家居建材商店(home center)

家居建材商店是以专门销售建材及装饰、家居用品为主的零售业态。这类商店主要是经营与改善、建设家庭居住环境有关的建材,装饰、装修等用品,家居用品,技术及服务,主要采取自选自助的服务方式。

随着我国这些年房地产市场的蓬勃发展和人们对居住环境要求的不断提高,家居建材市场呈高速发展的态势。截至 2005 年底,世界第三、欧洲第一的大型国际装饰建材零售集团百安居已在中国内地的上海、杭州、深圳、昆明、青岛、武汉、广州、北京、南京等城市开设了 48 家连锁店。2005 年,百安居中国的销售额和利润增长都保持了强劲势头,上半年零售业务净增长 35%,剔除新开店的因素,老店同比增长 8.5%,利润比 2004 年同期整整多了 3 倍。

(十一)购物中心(shopping center/shopping mall)

购物中心是多种零售店铺、服务设施集中在由企业有计划地开发、管理的一种建筑物内或一个区域内,向消费者提供综合性服务的商业集合体。购物中心往往可以分成社区购物中心(community shopping center)、市区购物中心(regional shopping center)、城郊购物中心(super-regional shopping center)、厂家直销中心(factory outlets center)。

购物中心在 20 世纪 70 年代的迅速发展,可以被称为零售业的"第三次革命",因为它不仅把零售业的各种业态集于一身,还把餐饮、娱乐乃至银行、邮局、宾馆等行业纳入其中,打造了零售业经营的航空母舰,从而全方位满足了消费者对商品及其他服务的需求。比如,在经营范围内,设置不同档次的餐馆、游乐场等。购物中心是一种新的生活方式,是经济发展的产物,适应了现代社会高效率、快节奏的需要。随着国内城市化进程的加快,许多政府都把建设购物中心作为商业发展规划的重点。

福布斯评出世界十大购物中心,中国占四席

1. 华南购物中心

该购物中心位于中国东莞,于 2005 年开业,使用面积 710 万平方英尺。该购物中心是中国甚至世界最大的购物中心。其中不但有风车和主题公园,还有一座仿造的凯旋门。

2. 金源时代购物中心

该购物中心位于中国北京,于 2004 年开业,使用面积 600 万平方英尺。该购物中心高达五层,其中有近1000家商店,出售 Nike 和 DKNY 等国际知名品牌。

3. SM Mall of Asia

该购物中心位于菲律宾 Pasay City,于2006年开业,使用面积420万平方英尺。里面设有菲律宾首座标准游泳池和首家 IMAX 影院。能容纳20人的电车方便顾客在4幢购物楼之间穿行。

4. 西爱德蒙顿购物中心

该购物中心位于加拿大阿尔伯达省爱德蒙顿市,于1981年开业,使用面积380万平方英尺。它是北美地区最大的购物中心,拥有800家商铺以及水上乐园、溜冰场、娱乐城等娱乐设施。

5. SM Megamall 菲律宾马尼拉购物中心

1991年开业,使用面积360万平方英尺。该购物中心除了有保龄球馆、溜冰场和12家电影院外,还有发廊和诊所。

6. 柏嘉雅时代广场

该购物中心位于马来西亚吉隆坡,于2005年开业,使用面积340万平方英尺。该购物中心与酒店和会议中心建在一起。这里除了拥有1000多家商铺外,还有12层楼高的过山车、游泳池、溜冰场和儿童游乐园。

7. 北京购物中心

该购物中心位于中国北京,于2005年开业,使用面积340万平方英尺。这是中国的第一座郊区购物中心,距北京市中心大约1小时车程。该购物中心有4层,停车场可停放8000辆车。这里还有一片人造沙滩。

8. 正佳广场

该购物中心位于中国广州,于2005年开业,使用面积300万平方英尺。除各家零售店外,这座综合性购物中心还拥有酒店和写字楼。

9. SM City North Edsa

该购物中心位于菲律宾马尼拉,于1985年开业,使用面积300万平方英尺。其中有100多家零售店、餐馆,12家电影院和1家保龄球馆以及溜冰场。这里不久还将开放 IMAX 影院。

10. 普鲁士国王购物中心

该购物中心位于美国费城,于1962年开业,使用面积280万平方英尺。尽管没有现代大型购物商城常见的游乐场等设施,这座建于20世纪60年代初、拥有400家商铺的美国大型购物中心仍然位居全球十大购物中心之列。

资料来源:福布斯,中国时尚品牌网,2007－4－13

二、无店铺零售(non-store selling)

信息时代的发展,特别是互联网技术的成熟,又一次改变了人们获取信息的途径。不用出门,就可以了解自己所需要的所有信息,而不用再去商店。无店铺零售节省了人们的时间,同时对于企业来讲,也减少了房租、销售人员等成本。无店铺零售业态通常可以分为以下几类:

(一)电话购物(tele-shopping)

电话购物是主要通过电话完成销售或购买活动的一种零售业态。这是一种历史悠久的基于实用技术的零售方式,由销售人员亲自给消费者打电话销售产品。随着网络和电视等新通信技术的发展,这种零售方式受到了极大的限制。同时,越来越来的人对这种方式感到反感,很多人都认为这种销售方式是一种骚扰。目前的电话购物主要是和电视购物联系在一起的。

(二)电视购物(television shopping)

电视购物是以电视作为向消费者进行商品推介展示的渠道,并取得订单的零售业态。电视作为传统的四大媒介之一,极大地改变了人们的生活方式,丰富了人们的娱乐活动,增加了人们接触信息的途径。电视购物便是通过电视这一媒介,传递了产品的信息,并且能够使观众全方位地了解产品。但是,由于商家道德水平参差不齐和社会的法律制度不健全,电视购物这些年受到了消费者的强烈质疑。

经过一段时间的质疑和整治后,具有强大媒体背景的专业购物频道应运而生,如 CCTV 中视购物、东方 CJ、湖南快乐购、浙江好易购等。这种模式相对于传统渠道模式而言,省却了渠道、终端甚至广告成本,对一些供货商很有吸引力。因此,一些产品企业纷纷避开在卫视上购买时段的电视购物模式,转而投入了专业电视购物频道的怀抱。

消协披露电视购物"四宗罪"

泛滥的电视购物节目令消费者眼花缭乱。2008 年 10 月 30 日,北京市消协对外公布,今年已接到消费者对涉及 46 家企业的电视购物投诉共 157 件,由此披露出电视购物行业的四大侵权"罪状"。

当天,北京市消协并未对相关电视购物予以点名,但表示近期市消协将采取系列活动,针对消费者反映比较集中的电视购物广告问题,进行集中点评,以推进电视购物行业的净化和自律。

一宗罪　使用特效处理夸张效果

为博得消费者青睐,反复"轰炸",内容不断重复;同时利用化妆、拍摄技巧、电脑处理等制造夸张的产品效果,还让消费者编撰故事现身说法,增加可信度。

二宗罪　货到付款剥夺验货权

消费者不先交齐货款,就别想打开包装验货,而一旦付款后拆开商品包装,发现货物本身存在质量问题等,消费者只能通过订购电话联系售后服务。

三宗罪　经营者无明确名称地址

电视购物广告一般都不标注售后服务电话、公司名称和具体地址,有的甚至编造如"电视购物总公司"名称,消费者投诉时会因无公司名称地址,造成执法部门无法查找。

四宗罪　购物凭证不明消费维权难

大部分电视购物公司自己没有产品,一般直接让供货单位发货、快递公司送货收款,不提供购物凭证和正规发票,造成事后消费者维权举证困难。

资料来源:廖爱玲.消协披露电视购物"四宗罪".新京报,2008-10-31

(三)邮购(mail order)

邮购是以邮寄商品目录为主向消费者进行商品推介展示,并通过邮寄方式将商品送达给消费者的零售业态。邮购零售企业往往通过邮递系统或夹在其他出版物里向消费者寄送较小的目录。

邮购的历史可以追溯到 19 世纪,英国的 Empire 商店是这类业态的先驱者,其主要的顾客是城市的劳动阶级。而美国的邮购业务最初是集中在农场市场的,这是由于当时主要的零售形式大都集中在城市。美国平均每个家庭每隔四天就会收到一份邮购价目表。

网络的发展对邮购业务是个重大打击，而且互联网极有可能替代邮购，因为它已成为消费者获得信息的一个重要渠道。可是，依靠目录卖产品本身就是很大的赌博，如果目录上的产品得不到消费者的认可，那么整体销量就要受到影响，毕竟目录上的信息是有限的，而网络却克服了邮购的这一缺陷。2008年9月，世界最大的书友会、世界四大传媒巨头贝塔斯曼宣布，由于受到迅速变化的市场环境的影响，关闭其书友会在华的全部业务。其中的"迅速变化的市场环境"就是指网络书店的迅速发展，特别是当当网和卓越网对其业务的冲击。

(四)网上商店(shop on network)

网上商店是指通过互联网络进行买卖活动的零售业态。有人认为网上商店是第四次零售革命。进入21世纪，随着网络技术的发展和计算机的普及，这种零售业态形式有了突飞猛进的发展。来自《INTERNET GUIDE 2007中国互联网调查报告》的数据显示，2006年我国互联网用户个人互联网消费市场总规模约为2767.46亿元人民币，较2005年1876.53亿元同比增长47%。DCCI 2008上半年数据显示，2008年上半年中国互联网用户互联网消费2560.7亿元。可以看出，网上商店的前景非常广阔。

现在的人们已经将从互联网获得信息作为自己生活的一部分。根据中国互联网络信息中心(CNNIC)的《第23次中国互联网络发展状况统计报告》，截至2008年12月31日，中国网民规模达到2.98亿人，较2007年增长8800万人，年增长率为41.9%，成为世界上网民最多的国家。可以说，互联网改变了人们的购物方式。

网上商店拥有许多传统商店无法比拟的优势：无场地的限制，24小时全天候营业，经营对象的范围广，开店的成本低等。消费者无需通过逛商场来获得自己想要的东西，在家里只要依靠互联网就可以得到自己需要的商品。互联网为人们提供了大量的信息，为商家开辟了广阔的市场。由于生活节奏的日益加快和相关法律制度的健全，越来越多的消费者喜欢从网上购买商品。最近流行的"宅男""宅女"就是这一趋势的写照。

网上商店的发展，目前进入了成长期，各类商店蓬勃发展。如美国的亚马逊便成就了一个网络神话，而中国的阿里巴巴、当当网、淘宝网等也都占据了本土网络市场的一片江山。有资料显示，中国最大网上零售商之一的"当当网"，2005年总销售额为1.2亿元人民币，其中网上销售占8000万元，整体业务的毛利率为25%。2006年上半年，该公司的总销售额已超过1亿元，是上年同期的1.8倍，全年可实现2.4亿元的销售目标。

卓越网和当当网是目前国内B2C电子商务网站排名比较靠前的两家企业，两家公司成立的时间、业务模式都较相似，在近10年中，他们都取得了不同程度的成功。如今这两家企业都不约而同地从销售少量品类产品，向猛增产品品种以及扩大线下仓库规模的方向转型。

"卓越亚马逊不仅是'网上百货商城'，更是'网上正品百货商城'。"卓越亚马逊总裁王汉华这样解释公司的最新定位。

当当网联席总裁俞渝表示："当当网对百货业务充满了信心，我们并不怕市场竞争的激烈，因为我们已经想到了一个很好的市场切入点。我们要

努力培养一种以当当网为核心的'宅购'文化,培育'宅购一族'。"

(五)自动售货亭(vending machine)

自动售货亭是通过售货机进行商品售卖活动的零售业态。它是自动售货革命的产物。自动售货机采用投币的方式售货,只要顾客投入商品标价货币,就可以将商品取出。商品主要是饮料等一些满足即时需要的产品。这种零售形式主要得益于技术的发展和社会文明程度的提高。在发达国家,自动售货亭比较常见,主要位于人多的公共场合,如广场、车站、学校、医院、电影院等。在我国,自动售货亭主要出现在一些高校。

纵览零售业态的各种形式可以看出,新的零售业态是和经济、技术的发展相适应的。

当当网:请叫我网上"沃尔玛"

比起"美国偶像"Amazon(亚马逊),当当网总裁李国庆的爱将、当当网市场副总裁陈腾华似乎更乐于拿苏宁、沃尔玛同当当作类比。

与这些传统的零售渠道一样,当当网也逃不出规模决定论的魔咒。在零售行业利润率普遍被摊薄、图书销售不再一统 B2C 市场品类的背景下,当当开始了不断尝试和摸索:向上游不断渗透、扩展图书以外的产品品类、尝试 B2B2C 的模式,乃至互联网技术变迁带来的一切盈利可能。

上游渗透挖掘利润空间

销售渠道平移到互联网,但其零售的特性"万变不离其宗",进销差价仍是网上零售的主要利润来源。当当网也逃不过利润不断被摊薄的困境。"零售行业平均利润率在 5% 左右"。

而且世易时移,图书销售已不再是 B2C 生意的全部,整个蛋糕中它只占有18%,日用百货和 3C 产品则合计获得了接近 70% 的份额。据公开媒体报道,当当 80% 以上的业务仍在出版物这一块,而 Amazon 的相关业务只占到总销售额的 57%。

2008 年 10 月初,当当网曾宣布正式进军衬衫直销领域,并推出衬衫专卖店,而后悄然下线。当当网在图书和音像制品的自有品牌定制上游刃有余,但是在其他品类上似乎还是个"学生"。

在物流方面,当当网也需要对仓储成本进行有效的优化和控制。"简单而言就是建立一个动态的仓储过程,让各个仓库最大限度满足所覆盖的用户的需求。"而在配送环节,当当网通过招标的形式,让全国百来个快递公司进入自己的配送系统。

一站式购物网站

在图书、音像制品的销售方面,当当网一直通过强化购物体验的应用来挖掘用户需求,图书搜索、关联产品推荐、读书评论、送货质量调查回馈等因此应运而生。

但是,读者的需求不止于图书。"跟开实体百货店不一样,互联网 B2C 一般是先从一个商品做起,再有计划地拓宽产品线。"陈腾华说。

在某种意义上,电子商务也是在满足消费者需求的基础上不断扩大经营的方式和品类的过程。在当当网的当家人眼里,已经积累的客户流量似乎是一座取之不竭的宝藏。

2004 年,当当网曾尝试其他品类的产品销售,采用的是与图书一样的销售模式。去年,当当网开始偿试另一个模式——B2B2C,即提供一个网页的虚拟店平台给经销商卖东西,当当网充当的是一个"物业管理者"的角色,对经销商收取租金＋销售提成。

形象地说，当当网在 B2C 方面的图书、音像制品以及其他采购产品的销售，像是主力百货商店，而与经销商的网店聚合在一起，就形成了一座网上的 shopping mall。

未来的当当网会是一个什么概念？"不说得太远，当当会是一站式购物的电子商务网站"。陈腾华认为，互联网带给当当网的应用，除却传统销售通路的进销差价盈利模式外，本身页面具备的媒体属性有待挖掘(如广告等)，随着互联网 2.0 时代的来临，用户之间的交互作用也会带来其他的想象空间。

资料来源：南方都市报，2009—4—27

【思考】

1. 当当网与沃尔玛有什么相同点和不同点？
2. 当当网如何能够成为网上的"沃尔玛"？

第三节　零售业营销的内容

营销思想从其诞生到现在，大约不到一百年的时间，但是发展的速度还是十分惊人的。从 20 世纪 50 年代中期营销观念彻底打破传统的推销观念到 21 世纪，营销思想的发展日趋成熟。营销大师菲利普·科特勒认为，现在已经是全面营销观念的时代，包含关系营销、整合营销、内部营销和社会责任营销。

同时，零售业作为一个古老的行业，对一个国家或区域具有重要的经济意义。零售业作为产品销售渠道的最后一个环节，并且也是离消费者最近的一个行业，在整个产业链中具有战略性的意义。但是，从传统的营销角度讲，零售业作为一个中间过渡行业，上无生产权，下无消费权，在整条分销链中处于被动的地位。营销思想的诞生使得零售业的地位得到了彻底的改变。随着零售业的日益集中化，大型零售商已开始通过强势的采购、高额广告预算和复杂的店面设计等手段来扩大其影响力。

营销思想的重要内容是顾客导向，即从顾客的需求出发，而零售业能够获得和掌握关于消费者的大量信息，如购买习惯、偏好等，因此营销思想对于零售业来说更为重要，它们之间存在着内在的一致性。因此，零售业营销成为了营销学里非常重要的一个分支，它是在零售业这个具体的行业背景下营销学思想在其中的应用，具有很强的实务性和操作性。

零售业营销，就是把制造商生产出来的产品及相关服务出售给最终消费者，从而使产品和服务增值。零售营销是由一系列营销活动构成的，主要包括商品策略、选址策略、物流策略、采购策略、形象策略、定价策略、促销策略以及服务策略等(如图 1—2)。

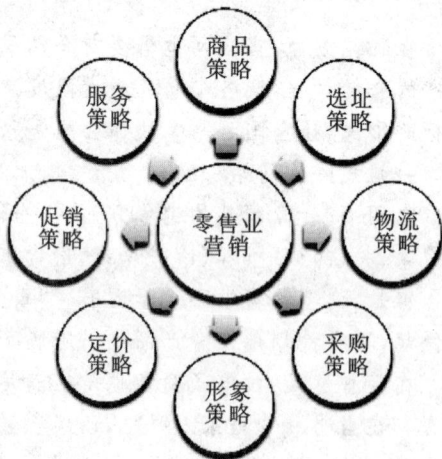

图 1—2　零售业营销

这些内容贯穿本书的始终,在接下来的章节中,将详细地讲述这些活动。在这里只是简单地做下介绍。

一、商品策略

商品策略是指零售企业为了促进销售,而对商品进行分类、改变商品结构、改善商品组合、进行品类管理的活动。

商品品类管理是零售企业管理的一种技术,即重视产品品种品类更甚于单个品牌绩效。它将产品分为战略业务单位,以更好地满足消费者的需求,实现财务目标。品类管理可以帮助零售人员制定商品决策,以最大化资产总收益。

二、选址策略

选址策略就是企业确定自己店铺所在的地方,这个地方能够沿一定的方向和距离扩展并吸引顾客。这个地方通常叫做商圈。

零售商作为销售渠道的一部分,地理位置决定了它能否接触到目标群体、能够接触到多少目标顾客以及能吸引多少顾客参与零售活动。零售业是地利性产业,好的店址是商店的一笔无形资产,可以使其兴旺发达;反之,则有可能造成商店经营困难,甚至倒闭。

三、采购策略

产品的采购是企业零售经营活动的起点,关系到后续经营活动能否顺利地进行。采购的环节决定了零售商所能控制的销售下限。从某种程度上讲,成功的采购与其说是为企业节省了成本开支,不如说是为企业赢得了竞争优势。因为低成本不仅可以使企业的产品具有竞争力,而且也可以支持企业开展其他的营销活动。所以,对于零售商来说,良好的采购是经营成功的一半。同时,供应商和零售商的关系也是十分重要的,这个问题将在后面的章节讲到。

四、物流策略

商品从采购到最终与消费者见面的过程中,涉及商品如何供应的问题。如何使商品能够在消费者需要之前得到供应,如何降低商品的运输成本,这些都是物流策略所要解决的问题。

物流是支持零售经营的重要领域,其主要应用于多店铺的零售企业中,如沃尔玛、苏宁电器等。随着信息技术系统的发展,物流的作用得到了越来越多的重视,它除了能够提高零售企业的效率外,还可以改进对最终顾客的服务。

五、形象策略

零售的最终目的是促进消费者的购买,获得利润。因此,零售商需要采取不同的措施来引导消费者的购买行为。这不仅需要了解消费者的行为,而且还需要对自己的形象进行设计,以便在与顾客接触的过程中,使顾客感到舒服,并产生购买的意向。

形象策略不仅包括店面环境和标识的设计,还包括商品陈列方式的设计。

六、定价策略

在营销的"4P"中,唯有价格是可以产生利润的部分,其他三项全是成本。如何确定价格,价格应由哪几部分组成,采取何种定价方式,是采取浮动价格还是固定价格等,这些问题都是定价策略所要解决的问题。

在竞争日益激烈和消费者购买行为越来越理性的今天,价格成为了零售商们相互竞争的武器。价格不仅关系到企业的利润,而且还关系到资金的流动性以及产品的更新速度。从一些零售商的广告语中,我们就可了解到价格的重要性,如沃尔玛的"每日低价"(everyday low pricing)、中国苏果超市的"省钱看得见"等。

七、促销策略

二十年前的零售商只要具有了有利的地理位置以及有吸引力的价格,就能够很好地生存下去,这是由于那时还处于供不应求的状态。但是,随着我国改革开放的进一步深化和加入WTO,零售商品牌越来越多,竞争越来越激烈,以往的优势已经成为了生存的必要条件。要想在零售业中分一杯羹,就要加强与顾客的沟通和交流,为顾客提供超额的价值,使顾客产生满意感,促使顾客重复购买。

因此,零售企业必须加强促销策略。这也使得制造商不得不放弃过去的主导地位,与零售商进行合作。

八、服务策略

从本质上讲,零售就是服务。我们说,企业要想获得长久的发展,就应该抓住消费者的心理,为他们提供价值,使他们产生满意感,进而提高品牌忠诚度。这一切都要靠服务。零售商之间的竞争到最后就是服务的竞争,因为它们可以以差不多的价钱采购货物,布置舒适的购物环境……而这些对于消费者来讲都是一样的,要想让消费者感受到品牌的差异性,就必须靠服务。只有那些细致、周到、充满人情味的服务,才能得到消费者的认可。

总之,这些活动是彼此相连的,不是孤立的,如在促销中加强服务的质量,在选址上注重对形象的影响等。同时,零售商还要根据消费环境、政治环境、竞争环境等外界因素的变化来不断调整和整合自己的营销活动内容,从而确立或巩固自己的市场地位,扩大自己的市场份额。

中国零售业的革命——交互式营销

当今市场营销领域正在发生一场深刻的革命,一个企业的重心越来越向终端倾斜,这是一个最终把消费者捆绑进渠道流通、利益分配的过程。而市场的终端则对准了零售业的变革。随着新经济时代的到来,中国零售业的营销模式越来越不适应形势发展的需要,于是出现了一种新的营销模式——交互式营销,它将是中国零售业的一次重要的革命。

交互式营销是指企业为消费者搭建满足其需要和欲望的平台,通过教育培训和消费者自我进步和完善,把部分消费者变为经营者,让他们利用其与企业共同构建的营销网络,在本企业内外把商品销售给顾客,并按照网络的营销额,获取收入的一种营销方式。实际上交互式营销是一种把消费者变为经营者并且平等参与社会财富分配的新型商业营销模式。其具有交互性、合作性、整体性、一体化的特点。

交互式营销作为一种新的销售模式,是企业最迅速、最公道、最人性化的产品分销模式;它提供了高品质的产品和商品;它是当今各种营销模式(如整合营销、数据库营销、绿色营销、一对一营销、体验营销等)的集合体;它是未来营销模式至高境界"五网合一"的模式,即消费(含零售)终端网络、顾客消费网络、电子商务网络、物流配送网络、电脑数据库及信息网络,这五种网络系统合而为一的网络化模式;它属于三个经济时代(产品经济时代、服务经济时代、体验经济时代)中的第三个时代。

资料来源:张亦鹏,余世仁.中国零售业的革命——交互式营销.商场现代化,2008(2)

【思考】

交互式营销对零售业有什么意义?

第四节 零售业营销的趋势

零售业是一个古老的行业,如今却成为了当今世界经济中最活跃、最具有生命力的领域之一。四次变革式的发展,更加体现了零售业是一个与时俱进的行业。同时,零售业营销也发生了巨大的变化,从最初的叫卖发展到了现在的多方位营销。随着消费者生活方式和需求的不断变化、科学技术特别是网络技术的发展以及竞争的日益激烈,零售业营销表现出了自己的发展趋势:供应商与零售商的关系从对立到合作,零售商广泛运用信息技术和计算机技术,更加注重企业内部员工素质的培养和提高,从销售他人品牌的商品到开发自有品牌商品。

一、供应商与零售商的关系从对立到合作

供应商和零售商是供应链中两个非常重要的角色,前者是后者的上游。供应商和零售商决定了整条供应链能否顺利运行,供应商具有商品的供给权,而零售商则牢牢掌握着和最终消费者沟通的话语权。在整个市场从卖方转向买方的同时,零售商也从被动转向了主动。近十几年来,零售商和供应商之间的矛盾日益尖锐。

两者之间的矛盾主要表现在利益分配的问题上。零售商是通过买卖之间的差价来赚取利润、维持生存的,具有竞争力的价格才能使零售商在激烈的市场竞争中占有一定的份额。而零售商往往都是通过压低供应商的供货价格来实现自己的低成本,这就使得一些供应商和制造商无利可赚。除此以外,零售商经常无休止地找各种理由向供应商征收各种费用,如"门槛费",包括"入场费"、"续场费"、"绿色通道费"等。另外,遇到各种节庆,零售商还会向供应商索要"节庆费"、"周年庆典费"等等费用,这使得供应商背负上了沉重的额外经济负担,其利润空间再一次受到挤压,从而导致利益在供应链上的分配出现了严重问题。在这种情形下,供应商和零售商最后往往是两败俱伤。因为供应商为了获得利润,会隐瞒真实成本,降低产品质量,最终危害下游的消费者,这样就会给产品的零售商带来负面影响,造成供应链的不稳定。因此,供应商和零售商难以获得共赢的结果。

所谓共赢,就是利润在供应链上得到合理的分配,使得每个利益体都能够长久地生存下去。要想获得共赢,供应商和零售商必须进行合作,成为利益共同体,共荣共兴,提供令消费者满意的产品和服务。现代社会不再是个体与个体竞争,而是一个系统与一个系统竞争的社会。零售商和供应商往往通过以下几个方面来达到共赢:建立合理的利润分配制度,加强双方信息的分享与交流,建立相互平等、互助监督的商业关系。

宝洁公司和沃尔玛公司就是通过合作最终达到了双赢。宝洁公司告诉沃尔玛各种产品的

成本,保证沃尔玛有稳定的货源,并且使其享受尽可能低的价格,同时沃尔玛也把各分店的销售和存货信息传递给宝洁,让其时刻了解自己产品的市场销售情况,并及时地为沃尔玛供货。目前,它们已经建立了稳定的战略联盟伙伴关系。

二、零售商广泛运用信息技术和计算机技术

随着零售企业规模的壮大和商品种类的增多,零售商每天要处理越来越多的信息,这就对零售商处理信息的效率提出了要求。现代信息技术和计算机技术的发展和成熟帮助零售商解决了这一难题,它能够方便快捷地存储商品的信息。同时,信息技术加快了商品的流通速度,广泛地应用于零售物流业。

现代信息技术和计算机技术已经广泛应用于零售业,如基于 ECR(Efficient Customer Responses)流通模式的信息网络技术,主要包括磁卡技术、RFID 技术、POS 销售点管理、CAO 电脑辅助订货、EOS 电子订货系统、EDI 电子数据交换、EFT 电子转账、ASN 事先出货通知、BC 条形码、SCM 外箱条形码、GPS 全球卫星定位系统、GIS 地理信息系统等。

三、更加注重企业内部员工素质的培养和提高

未来的竞争是人才的竞争,对于零售业也是一样。营销是企业的一个重要职能,人才在营销运作中占据着重要的地位。而且,营销需要和组织的其他部门人员的活动联合起来,才能够使企业的绩效达到最大。因此,对于零售企业来说,就更要加强员工素质的培养。

零售商与其说是卖商品,不如说是卖品牌。商品可以同质化,但是品牌不可以。企业能否在竞争中生存下来,最终还是取决于品牌。成功的零售商已经成为了一种品牌,如沃尔玛就是低价的代言。品牌不是由企业产生的,而是由消费者产生的。与消费者接触的企业销售人员,直接影响着企业品牌的建设。

因此,企业的员工不仅应该知道所出售商品的信息,而且更应该了解企业的文化。

四、从销售他人品牌的商品到开发自有品牌商品

零售商以前只是销售其他品牌的商品,自己只承担中介者的角色。但是,随着零售商品牌的建设和随之而来的品牌效应,越来越多的零售商开发了自己品牌的商品,这种商品又称为自有品牌。自有品牌(Private Brand,简称 PB)是指零售商通过收集、整理、分析消费者对某类商品的需求信息及要求,提出新产品的开发设计要求,并选择合适的制造商进行生产或自行设厂生产制造,最终以零售商自己开发的品牌进行销售的一种策略。

自有品牌在国外已经相当普遍,例如沃尔玛、希尔斯、马狮已有 90% 以上的产品使用自有品牌;英国 Markspencer 主要采用自有品牌,自有品牌商品最早集中于食品。自有品牌已经成为"质优价廉"的代名词,英国甚至有这样的说法,"要看超市好不好,数数自有品牌有多少"。

零售商在一定程度上控制和建立了产品的销售渠道。因此,对于零售商来讲,拥有自有品牌可以降低产品的生产成本,提高自身的竞争力,同时有利于实施差异化战略,有效回避同行业间的残酷竞争,满足顾客的个性化需求。

零售业未来的指挥棒——RFID

射频识别技术 Radio Frequency Identification（RFID）——作为一种快速、实时、准确采集与处理信息的高新技术和信息标准化的基础，是一种非接触的自动识别技术。其原理是利用射频信号及其空间耦合、传输特性，实现对静止的、移动的待识别物品的自动识别。射频识别系统一般由两部分组成：电子标签和阅读器。应用中，电子标签附着在待识别的物品上，阅读器用于当带有标签的物品通过其读取范围时，自动以非接触方式将标签中的约定识别信息读出，从而实现自动识别物品或收集物品标识信息的功能。电子标签是射频系统真正的数据载体。

RFID 能够给零售业带来诸多好处：保证货品安全、节约企业成本、加快收银速度、获得顾客信息、及时反馈市场、实时补充货物、跟踪产品行踪等。

世界零售巨头——沃尔玛已经将 RFID 技术应用到了其物流供应链的方方面面：采购下单、获取订单、预约送货、送货、递单、验货、收货、分拣、运送、观察等。据零售业分析师估计，通过采用 RFID 技术，沃尔玛每年可以节省大约 83.5 亿美元的成本。而这种无线射频识别标签能够帮助零售商把失窃和存货水平降低 25%。要知道，沃尔玛一年由商品被盗而带来的损失就差不多有 20 亿美元。

在麦德龙构建的未来商店里，我们可以看到应用 RFID 技术的未来：一个可以显示你的购物清单，并指示在哪里你可以准确地找到每种商品的个人购物助理（PSA）；一个可以"看见"你在称量商品的商品称；如果需要就可以一小时改变一次货架上的电子数码价格"标签"；可以每分钟都更新的、遍布店铺内的显示今日特卖品的图像显示屏；在酒类的走廊里有电脑可以为你今晚的晚餐调配最佳葡萄酒，然后地板上的闪光显示条指引你到那瓶酒的位置。顾客可以在把商品放进购物车时自行扫描一下货品，这样可以获得更多的商品和价格信息。PSA 包括一个内置的 EAN 条码扫描器。被扫描的货品会被显示在 PSA 的屏幕上，同时显示价格。然后，在结账时，顾客只需把 PSA 递给收银员，收银员就可以打印出价目表和总价，不需要再把购物车里的物品全部拿出来放到传送带上。

资料来源：RFID 中国论坛

【思考】

RFID 将如何影响人们未来的购物方式？

本章小结

零售是一个古老的行业，对一个国家或区域的经济起着重要的作用。零售（retailing），是指将产品和服务直接出售给最终消费者，从而增加或实现产品和服务价值的一种商业活动。零售活动的特点是：交易次数多，单个交易额少；零售活动经营范围灵活；零售活动形式的多样化；零售活动中，消费者的冲动性购买。

零售商（retailer），是指那些实践零售活动，将产品和服务传递给最终消费者，实现其价值的企业。零售商是经济活动的一个社会角色，承担着采购、库存、陈列、销售、信用功能。

零售业态（retail formats）是指零售企业为满足不同的消费需求进行相应的要素组合而形成的不同经营形态。有店铺零售（store-based retailing）包括食杂店、便利店、折扣店、超市、大型超市、仓储会员店、百货店、专业店、专卖店、家居建材商店、购物中心等。无店铺零售（non-store selling）包括电话购物、电视购物、邮购、网上商店、自动售货亭等。

零售业营销，是指零售商根据自身业务特点和营销学知识所开发、运用、改进的一套营销活动。零售业营销活动包括商品策略、选址策略、物流策略、采购策略、形象策略、定价策略、促销策略以及服务策略。

零售业营销的趋势包括：供应商与零售商的关系从对立到合作，零售商广泛运用信息技术和计算机技术，更加注重企业内部员工素质的培养和提高，从销售他人品牌的商品到开发自有品牌商品。

第二章　零售业态变革理论及趋势

☞【开篇案例】

苏宁电器新模式的探索：实体店＋网购

2010 年 1 月 25 日，苏宁电器旗下电子商务平台苏宁易购网携手 IBM、GFK 等合作伙伴召开媒体通报会，宣布其未来发展战略，并宣布苏宁网络购物系统——苏宁"易购"正式上线，这标志着苏宁正式拥有了 B2C 网络购物系统，向一种新兴的购物模式——网购进军。

苏宁电器称网上易购的各项基础运营平台和外部推广条件已经全部成熟，并将依托自身庞大的采购和服务网络，组建 1000 人的 B2C 专业运营团队，形成以自主采购、独立销售、共享物流服务为特点的运营机制，力争用三年时间使苏宁易购占据中国家电网购市场超过 20% 的份额，将其打造成为中国最大的 3C 家电 B2C 网站，强化与实体门店"陆军"协同作战的虚拟网络"空军"，全面创新连锁模式。

苏宁电器力求将其网上易购和实体门店作为其销售渠道的两翼。苏宁电器称未来网上易购将与实体店实现差异化协同"作战"的局面。苏宁电器营销总部执行总裁金明透露："和实体店面线性增长模式不同，苏宁易购能够快速形成全国销售规模，呈现几何式增长，同时依托线下既有的全国性实体物流、服务网络，苏宁易购能够共享现有资源，快速建立自己的盈利模式。"

资料来源：根据相关资料整理

零售活动虽然已经存在了很长时间，但是仅仅在近一个多世纪的时间中才得到了飞速的发展，零售活动的形式也从单一化走向了多元化，出现了多种零售业态并存的现象，而且在不同的时期，零售业态的主要形式会出现相应的改变。不同的零售业态意味着零售商所采取的零售活动的侧重点不同。而且，虽然零售活动遍布世界的各个角落，但是由于地理、文化等因素的不同，不同地方的零售业市场会有所差异。随着时间的流逝，零售业也在不断地发展，未来的零售业态将如何发展是学者和零售商普遍关心的问题。

第一节　零售业态变革理论

零售活动已经存在了上千年的时间，但是只是在近一百多年才得到飞速的发展。同时，有关零售业态方面的理论也是在这段时间发展起来的。这些理论主要涉及零售业态变革，包括零售转轮理论、零售生命周期理论、手风琴理论、自然进化理论和辩证过程理论等。

一、零售转轮理论

零售轮转理论(the Wheel of Retailing Theory),又称为零售车轮理论、零售之轮理论,是美国哈佛商学院零售专家 M. 麦奈尔(McNair)教授 1958 年提出的,后由 Hollander 做了进一步的分析。该理论认为零售业的业态变革有一个周期性的像车轮一样的发展规律。新型零售组织通常最初都采取低成本、低毛利、低价格的战略进入市场。随着经营渐渐地取得成功,竞争对手就会变得多起来,竞争也变得更加激烈。结果,这些零售商会选择经营更多品质更好的商品,到租金更高的位置开店,不断增加新的服务(承诺退货退款,提供信用和送货上门等),不断购进昂贵的新设备,从而导致经营成本不断提高,使企业转化为高费用、高价格、高毛利的零售组织。与此同时,又会有新的以低成本、低毛利、低价格为特色的零售组织开始对市场发起攻击,于是轮子又重新转动。这一理论可以用来解释百货商店、超市、折扣店等几类零售组织的发展趋势。

零售轮转理论强调成本领先战略是新兴零售业态企业进入市场的有力武器,那么这个理论的建立就存在一个前提:市场上的消费者是价格敏感型的购物者,不存在对某一零售业态的忠实。所以新型的零售业态只有实施了对商品购、存、销流转过程所有环节上的成本和费用的控制,降低商品的进价成本和物流成本,降低商品的经营管理费用,才能实现对商品流转全过程的成本费用的控制,从而成功地进入目标市场。沃尔玛、家乐福等国际零售巨头都是通过这一战略进入市场,并取得发展的。

这一理论主要是从企业进入和淘汰的角度来描述和分析零售业的发展,但是仅仅认为价格和成本是决定一个零售组织生存的唯一因素,未免显得有些片面,这无法解释那些面向高端消费群体的奢侈品零售店存在的原因。并且该理论没有指出从进入到淘汰的时间,忽略了品牌、企业文化等因素在组织发展中的作用,同时无法解释零售组织创新的速度、多样性和方向性。因此,它在实施方面具有很大的难度。

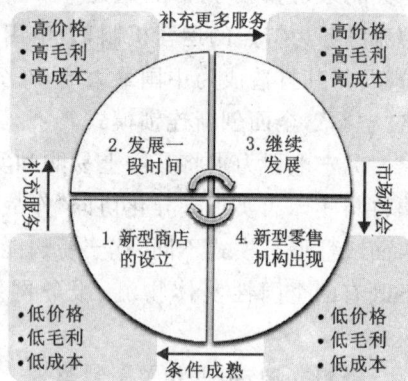

图 2—1　零售转轮理论示意图

二、零售生命周期理论

零售生命周期理论是由美国零售专家戴维森(Davidson)等人在 1976 年提出的,认为零售组织与生物一样,存在自己的生命周期。零售生命周期与产品生命周期类似,每一个零售组织都要经历创新期、发展期、成熟期和衰退期四个阶段。

(一)创新期

同类竞争对手少,与传统的零售组织相比具有差别化优势,组织的销售增长快,市场占有率和投资回报率都能得到提高。

(二)发展期

经过不断发展,组织建立了一定的市场地位和竞争优势,组织规模和数量得到了飞速的发展,随之而来会有大批的追随者效仿此类组织的经营方式,从而导致竞争异常激烈,同时市场占有率和收益率达到峰值。

(三)成熟期

处于这个阶段的零售组织,销售的数量很大,但是销售增长率处于缓慢上升甚至停滞状态。已有零售组织将面对新的零售组织的挑战,市场占有率存在下降的趋势,但是比较慢。由于大量资本的积累,对于企业来讲,成熟期一般比较长。

(四)衰退期

零售组织逐渐被市场淘汰,市场占有率和销售额急剧下降。创新型零售组织处于高速发展阶段,并逐步取代传统的零售组织。

零售生命周期理论在一定程度上反映了零售业态的发展,并且随着科技和信息技术的发展,这种周期正变得越来越短。经营者可以根据这个理论采取相应的措施。比如处于发展阶段时,应不断地发展组织规模,增加销量;当组织走向衰落时,应主动地放弃旧的组织形式,寻求新的能够适应时代发展的组织形式。但是,这个理论无法解释专业店的持续兴旺。

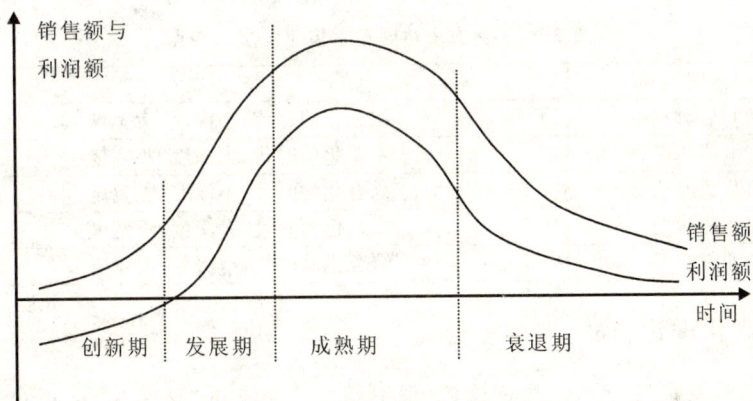

图 2—2 零售生命周期示意图

三、手风琴理论

手风琴理论(Accordion Theory)早在 1943 年就有人提出了,布兰德(Brand E.)于 1963 年对其进行完善,1966 年赫兰德(Hollander S. C.)则将其命名为零售手风琴假说。

零售手风琴理论又称为综合—专业—综合循环理论、手风琴模式和伸缩模式。它是用拉手风琴时风囊的宽窄变化来形容零售组织变化的产品线特征。赫兰德借助手风琴在演奏过程中重复地被张开和合起来描述零售组织结构的演变过程,认为零售组织的经营范围与此相似地发生变化,即从综合到专业,再从专业到综合,如此循环往复,一直持续下去。这是一种关于零售商演变的周期性理论,从商品种类的深度和宽度来描述零售业的变革,即零售商的库存商品种类是从大深度/小宽度到小深度/大宽度,再到大深度/小宽度循环变化着的。

拉尔夫·豪尔说:"在整个零售业发展历史中(事实上,所有行业都如此),似乎具有主导地位的经营方法存在着交替现象。一方面是向单个商号经营商品的专业化发展,另一方面是从这一专业化向单个商号经营商品的多元化发展。"

手风琴理论只在表面上解释了新的业态是怎么出现的,而且其解释过于简单,无法解释现在综合化和专业化零售店并存的现象。在目前的零售巨头中,综合性的零售商如沃尔玛和专业性的零售商如好市多都占据了一定的市场份额。这个理论认为商品组合的宽窄是零售组织结构演变的决定因素,这显然只看到了现象,没有解释商品组合为什么会发生变化,同时也忽视了其他因素如政治、经济、技术等因素的影响。

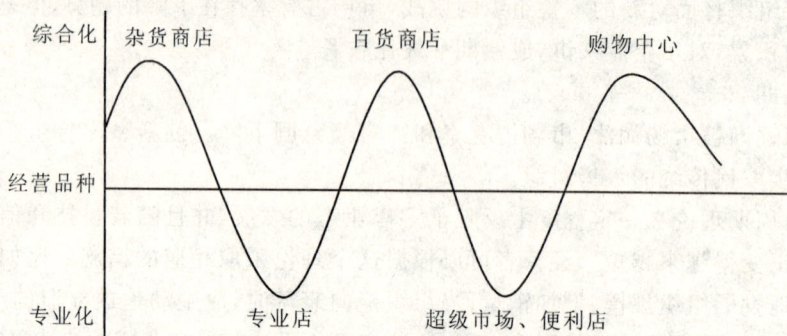

图 2—3　零售组织循环周期示意图

表 2—1　西方发达国家零售业发展的特点

时期	特点
杂货店时期	综合化的时代,小深度,大宽度
专业店时期	专业化的时代,大深度,小宽度
百货店时期	综合化的时代,小深度,大宽度
便利店时期	专业化的时代,大深度,小宽度
商业街时期	综合化的时代,小深度,大宽度

四、自然进化理论

自然进化理论又称为自然淘汰理论,该理论是由达尔文的"适者生存"进化学说派生出来的。进化论认为生物是在变异、遗传与自然选择作用下演变发展起来的。美国学者吉思特(Gist)和迪斯曼(Dreesman)根据进化论提出了该理论。他们认为各种零售组织都可以被看作是不同的经济"物种",它们都面对着由顾客、竞争者和变化着的技术所组成的环境。那些能够适合这些外部环境变化的零售组织最终生存了下来;反之,则被市场淘汰。

这个理论可以很好地解释市郊购物中心(shopping mall)的蓬勃发展。二战以后,美国进入了一个人口高速增长的阶段,城市化进程加快,市中心出现了交通拥挤、停车困难、客流量少等问题,因而市中心的百货商店业绩出现了下滑,经营发生困难。而市郊购物中心适应了这种社会经济环境的变化,所以得到了蓬勃的发展。

零售自然选择理论比其他理论考虑了更多影响零售业结构演变的因素,而且它能够更令人信服地解释为什么不同的环境里会有不同的零售组织和不同的零售组织结构。它的主要缺陷在于无法解释为什么相同的环境里会有如此不同的零售组织。

五、辩证过程理论

零售业的辩证过程理论是美国零售专家托马斯·马落尼克运用黑格尔辩证法中的"正、反、合",来说明零售业态的发展变革的理论。"正"是指旧的零售业态,"反"是指新的零售业态,"合"是指新旧零售业态在竞争中相互融合。

该理论认为,在零售业中的各种业态组织与竞争对手相互学习并趋于相同。一个企业总是采取某些战略和技术向具有差别优势的竞争者学习并获得这一优势,从而使得该企业不断地争取与其他竞争者特别是和企业情况相似的竞争者保持一致。最后,在这种相互学习的作用下,两个零售企业逐渐在产品、设施、辅助服务和价格方面趋向一致,即"合"。例如,专业店(正)和百货店(反)是相互独立的零售业态组织,最后产生了兼具二者特点的现代大型百货公司(合)。传统的百货商店(正)和早期的折扣商店(反),最后产生了品种齐全的折扣商店(合)。

辩证过程理论带有普遍性,它揭示了零售组织发展变化的一般规律,即从肯定到否定,再到否定之否定的变化过程。但是,这一规律描述得过于抽象,并把程度不同的变化等同起来。实际上,不少正、反、合的变化并没有引起组织形式的更替,只是对各种零售组织自身进行了反向调整。

中国零售业态的新趋势——"错层多业态"

在"错层多业态"中的各种业态,各自本身就是一个整体。超市、百货、便利店等业态都是以一种业态群体的面貌服务于整个企业集团,与其他各个业态群体相互配合,是一种各条"线"形成一个"面"的集合。"多业态协同"主要体现的是各种业态"线"之间的相互配合、优势互补。每条业态"线"都在整个企业集团中发挥一定的独立的作用,形成自己的独立品牌,而各条业态"线"之间相互配合编织成一张网络,满足更多的消费者需求。

西方零售业应用此种业态较为熟知的是日本的伊藤洋华堂集团。在中国本土零售企业中,上海百联集团是初涉水者。一百集团、华联集团、友谊集团、物资集团等四个公司的国有资产划转给百联集团统一经营。实施资产划转后,拥有第一百货、华联商厦、华联超市、友谊股份、物贸中心、第一医药和联华超市等7家上市公司以及第一百货商店、华联商厦、东方商厦、华联超市、联华超市、妇女用品商店、第一医药、蔡同德堂等知名企业,拥有遍布全国23个省市的近5000家营业网点,涵盖了包括百货、标准超市、大卖场、便利店、购物中心、专业卖场和物流在内的多种业态,形成了一个特大型流通产业集团。

种种迹象表明,"百联模式"走向全国已为期不远。国内其他商业圈密集的城市也存在组建大型商业流通集团的条件,最典型的就是北京、武汉两个城市。北京目前有王府井、西单商场、北京城乡、华联综超等4家商业上市公司,而武汉也拥有武汉中商、鄂武商、武汉中百、汉商集团等4家商业股。另外一些竞争力较弱的商业股也将面临引进新的实业资本或产业转型的机遇。

【思考】

请用学过的零售业态变革理论来解释"错层多业态"的出现。

第二节　世界零售业的变革趋势

零售业作为一个古老的行业,在过去几千年的历史长河中,从单一的沿街叫卖到现在的多元化格局,发生了很多变革。不仅零售业态变革理论具有多样性,而且零售业态组织也呈现出多样性与复杂性。同时,零售业作为一国或地区重要的经济力量,会伴随着经济的发展而进步与变化。不论目前的零售业是多么的多元化,科技的飞速进步和经济的快速发展都会给零售业带来不可估量的变革。

一、世界零售业的发展历史

世界零售业的变革发展是从 19 世纪开始的,主要集中在西方世界,起步比我国要早,我国现在的零售业的发展模式主要来自西方,因此我们需要了解一下世界零售业的发展历史,从而一方面更好地预测未来的发展,另一方面为我国零售业的发展提供一些值得借鉴的经验。

历史是由事件组成的,而这些事件都会对社会的发展产生正面或负面的影响。纵观人类文明史,每一次重大变化都伴随着相应的革命,无论是政治革命、文化革命还是经济革命。世界零售业的发展历史也不例外,每次发展都伴随着相应的变革。18 世纪的工业革命为世界零售业的发展提供了强大的物质保障和技术支持。

纵观零售业历史,关于零售业内的革命有不同的分法,大体上有两种。一种认为共有四次革命:百货商店的诞生、超级市场的诞生、连锁经营的兴起和网络商店的兴起。另一种认为共经历了八次零售革命:百货商店的诞生、一价商店的诞生、连锁商店的发展、超级市场的红火、购物中心的崛起、自动售货机风靡、步行商业街的回潮和网上商店的流行。学者普遍认可前一种分法,认为后一种分法过细,但是这两种分法都说明了零售革命是零售形式的革命,是商家获取效益手段的变化。

(一)第一次零售革命——百货商店的诞生

零售业发展的第一个拐点可以追溯到 19 世纪中叶百货商店的诞生,这是学者普遍认为的零售业的第一次变革。这一变革是在工业革命后产生的。在工业革命以前,零售业的形式主要是小型店铺,店主负责店内的大小事情。简单地说,百货商店就是把不同的小型店铺集中在一个区域,集中管理。

第一家百货商店于 19 世纪 50 年代诞生在西方文化之都——巴黎,是一位名叫布西哥的人开办的"博尔马谢"(Bon Marhe)商店。第一家百货商店之所以诞生在巴黎,是因为当时的巴黎经历了欧洲文艺复兴运动的洗礼和重商主义的震荡,正处于工业革命之中。工业革命使商品丰富起来,改变了人类的社会生活方式,同时也增加了人们的需求。

百货商店的革新性主要表现为其销售、经营和管理上的根本性变革。在销售方面,顾客可以自由地进出百货商店,百货商店的商品明码标价,同时允许顾客退换不满意的商品。在经营方面,百货商店把不同的店铺汇聚在一个经营体之中,并分成若干不同的商品部,由专门的部门来负责组织进货和销售。这就符合了当时社会大分工的趋势,同时也从根本上改变了原来个体店铺单打独斗的局面。在组织经营方面,百货商店实现了管理工作和经营活动的分离,统一管理,但是每个部门独立进行各自的经营活动。

2010 年 1 月 21 日,山西省首个百货业商业战略联盟宣告成立。联盟的 66 家百货店同享直接对接各个品牌山西总代理的优惠,而一线品牌的服装也将进入地市。商业战略联盟由同至人购物中心倡导发起,全省各地市 66 家大型百货商场组成。"成立联盟,可以让成员百货店与省级代理商直接对接,省去中间环节,节约成本,最终让利于消费者"。同至人购物中心负责人李晓透露,百货店与省级代理商对接,不光可节省时间成本,仅可见的经济成本就能节约 10% 左右。按照计划,2010 年年内,各联盟的预定目标是让消费者在全省 66 家大商场都能买到心仪的品牌服装。

(二)第二次零售革命——超级市场的诞生

世界上第一家超级市场于1930年8月在美国纽约诞生,名叫"金·库伦",它的出现被认为是零售业的第二次革命。虽然超级市场至今已有80多年的历史,但是其快速发展却是在第二次世界大战以后,这主要是和信息革命有关。目前超级市场的老大——沃尔玛,就是凭借其出色的信息技术来减少成本,长期坐着零售商排行榜的第一把交椅。

从本质上讲,超级市场是实行敞开式售货、顾客自我服务、在出口统一付款的零售商店。超级市场作为一次零售革命的标志,有着自身的革新性。首先,消费者的自主性增强。因为超级市场采取开架售货方式,而不是传统的营业员服务方式,所以顾客就有更多的时间观察了解商品。这就给顾客提供了自助的购物方式。其次,购物时间大大节省。超级市场拥有比百货商店更多的商品,不仅包括日用品,还包括油盐酱醋等小商品,这样就可以帮助顾客完成一站式购买,从而大大节省了人们的购物时间。同时,由电子计算机结算代替人工结算,减少了差错,缩短了顾客等待的时间。最后,商家加强了对消费者的关注。工业革命的发展使世界的物资生产过剩,由卖方市场转变为买方市场,企业的营销策略发生了变化。因此,商家不是要生产产品,而是要生产那些能够使消费者接受的产品。同时,超级市场也改进了经营的环境,让顾客能够享受购物的乐趣。

在中国,由于目前连锁超市零售额占国内零售总额的比重较小,因此中国超市业蕴涵巨大发展潜力。尽管过去几年中国超市行业强劲增长,但是连锁超市的零售额仍不到国内消费品零售总额的5%。相关人士认为,联华超市和物美商业有望从超市行业蓬勃发展中受益。

联华超市正进一步拓展外埠市场。联华超市是上海本地及全国范围内最大的连锁超市集团。联华超市不仅要与相对成熟的上海本地市场保持同步增长,同时还要不断拓展迅速崛起的外埠市场,预计2010年的年均复合增长率达17%。

物美商业仍主要发展本地市场。物美商业是北京市最大的连锁超市集团,今后仍将主要发展北京市场——北京市场仍处于发展阶段且市场集中度较低,预计2010年的年均复合增长率达27%。

(三)第三次零售革命——连锁经营的兴起

连锁经营是商业企业集中化发展的必然,是现代大工业发展的产物,其实质就是通过将社会化大生产的基本原理运用到流通领域,达到提高协调能力和规模化经营效益的目的。

第一家连锁经营的商店是1946年在美国诞生的7-Eleven连锁便利店。

连锁店是指采取同一种形态、相同原则经营管理的多家店铺,一般店铺数量在11家以上。就是说,在不同的地点遵循相同的经营理念,这适合了社会化大生产的趋势,同时所带来的规模效应也使连锁店内的商品价格比较低。

连锁商店的革新性表现在社会化大生产和消费者个性化需求,要求零售业既能够批量地吞入工农业产品,又能分散地吐出,按照标准化运作和统一管理的理念进行组织扩展。连锁商店创造了一种商业循环,即用规模效应实现较低售价,再用低售价扩大销售。连锁经营对社会经济的发展产生了巨大的影响,最重要的就是催生了企业集团巨头的出现。现在世界500强企业几乎全都采用连锁经营的方式,它使得企业的经营在地域上得到了发展,实现了空间上的跨越,同时可以对资源进行有效的整合,带来巨大的利润。

7-Eleven 便利店的名称源于 1946 年,藉以标榜该商店营业时间由上午 7 时至晚上 11 时。今天,7-Eleven 为提供更佳服务,已改为 24 小时年中无休营业,为便利店经营模式的发展立下里程碑;但由于 7-Eleven 名字已深入民心,故仍沿袭采用。

目前北美州共有接近 6000 间 7-Eleven,每日为 600 万顾客服务。以独有品牌 BigGulp、BigBite、Slurpee 及鲜磨热咖啡驰名的 7-Eleven,多年来亦不断开拓新的速食、热食及新鲜包点等项目,积极为顾客提供多元化口味。另外,7-Eleven 亦引入了多种便利服务以迎合个别商区顾客的需求,其中包括自动汇款服务、复印及传真服务、自动银行提款机服务及电话卡等。

在北美州的 7-Eleven 中,约 55% 属特许加盟店,加上全球各地的加盟店及合营公司,7-Eleven 全球计有超过 27000 个零售点。国际市场包括日本、澳洲、墨西哥、中国台湾、新加坡、加拿大、菲律宾、英国、西班牙、瑞典、丹麦、韩国、泰国、挪威、土耳其、马来西亚、中国大陆及关岛。除北美本土市场外,日本及中国台湾拥有最庞大的网络,分店数目分别超过 10000 家及 3400 家。

(四)第四次零售革命——网络商店的兴起

如果说连锁经营使得企业实现了空间上的突破,那么网络商店就使企业在空间和时间上得到了质的发展。

网络商店,又称为虚拟商店(virtual stores)或电子空间商店,商家在互联网上自设网站,展示、销售商品,顾客通过互联网浏览展示的商品,进行选择和购买。网络商店的兴起源于信息技术的发展,特别是互联网技术。互联网打破了传统的时间和空间的界限,使得人们可以在任何时候任何地点获得信息。这是企业经营的分销渠道的变革性创新。

网络商店的出现改变了人们的社会生活方式,不仅现在正在改变,而且还将继续改变。网络商店除了能够使人们随心所欲地获得信息外,还有其他方面的革新。对于企业来讲,传统的实体店铺已经不是企业经营的必要条件,在互联网上注册一个网址或进入电子商务平台,就能完成交易,这一点大大降低了企业的经营成本和进入某一行业的门槛,同时提高了企业间交易的效率,随之带来的是企业内部组织结构的调整。

通常认为网络商店于 1994 年诞生在美国。不到二十年的时间,网络已经发展成为社会经济生活不可分割的一个重要的部分,网络商店也成为了世界经济发展的重要推动力。世界最著名的网络商店亚马逊网上书店,于 1995 年 7 月成立,一年后的盈利就达到了 500 万美元。而国内的阿里巴巴,成为了全球领先的 B2B 电子商务网上贸易平台。这些都说明了网络商店所拥有的巨大发展潜力。

阿里巴巴是目前全球最大的网上贸易市场,已成为全球首家拥有 210 万商人的电子商务网站,被商人们评为"最受欢迎的 B2B 网站"。全球著名的检测权威网站 Alexa.com 针对全球商务及贸易类网站进行排名调查,阿里巴巴网站排名首位。而且,阿里巴巴两次被哈佛大学商学院选为 MBA 案例,在美国学术界掀起研究热潮,四次被美国权威财经杂志《福布斯》选为全球最佳 B2B 站点之一,多次被相关机构评为全球最受欢迎的 B2B 网站、中国商务类优秀网站、中国百家优秀网站、中国最佳贸易网,被国内外媒体、硅谷和国外风险投资家誉为与 Yahoo、Amazon、eBay、AOL 比肩的五大互联网商务流派代表之一。日本最大的杂志——《日经》高度评价阿里巴巴在中日贸易领域里的贡献:"阿里巴巴已达到收支平衡,成为整个互联网世界的骄傲。"

二、世界零售业的现状

近几年来,世界经济增长缓慢,特别是经过2008年的金融危机后,世界经济受到重创,全球的零售业也受到了一定的影响,但是相比其他行业,全球的零售业仍处于上升的趋势。

从目前看,世界零售商巨头主要集中在美国、法国、德国、日本、荷兰等经济发达国家。国际零售商巨头作为世界零售业的中坚力量,正在通过兼并、收购迅速扩张。北美、西欧和日本是零售业发展比较成熟的地区和国家,它们代表了世界零售业的现状,因此我们将介绍这三个地区和国家的零售业发展现状,从而了解世界零售业的现状。

(一)北美地区零售业的现状

北美地区特别是美国的零售业代表了当今世界零售业发展的最高形式。世界前10强的零售商中,美国的零售商占了6个。同时,从零售业态的变革来看,除了百货商店发生在法国,其他的全部发生在美国,可见美国对世界零售业的贡献。

零售业是美国最大的产业,拥有最多的企业和最多的就业人口,2007年美国商业零售总额超过4万亿美元。美国零售业表现出如下特点:

1.结构层次分明

美国零售业在20世纪20年代的经济危机后,特别是随着"婴儿潮"的兴起,得到了飞速的发展。在一个多世纪的快速发展后,各种形式的零售业态均出现在美国,并且每种形式都存在市场领导者。

美国各个大小城镇,都会有至少一个大型购物中心。购物中心一般选址在各州交界、人口稀少但紧邻高速公路的地方。市中心一定会有百货商店的立足之地。至于超市、便利店等其他零售业态则遍布美国的大街小巷。作为互联网的发源地,网络商店在美国也得到了快速的发展,并且建立了比较成熟的管理体系。据美国统计署的资料,2007年美国网络销售总额已高达1364亿美元,占美国零售总量的3.4%,预计到2011年将达到2250亿美元。五花八门的商业零售业形态,极大地方便了美国居民的生活。

2.连锁经营盛行

连锁经营产生于美国,并且已成为目前美国现代商业零售业的主流,也被广泛应用于餐饮、旅店等许多服务行业。连锁经营把现代大工业、大生产的组织原则应用于商品流通领域,提高了协调运作能力,实现了规模经营效益,其最重要的影响就是降低了商品价格。

在全美1000强企业中,商业连锁企业有近100家。现在美国零售业销售额的绝大部分都是连锁商业创造的。美国连锁商业零售企业都有一个完善、高效率的配送系统,沃尔玛便以其庞大的配送系统而闻名。连锁分店则按照总部的指示和服务规范要求,承担日常销售业务。每个连锁企业都有一套统一的经营策略和管理要求,详细规定了商品质量标准、服务标准、商品价格及操作规程等,所有分店都必须严格执行。

3.信用体系完善

美国拥有完善的信用体系,这种完善的信用服务体系保障了交易安全,节省了交易成本,同时企业和消费者已经形成了自觉培育和维护自己良好信用的习惯,信用体系成为了保持美国经济活力的"秘密武器"。美国目前75%以上的居民使用信用卡消费,80%以上的企业间经营活动采用信用支付的方式。近50年中,美国居民消费信用额保持了年均12%的增长速度。

另一方面,信用体系在维护公共安全、创造和谐社会环境方面也发挥了重要作用。美国的租车业十分发达,在任何城市,只要凭信用卡和驾照复印件数分钟内就可轻松地从租车行开走汽车。美国的退货服务也非常方便,多数商品在三个月甚至六个月内可以无条件退货,可凭发票在同一家连锁企业的任何一家门店退货,有的店甚至不要求顾客提供发票,也同样退货。在这样一种商业氛围中,顾客不单享受到了快捷的服务,其受尊重的感觉也是不言而喻的。

在美国,商业是大学的热门学科,成功的市场推销员往往被认为是企业英雄。整个美国社会普遍认同经济促销活动,因此能看到商场各类打折和售卖活动层出不穷,其促销方式林林总总、花样繁多,具体有会员卡、优惠卡、折扣、返还货款、赠品、免费试用等等。普通民众经常能接到各种推销电话,而且如果不退订,各种各样的促销邮件和信件更是络绎不绝。商家也经常自行印制专门的"报刊式"广告。这些广告里经常有些优惠券,顾客可凭券享受一定的优惠。而其中一个诀窍在于,优惠都是有时段限制的,早于或晚于该时间段使用都是无效的,为了能有效地享受到优惠,消费者就会经常性地关注和查询这些广告。一旦消费者有了兴趣,自然就能带动那些非优惠商品的销售了。据报道,美国95%以上的小商品公司都使用过赠送优惠券的办法,而有2/3的美国顾客在日常购物活动中使用优惠券。

(二)西欧零售业的现状

西欧是整个欧洲经济最发达的地区,包括英国、法国、德国、意大利等世界发达国家,那里的社会福利制度完善,人们的消费观念不断更新,可支配收入比重大,这些都对零售业的发展具有推动作用。

西欧不像美国那样拥有广阔的市场,西欧国家在领土上相对比较小,但是人口密度比较大,并且在工业革命后,很成功地完成了城市化进程。目前的西欧市场比较成熟,机会比较少,所以零售商在欧洲的主要策略放在提高顾客的购买量、培养消费者忠诚度方面,使西欧市场的零售商之间的竞争更加激烈,从而导致零售商向专业化方向发展。如 Jeronimo Martins 主要经营食品,Bricodis 则是家具零售行业的佼佼者。

连锁经营也是西欧的零售商的经营方式。但是,与美国零售商在国内连锁不同,西欧的连锁零售商主要是跨国连锁,从而实现企业的发展壮大。跨国连锁比国内连锁要困难得多,主要是因为企业必须了解投资国的法律、文化、政治等情况,这就对西欧的连锁零售商提出了更高的要求。

根据世邦魏理仕最新的零售业研究报告——《零售业的全球化进程》,伦敦已经成为全球国际化程度最高的零售业城市,吸引了全球60%的顶尖零售商。紧随伦敦之后的是巴黎(49%的零售商)和纽约(47%的零售商)。在这份研究报告中,零售业国际化程度最高的前十强城市大部分为欧洲国家的首都,它们占据了前十强中的七席。只有纽约、迪拜和东京这三个城市分别代表了其所在的地区。

世邦魏理仕的报告表明英国继续引领世界潮流,仍是全球国际化程度最高的零售市场。而欧洲保持着对全球顶尖零售商的吸引力,在国际零售市场15强中有8个来自欧洲。世邦魏理仕认为这主要得益于该地区地缘政治背景的积极影响。欧盟作为跨国零售业的成功典范之一,那里统一的货币、法律平台及文化历史的相互交融使跨国零售业务更具吸引力且更易开展。

（三）日本零售业的现状

日本作为离我国最近的发达国家,其零售业的发展值得我们借鉴和学习。日本通产省商业统计中将零售商店分为百货商店、综合超级市场、专门超级市场、便利商店、其他超级市场、专门商店、准专门店(中心店)和其他商店8种。20世纪50年代,日本引进了连锁经营超市,对当地零售业的发展起到了很大的推动作用,引起了日本国内的零售革命。便利店和自动售货机这两种零售形式是日本零售业发展中的亮点。由于日本国土相对狭窄,人口密度大,因此日本零售业店铺密度大,从而使日本成为了便利店最适合成长的地方,日本著名的便利店有7-Eleven、Sun's、罗森(Lawson),其中7-Eleven已经成为世界五百强企业。

日本素有"售货机王国"之誉,其商品销售额为世界之冠。日本售货机市场在2000年达到高峰,这一年的应用量为561万台,商品销售额为7.11万亿日元,均为历史最高纪录。近几年来,日本售货机市场趋于饱和,应用量和销售额由升转跌,2003年减少为552万台和6.94万亿日元。虽然早在17世纪英国的小酒吧里就设有香烟的自动售货机,但是日本却开发出了更为实用的自动售货机——1904年问世的"邮票明信片自动出售机"。最后由于美国饮料大公司进入日本市场,出现了以自动售货机为主体的流通领域的革命,从而促进了自动售货机产业的发展。

但是,由于受到长期经济疲软的影响,日本整体消费市场较为软弱。近二十年来,日本零售商店经历了数量不断减少,同时商店规模又在连续扩大的发展过程,预计这种变化趋势今后还将持续一个相当长的时期。20世纪70年代后期和80年代初期,是日本零售商店数量最多的时期,大中小各类商店总数超过170万家。但是,现在的总数减到120万家左右。

世界上拥有售货机数量最多的国家是美国,日本现代自动售货机技术和业态也是从美国引进的,但后来居上的日本,很多方面已经赶上和超过美国。从售货机的商品销售额看,美国为300亿美元上下,日本为600亿美元;美国平均每40人拥有1台售货机,而日本每23人就拥有1台售货机,日本售货机密度之高,举世无双。又如,平均每个日本人每年在售货机上购买5万多日元(近500美元)的商品,而美国仅为120美元。

三、世界零售业的变革趋势

当今世界经济、政治、技术发生着深刻的变化,特别是科学技术的飞速发展使社会发生了巨大变化,这种改变同样发生在零售业中。零售业的变革趋势反映了人们生活方式的改变、信息技术的提高等。总的来讲,未来世界零售业的变革趋势可以概括为以下三点:

（一）零售的国际化战略和本土化战略相结合

零售业在过去一个半世纪期间,得到了飞速的发展,并且形成了具有相当规模的零售巨头,比如美国的沃尔玛、法国的家乐福、德国的麦德龙等,这些零售巨头的产生一部分要源于其国际化战略的实施。特别在欧洲,由于受到地理环境的影响,许多零售商通过在其他邻近的国家经营来获得发展空间。在国际化战略实施过程中,零售商形成了自己独特的经营理念和管理方法。但是,随着现代全球化进程的发展,国际零售商与本土供应商或政府发生了越来越多的摩擦和冲突,特别是亚太、中东地区。因此,为了能使跨国零售商在全球化进程中得到发展,除了采用国际化战略外,还必须针对所在地区的情况,实施本土化战略。

所谓"本土化",是指跨国企业在海外从事生产和经营活动过程中,为迅速适应当地的经济、文化、政治环境,充分满足当地市场的需求,而在技术开发、资金筹措、人力资源、运作管理、市场营销等方面实施当地化策略,具体可包括适应当地文化,利用本地经营人才和资源组织生产、销售与提供适应特定地域的产品和服务等等。

国际化战略和本土化战略的结合被称为"思想的全球化,行动的本土化"。虽然零售业态没有国家和地域的区别,但是其发展必须在一定的国家或地区内进行,因此就要受到当地政治、经济、文化、法律、风俗等因素的影响。所以,跨国零售商应用国际化的思想来指导本土化的战略。

而对于本土零售商来说,他们最大的优势在于对自己所处的大环境的了解,因此在最初的发展阶段相对比较容易。但是,随着零售商的进入门槛越来越低,使得本土零售商面临着激烈的竞争,其在经营理念和管理思想方面不及跨国零售商,因此本土零售商更应该具有全球化的思想。

Carrefour(家乐福)是法国最大的国际化零售企业、全球第二大连锁零售商,2008年被列入《财富》杂志全球500强企业,居第33位。而Tesco是英国第一大零售商,全球排名第三。两大企业分别在1996年和1999年进入韩国,但各自的命运却迥然不同。前者在2006年发表了《Carrefour正式确认撤离韩国》的声明,承认经营失败;而后者目前在韩国已拥有66家大卖场和72家生鲜店,截至2008年2月,实现的销售额约为27亿英镑,是唯一一家在韩国成功运营的大型外国零售商。同样是全球知名的零售企业,有着成熟的经营理念和丰富的实践经验,在韩国市场上的命运却大相径庭。

(二)零售业的多元化格局发展

当前,零售业已呈现出多元化发展格局,特别是在发达国家,各种零售业态并存。这主要是与市场的多元化和人们生活方式的多元化有关。由于市场竞争的日益激烈,企业将对整个市场不断地进行细分,以找到适合自己的经营领域,进而就造成了市场的多元化。同时,随着社会职业的增多以及人们消费水平的提高,生活方式也越来越呈现多元化的趋势。这些必将带来零售业的多元化,如医药专业店兼营食品零售,网上零售店扩大经营范围,儿童服装专卖店增加经营种类等。百货商店、购物中心等实体零售业态将引入网络商店的经营,实现虚拟与实体结合的经营方式。

(三)零售业的信息化程度加深

加强信息化建设将是未来零售业重点发展的一个环节。自20世纪80年代,由自动化技术、电子计算机技术引起的第三次科学技术革命,带来了社会各个方面的巨大变革,零售业也不例外。信息技术的引进提高了零售业内商品流通的效率,降低了企业经营的成本,特别是在未来利润越摊越薄的情况下,企业需要应用更加先进的技术来降低自身的运营成本,从而实现自身的发展。

外资零售巨头在华多元化布局

2010年伊始,外资零售巨头在华"跑马圈地战"开始升级。

2010年1月12日,家乐福在华最大规模卖场——成都武侯区红牌楼店开业。这是继2009年家乐福在华门店数首次被沃尔玛赶超后,2010年在华开的首家门店。尽管家乐福方面表示,要坚持在华发展大卖场业态,但该店4层楼、2万平方米的招商规模,集购物、餐饮、娱乐、休闲于一体的多功能购物场所与购物中心并无两样。这也是继Tesco、沃尔玛、宜家等零售商进军新业态以后,家乐福的又一次多元模式试水。

全球第三大零售商Tesco集团下的7.6万平方米的"乐都汇购物广场"也于2010年1月9日在青岛开业,青岛乐都汇购物广场是Tesco集团在中国经营的第一个购地自建的综合性购物中心,也是外资零售商在中国投入运营的第一个商业地产项目,同时还有两家购地自建大型购物中心即将在秦皇岛和抚顺开业,另有20家也被纳入规划当中。

这些外资零售商在华模式变局被视为新一轮中国零售格局改变的开始。以往本土零售巨头通过大卖场、超市、便利店、生活超市等多种业态瓜分庞大的区域消费人群,也将被外资零售商采纳。一位业内人士担忧,晚到的外资零售商意图通过新业态重划中国零售格局,而一旦新的业态发展成熟,将可能波及本土百货行业,同时中国广袤的城乡市场也可能被外资便利店涉足。

资料来源:中国投资咨询网

【思考】

1.外资零售商改变在华经营模式的原因是什么?

2.哪些新的零售业态正在产生?

第三节　中国零售业的变革趋势

零售业是一个国家和地区经济发展的重要产业,特别是对我国经济的发展起到了巨大的推动作用。自从实施改革开放政策以来,零售业实现了历史的跨越。1978～2004年间,消费品零售总额年均增长14.6%,而2007年零售总额比2006年增长16.75%。预计2010年,中国消费品零售总额将超过10万亿元。

随着我国零售市场的进一步开放,以及在金融危机大背景下,中国成为世界经济复苏的引擎,因此很有必要用一节的篇幅来探讨我国零售业的变革趋势。

一、中国零售业的发展历史

新中国成立60年以来,我国零售业的发展历史大致可以分为三个阶段。

第一个阶段是1949～1989年,百货商店占主导地位的单一业态阶段。

在这个阶段,国内主要处于计划经济体制时代,而百货商店一般都是国营企业,是当时社会商品流通的主要渠道,主要任务是"稳定物价"、"保障供给",而不是满足消费、促进生产,因此这个阶段的百货商店与现在意义上的百货商店具有不同的含义。自20世纪80年代中后期开始,随着经济的高速增长、消费者生活水平的持续提高,中国的百货商店进入了快速发展时期。在改革开放的前10年,百货商店依然在我国流通领域占据垄断地位。

百货商店在计划经济体制下的经营管理水平已经不适应新的市场结构和经营环境。另外,新的零售业态的出现和市场的不断开发加剧了零售环境的复杂化。这些都为日后百货商店的转型阵痛埋下了伏笔。

第二个阶段是 1990～1999 年,多种零售组织和国际零售巨头涌入国内市场的零售业革新阶段。

20 世纪 90 年代以来,中国零售业发生了根本性的变化,特别是在 1992 年,我国开始进行零售业对外开放试点。从那以后,我国的零售业呈现出了阶段性跳跃,出现了很多大型的现代零售组织,最主要的是超级市场的出现。进入国内较早的是中国香港百佳、荷兰的阿霍德等连锁食品超市,而像法国的家乐福、欧尚,德国的麦德龙,美国的沃尔玛,泰国的易初莲花,荷兰的万客隆和中国台湾的大润发等大型综合超市是 1995 年后进入的。1996 年,世界零售巨人在国内开始了"圈地运动",从而带来了中国零售市场的巨大变化。

除此以外,其他形式的便利店也进入了中国市场。7-Eleven 便利店在 1992 年 10 月 16 日在深圳开业,国内第一家仓储式商场于 1993 年 8 月 8 日在广州开业。许多现代化的零售组织大量地涌入了国内市场,共同分享这一蛋糕。由于国外零售商具有先进的管理理念和经营方式,因此在一开始的竞争中处于优势地位。虽然当时本土企业规模比较小,但是也在不断地学习国外先进的管理思想。

第三个阶段是 2000 年至今,国内零售企业崛起、国内和国外企业激烈竞争的阶段。

进入 21 世纪,随着中国主导零售组织的成功转型,出现了本土企业和国外零售巨头激烈竞争的局面。本土企业的代表有上海的联华超市和华联超市、国美电器和苏宁电器等。之所以中国本土企业能够获得快速的发展,主要有以下原因:第一,零售业的本土化进程。虽然超级市场、便利店是从国外引进的,但是作为商品流通渠道的最后一个环节,必须有上游供应商的支持,才能使零售商发挥作用,因此国内的零售商利用本土优势,加上虚心向国外零售巨头学习先进的管理理念,特别是连锁经营方面的先进理念,从而实现了本土企业的发展。第二,寻找不同的经营领域。进入国内的国外零售商大都以经营食品为主。国内企业则是利用其管理经营的思想来开拓不同的领域,如家电领域、建材领域等。在没有类似的国际零售商进入国内市场之前,本土企业可以先进入该领域,从而实现自身的壮大。苏宁和国美就是最好的证明。

2005 年成为中国零售业的另一个拐点,因为中国加入 WTO 的三年保护期满,外国零售商开始全面进军中国零售市场。虽然国内企业具有本土优势,但是在企业发展壮大的过程中,资本成了限制其发展的瓶颈。而这正是境外零售巨头的优势。例如,2005 年初上海美亚投资公司关闭了旗下 500 家效益不佳的 21 世纪便利店。普尔斯马特的倒闭波及全国。据不完全统计,2005 年一年,国内就有 150 多家超市倒闭,同时带来了零售业的并购热潮,如华润集团对苏果超市的全面收购,国美电器对永乐公司的收购。并且有研究表明,企业的并购还将持续下去。

零售巨头加紧新一轮的扩张

一方面由于零售市场的激烈竞争导致零售业销售利润逐渐摊薄,另一方面随着房地产市场的回暖,使商业物业租金升值空间提升。2009 年 5 月开始,无论是本土零售龙头还是跨国零售巨头开始自购物业,纷纷瞄准了"土地"这一稀缺资源,不约而同地加大自购物业"赚稳定收入"。

2009 年 4 月底,广百股份的连锁发展版图首次扩展至粤东地区,第二家新店落户广东惠州。广百股份 CEO 黄永志展示了该公司的拓展战略:以惠州为桥头堡开拓广东潮汕、江西、湖北、福建等东区市场,以重庆为总部在广西、重庆、四川、贵州、云南等西部地区发力。

与此同时,英国的乐购日前也在中国成立了一家名为"China Property Holdings(HK) Limited"的中国地产控股(香港)有限公司。该公司是 Tesco 集团在中国设立的一家独立公司,主要负责购买土地自建购物中心。据乐购有关人士透露,2009 年和 2010 年两年内,乐购将有 4 个购地自建的综合商业体陆续开业。截至目前,乐购已签约了 10 余个购地自建项目。

而紧随其后,宜家(中国)2009 年初新成立了宜家中国购物中心。据宜家内部人士透露,这家新成立的公司专门负责宜家在中国商业地产的投资和开发。记者了解到,宜家在无锡经济开发区以 4760 万元价格购入一块总建面积约 16 万平方米的土地,一期项目将在年内开工。此外,还将投资 3 亿美元,在武汉建宜家购物中心。

同时,不仅广百股份、王府井、新光百货、上海百联、武商集团、新世界、百盛、步步高等国内外零售商亦在今年接连吹响跑马圈地的号角,加速布局国内市场,尤其重视开发四川、广西、湖南、京沪近郊等潜力市场。

资料来源:信息时报,2009—6—3

二、中国零售业的现状

作为世界上发展最快的经济体,即使在金融危机的大背景下,中国经济仍然表现出了高速的增长。中国正在成为世界发展的动力,受到各种关注。中国零售业的发展速度一直高于总体经济的发展速度,其对国民生活起着重要作用。国家统计局的数据表明,2006 年我国的社会消费品零售总额为 76410.0 亿元,2007 年我国的社会消费品零售总额为 89210.0 亿元,增长了 16.75%。这一数字有进一步扩大的趋势。

中国零售业在近二十年的发展中,从零售业态的角度来看,中国境内已经具有了几乎所有的业态组织形式,形成了在传统零售业中以单个经营的百货店为代表,在现代零售业中则是以连锁经营为代表的业态构成特点。下面将通过 SWOT 分析来全面了解我国零售业的现状。

(一)中国零售业的优势

虽然中国内地对零售的全面开放不到二十年的时间,但是利用地理位置、本土化经营的优势,其发展的速度却是惊人的,同时成长起来了一些大型的零售商,如上海的百联集团、华联集团等。而且中国的本土零售商已占有了中国整个零售市场的一片天地,并在某些领域占据了主导地位,如在家电零售方面,国美和苏宁牢牢占据着领导者的地位。除此以外,不少本土零售商在区域性方面做得很好。有资料显示,苏果占据南京超市业态 60% 以上的市场份额,区域品牌第一;中百连锁超市网点数量、销售规模、经济效益连续 7 年雄踞湖北商业龙头地位;北人集团是河北消费者口碑最佳的商业集团;翠微大厦以年利润增长 32.92% 的增幅及奥运服务标准为北京十大商业品牌之首;上海东方商厦始终在外资百货微利竞争中稳创高利润营收。在中国经济高速发展和城市化的进程中,中国零售商利用自身的本土优势实现了自身的发展和壮大。除此以外,政府对民族企业实行福利性的政策,这更加有利于本土零售商的发展。

作为新兴的经济体,广阔的市场前景吸引了许多境外的零售巨头到中国内地投资。自从第一家外资零售企业八佰伴进驻中国,沃尔玛、家乐福、欧尚、麦德龙、百安居等知名跨国零售企业相继来到中国,共同分享这个大蛋糕。

1998 年开始,当国内外的零售大佬们着手在城市攻城掠地时,刚成立 2 年的苏果开始向农村市场伸出了手。第一家农村连锁店在溧水县开出后,苏果的加盟店迅速蔓延到了江苏武进、东台、如皋、兴化等县 80% 的乡镇,包括邻近省份安徽的 20 多个县城。商务部开展"万村千乡市场工程"后,苏果开始探索开设"村级店"。目前,在南京周边的溧水、高淳、江都等县,苏果的便民店开进了行政村。

在扩大城市市场的同时进军广阔的农村市场,也使苏果超市在激烈的竞争中赢得了优势,实现了跨越式发展。苏果年销售额一度从 52 亿元猛增到 138 亿元。至 2008 年底,苏果超市的网点总数已达 1800 家,实现销售规模 300 亿元,直接和间接安排就业岗位 10 万人,网络覆盖苏、皖、鲁、豫、鄂、冀等六个省份。

(二)中国零售业的劣势

中国零售业在短短不到二十年的发展过程中,与发达国家相比还有很多不足。主要表现为零售系统发展不成熟、地区发展不平衡、市场集中度低、零售人才缺乏。

虽然我国中央政府和地方政府颁布了相关政策促进零售业的发展,但其整体还是不成熟,缺乏积极的创新制度,行业协会力量薄弱,这些都制约了我国零售业的进一步发展。

国内零售业的发展表现出了明显的区域差异性。东部沿海的零售业发展迅速,体系相对比较完善,但是,占全国人口 60% 左右的中西部,拥有的零售网点和人员却不到全国的 1/2,呈现出了明显的地区差异性。

国内本土企业总体规模小,市场集中度低。2005 年,我国零售企业百强零售额总计约为 7076 亿元,仅占全社会消费品零售总额的 10.5%,而美国前 3 家零售企业却能占美国全部市场的 70% 以上。2002 年全球 30 家最大的零售商门店数总和在 12 万个以上,遍布 88 个国家和地区。世界上最大的跨国零售企业集团沃尔玛公司 2002 年销售额同比增长了 12%,达到 2465.25 亿美元,是我国 2002 年零售企业百强销售总额的 7 倍多。2003 年中国零售业排名第一的上海百联(集团)有限公司的销售额为 485 亿元,只相当于沃尔玛 9 天的销售额。

虽然近些年来国内的零售商发展很快,但是没有处于绝对优势地位的全国性的零售商,在主要业态(如大型超级市场)的竞争上面,国内零售商还处于劣势。市场的集中度比较低。目前我国的零售业系统还不成熟。中国零售业短短二十几年的发展,使得零售人才储备有限。全球雇佣服务行业领导者万宝盛华预测报告显示,2006 年第四季度批发零售行业的雇佣指数比上个季度上升 13%,比 2005 年同期上升 9%,零售人才的紧缺可见一斑。

(三)中国零售业的机遇

中国零售业面临着巨大的机遇。从总体环境上看,我国经济处于高速发展的阶段,即使在遭受金融危机重创的情况下,2009 年我国第三季度 GDP 仍保持了 8.9% 的增速。政策环境不断改善。目前,商务部出台了一系列的政策措施来规范和促进国内零售业发展,如加强城市商业网点规划、提高国内流通企业竞争力、完善零售业预警机制、加强零售业人才培训等,从宏观上指导我国零售业的发展方向,提高我国零售市场的标准化程度。

而且,2008 年,中央拿出 4 万亿的资金来扩大内需,支持基础设施建设。社会消费品零售总额与居民的消费需求有很大的关系。基础设施的建设加速了我国发达交通网络的形成,促进了整体社会服务体系的改善,提高了商品流通的速度,增加了商品的流通总量,这些都进一步促进了零售业的发展。

（四）中国零售业的挑战

中国零售业面临着巨大的挑战,这种挑战主要是源于中国零售业和国外零售业的差距。国外的零售业已经处于发达阶段,而我国的零售业还处在成长发展阶段。但是随着全球一体化的进程,我国的零售业必将受到严重的冲击。这种冲击表现在先进信息技术的学习、专业经营管理等方面。

麦肯锡公司的有关分析认为:在未来35年内,中国零售业60％的市场将由35家世界级零售巨头掌握,30％的市场将由中国国家级零售巨头把持,剩下10％则掌握在国内地区性零售巨头手中,而外资在只占据现代流通业态40％份额时,就基本控制了中国流通业。流通业被认为是最后一块能够控制成本的领域,而流通领域又是零售业发展的一个重要部分。

信息革命必将导致流通领域的信息化。这种流通信息化对传统的流通模式产生了冲击,这些先进的信息技术为流通业经营战略变化和管理技术的创新提供了必要的技术支持。可以说,信息技术是流通企业战略选择的素材和基础。沃尔玛的核心竞争力在于领先、高效的信息系统与现代化的物流配送系统。而本土企业在学习方面始终处于一种滞后的状态,从而造成了对先进技术学习的障碍。外国零售商的进入不仅带来了先进的技术,同时也带来了系统经营管理理念。国外零售商的经营管理日趋专业化,在经营理念上能够真正做到以顾客为导向,并且强调把经营理念和服务意识在员工与顾客的沟通中体现出来。同时他们不仅仅局限在对业态组织形式的改进上,而是从供应链的角度来管理整个零售活动,从采购、物流到商家都有一整套的经营体系。

他们的人力资源管理也是十分系统和专业的,建立了完善系统的人才甄选、培训、激励和考核机制;通过市场机制选拔人才,不惜重金聘请和培训经理人才,并推行本土化战略吸引国内优秀人才参与管理。而我国大部分的零售企业还持有"品种齐全"、"薄利多销"等落后的管理理念,同时缺乏客观的人才选拔标准、培训机制、激励措施等。有关数据显示,我国零售业专业人才的缺口为600万人。同时,员工工作积极性不高、人才流失严重、供应商和零售商关系不和谐等问题也较突出。这些因素对本土企业的发展提出了挑战。

三、中国零售业的发展趋势

（一）连锁经营在零售中占主导地位

世界经济联合会预测,21世纪将是连锁经营的世纪,一方面连锁企业的扩张成功率比较高,另一方面连锁行业的发展速度远远超过了其他业态形式。传统企业的扩张要冒很大风险,新建企业成功率仅为20％,而以连锁经营方式新建的企业成功率可在95％以上。

从国外零售连锁经营的角度看,连锁经营已经显示了强大的生命力和竞争力,并成为了外国零售商获利的制胜法宝之一。进入中国的外资零售企业都是采用连锁经营的方式。国外大多数零售商的连锁经营采用中央采购政策,这样可以提高与供应商的谈判能力,降低采购成本,使利润最大化。因此,零售连锁经营在我国具有很大的发展潜力。甚至有专家预言"中国率先进入国际零售市场的零售企业将是连锁零售企业"。

目前连锁经营呈现出数量增长快、地区分布广、业态结构多、以直营连锁为主、所有制形式多元化的特点。今后,连锁经营还将在地区、行业、业态上向更大范围和更深层次发展和延伸。百货商店、便利店、超级市场会成为零售连锁的主力军。

（二）国外企业的本土化，本土企业的国际化

中国和西方是两个不同类型的社会，在文化、风俗、生活习惯上存在很大的差异。因此，为了能够真正满足中国消费者的需求，适应中国百姓的消费习惯，国外的零售企业必须加强本土化的进程。目前在家乐福和沃尔玛的店铺中，中国本土商品的比重已经超过了80％。

中国本土企业在未来也将向国际化零售商的目标迈进。国际化零售企业的特征之一就是单个店铺的利润大。过去由于本土企业忙于用规模求效益，而没有真正地扩大自己的单个店铺的利润，现在本土零售企业的平均净利润是1％至2％，是外资企业平均利润水平的一半。而家乐福网点数量仅占全球的7％，利润额却是全球的25％。这都说明中国企业还没有完全掌握先进的管理经营技术，提高自身的销售水平。但是随着市场的发展和竞争的激烈，本土企业必然会向国际化的道路迈进。

业界人士将家乐福通过收取各种费用获取更大利润的方法称为家乐福的"飞行加油"模式。所收取的费用一般包括咨询服务费、配货费、节庆费和店庆费、海报费等。家乐福将该模式用于其国际战略中。商务部市场调控运行专家洪涛说家乐福这种"飞行加油"的盈利模式有利于赢得短期效益，但是从长期来看不利于零供关系的发展。事实也表明是这样的：早在2005年，家乐福便宣布退出了日本市场，因为日本的零售市场成熟，供应链系统相对比较强势，家乐福的这种模式显然不适应这种强大的供应系统。目前，家乐福已经退出了美国、韩国和中国香港市场。而在大陆，虽然目前供应链系统没有强大的话语权，但是家乐福的零供关系问题也有所凸显。

（三）市场竞争更加激烈

拥有世界1/5的人口，并作为世界上发展最快的发展中国家，中国市场蕴藏着广阔的发展空间，同时欧美市场逐渐饱和，拉丁美洲经济低迷，非洲消费水平有限。因此，中国市场将是今后众多商家激烈争夺的战场。主要表现在：收购兼并步伐加快，进军农村市场的步伐加快。

中国政府承诺2004年底最终放开零售市场，外资零售商在中国的扩张方式已从之前的合资转变为兼并收购。为了能够很好地同外资零售商竞争，国内零售商也会纷纷通过收购兼并的方式壮大自己。如2006年国美成功收购永乐，2007年底又高调收购了大中。兼并收购的浪潮在未来会愈演愈烈。

另外，农村市场将是未来争夺的主要市场。在中国大中城市和沿海城市的零售市场逐渐趋于饱和的情况下，广大的农村将是零售企业进一步发展的市场，那里拥有中国60％的人口，消费需求欲望高，零售业态单一，发展潜力巨大。现在一些大型零售商已经将目标瞄准了中国的农村市场。

（四）零售商将面临信息技术革命的冲击

美国著名管理经济学家彼得·德鲁克认为，在发达的市场经济中，经济权力正迅速从制造商向零售企业转移。这种权力是信息带来的。现代信息技术在流通领域的运用，促进了零售业的快速发展和结构调整，提高了零售业的经营效率和现代化水平。像沃尔玛超市就是通过建立一套高效的现代化卫星系统与商务网络实现了天天平价承诺。目前的绝大多数零售商尤其是外资零售商都在不同程度上采用了信息技术，如计算机技术、条码技术、通讯网络技术和电子转账作业系统等。

虽然信息技术的应用所形成的信息化物流配送系统能够提高商品流通速率，降低企业经

营成本,提高企业的竞争力,但是国内零售企业管理手段、技术和水平落后,自动化和数字化程度低,导致管理效率低下、利润少。即使有些大型零售商开发了相应的信息技术,但在技术的学习和实施方面也存在一定的滞后性,与跨国零售商存在差距,从而使其在未来的发展过程中必然面临信息技术革命的冲击。

按照德利多富的价值链分析方法,零售业的价值链有两条:一是基础价值链,由采购、仓储、配送、零售等组成;二是辅助价值链,由财务、人力资源、办公、后勤等组成。而企业的成本也由价值链上的相应环节产生。信息技术给这两条价值链带来的影响,今后还将产生更加长远的推动作用。

(五)供应链系统的整合并形成战略联盟

随着竞争日益激烈,任何一个企业都不可能在所有业务上成为世界上最杰出的企业,只有相互之间优势互补,才能共同增强竞争实力。这就要求企业摒弃过去那种"小而全"的、封闭的管理模式,要在全球范围内寻找与自己相关的企业形成战略联盟,结为利益共同体,最终成为世界上最具竞争力的企业。因此,未来如果仅仅凭借零售商一方的力量是很难取得长远发展的,它需要和上游的制造商、分销商一起构成战略联盟,形成强有力的竞争体系,这样才能够在未来得到发展。

综观我国目前的状况,单打独斗仍是零售商主要的竞争状态,零售商经常向供应商、制造商索取进场费、店庆费等,造成了彼此之间关系的极不和谐,甚至出现了关系僵化的局面,造成了两败俱伤的结局。市场导向型的经济要求企业时刻注意消费者的需求,但是我国的企业缺乏明确的目标、清晰的定位,没有真正地从顾客的需求出发,从而导致企业间难以形成合力和竞争优势。

面对在技术、管理、采购、资本等方面都占据优势的跨国零售巨头,企业间必须从整体产业链角度形成战略联盟,视上下游为利益共同体,实现企业之间的优势互补、资源共享,形成强有力的系统。

沃尔玛与利丰公司合作 启用全球采购新模式

零售巨头沃尔玛今天宣布启用全球采购新模式,包括建立全球采购中心,与国际采购公司利丰公司结成战略联盟等。同时,任命科沃杰斯基担任负责人。沃尔玛公司副董事长卡斯特罗·莱特说,此次采购新模式是公司战略的重要组成部分,将为顾客及股东带来更大的价值。

2009年10月,沃尔玛公司首次在投资社区年会上宣布了以新的全球采购中心为核心的统一的全球采购架构。这个新架构将会发挥公司在非食品采购及全球食品采购上的全球规模优势。卡斯特罗·莱特说:"新成立的全球采购中心是沃尔玛公司新的采购战略中最大、最重要的组成部分。这些采购中心将使采购与业务管理有机结合,并提高各品类商品的采购效率。"

据了解,沃尔玛全球采购总战略的核心将是不断提高沃尔玛公司自有品牌的直接采购。现在,沃尔玛公司自有品牌年采购额超过1000亿美元。"我们的新战略和架构应会在整个供应链上节约相当的成本。"卡斯特罗·莱特还表示说。

现任沃尔玛日本控股G.K.及西友公司总裁兼首席执行官爱德·科沃杰斯基已升任为执行副总裁,将领导沃尔玛的全球采购。

作为新战略的一部分,沃尔玛公司与利丰公司签署了一系列协议。所有协议均为非排他性协议,不包括对额度或运输的规定。两家公司形成的战略联盟将使沃尔玛公司在部分采购业务的统一规划中受益。作为采购代理商,利丰公司正在组建专门管理沃尔玛业务的新公司,预期第一年内完成约 20 亿美元的沃尔玛的商品采购额。

"总之,我们在沃尔玛全球的零售市场重新确立我们的采购商品的模式是非常重要的,通过重新组合公司的资源、发挥规模优势、调整我们与供应商之间的关系,我们将推进沃尔玛全球业务的发展,在商品采购价格上更具竞争力,并为我们的顾客提供品类更合理丰富、质量更高、价格更低的商品。"卡斯特罗·莱特说。

资料来源:网易

【思考】

1. 沃尔玛与利丰公司的合作反映了怎样的零售市场发展趋势?
2. 沃尔玛与利丰公司的合作对中国的本土零售商有什么启示?

本章小结

零售活动在近一百多年飞速发展的过程中形成了许多理论来解释零售业态的变革。这些理论包括零售转轮理论、零售生命周期理论、手风琴理论、自然进化理论和辩证过程理论等。

零售轮转理论(The Wheel of Retailing Theory)认为零售业的业态变革有一个周期性的像车轮一样的发展规律。新型零售组织通常最初都采取低成本、低毛利、低价格的战略进入市场。随着经营渐渐地取得成功,竞争对手就会变得多起来,竞争变得更加激烈。

零售生命周期理论认为零售组织与生物一样,存在自己的生命周期,每一个零售组织经历创新期、发展期、成熟期和衰退期四个阶段。

零售手风琴理论又称为综合—专业—综合循环理论、手风琴模式和伸缩模式。它是用拉手风琴时风囊的宽窄变化来形容零售组织变化的产品线特征。该理论认为零售组织的经营范围与此相似地发生变化,即从综合到专业,再从专业到综合,如此循环往复,一直继续下去。

自然进化理论又称为自然淘汰理论,该理论是从达尔文的"适者生存"进化学说中派生出来的,认为各种零售组织都可以被看作是不同的经济"物种",它们都面对着由顾客、竞争者和变化着的技术所组成的环境。那些能够适应这些外部环境变化的零售组织最终生存了下来,反之,则被市场所淘汰。

零售业的辩证过程理论是美国零售专家托马斯·马落尼克运用黑格尔的辩证法中的"正、反、合",来说明零售业态的发展变革的理论。该理论认为,在零售业中的各种业态组织面对对手的竞争相互学习并趋于相同。

世界零售业从 19 世纪开始到现在一共经历了四次革命:第一次零售革命——百货商店的诞生,第二次零售革命——超级市场的诞生,第三次零售革命——连锁经营的兴起,第四次零售革命——网络商店的兴起。

北美地区零售业的特点是结构层次分明、信用体系完善、连锁经营盛行。

欧洲地区由于国家比较多,而且每个国家的土地面积比较小,所以欧洲特别是西欧的零售市场主要表现为跨国连锁型零售。

日本在 20 世纪 50 年代引入连锁经营超市,引起了当地的零售革命。最具有日本特色的零售业态应该是自动售货机。

　　世界零售业的变革趋势：零售的国际化战略和本土化战略相结合、零售业的多元化格局发展、零售业的信息化程度加深。

　　我国零售业的发展历史可以分为三个阶段：第一个阶段是 1949～1989 年，百货商店占主导地位的单一业态阶段。第二个阶段是 1990～1999 年，多种零售组织和国际零售巨头涌入国内市场的零售业革新阶段。第三个阶段是 2000 年至今，国内零售企业崛起、国内和国外企业激烈竞争的阶段。

　　我国零售业具有市场容量大、发展速度快的优势，具有零售系统发展不成熟、地区发展不平衡、市场集中度低、零售人才缺乏的劣势。但是面临着巨大的机遇，同时也面临着来自国际零售巨头的挑战。

　　我国零售业的发展趋势：连锁经营在零售中占主导地位；国外企业的本土化，本土企业的国际化；市场竞争更加激烈；零售商将面临信息技术革命的冲击；供应链系统的整合并形成战略联盟。

第三章 消费者行为与购物决策

☞【开篇案例】

"会吃美金"的芭比娃娃

在美国市场上曾出现过一种注册为"芭比"的洋娃娃,每只售价仅 10 美元 95 美分。就是这个看似寻常的洋娃娃,竟弄得许多父母哭笑不得,因为这是一种"会吃美金"的儿童玩具。芭比是如何吞吃美金的呢?且看以下的故事。

一天,当父亲将价廉物美的芭比娃娃买下并作为生日礼物赠送给女儿后,很快就忘了此事。直到有一天晚上,女儿回家对父亲说,芭比需要新衣服。原来,女儿发现了附在包装盒里的商品供应单,提醒小主人说芭比应当有自己的一些衣服。做父亲的想,让女儿在给娃娃换穿衣服的过程中得到某种锻炼,再花点钱也是值得的,于是又去那家商店,花了 45 美元买回了"波碧系列装"。

过了一个星期,女儿又说得到商店的提示,应该让芭比当"空中小姐",还说一个女孩在她的同伴中的地位,取决于她的芭比有多少种身份,还噙着泪花说她的芭比在同伴中是最没"份"的。于是,父亲为了满足女儿不算太过分的虚荣心,又掏钱买了空姐制服,接着又是护士、舞蹈演员的行头。这一下,父亲的钱包里又少了 35 美元。

然而事情并没有完。有一天,女儿得到"信息",说她的芭比喜欢上了英俊的"小伙子"凯恩,不想让芭比"失恋"的女儿央求父亲买回凯恩娃娃。望着女儿腮边的泪珠,父亲还能说什么呢?于是,父亲又花费 11 美元让芭比与凯恩成双结对。

洋娃娃凯恩进门,同样也附有一张商品供应单,提醒小主人别忘了给可爱的凯恩添置衣服、浴袍、电动剃须刀等物品。没有办法,父亲又一次解开了钱包。

事情总该结束了吧?

没有。当女儿眉飞色舞地在家中宣布芭比和凯恩准备"结婚"时,父亲显得无可奈何了。当初买回凯恩让他与芭比成双结对,现在没有理由拒绝女儿的愿望。为了不给女儿留下"棒打鸳鸯"的印象,父亲忍痛破费,让女儿为婚礼"大操大办"。

父亲想,谢天谢地,这下女儿总该心满意足了。谁知有一天女儿又收到了商品供应单,说她的芭比和凯恩有了爱情的结晶——米琪娃娃。天啦,又冒出了个会吃美金的"第二代"。

资料来源:宫淑玫,崔永刚.市场营销学.济南出版社,2004.67~68

从吃美金的芭比娃娃的描述中,你也许会责骂玩具店的零售商在变着法子掏人的钱袋。但从零售营销的角度看,这种诱"敌"深入的"芭比策略"却使人深思、给人启迪。现代市场营销观念要求零售商的经营必须"以消费者为中心",根据消费者需求组织商品,这是企业获得长期利益的重要保证。因此,零售商必须研究消费者行为及购物决策,为其营销决策提供依据。

第一节　零售消费需求与购买行为模式

一、零售消费需求及特征

(一)消费者的基本需求

零售营销中,消费者的基本需求如下:

1.期望能从零售商处买到符合需要、称心如意的商品。商品的花色品种、规格、式样、数量、质量、包装等都要符合消费者意愿,既能满足生理上的需求,又能满足心理上的需求。

日本有一家地方性报纸——《佐贺报》,它在邻近的福冈县大报社的竞争夹缝中历经110年而没有被挤垮,靠的就是处处为用户打算的真心诚意。佐贺北临日本海,南接太平洋,是典型的海洋性气候,经常下雨给报纸的传递带来了很大的困难。《佐贺报》的董事长说:"下雨天送去湿漉漉的报纸实在说不过去。"所以,凡是阴雨连绵的早晨,每一位《佐贺报》的读者,都会收到一份用塑料袋细心包裹着的报纸。《佐贺报》对读者的这份真诚和温馨,是它历经百年而不倒的经营秘诀。

2.期望商品价格同购买能力相适应。人们在生活上和心理上对物质资料的需求受到购买力的限制。因此,每个消费者在市场上购买商品时,总是希望价格能限制在收入范围内,花费最少的代价得到最大的效用。

3.期望供应零售商品的时间、地点和方式方法适合自己的需求,做到购买及时、方便。

4.期望得到更好的服务。包括良好的服务态度、服务质量和购货环境、周到的售后服务等。

(二)消费者需求的基本特征

1.多样性。由于消费者自身条件的差异以及受社会经济文化等因素影响的不同,零售消费者在具体商品的需求上千差万别。它一方面表现为不同的消费者具有不同的需求,即使是同一需求,具体内容也不完全一样;另一方面还表现为同一消费者的需求也是复杂多样的。为此,零售商应当注意开发经营在品种、规格、质量、色彩、式样、包装等方面千差万别的商品,以满足消费者不同的市场需求。

2.发展性。消费者的零售商品需求不会静止在一个水平上。随着社会的进步、经济的发展、消费者收入水平的提高和受到社会文化因素的影响,消费者对零售商品的需求也在不断发展。在原有的需求满足以后,新的需求又会产生。消费者零售商品需求的发展性,总的说来是沿着由简单到复杂、由低级到高级、由数量上的满足到要求质量优良的方向前进。这就导致了曾经流行的畅销品,在一定时期后可能成为过时的滞销货。为此,零售商应认真搞好市场预测,不断更新产品,使企业的发展与消费者的市场需求的发展相适应。

今天高校的大学生,主要以17~22岁的本科生为主。他们出生在80年代以后,不少已经是90年代后出生的。他们生活在国家经济飞速发展和较好的生活条件和消费环境中。他们追求新异,敏锐地把握时尚。相比以往的大学生,当代大学生的电子消费十分普遍。他们绝大多数都拥有手机、MP3播放器、电子词典。拥有数码相机、台式电脑和笔记本电脑的大学生也不在少数。网络消费成为他们最流行的休闲方式。一些传统的消费项目,依旧得到他们的热爱。他们尝试新式发型,购买品牌服饰、生活用品,对新出现的各类消费方式勇于尝试,比如整形美容、旅游健身等。大学生还积极参加各类辅导班,热衷考各类证书,例如驾照等,在提高自身含金量消费方面,积极参与。

3.伸缩性。消费者购买零售商品,在数量、质量、品种、等级等方面往往随着购买力水平的变化、商品价格的高低而转移。例如,对于粮食、食油、食盐等生活中必不可少的基本生活必需品,零售消费需求的伸缩性较小;而对于高档家用电器、保健品、体育健身器材等满足享受需要和发展需要的用品,零售消费需求的伸缩性就较大。但这也不排除在一些特定条件下,消费者会以某种可能的方式,兼顾几种性质别或层次不同的需求,也可能为满足某一需求而放弃其他需求。零售商应注意研究引起需求量变化的条件,并根据这些条件的变化决定自己产品的品种和供应量。

4.层次性。消费者的零售商品需求是有层次的,虽然各个层次很难截然分开,但在大体上还是有个顺序的。一般说来,首先保证满足最基本生活需要,然后再满足社会性需要、精神需要,即满足对"享受资料"、"发展资料"的需要。零售商应对不同时期的消费水平、消费结构和消费方式,开展分类研究,根据自己的经营能力,为不同层次的商品设计营销组合,更好地为不同层次的消费者服务。

5.可诱导性。消费者零售消费需求的产生和发展,与客观现实的刺激有着很大的联系,如一旦受到消费流行、广告宣传、销售服务等外界因素的影响和刺激,人们的消费需求就可能发生变化和转移,潜在的欲望可能变为现实的购买行为,微弱的需求变成强烈的需求。零售商可以通过广告传播信息,帮助消费者学习、认识商品,引导消费者的需求欲望发生变化和转移,创造新的消费流行。

6.联系性和代替性。消费者需求在某些零售商品上具有联系性。如购买皮鞋时,可能附带买鞋油、鞋刷。零售商应该注意经营有联系的商品,这样不仅会使消费者购买方便,还能扩大商品销售额。

(三)消费需求的分类

1.现实性需求与潜在性需求

零售商品需求按其形态分为现实性需求和潜在性需求。

现实性需求即顾客不仅有目标指向明确(具体商品)的零售商品需求,而且有货币支付能力。现实性需求也称为有效需求,是零售商制定当前商品营销策略的现实基础。满足顾客现实性需求是零售商当前市场营销活动的中心。

零售商品的潜在性需求,表现为两种形式:一种为顾客有目标指向明确的需求,但缺少货币支付能力;一种为顾客有货币支付能力,但需求的目标指向不明,即需求处于一种朦胧状态。

对于第一种潜在性需求,在顾客一旦具有支付能力,或零售商采取适当的营销措施,如降价、分期付款等方法时,这种潜在需求即能转化为现实性需求。

对于第二种潜在性需求,在零售商推出具有能满足这种需求的功能的商品,或者在企业采用适当的营销措施,如广告宣传、示范表演等方法时,可以诱导这种潜在性需求转化为现实性需求。

　　潜在性需求是现实性需求的基础,深入研究、努力满足顾客的潜在性需求,是零售商拓展市场,在与同行竞争者中获得竞争优势的行之有效的措施。

　　2.马斯洛的需求层次理论

　　马斯洛认为人的多种多样的需求可以分为五个层次,见图3-1。

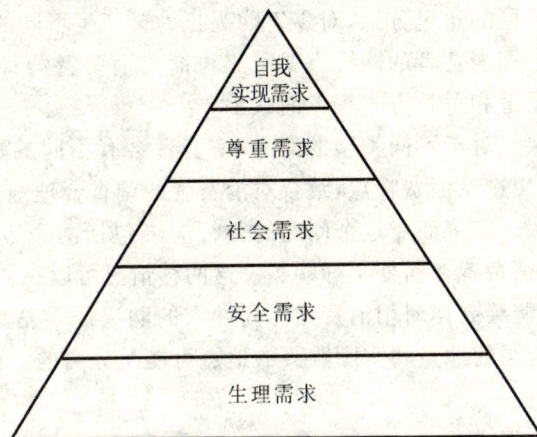

图3-1　马斯洛需求层次理论

　　第一层次是生理需要,指满足生理本能的需要,即吃饭、喝水、睡觉、性等基本的生存需要;第二层次是安全需要,指保护人身财产安全或防备失业等免除烦恼、痛苦和恐惧的需要;第三层次是社会需要,即希望被群体接受从而有所归属和获得爱情的需要;第四层次是尊重需要,即实现自尊,获得好评、赏识,获得承认、地位等需要;第五层次是自我实现的需要,即充分发挥个人能力,实现理想和抱负,取得成就的需要。

　　马斯洛需求层次理论在零售营销中的运用:

　　(1) 零售商应当准确判断目前的主要需求层次,这是能否抓住顾客需求的最基本的也是最重要的前提条件。要按照不同的商品划分出不同的需要层次,也要考虑大多数人的实际收入水平及其主要的消费倾向。

　　(2) 零售商应及时抓住不同商品消费需求的下一个动向。马斯洛需要层次论告诉我们,消费者的需要是不断向更高层次发展的。所以,要想长久地抓住和吸引顾客,必须及时把握住消费需要的下一个趋势。首先要抓住消费需求变化的下一个动向;其次要抓住商品需要的下一个动向。

二、购买行为模式

(一)消费者购买行为的概念

　　所谓消费者购买行为,是指消费者在购买动机支配下,为满足个人或家庭物质和精神生活的需要,用货币换取商品或劳务的实际活动。

　　零售营销中,消费者购买行为的形成过程是多种因素综合作用的结果。长期以来,学者们从经济学、社会学和心理学等不同的角度研究消费者的零售商品购买行为,试图寻找促使消费者做出购买行为的动因。

(二)消费者购买行为分析

现在,越来越多的零售商通过研究消费者来了解消费者。他们研究:谁购买零售商的产品?如何购买?何时购买?何处购买?

1.谁担任购买角色。通常,购买角色的分工有倡议者、影响者、决策者、购买者和使用者。在购买决定中,作为个人购买,他可能要集这五种角色于一身;作为家庭或团体购买,每个人可能会担任不同的角色。不同的角色分工,对零售购买行为会产生不同的影响。

2.消费者如何购买。即消费者的购买方式。零售商对消费者购买方式的研究,应当从购买频率、购买批量、购买渠道和付款方式等方面入手。

3.消费者在何时购买。对于不同类型的商品,消费者会有不同的购买时间要求。零售商应根据不同商品的性质、用途及消费特点,结合对消费者的调查合理地加以确定。

4.消费者在何地购买。零售商对这个问题的分析应当包括两个方面:一是考虑消费者在何处决定购买;二是考虑消费者在何处实际购买。这两种情况可以在同一处发生,也可以在不同地方发生。一般来讲,购买高档耐用消费品等高卷入的购买通常是集体决策或个人慎重决策,然后购买,所以决定购买的地点和实际购买的地点可能是分离的。而日用消费品则往往是现场决定购买。

(三)消费者购买行为模式

令零售营销人员最感兴趣的是消费者对零售商安排的营销刺激会如何反应。能够真正掌握消费者对不同产品特色、价格、广告要求等反应的零售商,将比竞争对手拥有更大的竞争优势。按照心理学上的"刺激—反应"学派理论,人们行为的动机是一种内心活动过程,是看不见摸不着的,像一个"黑箱"。外部的刺激,经过黑箱(心理活动过程)产生反应,引起行为,如图3—2所示。

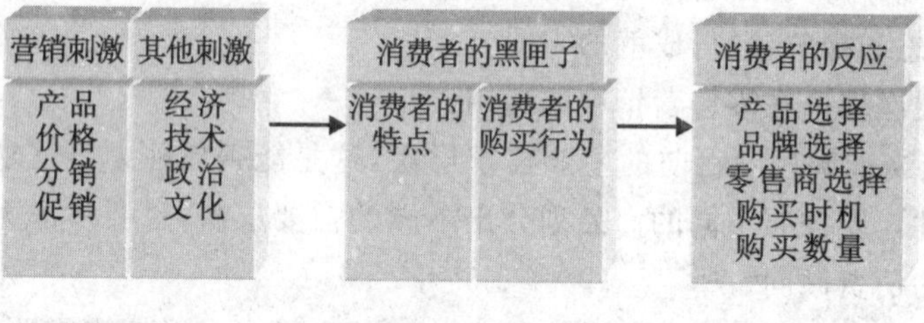

营销刺激	其他刺激	消费者的黑匣子		消费者的反应
产品 价格 分销 促销	经济 技术 政治 文化	消费者的特点	消费者的购买行为	产品选择 品牌选择 零售商选择 购买时机 购买数量

图3—2   消费者购买行为模式

零售商营销刺激应由四个P构成:产品(Product)、价格(Price)、分销(Place)及促销(Promotion)。其他刺激包括购买者环境中的主要因素与事件:经济的、技术的、政治的、文化的。所有这些一起进入消费者的黑匣子中,在里面转换成一系列可以观察得到的购买者反应:产品选择、品牌选择、零售商选择、购买时机及购买数量。

零售商想了解刺激如何在消费者的黑匣子中变成特定的反应,要分成两部分:首先,消费者的购买决策过程本身影响购买者行为;其次,购买者的特性(文化因素、社会因素、个人因素、心理因素等)也影响他对刺激的理解与反应。这两部分我们会在第二节和第三节中进行详细阐述。

超市消费者行为分析

　　从超市业态传入我国至今，已有越来越多的消费者选择了到超市购物。从消费者的身份特征来看，到超市购物的消费者包括中年女性、白领阶层、学生群体和退休老人等。受职业背景、文化层次、年龄结构的影响，这些消费者购物心理与行为既有突出的个性特征，也有较强的共性规律。概括起来，主要有以下几个方面：

　　1.价值导向越来越强

　　超市销售的商品大多是生活日用品和食品，主要满足消费者基本生活需要。对于这类消费，消费者主要关注基本效用的满足，包括商品是否实用和购买成本的高低。因此，商品的价格和质量是消费者购物时考虑的主要因素。国内学者对超市消费者购物行为的调查研究也表明了超市消费者的这一特点（如毕雪萍对太原市超市消费者行为的调研）。商品质量之所以成为消费者选择超市购物的主要因素，主要原因是随着居民生活水平的提高，消费者对生活消费的安全健康以及购买无后顾之忧非常重视，而在超市的购物正好满足了消费者的这一需要。另一方面，由于生活用品和食品主要用来满足消费者的基本需求，消费者不用像购买奢侈品和豪华商品那样关心外部效用的满足，所以对商品的价格就变得更加关心。

　　2.注重购买方便

　　与百货商店、商业街、购物中心相比，超市消费者对方便性的要求更高。这种要求不仅包括商店离家近、交通方便，也包括超市购物方便选择、购买抉择自由、一次性付款方便等。也就是说，超市消费者不仅注重时间上的节约，也关心心理空间上的节省。时间上的节约使消费者体力开支减少，心理空间上的节省使消费者精神上得到放松或愉悦。由于这些消费群体平时生活节奏较快，休闲娱乐的时间越来越少，大多数人希望减少花在生活日用品和食品上的购物时间。而且随着人们需求层次的提高、自我意识的增强，消费者对商品品种和款式的选择性、购买决策时的自主性以及付款的便利性都提出了更高的要求。

　　3.消费心理能力强

　　中年妇女和退休老人都有较丰富的购物经验，而且参与购物程度比较高，对一般商品的属性也有比较多的了解，对日常用品、食品的价格和价值能够做出较准确的估计。白领阶层有较高的文化水平，购物时善于观察和思考，也能较好地辨别商品的性价比。这些消费者对商品的观察能力、识别能力，对价格、商家信誉的鉴别能力以及购买决策能力都比较强，大大地提高了购物活动的效率和效果。

　　4.感性消费日益突显

　　近年来，由于经济持续快速增长，我国城镇居民家庭的恩格尔系数大幅下降。随着恩格尔系数的下降、人们生活水平的提高，除了物质需求的满足外，越来越多的人开始重视精神和心理需求的满足，即注重感性消费。这种特点表现在基本生活消费方面，就是消费者对基本生活消费品的品质、功能、外观、包装等方面的要求增加，强调购物过程的精神和心理感受，需要更宽松和谐的购物氛围、更舒适的购物环境、更恰当体贴的服务。

　　5.对商店忠诚度低

　　随着超市消费者价值导向增强、购物经验增多，相对于对产品品牌的忠诚度，对商店的忠诚度就变得比较低。根据中国连锁经营协会组织的相关调查，在中国超市业，顾客的忠诚度偏低，只有18%的顾客表示在通常情况下，自己只固定去一家超市，而固定去2～3家超市的顾客占到 44.4%。为什么消费者对商店忠诚度低？这可以进一步从超市的营销策略和消费者心理需求两方面来寻找原因。一是超市之间差异化小，营销策略趋同，包括商品结构、环境、服务等因素都很容易被竞争对手复制。消费者感觉不到超市之间的差异，也体会不到超市能给自身带来何种独特价值，自然就对超市缺乏忠诚感。二是对于超市消费者来说，其最重视的还是商品价格上的优惠、质量上的保障等。如果购买相同的商品，则哪家商店做得更好，消费者就会选择在哪家商店购物。

资料来源：凌力.超市消费者行为分析与营销创新.商场现代化，2004(8)：44～45

【思考】

针对超市购买行为的相关特性，零售商应该采取哪些措施来应对？

第二节　零售商品消费者购买决策过程

消费者购买决策过程是介于零售营销战略和零售营销结果之间的中间变量。也就是说，零售营销战略所产生的营销结果是由战略与消费者决策过程的相互影响所决定的。只有消费者感到零售商品能满足某种需要，并觉得物有所值才会去购买，零售商才能达到营销目的。

一、购买角色

零售商必须了解有谁参与购买决策，以及每个人所扮演的角色。丈夫通常选择自己的剃须刀，妻子则选择自己的化妆品，在这类商品购买中，找出作决定的人是比较容易的。但是也有许多产品购买决策不是一个人做出的。比如家用电器、汽车的购买决策通常就由两个以上的参与者共同做出，而且这些参与者在购买决策过程中承担着不同的角色，起着不同的作用。以家用汽车的选择为例，购买新车的倡议可能是由儿子或女儿提出的，购买何种品牌来自朋友的推荐，购买何种价位由丈夫决定，妻子则对汽车的外表有苛刻的要求。在妻子的赞同下，可能由丈夫做出购买的最终决定。然而，新车的最终使用者可能是妻子而不是丈夫。

农村消费者的购买决策中存在着"邻居效应"，即购买行为很容易受邻居的影响，常常会形成周围很多村民都购买同一类的商品，都去同一地方购物，对自己所购买的满意商品愿意向周围的邻居宣传的现象。这就要求农村零售商要突出自己的特色，使自己在农村市场中有较好的口碑。还要向领导性人物进行商品介绍甚至让其试用。因为农民自身的知识欠缺，加上他们了解商品信息的渠道少，他们更倾向于相信自己身边的领导性人物的推荐与示范。所以，一旦超市的经营风格、商品质量被这些领导性人物所认可，他们便会积极地向邻居传播，从而会强化邻居效应。

图 3-3 表明了家庭成员在零售商品购买决策中可能扮演的角色：

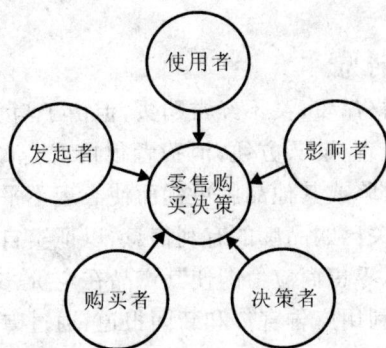

图 3-3　零售购买角色

1. 发起者。指首先提出购买建议或有意愿购买某一零售商品的人。

2. 影响者。指提出看法和建议，能够对最终决策具有一定影响的人。

3. 决策者。指在部分或者整个购买决策（包括是否购买、购买什么、如何购买、何时购买、何处购买）中，有权做出最终决定的人。

4. 购买者。指实际购买零售商品的人。

5. 使用者。指消费或使用该商品的人。

零售商有必要认识以上这些角色，因为这些角色对零售商安排商品、确定信息和进行促销活动有重要影响。了解购买决策中主要参与者和他们所起的作用，有助于零售商妥善地协调营销计划。

二、消费者购买行为的主要类型

西方营销界学者认为，消费者购买商品是一种"解决问题的活动"。消费者购买不同的商品所遇到的问题，有些很简单，有些很复杂。根据消费者在购买过程中所花费的时间与精力以及不同品牌之间的差异程度，消费者的购买行为可以分为四种，见表 3-1。

表 3-1　消费者购买行为主要类型

	消费者高卷入	消费者低卷入
品牌明显差异	复杂购买行为	寻求多样化
品牌很少差异	寻求心理平衡	习惯性的购买行为

(一)复杂的购买行为

如果顾客属于高度购买卷入者，并且意识到品牌之间有着明显的差异，那么顾客就会产生复杂的购买行为。

在复杂的购买行为中，顾客对零售产品了解并不多，而需要了解的地方又很多。例如，某顾客要购买一台笔记本，他可能连不同品牌的笔记本的属性都不知道。在这种情况下，消费者需要进行认知性学习。其基本过程是首先逐步建立他对此品牌产品的信念，然后转变为态度，最后做出谨慎的购买决定。零售商必须了解高度卷入的消费者，在消费者收集信息的过程中对其行为进行影响，采取各种营销组合以帮助购买者掌握该产品的属性以及各种属性的相对重要性。同时,零售商应当力争使其所经营的品牌的特征与众不同,运用恰当的宣传方案突出其品牌的优越性。

(二)寻求心理平衡的购买行为

虽然要购买的零售商品价格昂贵,又不经常购买,但由于消费者认为不同品牌产品之间没有太大的区别,因此只要价格合理、购买方便,消费者很快就会做出品牌选择。但是在购买之后,会很容易出现因发现产品缺陷或其他品牌更优而使心理不平衡的现象。为追求心理平衡,消费者这时才开始注意寻找有关已购品牌的有利信息,以证实自己购买决策的正确性,来达到心理上的平衡。针对这种情况,零售商应力图使其产品在定价、交货地点和方式上优于其他商品,促使消费者购买。而后,要利用广告宣传和新闻报道,通过专家学者、体育明星或影视明星等社会名流对商品或品牌的评价,使消费者相信他们做出了正确的购买决策,以帮助他们保持心理平衡。

(三)寻求多样化的购买行为

这类购买行为的特征是零售商品品牌之间差异显著并且属于低度介入。这种购买行为在现实生活中表现为顾客经常转换购买的品牌。例如对于饼干,顾客有一些品牌认知,但在购买时并没有作太多的评估便选择了某种品牌的饼干,然后在消费时才加以评估。非常有可能,顾客在下次购买时会由于想换换口味而买其他品牌的饼干。品牌选择的转变通常并不是因为对产品不满意,而多为追求多样化。对于寻求多样化的购买行为,零售商应增加产品的花色品种,强调与同类产品的差别,来增加产品的营销机会。低价格、免费试用、折扣、赠券等都会吸引那些寻求多样化的不稳定的消费群体。

(四)习惯性购买行为

价格低廉而又经常购买的商品,如果品牌差异比较小,消费者对其又比较熟悉,则一般按照习惯进行购买,不会花太多的时间进行选择。比如在超市中购买矿泉水,可能随便拿一瓶就是了,消费者并不一定关心品牌。即使每次都选择同一品牌,也多是出于习惯,并不是出于品牌忠诚。在该类购买行为中,消费者并没有经过通常的信息、态度、学习、行为等一系列过程,以及对产品和品牌的认真研究和评价。消费者选择某一品牌,并不是对其有特殊的偏好,而仅仅是由于常接触其广告,对其较熟悉。生活日用品的购买大多属于此类购买行为。

对于品牌差异不大、参与程度低的产品,运用价格和促销来推动销售是很有效的。广告的运用在这里尤为重要。通过广告,对产品的少数几个优势进行强化,以便于消费者记忆,并与其品牌相联系。广告的视觉标志、形象构思以及传播的集中度,都是应当注意的重要方面。短期持续信息的广告促销活动应反复运用,在这里,电视广告较印刷品广告更有效。

此外,可以通过提高消费者的参与程度,来增强消费者对品牌的认识。比如将牙膏与防止蛀牙联系在一起,借人们对自我健康的关心,强化牙膏品牌,将消费者习惯性的购买行为转变为一种有意识的、主动的购买行为。

三、购买活动的心理过程

顾客购买商品的过程是非常复杂的心理活动过程,这个过程中的一系列心理活动往往是逐渐展开的。因此,顾客购买商品时的心理活动过程是有阶段性的。

(一)注意

注意是指心理活动对零售商品或服务有选择性的指向和集中。这里是指顾客根据需求,对零售品有选择地知觉,即顾客进入零售店内,总是选择一定的商品为对象,并将目光集中到自己中意的或需要的商品上。

(二)兴趣

在顾客对某种零售商品进行初步观察了解后,会产生喜爱和偏好,并对商品加以表面分析和评判。

(三)联想

联想是指突破空间和时间局限的扩展性思维活动。当顾客对某种零售商品发生兴趣并进一步关注时,会把商品与自己的实际生活联系起来。如"我穿上这件衣服,一定很迷人,更潇洒",从而激发和唤起强烈的购买欲望。

(四)欲望

随着联想的深入与发展,顾客将产生购买欲望,使购买动机由潜伏状态转入活动状态。由于同类零售商品之中厂牌、质量、价格等不同,顾客将会进一步对商品进行比较、评价,使其购买动机具体化。

(五)比较

顾客通过想、问、摸、比、看等各种方法对零售商品的质量、特征、性能、价格等方面作一番鉴别、评价,以选定最符合自己需要的商品。这是决定购买的前奏。

(六)决定

在顾客通过各种比较和评判,确信选定的商品就是自己需要的商品后,就会决定购买。

(七)购买及满意

当顾客决定购买后,即开始购买行动。顾客拿着买到的满意商品,感受着营业员的热情接待,会产生一种满足感。

表3-2　购买心理的7个阶段

购买心理的7个阶段	顾客的心理流程
第一阶段 (引起注意)	看见陈列的领带 (啊!好漂亮的领带!)
第二阶段 (感到兴趣)	看到领带上"西阵织"的标识 (日式的设计也蛮有趣的。)
第三阶段 (联想)	联想自己穿西装时的姿态 (这种颜色应该蛮适合的,太太也会喜欢吧!)
第四阶段 (产生欲望)	想起自己的姿态时,就会有强烈的购买欲望 (好想买啊!)
第五阶段 (比较)	把价格、品质、设计和以前的商品或其他商店比较 (我喜欢这条领带,该怎么办呢?)
第六阶段 (确信)	听销售员的说明,作多种考虑之后 (如销售员所说,我能理解。)
第七阶段 (购买及满意)	表示决心购买的意志 (好吧!我决定买这个。)

注:有如上表一步一步进行的情况,也有从"欲望"直接发展到"决定"的,还有从"比较"后就变成不喜欢的情形。顾客的心里总是存着"一进一退"的念头。

四、购买决策过程具体阶段

消费者购买决策过程是一种阶段性模式,可以分为问题认知、信息收集、对可选择方案的评估、购买决策和购后行为,如图3-4所示。这个模式强调了购买过程在消费者实际购买行为做出之前就已经开始了,并且在购买行为做出之后很久还会有持续影响。它启发零售营销人员应将注意力集中于购买过程,而不是购买决策。

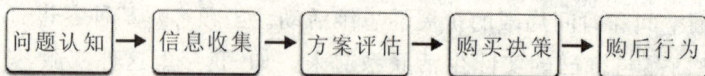

问题认知 → 信息收集 → 方案评估 → 购买决策 → 购后行为

图3-4　消费者购买决策过程的五个阶段模式

应注意,购买决策过程的五阶段模式主要适用于单位价值高的高介入产品,对于低度介入的产品的购买,消费者可能会跳过其中的某些阶段。例如,一位口渴而想买矿泉水的顾客,可能会从对矿泉水的需要认知,直接到购买决策,跳过了信息收集和方案评估阶段。再如,一个以前在某一家箱包商店购买过皮包并且购后很满意的顾客,再到这家商店来购买皮包时,其决策过程也会比较简单。

(一)问题认知

认识问题是消费者购买决策的第一步,它是消费者意识到理想状态与实际状态之间存在差距,从而需要进一步采取行动的过程。

问题认知阶段也就是引起需求的阶段。需求可能由内部刺激引起。例如口渴了想喝水,天冷了想买大衣等内部刺激。也可能由外部刺激引起,例如,看见橱窗模特儿穿着漂亮衣服,也想拥有;看见传单DM超低价产品,觉得不买可惜。有四个与问题认知有关的问题是零售商需要关注的:(1)需要明白消费者面临的问题是什么。(2)需要知道如何运用营销组合解决这些问题。(3)需要激发消费者的问题认知。(4)在有些情况下需要压制消费者的问题认知。比如,一则香烟广告画面上是一对快乐的夫妇,标题是"享受人生",很显然,这个标题正试图减少由广告下方的强制性警示"吸烟有害健康"而带来的问题认知。

问题认知这一阶段的存在对零售商有两方面的意义:第一,零售商必须了解本企业产品实际上或潜在地能满足消费者哪些需要,并以此作为设计触发诱因的根据。例如,人们对于家用轿车的购买,出行方便的需要是一种驱动力,显示身份和财力的需要也是一种驱动力。如果汽车零售商的轿车能同时满足以上两种需要,就能引起消费者的购买动机。第二,随着时间的推移,消费者对某种商品的需求强度会发生变化,并被一些诱因所触发。例如,消费者对夏季用品的需求强度,会随着夏季的临近而加强,正当夏季时这种需求强度达到最大,随后就会减弱。因此,零售商一方面要掌握引起需要的动机,另一方面要善于安排适当的诱因,促使消费者对本企业所经营的产品需要变得很强烈,并转化为购买行动。

按照马斯洛的需求层次理论,零售商可以通过零售营销组合来刺激消费者不同层次的需求,唤起消费者不同层次的问题感知,从而影响消费者的选择。例如,通过散发着香味的食物引起消费者的生理需求;通过强调商品的安全、稳定、保险刺激消费者的安全需求;通过赋予商品的情感来满足消费者的社会需求,例如玫瑰是爱情的象征;通过赋予商品的高贵形象来满足消费者的自我实现需求,比如奔驰轿车。

(二)信息收集

当顾客产生了购买动机之后,便会开始与购买动机相关联的活动。如果他所欲购买的零售物品就在附近,他便会采取购买行动,从而满足需求。但是,当所需购买的商品不易购到,或者需求不能马上得到满足时,他便会把这种需求存入记忆中,并注意收集与需求相关和密切联系的信息,以便进行决策。消费者搜寻的信息有:问题解决方案的评价标准;各种备选方案;每一种被选方案符合评价标准的程度。

当面临某个问题时,大多数消费者会回忆起少数几个可以接受的备选品牌。这些可接受的品牌,是在随后的内、外部信息搜寻过程中消费者进一步搜集信息的出发点。因此,零售营销人员非常关注他们的品牌是否落入了大多数目标消费者的考虑范围之内。为此,零售营销者应了解决定消费者信息搜寻的因素和信息来源。

1.决定信息搜寻的因素

(1)消费者参与程度的高低。与消费者自我形象有关的,或者有情感意义和象征价值的商品,消费者对信息的搜集就越积极。

(2)商品知识和购买经验丰富与否。

(3)时间是否充足。

(4)可预见的风险高低。

消费者寻找信息达到什么程度,部分取决于消费者对购买某一特定商品所具有的风险的认识。这一风险大小因人而异。感知风险取决于决策错误的可能性及后果的严重程度。感知风险有五种:功能风险、货币风险、社会风险、生理风险、心理风险。零售商应当针对各种风险为消费者提供评价各种备选商品的足够的信息,以降低消费者的风险感知。

2.消费者所需信息的主要来源

(1)人际来源,即消费者可从家庭、亲友、邻居以及其他熟人等处得到信息;

(2)商业性来源,即从广告、售货员介绍、商品展览与陈列、商品包装、商品说明书等处得到信息;

(3)大众来源,即从大众传播媒体如报纸、杂志、电视、广播等获取信息;

(4)经验来源,即从操纵、实验、使用商品方面获取信息。

上述信息来源的相对影响力,取决于产品的种类和消费者个人特征。一般而言,商业性来源是消费者获得有关产品信息的主要来源,亦即零售商所能控制的来源。然而,具有最大效果的却是人际来源。商业性来源扮演的是告知性的角色,而人际来源扮演的是公证或评估性角色。例如,医生们通过商业广告获悉新推出的医药,而从其他医生那里了解他们对产品的评价。

对消费者使用的信息来源,零售商应该仔细加以识别,并评价它对消费者购买决策的影响程度。可以询问消费者起初如何知道这个品牌,进而接受过哪些信息,各种信息来源的相对重要性如何等等。这些都是与目标市场进行有效沟通不可或缺的信息。同时,企业要在各种信息来源调查、分析的基础上,设计和安排恰当的信息渠道和传播方式,采用对目标市场影响最大、信息数量最多的促销组合。

(三)方案评估

当顾客收集到所需要的信息之后,就会对一些资料进行分析对比、综合评价,以做出抉择,即购买哪种品牌的产品最为理想。

顾客对收集到的信息中的各种零售商品的评价主要从以下几个方面进行:

1.分析零售商品属性。零售商品属性即商品能够满足顾客需要的特性。

表 3－3　消费者感兴趣的商品属性

产品类别	感兴趣的属性
电脑	信息储存容量、运算速度、图像显示能力、稳定性
照相机	相片清晰度、摄影速度、相机大小、价格
牛奶	浓度、营养、成分、有效期
口腔清洁剂	颜色、效果、杀菌能力、价格、味道
内衣	舒适感、合适、使用寿命、价格、式样
唇膏	颜色、香味、容量、润滑性、地位标志因素
轮胎	安全、使用寿命、质量、价格

2.建立属性等级。即顾客对商品有关属性所赋予的不同的重要性权数。零售商应分析本企业的商品应具备哪些属性，以及不同类型的顾客分别对哪些属性感兴趣，以便进行市场细分，为不同需求的顾客提供不同属性的商品，既能满足顾客的需求，又可以最大限度地减少因经营不必要的商品属性所造成的资金、劳动力和时间的耗费。

零售营销人员应注意，决不可判定商品的显著的属性就是最重要的属性。有的属性之所以显著，是因为顾客刚刚看到了有关这些属性的信息，或刚好有一些涉及这些属性的问题要解决，因此这些属性就挂在了"心头上"。此外，非显著的属性可能包括一些顾客已遗忘，一旦被提及就会意识到其重要性的属性。

3.确定品牌信念。顾客会根据各品牌的属性及各属性的参数，建立起对各个品牌的不同信念，比如确认哪种品牌在哪一属性上占优势，哪一属性相对较差。

4.效用函数。消费者对每种产品属性都有一效用函数，这个效用函数说明产品属性与消费者满意程度的关系。

5.评价程序。通过评价程序，消费者会了解各种品牌的各种属性。消费者是采用一种还是多种评估程序，取决于具体的消费者和购买决策。

在运用评价标准制定营销策略时，零售商需要衡量以下三个问题：消费者应用了哪些评价标准；消费者在每一个标准上对各个备选对象的看法如何；每个标准的相对重要性如何。对于像价格、尺寸和色彩等评价标准，消费者很容易做出准确判断；而对于如质量、耐久力和健康属性等标准的评价则要困难得多。此时，消费者常用的价格、品牌名称或其他一些变量可以作为替代指标。零售商可以运用直接询问、投射技术、多维量表等工具进行测量。

(四)购买决策

方案评估阶段会使消费者对备选的各种零售商品形成一种偏好，消费者也可能形成某种购买意图而偏向购买他们喜爱的品牌。但是在购买意图与购买决策之间，有两种因素会起调节作用：

1.其他人的态度

其他人的态度会影响一个人的购买选择，影响程度取决于两个方面：其他人持否定态度的强烈程度；顾客遵从其他人意见的动机。其他人的否定态度越强烈，他与顾客的关系越密切，顾客就越会改变购买意图。类似的，某购买者对某种产品的喜好，可能因与之有关系的人也喜欢同一产品而增加。

2.未预期因素

一般来讲，顾客的零售购买意愿是受预期家庭收入、预期价格、预期从产品中得到的利益等因素影响的。某些突发事件也可能会改变顾客对零售商品的购买意图。如在顾客失业时，他购买某些零售商品的迫切程度就会改变。因此，偏好甚至购买意愿并不能成为零售购买行为完全可靠的预测因素。由于感知风险的存在，顾客可能会修正、延迟或避免某种购买决策。零售商必须了解哪些因素会增强消费者的风险感知，并提供能降低感知风险的信息和依据。

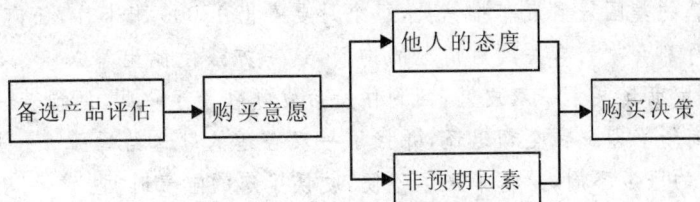

图 3—5　消费者购买决策的影响因素

(五)购后行为

1.购后满意。顾客的满意度是其对该商品的期望(E)和该商品的感知绩效(P)之间的函数，即 $S=F(E,P)$。如果零售商品符合期望，顾客就会满意；如果超过期望，顾客就会非常满意；如果不符合期望，顾客就会不满意。

2.购后行为。顾客对零售商品是否满意将影响顾客以后的行为。如果顾客感到满意，则他将显示出较大的再购买的可能性。这样就有利于培养顾客的商品忠诚度。"满意的顾客是最好的广告"，满意的顾客会向其他人宣传该产品和该公司的好处。

零售商必须充分了解消费者对付不满意的方式，如图 3—6 所示。如果消费者感到不满意，他可能采取某些行动，也有可能默不做声，不采取任何行动。如果要采取行动，他可能采取公开的行动或私下行动。公开的行动包括向零售商投诉、寻求律师或社会团体的帮助等。其中，直接向零售商投诉是一种会使消费者和零售商双赢的行动；私下行动包括不再购买该产品、向亲友做反面宣传等，这些方式会使零售商受到损失。

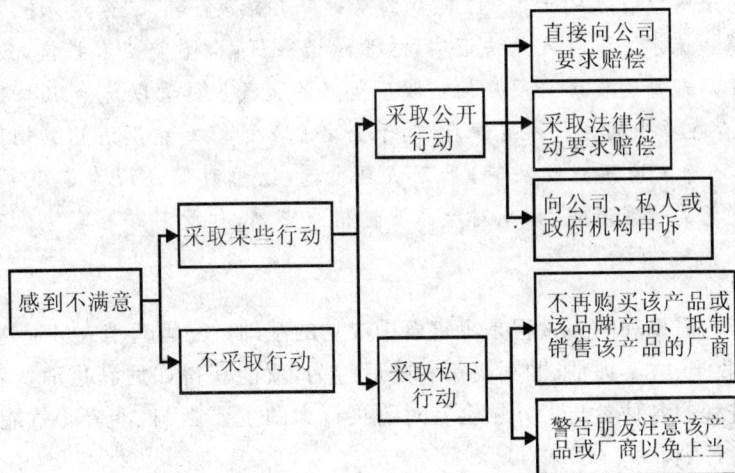

图 3—6　消费者对付购后不满意的方式

为什么让顾客满意是非常重要的呢？因为零售商的销售额来自两个基本群体：新顾客和回头客。吸引新消费者往往比挽留现有顾客要困难得多。让现有顾客满意是挽留他们的最佳方式。满意的顾客会产生重复购买行为，会向亲戚、朋友推荐该产品，会购买该公司的其他产品,而且不会留意竞争性品牌及广告。

美国哈佛商业杂志发表的一项研究报告指出:"公司利润的 25%～85%来自再次光临的顾客,而吸引他们再来的因素,首先是服务质量的好坏,其次是产品本身,最后才是价格。"有一位名叫乔·吉拉德的美国著名汽车推销员,每个月要寄出 13000 张卡片,任何一位从他那里购买汽车的顾客每月都会收到有关购后情况的询问,这一方法使他生意兴隆。我国著名作家冯骥才访美时,在一家商场买了一双皮鞋,回到住所后发觉鞋紧了一些,便抱着试试看的想法,到商场提出退换。商场当即把钱全额退还,并找了一双合适的鞋送给冯骥才。最后还向他鞠躬致歉,连称:"我们的服务不周,给您带来了不便,耽误了您的宝贵时间。"

不满意的顾客的反应就大不相同了。平均来说,满意的顾客会向 3 个人讲述买到了好产品,而不满意的顾客却会向 11 个人倾诉。一份研究显示,13%对公司不满的人会向超过 20 人进行抱怨。显然,坏话比好话传得更快更远,并会迅速危及消费者对整个零售商及其产品的态度。

根据有关研究,大约 96%的不满意顾客不会对公司抱怨。零售商应建立鼓励消费者进行投诉的系统,并且定期衡量顾客的满意程度,决不能坐等不满意的顾客自己提出抱怨。

零售商在营销活动中应注意采取下列措施:(1)对产品的广告宣传应实事求是、恰如其分,过分的吹嘘或者过多的承诺会造成消费者过高的期望。一旦消费者发现实际与期望不符,极易产生强烈的反感。(2)与顾客保持联系,肯定其购买决策的正确性。可以在报纸、杂志等媒体上刊登消费者购后满意的宣传报道,加强消费者的满意感觉。(3)介绍新产品的正确使用方法,避免因使用不当引起的不满。(4)向消费者征求改进意见,提供质量担保与维修服务,尽量减少购买后的不满意感受。

有的广告一味吹嘘自己的产品有"神奇的功效"、"誉满全球"、"芳颜永驻"、"国际口味"、"最高境界"、"超一流水平",令人无法证实,尽管承诺很好,也不能使人相信,效果甚差。然而国内有家暖气片厂却是这样敬告用户的:"我厂生产的暖气片尽管以总分 99.94 的成绩被评为全国第一,但仍存在不少问题。主要缺点有:千分之 0.2 的螺旋精度没达到国际标准;千分之 4 的产品内膛清不净。请用户购买时,千万认真挑选,以免我们登门为您服务时耽误您的时间。"如此诚心诚意为顾客着想,如此对产品质量精益求精,如此对顾客真实无欺,定能赢得顾客的厚爱。

了解消费者的需要和购买过程是零售营销成功的基础。零售营销人员通过了解消费者的问题认知、信息收集、方案评估、购买决策和购后行为,就能获得如何满足消费者需要的线索。通过了解购买过程的各种参与者并领会其对购买行为的主要影响,零售商就能为其目标市场设计有效的零售计划。

五、店铺选择

零售店铺选择在消费者购物行为研究中是一个核心的问题。随着零售行业的竞争加剧,以及不断涌现新的百货超市,消费者面临更大范围的选择。对于零售商而言,一个很重要的问题就是如何吸引消费者、如何保有消费者。

顾客对商店的评价标准主要有：商店提供的商品特征、商品形象；商店所提供的服务特性、服务个性；光顾商店的"常客"类型；物质条件、商店内设施；便利程度；促销策略，价格政策；商店气氛；商店整体信誉；过去购买满意程度。

尽管不同的消费者对商店的评价标准有众多差别，但零售管理的实践证明，对大多数消费者来说，商店的地点便利性、商店声誉和价格政策是最为重要的三种评价标准。

(一)店铺实际评价过程

就每一个标准来说，消费者都会根据每一个商店这方面的情况给予一个判断(这里以分值形式表示)，也就是消费者对每个商店具有某一特性的程度都有一个评估值。这一评估值与这一特性被消费者重视的程度(也以分值表示)相乘，就能获得一个乘积。然后将各个特性的这一乘积相加，便能得出消费者对每一个商店喜厌好恶程度的分值，即态度值。公式如下：

$$T_a = \sum_{i=1}^{n} W_i B_{ia}$$

其中，T_a 是消费者对商店 a 的态度值；W_i 是商店特性 i 被消费者重视的程度；B_{ia} 是消费者认为商店 a 具有特性 i 的程度；n 是消费者认为选择商店所需重要特性的数量。

下面举例说明之。

假定一个消费者准备到商店购物，现有三家可供选择。他认为对于他准备购买的这种产品来说，可以用 6 个商店特性来对各个商店进行评价：有竞争力的价格、方便的店址、殷勤能干的店员、众多的花色品种、美观的装饰布置、信息充足的广告。这些特性被重视程度分别用大于 0 或者等于 5 的数值表示。他对每个商店的每一特性方面的情况也有一定的评价，用 0～5 之间的数值表示。资料见表 3－4。

运用上面的公式和表中的资料，我们能够计算出该消费者对这三个商店的态度值：

$T_A = 4 \times 2 + 3 \times 5 + 4 \times 3 + 5 \times 2 + 2 \times 1 + 2 \times 4 = 55$

$T_B = 4 \times 3 + 3 \times 4 + 4 \times 3 + 5 \times 4 + 2 \times 2 + 2 \times 3 = 66$

$T_C = 4 \times 5 + 3 \times 2 + 4 \times 4 + 5 \times 5 + 2 \times 4 + 2 \times 4 = 83$

表 3－4　商店特性评价表

特性	被重视程度(W_i)	评估值(B_{ia})		
		A 店	B 店	C 店
有竞争力的价格	4	2	3	5
方便的店址	3	5	4	2
殷勤能干的店员	4	3	3	4
众多的花色品种	5	2	4	5
美观的装饰布置	2	1	2	4
信息充足的广告	2	4	3	4

通过计算得知，C 店的态度值最高。这意味着在该消费者心目中，C 店在他认为最重要的几个评价特征方面从总体上说是三个店中最好的。因此，C 店是该消费者的选择，他最有可能惠顾这个商店。

某个商店的态度值最高，我们就说消费者对这个商店产生了行为意向。这个行为意向产生以后，消费者一般不会立即采取行动。在这段时间内，经常会不可避免地介入一些情况，使得原有的行为意向不能产出实际行动。这些情况可概括为经济的、社会的、信息的三大类。

消费者的经济状况可能发生改变,会使他们的购物需要或对商店的评价标准发生变化。如消费者突然失业,那么先前想买一台高级音响的需要可能现在不再有了。或者,虽然仍有这个购买需要,但价格可能变成一个更重要的商店评价标准了。

消费者也可能遇到社会环境的变化。这方面最重要的是参照群体的变化,它也会使消费者的购物需要及对商店的评价标准发生变化。举一个例子。一个人原先在工厂当工人时,想好要到附近一家很普通的商店去买一件衣服,后来忙于调动工作,一直没有去成。等到调入电视台当播音员后,发现新同事买衣服总到市中心的那些最豪华的大型商场去,因此她最后也去其中一个店买了与原先想买的衣服类似的衣服。

消费者也可能获得一些新信息,同样会改变他的购物需要和对各商店的态度。例如,一个人想买一台 DVD 机,准备这个星期六到几个大店看看。可是在星期五,他看到一本杂志说,明年 DVD 机方面的技术将有大的飞跃,于是他决定暂时不去商店看 DVD 机了。

(二)消费者店铺选择原理的实际意义

上述消费者店铺选择原理对零售店经营有一定意义。

用前面的公式计算出来的态度值可以用来预测某个商店的消费额和市场份额。要做到这一点,商店必须定期收集消费者对本商店和竞争商店的态度的资料。

进行消费者态度的长期调查,一是要注意消费者对商店各种特性的重视程度在一定时间内的变化情况,二是要注意消费者所认为的一定时间内各商店在每一特性方面的表现变化情况。

我们用一些资料来说明三年内消费者对两个商店的态度情况,见表 3-5。

表 3-5　消费者对商店的态度

特性	被重视程度(W_i)			A 店评估值(B_{ia})			B 店评估值(B_{ib})		
	2006	2007	2008	2006	2007	2008	2006	2007	2008
有竞争力的价格	3.9	4.0	4.3	2.2	2.2	2.0	3.4	3.6	3.9
方便的店址	3.1	3.4	3.6	3.2	3.2	3.1	3.9	3.6	3.7
殷勤能干的店员	4.0	4.0	4.0	4.2	4.2	4.0	2.9	3.0	3.3
众多的花色品种	2.7	2.7	2.8	3.9	3.8	4.0	3.1	3.1	3.2
美观的装饰布置	3.4	3.3	3.4	4.4	4.5	4.5	1.9	1.9	2.0
信息充足的广告	3.7	3.6	3.8	2.7	2.9	3.1	2.4	2.4	2.5

资料表明,消费者越来越喜爱价格有竞争力和店址方便的商店。殷勤能干的店员、众多的花色品种、美观的装饰布置、信息充足的广告的重要性,在过去三年内保持相对稳定。但是,消费者认为,A 店的价格竞争力正在减弱,店员不如以前殷勤能干。不过,A 店的广告信息更加充足。在 B 店方面,价格变得有竞争力,店员更殷勤能干,其他特性方面与三年前相同或稍有改进。在消费者眼里,B 店改善经营状况要比 A 店好。

如果计算过去三年内消费者对 A 店和 B 店的综合评估值,我们就会看到,从总体上说,消费者更偏爱 A 店。但是,这一情况正在迅速改变。对 B 店来说,这是一件好事,但对 A 店来说,则是十足的坏消息。因为态度的改变是销售额和市场份额改变的一个先行指标。可以预测,B 店的市场份额在未来几年内将获得增长,除非 A 店能够成功扭转其经营滑坡的状况。

消费者对商店的态度资料也可用于对零售战略的“微调”。运用前面的例子可以说明这一点。很明显,A 店在获得态度资料后必须在满足消费者以及与对手竞争方面重新做一些工作。

B店在有竞争力的价格这一特性上比较好，而消费者在态度形成过程中，又越来越重视价格，B店因此受益匪浅。这时，A店如果决定使价格具有较强的竞争力，也即与B店进行"迎头"竞争，结果将不会创造出差别竞争优势；而如果制订一个强有力的非价格竞争战略（如在店员和广告方面），情况可能要好一些。

消费者商店选择原理还有一个非常具体的用途，这就是用来检测不同广告的效果。假如有两套商店广告方案可供一个商店选择。究竟采用哪一套呢？可找两组受试人，分别进行不同的广告宣传，然后测试每一组人对商店的态度值。据此，商店就可以对广告方案做出正确的选择。

零售业顾客满意度调查问卷

您好！本问卷是××调查，非常感谢您在百忙中抽空填答。请您根据您到零售超市购物的实际体验，逐项回答以下问题，从问题右边选择一个符合您的观点的数字或方框，并划√。您的回答对该项研究具有重要价值，谢谢支持。

第一部分：基于您过去在该超市的购物过程，请您对该超市的以下情况做出评价

编号	题　项	1分	2分	3分	4分	5分
1	您对该超市的总体品牌形象的评价	完全不满意	有些不满意	一般	有些满意	非常满意
2	您周围人对该超市的评价	完全不满意	有些不满意	一般	有些满意	非常满意
3	您对该超市的总体预期评价	完全不满意	有些不满意	一般	有些满意	非常满意
4	超市商品品种的多样性	完全不满意	有些不满意	一般	有些满意	非常满意
5	超市商品的价格评价	完全不满意	有些不满意	一般	有些满意	非常满意
6	耐用品的质量保证评价	完全不满意	有些不满意	一般	有些满意	非常满意
7	食品的新鲜程度及其质量情况	完全不满意	有些不满意	一般	有些满意	非常满意
8	超市员工的仪表情况	完全不满意	有些不满意	一般	有些满意	非常满意
9	超市员工的主动性（引导您找到所需商品）	完全不满意	有些不满意	一般	有些满意	非常满意
10	超市员工对商品的熟悉性	完全不满意	有些不满意	一般	有些满意	非常满意
11	超市员工结账的准确程度	完全不满意	有些不满意	一般	有些满意	非常满意
12	超市商品的布局（是否便于找到所需商品）	完全不满意	有些不满意	一般	有些满意	非常满意
13	超市的灯光情况	完全不满意	有些不满意	一般	有些满意	非常满意
14	超市的通风情况（是否有异味）	完全不满意	有些不满意	一般	有些满意	非常满意
15	导购标志显著情况	完全不满意	有些不满意	一般	有些满意	非常满意
16	超市的售后服务情况（退、换货，保修）	完全不满意	有些不满意	一般	有些满意	非常满意
17	超市排队等候结账时间	完全不满意	有些不满意	一般	有些满意	非常满意
18	超市的服务效率高低	完全不满意	有些不满意	一般	有些满意	非常满意
19	超市的店址	完全不满意	有些不满意	一般	有些满意	非常满意
20	超市的经营时间段（上班时间）	完全不满意	有些不满意	一般	有些满意	非常满意
21	停车的便利程度	完全不满意	有些不满意	一般	有些满意	非常满意
22	超市周围或内部餐饮设施的方便程度	完全不满意	有些不满意	一般	有些满意	非常满意
23	超市购物车适用程度	完全不满意	有些不满意	一般	有些满意	非常满意
24	超市扶梯安全程度	完全不满意	有些不满意	一般	有些满意	非常满意

第二部分:您对超市的总体满意情况及您所做的选择

编号	题项	1分	2分	3分	4分	5分
1	您对该超市的总体满意程度	完全不满意	有些不满意	一般	有些满意	非常满意
2	您下次购物还会去这家超市的可能性	完全不满意	有些不满意	一般	有些满意	非常满意
3	您会向自己亲朋介绍其到超市的可能性	完全不满意	有些不满意	一般	有些满意	非常满意
4	您在这家超市购物的经历会使您转向别的超市的可能性	完全不满意	有些不满意	一般	有些满意	非常满意

第三部分:受访者人口统计特征

为了便于资料的分组和数据统计分析,保证问卷调查质量,我们需要了解您的个人基本信息,以下信息我们采用无记名方式进行,请您放心填写,谢谢合作。

1.请问您的性别:

①男性

②女性

2.请问您的年龄:

①20 岁以下

②21 岁～30 岁

③31 岁～40 岁

④41 岁～50 岁

⑤50 岁以上

3.您的学历是下面哪一组:

①高中及高中以下

②大专及本科

③研究生及以上

4.您的家庭月收入属于下列哪一组:

①2000 元及以下

②2001 元～3500 元

③3501 元～5000 元

④5001 元～6500 元

⑤6501 元～8000 元

资料来源:盛亮.大型超市顾客满意度测评研究.吉林大学硕士学位论文,2008

非处方药市场分析及消费者行为分析

非处方药(Over-the-Counter,OTC)是指由国务院药品监督管理部门公布的,不需要凭执业医师和执业助理医师处方,消费者可以自行判断、购买和使用的药品。

随着新的医疗保险办法的实施、药品分类管理办法的出台、非处方药品目录的公布、病人自主治疗意愿的增加,大量零售药店出现了,消费者从公开渠道及充足货源里购买非处方药物的机会大大增加,药品零售额快速增长,非处方药市场充满机遇。

越来越多的制药企业进入零售市场,希望通过广告和促销,建立自己的非处方药品牌,获得经济效益。在这一领域获得成功的关键是公司直接向消费者进行营销的能力,即制定有效的非处方药市场营销策略并付诸实施的能力。

而市场营销策略的制定,必须建立在研究消费者市场和消费者行为的基础之上。消费者市场需要研究:谁是购买者;购买对象;购买目的;购买行为;购买时间和购买地点。购买者行为需要研究:购买者行为受哪些因素影响;消费者是怎样做出决策的;典型的购买过程。

一、OTC 消费者市场

OTC 消费者市场要研究的内容包括:

1. OTC 的购买者是谁?

OTC 药品的概念和特点决定了 OTC 药品的购买者是:成年人;有一定的疾病判断能力,能较为准确地判断病的类别和病情严重程度,有一定的药品使用经验的人;在经济上有一定的来源,可以自主支配药品费用的人;文化程度高的人和医疗保健意识更强的人;工作节奏快的人。

2. 该市场购买什么样的 OTC 药品?

消费者购买 OTC 药品因为治疗的疾病类别、制造商、品牌、价位、剂型、包装等的不同而存在区别;还因为是否进入医疗保险报销目录而不同。

消费者对一个产品的把握一般有三方面的知识:有关产品属性和特征的知识,使用产品的积极结果或收益,有助于消费者满意或达到目的的产品价值。

消费者对 OTC 产品的认识也一样,这三方面知识的结合形成了他们对 OTC 产品的认识。OTC 产品属性包括包装外观、说明书、药品外观及开启的方便性、服用方便性、口感等。OTC 产品利益包括疗效、副反应、起效速度及安全性等。OTC 产品价值满足:品牌地位。

进入医疗保险目录对于 OTC 药的推广很重要,调查显示:当消费者经常使用的某种疗效不错的公费药变为自费药时,享受公费医疗的消费者中有近一半人会从公费药中寻找替代药,而不会自费购买这种药,只有近13%的消费者会自费购买这种药。目前的非处方药尚未受到公费报销的限制,公费报销品种目录中有不少是非处方药。研究表明,有2/3的非处方药是通过医生处方开出的,从而获得了医疗保险公司的补偿。

3. 该市场为何购买?(购买目的)

消费者购买 OTC 药品的原因有以下几点:治疗小病痛;方便;省时;节约费用。

99%的消费者表示:他们去药店最主要的原因是得了小毛病,自己能够察觉症状并且判断缓解的程度。所以,服用 OTC 药品是消费者治疗日常小病最常用的方法。

患者使用 OTC 药对自身一些常见的、轻微的小病症进行自我药疗,大大节省了他们去医院排队看病、等待治疗的时间。同时,非处方药的市场销售价格比处方药便宜,消费者可以因此节约费用。

4. 该市场何时购买?

OTC 药品购买方便,无需医生处方就可以很方便地在药店购买。OTC 药品一般质量稳定、保质期长,保质期基本在两年以上,用于治疗常见病、多发病,购买量大的话,也不必担心过期变质。

OTC 药品消费者一般在疾病发生时去购买,或者在方便时购买、顺便购买。

5.该市场何地购买？

购买 OTC 药品可以去的地方：医院、药店；医疗保险定点的医院和药店或者未定点的医院和药店；连锁药店或非连锁药店；有品牌的、服务好的药店或普通的药店；平价药店；连锁药店；社区附近或者医院的药店。

对于可以享受医疗报销的消费者来说，他们必然选择医疗保险定点的医院或药店购买医疗保险目录中的 OTC 药品。关注价格的消费者或者购买长期用药的消费者宁愿去平价药房。医院附近的药店能得到更多的外配处方。注重药品质量的消费者更愿意去大型的连锁药店买药，药品质量有保证。

二、OTC 购买者行为影响因素

影响 OTC 购买者行为的因素主要有：

1.文化因素

随着消费者文化水平的提高，保健意识增强，对于预防疾病和身体保健逐渐重视起来，特别是高收入阶层和中老年人对补充维生素、增强免疫功能、防病强身、改善生活质量的 OTC 药品的消费支出增加了。现在的中青年女性更舍得购买减肥和养颜的 OTC 产品。

2.社会因素

消费者 OTC 购买行为受到一系列社会因素的影响，如消费者的相关群体、家庭和社会角色与地位。一些消费者会因为角色和地位不同，在选择非处方药时考虑不同的品牌和药品档次。

儿童和青少年的 OTC 药品消费主要受家庭中父母的影响，因为父母更有经验，在 OTC 产品的购买和消费方面父母起着决定性作用，一般来说，父母是决策者。他们从父母身上可以学习到一些常见病的诊断和治疗方法。这将影响他们在成人后的 OTC 消费观念。

白领阶层在选购 OTC 药品时，更倾向于知名品牌和声誉好的公司的产品，如合资药品，也更倾向于价位高的药品。

3.个人因素

消费者 OTC 购买决策也受其个人特征的影响，比如消费者对自己的病情变化的感知、对品牌特征的感知、对其他备选品牌的态度，特别是受其年龄所处的生命周期阶段、职业、经济环境、生活方式、个性和自我概念的影响。

成年人，对病情判断力强的人，购买 OTC 药的可能性更大些；自我保健和自我药疗意识强的人、工作节奏快的人、不享受医疗费用报销的人去药店购药的次数更多。

许多慢性病患者如高血压、慢性胃炎、糖尿病等病人需要长期服药。这些患者在经过几次医生诊治后，了解了自己的病情，知道该用什么药，这些患者可能会直接去社会零售药店买药。

4.心理因素

我国消费者受传统中医药文化的影响，普遍认为，中药的毒副作用小，许多中药在预防和保健方面作用显著，比西药更安全；中药在一些慢性病的治疗方面可能比西药更有效；中药的作用也全面，可以从根本上治疗疾病。一般的家庭中都会备有三七伤药片、红花油、健胃消食片等一些中成药。而在起效速度方面，普遍认为西药比中药见效快。

三、OTC 消费者决策

OTC 消费者是怎样做出决策的？营销人员必须识别谁做出购买决定及做出购买决定的因素、购买者的介入程度和对品牌有效性的数目，确定消费者属于哪一种购买类型。

1. 购买的角色

发起者,是患者,包括儿童、老人、男性、女性患者在内。

影响者,指家人、朋友、医生、药店店员、广告代言人等。

决策者,指在是否买、为何买、如何买、在哪里买等方面做出完全的或部分的最后决策的人。

购买者,指实际采购人。

使用者,指实际消费产品的人。

儿童药品的消费者是儿童,决策者和购买者一般是父母。家庭中,妻子可能帮助丈夫购买保健的 OTC 药品。

2. 购买的行为——与普通消费品购买决策类似

和处方药相比,OTC 药品具有安全性高、疗效确定、质量稳定、使用方便等特点,所以购买决策过程相对简单,消费者低度介入,显示出与其他日常消费品类似的购买特征。但因为同一治疗类别的非处方药品品牌众多,差异较大,在功效、价格、包装、公司声誉上不同,因此消费者寻求多样化的购买行为。

四、OTC 购买过程

OTC 购买过程由以下步骤组成:问题认识,信息收集,可供选择方案评价,购买决策和购后行为。

1. 问题认识

引起消费者购买 OTC 产品的原因,可能是疾病发作,产生不适的症状;或者疾病多发季节即将到来,提前考虑购买 OTC 药品,比如夏季来临,购买治疗蚊虫叮咬的 OTC 药;或者受购药环境影响,比如设在超市药店的产品展示,药店的促销活动等引起非计划购买行为发生。

2. 信息收集

OTC 药品消费者信息来源有四种:个人来源,如家庭、朋友、邻居和熟人;商业来源,如广告、推销员、经销商、包装、陈列;公共来源,如大众传播媒体、消费者评审组织;经验来源,如使用产品。

这些信息来源有营销人员可以控制的和不能控制的,有来自个人的和非个人的。见下表:

OTC 消费信息来源

	个人的	非个人的
营销人员可以控制的	销售人员	媒体广告、店堂布置、店堂广告、促销和包装
非营销人员控制的	医生、店员、消费者经验、朋友、家人	出版物和行为媒介

OTC 药品营销人员应该通过媒体广告、店堂布置、店堂广告、促销和包装,以及人员推销等方式给消费者提供信息。

另外,医生、店员、消费者、家人、朋友都可以传递 OTC 药品信息,所以在营销策划中要重视他们的作用。

3. 对 OTC 药品的评价

(1)评价因素

对 OTC 药品品牌的评价包括以下因素:功效、安全性、服用方便性、价格、包装、公司声誉等。综合评价高的品牌应该成为购买对象。

(2)OTC 消费决策关注品牌

北京新华信商业风险管理有限责任公司1999年度消费者购药行为调查研究结果显示，80%的消费者在购买前有明确品牌倾向。OTC药品多为治疗一般疾病的常备药品，如感冒药、止痛药、肠胃药、皮肤药等等，这些药品一般在生产技术上都比较成熟，不具有专利技术方面的竞争优势；而正因为技术工艺简单，又使此类药品的生产厂家众多，市场上同一种OTC药品往往具有多个品牌，市场竞争异常激烈。

因为消费者不具备辨别药品内在品质的能力，所以代表产品品质和信念的品牌成为消费者购买OTC产品的导向。在广泛决策制定期间，消费者倾向于搜寻产品信息，所以用一种品牌促销来影响他们问题解决的过程相对容易。成功的OTC产品销售必须用消费品的营销手段建立产品品牌和促进产品销售。

鉴于品牌对于OTC药品评价的重要性，因此除了医生意见和自身经验之外，广告实际上成为人们了解药品的重要来源和影响人们购买决策的重要因素。

4. 购买决策

消费者在评价阶段可能形成某种购买意图而偏向购买他喜爱的品牌产品，然而，在购买意图与购买决策之间，可能受到他人态度的影响和未预期到的情况因素的影响。

专业人士具有左右OTC药品购买决策的能力。

尽管OTC药品无需医生处方，消费者即可在药店购买，OTC药品越来越接近于一般消费品，但是药品毕竟是用来治病救人的，并且药品知识的专业性较强，还不是一种普及性知识，所以消费者在购买和使用OTC药品时，十分关注专业人士如医生、药剂师等人的意见。据美国Scott-Levin医疗保健咨询公司最近的一份调查，约有50%的病人根据医生的建议使用OTC药品。医生给病人的OTC样品也起着重要作用，有35%的病人在过去一年接受过样品，并且约50%的病人称他们自己将会购买同样的药品。

店员与消费者进行交流是一个重要的市场营销战略。有调查结果表明：除了电视广告，药店店员对消费者购药的影响大于其他各种广告媒体。值得注意的是，当店员向消费者推荐某种药品时，有74%的消费者会接受店员的意见，这表明在药品消费中店员能起到很大的作用。特别需要指出的是，在明确具体品牌的消费者中，当店员向他推荐其他品牌药品时，占66%的消费者改变了主意，他们接受了店员的意见。

5. 购后行为

OTC药品都有很详细的使用说明书，消费者按照说明书文字就可以很方便地使用，而使用效果是否满意，是否有不良反应发生，首先取决于对该药品的选择是否对症。如果购买的OTC药品不对症，治疗效果必然大打折扣，还可能产生不良反应。如果药品选择对症，也要看产品本身的功效和不良反应，是否疗效好、起效快而不良反应小。

如果消费者使用OTC药品后感到满意，必然强化他的产品信念，刺激下次的购买。他们往往会记下上次医生处方的药品名称，或者直接拿着药品包装盒，指名购买同样的产品。

国家规定OTC药品使用说明书上要注明制药商的联系电话，目的在于及时得到不良反应的信息，这也是制药商提高售后服务质量的主要途径。

总之，非处方药市场营销者只有在了解消费者行为的基础上，制定出使目标顾客的需要和欲望得到满足的营销策略，才有成功开发市场的可能。

资料来源：张发强. 非处方药市场消费者行为分析. 中国营销传播网，http://www.emkt.com.cn/article/132/13298－3.html

【思考】

针对 OTC 购买者的决策过程,药品零售商应该采取哪些营销措施?

第三节 影响零售购买决策的因素

如图 3—7 所示,消费者购买行为受文化、社会、个人和心理因素的影响很大。这些因素不仅在某种程度上决定消费者的决策行为,而且对外部环境与营销刺激的影响起放大或抑制作用。零售营销人员无法控制这些因素,但他们必须考虑到这些因素。

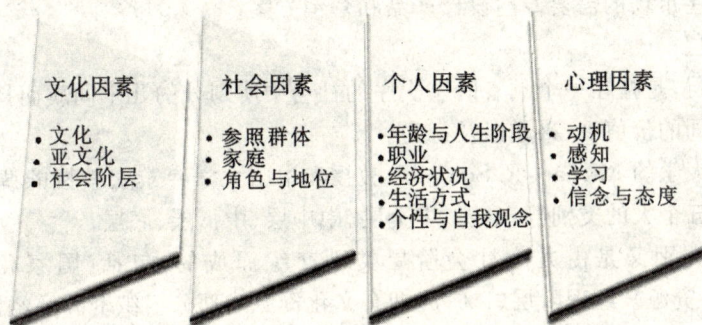

文化因素	社会因素	个人因素	心理因素
●文化 ●亚文化 ●社会阶层	●参照群体 ●家庭 ●角色与地位	●年龄与人生阶段 ●职业 ●经济状况 ●生活方式 ●个性与自我观念	●动机 ●感知 ●学习 ●信念与态度

图 3—7　零售购买决策影响因素

一、文化因素

(一)文化

文化是一个人的欲望和行为的最基本决定因素。在消费者行为研究中,由于研究者主要关心文化对消费者行为的影响,所以我们将文化定义为在一定社会中经过学习获得的,用以指导消费者行为的信念、价值观和习惯的总和。

每个群体或者社会都有自己的文化,而且文化对购买行为的影响在国家间差异很大,营销活动如果不针对这些差异进行调整就会没有效果,甚至犯尴尬的错误。例如,试图在台湾地区推销自己的美国某社区的一个商业代表团,通过深刻的教训学到了这一点。由于希望促进对外贸易,他们到了台湾地区,并带了绿色的棒球帽作为礼物。他们发现当时正值台湾大选前一个月,而绿色是反对党的代表色。更糟的是,访问者后来才知道,根据当地的文化习俗,戴绿帽子的男人意味着他的妻子对他不忠。这个社区代表团的团长说:"我不知道这些绿帽子究竟怎么了,但这次访问使我们更深刻地理解了人类文化的巨大差异。"

人类行为大部分是学习来的,在社会中成长的儿童通过家庭和其他主要机构的社会化过程学到了一套基本的价值、知觉、偏好和行为的整体观念。在一个进步社会中长大的儿童就有如下的价值观:成就与功名、效率与实践、上进心、物质享受、自我实现和富有朝气。

文化传统深刻地影响着消费者的思维和行为,在不同或同一个国家或地区,由于民族不同,文化发展不同,消费者的思维和行为会有差异,如在服装上,我国藏族、壮族、傣族妇女的民族服装风格各异,饰物也绝不雷同,这是不同文化传统的反映。

零售营销人员应该努力发现文化转型以寻求新的商品机会。例如,人们对健康和健美日益关心的文化转型创造了巨大的行业需求:锻炼器械和服装、低脂肪和更自然的食品、健康与健美服务。人们对轻松随意的追求使休闲服装和简单家具的需求增加。人们对休闲时间的需求使方便产品的需求增加,如微波炉、外带食品及快餐。

(二)亚文化

每一个国家的文化中都包含若干个不同的亚文化群。亚文化是指与主文化相对应的非主流的局部的文化现象,亚文化既包含与主文化相通的价值与观念,也具有独特的价值与观念。亚文化包括不同国籍、宗教、种族和地区的文化。许多亚文化都是重要的营销市场,而零售营销人员经常为这些市场的需要专门设计产品和营销方案。

(三)社会阶层

所谓社会阶层,是指在一个具有阶层次序的社会中所划分的几个同质而持久的群体,各群体内的成员有相同的价值观、兴趣以及行为。

据美国奥本大学的 Michael R. Solomon 教授和中山大学卢泰宏教授的调查分析,我国消费者已经分化为五个大的类别群:上层、中上层、中中层、中下层、底层。

这五个消费类别又是由九个社会阶层类别交织而成的,包括:国家和社会管理阶层(2.1%,拥有社会资源)、经理阶层(1.6%,拥有文化资源或部分组织资源及经济资源)、私营企业主阶层(1%,拥有经济资源)、办事人员阶层(7.2%,拥有少部分文化或组织资源)、个体工商户阶层(7.1%,拥有少部分经济资源)、商业服务人员阶层(11.2%,拥有少部分文化资源,或基本没有三种资源)、产业工人阶层(17.5%,基本没有三种资源)、农业劳动者阶层(42.9%,基本没有三种资源)、城乡无业/失业/半失业人员阶层(4.8%,几乎没有三种资源)。

社会阶层是影响消费者行为的重要因素。属于不同社会阶层的人,其生活方式、消费结构和价值观念都有很大的差别,因而他们的购买行为也大不相同。零售营销对社会阶层的分析应以消费需求和购买动机的不同为基础。

二、社会因素

(一)参照群体

参照群体是直接或间接影响个人态度或行为的群体。零售营销者应当努力发现他们的目标市场的参照群体。参照群体为人们带来新的行为和生活方式,影响人们的态度和自我观念,让人们追随它,这些都可能影响一个人的零售商品和品牌选择。

与消费者密切相关的五种基本参照群体是家庭、朋友、正式的社会群体、购物群体和工作群体。参照群体的影响程度取决于多方面的因素,主要包括:

(1)产品使用时的可见性。在炫耀性购买时,群体对产品和品牌选择的影响力较强。而隐私性产品的购买和使用受群体的影响很小,因为产品及其品牌不易被他人观察到。

(2)产品的必需程度。

(3)产品与群体的相关性。

(4)产品的生命周期。

(5)个体对群体的忠诚程度。

（6）个体在购买中的自信程度。

受参照群体影响大的产品和品牌制造商，必须要设法找出有关群体的"意见领袖"。所谓意见领袖是指在一个参照群体中，那些因特殊技能、知识、人格和其他性质等因素而能对别人产生影响力的人。社会中的每个阶层都有意见领袖，零售营销人员应该找出目标顾客群体中意见领袖的个人特征，选择他们所能接触的媒体，有针对性地设计广告信息。

参照群体概念在零售营销中的运用如下：

1. 名人效应

对很多人来说，名人代表了一种理想化的生活模式。正因为如此，企业花费巨额费用聘请名人来促销其产品。研究发现，用名人较不用名人的广告评价更正面和积极，这一点在青少年群体中体现得更为明显。

世界钢笔市场曾被"派克笔"长期占领，由于该公司生产的钢笔在当时最负盛名，又有新品种"自来水笔"推出，该公司发展到 20 世纪四五十年代正是高峰期。然而，匈牙利贝罗兄弟发明了圆珠笔，打破了派克公司一统市场的局面。由于圆珠笔实用、方便、廉价，一问世就深受广大消费者的欢迎，使得派克公司生产大受打击，身价也一落千丈，濒临破产。该公司欧洲高级主管马科利认为，派克公司在圆珠笔的市场争夺战中犯了致命的错误，不是以己之长，攻人所短；反而以己之短，攻人所长。他筹集了足够的资金买下了派克公司，跟着立即着手重新塑造派克钢笔的形象，突出其高雅、精美和耐用的特点，使它从一般大众化的实用品成为一种高贵社会地位的象征。其中一条措施就是加强宣传以提高派克钢笔作为社会地位象征物品的知名度。英国女王是英联邦的元首，其所用物品无不显示其地位的高贵，因而其用品的商标及生产厂家也被打上了高贵的烙印。马科利深知这一点，他费尽心机，再三努力，让派克钢笔获得了伊丽莎白二世所用笔的资格。方向对头，措施得力，新的派克钢笔以炫耀的形式还魂了，派克公司随之也新生了。

2. 专家效应

专家是指在某一专业领域受过专门训练，具有专门知识、经验和特长的人。医生、律师、营养学家等均是各自领域的专家。专家所具有的丰富知识和经验，使其在介绍、推荐产品和服务时较一般人更具权威性，从而产生公信力和影响力。当然，在运用专家效应时，一方面应注意法律的限制，如有个国家不允许医生为药品作证词广告；另一方面，应避免公众对专家的公正性、客观性产生质疑。

3. "普通人"效应

运用顾客的证词来宣传企业的产品，是广告中常用的方法之一。由于出现在荧屏上或画面上的代言人是和潜在顾客一样的普通消费者，使受众感到亲近，从而广告诉求更容易引起共鸣。比如北京大宝化妆品公司就曾运用过"普通人"证词广告。还有一些公司在电视广告中展示普通消费者或普通家庭如何用广告中的产品解决其遇到的问题，如何从产品的消费中获得乐趣等，也是"普通人"效应的运用。

4. 经理型代言人

自 20 世纪 70 年代以来，越来越多的企业在广告中用公司总裁或总经理作代言人。例如，我国广西三金药业集团公司，在其生产的桂林西瓜霜上使用公司总经理和产品发明人邹节明的名字和图像，就是经理型代言人的运用。

(二)家庭

家庭成员对购买者行为有很大的影响。家庭是一个社会中最重要的消费者购买组织,而且已经被大量地研究。

丈夫和妻子在产品购买行为和购买决策作用方面随产品种类的不同而各异,一般来说,妻子主要购买家庭生活用品,特别是食物、日用杂货和服装等。事实上,随着已婚妇女就业人数的增加和男子愿意更多地承担家庭用品采购的趋向,这种妻子支配家务的观念正在改变。因此,如果零售营销人员继续认为妇女是其产品主要或唯一的购买者,就会犯错误。就贵重商品来说,更多的是夫妻双方共同做出决策。零售营销人员需要确定夫妻中哪一方在某一具体产品或劳务的采购过程中更具影响力,是丈夫支配型、妻子支配型还是共同支配型。

消费者作为家庭的一员,在购买活动中通常扮演提议者、影响者、决策者、购买者、使用者等不同的角色,其中决策者是购买行为能否实现的关键人物。零售营销中应重点研究家庭决策者的心理和偏好,采取针对性强的营销策略,激发购买欲望,促使购买行为的发生。

(三)角色因素

角色是指个人在特定社会条件下所处的具有某种权利和义务的地位。每个人在不同时间和不同空间扮演着不同的社会角色。例如,某男士在工作单位的角色是领导,在其父母面前是儿子,在家庭中的角色是丈夫或父亲。不同角色对自己有不同的职责要求,从而形成不同的购买特点和习惯。因此,了解和认识消费者在特定场合扮演的社会角色,有助于准确把握他的购买行为。

有关角色的几个重要的概念:

1. 角色关联产品集。角色关联产品集是指承担某一角色所需要的一系列产品。这些产品或者有助于角色扮演,或者具有重要的象征意义。例如,靴子与牛仔角色相联系。营销者的主要任务,就是确保其产品能满足目标角色的实用或象征需要,从而使人们认为其产品适用于该角色。例如,笔记本零售商强调笔记本电脑为商人所需,就是在力图使自己的产品进入某类角色关联产品集。

2. 角色演化。角色演化是指人们对某种角色行为的期待随着时代和社会的发展而发生变化。角色演化给零售营销者带来了机会,也提出了挑战。例如,妇女在职业领域的广泛参与,改变了她们的购物方式,许多零售商也因此调整其地理位置和营业时间,以适应这种变化。研究发现,全职家庭主妇视购物为主妇角色的重要组成部分,而承担大部分家庭购物活动的职业女性对此并不认同。显然,在宣传产品和对产品定位的过程中,零售商需要认识到基于角色认同而产生的购物动机上的差别。

三、个人因素

(一)人口统计因素

1. 年龄

年龄对于消费者购物地点、使用产品的方式以及对营销活动的态度都有重要影响。

目前,包括我国在内的世界上很多国家都面临着人口老龄化问题。根据预测,我国65岁以上的老年人口在总人口中的比重在2025年左右将达到14%,这必然会导致更多新的针对老年人的细分市场的出现。

不同年龄消费者对服装的需求

1.童年(小于 13 岁) 电视对他们的影响很大,通过电视他们对服装的认识越来越多,他们需要流行服装,需要他们喜欢的电视人物的服饰,不再满意便宜服装及功能性服装。一些童装生产商开始冒险生产这类服装以满足他们的需要。小孩服装经营的难度很大,因为小孩的需要只有转化为父母的购买行为才有效。

2.少年(13~19 岁) 这是对服装偏爱有加的消费群体。他们经常到服装专业零售店猎取新的服装产品,能很快接受任何新的东西。当短衬衫成为最新款式时,他们穿着的衬衫已比其他人短。无论发布什么流行信息,他们都会接受它。少年组是服装零售商最好的细分市场,零售商通常采用低成本的采购策略,定位于流行、大量、廉价的零售更容易成功。

3.青年(20~34 岁) 他们出于工作及社交的需要购买服装,由于有自己的收入,对服装的需要量很大,通常选择在专业店购买服装。

4.中青年(35~49 岁) 收入较高,服装消费的比重也较大。他们的收入与生活方式成为零售商选择的目标。他们购买服装地点灵活,如专业店、百货店、服装目录店等。

5.中老年(50~64 岁) 有两种类型,一是仍然工作的职业者,对服装特别重视,他们会选购高质量、高价格服装及流行服装以满足其工作及社交的需要。另一类是退休者,他们花更多的时间在休闲活动上,如旅游、娱乐等,对服装仍有需要,但集中在运动装及宽松的服装上。

6.老年(65 岁以上) 对服装消费来讲,他们不再是重要的群体。老年人更关注个人健康,对服装的购买倾向于实用、低价和保守。

2.职业

由于所从事的职业不同,人们的价值观念、消费习惯和行为方式存在着较大的差异。职业的差别使人们在衣食住行等方面有着显著的不同。例如,教师需要购买专业参考书,运动员需要购买解除肌肉紧张和疲劳的药物。因此,零售营销人员研究各行各业的特殊需要是了解消费者行为的重要环节。

在职业性别细分中,职业女性成为服装零售商关注的重要群体。在发达国家,女性就业的现象越来越普遍,为了应付工作及社交需要,对服装消费的欲望也越来越强,成为服装零售商重要的目标市场。她们能负担服装的开支,但没有太多时间到传统商店选购服装。零售商已经注意这一点,并开始调整其零售方式,针对职业女性的产品目录店、职业女性专卖店取得了很大成功。

3.经济状况

零售商品的购买在很大程度上取决于一个人的经济状况。所谓经济状况主要包括:收入、存款、资产和筹款能力的大小。经济状况直接影响消费者的购买力和兴趣爱好,因此零售营销人员在产品设计和市场定位时应充分考虑不同消费者群体的经济状况。

(二)生活方式

生活方式是个体在成长过程中,在与社会因素相互作用下表现出来的活动、兴趣和态度模式。

人们即使来自相同的亚文化、社会阶层及职业背景,也会有相当不同的生活方式。生活方式是个人生活的形式,可以由消费心态来表示,包括衡量消费者的主要 AIO 项目:活动(activity)——工作、爱好、购物、运动、社会活动;兴趣(interest)——食物、时尚、家庭、娱乐;观念(opinion)——关于自己的、社会问题的、商业的、产品的。生活方式能比社会阶层、个人性格更深刻也更全面地表示出一个人在态度、行为和心理需要方面的特点。因此,零售营销人员通过分析消费者的生活方式来了解其消费需要和购买行为,往往比用社会阶层和个性分析更为有效。

(三)个性及自我观念

每个人都有其独特的个性,这也会影响其购买行为。所谓"个性"是指一个人独特的心理特征,它使个人对周围的环境有相对持续和一致的反应。一个人的个性通常可用自信、支配、自主、顺从、交际、保守和适应等性格特征来加以描绘。

每个人与众不同的个性影响了他或她的购买行为。在分析特定产品或品牌的消费者行为时,个性会很有帮助。例如,咖啡制造商发现大量喝咖啡的人一般来讲都比较好交际,所以麦斯威尔咖啡的广告表现的是,人们一边轻松自然地进行社交活动,一边喝着冒热气的咖啡。

大多数个性研究是为了预测顾客的行为。心理学和其他行为科学关于个性研究的丰富文献促使营销研究者认定,个性特征应当有助于预测品牌或店铺偏好等购买活动。在20世纪50年代,美国学者伊万斯(Evans)试图用个性预测顾客是拥有"福特"汽车还是"雪佛莱"车。他将一种标准的个性测量表分发给"福特"和"雪佛莱"车的拥有者,然后对收集到的数据用判别分析法进行分析。结果发现,在63%的情形下,个性特征能够准确地预测实际的汽车所有者。由于在随机情况下这一预测的准确率也将达到50%,因此个性对行为的预测力并不很大。伊万斯由此得出结论,个性在预测汽车品牌的选择上价值较小。

很多零售营销者采用另一个与个性相关的概念,即自我概念,又称自我形象。自我概念是个体对自身一切的知觉、了解和感受的总和,是个体自我体验和外部环境综合作用的结果。

在很多情况下,消费者购买产品不仅仅是为了获得产品所提供的功能效用,而且要获得产品所代表的象征价值。人们总是希望保持、树立和增强自我形象,并把购买行为作为表现自我形象的重要方式。消费者一般选择符合或能够改善其自我形象的产品和品牌。因此,零售营销者必须了解消费者自我意识与其拥有东西间的关系,以便洞悉消费者行为。例如,如果一个消费者认为自己是外向、有创意以及活泼的,由于具有这种概念,他也希望他的家用轿车能反映这些特性。如果甲壳虫汽车在促销时指出这是属于外向、有创意和活泼的人的产品,则其品牌形象将能符合该顾客的自我形象。

四、心理因素

一个人的购买选择还会进一步受到四个主要心理因素的影响:动机、知觉、学习以及信念和态度。

(一)动机

任何人在任何时候都存在着许多需求,但是在某一时刻这些需求并不都强烈到促使人来采取行动的程度。一个需求强烈到某种程度后才变成动机。所以,动机是一个被激励的需求,它足以使一个人采取行动来满足这种需求。以下这些购买动机只是现实购买活动中常见的购买动机。顾客具体的购买动机是极其复杂的,难以一一列举。在商业经营活动中,不仅要掌握其共性,而且要因时因地了解顾客特殊的购买动机,增强零售经营活动的针对性。

1.求实动机

求实购买动机是以追求商品或服务的使用价值为主要目的的购买动机。它是顾客中最有普遍性、最具代表性的购买动机。这种动机的核心是讲求商品的实用和实惠。这类顾客在选购商品时,特别注重商品的质量和使用的方便性,并不过分强调样式的新颖美观,这类商品通常表现为家用类商品。

2.求新动机

求新心理动机是以追求社会流行的新花色、新样式为主要目的的购买动机。在经济条件较好的青年男女中比较常见,往往表现为冲动式的即兴购买。这种动机的核心是"时尚"、"前卫",通常表现在装饰类商品上。

另外,儿童也有强烈的求新心理,尽管他们不知道什么是时髦,但在儿童的眼里,他们永远对那些没有见过、没有玩过和没有吃过的东西有着十分深厚的兴趣,希望得到和了解它。诸如魔方、跳跳糖、谜语手纸、电动牙刷等能在市场上风靡一时,就是迎合了这种求新心理。

3.求美动机

求美动机是以追求商品的美观为主要目的的购买动机。这种动机的核心是讲究装饰美观。如果一些产品能够在它的外观、造型、颜色、声音等方面具有一种艺术化的美感,如果一个商场的环境能够做到让人流连忘返,这种环境和产品一定会影响众多的消费者。该动机的核心是讲究"装饰"和"漂亮",至于商品的价格、性能、质量和服务等方面的因素都排在次位。

4.求名动机

求名动机是以显示地位为主要目的的购买动机。随着人们生活水平的不断提高,越来越多的顾客对商品的档次和牌子越来越讲究,尤其是一些成功人士和职场人员,他们属于高收入的阶层,在他们看来,购物不光是适用、适中,还要表现个人财力和欣赏水平。

5.求廉动机

求廉动机是以追求廉价商品为主要目的的购买动机。这类顾客侧重于选购低档商品、残次品和积压处理商品。

价格一直是影响人们购买行为的一个重要因素。一些消费者在选购商品时,特别计较商品的价格,喜欢物美价廉或削价处理的商品。价格的优惠对大部分人都有一些影响。例如很多商场经常会在一些节日,或是产品换季时推出一些折扣或是赠品,以此来吸引更多的顾客,从而扩大产品的销售。

美国的服装商德鲁比克兄弟二人开了一家服装店,他们的服务十分热情。每天,哥哥都站在服装店的门口,向行人推销。但是,这兄弟二人都有些"聋",经常听错话。

经常是,两兄弟中的一个,热情地把顾客拉到店中,反复介绍某件衣服是如何物美价廉,穿上后又是如何得体和漂亮。经过这样劝说一番之后,顾客总会无可奈何他说:"这衣服多少钱?"

"耳聋"的大德鲁比克先生把手放在耳朵上问道:"你说什么?"

顾客又高声问一遍:"这衣服多少钱?"

"噢,你问多少钱呀,等我问一下老板。十分抱歉,我的耳朵不好。"他转过身去向那边的弟弟大声喊道:

"喂,这套全毛的衣服卖多少钱?"

小德鲁比克站起身来,看了顾客一眼,又看了看服装,然后说:"那套嘛,72美元。"

"多少?"

"72美元。"老板高喊道。

他回过身来,微笑着向顾客说:"先生,42美元一套。"

顾客一听,随即赶紧掏钱买下了这套便宜的衣服,溜之大吉。

其实,德鲁比克兄弟两人的耳朵一点也不聋,而是借"聋"给想占小便宜的人造成一种错觉来促销。

6.偏好动机

偏好动机是以满足个人偏好为目的的购买动机。某些消费者由于受习惯、爱好、职业特点、生活环境等因素的影响,会产生对某类商品的比较稳定、持久的偏爱。

7.便利动机

便利动机是一种以追求购买商品方便、快捷为主要目的的心理动机,通常为饮食类商品。

就近消费是老年消费的一大特点。由于年龄的增长,老年人的行动日渐不便,虽然他们有较宽裕的购物时间,但他们在消费时会尽量避免过多的交通劳累,愿意选择在大商场和离家较近的商店购买。他们希望能够在比较近的地方轻轻松松买到自己满意的商品,这样可以节省体力,有利健康。他们不愿意为一件物品费尽周折,能够在较近的大商场买到自己所需的商品更让他们感到放心。

8.储备购买动机

储备购买动机是以储备商品的价值或使用价值为主要目的的购买动机。当货币倾向贬值或市场商品供不应求时,顾客往往会产生此种购买动机。

9.从众动机

从众动机是指团体中的成员尽可能与多数成员在语言、行为、态度等方面保持一致的心理过程。女性的从众动机一般较强。她们容易受别人的影响,如许多人正在抢购某种商品,她们极可能加入抢购者的行列。她们平常总是留心观察周围人的穿着打扮,喜欢打听别人所购物品的信息,而产生模仿心理与暗示心理。

(二)知觉

一个被动机激励的人随时准备行动,然而,他如何行动则受他对情况的知觉程度的影响。两个人在相同的激励状态和目标情况下,行为却大不一样。这是由于他们对情况的知觉各异。

所谓知觉,就是人脑对刺激物各种属性和各个部分的整体反映,是对感觉信息进行加工和解释的过程。零售营销刺激只有被消费者知觉才会对其行为产生影响。消费者形成何种知觉,既取决于知觉对象,又与知觉时的情境和消费者先前的知识与经验密切相关。

消费者的知觉过程包括三个相互联系的阶段:选择性暴露、选择性扭曲和选择性保留。这三个阶段也是消费者处理信息的过程。

1.选择性暴露

人们在日常生活中面对众多刺激物。仅以商业性广告刺激物为例,平均每人每天要接触到100个以上的广告。一个人不可能对所有的刺激物都加以注意,其中多半被筛选掉。选择性暴露给予零售营销者的启示是,在竞争激烈的市场中,营销人员要竭力争取消费者的注意。不属于目标市场的人大多不会注意某信息,即使是目标市场上的消费者,也可能忽视该信息,除非该信息在众多的刺激物中相当突出。

2.选择性扭曲

即使消费者注意到了刺激物,也不一定会与预期的方式相吻合。每个人总想使得到的信息适合于他或她现有的思想形式。选择性扭曲就是人们对信息进行扭曲,使之合乎自己的意思倾向。顾客也许听说了推销员所讲的某计算机品牌的一些优缺点,但是,只要他已倾心于另一公司的计算机,他就极有可能扭曲被推销的产品的某些特点,从而断定另一公司生产的计算机最好。人们往往倾向于自己的先入之见,用支持而不是用挑战的方式对信息做出阐释。

3.选择性保留

人们会忘记他们所知道的许多信息,他们倾向于保留那些能够支持其态度和信念的信息。由于存在选择性保留,所以顾客很可能只记住了某一公司计算机的优点,而忘记了竞争对手同类产品的优点。他之所以记住该计算机,是因为每当他想买计算机时总是较多地考虑这些优点。

以上三种知觉因素——选择性暴露、选择性扭曲和选择性保留意味着,零售营销人员必须通过所有可能的途径,把产品信息传递给消费者;而且营销人员在传递信息给目标市场过程中需要选用大量艺术性手段和重复手段。

通过对消费者知觉过程的认识,零售商应针对自己的产品或服务展开调查,以了解消费者主要依据哪些线索做出质量判断,并据此制定营销策略。如果某些产品特征被消费者作为质量认知线索,那么它就具有双重的重要性:一方面作为产品的一部分具有相应的功能和效用;另一方面对消费者具有信息传递作用。后者在零售商制定广告等促销策略时具有重要的参照作用。对不构成认知线索的产品特征或特性大加宣传,将很难收到预期的营销效果。

另外,零售商还应充分重视形成质量认知的外在因素。这些因素包括价格、商标、知名度、出售场所等。零售商应了解这些因素对消费者的相对重要程度,以及不同消费者在这些评价因素上存在的差异,并据此采取措施。比如,高品质的产品应有相应的价格、包装与之相符合,分销渠道的选择上应避免过于大众化,短期促销活动也应格外慎重。

台湾曾有一家饮食店,店开张营业后,由于资金不够,没有钱可做广告,于是老板就想了一个办法。他让专门端菜到顾客家里去的店员,拿着一个写着自己店名的空箱子,里面装着空碗,四处跑来跑去。附近的人看到店员这么忙碌地跑来跑去,就说:"哦,什么时候开设了这家食堂呢?看他这样忙碌地端菜出去,生意可能不错,我也去吃吃看。"这种假装忙碌的宣传方式,收到了良好效果,各地方都有人来订菜,使这家饮食店成为风靡一时的食堂。

我国内地某城市有家个体服装店,刚刚开业,一点知名度都没有,门前冷冷清清。服装店老板在开店前几乎把资金用光,哪有钱去做广告,让人们知晓这家服装店呢?老板终于有了主意。一天他来到附近一家电影院,在电影开演前几分钟,他雇的店员前来找他,只听电影院的广播喇叭喊:××服装店的王老板,外面有人找。他听到第五遍时,便起身走出影院。一连几天,在附近的几个影院都如法炮制。随后的日子里,他开的服装店,门庭若市,生意不断。

(三)学习

当人们行动时,他们也在学习。学习是指由于经验而引起的个人行为的变化。学习理论认为,人类的大部分行为都是通过学习得到的。学习发生在动机、刺激、提示、反应及增强的相互作用过程中。

学习理论在实践中对零售营销者来说很重要。学习理论可将零售商品需要与强烈的冲动联结起来。采用激发动机的提示,并提供正增强作用,就可建立产品的需要。新的零售商品,可采用竞争对手所提供的相同冲动,并提供类似的提示来打入市场,因为消费者较可能转向类似的品牌,而不愿意转移到不相似的品牌。或者,该新公司的品牌可以针对不同的冲动来吸引顾客,但必须提供有力的提示诱因,使消费者转换品牌。

根据心理学理论研究成果,消费者购买经验的学习方式包括条件学习和认知学习两种。

1. 条件学习及其应用

条件学习的理论包括经典条件反射理论和操作条件反射理论两种。

经典条件学习。经典条件学习是将消费者对某些事物无条件的情感反应转移到特定的购买行为上,这就需要通过多次反复的条件刺激,将无条件的情感反应转变为有条件的情感反应。如某一服装零售店的目标消费群体是中学生,而这些中学生特别喜欢某一明星,如果该零售店收藏并提供大量该明星的各种资料及其最近的演出,这些中学生就会经常惠顾这一零售店。这是典型的无条件情感反应的移置,也就是通常所说的爱屋及乌。服装零售店背景音乐的设计、与一些影视公司联合促销等也是这一原理的应用。对于一些消极的消费者,利用经典条件学习的理论来吸引他们学习购买经验将会更加有效。

操作条件学习。操作条件学习要求首先建立特定刺激物与特定情感反应之间的联系,然后通过多次反复的操作经历加以强化,形成稳定的经验购买程式。如零售商在销售出商品之后,通过顾客管理系统,定期对顾客进行回访,鼓励他们试用或免费使用新产品,提供舒适的环境或意外的回报等,使消费者学习到购买之后的超值服务,通过多次的学习强化,消费者就会建立起稳定的经验购买程式。

2. 认知学习及其应用

认知学习理论包括替代与模仿学习、推理学习两种。

替代与模仿学习。替代与模仿学习是指消费者通过观察他人的消费行为,从中学习相应的消费行为的过程,实际上这是零售消费行为的一种乘数效应。零售消费行为的替代与模仿学习的途径,主要有商品流行信息发布、忠诚顾客的榜样示范、消费者购买后相互之间的交流等。这种学习方式在时尚产品的消费中,对所有的消费者都十分有效。对于零售商而言,建立好的口碑或自己的风格是十分重要的。

推理学习。推理学习是指消费者根据已掌握的信息进行重构,形成新的消费观念或生活方式,从而改变原有的购买模式。很显然,推理学习是一种十分理性的消费程式。零售商要争取这类消费者,必须向消费者传递大量的竞争品牌的产品信息,为消费者改变购买某一品牌产品提供足够的决策信息。这种学习方式对积极的消费者或理性的消费者效果更好。

(四)信念和态度

通过行动和学习过程,人们会形成某些信念和态度。信念和态度是人们通过学习或亲身体验而形成的对某种事物比较固定的观点或看法。态度影响消费者的学习兴趣与学习效果,并将影响消费者对产品、商标的判断与评价,进而影响购买行为。信念和态度一旦形成,就很难改变,它简化了消费者购买决策过程,引导消费者习惯性地购买某些商品。

零售营销者对人们关于某个产品或服务所形成的信念和态度感兴趣。如果其中有些信念和态度对零售商不利,营销者就需要开展营销攻势来更正它们。改变信念和态度的目的是希望消费者放弃传统产品的消费意识,转变为新产品或新品牌的消费者。改变消费者信念和态度的常用做法有以下几种:

1.提高信息源的可靠性

如当一些权威机构发布对产品或品牌的看法,特别是提出与传统消费观念不一致的观念时,对消费者原有的消费信念和态度将会产生强烈的冲击。

2.使用名人信息源

如用体育明星、影视明星进行品牌形象的宣传,可以大大改善产品或品牌的原有形象,并强化消费者对该品牌的信念和态度。

3.比较广告

通过大量的比较广告,改变消费者原有的认知结构,导致消费者态度要素的不协调,从而使消费者在理性判断中,建立对品牌新的信念和态度。

4.情感主题广告

情感广告以建立积极的情感反应为主题,而不是提供产品信息或劝说购买。情感广告利用了态度的相似性原理,能够吸引或保持相关群体的关注程度,加深记忆,并通过经典的条件学习理论或认知学习理论来建立消费者对产品或品牌的信念和态度。

哪些顾客更容易做出购买决策

在最近的一篇题为《购物中心的顾客行为:调查,比较与验证》的研究论文中,西安交通大学市场营销系教授庄贵军会同香港城市大学市场营销系教授周南、香港浸会大学学者曾仕龙和美国威廉帕特森大学(William Paterson University)的学者李福安调查了一个大型购物中心,并对哪些顾客更易于做出购买决策进行了分析。他们的建议之一:零售商需要瞄准那些年轻的、受过良好教育的本地顾客。

购物,闲逛,还是旅游?

四位学者研究了2000年4月24日至4月30日所有进入西安世纪金花购物中心(Century Ginwa Shopping Center)的顾客,这家购物中心位于西安市中心最繁华的商业区内,内有超级市场、大型家具市场、20多家各类专业商店,并配有餐厅、游戏场所和停车场。"这一购物中心的功能非常完备,与西方国家的地区性购物中心非常相似。"研究者在论文中解释说。

为了能得到研究数据并保证抽样的随机性,研究人员采用在购物中心外邀请离店的顾客回答问卷的方式进行调查,并在选取了第一个顾客之后,再访问第十个走出购物中心的顾客,如果该顾客不愿回答,则询问下一个顾客,然后再数到第十个顾客进行访问,直至完成每天的配额,每天的访问时间从上午10点到晚间10点。

问卷调查内容包括顾客进入购物中心的目的、惠顾后的满意程度,以及顾客的年龄、性别、教育程度等等。"为了鼓励被访者回答,愿意回答的顾客都会得到我们工作小组赠送的小礼品,结果共收回有效问卷459份。"庄贵军教授解释说。

经过对这些问卷的统计分析,研究人员发现,只有四成左右的顾客进入西安世纪金花购物中心是为了购物。"据我们的统计,无购物计划的顾客进入购物中心的动机多种多样,主要有闲逛、会朋友、旅游等等。"研究者总结说。

他们的研究还发现,相较于西安市内的顾客,外省市的顾客更多是为了旅游的目的而进入购物中心。同时,就性别而言,更多的女性顾客进入购物中心是为了闲逛或与人约会。

谁在购买?

在问卷调查结果的基础上,研究人员建立了一个模型,具体分析了哪些顾客更容易做出购买决策。他们把"对购物过程满意与否"、"在购物中心的逗留时间"、"光顾购物中心的频率"、"是否有他人陪伴购物"以及顾客的性别、年龄等作为虚拟变量（即控制变量）放入模型，把顾客"是否购买食品"和"是否购买除食品之外的其他商品"作为因变量。那些他们希望预测的数据放入模型。

从年龄上看，分析结果显示20～34岁的顾客更容易做出购买决策。研究者认为，这与他们通常拥有明确的购物计划有关。"20～34岁的顾客刚刚开始自己的职业生涯，工作较忙，压力较大。他们没有太多的时间在购物中心里闲逛。因此，他们通常会事先拟定购物清单，明确要购买的商品，然后速战速决"。

研究还显示，高学历者（拥有大学以上学历）更容易做出购买决策。研究者指出，这首先是因为高学历者通常收入也较高，他们有能力购买他们想要的商品。此外，他们认为，良好的教育背景也使高学历者的行为趋于理性，他们更容易做到快速而合理地购物。

根据他们的模型分析，西安市内的顾客相对于外省市的顾客而言，更容易在购物中心内做出购买决策。"这可能是由于市内的顾客对购物中心比较了解，他们对商品的摆放位置和品牌、质量等都更为熟悉。"研究者解释说，"比较而言，外地顾客有很多只是慕名而来，他们更多地是把逛购物中心当成旅游，并不打算进行真正的购买。"

另外，那些每两周至少来一次购物中心的顾客比不经常光顾者更倾向于购买。研究者写道，这也与"经常光顾者"对购物中心比较了解有关。

分析显示，男性顾客比女性顾客更容易做出购买决策。研究者指出，这与男性顾客多属于"功利型购买者"，而女性购物者大多属于"享乐型购物者"有关。"男性顾客通常不是为了喜欢而购物，他们把购物等同于工作，是一种满足他们功能性需求的手段，因此，他们大多拥有明确的购物计划，因而更容易做出购买决策。与此相反，女性顾客通常只是把购物当成享受的过程，购物活动本身对她们而言就如同享受一场电影或一顿美餐。她们在走进中心之前并不知道具体要买什么，因而较难做出购买决策"。

研究人员还发现，有他人陪伴的顾客比单独购买的顾客更容易做出购买决策。"这些顾客把购物当成一种社会活动，他们注重与朋友或家人的交流。由于有他人的意见作参考，这些顾客在做出购买决定时更有信心。"研究人员总结说。

对零售商的建议

作为研究论文的结论部分，研究人员对购物中心的零售商提出了一些建议。他们指出，鉴于高学历者、青年人和本地顾客更容易做出购买决策，因此中心的零售商应把推销重点放在这些顾客身上，开展有针对性的广告、定价、促销和产品设计活动。此外，针对男性和女性购物行为的差异，零售商应开展不同的促销和市场策略。"比如，针对男性顾客的商品广告和促销活动应更加简短、易于记忆，而商场内耗时较长的促销活动则应针对倾向于享乐型购物的女性顾客。"研究者总结说。

此外，研究人员指出，食品是一个特殊的类别，因为顾客对购物过程的满意程度对食品购买决策的影响并不显著。他们认为，这与食品为生活必需品有关。"大多数顾客在进入购物中心前已经决定他们今天要买何种食品，即使对购物过程不甚满意，他们仍然会购买食品。但是，关于另一些商品如衣物饰品等的购买决策却会在很大程度上受到购物满意度的影响。"他们补充说，由于人们购买食品的动机不同于其他产品，因此，对食品超市的研究结果可能不适用于综合性的购物中心。

庄贵军和他的研究小组强调，零售商应更加注意衣物饰品等购物区域的环境布置。整洁的环境，适宜的灯光或优美的音乐都会使消费者更倾向于做出购买的决定。

资料来源：沃顿知识在线.哪些顾客更容易做出购买决策.销售与管理.2007(8):32~33

【思考】

材料中，哪些因素会影响消费者的零售购买行为？

本章小结

零售商经营必须"以消费者为中心"，根据消费者需求组织商品。首先零售商需要了解零售消费需求及购买行为模式。消费者期望能以合理的价格买到符合需要的商品，期望购买及时、方便，期望能得到好的服务。零售消费需求的基本特征包括：多样性、发展性、伸缩性、层次性、可诱导性、联系性和代替性。

零售消费需求按形态分为现实性需求和潜在性需求。潜在性需求是现实性需求的基础，满足顾客现实性需求是零售商当前市场营销活动的中心。

零售商需要研究：谁购买、如何购买、何时购买以及何处购买。在消费者购买行为模式中，外部的刺激经过黑箱（心理活动过程）产生反应，引起行为。消费者的购买决策过程本身和购买者的特性会影响消费者对刺激的理解和反应。

零售消费者的购买角色包括：发起者、影响者、决策者、购买者和使用者。零售消费者购买行为的主要类型包括：复杂的购买行为、寻求心理平衡的购买行为、寻求多样化的购买行为、习惯性购买行为。零售购买活动的心理过程包括：注意、兴趣、联想、欲望、比较、决定、购买及满意。购买决策过程的具体阶段包括：问题认知、信息收集、方案评估、购买决策和购后行为。

影响零售购买决策的因素包括文化因素、社会因素、个人因素、心理因素等。其中，文化因素包括文化、亚文化和社会阶层。社会因素包括参照群体、家庭、角色与地位。个人因素包括年龄与人生阶段、职业、经济状况、生活方式、个性与自我观念。心理因素包括动机、感知、学习、信念与态度。

第四章　零售业竞争与营销战略

☞【开篇案例】

李宁进军美国 到耐克家门口竞争

在 2009 年,李宁以全年 83 亿元销售额预计首超跨国体育用品巨头耐克(耐克 2009 年在中国的全年销售额为 70～80 亿),成为中国第一体育用品品牌商之后,李宁开始有更大的底气进入耐克的大本营插上"红旗"。

2010 年 1 月 5 日,李宁在美国开设的第一家专卖店在波特兰(Portland)低调开业,该店主要销售李宁公司最新研发的篮球、羽毛球和中国功夫系列几大类产品,其中中国功夫系列产品在国内还没有销售,全部由国内制造运往美国,专卖店的雇员则在当地招募。分析人士表示,这意味着李宁在中国市场的销售额超过耐克后,开始将战场延伸至耐克的"大本营"美国市场。

知情人士介绍,第一家专卖店之所以选在波特兰,首先是因为李宁 2008 年成立的美国研发中心也在此处,该研发中心的员工人数已经增加至 20～30 人,对当地的环境较为熟悉,而专卖店与研发中心类似于"楼上楼下"的关系,可以互相照应;另外波特兰鞋类设计师和市场销售、创意公司云集,在国际体育用品最新时尚诞生的地方,李宁专卖店可以起到展示的作用。

实际上,波特兰也是耐克的研发基地所在地,与耐克总部比佛顿(Beaverton)相距也不远,李宁在此设立的研发中心使李宁与耐克的大战"烽火"一步一步烧到了耐克的家门口。业内人士表示,李宁与耐克之间的争夺原来是在自己家门口,在美国开设专卖店,意味着在耐克的地盘上开战。接近李宁公司的人士表示,第一家门店是试验店,一旦试验成功,在美国将开设更多的专卖店。

李宁国际化的脚步并不仅限于美国。2009 年,李宁斥资 1.65 亿元收购羽毛球品牌凯胜后,开始大举进军东南亚市场,业内人士说,李宁已经建立了几十家专卖店,不仅销售羽毛球服装、鞋类和附件产品,还出售羽毛球器材,加上早前收购的红双喜乒乓球器材,李宁的利润来源从体育用品扩张至运动器材,进军国际市场更有把握。

资料来源:第一财经日报.2010-1-12

零售商业是一种将生产者生产的商品传递到最终消费者的商业经营过程。在这过程中,节约商业资源、流通时间是零售商业存在的价值基础,也是零售商业内部竞争的核心内容。中国加入 WTO 后,降低了商品零售和服务行业的外资准入门槛,特别是 2004 年全面开放零售市场之后,全球零售业巨头大规模进入中国。我国的零售业市场规模巨大,有关数据表明中国的零售业正以每年 6400 亿元人民币的速度增长,增加的规模相当于整个阿根廷的 GDP。因此,国内零售业竞争日趋白热化,中国零售业也将直接面对国际零售企业的竞争。本章将从零售业竞争态势、竞争要素以及零售营销战略计划的制定三方面入手,希望使读者对零售业的竞争状况有个全面的认识。

第一节 零售业竞争态势

目前,随着沃尔玛、家乐福等全球零售巨头的进驻以及像苏宁、国美、百联等国内零售商的快速成长,国内的零售业竞争呈现日益激烈化、多元化的态势。本节主要用波特的五力模型对零售行业的竞争程度进行全面的描述,然后给出目前我国零售行业的具体竞争态势,最后对零售业的竞争趋势做出预测。

一、波特五力分析模型

美国哈佛大学迈克尔·波特于1980年提出了"五力分析模型"(如图4-1)用于解释企业的竞争战略,该模型在管理界产生了深远的影响。该模型的五力分别是:供应商的讨价还价能力、购买者的讨价还价能力、潜在竞争者、替代品、现有竞争者的竞争程度。五种力量的不同组合变化最终将影响行业利润潜力的变化。

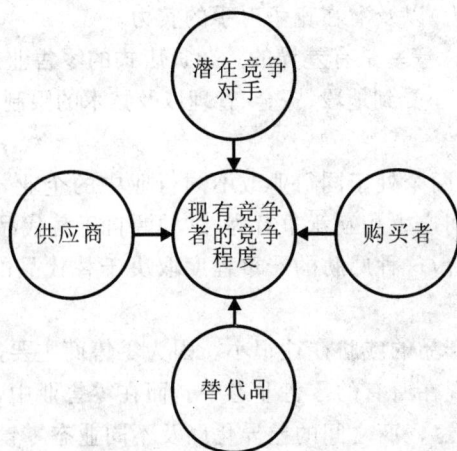

图4-1 波特五力分析模型

(一)供应商讨价还价的能力

供应商讨价还价的能力主要表现在供方通过其提高投入要素价格与降低单位价值质量的能力,来影响行业中现有企业的盈利能力与产品竞争力。这种能力的强弱取决于供方的市场地位,提供要素的种类、数量、重要程度,以及买方的转换成本等因素。零售商与其他供应者之间的关系,既有合作的一面,也有竞争的一面。供应商的讨价还价能力决定了其对零售商的压力大小。

(二)购买者的讨价还价的能力

购买者讨价还价的能力主要表现在购买者通过压价与要求提供较高的产品或服务质量的能力,来影响行业中现有企业的盈利能力。这种能力的强弱取决于购买者数量的多少、购买量的多少、购买者掌握信息的多少、卖方和买方相对规模以及买方的转移成本等。目前流行的团购就是通过增加购买量来提高购买者讨价还价能力的一种方式。

沃尔玛中国有限公司副总裁李成杰表示沃尔玛愿与供应商进行合作实现双赢。他认为对中国中小供应商来说,与沃尔玛合作最大的利益是获得了全球的销售平台。即使小地方的供应商,通过沃尔玛的营销网络,其产品也能迅速扩展到全国。比如,昆明安顺达食品有限公司在 2000 年 1 月成为沃尔玛供应商前,还是一家仅有 10 多名雇员的"夫妻店",而现在,这家供应熟食和鲜猪肉的企业,在沃尔玛年销售额超过 1000 万元,已拥有 140 多名员工,成为云南熟食加工企业的第一品牌。此外,沃尔玛还向供应商提供零售链管理信息系统。供应商通过电脑进入沃尔玛零售链,就可以随时知道自己商品在沃尔玛各个商场的销售、库存以及订货情况,从而能最大限度降低流通成本、更合理安排生产及对产品进行改进。沃尔玛的严守信用、付款结算及时、准确无误也有益于资金有限的中小供应商的发展。

(三)潜在竞争对手的威胁

潜在竞争对手的威胁主要表现在市场新进入者给行业带来新生产能力、新资源的同时,将希望在已被现有企业瓜分完毕的市场中赢得一席之地,这就有可能会与现有企业产生原材料与市场份额上的竞争,最终导致行业中现有企业盈利水平降低,严重的话还有可能危及这些企业的生存。这种威胁的严重程度主要取决于进入壁垒(如规模经济、资金要求、转化成本等)、现有企业的反应(如报复行为)以及潜在竞争对手的实力。

零售业中不同业态的进入壁垒是有差异的。杂货店式的零售业态进入壁垒比较低,而百货商店、大型超市等零售业态由于受到地段、资金、管理以及技术的限制,其进入壁垒就比较高。

(四)替代品的威胁

替代品威胁主要表现在两个处于同行业或不同行业中的企业,可能会由于所生产的产品互为替代品,从而在它们之间产生相互竞争行为,这种源自于替代品的竞争会以各种形式影响行业中现有企业的竞争战略。这种威胁的严重程度取决于替代品的价格、获得替代品的便利程度等因素。

对于零售业来说,替代产品的威胁往往很小。因为零售商主要是销售产品,而不是生产产品,同一种产品几乎可以出现在所有的零售业态中。而在零售业中,这种威胁主要表现为新服务形式的威胁。同种业态的零售商之间的差异化以及不同业态零售商之间的差异化主要体现在不同的服务形式上。新的服务形式的销售量所占比例的相对增加,会导致原有服务形式所占比例的相对减少。而且任何一种新服务形式的出现,都会对零售业内一部分原有企业形成竞争压力,同时也会为一部分企业创造新的销售增长源泉。比如专业店对百货商店的威胁,超级市场对专业店的威胁,以及网上零售店如亚马逊书店、当当网对实体零售店的威胁。近来,北方地区最大的家电零售企业国美与新浪网展开合作,开办了国内最大的家电网上销售商店,这引起了其他大型零售企业的强烈反应。国美与新浪的合作,对传统销售方式构成了新的威胁。

(五)现有竞争者的竞争程度

现有竞争者的竞争程度主要表现在大部分行业中的企业相互之间的利益都是紧密联系在一起的,其目标都在于使自己的企业获得相对于竞争对手的优势,所以,在实施中就必然会出现冲突与对抗现象,这些冲突与对抗就构成了现有企业之间的竞争。这种竞争强度受到多种因素的影响,如价格、广告、产品介绍、售后服务等。

目前,我国的零售业呈现出多种所有者、多种业态、多种经营方式一起发展的局面,竞争十分激烈。在竞争手段上主要以价格竞争为主,加上大型零售商的高推出壁垒,零售商往往会通过不同促销手段和价格竞争相结合的方式提高自己的竞争能力。

表 4-1　零售业的五种力量分析

因素	竞争力量	竞争对利润的影响
现有竞争者的竞争程度	国内零售企业和外资零售企业店面的全部布局	高
潜在竞争者	国外零售企业在中国开始进行有效收购	高
替代品	小型社区街区、零售商店	中
购买者的讨价还价能力	购买者对店面促销的吸引	高
供应商的讨价还价能力	供应商希望提高供应商品的价格,自己建立直销或与小店联合经营	中

资料来源:张优智.宁波职业技术学院学报,2009(1):56~60

近日吉隆坡居民见证了霸级市场犹如雨后春笋般地涌现。霸级市场结合了超级市场与百货公司的概念,并且大部分是折价零售经营。一些消费者认为霸级市场的涌现对消费者大有帮助。除了货品价格大幅低于杂货店之外,它们有免费的停车场、清洁舒适的陈列长廊。同时,在同一地方可购买全部必需品,也节省了时间。

霸级市场的出现对于存在已相当长久的零售杂货店造成了"剧烈伤痛",导致小型零售业者在重压下苦撑。消费运动倡导者古密星表示:"霸级市场涌现,对超级市场构成更大影响,因为两者的顾客来自同一个群体。"由于消费者一般认为与超级市场比较,霸级市场的货品价格更低廉,因此超级市场将备受压力。

资料来源:光华日报,2010-1-30

二、我国零售业的竞争态势

目前我国零售业的竞争态势表现为以下几个方面:

1. 国内总体竞争态势:产业高度分散,市场集中度低,各业态内部竞争激烈

市场集中度是指市场上少数企业的生产量、销售量、资产总额等方面对某一行业的支配程度,它一般是用这几家企业的某一指标(大多数情况下用销售指标)占该行业总量的百分比来表示。一个企业的市场集中度如何,表明它在市场上的地位高低和对市场支配能力的强弱,是企业形象的重要标志。

目前,我国零售企业的市场集中度比较低。2005 年,我国零售企业百强零售额总计约为7076 亿元,仅占全社会消费品零售总额的 10.5%,而美国前 3 家零售企业却能占美国全部市场的 70%以上。2003 年中国零售业排名第一的上海百联(集团)有限公司的销售额为 485 亿元,只相当于沃尔玛 9 天的销售额。外资零售企业强大的"以少博多"迅速占领市场的能力已经对我国国内的零售企业产生了巨大的影响。比如在上海,到 2005 年底家乐福、沃尔玛等九家外资大卖场共拥有 67 家门店,占上海大卖场总数的 3%,但是其零售额却高达 163 亿元,占上海大卖场总额的 76%。可见,我国的零售企业在市场上的地位比较低,对市场的支配能力较弱。

由于我国零售业低水平的市场集中度，没有占据绝对领先地位的企业，导致了目前我国零售业的激烈竞争。可以说，零售业市场结构近似完全竞争，众多零售企业之间的竞争日趋白热化。无论是传统百货店、超市、便利店，还是专业店、大型仓储商场、购物中心，各种业态内部都存在竞争过度的市场态势。价格战、促销战的频繁出现也从一个侧面反映了该市场竞争激烈的现状。

2. 国内结构竞争态势：零售领域内业态结构不合理，同业过度扩张

随着经济发展水平的提高，近几年来，居民的生活水平得到了飞速的发展，人们的需求水平也在不断提高。数据显示，2006 年的社会消费品零售总额较 2005 年增长 13.7%，而 2007 年较 2006 年增长 16.8%，随之而来的是零售商数量的增加。但是，零售企业在发展的过程中没有冷静的思考，仅仅是为了销售产品而提供产品，追求商场规模的大和产品的齐全，而忽视了消费者的需求特点、需求层次、结构的变化，忽视了其他业态的竞争，这种情况导致了超市、仓储商场、折扣店等很多业态之间的结构重叠，造成了资源的浪费。我国零售业内结构不合理还表现在：广大农村新型业态发展滞后，网点数量不多，规模普遍偏小；连锁经营的规模优势和低价特征不明显；市场上假冒伪劣产品猖獗等。

由于我国市场发育程度不高，信息发展不对称，从而导致零售市场上单一业态发展过度。比如郑州市二七塔商业区，单是营业面积超过 1.5 万 m^2 的大型商场就有亚细亚商场、亚细亚五彩购物广场（北京华联已接手）、华联商厦、商城大厦、天然商场、华侨友谊广场、郑州百货大楼、金博大城、正弘购物俱乐部等 9 家，单一业态过度集中。现亚细亚集团已倒闭，许多大商场都难以为继。其他城市也不同程度地存在类似问题。

2010 年 1 月 26 日武汉市食品药品监督管理局表示，该市 81 家零售药店关门退市。武汉零售药品市场新一轮洗牌开始了。退市的原因是多方面的，其中一个重要原因是一些药店对市场风险估计不足。据介绍，2002 年前后，国家允许符合条件的个人或单位进入零售药品市场，"在 2002 年至 2003 年间有大量民营资本涌入，最高峰时武汉市零售药店达到 2700 多家"。然而，很多人并没对市场风险有足够的准备。武汉市一家连锁药店负责人坦言，从前开家药店一年可以赚几十万、上百万，但随着市场的规范和准入门槛的抬高，再加上 2002 年前后掀起的价格战以及"平价药房"的兴起，曾经较为丰厚的经营利润被压缩了，部分竞争力不足的药店甚至连年亏损。其实，从 2004 年起，武汉市零售药店不断吹起退市风。2004 年到 2005 年，该市 592 家零售药店退市；2007 年 1～9 月，退市 62 家。

资料来源：楚天都市报，2010－1－27

3. 国外企业竞争态势：外资零售巨头进入和努力扩张，国内零售企业生存空间日益减少

我国于 2004 年 12 月 11 日全面取消对外商投资商业企业在股份、数量、地域方面的限制。这已经给我国零售业带来两方面的影响：一是外资零售企业大举进入我国市场并逐步成为主要的商业主体；二是国内零售企业受到了国外零售商的冲击，市场份额的增长空间受到了限制，同时给国内零售商提供了很好的学习机会。目前，国内已形成了内、外资企业相互竞争的格局，共同分享中国零售业这块大蛋糕。

2005 年，我国零售市场全面开放后，外资零售企业凭借在资金、技术、规模、管理和物流等方面的优势加快了投资、扩张和收购的步伐。2005 年 7 月，百安居的母公司英国翠丰集团宣布收购全球第四大建材零售商"欧倍德"的中国业务。2006 年，众商家开始了并购大战，1 月，

法国家乐福与中国台湾乐购接盘刘永好旗下乐客多位于上海、南京等城市黄金地段的7家门店；5月，北美最大的消费电子零售商百思买，以1.8亿美元收购国内第四大家电连锁商江苏五星电器51％的股权；12月，美国家得宝以1亿美元收购国内三大建材超市品牌之一的"家世界"；几乎同时，英国Tesco以3.5亿美元再购乐购40％的股权，从而达到了对乐购90％的绝对控股。2007年，全球零售业老大沃尔玛宣布购入台资超市品牌好又多35％的股权；之后，由全球便利店老大"7-Eleven"接盘百联集团旗下的快客便利广州地区的业务。麦肯锡预言，在未来三到五年的时间里，中国零售业60％的市场将由3到5家世界级零售巨头控制。可见，国外零售企业的进入，使国内零售商面临着前所未有的竞争压力。

自从法国家乐福1995年率先进入中国后，国际零售巨头纷纷抢滩中国市场。中国商业联合会2007年发布的《中国零售业发展状况的报告》统计表明，2005年和2006年，中国批发、零售行业外商直接投资合同项目数分别为2606个、4664个，增长53.1％、79.2％；实际使用外资金额分别为10.4亿美元、17.9亿美元，增长40.5％、72.1％。1992年中国商业领域开始对外资开放，至2004年12月11日，中国政府严格履行了加入WTO的承诺，零售业对外资全面开放，外资蜂拥而入，其中以沃尔玛、家乐福的大卖场为代表的大型零售商场快速增长。至2006年底，沃尔玛、家乐福等7家外资零售企业在中国共开设了389家零售大店。而2007年9月28日，韩国最大超市品牌易买得上海长江西路店隆重开张，由于推出4万种价廉物美的商品，加上有效的促销活动，当天营业额就达到213万元。而有关调查表明，在2006年6月之前的18个月中，中国共有150家超市倒闭。

资料来源：宋威.外资零售业进军仍急.经济.2007(11)

三、零售业的竞争趋势

1. 终端市场的竞争：郊区、农村将是未来零售商重点争夺的市场

中国作为世界的新经济体，拥有巨大的市场和发展潜力。未来世界级的零售巨头必将战略重点部署在以中国为中心的亚太地区。随着我国经济的发展，市中心房价、地价日益增长，大多数居民逐渐向城郊结合部扩散，因此，零售业态（比如大型超市和购物中心）也会逐渐出现在那里。据预测，城市人口的40％会分布在城市边缘，30％在市区，30％在郊区，这就为零售商提供了发展的机会。

同时，目前我国人口的60％在农村，而农村商品零售额还不到全国社会商品零售总额的40％，并且，占据我国71.60％土地的西部地区其社会消费品零售总额只占全国的17.20％。可见，农村和西部蕴藏着巨大的消费潜力。另外，国外零售企业在中国的战略重点大多放在经济发达的大中城市。

可见，未来零售商对市场的争夺必然表现为：由市中心向城郊结合部转移，从城市向农村市场转移，从经济发达的东部向欠发达的西部迈进。

2. 经营方式的竞争：连锁经营模式将成为未来零售商主要的发展方式

连锁经营是一种商业组织形式和经营制度，是指经营同类商品或服务的若干个企业，以一定的形式组成一个联合体，在整体规划下进行专业化分工，并在分工基础上实施集中化管理，把独立的经营活动组合成整体的规模经营，从而实现规模效益。实际上，连锁经营属于一种经营模式。目前，世界500强企业中的零售企业无一不是采用连锁经营。

连锁经营有如下优点:企业以自己的品牌优势,通过扩大经营范围,实现短期回报;成本比较低,降低了经营的风险;在加盟形式的连锁经营方式中,授权人与被授权人之间不是一种竞争关系,有利于扩大市场份额。可以说,连锁经营方式是企业运用无形资产进行资本运营,实现低风险资本扩张和规模经营的有效方法和途径。

企业的竞争就是大鱼吃小鱼,快鱼吃慢鱼,为了能够在未来的市场上获得立足之地,零售企业必然会通过连锁经营的方式来实现自身实力的增强。

3.销售渠道的竞争:网上零售将是未来零售商重点开发的渠道

大型零售商往往都拥有自己的仓库来对各个网点分配商品。因此,渠道对于大型零售商来讲具有重要的意义,它决定了产品到达消费者的时间。目前零售商主要的利润来源还是实体经营,像沃尔玛、家乐福等大型零售商也是这样。在实体经营中,零售商从供应商那里获得商品,并运至自己的仓库中,然后根据不同网点的需求来分配商品。这样会产生一些成本,如仓库的建设费、商品的运输费等,这些在无形中就增加了消费者的购买负担。而且,实体零售商的激烈竞争使得利润越摊越薄。

基于互联网技术发展起来的网上零售,可以很好地解决这些问题。网上零售无需实体的卖场,也减少了人员的数量,从而降低了成本。同时,由于网上零售无时间和空间的限制,从而对实体零售形成了巨大的挑战。

虽然,目前实体零售业在整个零售业中仍处于主导地位,但是网络零售却呈现出快速发展的趋势。中国互联网络信息中心(CNNIC)的数据显示,2007 年,中国网民网络购物比例是22.1%,2008 年为 25.0%,2009 年为 26.0%。而亚洲最大的网络零售商店淘宝网 2009 年的日交易额超过了 12 亿元,支付宝用户超过了 2 亿。可见,中国网络零售的市场规模巨大,即使这样,同发达国家相比还存在一定的差距。美国的网上购物比例已超过了 70%,韩国的网上购物比例为 57.3%。这说明,我国的网络零售具有非常大的发展空间,而这也必将成为未来零售商争夺的主要零售渠道。

2010 年 1 月 25 日,由苏宁电器与 IBM、思科等合作伙伴开发的电子商务网站"易购"上线,该网站将与百度、新浪等网站合作,抢夺网购市场份额。而国美电器也宣布将在 3 月推出国美电子商城,加上淘宝、京东商城等电子商务网站,家电网上细分市场的争夺拉开序幕。

而在线经营的行业的变数同样在增加,2010 年伊始包括日本山田电机、德国麦德龙、台湾鸿海在内的外资商业巨头,以及淘宝、京东商城等电子商务网站开始布局中国的电器零售细分市场,而武汉工贸、山东银座等地方商业巨头也开始扩张各自的门店数量。苏宁电器董事长张近东 1 月 22 日在接受《21 世纪经济报道》的记者采访时表示,"虽然中国家电连锁行业是目前国内唯一由本土企业主导的零售领域,但和国外同行相比,中国家电连锁发展的时间还只有十年,与已经发展了三四十年的海外家电连锁企业还存在一定的差距"。

资料来源:21 世纪经济报道,2010—1—27

4.经营成本的竞争:信息技术的发展将是未来零售商提高利润的主要手段

现代零售业的组织规模不断扩大,连锁化、集团化的发展客观上要求实行科学管理,强化科技的应用。而随着零售业市场竞争白热化,零售业竞争已经从规模竞争转变为高知识、高技术、先进管理理论支持下的一种竞争。信息技术的采用能够提高物流水平,优化供应链之间的合作,改善店铺管理、商品销售的服务,从而进一步降低成本,提高销售量。

当前我国物流和配送明显滞后于零售业的发展,统一配送率低和配送技术含量低都大大制约了零售商更大更快的发展,其中很大一部分原因是信息化滞后。与沃尔玛、家乐福、百安居等国外零售巨头相比,中国本土零售企业的信息化还处于初级阶段。国内零售业在 IT 上的总投资占零售总额的比例还不到 0.2%,而国际零售巨头这一比例一般在 2% 以上。而且国际零售巨头对门店信息系统的升级周期为 18 个月,而我国零售企业一般为两年以上。

《2007 年中国能源行业信息化建设与 IT 应用趋势研究报告》显示:从整体应用阶段上看,目前流通行业的信息化水平仍然较低,有超过 38% 的企业仍未实现信息化;具备行业信息管理系统的企业数量只占到 21%;目前实现业务整合和处于成熟阶段的企业,绝大多数是外资大型流通企业。而我国企业的物流成本占产品全部成本的 40% 以上,其中库存费大约要占整个物流成本的 35%。信息技术的应用能够减少采购、配送、通讯、理货的人工直接费用达 40%,提高管理绩效、减少库存积压、提高商品资金周转率等节约的间接费用达 50%。同时,还能够使我国零售业每年增加商品销售规模达 20% 以上,即 760 亿元人民币以上。如果按照这个速度发展,零售企业因采用信息技术而节约成本、增加销售所产生的直接利润每年达 30 亿元人民币以上。因此,发展信息技术、电子商务成为零售企业获得利润,提高竞争力的手段。

张近东的勃勃雄心

虽然 2009 年是苏宁公司近年来业绩增幅最低的一年,但是苏宁电器掌门人、公司董事长张近东依然保持着继续扩张的勃勃雄心,他认为苏宁 2010 年再开 200 家新店不成问题,并且最终在全国开三四千家店并非没有可能。

张近东表示,苏宁目前正在尝试专门针对白领人群的精品店战略,并启用了一个新的子品牌 SUNING ELITE。苏宁已在深圳开出了首家精品店,本周末还将在北京开出第二家店。根据苏宁的规划,未来在北京、上海、广州、深圳四个城市开业的精品店将不少于 30 家。

在追求高端白领市场的同时,开拓农村市场的乡镇店也是苏宁今年将尝试的新业态。这些将主要开设在三四级市场的乡镇店计划先期在江浙、广东地区试点,预计开店总规模将达到 300 家。2009 年首次通过并购进入日本和我国香港市场后,苏宁今年的扩张计划中自然又增加了"海外市场"一项。张近东表示将在香港特区再开 30 家新店,从而形成 50 家店的规模,力图占有当地 25% 的家电市场份额。

在大谈网络扩张的同时,张近东也不回避去年高速发展的网上家电销售对传统家电连锁的影响。但他的结论是,家电网购短期内并不会对传统家电连锁带来太大威胁。他解释称,由于网上卖家电同样需要采购、配送、售后服务等环节,因此其成本的缩减只是搭建网上销售平台与实体门店租金的差额,而传统家电连锁通过销售规模的累积,已经使这个成本差距控制在两个百分点内,这意味着家电连锁的销售成本只比网络零售高 2% 左右。

据了解,苏宁目前有许多门店已经开始销售装饰建材、厨卫洁具等非家电产品。张近东甚至放出悬念,"未来在苏宁买到服装、食品也有可能"。他更用了一个形象的比喻,"苏宁要做沃尔玛,不做百思买",言外之意就是苏宁卖场未来的发展目标是多品类综合经营,而不仅仅是一个家电专营店。

资料来源:北京青年报,2010-2-1

【思考】

　　1.苏宁是如何具体规划自己的发展前景的？

　　2.苏宁在其发展道路上会遇到哪些困难？

　　3.竞争对手会如何回应苏宁的上述做法？

第二节　零售业竞争要素

　　今天的零售企业正面临着越来越复杂和残酷的竞争环境,要想长期持续地立足于市场,必须形成并强化自身的核心竞争力。而对于零售组织来说,影响其竞争优势的因素有很多,而且这些因素不是单独起作用的,而是共同作用的。因此,只有当某一零售企业能够比竞争对手更好地使用这些要素时,它才能拥有一定的竞争优势。本节主要介绍影响零售商竞争优势的竞争要素:商品、成本、店址、服务、购物环境、信息管理系统。

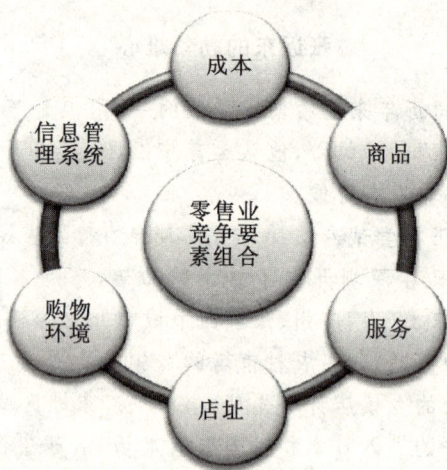

图4-2　零售业竞争要素组合

一、商品

　　商品是零售业竞争要素组合中最基本的要素,也是最关键的要素。商品是满足消费者需求的实体表现形式,只有消费者购买到称心如意的商品,零售企业才能获得长期的发展。离开了商品这一要素,即使有更优良的服务、更好的位置和购物环境、更低成本的运作也是枉然。

　　零售商销售的商品多种多样,品类繁多,特别是超级市场。一般来讲,从品种和花色两方面来划分零售商的商品。商品的品种是指经营商品类型,即产品组合的宽度;商品的花色是指每一类型商品中,零售商所经营的品牌数量,即产品组合的深度。通常来说,百货店、大型超市的品种繁多,而花色有限,但是专卖店、专业店则相反。

　　大多数零售商并不生产产品,仅仅是销售上游制造商生产出来的商品,并且如果零售企业企图通过提供更广泛更全面的花色品种来获取竞争优势的话,那么其竞争对手也可能会轻而易举地采购到同样的商品,因此,零售商很难从商品种类的差异化方面来获取竞争优势。

尽管如此,零售商还是可以从商品的其他方面来获取竞争力。比如,零售商通过与产品制造商和经销商建立良好的关系,获得比竞争对手更低价格的产品;提高商品更新的频率,增加商品的时尚性和新颖性;借助自己的品牌优势,发展自有品牌商品等。需要注意的是,在我国,随着人们生活水平的提高,消费者不仅关注能否获得所需要的产品,而且更加重视所购买商品尤其是食品的质量和安全。因此,零售商必须销售有质量保证的商品,不然会危及到企业的生存。

二、成本

零售企业主要是从买卖商品的过程中获得利润,高价格必然会导致客流量的减少,因此零售商必须考虑通过尽可能地降低成本来实现利润的最大化。零售商的成本不仅包括商品的进价成本,而且包括人员管理成本、店面的经营成本、房屋租赁成本或建设费用等。成本是零售企业竞争要素中最重要的要素,低成本也是很多零售商追求的目标。如沃尔玛的口号是"天天平价",家乐福的标语是"帮您少花钱省更多"。

企业的低成本运作的最终体现是低廉的销售价格,这不仅能够以比竞争对手更低的成本提供商品,而且能够吸引更多的顾客,提高销售额。更重要的是,对零售商来讲,低成本就意味着价格的调节空间比较大,可以采取更多的促销活动来提高顾客的购买量。在目前的竞争环境中,低成本不再是零售商获得差异化的方式,而是其经营的基本要求。

降低企业成本的方法有很多种。比如,通过良好的上下游关系,获得低进货价;运用信息技术降低企业的运营成本;采用自动化设备,降低人员管理成本等。沃尔玛将降低成本的手段用到了极致。沃尔玛建立了全美第二大电脑处理系统,并耗资数亿美元委托休斯公司发射了一颗专用通信卫星,高效的信息系统保证了货物在配送中心和商店里停留最少的时间。目前,沃尔玛的商品物流成本占销售额的比例为 1.3%,而诺玛特为 3.5%,希尔斯为 5%。

京东商城:已做好连续打三年价格战的准备

2010 年 1 月 28 日,国内最大的 3C 类电子商务企业京东商城就融资 1.5 亿美元、3 年在蓉投资 5 亿元人民币的具体事宜与媒体展开交流。其董事长兼 CEO 刘强东称,与传统卖场"大战在即",并称"已做好了连续打三年价格战的准备"。

据悉,在京东商城此轮 1.5 亿元的融资中,50% 将用于物流建设,另一半则将用于保证产品的低价销售策略。根据易观国际分析数据,京东商城目前以 46.7% 的 3C 网购份额位居国内同行业第一名。然而,刘强东承认,在成都等西部城市,京东商城的知名度还比较低。据悉,今年 3 月京东商城将在成都开设分公司,如何迅速提升品牌知名度成为其迫切需要解决的问题。

"第一步,我们将在蓉城发动一轮广告攻势,覆盖户外、公交和电视等媒体,加大对京东品牌的宣传力度"。刘强东告诉本报记者,3 年内在蓉投资的 5 亿元人民币,将有 1 亿元用于市场营销提升品牌,其余 4 亿元则用于物流方面的建设。"第二步,则要靠我们自己的服务营造口碑了。"刘称。据悉,为了配合新的区域拓展战略,京东商城甚至考虑改换"京东"这一带有强烈地域特点的名字,以便拉近与全国消费者的距离。

资料来源:成都商报,2010—2—1

三、店址

店址对于零售商的成功来说是一个关键因素，该因素在竞争要素组合中是十分重要的。好的店址，能够为企业带来可观的客流量，可以提高企业的营业额。获得竞争优势本质上就是创造差异化，而店址是竞争要素组合中唯一不可能模仿的要素，能够为企业创造一定区域内的垄断优势。因此，好的位置是企业获得竞争优势的来源之一，是企业的无形资产。

在零售业中，选址是一门学问，并且形成了理论来为企业的选址提供参考，如集聚理论（agglomeration theory）、中心地理论（central place theory）、零售引力理论（raw of retail gravitation）等。

对于零售企业来讲，选择店址需要考虑以下几方面：

（1）商圈。商圈是指店铺吸引消费者的地理区域，即消费者到商业场所进行消费活动的时间距离或者空间距离。商圈是由消费者的购买行为和超市店铺的经营能力所决定的。商圈包含三个层次：核心商圈、次要商圈、边际商圈。在不同的商圈里，零售商投入的费用、面对的消费者结构也不同，因此零售商需要根据自己的实际情况选择比较合适的商圈。

（2）交通条件。零售企业店址的交通条件要求包含两个方面：一是顾客能够十分方便地到达卖场，并且有足够的停车场，而不出现顾客流的拥挤；二是货物能够被方便地卸下、流通。

（3）业态特点。不同的零售业态对店址尤其是面积的要求不同。比如中小型百货的商家需求面积一般在 5000～10000 平方米，需要有独立的卸货区能够满足其需要，并且整体停车位不低于 600 个。而运动体育用品的单店使用面积在 50～80 平方米之间，体育用品专卖店的使用面积在 60～600 平方米。

（4）城市规划。店址的选择必须服从于当地城市的规划设计，可以说，城市规划的范围与完善程度决定了零售商业选址的自由度。一般来说，城市的发展计划中会划分出相应的商圈地带、居民区、工业园区等，零售商选址只有符合城市的整体规划，才能够找到目标顾客集中的地方，才能够找到企业未来发展的方向，才能够在以后的竞争中获得优势。

我们这里所谈论的店址只是实体意义上的位置。随着科技的发展，越来越多的企业开始依靠互联网来销售商品，如当当网、淘宝网等。但是，目前实体零售仍然在零售业中占主导地位。

四、服务

零售业的本质是服务。服务是零售竞争组合中最本质的一个要素，零售商无论采取何种措施来增加自己的销售量，都必须通过服务质量的提高来完成。零售业属于第三产业，即服务业。服务业的经营是以顾客为导向的，这种导向就决定了零售商具有两项基本职能：一是为顾客提供称心如意的商品；二是为顾客提供满意的服务。由于零售商仅仅是商品的销售者，而非制造者，并且在商品高速流通的今天，销售差异化的商品难度很大，因此零售商的竞争主要体现在为顾客提供的服务上。高质量的服务可以提高顾客的购买量，增加商场的顾客流，产生大量的回头客，使商家最终获得较高的市场份额和较大的竞争优势。

零售企业可以从不同的方面来提高服务的质量，如缩短交易的时间，实现快速交易。比如，在国外，零售商提供了自动收银机，不需要人工服务，消费者就能实现快速结账。另外，便利性也是提高服务质量的一个途径。如今高速发展的网上零售就是因为其比实体商店更加便利才获得了广阔的市场前景。

　　没有一个大型零售商不重视自己所提供的服务。"让顾客满意"是沃尔玛经营的首要目标。在美国,只要是从沃尔玛购买的商品,无需任何理由,甚至没有收据,都可以在一个月内退还商品,并获得全部退款。而美国诺顿百货公司的员工时时刻刻都在找机会协助顾客,他们会替要参加重要会议的顾客熨平衣服,会为顾客找齐全套服装,会替顾客到别家商店购买他们找不到的商品。易初莲花的口号是"品味生活服务到家"。可见,零售商纷纷将提高服务质量作为吸引顾客,增强竞争优势的途径。

　　香港理工大学工商管理学院公布了 2004 年 8 月至 2005 年 4 月涉及服饰、珠宝首饰、消费电子产品、百货商店、化妆品和大型购物中心 6 个类别的调查报告,这些类别具体包括佐丹奴、esprit、g2000、周生生、周大福、just gold、百老汇、sogo、连卡福、屈臣氏、香港免税店、莎莎、时代广场、海港城等 40 多家香港主要的零售企业。研究结果证实,顾客的感知价值受四大类因素决定,其中服务和环境类因素最具影响力,顾客消费零售服务时所付出的努力(如时间、力气和心理负担等)、产品价格与零售店所出售产品等有关的因素对于顾客感知价值也有一定的影响。

　　与去年的调查相比,香港五大类零售商总体服务质量稍有下降,若以去年的表现得分为基数(＝100),今年的总体得分为 99.1。其中,商品质量的表现略有进步,服务、店铺环境与气氛及产品价格的表现维持在同一水平。在购物环境安全、欺诈行为少、公平交易、服务态度及服务行为的指标上,香港零售商获得了比较高的评分。但是,顾客为了购买产品及等候服务所付出的时间和努力方面,香港零售商的表现大幅下降,指数由去年的 100 降为 93.2。这个问题在影音店和珠宝金行两类零售业中尤为严重。

　　资料来源:成功营销,2005(6)

五、购物环境

　　随着生活水平的提高,人们不仅关注是否获得商品,而且更加重视购买过程的整体质量。现代社会已经从商品经济时代过渡到了体验经济时代。《哈佛商业评论》1998 年刊登的题为《迎接体验经济》一文中提到了体验经济,它是指当经济发达到一定程度之后,人类消费的重点将从产品和服务向体验转移。体验营销就是体验经济时代所衍生出来的营销手段。体验营销更注重挖掘客户的潜在需求和预期欲望,以商品为载体,以服务为舞台,以满足消费者的体验需求为目标而开展一系列活动,通过客户对产品良好的体验、愉悦的感受而将其升华为客户的忠诚。而购物环境是开展体验营销应主要考虑的因素,因为购物环境伴随着消费者的整个购物过程,顾客是否决定消费,购物环境是个十分重要的因素。因此,购物环境是零售企业竞争要素组合中不可缺少的成分。

　　令人愉悦的购物环境可以激发顾客的潜在需求、扩大销售额,有利于塑造企业的品牌形象,加强企业与消费者之间的互动与沟通,培养顾客的品牌偏好和忠诚度。影响购物环境的因素有很多,如商品陈列布局、灯光效果、音乐、卖场的色彩搭配、服务人员的素质等。良好的购物环境是各种因素综合起来的效果,是消费者的一种整体主观感觉。因此,零售企业需要考虑到各个因素对消费者购物环境的影响,因为不理想的购物环境可能导致消费者的永久性流失。

　　目前,零售商十分重视购物环境对消费者的影响。如在宜家购买家具,宜家除了会提供很多顾客做决策需要的商品的信息外,还设有儿童乐园,里面有专人照看孩子以便使家长们可以放心地去宜家购物。而在一些百货商店的运动区,有些商家通过设置篮球架来吸引消费者前来。零售商还会在不同的节日(如春节、圣诞节、端午节等)期间设计不同的购物环境来增加节日的气氛,促进顾客消费。

六、信息管理系统

信息技术影响到经济生活的方方面面,对零售行业的影响尤为深远。先进的信息技术已经成为了零售商获得竞争优势不可或缺的因素,信息管理系统作为信息技术的体现已渗透到零售营销管理的各个方面,在零售竞争要素中的地位越来越高。

零售商将信息管理系统运用到日常经营活动中,能够随时了解商品的销售情况,收集消费者购买行为的变化,建立顾客档案。同时,零售企业还可以对商品的进购、配送、销售进行微机控制,掌握各分店商品的需求情况,并制定相应的配送方案来实现商品的及时补给。可以说,信息化技术已经影响到零售活动的各个方面,稳定、复杂、安全的信息管理系统为企业品牌的创建、经营理念的实现、管理模式的成功以及优质的客户服务提供了支持。像沃尔玛、家乐福这样的全球大型的零售企业,没有一家不使用全球联网的信息系统,每年在信息技术上的平均投资为当年利润的10%～17%;而我国的大型零售企业,这一数字却不足5%。

信息技术很早就被零售商所使用,并一直处于更新换代的过程中。自20世纪80年代中期,零售商开始广泛运用POS机、条形码技术、色码技术、基于PC的MIS、财务管理软件、系统集成产品等。到了90年代后期,由于光纤通讯、局域网、广域网、Internet为载体的现代通讯技术、网络技术、数据管理技术的极大发展,大型零售商开始使用第三代POS及RS6000小型机和制造业生产管理产生的ERP软件系统思想和技术等。而到了21世纪,随着人们对提高商品流通效率的要求,一些零售商开始使用GPS、GIS、无线通讯等信息技术来有效地对商品流通实施监控和调度,从而加快了物流的周转速度。

商品、成本、店址、服务、购物环境、信息管理系统是零售商获得竞争优势的六个要素和来源,它们不是孤立的,而是相互联系、彼此作用的。只有将它们作为一个相互关联的组合,企业才能获得持久的竞争优势。仅偏向于其中一个或几个因素,很容易受到竞争对手的攻击,如商品、服务这两个因素很容易被他人模仿。所以,零售商在形成自己竞争优势的过程中应充分考虑上述六个因素的综合作用。

精品超市圈地一线城市 超市业态将更加细分

2010年1月31日,正大集团卜蜂莲花首家5星级精品超市在上海浦东繁华商圈开业,其员工可提供英、日、泰等多国语言服务成为精品超市一大亮点。同时,华润万家Ole'高端超市也将于5月进驻徐家汇港汇广场,香港高端超市品牌City Super、韩国超市C—mart等也在上海积极选址。而香港和记黄埔旗下的百佳高端超市TASTE、华润万家Ole'高端超市也计划进驻广州核心商圈。

近年来,各种专业超市不断冒出也成为不争的事实。华润万家的"中艺"与"华润堂"开业,使超市业态从之前的生鲜食品、日用百货向工艺品、健康产品延伸。而永旺吉之岛食品超市注重购物体验;百佳超市"city都会店"以白领一族为目标客源,以区分于定位高端目标群的百佳TASTE高端超市。北京使馆区则出现进口食品、调味品专业超市,望京地区的韩国进口商品超市,都为周边外籍人士提供了最佳购物选择。

传统的超市以一站式消费为特色,随着社区商业的兴起,便利超市、社区超市应运而生。然而,随着一线城市各种 CBD 商圈的涌现,在原有大卖场业态趋于饱和的情况下,满足写字楼商务人群及高级白领小而精的专业超市开始冒出,精品高端超市仅是其中一种体现。

中国连锁经营协会秘书长裴亮认为,我国零售业已进入市场细分阶段,让消费者感到有特色商品或便利服务是未来超市发展方向。未来还将出现更高端的、品种更专业的超市业态。

资料来源:北京商报,2010-2-1

【思考】

　　1.案例中提到的各种专业超市主要侧重于哪些竞争要素?

　　2.你认为还会出现哪些新的专业超市?

第三节　零售竞争战略

一、零售竞争战略制定

零售战略是指导零售商活动的一整套计划或规划,一般包括:(1)确定零售商的目标市场,即零售商集中资源或活动的细分市场;(2)制定满足目标市场需求的方式,主要指零售商所提供的商品性能、服务、广告、促销等零售活动组合;(3)实施具体的零售活动计划。零售战略的最终目的是帮助零售商寻找生存的空间,进行市场定位,为零售商建立起持久的竞争优势。

零售商的战略计划的制定是十分复杂的,因为要通过该战略的制定获得竞争优势,零售商需要考虑到有关企业发展的方方面面,如竞争对手、政策、技术发展等。但是,一般来说,零售商的战略分为五个步骤:扫描并分析环境,确定并评估战略性机遇,确定定位战略并分配资源,确定零售组合策略,评估业绩并做出调整。

扫描并分析环境　→　确定并评估战略性机遇　→　确定定位战略并分配资源　→　确定零售组合策略　→　评估业绩并做出调整

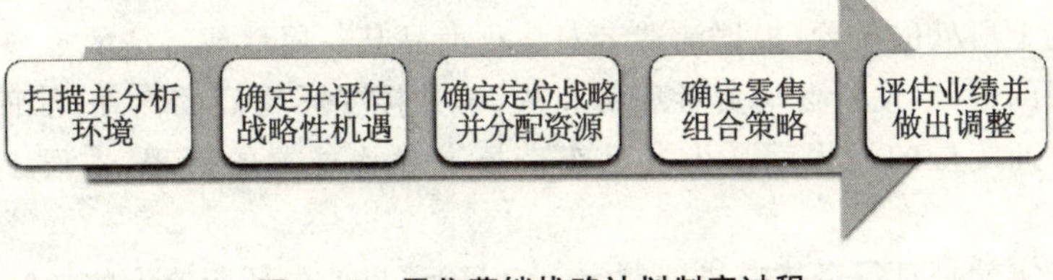

图4-3　零售营销战略计划制定过程

(一)扫描并分析环境

企业总是置身于某种环境中从事经营活动,零售企业也不例外。因此,零售商在制定营销战略的时候,一开始就需要对自己所处的环境进行扫描,并做出相应的分析。零售商所扫描的环境既包括政治、经济、法律、人文等宏观环境,也包括市场、竞争对手、顾客、政府、社会组织等微观环境。

环境的分析与对环境的扫描是分不开的。环境的分析包括三个部分:市场吸引力分析;竞争对手分析;企业自我分析。影响零售市场吸引力的因素有市场规模、市场成长潜力、竞争强度、技术发展以及政治法律等。零售是一个多层次多种类的行业,竞争者众多,因此对竞争对手的分析是零售商战略计划中十分重要的一个环节。对零售竞争对手的分析主要是针对那些竞争对手可能制定的战略和策略以及他们的执行能力而展开的。只有对竞争对手进行深入的了解,才能确定自己的竞争战略,从而有效地回应竞争对手的行动。自我分析是零售商对自己优势与劣势进行的分析,是零售商对自己采取的一种内在检验。通过对自己优劣势的全面分析,零售商可以有效地规避来自环境和竞争对手的威胁,同时能够很好地抓住适合自身发展的机遇。

(二)确定并评估战略性机遇

战略计划的第二步是确定战略性机遇并对此进行评估。零售商对环境进行扫描并做出相应的评估之后,便会发现环境中所存在的潜在机遇,并且对自身所拥有的竞争优势做出分析,从而评估自己在潜在机遇中所能获得利润大小、增长空间等。

这一步实质上是比较零售商的竞争能力与市场机遇的耦合性,换句话说就是零售商必须将其零售活动集中于那些能够为自己带来利润的市场机遇上。比如沃尔玛的竞争优势在于降低成本的技术,因此沃尔玛就应该考虑那些要求节约成本的市场机遇。

"有朋自远方来,不亦乐乎"!2006年北京居然之家在全国进一步造势,并挥师北上,引起了业界的高度关注。由于居然对沈阳本地市场估计不足,造成前期招商受挫,前景黯淡不少。据知情人透露,开业后沈阳居然之家的现状也不容乐观:为打开市场,沈阳居然之家用每年3000余万元的租赁费经营一幢七层的家居建材展厅。这比目前其他任何家居商场租赁都贵。但在对外出租时,租金不得不低于成本,而进入的商户现在也极不稳定,并多数为小经销商。

据了解,居然之家定位于中高端。为顾客提供家居设计和装饰材料、家具及家居饰品等"一站式"服务,并且以家装为龙头主打,可是由于开业不断放哑炮,信誉度大大降低,一时间,想入驻居然之家的大牌家装公司开始犹豫、徘徊,然后接连从居然之家撤出。

资料来源:沈阳家居建材市场15%闲置,盲目建设现象不容忽视.东北新闻网,2006—12—05

(三)确定定位战略并分配资源

这一步是零售商对自己进行定位的过程。零售商的定位战略主要是指零售商根据竞争者现有产品在市场上所处的位置,根据消费者对该种商品某一属性或特征的重视程度,塑造与传递不同于竞争者的形象,使目标消费者理解和认识,并接受零售商的活动,从而确定其在市场上的位置。零售商定位的过程就是为自己在市场上寻找位置的过程,本质上是一种差异化过程。

定位战略其实就是对每个战略机遇制定一个目标,目标包括所追求的业绩、实现目标的时间表、实现目标需要的投资水平。然后,根据对目标的评估以及自身优势的分析,确定自己所要的某个或某些机遇市场。最后,零售商将自己所拥有的资源合理地分配到某个或某些机遇市场中,从而达到利润的最大化。

(四)确定零售组合策略

这一步是零售商根据自己所选的机遇市场来发展整合相应的零售活动组合。这些组合包括商品采购计划、定价、促销,商店管理,形象设计等。具体的内容,将在随后的章节里讲到。

(五)评估业绩并做出调整

战略计划的最后一步是对战略结果进行评估并做出调整。如果零售商没有实现其制定的目标,就需要对所制定的目标进行重新评估,找到问题的症结。如果是执行方面出了问题,就需要对执行方案重新设计。如果是目标制定出现了偏差,那么就要重新审视目标,制定出符合自身条件的目标。而如果企业正在实现或已超越了目标,那么这种调整就没有必要了。

综上所述,零售企业的战略计划的制定是一个循环的过程,是不断实践修改的过程。对于零售商而言,每一个步骤都是十分重要的,忽略其中任何一个环节,都不能带来自身竞争优势的产生和提高,同时也难以获得长久的有利市场竞争地位。

服装连锁 ITAT 四面楚歌

ITAT,是近两年来中国服装零售市场上一个响亮的名字,出现频率极高。至今,它仍然自称是中国服装百货最大连锁机构。它成立于 2004 年,并迅速以"零货款、零库存、零租金"的低成本运作获得风险投资商青睐。从 2006 年开始,ITAT 获得多家风投的上亿美元注资。2007 年,ITAT 进入疯狂扩张期,最高峰一天可开数十家店。进入 2008 年,ITAT 在全国已开店 700 余家,并计划赴港上市。但因公司透明度等问题,香港聆讯未过,上市计划搁浅。至 2008 年下半年,金融危机开始席卷全球,服装行业也未能幸免。

从 2008 年底开始,ITAT 的各地供应商纷纷前来讨要供货款。财务上的时间节点为 2008 年 8 月份到 9 月份,在此时间后,ITAT 给各地供应商的供货款能拖则拖。度过春节,供应商们仍然没有盼到现金到账的曙光,于是开始了新一轮的讨款之路。在金融危机的冲击之下,这个夏天对于 ITAT 和它的供应商们来说都不轻松。

"追兵"之外,ITAT 内部问题也开始浮现,各地连锁店已经有不小规模的缩减,从前后公开数据的对比看,缩减规模达百家以上。部分内部员工也开始对集团前景表示忧虑。ITAT 公司在国内第一家百货会员俱乐部的 55 名员工以加班费为切入点,撕开了撤离 ITAT 的口子。

尽管如此,也有供应商对 ITAT 有褒扬之语,并真心希望它能渡过这场难关。毕竟,它是一个年轻的企业,它给无数中小企业提供了一个独特的销售平台,让他们看到了更为广阔的市场和更低成本之下的多方共赢模式。但他们给出这种希望的前提是,首先 ITAT 要正视目前的困局,并对合作商和内部员工以诚相待,共渡难关。对媒体甚至供应商,ITAT 都以沉默应对。但在越来越多的问题面前,他们能否用沉默的方式过关,尚是一个未知数。

资料来源:南方都市报,2009—6—4

【思考】

1. ITAT 目前的状况是由哪些因素导致的?
2. ITAT 要想尽快脱离现有困境,需要做些什么?

二、零售竞争战略选择

20 世纪 80 年代初,著名的美国管理学家迈克尔·波特提出了企业发展的竞争战略理论以及获得竞争优势的方法。波特的竞争战略管理思想为指导企业竞争行为提供了基本方向,使企业更主动地培养竞争力,掌握自己的命运。

波特认为,企业要长时间维持优于平均水平的经营业绩,其根本基础是持久性竞争优势。

尽管企业相对竞争对手可以有很多优势,但必须拥有两种基本的竞争优势:低成本及差异性。一个企业所具有的优势的显著性最终取决于企业在多大程度上能够在相对成本和差异性上有所作为。除了这两种竞争优势外,企业还可以主攻某个特定的客户群、某产品系列的一个细分区段或某一个地区市场,即采取目标集聚战略。

(一)成本领先战略

根据波特的竞争战略理论,成本领先战略就是指通过采用一系列针对成本的具体措施在本行业中赢得总成本领先。与采取其他战略的企业相比,尽管它对质量、服务等方面也很重视,但贯穿于整个战略中的主题是使成本低于竞争对手。为了达到这一目标,企业必须在经营管理方面进行严格控制,发现和开发所有可以获得成本优势的资源。而企业一旦获得成本优势,就可以获得高于行业平均水平的收益,其成本优势可以使企业在与竞争对手的争斗中受到保护,因为它的低成本意味着当别的企业在竞争过程中已失去利润时,这个企业仍然可以获利。

从价值链角度来看,零售商选择成本领先战略以获取成本优势,其着眼点并不在于创造出高于行业平均水平的收益,而在于满足顾客的需要,为顾客创造更多价值,他们会把这种成本优势转化为价格优势,让顾客感到更加物有所值,从而吸引顾客,留住顾客,并最终为企业赢得竞争优势。

美国学者 Barry Berman 和 Joel R. Evans 认为,要获得成本领先优势,零售商可以采取以下战略组合决策中的一种或几种:

(1)运营程序标准化;

(2)商店布置、规模和经营产品的标准化;

(3)利用次等位置、独立式建筑以及在较老的狭窄商业中心区选址,或利用其他零售商废弃的店址(二手店址);

(4)将商店置于建筑法规宽松、劳动力成本低廉、建筑和运营成本低的小社区;

(5)使用廉价的建筑材料,如裸露的矿渣砖块墙和混凝土地板;

(6)利用简易的设施和低成本的展台;

(7)购买重新修整的设备;

(8)加入合作采购和合作广告团体;

(9)鼓励制造商为存货提供融资。

表 4—2　成本领先战略的益处和风险

益处	1.在行业中处于低成本地位的企业可以获得高于行业平均利润水平的利润,在战略上握有更多的主动权; 2.面对购买者时,处于低成本地位的企业会有更大的机动性,有效应对来自消费者的讨价还价; 3.当强有力的供应商抬高供货价格时,处于低成本地位的企业可以拥有更多的灵活性以摆脱困境; 4.当企业已建立成本领先地位时,就会使欲加入者望而却步,形成有力的进入壁垒; 5.在竞争中,低成本企业往往比行业其他企业处于更有利的地位。
风险	1.由于采用成本领先战略使企业精力集中于降低经营成本,易使其丧失遇见市场变化的能力; 2.行业中的新进入者通过模仿、总结前人经验或采用更先进的技术使其成本有可能后来居上,使企业丧失成本优势; 3.新技术的出现和应用,可能使原有设备和技术的投资或者经验变得无效; 4.人们极易将成本领先看成简单的价格竞争,从而陷入低价竞争的漩涡。

成本领先战略的误区：

(1)过分强调成本优势而忽视了其他战略。

(2)极易将成本领先看成简单的价格竞争，从而步入低价竞争的风险之中。

(二)差异化战略

差异化是零售商可以选择的第二种基本战略。根据波特的竞争战略理论，在差异化战略指导下，零售商力求就顾客广泛重视的一些方面在行业内独树一帜，它选择在本行业内许多顾客视为重要的一种或多种特质，为其选择一种独特的地位以满足顾客的需要，并将因其独特的地位而获得溢价的报酬。

一个能创造和保持差异化的企业，如果其产品价格溢价超过了它为产品的独特性而附加的额外成本，它就能成为其产业中盈利高于平均水平的佼佼者。因此，一个差异化的企业必须不断探索能使价格溢价大于为差异化而追加的成本的经营形式。由于差异化的企业的价格溢价将会被其显著不利的成本位置所抵消，所以企业绝不能忽视对成本地位的追求。这样，维持差异化战略的企业必须通过削减所有不至于影响差异化的各方面成本，旨在实现与竞争对手低成本相比能创造相似价值或较高价值的地位。

差异化的逻辑要求企业选择那些有利于竞争并使自己的经营独具特色的特质。企业如果期望得到价格溢价，必须在某些方面实现差异化或被视为具有独特性。然而，与成本领先相反的是，如果存在多种被顾客广泛重视的特质，产业中将可能有不止一种成功的差异化战略。

在零售业，一个零售商要形成自己的差异化优势，可以从不同方面塑造自己的差异化形象，如具有与众不同的商品组合、别具一格的购物体验、胜人一筹的服务方式等。其中最常见的差异化战略便是差异化服务战略。

差异化服务战略的误区：

1.差异化服务背离企业战略需要。不同的顾客、不同的消费目的、不同的消费时间与不同的消费地点，顾客对服务的要求是不同的。不同的企业经营方式所提供的服务内容也不相同，因而，提供什么样的服务以及如何提供必须以企业战略为根本，避免"仿效别人"，保持"不可模仿性"。快餐店的服务人员就没有必要替客人端茶倒水、上餐前小点。对消费者而言，大型百货商店提供的导购、送货上门、退换、售后保修等多项服务是期望之中的；对于超级市场和平价商店，人们期望更多的是购物便利与价格合算。在零售业中，由于企业提供的服务内容不一样，于是便诞生了百货商店、超级市场、专卖店、购物中心、货仓式商店、24 小时便利店等多种零售形式，它们以各自的服务特色满足着不同消费者的不同期望。

2.忽视服务的主次与层次。任何企业都应该了解服务的主次之分和层次之分，如果忽略了这一点，服务就可能从经营优势转变为经营劣势了。

3.忽视服务差异化的成本与收益比。服务项目的增加往往与经营费用的提高成正比。一个商场可以拥有较周全的服务，但须以较高的费用为代价；一个商场也可以拥有较少的服务项目，追求较低的费用价格。所以，任何企业都应该平衡服务内容与服务成本之间的关系，明确什么可为、什么不可为，既要满足消费者的服务期望，也要满足消费者的价格期望。

(三)目标集聚战略

目标集聚战略是企业可选择的第三种基本战略，它要求零售商着眼于本行业内一个狭小空间并做出选择。这一战略与其他战略不同，零售商选择行业内一种或一组细分市场，并量体裁衣使其战略为这一细分市场顾客服务。通过对其目标市场进行战略优化，集聚战略的零售商可致力于寻求其目标市场上的竞争优势,尽管它并不拥有在全面市场上的竞争优势。

集聚战略有两种形式。实施成本集聚战略的零售商寻求其目标市场上的成本优势,而实施差异化集聚战略的零售商则追求其目标市场上的差异化优势。集聚战略的这两种形式都是以目标集聚企业的目标市场与行业内其他细分市场的差异为基础,这些差异意味着全面市场上的竞争者不能很好地服务于这些细分市场,他们在服务于一些市场的同时也服务于其他市场。因此,实施目标集聚战略的企业可以通过专门致力于这些细分市场而获取竞争优势。

如果实施集聚战略的企业的目标市场与其他细分市场并无差异,那么集聚战略就不会成功。如果一个企业能够在其细分市场上获得持久的成本领先(成本集聚)或差异化(差异集聚)优势,并且这一细分市场的行业结构很有吸引力,那么实施目标集聚战略的企业将会成为其行业中获取高于平均水平收益的佼佼者。由于大部分行业包含大量的细分市场,因此一个行业中总能容纳多种持久的目标集聚战略的市场空间,这样,就为那些没有实力实施成本领先和差异化战略的中小企业创造了生存和发展的空间。

目标市场的选择:

(1)可测量性;

(2)可盈利性;

(3)可接近性;

(4)易反应性。

目标市场的评估:

(1)细分市场的规模和潜力;

(2)细分市场结构的吸引力;

(3)企业的目标和资源。

企业通过评估细分市场,最终会选择如下战略之一:

(1)企业进入其中的一个细分市场。

(2)企业选择若干细分市场,并对之制定不同的营销战略。

(3)企业决定不对市场进行细分,而是向整体市场提供产品。这种情况的产生可能是因为市场太小而在细分之后企业无法在单个市场获利,也可能是因为该企业在市场上已经占据了主导地位,如果再选择其中的某些市场会造成企业整体利润的降低。

(4)通过市场细分,企业发现没有一个子市场是可行的,从而放弃该市场。

沃尔玛竞争战略分析

沃尔玛的竞争战略体系是由总成本领先战略、差别化战略和目标集聚战略组成。其核心战略为总成本领先战略。

目标集聚战略

在沃尔玛创业初始,山姆·沃尔顿面对像西尔斯、凯马特这样强大的竞争对手,采取了以小城镇为主要目标市场的发展战略。在 20 世纪 60 年代,凯马特这样的大公司根本不在人口低于 5 万的小镇上开分店,而山姆·沃尔顿的信条是即使是 5000 人的小镇也照开不误,而且山姆对商品选址有严格要求,他要求在围绕配送中心的 600 公里辐射范围内,把小城镇逐个填满,然后再考虑向相邻的地区渗透。这样正好使沃尔玛避开了和那些强大对手直接竞争,同时抢先一步占领了小城镇市场,待到凯马特意识到沃尔玛的存在时,后者已经牢牢地在小城镇扎下了根,并开始向大城市渗透。可以说,正是由于发展初期的沃尔玛采取了以小城镇为目标市场的目标集聚战略,才使得沃尔玛得以在零售业站稳脚跟。

沃尔玛根据顾客的需求不同,将顾客群体划分为四个主力消费群体,并据此设定了四个经营业态:山姆会员商店、超级购物广场、百货折扣商店和社区商店。

山姆会员商店面对的是白领一族、中小批发业户、机关企事业单位、政府集团采购等。它多建在即将开发的城乡结合部,是实行会员制形式的仓储式购物俱乐部。它向会员让利销售质优价廉的商品,价格比普通卖场超市低15%,比沃尔玛的超级购物广场还低5%。超级购物广场是百货折扣店的新的发展形式,它始于1988年,从1993年以来的近十年才得以快速发展,并且是沃尔玛在国际上对外扩张的主要形式。它一般建在居民聚集区的中心地段或地价相对便宜的商业区或即将开发的城乡结合部,顾客群体为上班一族。它的价格比一般超市要低一些,但比仓储式的会员商店要贵一点儿,不过因为它不需要会员卡,而且交通方便,所以深受顾客的欢迎。百货折扣商店是沃尔玛早期的主要经营业态,至今仍是沃尔玛在全美乃至北美地区的主力军。它类似超级购物广场,但规模要小。沃尔玛的社区商店是沃尔玛近几年来最新推出的业态,多建在居民聚集区,常常是主要服务于一个大的居民社区,半径为2公里的范围。如购物满一定数额,或顾客所购商品有搬运困难,则提供送货上门的服务。其目标客户群体为社区的居民、无暇去购物的上班一族和老年人。

差别化战略

沃尔玛为了满足顾客的需求,进一步建立和保持长久的竞争优势,不断推出新的服务方式和服务项目,如山姆会员店、超级购物广场、一站式购物、免费停车、免费送货等,最终以超一流的服务赢得了顾客的忠诚,取得了在服务方面的差别化。其中有些是山姆建立的"追求卓越的顾客服务"的黄金法则。

首先则莫过于最著名的三米微笑。进入全世界任何一家沃尔玛商场,迎面走来的沃尔玛员工都是面带微笑,给人的感觉很舒服。这是山姆·沃尔顿对他所有员工的一个基本要求。因为山姆很早就意识到微笑的魅力有多么大。他觉得微笑会给人一种亲切、友好的感觉。在零售业中,服务人员对顾客的每一次微笑都会让人感到善意、理解和支持。

其次,还有一个顾客服务的黄金原则,也可以说是基本原则或顾客服务真理。它有两条内容:第一条,顾客永远是对的;第二条,如有疑问请参照第一条。因为有这一原则作指引,沃尔玛在顾客服务中有了一个清晰的概念,当在对客服务中有争议时,沃尔玛会据此原则退让一步,无形中就达到了顾客的满意,甚至超越顾客的期望。更有好事者将此原则翻译得更加通俗易懂:沃尔玛就是像宠坏孩子那样将顾客宠坏,以至于这些被宠坏的孩子再也离不开沃尔玛,一旦离开就会发觉不适,最终再回到沃尔玛这里,并成为沃尔玛永远忠诚的信徒。

成本领先战略

沃尔玛成功的关键在于它拥有的正确的整个战略体系,并能将这些战略贯彻落实到底。而其中尤其是成本领先战略,被沃尔玛运用到了极点。因为沃尔玛自始至终都在贯彻落实这一战略,所以它的成本始终都低于其主要竞争对手。

其成本优势可以使它在与竞争对手的争斗中受到保护,因为它的低成本意味着当别的公司在竞争过程中失去利润时,沃尔玛仍然可以获利。如果说总成本领先战略是一台瞬间能提速到100公里的发动机的话,那它就是由四个强大的汽缸推动的:高效的物流配送系统、信息技术的应用、先进的供应链管理技术和别具一格的企业文化。

1. 高效的物流配送系统

沃尔玛建立了自己的物流配送系统。在创业早期,山姆就意识到有效的商品配送是保证公司达到最大销售量和最低成本的存货周转及费用的核心。他知道凯马特、伍尔柯等大连锁公司位居城市,有专业分销商为它们的上千家分店供货;而作为一家新公司,沃尔玛缺少一个自己的物流配送系统。沃尔玛的各分店经理不得不自己向制造商订货,然后再联系货车送货,从而在整个供货环节慢别人一拍,对竞争十分不利。在这种情况下,山姆知道唯一能使公司获得可靠送货保证及成本效率的途径就是建立自己的配送组织,包括送货车队和仓库。

20世纪90年代初沃尔玛的运送车队大约有2000多辆牵引车头,与其他公司不同的是,许多大连锁公司,包括凯马特(K-Mart)和塔吉特(Target),都是将运输工作转包给专业货运公司,只有沃尔玛一直坚持有自己的车队和自己的司机,以保持灵活和为一线商店提供最好的服务。沃尔玛的商店通过电脑向总部订货,平均只要两天就可以补到货,如果急需,则第二天即到货,而其他公司至少要三天以上。这使沃尔玛享有相对竞争对手的极大优势,沃尔玛的货架总能保持充盈,并随时掌握到货时间,其运输成本也总是低于竞争对手。

2. 信息技术的应用

在信息技术应用方面,沃尔玛总是领先于竞争对手,先行对零售信息系统进行非常积极的投资。在信息技术的支持下,沃尔玛能够以最低的成本、最优质的服务、最快速的管理反应进行全球运作。先进的电子通信系统也让沃尔玛占尽了先机。沃尔玛的电子信息系统是全美最大的民用系统,甚至超过了电信业巨头美国电报电话公司。在沃尔玛本顿威尔总部的信息中心,1.2万平方米的空间装满了电脑,仅服务器就有200多个。在公司的卫星通信室里看上一两分钟,就可以了解一天的销售情况,可以查到当天信用卡入账的总金额,可以查到任何区域或任何商店、任何商品的销售数量,并为每一商品保存长达65周的库存记录。所有这些资料都为沃尔玛的决策提供了理论依据,以便在激烈的竞争中提高反应速度,以立于不败之地。尽管信息技术并不是沃尔玛取得成功的充分条件,但它却是沃尔玛成功的必要条件。借助于这套庞大的信息网络,沃尔玛的各部门业务都可以迅速而准确畅通地运行。所有这些投资都使得沃尔玛可以显著降低成本,大幅提高资本生产率和劳动生产率,最终实现其总成本领先战略,领先业界,傲视群雄。

3. 先进的供应链管理技术

供应链是指将一整套系统方法应用于管理从原材料供应商到工厂、再到仓库、直至到达最终用户手中的整个过程的物流、信息流、服务流和现金流的总称。在这方面,沃尔玛堪称是行家里手。打个通俗的比方来说,供应链之于连锁超市,就如同是一座大厦的钢筋骨架,大厦盖得越高,这个骨架就要越坚固,否则必将倒塌。沃尔玛深谙此道,对于它这样的流通企业来讲,一个高效供应链系统能为其带来很多益处。

进入90年代,沃尔玛提出了新的零售业配送理论,开创了零售业的工业化运作新阶段:集中管理的配送中心向各商店提供货源,而不是直接将货品运送到商店。其独特的配送体系,大大降低了成本,加速了存货周转,形成了沃尔玛的核心竞争力。由于沃尔玛拥有自己的物流配送体系,因此沃尔玛可以直接从工厂进货,商品的中间环节大大减少。同时,精明的采购员总是利用沃尔玛的购买能力与供应商进行艰苦的讨价还价,力图把价格压至最低。以往的零售业都是由分店向各制造商订货,再由各个制造商将货发到各个分店。

沃尔玛作为非常成功的零售企业,它控制成本的方法,不仅着眼于企业内部,而且通过供应链管理,从企业外部进一步把成本降低,并使它和其供应链上游的生产供应商对市场的变化能够做出快速反应。据 2000 年麦肯锡公司的一项调查表明,美国在 1995 至 1999 年之间的生产力增长中,有 1/8 以上可以归功于沃尔玛。沃尔玛是怎样做到的呢? 无非就是通过对供应链的研究,提高供应链的反应速度,再通过供应链的反馈,整合供应源与需求源,也就是其顾客与供应商,从而使其总成本下降 10%,使其供应链上的企业准时交货率提高 15%,订单满足提前期缩短 25%～35%,使其供应链上的企业生产率提高 15%,库存降低 10%～35%,现金流周转周期减少了 40～65 天。沃尔玛通过改造供应商,帮助其提高生产率,进而改造和提高了这一行业的行业标准;沃尔玛再通过对自身生产率的提高,迫使其主要竞争对手提高了生产率,从而最终提高了零售行业的生产率,使其达到了一个新的标准。可以说,沃尔玛在分销系统中所实现的总成本领先战略是沃尔玛最大的竞争优势之一。

4. 别具一格的企业文化的分析

沃尔玛的供应链管理与信息技术的应用,现在已成为业界标准,被所有零售企业克隆。但他们都只看到了表象,而未学到本质。沃尔玛除了拥有世界上最先进的信息技术和先进的供应链管理体系之外,它的企业文化也是支撑这个零售帝国的一大重要因素,是支撑这个帝国发展的基石,可圈可点。

无论到世界各地的任何一家沃尔玛商场,你都会感受到一种强烈的而且是长期以来形成的企业文化,这就是山姆一直倡导的沃尔玛精神——勤俭、节俭、活跃、创新。在沃尔玛,你会看到办公室里崭新的办公用品,不用怀疑,这一定是租的。因为沃尔玛已经精确计算过,根据办公用品的使用寿命和沃尔玛对其的使用频度,租比买更节省;一张普通的复印纸,你不会看到它只被用一面。因为无须多言,每一位员工自从加入沃尔玛那天开始,就已了解公司对成本的控制有多么重视。如果你参加沃尔玛的晨会,你会发现每个人使用的可以放到口袋里的小本子几乎都一样,是用废弃的报告纸装订而成的。所以,长期以来,沃尔玛的企业文化使沃尔玛公司的同仁紧紧团结在一起,他们朝气蓬勃,团结友爱,企业每个人都有一种强烈的荣誉感和责任心。这是沃尔玛致胜的又一法宝,对于沃尔玛每一个战略思想的实施起到了决定性作用。

资料来源:范龙振. 从跨国零售企业的竞争战略看对中国零售企业的启示. 硕士学位论文,2005

本章小结

零售企业只有拥有不同于竞争对手的独特能力,才能建立起自己的竞争优势,从而在市场上处于领先地位。

零售商首先需要对零售行业有全面的认识。零售商可以用波特的五力模型来分析该行业的竞争情况,五力分别是:供应商讨价还价的能力、购买者的讨价还价能力、潜在竞争对手的威胁、替代品的威胁、现有竞争者的竞争程度。而且,五种力量的不同组合变化最终影响行业利润潜力变化。

我国零售业的竞争态势主要表现在:国内总体竞争态势——产业高度分散,市场集中度低,各业态内部竞争激烈;国内结构竞争态势——零售领域内业态结构不合理,同业过度扩张;国外企业竞争态势——外资零售巨头进入和努力扩张,国内零售企业生存空间日益减少。

零售业的竞争趋势主要反映在四个方面:终端市场的竞争——郊区、农村将是未来零售商重点争夺的市场;经营方式的竞争——连锁经营模式将成为未来零售商主要的发展方式;销售渠道的竞争——网上零售将是未来零售商重点开发的渠道;经营成本的竞争——信息技术的发展将是未来零售商提高利润的主要手段。

对于零售来说,其竞争优势来源于商品、成本、店址、服务、购物环境、信息管理系统。

零售商的营销战略计划制定包括:扫描并分析环境,确定并评估战略性机遇,确定定位战略并分配资源,确定零售组合策略,评估业绩并做出调整。

根据波特的三个基本竞争战略,现代零售企业的竞争战略的选择可以从此出发,在成本、差异化、目标市场上构建自己的竞争优势。

第五章　零售选址策略

☞【开篇案例】

苏果围攻家乐福

就在家乐福对苏果近来的选址策略"有些看不懂"的时候,苏果在南京市下关区的网点已经对家乐福形成了"严丝合缝"的包围之势。加上一月底开业的阅江广场平价店,周围已经有4家苏果社区店对家乐福虎视眈眈。下关"血战"在所难免,而苏果CEO马嘉梁却称,"这只是和外资们玩玩"。

为了控制下关市场,阅江广场平价店、苏果圣陶沙社区店、中山北路店、泰山新村社区店以及下关商场对面的苏果标超,都牢牢占据了下关最好的市口,并且对家乐福形成包围之势。和家乐福选址策略不同,苏果在一个地区密集选址的举动让家乐福看不明白。

"我们的策略是守住一个地方拼命做深做强,这也是苏果特有的竞争方式。"苏果高层透露,"自有卖场之间的冲突可以协调和化解,形成差异化,这是目前外资卖场很难做到的。"

据了解,家乐福目前的消费群有20%来自江浦,苏果的这一合围,阻断了江浦流向家乐福的客源,这就意味着家乐福至少要损失20%的销售来源。这种打击显而易见。

为了配合阅江新卖场开业对家乐福的阻击,苏果下关附近的4家卖场将"联动"进攻,同时大厂社区店和江北的金浦广场平价店也将参与。届时,苏果将推出4000多种会员商品,优惠幅度在10%至30%,最大幅度达40%,一些民生商品将降到底价来供应。如小磨麻油8.9元/瓶、散称鸡蛋2.4元/斤、苏果大豆油27.9元(5升)、苏果牛肉酱2.7元/瓶、大米1.05元/斤、绵白糖1.4元/斤、蜜枣4.99元/斤、200克装的剁椒2.49元、200克袋装的"兰村江"水萝卜由原来的2.20元降到0.80元。

资料来源:搜狐财经,2005—1—28

许多人把零售业经营成功的秘诀的首要因素归结为——"Place,Place,Place",即选址、选址,最后还是选址。有些研究表明,零售商的选址对开店成败的影响力至少占70%以上。可见,说零售业是"地点位置产业"一点也不为过。零售商合理的选址会带来源源不断的顾客,选址失误则将招致门庭冷落,甚至落入"开门之日就是关门之日"的尴尬境地。

第一节　零售商圈理论

零售业选址是指根据零售商发展战略,对可能建店的地址进行调查、分析、比较、选定,并最终确定该土地或房产的使用权,为营业场所的建设做好准备的过程。

零售业选址决策是零售业经营管理中最为重要的决策之一,与零售业的经营成败密切相关。其中,商圈的确定是店铺选址的关键,零售商选址在某种程度上是对商圈的选择。

一、商圈的概念

商圈是指以零售店所在地为中心,沿着一定的方向和距离发展,吸引顾客的辐射范围。简言之,商圈就是零售商吸引其顾客的地理区域。这包含了三重具体内容:

首先,商圈是一个具体的区域空间,是一个大致可以界定的地理区域。一个具体的零售店铺的商圈可以在地图上标出来。

其次,商圈是一个具体零售商的市场营销活动的空间广度,在这个空间广度内,向顾客提供各种产品和服务。因此,可以将商圈看成是企业营销活动创造的市场空间。

再次,商圈又是一个消费者购买商品的行为空间。商圈可以表述为消费者生活受益、方便购物的行为区域。

不同的零售商由于所在地区、经营规模、经营方式、经营品种、经营条件不同,在商圈的规模和形态上也存在很大差别。同样,某一零售店在不同的经营时期会受到不同因素的干扰和影响,商圈也不是一成不变的。为便于分析和研究,一般将商圈视为以零售店为中心的同心圆。

二、商圈研究的重要性

(一)商圈研究是新设零售店进行合理选址的前提

新设零售店在选址时,总是希望获得较大的目标市场,以吸引更多的目标顾客。为此,零售经营者必须明确商圈范围,明确商圈规模、形态,进行经营效益评估,衡量店址的使用价值,选定店址、规模、商品方向,使商圈、经营条件协调融合,创造经营优势。

(二)商圈研究是零售店制定竞争策略的依据

零售店在竞争中为取得竞争优势,广泛采取了价格和非价格竞争手段,诸如改善零售商形象,改善经营的售前、售中、售后服务,加强与顾客的沟通等等。经营者只有通过商圈调查,掌握客流性质,了解顾客需求、顾客偏好等才能制定出有针对性的经营策略。

(三)商圈研究是零售店制定市场开拓战略、战术的依据

一个零售店经营方针、战略的制定或调整,总要立足于商圈内各种环境因素的现状及其发展规律、趋势。通过商圈的调查分析,可以帮助经营者明确哪些是本店的基本顾客群、哪些是潜在顾客群,在力求留住基本顾客群的同时,着力吸引潜在顾客群。由此可见,商圈研究已成为制定积极有效的市场开拓战略的依据。

麦德龙在进入中国上海时作了大量分析。其首家店铺选在了沪宁高速公路的入口处,排除了前期22个预选点。麦德龙的长期目标是在沪宁高速公路沿线每100公里处开设一店。它的第二个店选择在无锡东区,可凭借该店的位置优势辐射整个无锡及宜兴、常州地区。麦德龙还计划在上海东西南北各开一店,覆盖全上海。麦德龙在选择店址时,不仅重视了单体店的商圈,而且作为一个整体,全面考虑了企业的发展及所面对的服务对象,从长远利益出发,形成规模效益。

三、商圈的特性

(一)层次性

位于同一零售店商圈内的顾客到店购物的可能性并不相同,这种可能性随着顾客到零售店(商业中心)购物所受到的阻碍因素的增加而减少,因此商圈表现出明显的层次性。

零售店的商圈一般由以下三部分组成:

1. 核心商圈。这是最接近商店并拥有高密度顾客群体的区域,通常商店55%～70%的顾客来自核心商圈,是商店顾客的主要来源,人均购买额也最高。它与其他零售店的商圈一般不会重叠。

2. 次级商圈。这是位于主要商圈之外,顾客密度较稀的区域,约包括商店15%～25%的顾客。

3. 边际商圈。指位于次要商圈以外的区域,在此商圈内顾客分布最稀,此商圈的顾客比例一般不超过10%。商店吸引力较弱,规模较小的商店在此区域内几乎没有顾客。

商圈的形状如图5-1所示。

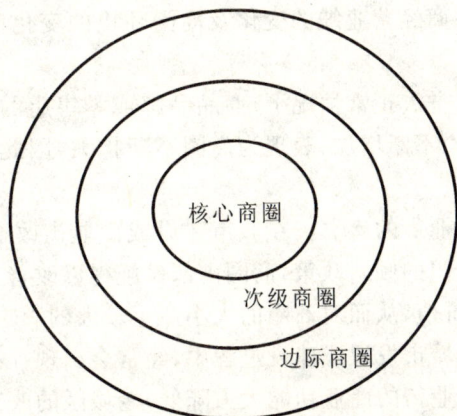

图5-1 商圈构成图

不同商品所形成的商圈也不同,贵重商品的商圈范围较大,而日用品的商圈范围就很小。不同类型的超市的商圈有所不同。一般说来,居民区附近的标准超市只有核心商圈和次级商圈,几乎没有边际商圈的顾客;而位于商业中心的超级市场,核心商圈的顾客密度较小,并不是商圈的主要组成部分,次级商圈和边际商圈的顾客密度较大。

(二)重叠性

零售店的商圈之间没有清晰的界限,往往在两个商圈的第二和第三层处发生重叠,重叠区域内的顾客存在着到任何一家零售店购物的可能性,但这种购物可能性的大小取决于零售店之间的相对竞争力,或者说,取决于零售店的吸引因素与阻碍因素之间的比值。

(三)不规则性

由于诸多因素的影响,零售店商圈的实际形状并非如其概念所暗含的圆形,而呈现出不规则形状。使商圈形状不规则的原因一方面是由于那些阻碍顾客来店购物的客观因素的存在,使那些在某个方位上距零售店垂直距离很近的顾客的实际到店距离很远,甚至不能为其商圈所覆盖。这些阻碍因素具体包括:道路隔离栏、宽阔或车速较高的道路、竞争店、交通不便等。

另一方面则由于某些客观吸引力因素的存在,使位于商圈某一方位的顾客来店购物甚为便利。这些吸引力因素主要包括公交车站的设立等。客观的阻碍因素和吸引力因素的同时存在促成了商圈的不规则形状。

(四)动态性

商圈的大小或规模并非一成不变,而是具有动态性的。首先,商圈的大小与零售店的业态有关。一般来说,那些规模大、商品品种齐全、商品选择性强的零售业态的商圈相对较大,因此不难理解,"麦德龙"的商圈可以覆盖几十公里甚至上百公里,而便利店的商圈只有二三百米。其次,对于特定业态的零售店来说,如果能加强经营管理,增加"集客力"因素,其商圈一方面会在覆盖范围上有所扩大,另一方面则表现为商圈内顾客来店购物的可能性将提高。再次,商圈的动态性与竞争因素有关。零售店之间的过度竞争会使彼此的商圈相应缩小。对商业中心来说,若其业态互补能够满足顾客多层次、多角度的购物需要,则会使商圈规模扩大;若其业态单一、竞争激烈,则会使商圈规模缩小。

四、影响商圈大小的因素

商圈的大小会随着零售商经营业绩的变化及商圈环境的变化而不断变化。具体来说,影响商圈大小的因素包括:

1. 商品品牌或零售店商誉。正常情况下,商品品牌或零售店的商誉随着经营时间的延续而不断提高,其经营的影响力不断增加,表现为商圈不断扩大,因此商圈的变化在一定程度上可以反映零售商的经营业绩。

2. 零售店所在城市或商业街的盛衰。在城市建设或商业街改造过程中,由于社会团体的商业操作行为或政府决策部门的倾斜政策,商圈内部设施得以改善,并增加了一些新型的商业项目,提升了原商圈的商业价值,从而对商圈的大小产生较大的影响。

3. 社区的功能变化。在城市发展或建设过程中,经常会出现社区功能性的变化,如新型购物中心的出现会使一些老商业街的商业功能大大降低,老城区的改造会改变原有的商业功能,城市向外围扩张时会创造新的商圈。

4. 新进入零售商对原有商圈的分割。在几个大型地区购物中心以相同的方式在同一商圈中经营时,由于相互竞争,整个商圈会被隔离成若干子商圈,使每个零售商的商圈变窄,零售商可以通过特色经营改善这种状况。

5. 商圈内的经济发展状况。商圈内经济如果处于平稳发展阶段,商圈大小比较稳定,如果出现低潮,消费者的购买信心及购买力都会受到影响,从而使原有商圈缩小。

6. 商圈内零售实体结构性变化。发展较为稳定的商圈,通常有其经营特色,商圈内的零售实体也具有特定性。如果商圈内经营实体发生结构型变化,对商圈将会产生较大的影响。如对于高档购物区,如果一些实力较强的零售企业纷纷撤退,将会对原商圈的大小产生严重的负面影响。

五、商圈的类型

(一)根据所适宜经销的产品组合来划分商圈

1. 便利品商圈。便利品通常是购买频率相当高,购买地点遵循就近原则的日常用品,如生鲜食品、厨房用品等。这类商圈范围不大,通常在 500～1000 米的范围内,潜在的顾客一般为

5000～10000 人。如果吸引力较大,商圈就会大一些。这类商圈的顾客对店面的选择性不突出,对商标或品牌的看重程度不高,但对价格水平很看重。

2.选购品商圈。选购品通常是价值较高,花费购物时间较多,需要进行比较之后才购买的非日常用品。如服饰、家电、汽车等。这类商圈的范围较大,通常覆盖面积在方圆 1 千米以上,区域内人口在 3 万人以上。选购品商圈往往有一定的知名度,对消费者的吸引力大,顾客对品牌或商家的声誉很看重,对商店的非购物因素也很看重。

(二)根据辐射范围的大小来划分商圈

1.生活型商圈。由住宅区或开发区构成的商圈,以便利店、杂货店为主,专门店很少,经营便利品。

2.区域型商圈。由相对独立的街区构成的混合型商圈,常见业态有便利店、百货店、小型超市、商店街、购物中心、新兴商业街等。以经营便利品与选购品为主。

3.广域型商圈。由整个地方都市所在地构成的大型商业圈,常见业态以大型百货店、大型超市为主,经营的品种也最齐全,尤其是高级商品、高价耐用消费品、名牌商品。专门店很多,交通也很方便。

(三)根据形成商圈的主体特点来划分商圈

1.城市中央商业区。全市性的主要大街贯穿其间,云集着许多著名的百货商店和各种专卖商店、豪华的大饭店、影剧院和办公室大楼。这是全市最主要的、最繁华的商业区,在一些较小城镇,中央商业区是这些城镇唯一的购物区。

2.城市交通要道和交通枢纽的商业街。它是大城市次要的商业街。这里所说的交通要道和交通枢纽,包括城市的主要街道、地下铁道的大中转站等。这些地点是人流必经之处,在节假日、上下班时间人流如织。店址选择在这些地点就是为了方便来往人流购物。

3.城市居民区商业街和边沿区商业中心。城市居民区商业街的顾客,主要是附近居民,在这些地点设置商店是为方便附近居民就近购买日用杂货、百货等。边沿区商业中心往往坐落在铁路的重要车站附近,规模较小。

4.郊区购物中心。在城市停车困难、交通日益拥挤,环境污染严重的情况下,随着私人汽车大量增加、高速公路的发展,部分城市中的居民迁往郊区,形成郊区住宅区,为适应郊区居民的购物需要,不少便利店设到郊区住宅区附近,形成了郊区购物中心。

六、商圈分析的内容

商圈与零售店经营活动有着极其密切的关系。无论是新设还是已设的零售店,都不应忽视对商圈的分析。所谓的商圈分析,就是经营者对商圈的构成情况、特点、范围以及影响商圈规模变化的因素进行实地的调查和分析,为选择店址、制定和调整经营方针和策略提供依据。

沃尔玛在进入中国之前,就对中国市场进行了长达数年的深入细致的市场调查。其实早在 1992 年,沃尔玛就已经被获准进入中国,但是直到 1996 年沃尔玛才落户深圳。同样,家乐福每开一家分店,首先会对当地进行详细而严格的调查与论证,历时都在一年以上。为了在广州选到一个好商场,家乐福曾让自己的市场开发人员在广州考察 4 年,调查涉及的范围包括文化、气候、居民素质、生活习惯及购买力水平等诸多方面,最后才选定地点。

商圈分析的内容概括起来主要包括外部环境因素、消费者因素、竞争对手因素以及企业内部因素四个方面,这些也是商圈调查的主要内容。

(一)外部环境因素

1.城市布局。零售商店的商圈要受到城市布局的影响。如果企业选址于市级商业中心,其商圈范围大,可能涉及全市。

2.城市规划及变迁。城市规划及基础设施的建设是大中型零售商始终关注的,它影响着不同层次消费者群体地理上的迁移和分布,进而影响既有商圈的销售和未来商场的选址方向。很多零售企业都设有政府事务部或相关部门,任务之一是研究政府将来的城市规划和基础设施建设情况。

3.产业结构。一个企业的外部环境是农业区、工业区还是商业区,对商圈的形成有着重要的意义。一个地区产业结构发生优化和升级,将引起零售店商圈的较大的变化。

4.交通地理状况。位于交通便捷地区的商店,其商圈规模会因此而扩大,反之会限制商圈规模的延伸。自然和人为的地理障碍,如桥梁、铁路、过街天桥、地下通道等等都会截断商圈,成为商圈规模扩大的障碍。此外,地势(即道路状况)的好坏,平地还是洼地,柏油路还是土路,对商圈及选址也有很大关系。

5.集客源。商店周围有无集贸市场、娱乐场所,是不是商业集中区或居民区,是否靠近大型机关、单位、厂矿企业,这些因素都影响着商圈及店址的选择。

找个大商店做邻居

我们经常可以发现麦当劳快餐厅几乎都是建在大商店旁边,这在一定程度上成了麦当劳选址的规律特征。

对于快餐,人们不会单独计划去某处快餐厅就餐,往往是顺便而就。因而,快餐厅处于独立、偏僻的位置上,就会导致"门前冷落鞍马稀"。麦当劳的经营者深谙经营之道,熟知顾客这一心理,把店址选在大商店旁边,使大商店的大量顾客顺便前来就餐,获得了顾客不请自来的效果。

同时,这也简化了选址的工作程序和工作量。餐饮业和零售商业都是地利性产业。选址需要进行大量的调查和研究、评估和审核工作。麦当劳快餐厅定位于大商店旁边,不必花费大气力去调查研究,只要分析大商店的客流量及其构成、大商店的经济效益即可。

继而深思:大商店为什么乐于与麦当劳快餐厅为邻呢?

麦当劳快餐厅从大商店那里获得客源利益,同时也弥补了大商店餐饮功能不足的缺陷,并和大商店共同形成了更强的对顾客的吸引力,顾客更愿意到有快餐厅的大商店去购物,因为这里集购物与餐饮为一处,人们感到更方便。

资料来源:黄桂芝.找个大商店做邻居——麦当劳快餐厅选址透视.市场经济导刊,1999(6):30~31

6.客流特征。主要分析零售商所在地的客流量,客流的状态、方向、速度,客流的目的以及本店的吸收量。除固定商圈内居民以外,流动的消费者也是零售商一个重要的客户来源。如果所选择的店址交通便利、人员来往频繁,无疑会给零售商带来可观的经济收益。

(二)消费者因素

1.人口数及家庭构成。一定商圈范围内的人口数、户数、平均每户人口数、家庭人口构成、家庭户数总数的变动情况、家庭人口的增减状况、人口增长速度、自然增长率等基本情况,对于企业商圈的规模及选址具有决定性意义。

2.人口结构及人口密度。人口结构,包括现有人口的年龄结构、性别结构、职业构成、受教育程度、婚姻状况等。一个地区人口密度越高,则选址商店的规模可相应扩大。人口密度高的地区,到商业设施之间的距离近,可增加购物频率。而人口密度低的地区吸引力低,且顾客光临的次数也少。

3.收入水平。包括个人及家庭的收入情况,如平均工资水平、家庭可支配收入。

4.消费状况。包括消费者的消费水平、消费购买力情况及消费习惯和意识。消费水平高,则对所选购商品数量、质量和档次的要求也高。单次购物金额和购物频率决定购买力的大小。不同的消费习惯和意识影响消费需求,有些顾客注重品牌,有些注重时尚,有些出于休闲需要,为获得心里满足感而消费。

便利店顾客调查问卷

1.请您写出您所知道的便利店的名称:

A._____ B._____ C._____

2.您是否经常到此便利店购物?

A.是 B.否

3.一般来说,您到此便利店购物的频率是:

A.一天数次(2次以上) B.一天一次 C.一星期2~3次

D.一星期一次 E.其他(请注明)_____

4.您一般在什么时候来此购物:

A.早晨 B.上午 C.中午 D.下午 E.晚间 F.随时都可能来购物

5.您每次购买金额(平均)大约是:

A.10元以下 B.10~20元 C.20~30元 D.30元以上

6.您一般是通过什么方式来此购物:

A.步行 B.骑自行车 C.坐公交车 D.开家用轿车 E.其他(请注明)_____

7.您来此购物是因为:

A.家在附近 B.在附近工作 C.碰巧经过

D.在附近念书 E.其他(请注明)_____

8.您的出发地(家、工作单位、学校或其他)离本店的距离大约为_____米,到达本店_____分钟。

9.您的出发地位于本店的:

A.东 B.东南 C.南 D.西南 E.西 F.西北 G.北 H.东北

10.在您的出发地周围是否还有其他的便利店?

A.有(回答12~14题) B.否(跳问基本资料)

11.它们是:_____

12.您更喜欢到_____便利店购物。

13.如果您更喜欢到本店来购物,其原因是(可多选)

A.比其他便利店离您的出发地更近 B.价格便宜

C.商品种类齐全　D.服务热情周到

E.便利店的品牌富有吸引力　F.购物环境好

基本资料：

1.您的性别：　A.男　B.女

2.您的年龄：　A.小于13岁　B.13～24岁　C.25～39岁　D.40～49岁　E.50岁以上

3.您的职业是：＿＿＿＿＿＿＿

4.您的学历：　A.大学及大学以上　B.大专　C.中专　D.高中　E.初中　F.小学

5.您的婚姻状况：　A.已婚　B.未婚

6.您家的人口数量：

A.单身一人　B.两人　C.三人　D.四人　E.其他(请注明)＿＿＿＿＿＿

7.您的月收入大约为(我们决不向第三方泄漏)：

A.800元以下　B.800～1000元　C.1000～1500元　D.1500～2000元

E.2000～3000元　F.3000～5000元　G.5000元以上

资料来源：于松涛.河南SH公司连锁便利店选址研究.山东大学硕士学位论文,2007

(三)竞争对手因素

1.竞争店的业态及聚集状况。零售企业的聚集状况有三种：一是不同业态零售企业的聚集。比如百货商店同专业店聚集,这种聚集在企业之间一般不会产生直接的竞争,而会产生一定的聚集效应。二是同种业态零售企业的聚集。如超市与超市的聚集,一般会在企业之间产生竞争。三是不同商业行业企业的聚集。比如零售业与饮食业、娱乐业以及邮电、银行的聚集,企业之间一般有互补性,有利于产生放大的聚集效应。

2.竞争店的个数、规模及地理位置。可对一定商圈范围内的竞争店的个数及规模予以了解,来明确该零售业态可达到多少商圈市场占有率,有什么样的销售效果。竞争店距离本店的远近也会影响本店的销售额,一般来讲,竞争店距离本店越远,影响越小。

3.竞争店的商品能力。包括对竞争店商品品种齐全的程度、商品的价格带、商品的品质、货源供应等情况的分析。重点可放在对竞争店主要商品的分析上。

4.企业运营管理状况。竞争店的员工素质和服务态度、是否经常进行宣传和促销活动、卖场的布局和货物的陈列、店内的环境卫生、配送体系的健全程度等在很大程度上决定了消费者是否选择在该店购物。

5.服务对象的阶层。分析竞争店的目标顾客群(即服务对象的阶层)有很重要的意义。如竞争店的服务对象阶层不同于本店,则可以减少竞争。

(四)企业内部因素

1.商品因素。零售商的商品种类、价格和品质是影响其商圈大小的核心因素,是影响顾客购买行为的最重要的因素。

2.经营规模。超市自身经营规模与商圈覆盖范围成正比,规模越大,其市场吸引力越强,商圈越大。当然,并非规模越大越好,应保持在与商圈购买力相适应的范围之内。超市规模一般以经营面积来衡量。

3.商品陈列。卖场的布局,可根据磁石理论来配置商品,分别配置主力商品、端架商品、单项商品等。对商品分类后,按照科学、艺术、符合人体尺寸的原则陈列货品,会给人以美观、有序的印象。

4.营销手段和信誉。超市通过广告宣传、公关活动以及广泛的人员推销与营业推广活动可不断扩大知名度、影响度和信誉度,吸引更多的顾客慕名光顾。

5.其他因素。投资预算、招牌设计、店面设计、入口通道设计、橱窗设计等,都是企业经营策略的不可缺少的部分。

七、商圈测定方法

测定零售商圈的方法应以定性方法为主,辅之以定量分析方法。定性方法一般多用于已存在的零售店寻找决定目前商圈发展的趋势;定量方法一般多用于预测新开设零售店的商圈。

(一)商圈测定的定性方法

1.进行商圈调查,分析商圈的特性

零售商需要通过商圈调查来了解商圈内店铺特色及分布情况,住宅特色,集会场所,竞争者的情况,人潮及交通状况,消费特征与人口特征,预计收入、支出与设店可能获得的净利,本地区环境优缺点的评估,他日可供设店的有利地段。

调查法简单易行,常用的有如下几种:

家庭购物调查法:按居住地区调查家庭所需的商品、前往购物的地点、家庭购物的频率和购物比例等来测定顾客前往某处购物的概率,以此了解某一具体的零售店的商圈状况。家庭购物调查法具有覆盖范围广、成本高、调查周期长、所获得的资料较为全面等特点。

来店者调查法:通过问卷调查等形式了解来店购物的顾客的居住地、工作地的分布情况,以确定零售店的商圈范围。一般认为,来店者调查方法只能了解到那些接受问卷调查者的分布情况,不能了解其他来店顾客的情况,但只要采用适当抽样调查方法,便可称补这一不足。而且来店者调查方法还具有成本低、调查所需时间短等优点,尤其适合于小型零售店的商圈测定。

汽车牌照登记法:将来店顾客的汽车牌照记录下来,再通过发证部门查询顾客的居住地、经济收入、家庭人口、工作性质等相关资料来确定零售店的商圈及其顾客群。汽车牌照登记法是国外零售店经常采用的方法。

顾客登记簿制:即建立健全顾客登记簿制度,将来店购物顾客的住处标注在地图上,随着零售店积累资料的增加,商圈的范围就会日益明晰,而且还可以根据顾客的分布密度,区分出商圈的层次性。顾客登记簿制能较准确地确定零售店的商圈范围,并获得其主要顾客的较为全面的情况,但需要零售店长期的资料积累。

商圈调查问卷

1.往返于超市的距离是多少您能接受
A.500 米　B.500～1500 米　C.1500～2500 米　D.无所谓

2.您每星期平均去超市几次
A.1～2 次　B.3～4 次　C.5～6 次　D.每天去

3.您去超市购买的主要商品类型是什么
A.食品　B.生鲜类食品　C.日用品　D.服装鞋帽　E.家电　F.其他

4.附近的几家超市中,您最经常去哪家购物
A.W 超市　B.X 超市　C.Y 超市　D.Z 超市

5.您认为这家超市最吸引您的原因是什么

A.价格低廉　B.商品品种齐全　C.服务态度好　D.购物环境好　E.促销活动多　F.其他

6.如果在附近新开一家超市,您最希望具备什么特点

A.价格低廉　B.商品品种齐全　C.服务态度好　D.购物环境好　E.促销活动多　F.其他

2.制作商业圈地图

准备一张商业地图,图上需标出商圈东西南北大方向的位置、在此区域内的竞争店、互补店以及各人潮汇集的地段及大型集会场所,道路、巷子需明示出来。然后将第一步中调查得到的顾客信息标注在地图上,制成商业圈地图。

在绘制商圈地图时,有两种方法:一是从微观上把握顾客的分布,当商业圈不是太大时,可详细标注顾客的住所;二是从宏观上把握顾客的分布,以街区为单位,标注每个街区的常住人口、人口流量、本店顾客数及商圈指数、零售额。

3.应用商业圈地图

把握本店商圈整体,分析本店影响力强的地区、对本店有利的但顾客还不多的地区,明确今后争取顾客的方向。

在测定商圈范围时,应注意商圈在不同时间的差异,如双休日和平时的差异、大酬宾期间和一般时间的差异、刚开张期间和开张一段时间后的差异。因此,也许只有连续不断的调查研究才能准确认识零售店的商圈。区分哪些人属固定消费群体、哪些是流动顾客,根据固定消费者地址,在地图上加以标明,即可分析出零售店的核心商圈、次要商圈和边缘商圈。

(二)商圈测定的定量方法:商圈理论模型

商圈的复杂形态决定了零售店的选址有很多理论。在零售管理中,以引力模型和饱和理论等为代表的商圈理论是较为成熟的零售店选址理论,对零售店的选址具有一定的指导意义。

1.引力模型

(1)莱利(W. J. Reilly)法则

美国学者莱利利用三年时间调查了美国 150 个城市,经过研究,于 1929 年提出了零售引力法则,该法则也被称为引力模型。其中心思想是两城市从中间地带吸引顾客的数量与两城市的人口数量成正比,与两城市距中间地带的距离成反比,模型表达式为:

$$\frac{T_a}{T_b} = \left(\frac{P_a}{P_b}\right)^N \left(\frac{d_b}{d_a}\right)^n \tag{5.1}$$

T_a——A 市从中间地带吸引的交易量

T_b——B 市从中间地带吸引的交易量

P_a——A 市人口数

P_b——B 市人口数

d_a——A 市距中间地带的距离

d_b——B 市距中间地带的距离

N, n——代表交易量对单个预测因子的灵敏度,较常选取 $N=1, n=2$

例如,A 市有 10 万人,B 市有 20 万人,A 市与 B 市间有一小城市 C,距 A 25 公里,距 B 40公里。据莱利法则可知,A 市零售商从 C 地吸引的交易量是 B 市吸引交易量的 1.28 倍。该结果显示,C 地居民在 A 市购物支出 1.28 元时,才在 B 地购物 1 元,A 市的集客力较 B 市强。

可见,依此法则可对不同地区的店铺进行集客力的分析。

莱利引力模型的提出,为商圈的量化与衡量提供了第一个方法,为以后的相关研究提供了丰富的理论基础。

（2）堪维斯法则

1948 年,保罗·堪维斯(Paul Converse)进一步修正了莱利模型,以确定在 A、B 两城市之间的顾客到任何一个城市购物的分界点,位于分界点至 A 城之间的顾客更愿意到 A 城购物,位于分界点至 B 城之间的顾客更愿意到 B 城购物。这个分界点,应在两者连线上具有相等营业量,即 $T_a = T_b$ 的地方,于是有:

$$\frac{P_a}{P_b} = \frac{d_a^2}{d_b^2} \tag{5.2}$$

经过推导,可得出堪维斯模型如下:

$$d_a = \frac{D_{ab}}{1 + \sqrt{\dfrac{P_b}{P_a}}} \tag{5.3}$$

d_a——A 市到商圈分界点的距离

D_{ab}——城市 A、B 间的距离

P_a——A 市人口数

P_b——B 市人口数

该法则修订了莱利的原始法则,试图确定城市交易区域的分界线,即确定在 A 市与 B 市之间的顾客可能到任何一个城市购物的分界点。参照前面的例题有:

$$d_a = \frac{(25 + 40)}{(1 + \sqrt{\dfrac{20}{10}})} = 26.9(公里)$$

该结果说明,商圈分界点在距 A 市 26.9 公里处,若一顾客住在距 A 市 20 公里而距 B 市 45 公里处,则他很可能到 A 市而不到 B 市购物。可见,依此法则可以测算出地区间的商圈分界线。

莱利法则及堪维斯的理论依赖三种假设:一是两座竞争的城市在公路上有同等程度的靠近性。二是两城市可被利用的商品或服务的多少以城市人口的多少为标志。顾客被吸引到人口聚集中心,不是由于城市规模大,而是由于有数量较多的商店和产品品种可供挑选。可选择性的提高使他们值得在旅途上花费较多的时间。三是顾客只到一个城市购物。

莱利法则及堪维斯理论在世界范围内得到了广泛的应用,但因为它仅把人口和距离作为分界点的影响因素,有一定的局限性。

（3）霍夫模型

该模型由霍夫(David L. Huff)提出,其目的是确定某个商店(群)的商圈内来光顾的住户数。在数个商店(群)集中于一地的情况下,一个住户利用其中哪一个的概率由各商店的规模和住户来此的距离所决定。商店(群)规模以营业面积表示,距离用顾客到商店的时间衡量。霍夫模型用数学公式表示如下:

$$P_{ij} = \frac{S_j / T_{ij}^\lambda}{\sum_{j=1}^{n} S_j / (T_{ij})^\lambda} \tag{5.4}$$

P_{ij}——居住在地区 i 的住户到商店(群)j 购物的概率

S_j——商店(群)j 的规模

T_{ij}——地区 i 的客户行走到商店 j 所需时间

λ ——估计的住户行走时间对行走到此购物影响的参数(需要通过实际调研或运用计算机程序加以确定)

n ——互相竞争的商店数量

一个地区中的住户在一个商店(群)购物的概率计算出来以后,将它乘以在该地区内的住户数,就能得出该地区中到该商店(群)购物的住户期望数,再将各地区到该商店(群)购物的住户期望数相加,就能得出该商店(群)总的光顾住户期望数,即:

$$TA_j = \sum_{i=1}^{n} (P_{ij} \cdot H_i) \tag{5.5}$$

TA_j——光顾商店(群)j 的总期望户数

P_{ij}——在地区 i 内居住的某一户在商店(群)j 购物的概率

H_i——居住在地区 i 内的户数

在将光顾商店(群)j 购买商品的总期望户数计算出来后,可以计算总的销售期望值以及某类商品销售期望值,前者是用 TA_j 乘以户均年零售购买额,后者是再乘以户均某类商品购买额占户均商品总购买额的比例。

例:一个人有机会在城镇 3 个超级市场中的任何一个超级市场购物,这三个超级市场的规模及超级市场与这个消费者家的距离如下表所示:

商店	距离(千米)	规模(平方米)
A	4	50000
B	6	70000
C	3	40000

如果 λ 取 1,每个超市对这个消费者的吸引力是:

A 店的吸引力＝50000/4＝12500

B 店的吸引力＝70000/6＝11666.67

C 店的吸引力＝40000/3＝13333.33

该消费者到每个超市购物的概率分别是:

到 A 店的概率＝12500/(12500＋11666.67＋13333.33)＝0.333

到 B 店的概率＝11666.67/(12500＋11666.67＋13333.33)＝0.311

到 C 店的概率＝13333.33/(12500＋11666.67＋13333.33)＝0.356

霍夫模型尽管只得出了概率性的结果,但到目前为止它仍然是计算商圈最有效的方法,但是在霍夫模型计算中,只运用 λ 值、商店(群)的营业面积和时间这些数据,可能出现与消费行为不相一致的情况,这时就需要从商店的竞争力、声誉、销售能力等其他方面加以考虑,而且 λ 值较难确定。

日本通商产业省非常重视霍夫模式的应用,并进行了修订,即"消费者在某商业地购物的概率,与商业积聚的柜台面积大小成正比例,与至其商业地的距离的自乘结果成反比例",将 λ 用平方来代替,d_{ij} 又称为莱利法则中的"距离二次方的反比",并将修正版的霍夫模型作为全国统一的审查指标。

2.零售饱和理论

该理论的目的是确定某个商店(群)的商圈内的竞争激烈程度。该理论认为:一个市场中的"商店饱和"是指该商店被有效地利用,恰好能满足顾客需要的状况。商店的饱和程度可以用零售饱和指数来表示。数学表达式如下:

$$IRS_i = \frac{H_i \cdot RE_i}{RF_i} \tag{5.6}$$

IRS_i——地区 i 的零售饱和指数

H_i——i 地区之内家庭数量

RE_i——地区 i 中每个家庭某一类别商店的零售购买额

RF_i——地区 i 中同等类型商品的零售设施的营业面积

当 IRS 的值很高时,说明市场是不饱和的,存在着潜在的市场机会;当它的值很低时,则说明该范围市场已饱和。零售饱和理论从供求两个方面考察了一个地区中再开设一个新店的外部环境,但是在需求方面只考虑了家庭总需求,在供应方面只考虑了营业面积,还有许多因素未加以考虑,例如需求的具体品种花色、各商店的经营管理实力等,这些因素都是应该在确定市场饱和程度时加以考虑的。

肯德基的选址策略

肯德基对快餐店选址是非常重视的,选址决策一般是两级审批制,经过两个委员会的同意,一个是地方公司,另一个是总部。其选址成功率几乎是百分之百,是肯德基的核心竞争力之一。

通常肯德基选址按以下几个步骤进行:

一、商圈的划分与选择

1.划分商圈

肯德基计划进入某城市,就先通过有关部门或专业调查公司收集这个地区的资料。有些资料是免费的,有些资料需要花钱去买。把资料买齐了,就开始规划商圈。

商圈规划采取的是记分的方法,例如,这个地区有一个大型商场,商场营业额在 1000 万元算 1 分,5000 万元算 5 分,有一条公交线路加多少分,有一条地铁线路加多少分。这些分值标准是多年平均下来的一个较准确的经验值。

通过打分把商圈分成好几大类,以北京为例,有市级商业型(西单、王府井等)、区级商业型、定点(目标)消费型,还有社区型,社、商务两用型,旅游型等。

2.选择商圈

即确定目前重点在哪个商圈开店,主要目标是哪些。在商圈选择的标准上,一方面要考虑餐馆自身的市场定位,另一方面要考虑商圈的稳定度和成熟度。餐馆的市场定位不同,吸引的顾客群不一样,商圈的选择也就不同。例如,马兰拉面和肯德基的市场定位不同,顾客群不一样,马兰拉面的选址当然也与肯德基不同。

而肯德基与麦当劳市场定位相似,顾客群基本上重合,所以在商圈选择方面也是一样的。可以看到,有些地方同一条街的两边,一边是麦当劳,另一边是肯德基。

商圈的成熟度和稳定度也非常重要。比如规划局说某条路要开,将来这里有可能成为成熟商圈，但肯德基一定要等到商圈成熟稳定后才进入。例如，说这家店三年以后效益会多好，对现今没有帮助，这三年难道要亏损？肯德基投入一家店要花费好几百万，当然不冒这种险，一定是坚持比较稳健的原则，保证开一家成功一家。

二、聚客点的测算与选择

1. 要确定这个商圈内最主要的聚客点在哪

例如，北京西单是很成熟的商圈，但不可能西单任何位置都是聚客点，肯定有最主要的聚集客人的位置。肯德基开店的原则是：努力争取在最聚客的地方和其附近开店。

过去古语说"一步差三市"。开店地址差一步就有可能差三成的买卖。这跟人流动线有关，可能有人走到这，该拐弯，则这个地方就是客人到不了的地方。差不了一个小胡同，但生意差很多。这些在选址时都要考虑进去。

人流动线是怎样的，在这个区域里，人从地铁出来后是往哪个方向走的，这些都派人去掐表，去测量，有一套完整的数据之后才能据此确定地址。

比如，在店门前人流量的测定，是在计划开店的地点掐表记录经过的人流，测算单位时间内多少人经过该位置。除了该位置所在人行道上的人流外，还要测马路中间和马路对面的人流量。马路中间的只算骑自行车的，开车的不算。是否算马路对面的人流量要看马路宽度，路较窄就算，路宽超过一定标准，一般就是隔离带，顾客就不可能再过来消费，就不算对面的人流量。

肯德基选址人员将采集来的人流数据输入专用的计算机软件，就可以测算出，在此地投资额不能超过多少，超过多少这家店就不能开。

2. 选址时一定要考虑人流的主要动线会不会被竞争对手截住

人们现在对品牌的忠诚度还没到"我就吃肯德基，看见麦当劳就烦"的程度。只要你在我跟前，我在这儿挺累的，我干嘛非再走那么一百米去吃别的，我先进你这儿了。除非这里边人特别多，找不着座了，我才往前挪挪。

但人流是有一个主要动线的，在竞争对手的聚客点比肯德基选址更好的情况下就有影响。如果两个一样，就无所谓。例如，北京北太平庄十字路口有一家肯德基店，如果往西一百米，竞争者再开一家西式快餐店就不妥当了，因为主要客流是从东边过来的，再在那边开，大量客流就被肯德基截住了，开店效益就不会好。

3. 聚客点选择影响商圈选择

聚客点的选择也影响到商圈的选择。因为一个商圈有没有主要聚客点是这个商圈成熟度的重要标志。比如北京某新兴的居民小区，居民非常多，人口素质也很高，但据调查显示，找不到该小区的主要聚客点，这时就可能先不去开店；当这个社区成熟了或比较成熟了，知道其中某个地方确实是主要聚客点的时候才开。

为了规划好商圈，肯德基开发部门投入了巨大的努力。以北京肯德基公司而言，其开发部人员跑遍北京各个角落，对这个每年建筑和道路变化极大、当地人都易迷路的地方了如指掌。经常发生这种情况：北京肯德基公司接到某顾客电话，建议肯德基在他所在地方设点，开发人员一听地址就能随口说出当地的商业环境特征、是否适合开店。

资料来源：新浪房产新闻，http://sx. house. sina. com. cn/houseNews/2007 − 3 − 16/1173987913726. html

【思考】

肯德基是如何进行商圈选择的?

第二节 零售店址选择的步骤与要求

第一家沃尔玛零售店设在阿肯色州的罗杰斯。之所以选在这里,不是因为这里对这样的零售店来说是最具吸引力的地方,而是因为这里靠近 Sam Walton 的家,而且租金也能承受。但是,当一个连锁店开它的第 20 家或第 30 家零售店时,更为系统的选址方法就是必要的了。

一、影响零售店选址的因素

(一)城市规划因素

了解地形、气候、风土等自然条件,调查行政、经济、历史、文化等社会条件,从而判断城市的类型。同时要掌握城市规划,如大型住宅区的开发,大型商业中心的新建,街道开发计划,道路拓宽计划,高速、高架公路建设计划等,这都会对未来商业环境产生巨大的影响。只有了解城市规划,才能预测该店铺的选址是否符合规划要求以及以后店铺周围情况的变化,从而对该店铺的长远发展做出预测。

(二)人口需求因素

对拟开发地点周围人口的经济潜力和经济状况进行分析,分析用地附近是否有值得依托的大量居住人口以及人口的收入、购买力状况、消费习惯和消费心理等。人口分析要特别注意的一点是要用动态预测的手段来分析,即要关注未来人口自然增长和迁移以及人口收入的变化等。

(三)便利性因素

便利性分析的主要指标是交通易达性。交通易达性即交通便捷程度,主要取决于购物者从起点(一般是家里)到购物地点所花费的时间。

需要特别指出的是,空间距离和时间距离是有区别的。便利性分析确定的距离不仅仅是空间距离,因为空间距离和汽车行走需要的时间有区别。为此,有必要对汽车到该地点所花的时间进行测试。为了有效确定行车时间,可以根据所花费的时间绘制等时间距离图。

(四)竞争因素

竞争是指与经营相似产品的其他商家可能带来利益威胁的抗衡能力,影响竞争力的主要因素是经营同类产品的竞争者的营业面积、竞争者的空间距离、竞争者的品牌强度以及未来可能出现的威胁。

(五)商业繁荣度因素

分析所选择地点的商业设施聚集程度,包括商店数、营业面积、营业额和人流量,判断是属于城市的商业中心、副商业中心、商业中心的边缘部分还是其他。商业繁荣度越高,表明顾客对该地区的商业认同度越高,在该地区选址顾客流量越大,但往往租金也会较高,竞争对手也较多,需要好好衡量。

表 5—1　商店选址的多因素分析表

选址因素	权重	预选店址得分		
		店址 1	店址 2	店址 3
商圈内人口多				
商圈内收入高				
接近目标顾客				
机动车流量大				
非机动车流量大				
行人流量大				
停车位充足				
与邻居关系融洽				
物业费低				
广告费低				
商店可视性好				
营业面积合适				
店面可扩充				
与开发商关系融洽				
合计				

二、零售店选址原则

零售店选址要考虑的因素很多，但不管有多少影响因素，在选址时要坚持一定的原则，主要包括如下几个原则：

(一)便利优先原则

这是指方便顾客购物的原则。零售店位置的确定，必须首先考虑方便顾客购物，为此零售店要符合以下条件：

1. 交通便利。车站附近，是过往乘客的集中地段，人群流动性强，流动量大。如果是几个车站的交汇点，则该地段的商业价值更高。零售店开业之地如选择在这类地区就能给顾客提供便利购物的条件。

2. 能产生"集聚效应"的地方。靠近人群聚集的场所，可方便顾客随机购物，如影剧院、商业街、公园名胜及娱乐、旅游地区等，这些地方可以使顾客享受到购物、休闲、娱乐、旅游等多种服务的便利。但此种地段属经商的黄金之地，寸土寸金，地价高费用大，竞争性也强。因而虽然商业效益好，但并非适合所有零售店经营，一般只适合大型综合超市或有鲜明个性的专业商店的发展。

3. 人口居住稠密区或机关单位集中的地区。由于这类地段人口密度大，且距离较近，顾客购物省时省力比较方便。零售店地址如选在这类地段，会对顾客有较大吸引力，很容易培养忠实消费者群。

4. 符合客流规律和流向的人群集散地段。这类地段适应顾客的生活习惯，自然形成"市场"，所以能够进入零售店购物的顾客人数多，客流量大。

(二)有利于开拓发展的原则

零售店选址的最终目的是要保证零售商的成功经营和长期的发展，要着重从以下几方面来考虑：

1.有利于提高市场占有率和覆盖率。零售店选址时不仅要分析当前的市场形势,而且要从长远的角度去考虑是否有利于规模的扩大,以保证在有利于提高市场占有率和覆盖率,并在不断增强自身实力的基础上开拓市场。

2.有利于发展自己的特色。不同行业的商业网点设置,对地域的要求也有所不同。零售店在选址时,必须综合考虑行业特点、消费心理及消费者行为等因素,谨慎地确定网点所在地点,力求创立本企业的特色和优势,树立本企业的形象。

3.有利于合理组织商品运送。零售店选址时不仅要注意规模,而且要追求规模效益。发展现代商业,要求集中进货、集中供货、统一运送,这有利于降低采购成本和运输成本,合理规划运输路线。因此,在店址的选择上应尽可能地靠近运输线。

家乐福"与众不同"的选址准则

▶ 开在十字路口。Carrefour(法文意为十字路口)第一家店1963年开在巴黎南郊一个小镇的十字路口,该店非常火爆,渐渐地,大家都说去十字路口,把店名给淡忘了。于是,十字路口成为家乐福选址的第一准则。

▶ 3～5公里商圈半径。这是家乐福在西方选址的标准。在中国一般标准是公共汽车8公里车程,不超过20分钟的心理承受力。

▶ 外聘公司进行市调。一般需要分别选两家公司进行销售额测算,两家公司是集团之外的独立公司,以保证预测的科学和准确性。

▶ 灵活适应当地特点。家乐福店可开在地下,也可开在四五层,但最佳为地面一、二层或地下一层和地上一层。家乐福一般占两层空间,不占三层。这比沃尔玛、麦德龙灵活。

(三)有利于实现最大经济效益的原则

这是零售选址以及零售商所有活动的根本原则。衡量零售店选址的最重要的标准是企业经营能否取得好的经济效益。因此,零售店位置的选择一定要有利于经营,这样才能保证最佳经济效益的实现。

三、零售店选址方法

近年来,选址理论迅速发展,各种各样的选址方法越来越多。选址的方法大体上有以下几类：

(一)专家选择法

专家选择法是以专家为索取信息的对象,运用专家的知识和经验,考虑选址对象的社会环境和客观背景,直观地对选址对象进行综合分析研究,寻求其特性和发展规律并进行选择的一类选址方法。专家选择法中最常用的有因素评分法和德尔菲法。

(二)解析法

解析法是通过数学模型进行网点布局的方法。采用这种方法,首先要根据问题的特征、已知条件以及内在的联系建立数学模型或者是图论模型,然后对模型求解,获得最佳布局方案。采用这种方法的优点是能够获得较为精确的最优解,缺点是对一些复杂问题建立恰当的模型比较困难,因而在实际应用中受到很大的限制。

(三)模拟计算法

模拟计算法是将实际问题用数学方法和逻辑关系表示出来,然后通过模拟计算及逻辑推理确定最佳布局方案的方法。该法是针对模型的求解而言的,是一种逐次逼近的方法。对这种方法进行反复判断,实践修正,直到满意为止。该方法的优点是模型简单,需要进行方案组合的个数少,因而容易寻求最佳的答案;缺点是这种方法得出的答案很难保证是最优化的,一般情况下只能得到满意的近似解。

四、零售选址的具体步骤

(一)零售商店所在地区位置选择

地区分析、选择是零售店店址选择的第一步,也可以说是生死攸关的一步,因为地区选择的优劣很大程度上决定了零售店的发展和在这一地区的获利能力。

对一个新建商店而言,这个地区必须有一定量的人口、一定量的购买力,要有消费商品或服务的需要,同时还必须符合本店的目标市场的要求。另外,如果这个地区拥有高水平的供给,也就是存在着较多的商店,那对于新建商店来说,吸引力会较低。因此,零售商对地区的分析,要从需求和供给两个方面入手,对下列项目进行分析:

1. 需求测量

零售商通过对一个地区的人口规模、收入、可支配收入等情况的分析,可以大致地推断出这一地区潜在购买力水平,从而估计出这一地区的大致需求。另外,零售经营者还必须根据本店的目标市场的要求,集中主要的人力、物力、财力制定目标。例如,一个为青年女性(14~28周岁)设计、销售服装的商店,如果测量需求,仅搜集总的地区人口年龄结构是不够的,还要搜集此类女青年所占比例、数量;又如,一些零售经营者将目标市场定在高收入的消费群体上,则他们更应注重调查高收入家庭的数量及相关需求特性。

2. 购买力

地区购买力的测量经常使用购买力指数。购买力指数是测量市场的购买能力,反映市场对商品或服务有支付能力的需求的重要指标。国家统计部门经常发布有关全国主要城市的购买力统计资料。零售商可以借助这些资料了解市场的需求。

购买力指数高低受商品或服务价格变动的影响,即价格上涨,购买力下降;价格下跌,购买力上升。购买力指数通常由消费价格指数计算得出,消费价格指数的倒数就是购买力指数。消费价格指数反映了日常生活费用价格水平变动程度,是反映商品价格或服务价格的综合动态指数。

购买力指数=1/消费价格指数

消费价格指数=$\sum K \times W / \sum W$

K——各项商品或服务的单项指数

W——权数

举一个简单的例子,假定消费者日常需求只包括两种商品:商品 1 的单项指数为 5.5,权数为 0.8;商品 2 的单项指数为 2.5,权数为 0.2。

那么,消费者价格指数为:

$(5.5 \times 0.8 + 2.5 \times 0.2)/(0.8 + 0.2) = 4.9$

购买力指数则为:$1/4.9 = 0.204$

3. 零售商店的饱和程度

零售商虽然可以利用购买力指数或国家统计部门发布的统计资料测量一个地区的零售总需求,但是要考虑比总需求更多的因素。需求和供给的相互作用创造市场机会。对于新建商店而言,一个地区有较高的需求水平,也可能同时有较高的竞争水平,那么选择这一地区对于力图规避竞争的商店可能是不合适的;而如果一个地区有较低的需求,同时竞争水平也是很低的,那么这个地区可能更有吸引力。

一个新建商店要确定一个地区的潜力,需要测量一定需求水平下的供给饱和程度。通常用饱和指数来完成这一任务。饱和指数可以测量在特定市场地区假设的零售店类型情况下,每平方米的潜在需求。饱和指数通过需求和供给的对比,测量这一地区零售商店的饱和程度。计算公式如下:

$$IRS = C \times RE/RF \tag{5.7}$$

IRS——某地区某类商品零售饱和指数

C——某地区购买某类商品的潜在顾客

RE——某地区每一顾客平均每周购买额

RF——某地区经营同类商品商店营业总面积

例如:为一家新设果品零售店测定零售商业市场饱和指数。根据调查资料分析得知,该地区购买果品的潜在顾客人数是140000人,每人每周平均在果品商店购买10元,该地区现有果品商店8家,营业总面积175000平方米。根据上述公式,该地区零售商业中果品行业的市场饱和指数为:

$IRS = 140000 \times 10/175000 = 8(元)$

又如,某一零售商计划开一家商店,经过初步调查分析,他拟选了三个地区,决定从三个地区中选择一个合适的,建立一个5000平方米的商场。根据预测,他所建的商场每平方米必须带来20元的销售额,这样他才会盈利。在这样的条件下,他对三个地区的零售饱和指数进行测算,结果如表5-2:

表 5-2　A、B、C 地区的零售饱和指数

项目	地区		
	A	B	C
需要该商品的顾客人数(C)	60000	30000	10000
按顾客平均的购买额(RE)	10	12	15
现在经营该商品的营业面积(RF)	15000	10000	2500
零售饱和指数(1)IRS	40	36	60
零售饱和指数(2)IRS	30	24	20

表5-2零售饱和指数(2)表示的是包括新建商场营业面积在内的零售饱和指数。从以上计算结果看,A地区的零售潜力高于B、C两地区,是零售商新建商场较为理想的地区。在A地区内,人口多,总需求大,而供给水平较低,即竞争程度较低。

4.市场发展潜力

顾客到外地商店购物的现象,使饱和指数不能真实反映本地区的吸引力。市场发展潜力与零售商的营销能力密切相关。一个有竞争意识的零售商应该意识到,即使进入饱和指数低的地区,也应通过塑造商店的良好形象,提供优质的商品、服务,以吸引消费者,减少到外地区购物的顾客数量,引起新的需求,从而获得成功。由此可见,市场的发展是增加新需求的最佳途径。

测算市场发展潜力的方法有两种:一是测量当地消费者到外地区或较远距离的商店购物的比例。这种方法可以以一个地区的常住人口花费在外地区的货币量计算,随着本地消费者到外地区购物量的增加,本地区的市场范围就会缩小,而外地区零售商的市场范围就由此扩大。二是运用质量指数测量。质量指数表示一个市场质量的程度是高于平均购买力水平还是低于平均购买力水平。低于平均购买力水平,意味着大量消费者到外地区购物,本地区的市场缩小。

5.市场要素分类组合

零售商对市场吸引力的判断往往采用两个甚至多个元素的组合。对开设一个新商店的吸引力进行评估,要考虑到一个地区的饱和指数和市场发展潜力。饱和指数与市场发展潜力的综合判断,更能明确市场的吸引力。饱和指数指示的是存在的条件,市场发展潜力表明未来方向。

由饱和指数和市场发展潜力的组合,可以发现某一地区的两个条件下的状况,见表5-3。

表5-3   市场要素分类组合

	市场发展潜力大	市场发展潜力小
饱和指数高	Ⅱ	Ⅰ
饱和指数低	Ⅲ	Ⅳ

对于零售商来说,最具吸引力的市场是饱和指数高和市场发展潜力大的地区,即地区Ⅱ。高的饱和指数表明市场处于低饱和状态,供给竞争不太激烈,另外又有大的市场发展潜力,那么,这个地区的市场总需求会有所增加,投资形势看好。

饱和指数和市场发展潜力都低的地区,即地区Ⅳ,代表了高竞争而且发展潜力有限的地区,这种情况对零售商吸引力最小。

其他两个地区表示其吸引力取决于进入企业的竞争实力。处于区间Ⅰ的地区,有高的饱和指数,表示竞争不激烈;但是由于市场发展潜力小,企业发展空间不大,削减了这一地区的吸引力。只有企业具有一定的竞争实力,能取得市场争夺的胜利,才能进入此类型的地区。处于区间Ⅲ的地区,有大的市场发展潜力,前景诱人,但是也有激烈的竞争,多方投资者已进入,它表明新进入的商店要获得利润只能向已存在的商店夺取。

6.其他因素

使用市场分类组合进行市场吸引力研究是一种比较合理的方法。但市场吸引力的判断还有很多其他因素。对于一些零售商,如连锁店,还要考虑仓库系统和商品配送系统能否及时合理地为连锁分店采购、配置、运送商品。这也影响企业生存,关系到地区的吸引力。此外,还有广告宣传的成本和有效性、劳动力成本和有效性、地方政府针对新商店的政策和法律等因素。

北京：大卖场角逐郊区

在京城零售业竞争日趋白热化的今天，大卖场已经将开店战火烧到了郊区。

据了解，目前物美的12家大卖场早已深入通州、密云、大兴、昌平。在被物美收购前，美廉美超市的23家店也进驻了昌平、燕山、房山、良乡、亦庄和回龙观。京客隆也有8家大卖场开进京郊。北京首联集团旗下的小白羊超市也是进驻京郊较早的老牌超市。

当本土企业纷纷将目光聚焦京郊时，来自上海的世纪联华大卖场也进京贯彻了"农村包围城市"的战略。世纪联华大卖场目前在北京拥有6家门店，5家都在郊区，分布在密云、昌平、大兴、通州等。

由于在城区内选址困难，世纪联华进京后一直徘徊在郊区。2006年，世纪联华大卖场的重点突进地区依然是北京等已经具有一定规模的中心城市，但思路仍然是在京郊打天下。昨天，其北京相关负责人也表示，目前，世纪联华所开的6家门店中只有双井店位于市内，其他全部在郊区。他表示在京郊开店，成本显然比城区内要低。他认为，目前京城所有大卖场都面临市区内选址难的问题，京郊已经成为必争之地。而物美相关负责人也表示，郊区的消费力量是不容忽视的，物美大卖场大兴店一天的销售额近100万元；这位负责人希望与进驻郊区的商家一起把商圈做起来。

资料来源：北京：大卖场角逐郊区.北京现代商报，2006-3-9

(二)零售商店所在区域位置选择

零售店店址区域位置选择指的是零售店应选择设立在哪一个区域，即在哪一级商业区或商业群中。

区域分析基于地区分析。地区分析是比较广泛的，可以比较各省、地区、市、县或中心城市的市场吸引力，由此选择商店设立的地区。地区确定后，并不能决定商店店址的具体区域位置，还必须进行地方区域分析。区域分析是把地区再分成较小的分区或者分片，并且评估在每一分区或分片内需求和供给因素，由此得出区域市场吸引力。

分区或分片是指按照设定的标准把目标区域划分成若干地理区。如同地区分析一样，在一个区域分析中的关键问题是人口统计特征与商店目标市场的匹配程度。区域分析就是要以这两个因素为主，设立各项评判标准，给分割好的地理区评分。

具有不同业态、竞争能力的商店关心的标准不同。例如，如果一个商店的目标消费者主要是月收入20000元以上的高收入家庭，那么这样的商店将计算区域内符合这一标准的家庭数，由此给出评分。而一个儿童服装和玩具商店，可能对家庭中孩子的数量及有孩子家庭数量的增长更感兴趣。

系统地考虑全部有关的人口统计和社会经济因素，有利于建立筛选区域的标准。例如，一个家居装潢中心可能认为下面三个因素对它选择位置很重要：

(1)中等户年收入20000元以上；

(2)30%的住户拥有自己的房子；

(3)新的家庭建设高于平均比率。

怎样根据评选标准筛选区域市场呢？首先是划分市场区域，将其划分为若干地理区，然后按评价标准搜集每一个区域的信息，按照满意的程度给这些地区评分。最后确定得分高的区域。

进行区域分析时也要对竞争因素进行测量。测量区域竞争程度有很多方法。例如,测量商店的数量、商店的资金规模、每平方米的销售额等。在一个区域内建立一个新店之前,绘制一个竞争图、分析竞争商店的位置以及引起竞争的因素及发展状态,都是重要的。

另外,在通过区域分析选择商店店址时,应充分考虑顾客对不同商品的需求特点及购买规律,这对区域分析也很重要。

(三)零售商店店址的具体地点的选择

仅仅做出了店址的区域位置选择还不够,因为在同一区域内,一个零售店可能会有好几个开设地点供选择。一个新设的商店做好地区选择、区域选择之后,还要综合多种影响和制约因素及对地点的要求,做出具体设立地点的选择。

1.分析行业和商品特点

经营地点的选择与经营内容及潜在客户群息息相关,各行各业均有不同的特性和消费对象,黄金地段并非就是唯一的选择。有的店铺开在闹市区的生意还不如开在相对偏僻一些的特定区域好,例如卖油盐酱醋的小店,开在居民区内生意肯定要比开在闹市区好;又如文具用品店,开在黄金地段显然不如开在文教区理想。所以,一定要根据不同的经营行业和项目来确定最佳的开店地址。表5-4供作参考,可触类旁通。

表5-4　经营种类和适合地段

经营种类	理想地段
小吃店、副食品店、特产商品店、旅馆、公用电话亭、物品寄存处等	车站附近
书店、文具用品店、鲜花礼品店、洗衣房、录像厅、照相馆等	文教区
杂货店、发廊、报刊亭、裁缝店、托儿所、送水站、水果铺等	居民住宅小区

从表5-4可以看出,要选择合适的店面,并不是越热闹的地方越好,关键是要因行制宜。

2.分析交通条件

交通条件是影响零售店选择开设地点的一个重要因素,它决定了企业经营的顺利开展和顾客购买行为的顺利实现。

从零售商经营的角度来看,对交通条件的评估主要有以下两个方面:

(1)在开设地点或附近是否有足够的停车场所可以利用。外国绝大多数购物中心设计的停车场所与售货场所的比率一般为4:1。如果不是购物中心地点,对停车场所的要求可以降低,零售店可以根据自己的要求做出决策。

(2)商品运至商店是否容易。这就要考虑可供商店利用的运输条件能否适应货运量的要求并便于装卸,否则货运费用的明显上升,会直接影响到商店的经济效益。另外,商店提供售后服务时,需要送货上门,如果交通不便,直接影响商店的竞争力。

为方便顾客购买,促进购买行为的顺利实现,对交通条件要做如下具体分析:

(1)设在边缘区商业中心的商店,要分析与车站、码头的距离和方向。一般来说,距离越近,客流越多,购买越方便。开设地点还要考虑客流来去方向,如选在面向车站、码头的位置,以下车、船的客流为主;选在临近车站、码头的位置,则以上车的客流为主。

(2)设在市内公共汽车站附近的商店,要分析车站的性质、客流量,是中途站还是终点站,是主要车站还是一般车站。一般来说,主要停车站客流量大,商店可以吸引的潜在顾客较多。

（3）要分析交通管理状况引起的有利和不利条件。如单行街道、禁止车辆通行的街道及与人行横道距离较远都会造成客流量在一定程度上的减少。

3．分析客流规律

客流量大小是一个零售店成功与否的关键因素。客流包括现有客流和潜在客流。商店选址总是力图选在客流最多、最集中的地点。但客流规模大，并不一定能带来商店的兴隆，应作具体分析。

（1）分析客流状况

"客流"就是"钱流"，客流状况主要考察以下内容：

①附近的单位和住家情况，包括有多少住宅楼群、机关单位、公司、学校甚至其他店家（这些店家极有可能成为零售商的常客）。

②过往人群的结构特征，包括他们的年龄、性别、职业等的结构特性和消费习惯。

③客流的淡旺季状况。比如学校附近的店面要考虑寒暑假，机关和公司集中地段的店面必须掌握他们的上下班时间，车站附近的店面应摸清旅客淡旺季的规律，这些都是设定营业时间的重要依据。

（2）分析客流类型

一般商店客流分为三种类型：

①自身客流。自身客流是指那些专门为购买某种商品而来店的顾客形成的客流，这是商店客流的基础，是商店销售收入的主要来源。因此，新设商店选址时，应着眼评估自身客流的大小规模及发展趋势。

②分享客流。分享客流是指一家商店从邻近商店形成的客流中获得的客流。如有一些经营某类商品的补充商品的商店，顾客在购买了主商品之后，就会附带到附近的这类商店购买相应的补充商品，以实现完整的消费；又如邻近大型商店的小商店，会吸引一部分专程到大商店购物的顾客，顺便到毗邻的小商店来。不少小商店依大店而设，就是利用这种分享客流。

在美国，公路边的麦当劳餐厅一般都位于加油站附近，甚至有些餐厅的建筑形式本身就是模仿加油站，目的是招徕顾客。特别是从事长途运输的货车司机和跨州旅行的众多乘客，他们往往在停车休息和给汽车加油时，抽空去麦当劳大吃一顿，既解了旅途劳顿之累，又花不了几个钱。

③派生客流。派生客流是指那些顺路进店购物的顾客形成的客流，这些顾客并非专门来店购物。在一些旅游点、交通枢纽、公共场所附近设立的商店主要利用的就是派生客流。

（3）分析客流目的、流速和滞留时间

不同地区的客流规模虽有可能相同，但其目的、流速、滞留时间会有所不同，应做具体分析，再做出最佳选择。如在一些公共场所、车辆通行干道，客流规模很大，虽然也会顺便或临时购买一些商品，但客流的主要目的不是为了购物，同时客流速度快，滞留时间短。

化妆品店败走"黄金口岸"

半年前，在化妆品行业打拼多年的小慧终于实现了自主创业的梦想——在家乡 H 县城开了一个化妆品专卖店。专卖店避开了竞争激烈的商业中心西区，选在 H 城东区——一个小商品和五金批发区,紧邻一个很大的三峡移民社区,人气十分旺,更重要的是方圆一公里内没有竞争对手,大家都认为那是一个黄金口岸。小慧有许多地方让人羡慕:从业多年练就一身过硬的销售本领,售后服务也做得很专业,产品定位也很准确……总之,小慧好像具备了一切成功要素,成功仿佛是一种必然!但现实总爱捉弄人,开业后两个月中生意相当冷清。小慧认为:这是一个新店必须经历的过程——顾客理解、接受有一个过程,市场导入期嘛。但四个月过去了,生意依然没有起色,小慧着急了,为了吸引顾客,她运用了多种曾经被无数事实证明简单可行的促销手段:会员卡、产品派送、传单……可是她辛苦的吆喝并没有带来回报——生意仍然没有起色。

开店成功的第一要素就是人流量,有足够的人流量才能聚拢人气,有人气才能形成商气。其实人流量≠有效的人流量。有效人流量意即人流量所含目标消费群体变成顾客的可能性。就化妆品专卖店而言,对顾客的选择性比较强:主要的目标消费群体是18～45岁的女性;有一定购买力。以三级市场为例,一个化妆品专卖店20人/小时的有效人流量就足够,这需要50人/小时的人流量。小慧的失误在于:小商品和五金批发的人流量与化妆品消费无关,是无效人流量,而移民区的居民消费能力又不够。另外,如果店前只是来去匆匆的过客,即使人流量全部是你的目标消费群体,也不能为你带来商业价值。要让顾客留步,仅有一个化妆品专卖店是不够的,这取决于整条街的商业套配和商业氛围。

资料来源:田友龙,丁建荣.折戈沉戟黄金口岸.销售与市场,2005(7)

(4)分析街道两侧的客流规模

同一条街道两侧的客流规模在很多情况下,由于交通条件、光照条件、公共场所设施的影响,存在很大差异。另外,人们骑车、步行或者驾驶汽车均靠右行,往往习惯光顾行驶方向一侧的商店。鉴于此,开设地点应尽可能选择在客流较多的街道一侧。

(5)分析街道特点

选择商店开设地点还要分析街道特点与客流规模的关系。交叉路口客流集中,可见度高,是商店最佳的开设地点;有些街道由于两端的交通条件不同或基础文化娱乐设施不同或通向的地区不同,客流主要集中在街道的一端,表现为一端客流量最多,纵深处逐渐减少的特征,这时候店址宜选在客流集中的一端;还有些街道,中间地段客流规模大于两端,相应地,店址选择在街道中间就能更多地得到客流。

4.分析竞争对手

商店周围的竞争情况对零售店经营的成败具有巨大影响,因此在商店选择开设地点时,必须要分析竞争对手。一般来说,开设地点附近如果竞争对手众多,且商品结构、服务水平等相类似,则新店很难获得巨大成功,但若新店经营独具特色,竞争力强,也能吸进大量客流,促进销售,增强店誉。

当然,作为零售店的选址地点还要尽量选择在商店相对集中且有发展潜力的地方,经营选购性商店尤其如此。

另外,当店址周围的商店类型协调并存,形成相关商店群时,往往会对经营产生积极影响。如经营相互补充类商品的商店相邻而设,在方便顾客的基础上,也有利于扩大自己的销售。集中在一起的商店群相互间既存在竞争,又有着合作,应善于权衡把握这种关系。

5.分析开设位置的物质特征

物质特征包括开店位置周围建筑环境、停车场、能见度、顾客进出的方便性以及地形的特点等因素。

(1)建筑环境。新建商店要与周围的建筑环境相融合,不同的环境要求不同的建筑风格,从而影响开设成本等一系列问题。比如,在豪华建筑群中,仓库或裸墙商店难以存在。

(2)停车场。大多数购物中心提供充分的免费停车场。而在商业中心地区,停车场是一个主要问题。因为商业中心地区商家云集,难以开辟空地建停车场,有的商店腾出一小块儿地作为停车场,但由于地价昂贵,便要收取停车场地费。不过地下停车场及立体式停车场的建立有可能缓解这一矛盾。

(3)能见度和顾客进出的方便性。一片空白而平坦的地方有好的能见度和易接近性,但是这样的地点对于开发和发展却是不利的。零售商必须在此开发道路、商店、停车场,甚至提供运输交通工具,其投资规模和成本很大。如果在一个有效的地点,且已有建筑物,零售商必须考虑现有的建筑物能够被改造和利用或者需要全部或部分地拆毁。

另外,若一个潜在的开设地点位于购物中心末端而只有狭小部分临街,则其能见度过低,虽然有时候可以通过建筑物的一个大的、清晰可见的标志指引顾客,但还是会丢失一些顾客。

(4)地形特点。拐角位置往往是理想的商店位置,它位于两条街道的交叉处,是人流的停滞点,可以产生"拐角效应"。拐角位置还可以增加橱窗陈列的面积。如果零售店设在三叉路的正面,店面十分抢眼,同样是一种非常理想的零售店的地理位置。处在这一有利位置的零售店应注意尽量发挥自己的长处,在店铺的正面入口处的装潢、店名招牌、广告招牌、展示橱窗等要精心设计。

"独具匠心"的 OK 便利店选址策略

作为 OK 便利店落地广州的首批旗舰标志之一,该便利店在盘福路分店的选址可谓独具匠心。

便利店的一个选址原则是:在靠近红绿灯的时候,通常以越过红绿灯的位置为最佳。OK 盘福店选址在盘福路和解放北路十字路口红绿灯的下游,而且正好卡在盘福路拐进居民社区的道路接驳口,这样更便于顾客进入,避免了门口拥挤堵塞的问题。

OK 盘福店处在从解放北路到东风路立交桥之间的区域,这一路段是个东高西低的斜坡。按照便利店选址的经验,在有斜坡的地方,选在坡上比选在坡下要好,因为下坡的行人过往较快,路边的店铺不易引起行人的注意。OK 盘福店位于靠近路北的一侧,即斜坡中段地势较高处,较易引起行人的注意。

6.分析城市规划

在选择商店开设地点时,要考虑城市建设的规划,既包括短期规划,又包括长期规划。有的地点从当前分析是最佳位置,但是随着城市的改造和发展,将会出现新的变化而不适合开店。反之,有些地点从当前来看,不是理想的地点,但从规划前景看,会成为有发展前景的新的商业中心区。因此,零售经营者必须从长远考虑,在了解地区内的交通、街道、市政、绿化、公共设施、住宅及其他建设项目规划的前提下,做出最佳地点的选择。

7.零售额预测

在确定了店址之后,预测其零售额的简单、方便、行之有效的方法是竞争对手对比测算法。其具体测算步骤如下:

（1）找准竞争对手

在零售策划中，找准竞争对手是很重要的，通常竞争对手应是实力相当、品牌层次相当、目标顾客相似、产品组合有一定差异的零售商，以竞争对手为标杆，实际上是一种借力的营销策略。

（2）用观察法了解竞争对手的销售情况，估算其日均零售额

为了较准确地估计竞争对手的营业额，必须观察较长的时间，通常是一个完整的销售周期，如1周或1个月。为了不影响竞争对手，这个观察过程通常是较为隐蔽的。

（3）确定竞争力系数

竞争力系数指零售企业零售额与竞争对手零售额的比例，其大小可根据商店的商誉及商店的面积大小而定。

（4）估算新开店的日均零售额

新开店的日均零售额的预计值可用以下公式计算：

预计日均零售额＝竞争对手的日均零售额×竞争力系数

采用竞争对手对比测算法预计零售额，关键在于竞争对手的选择、竞争对手日均零售额的观测及竞争力系数的确定。对于一些连锁店，由于十分熟悉竞争对手，采用这一方法对新开店的零售额进行测算，能获得满意的结果。

武汉市便利店选址透视

武汉最早的便利店出现在10年前。1997年，"好来西"在汉投资100多万元开店10家，一年后全部关闭；2001年扬子江牛奶公司开始涉足便利店，到2003年开店9家。目前，武汉大型零售企业中百集团也已大力发展便利店。中百便利店从2004年的280家发展到了2005年的326家，其中包括本土化的便利店——便民连锁超市。

武汉市大多数便利店存在共同的弊端。为了率先尝到这块"奶酪"的甜味，便利店如雨后春笋，在短时间内遍布武汉市，而其中多数店面均未经过全面周到的选址分析。许多便利店在开业不到一年的时间就纷纷以倒闭告终。然而在选址方面，武汉市便利店中不乏正面的典型，如被中国连锁经营协会认定为武汉本土化的便利店——中百便民超市。

1. 中百便民超市选址分析

中百便民超市从2004年的280家发展到了2005年的326家，到2006年末，中百便民超市已经发展至500家左右。在武汉市多数便利店纷纷倒闭的时候，中百便民超市却在门店数量上保持上升的趋势，这与中百便民超市的选址策略相关。

（1）商圈评估。中百便民超市店面在选址时都经过严密的商圈分析。据调查，国际上比较成熟的便利店其商圈通常在以商店所在点为中心的半径为300米范围内，每一店铺的目标人口在2600～3000人之间或800左右户家庭，中百店址的商圈基本符合这些指标。为得到最大的目标市场，中百便民超市综合分析商圈内的人口分布状况，以及市场、非市场因素的有关资料，然后在此基础上进行经营效益的评估，衡量店址的使用价值，选定合适的开店地点，使商圈、店址、经营条件协调融合，创造竞争优势。

（2）店址选择。中百对店铺的具体位置进行分析和选择，通过对交通条件、客流、竞争店铺以及地形特点等方面进行综合分析确定店铺地点。从中百便民超市的分布可以看出，门店总是选择开设在客流最多、最集中的地方，以使多数人就近购买商品。在武昌主要分布在解放路

和民主路及和平大道等几条主干道路,在汉口主要分布在江汉路、胜利路及中山大道等。从分布上看,中百便民店已经把住了武汉各地区的消费终端,巩固了其在零售业中的坚实地位。

2.武汉便利店选址存在的问题

武汉市便利店曾一度呈遍地开花之势,然而其中大多"花"只一现即谢。通过网络记载和实地考察,发现先前的很多便利店已经不再存在,如鲁磨路的大百步便利店、台北路的扬子江便利店等。仔细分析,导致这些经营不善的便利店迅速倒闭的直接原因就是其在选址方面存在很大的隐患。

(1)商圈内人口极少。如果便利店商圈内人口在 1500 人以下,此店铺应被摈弃,这意味着商店的固定顾客过少,从而会影响到销售额。而武汉大多数便利店在店铺选址时未进行细致的商圈分析,盲目开店导致经营不下去。

(2)店铺的形状不规则。长方形或是正方形的商场比较适合便利店的经营,如果选址时门店的形状不规则,那么在一个本来营业面积就很小的空间内很难合理地去安排商品的陈列,这就会增加顾客选购商品的时间,降低对顾客来店购物的吸引力。

(3)车站附近的店铺不在"回归动线"内。所谓"回归动线"是指上车与下车的客流必须经过商店门口的移动路线。如果商店的位置不在这条移动路线之内,即使商店紧靠车站,也会使来店的客流受到影响。

(4)车流的动线很少。车流的动线指车辆行走时的移动路线。如处在十字路转角处的店铺其车流动线有 4 条(东、西、南、北 4 个移动方向的路线),而处在单向车道马路旁的商店则只有一条动线。商店所在的位置车流的动线很少,则意味着商店的流动顾客会受影响。

(5)店址不能设招牌与灯箱。商店由于受到环境条件的制约不能设立招牌或灯箱,意味着商店的醒目与一目了然会大打折扣,而便利店的醒目与一目了然是保证客流的重要手段。

在肯定武汉中百便民超市经营业绩的同时,我们也看到中百便民超市少数店铺的选址也存在不足之处。据联商网报道,2003 年武汉市 7 家中百便民超市关店,而主要原因是这些店铺的选址不当。至今,武汉中百便民超市在保持利润增长趋势的同时,仍存在部分门店被迫关店的问题,其原因归纳如下:

(1)选址时未合理预测未来城市规划,由规划导致客流量骤然减少,致使门店经济效益不佳,甚至难以维持。

(2)少数网点布局过密,而人流量是有限的,导致整体经济效益不佳,而不得不关闭其中若干门店。

(3)为深入社区而将店铺选址在寸土寸金的地带,高昂地价或租金使店铺经营成本过高,而导致效益不佳。

3.结论与总结

便利店的优势在于"便利",因而选择合适的店址非常重要,这是便利店成功的最重要的因素。

武汉市本土化便利店——中百便民超市在店铺选址方面通过对商圈类型、客流量、消费能力、动线性、可视性等诸多因素的综合评估分析,做出科学、理性的选址决策,进而取得了很可观的经营业绩,为武汉市便利店树起一面旗帜。

从整体上讲,武汉市大多数便利店在选址上未经过科学的分析,这也直接成为限制其发展的瓶颈,甚至成为其倒闭的隐患。然而通过调查分析发现,武汉市的人均 GDP、人均收入及消费水平等指标均已达到大规模发展便利店的水平。相信随着武汉便利店选址以及整体运作优化,这种"便利"的新兴业态会被越来越多的人喜爱,成为现代都市生活中不可缺少的部分;这块新的"奶酪"也必将让人们尝到便利生活的甜味。

资料来源:刘昌林等.武汉便利店选址分析.商场现代化,2007(8):58～59

【思考】

1.中百便民超市的选址遵循了哪些选址原则? 为何能够成功?

2.应如何解决武汉便利店选址存在的问题?

第三节　不同类型零售商店的选址技巧

不同的零售业态在店址选择上呈现出不同的特点。某一类零售业态,如工艺品、礼品专业店,适于集中布店。因为购买此类商品的消费者都希望有广泛的挑选余地,又由于商品的独特性,专业店本身不可能经营齐全,如北京琉璃厂街的古玩店、书画店等,所以适合于集中布店。互为补充的几种零售业态也可以在共同的商业区内布局,如百货店周围聚集的服装专业店、饰品专业店、鞋帽专业店、快餐店等,它们提供了互相补充的、更加全面的商品种类,能共同吸引客流。

还有一类零售业态,不需要也不希望集中布店,如大型综合超市和仓储超市等。这类商店经营商品种类齐全、价格低,顾客"一次购足"的购买量较大,需要较多的停车位以满足开车购物者。这类业态多数独立选址,分布在城乡结合部的交通方便地点。如果将零售业态本身吸引顾客的能力即商店吸引力作为纵轴,将商店选址中交通客流量作为横轴,则不同业态在地理定位中的差异可见一斑,如图5-2。

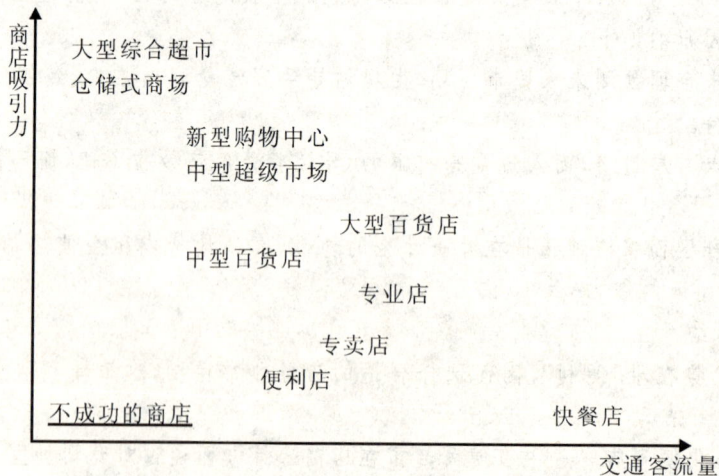

图5-2　不同业态地理定位的差异

大型综合超市和仓储式商场因为商品种类齐全、价格低,具有较大的主动吸引顾客的能力,不必位于客流大的地点,但商店的可视性要好,顾客愿意单独去这类商店购物。

　　大型百货店虽然商品种类齐全，但价格较贵，商店吸引力一般，由于历史原因，多处于城镇中心地带，以公共交通为主，步行客流量较大。中型超级市场以食品和日用消费品经营为主，价格较适当，因为顾客光顾频率高，吸引力也较大，一般设在大型居民区的中心或小型居民区边缘的道路旁。国内很多新出现的购物中心或商场，实际上是百货店和中型超市相结合的一种业态。此类业态的商店吸引力要比单纯的中型超市和百货店大，一般建在区域商业中心，经营较为成功。

　　专业店应该设在客流量大、靠近大百货公司并接近其他专业店的地方。

　　便利店一般设在居民小区的路旁，其消费者定位于小区居民，商店所处地点是目标顾客经常经过之地。如果某一类零售业态的商店吸引力小，而所处地理位置又很差，则其经营不会成功。便利店应选在有宽敞停车场、车流密集的位置，而不需要靠近其他商店。

　　下面就针对几种常见的零售业态进行详细阐述。

一、购物中心的选址策略

　　购物中心（Shopping Center，简称 SC）是最近几年在我国悄然兴起的新型零售业态。它是一种集购物、娱乐、休闲、文化欣赏于一体，并附带服务业及大型停车场等的大型商业集合体设施，将成为 21 世纪中国现代化城市的象征和城市商业的精华。因此，购物中心的选址应与百货店基本相同，选在毗邻城市繁华商业街和交通枢纽的中心地带，因为这一区域有无限的客流量和聚客条件。

　　虽然，在发达国家，购物中心大都建于郊外，但不这样做的也不乏其例。如加拿大的世界上最大的购物中心就建在埃德蒙顿市市内，日本的日光之城购物中心也选在了东京最繁华商业街和交通枢纽中心之一的池袋附近，不但成为城市功能必不可少的一部分，还成为该城市的一道靓丽的风景线。这都说明选在城市中心地带的重要性。当然，购物中心占地面积非常大，选在寸土寸金的城市中心地带，会给取地、运营增添一定难度，但这应与一个城市的整体规划、商业发展远景以及科学选址结合起来，统筹考虑。

二、大型综合超市的选址策略

　　大型综合超市（General Merchandising Store，简称 GMS）由于其经营内容的综合化，能真正满足消费者一站式购物的需要，是超级市场中的主力化业态模式，将成为未来中国零售业的主要业态。大型综合超市选址策略最重要的一点是选择人口相对集中且交通便利的市内。规模在 4000～6000 平方米，以生鲜食品、家庭日用品为主的店铺应选在接近居民区之处，商圈一般为 3～5 公里，支持人口数为 5～15 万左右。而规模在 6000～10000 平方米及以上，以生鲜食品、日用百货及餐饮等为主的店铺也应选在避开高价地段的市内交通便利之处，商圈一般为 5～15 公里，支持人口数为 10～20 万左右。这一规模的店铺要求有较完善的服务功能和比卖场面积还要大的停车场，以满足各层次消费者的需要，增加客流量。目前，许多学者借鉴国外经验，提出大型综合超市应建在城乡结合部，笔者认为这种提法不符合我国国情，事实上迄今为止，建在城乡结合部的大型综合超市都程度不同地存在客流量严重不足、经营状况惨淡和进退维谷的尴尬局面，并成为制约发展的瓶颈。大型综合超市在选址时，还要采取在空间区域上与竞争对手的等距离发展战略，以免造成恶性竞争，同时采取与目标顾客群近距离发展战略，重点在 20 万人左右的居民区开设大型综合超市。

三、一般超市的选址策略

所谓一般超市(Super Market,简称 SW)通常是指以生鲜食品为主、规模在 2500 平方米以内的超市。这类超市与消费者的日常生活息息相关,不言而喻应选在贴近居民区之处,并尽量深入社区之中。由于我国存在独特的马路摊商和农贸市场,而且它们在居民区经营,所以一般超市应迎合这一特点,把店建在它们的附近,实行错位经营。这样不但可弥补其生鲜食品的短缺,还可以通过营造品牌商品效应和信誉、卫生环境方面的优势,吸引客流。随着国家打击假冒伪劣商品力度的加大和倡导绿色食品概念的深入,消费者也会越来越成熟、理智。因此,采用这种选址策略的一般超市将会有更大的发展空间。

四、仓储式商场的选址策略

仓储式商场(Super Warehouse Store,简称 SWS)是指以经营生活资料为主的,储销一体、低价销售、提供有限服务的批发兼零售业态,一般为 10000 平方米左右。它一般采取会员制的形式,只为会员服务,并实行 C&C(Cash and Carry,即付现金且自己提货)的经营方式,从本质上来说这一业态是批发性质的,只不过是采用了商场化的超市形式。由于其价格的特征和法人会员的顾客制度,决定了其选址策略的重点是土地与租金的价格和便利的交通条件。仓储式商场一般选址在远离市中心的城乡结合部,要求土地价格便宜或营业建筑物租金低,更重要的是交通条件必须非常好。它要求交通条件的高速性、辐射性、枢纽性。这是因为它的商圈范围可远达 50 公里(半径),且在 C&C 的销售体制下,低成本要求顾客购买的商品自提,要求供应商向店铺直送商品,没有这些特殊的交通条件是无法正常营业的。

五、便利店的选址策略

便利店(Convenience Store,简称 CS)是以满足顾客便利性需求为主要目的的零售业态,它以应急或急需的消费者为目标群。因此,便利店的选址一般在居民住宅区、主干线公路两侧,特别是道路十字路口的一角以及车站,医院,娱乐场所,机关、企事业单位所在地等客流量较多的地方。便利店的选址非常重视地理位置,如视界性(从远处看是否显而易见)、接近性(顺路、便于靠近、可否停车)、动线性(面对人车往来的道路能成为聚客点)等。

便利店选址的空间选择性要比超级市场各种业态模式大得多,只要是有人流,并能提供便利性购物和服务的地方都可以开设。但在便利店的选址策略上还是应考虑其在发展过程中的特点。从目前国内的情况看,有两个因素要特别引起重视:第一个因素是便利店不强求一定要开设在居民区,但一定要开设在人流多的地方,即使是开设在居民区也需要一定流量的流动性顾客群支持。这是因为便利店的商圈小,交叉性布店是较普遍的现象,稳定性顾客在被瓜分后,如没有一定流动性顾客群的支持,很难达到理想的销售额。另外,我们强调便利店在选址时应把顾客流量放在第一位,是充分考虑了便利店目标顾客的购买方式,即及时性、急需性和便利性,这三个特征在流动性的顾客中体现得较充分。第二个因素是便利店与超级市场,特别是传统食品超市的竞争对便利店选址策略的影响。在现阶段,便利店的及时性、便利性功能还不够完善,在商品结构和目标顾客上与传统食品超市还很雷同。与此同时,传统食品超市在大的超市、小的便利店的两头挤压下,也在实行业态的转型和创新,如增加便利性商品和服务,延长营业时间等。这样,对正在成型化的便利店产生了很大的竞争压力。因此,正在完善其功能的便利店在一段时间内应避免与传统食品超市开设在一起。

便利店选址的选择性因素可以考虑以下这些立地条件：

(1)坐落于"生活道路"。商店所处的道路不能是一条单纯的交通道路,周围应该有一定的住家和单位,这样可以保证有一定数量的固定顾客。

(2)紧挨车站。这里的车站主要指地铁车站,或者是多部公交车汇集、客流量大的公共汽车站。紧挨车站可以为商店带来较多的流动顾客。

(3)商圈内有足够的生活人口。一般情况下,商圈内(徒步 5～7 分钟之内)应保证有 3000人以上的生活人口存在,这样才有利于发挥便利店的便利功能。

(4)靠近能聚集人的场所。能聚集人的场所主要是政府机构、影剧院、警署、医院、学校、游览地等。它们可以为商店带来大量的客流。

(5)附近有单身宿舍或单身公寓。单身宿舍或单身公寓里的居住者对便利的追求特别明显,这就为便利店的销售带来极大的机会。

(6)月房租应在一天的销售额之下。便利店的运转必须建立在低成本的基础之上,房租太高将阻碍便利店的规模扩张。月房租最好控制在一天的营业额之内。

(7)竞争者较少。商圈内应尽量没有竞争者,因为有了竞争对手将使商店的顾客分流,从而影响经济效益。

六、专卖店的选址策略

在零售业中,商品专卖店的种类有很多,其选择地段的标准也不尽相同。在商业发展水平较高的地区,商品经营的专业化是中小型商店和市场竞争的理想选择。商品专卖店应将高度专业化作为自己的经营方针。例如,电器商店就可以专营各种品牌、型号、规格的电视机或电冰箱,并且集咨询、服务、维修于一体。珠宝首饰店,可专门以钻石、黄金、宝石为主攻目标。所以,专卖店在选址之时更需慎重。

(1)在中心商业区,一般以高中档的商品营销为主,顾客到中心商业区的购物需求指向精品化程度较高的商品,所以在中心商业区开设高度专业化的专卖商店是形势所需。

(2)在非中心商业区的专卖商店经营的商品应当以大众所需的商品为主。最理想的办法是采用中等商品策略,也就是所营销的商品在档次上略低于中心商业区的商品,以满足大量工薪阶层人士的消费需要。

如果说在中心商业区的专卖店应以经营高级的流行商品为主,那么非中心商业区的专卖店就应以普通的流行商品为主。例如,在非中心商业区的音像制品专卖店只需经营普通的音像制品就可以了。

(3)在居民区的零售店,最好以食品、花卉、水果、蔬菜等家庭日用商品为主。同时,在居民区创办商品专卖店应尽量避免经营范围过窄,要尽可能地满足不同层次消费者的需要。商品的购置率也应当兼顾大众的消费需求,价格档次不宜过高。

国际零售巨头选址策略的不同

家乐福的法文是 Carrefour,它的意思是"十字路口"。事实上,家乐福的第一家店就开在法国巴黎南郊一个小镇的十字路口。在欧洲,家乐福超市一般选址在城市边缘的城乡结合部,为了靠近城区和大型居住区,通常开在十字路口。然而在中国,这个"十字路口"更多是意味着居住人口众多,商圈相对成熟。这是因为,去中国的超市购物远不像海外那样依靠自驾车,根据一份资料统计,家乐福顾客中有60%的顾客在34岁以下,70%是女性,28%的人走路,45%通过公共汽车而来。以中关村店为例,家乐福在北京开的几个店最靠近繁华的商业区,很多人都担心其车位不够的问题,但实际上,家乐福的车位并未出现告急的现象,相反还有较大容纳空间。公交系统方面也非常方便,拥有20几条公交线路,而且能比较均匀、全面地覆盖整个市区。

麦德龙在中国的选址则更加注重商圈战略的重要性,强调将目标市场由点扩展成网络,以产生规模效益。麦德龙认为应该选址在租金低廉的大城市城乡结合部,以50公里为半径来划定商圈。跟家乐福依赖公交系统的选址不同,麦德龙更倾向于靠近高速公路或主干道,以避免市区内的交通拥挤。

万客隆选址跟麦德龙有一定的相似之处,它在北京的第一家店就在洋桥地区,当时不仅有附近居民来购物,而且还吸引了门头沟、房山甚至河北廊坊的顾客光临。万客隆的第二家店是酒仙桥店,目前万客隆正在跟大钟寺国际广场接触,其选址的触角已越来越接近城区,这同时也体现出了万客隆的另一个选址策略——注重商场的辐射作用及商圈战略。

资料来源:世界零售巨头选址秘诀.开商网,http://www.kesum.cn/kdzd/xuanzhi/200806/42825.html

【思考】

结合零售业态的相关知识,分析家乐福与麦德龙、万客隆选址策略的不同。

本章小结

合理选址是零售业成功的关键因素之一。零售业选址是根据零售商发展战略,对可能建店的地址进行调查、分析、比较、选定,并最终确定该土地或房产的使用权,为营业场所的建设做好准备的过程。

零售商选址在某种程度上是对商圈的选择。商圈是指以零售店所在地为中心,沿着一定的方向和距离发展,吸引顾客的辐射范围。商圈具有层次性、重叠性、不规则性和动态性。商圈分析的内容概括起来主要包括外部环境因素、消费者因素、竞争对手因素、企业内部因素四个方面,这些也是商圈调查的主要内容。可以使用定性方法和定量方法对商圈进行分析。其中,定量方法包括引力模型、零售饱和理论等。

影响零售店选址的因素包括:城市规划因素、人口需求因素、便利性因素、竞争因素和商业繁荣度因素等。零售店选址的原则包括便利优先原则、有利于开拓发展的原则和有利于实现最大经济利益的原则。零售店选址的具体步骤包括所在地区位置的选择、所在区域位置的选择和具体地点的选择。

在地区位置选择时应当关注需求量、购买力、饱和程度、市场发展潜力和市场要素分类组合等。区域位置选择是指把地区再分成较小的分区或者分片,并且评估在每一分区或分片内需求和供给因素,由此得出区域市场吸引力。在进行具体地点选择时,应当注意分析行业和商品特点、分析交通条件、分析客流规律、分析竞争对手、分析开设位置的物质特征、分析城市规划和进行零售额预测。

不同零售业态(购物中心、大型综合超市、一般超市、仓储式商场、便利店等)在店址选择上呈现不同的特点,应当根据各业态的特点合理选址。

第六章　零售业形象策略

☞【开篇案例】

全美第一大书店——巴诺书店

1873年,查尔斯·巴尼斯在伊利诺伊州办了一个小小的书店。24年后,他的儿子威廉姆坐火车去了纽约,经过一番谈判,他与克利夫·诺贝尔合作,第一家巴诺书店开张。如今,巴诺书店已经成为全美书店业的老大、全美500强企业之一。

巴诺公司是图书零售领域较早引入企业形象系统的公司,对于自身的定位有着很好的把握,它将明确定位作为公司准确定位的前提,帮助自身确定清晰的战略框架。经过细致的市场调查,巴诺书店发现45~65岁的人群更倾向于到书店买书,而且购买图书的种类多为大众性读物,因此,巴诺书店将自己的书店定位为社区书店,在不影响连锁书店图书零售的基础上,增加了核心顾客感兴趣的DVD和报刊等产品。同时,为了不使核心顾客以外的顾客流失,巴诺在保持公司整体统一的品牌识别系统下,根据地理位置、人文环境等因素的差异,以特色书店作为补充,更准确地针对有特定需求的购书者提供服务。

巴诺的企业形象营销可以从两个角度来看,一是巴诺的外观形象设计,二是巴诺的一体化形象策略。

· **书店外观及布局**　巴诺外观形象的设计外在地表现了巴诺服务顾客的经营管理思想,所有的巴诺书店的外观及布局,均充分体现了巴诺书店文化内涵与外延的一致性。巴诺对自己的形象定位是一个多功能的文化社区,所以每个巴诺超级书店都包含:一个综合书目仓库、一家咖啡厅、一个游乐场地、一个音乐商品部、一个杂志经营部、一个事务预告日历。巴诺书店中增设的咖啡厅、游乐场地以及音乐商品部在为客户提供增值服务的同时,也为公司树立了与众不同的文化形象和文化地位。

巴诺对制作招牌、旗帜、标语牌等有严格的程序和标准,以确保其质量符合巴诺书店的品质形象。为了体现书店的一致性,巴诺书店从外观的颜色直到内部装潢和使用用具的摆放,都有具体的规定。巴诺书店还特别强调书店的文化氛围,使顾客一进书店就能感受到巴诺特有的待客之道,为此巴诺还经常在书店内举办规模不等的各种读书活动,以增进读者和书店的友谊。同时,巴诺还规定了举办这些活动而需印制的所有印刷品的标准格式。

· **一体化战略**　巴诺采用的是一体化形象战略,即书店、网站、图书产品三位一体。以往的书店和网络书店是分开的,且进书品种不全,容易在市场营销和形象推广时将书店形象的三个层次分开。但所有的巴诺书店都是依托于最上层结构的巴诺书店企业集团,所以巴诺书店在具体操作时,几乎所有的传统书店也提供免费上网,可以从巴诺网络书店那里进行缺书购买,在享受购买乐趣的同时,当然也做了最好的广告宣传。巴诺这些类似的整合型策略处理,使读者往往很难分清巴诺是在做哪一层次的广告,但独特的一体化设计留下的印象加深了。对服务的重视也是巴诺书店一体化战略中非常重要的环节。巴诺一直视服务质量为书店生存之本,对其员工不断强调高质量服务的益处。同时,每位在职员工都曾经接受过巴诺书店总部的特别质量意识培训。巴诺一直在以高质量的服务建立巴诺的图书销售核心形象地位,通过质量服务来体现巴诺书店的良好社会形象。如所有销售音像产品的巴诺书店都配有一个音像视听角,在这里顾客可以部分或完全试听产品后再决定购买与否。

巴诺的形象战略无疑是成功的,在公众中树立了独特的组织形象,获得了较高的知名度和美誉度。如今很多国外读者在阅读方面遇到问题首先想到的是寻找带有"B&N"标志的巴诺连锁书店或巴诺网上书店。

资料来源:根据陈磊《巴诺书店的形象营销》(《出版参考》,2006)及相关网络资料整理

第一节　零售形象

一、零售企业形象的概念

对形象的研究一直可以追溯到 20 世纪中叶。Boulding 首先提出了"形象"(image)的概念,认为人的行为并非全部是由知识和信息来引导的,个人所知觉到的对某事物的印象对人的行为决策有重大影响,亦即行为是印象的产物。

Martineau 将"形象"的概念引入了零售领域,并把零售个性或形象理解为购物者心目中定义某个零售企业或某个零售商店的方式,部分根据功能性属性,部分根据心理性属性。

Kunkel 和 Berry 把行为科学中的学习理论运用到了形象研究中,认为一个人在某一商店购物,可能获得对该商店的整体概念并增强其预期,所以零售形象是过去在此商店环境下购物的结果,过去的经验是形成商店形象的重要因素,从而描述了商店特征与顾客行为之间的关系。

Mueller 和 Beeskow 综合了有关学者的定义后指出,零售企业形象是某零售商在消费者头脑中所唤起和激活的所有客观或主观的、正确或错误的想象、态度、意见、经验、愿望和感觉的总和。具体到某个特定的商店,商店形象是消费者和商店之间的一种相互作用和相互影响,一方面是客观上可以观察的商店的功能性属性,另一方面是主观的、只能间接地加以了解的消费者对商店的想象和评价等。他们认为,态度是对零售企业某单一属性(如商品的价格、质量等)的认知倾向,零售形象则是消费者对某一零售企业属性的完整评价;消费者的态度会随着属性特征的改变而改变,而一个零售企业的形象却会在消费者头脑中长期地稳定地保留下去。

总结上述零售企业形象的概念,可以得出下面几点结论:

第一,零售企业形象是一个具有多元属性的概念,包括功能性属性和情感性属性;

第二,零售企业形象的形成是消费者和商店之间的一个互动的过程,消费者过去的经验和判断会对消费者今后的行为产生影响;

第三,零售企业形象也是一个多层面的概念,和消费者的态度相比,零售企业形象的形

成过程更为复杂,一旦形成就会在较长的时间内保持稳定并持续地影响今后的商店选择行为。

二、零售企业形象的构成要素

在零售企业形象的应用研究中,研究者们倾向于从企业形象的某一特定要素或属性出发,研究它对消费者行为的影响,如颜色、拥挤程度、背景音乐、商品陈列、价格促销、顾客住宅或工作场所的距离等。

暖色门面对吸引顾客进入商店有积极作用,而店内的冷色环境会使消费者感到愉快一点,暖色商品包装会刺激消费者的购买冲动(Bellizzi,Crowley & Hasty,1983)。

商店内的拥挤会导致顾客行动受阻和情感压抑,进一步导致顾客缩短选购时间,进而影响顾客对商店的满意度和购物体验(Harrrell,Hutt & Anderson,1980)。

商店人流速度与背景音乐的节奏有关,人流速度慢对应着慢节奏,较快的人流速度对应着快节奏,而且慢节奏背景音乐带来的销售额显著高于快节奏(Milliman,1982;Mattilahe & Wirtz,2001)。

经典音乐作为背景比流行音乐(Top-Forty music)更能够提高酒吧的销售量,而且也会刺激消费者购买价格昂贵的葡萄酒(Areni & Kim,1993)。

熟悉的背景音乐会导致服装店的顾客缩短逗留的时间(Yalch & Spangenberg,1990)。

商品展示与降低价格对处于成熟期产品销售的促销效果明显好于成长期的产品,而且对于价值主张相似的、市场份额平均的竞争性产品的销售量也有明显刺激效果(Chevalier,1975)。

商品展示的类型不同有不同的销售效果,East(2003)等人的研究显示,在展示规格相同的情况下,橱窗展示比店内展示能够带来更大的销售量,在同一商店同时使用两种展示,其效果等同于独立展示效果的累加。

事实上,商店形象的属性是难以穷举的,甚至包括了购物篮(购物车)的尺寸大小(Desai & Debabrata,2002)。对于这些难以穷尽的属性,有关学者做出了有效的概括。

Martineau(1958)作为最早关注这一问题的学者之一,他认为零售品牌形象主要来自两个方面,一个是零售组织的功能特征,如商店地址、价格因素、商品类型等;另一个是心理特征,包括商店布置与建筑、象征与颜色、广告和销售人员等四个重大因素。

Lindquist(1974)通过对 26 位学者研究的回顾,总结出了构成零售企业形象的九个维度:商品形象、服务形象、顾客形象、有形设施形象、便利性形象、促销形象、商店氛围形象、组织形象和购后满意度形象;每个维度下又包括一些形象要素,见表6-1。

此后,学者们关于零售品牌形象构成要素的研究一直持续不断,一些新的要素也在不断被加入到零售品牌形象构成要素模型中。Porter 和 Claycomb(1997)在总结了 Martineau(1958)、Lindquist(1974)以及 Zimmer 和 Golden(1988)等人的研究后,采用了他们所归纳的一些形象要素,包括时尚感、选择性、商品质量、顾客服务、服务人员、物理环境和商店氛围,并添加了商店所售商品的品牌形象这个因素。

表 6-1　零售形象的构成要素

属性层面	要　　素
商品	质量、花色品种、时尚、保证、价格
服务	一般性服务、销售人员服务、自助服务、退货方便、送货服务、信用政策、电话订购
顾客	社会阶层、自我形象、销售人员
商店设施	商店装修、购物的便利性(电梯、温度、光线、洗手间)、建筑结构(通道的位置、宽度、地毯等)
便利性	店址的便利性、停车方便
广告、促销	促销、广告、商品衬里展示、折扣券、标记和颜色
商店气氛	合适的气氛
组织	现代性、声望、诚信、
购后满意	商品使用、退货、赔偿

资料来源：Lindquist(1974)

Grewal 等(1988)则建议加入商店名称和商品品牌名称两个因素。戴维斯等(2006)在总结前人研究成果的基础上，把零售品牌形象的构成要素划分为商品维度、商店维度、服务维度及推广维度四个形象维度，他还特别强调了商店氛围的重要作用。

近年来，国内部分学者也开始注意到零售品牌形象对消费者行为具有重要影响并对零售品牌形象的构成要素等问题进行了一些研究。

朱瑞庭等(2004)在文献回顾的基础上把构成零售品牌形象的因素归为功能性属性和情感性属性两大类，他们通过实证研究证实了服务、价格、广告、销售人员、商品的陈列以及购物的便利性和舒适性对消费者的商店选择具有明显的影响，而有关店址、商品的种类及品质、促销和商店的建筑结构等因素的假设没有得到统计学意义上的支持。宋思根(2006)通过实证研究则归纳出商品形象、氛围形象、价格形象和便利形象 4 个维度。其中商品形象既包括有形商品形象要素也包括服务形象要素，如商品种类、商品质量、结账速度、销售人员商品知识和服务态度等；氛围形象主要包括背景音乐、店内装潢和货架安排等；价格形象包括商品与竞争对手相比的便宜性和促销价格折扣的吸引力；而便利形象则包括商店距离和营业时间两个方面。

三、零售企业形象的评估模型

从零售企业形象的定义中可以看到，零售企业形象是消费者对其认为重要的商店属性进行评估后得到的态度组合，因此心理学研究中许多用来测量态度的方法也直接被用于对商店形象的评估，如定性测试当中的投射法、补充法、联想法、访谈和小组讨论，以及定量测试中的单向度量法和多向度量法等。笼统地说，很难判断到底哪个模型是合适的，也就是说，一个通用的被广泛承认和接受的模型并不存在。

定性测试主要是通过调查消费者对某一商店的认知高低来判断商店的形象，既可以是单个消费者对商店某一属性特征或者总体加以判断，也可以通过小组座谈会的方式集中各个小组成员的态度作出对某一商店属性或者某一商店的总体评价。定性测试模型也可以用来比较不同商店的形象好坏，但是无法对某一商店的形象给出一个确定的计量值。

　　在实证研究中用得更为广泛的是定量测试中的加权模型,这种方法很好地结合了商店形象所具有的多元属性的特点,它不单单对某单一属性或者商店形象做出一个笼统的判断,而是把各单一属性对商店形象的影响加以综合考虑。在加权模型中,被访者除了对每个属性给出一个具体的分值,还要给其确定一个相应的权重,以表明该属性在构成商店形象中的重要性。将单个属性的分值与其权重相乘得到单个属性的加权分值,将所有属性的加权分值相加就可以得到有关商店形象的最后分值,对不同商店的形象值进行比较可以判断不同商店形象的差距。商店形象的加权模型可以通过下列公式来表示:

$$SI = \sum_{i=1}^{n} A_i W_i$$

SI——表示商店形象

A_i——表示对第 i 个商店属性的评价, $i=1,2,\cdots,n$

W_i——表示第 i 个商店属性的重要性(权重)

　　另外,结合前面所述的消费者自我形象标准,就可以对消费者实际感受的某商店属性和消费者心目中理想的商店属性进行比较,从而获知它们之间的差距表现在哪些属性和要素上以及这样的差距有多大。

　　总之,定量测试模型适用于零售企业形象的管理,结合定性测试模型,就可以针对消费者的判断和评价找出影响商店形象的主要原因,从而通过营销组合来消除不利的影响因素。

沃尔玛中国 10 年形象

　　阶段一,1996~1999 年,以视觉传播为起点,简单、单向介入。

　　1995 年,沃尔玛在美国发展 40 余年后进入中国,并于 1996 年在深圳开设了第一家购物广场。此时的沃尔玛显得很低调,这一方面符合了企业强调 EDLC(every day low cost,天天低成本)的成本控制传统,另一方面也与当时中国市场的实际情况相吻合。此时的沃尔玛第一次尝试将全球形象和中国市场情况结合,在广东地区开始进行初期的尝试。蓝色的 Wal-Mart 标志和沃尔玛字眼逐渐落户深圳各区、东莞以及汕头,身着红蓝两色制服、笑容满面的员工也走入许多深圳中高收入居民的生活。与此同时,沃尔玛的经营理念 EDLP(every day low price)也有了相应的中国诠释——天天平价。

　　阶段二,1999~2003 年底,深入异质市场,加强理念输入。

　　1999 年以后,沃尔玛以广东为据点,选择了经济相对落后的省份,如云南、福建、东北三省等,从南向北缓慢扩张。此举非常符合创始人山姆·沃尔顿在美国的乡镇化发展思路,避免了经济发达城市的激烈市场竞争,为企业节约了发展成本,但同时也使它的中国扩张之路走得比较缓慢。在这个阶段,随着行业竞争的加剧,沃尔玛的企业形象模糊问题开始显现。为了保持独特性,区别于其他的外资零售企业(尤其是最强大的竞争对手家乐福)和中国本土零售企业,沃尔玛中国不得不进行传播重心的转移,一方面对原有的视觉识别系统进行了小幅度的调整,另一方面逐渐加大理念识别的比重,为企业塑造差异。

　　这一改变显示,沃尔玛中国开始重视从理念的层面进行内省和对外沟通。但是在企业形象的众多丰富的含义中,究竟哪一个最具有沟通力、最能代表沃尔玛的企业形象,在当时还是混沌的。所以,在每一次新店开业和大型主题活动的传播中,诸多理念被不分主次地向外输入。与此同时,视觉识别方面的调整从未间断,严格的 VI 系统逐步建立。诸如"天天平价"标准字中飘带的颜色和弧度,企业标志在不同材料、颜色背景下的应用配色等细节都在缓慢而谨慎地调整中。和理念输入的滞后与模糊相比,沃尔玛中国在 VI 传播方面显得更加规范和主动。

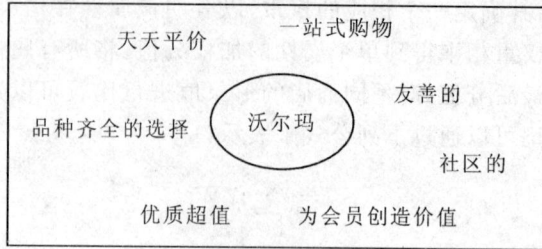

天天平价　　　　一站式购物

品种齐全的选择　　沃尔玛　　　友善的

　　　　　　　　　　　　社区的

优质超值　　为会员创造价值

沃尔玛中国企业形象

阶段三,2004 年至今,全面进入市场,主动融入。

2004 年初,沃尔玛全球股东大会移师中国深圳,高调显示了其在华发展战略的调整。此后企业开始在中国全境扩张,从一级、二级城市向三、四级城市进军。2004～2005 年新店数量几乎比得上 2004 年前的总和。然而企业遇到了更多的绊脚石。首当其冲的是价格,在太原、贵阳等地,当地较低的收入水平使沃尔玛的商店出现了明显的客流不足现象。在经营业态方面,以大宗购物和会员制为特征的山姆会员商店相继关张,使企业在华水土不服的传闻愈演愈烈。在开店方面,沃尔玛在"拿地"问题上的尴尬,使其在中国的扩张速度很受影响。在员工权益方面,工会和女员工问题使其一直饱受批评。

公关

VI系统　　　企业网站

日落原则

广告　　　　　　　　营运

三米微笑　　传奇服务

追求卓越　服务顾客

天天平价

沃尔玛中国企业形象

在这一系列的冲突和矛盾中,沃尔玛中国由被动的小幅调整,变为主动认识:中国市场的异质性超过包括美国在内的全球任何一个市场,如果不能进行更大力度的改革,企业在华的形象将难以最终确立。因此,企业的形象传播战略从第二阶段多级分散的理念传播,转为中心突出的强势理念传播,以此来融入中国文化。而这个中心就是企业引以为傲的经营哲学"天天平价"。

沃尔玛中国围绕"天天平价"这一核心理念,对公司的文化进行了重新梳理和整合,不但在原有的传播中增加了对核心理念的诠释,而且开始尝试新的传播手段。从 2004 年到 2005 年,沃尔玛中国在公司内开展了数次对"天天平价"含义的讨论,并计划展开关于"天天平价"核心理念的广告活动。2005 年,沃尔玛中国高调进入国内最重要的城市——北京、上海(2005 年 5 月进入北京,6 月进入上海)。企业前所未有地投入了高额的传播经费,调动了多种媒介资源进行大力推广,以期给这两个城市的公众一个清晰而且强势的印象。

总之,在企业进入中国的 10 年中,随着企业经营状况的改变,沃尔玛不断调整着在华的形象传播行为,力图在中国树立零售巨人的企业形象,求得中国市场的认同。

资料来源:陈璐. 零售巨人的中国路. 湘潭师范学院学报,2008(1)

第二节 零售商店 CI 设计

零售业的企业形象是零售企业文化的综合体现,是零售企业的商品、服务、人员素质、公共关系、经营作风等方面在顾客和社会公众中留下的综合印象,是零售企业素质的具体体现,是社会对零售企业的客观评价。零售形象涉及了多方面的内容,在本章中,我们主要从 CI 设计、零售空间布局和零售环境营造这三个方面进行详细阐述,而有关定价、促销、服务等方面的内容会在后面的章节中进一步探讨。

一、CI 设计的概念

CI 设计于 20 世纪 60 年代由美国首先提出,70 年代在日本得以广泛应用和推广,是塑造企业形象并能为企业带来巨大财富的一种战略,它通过改变企业形象,注入新鲜感,使企业更能引起外界注意。"CI"的全拼为 Corporate Identify,通常翻译为企业识别或企业形象识别,而 CIS(Corporate Identify System)即企业形象识别系统,是在企业识别的战略思想指导下规划出的整套识别系统,是企业大规模化经营而引发的企业对内对外管理行为的体现。

通常认为 CI 设计是将企业经营理念与精神文化进行组织化、系统化、统一性的综合设计,并通过运用整体传达系统(特别是视觉传达系统),传达给企业内部与大众,使其对企业产生一致的认同感或价值观,从而形成良好的企业形象和促销产品的设计系统。可以说,CI 设计是企业适应未来经营环境的变化,尤其是企业竞争环境的变化而逐步发展起来的一种企业经营战略。目前,很多公司有一套完整的企业识别系统来规划和设计所有的商品及相关领域。如麦当劳,为人所熟知的"M"标志与红黄相间的搭配被广泛地使用在其产品和广告中。我国家电产业的领导者海尔公司则是通过可爱的海尔兄弟让全世界人们记住了该企业。因此,对于属于服务行业的零售业来说就更有必要进行 CI 设计,形成一套独特的企业识别系统。

二、CI 设计的功能

CI 作为企业形象一体化的设计体系,是一种建立和传达企业形象的完整和理想的方法。CI 设计对企业的办公系统、生产系统、管理系统等各个方面产生不同程度的影响。本书从以下几个方面来描述 CI 设计的功能。

1. 识别功能。CI 设计通常是通过印象深刻的视觉识别标志如企业名称、企业标志、标准字、标准色、象征图案、宣传口语等来给人造成强烈的视觉冲击。目前,在零售商所经营产品日趋同质化的大环境下,成功的 CI 设计有利于企业获得消费者的认同,创造品牌,在众多业态的零售商中脱颖而出,提升自身的社会形象,提高企业非品质的竞争力。

2. 管理功能。CI 设计不仅在企业外部传达一种差异化识别,而且对企业的内部管理也具有十分重要的意义。CI 设计的目标是企业通过自身定位向外界传达有关企业的统一形象,因此在这种目标一致性的情况下,管理者往往能够做出更加正确的决策,能够合理有效地分配和利用企业内外资源,从而实现零售企业多角化、集团化以及国际化经营的目标;同时自身的合理定位也有利于稳定原有职工队伍,有利于招揽到适合企业发展的优秀人才。

3. 传播功能。CI 设计的全过程就是传播企业形象、宣传企业文化的全过程,因此,传播功能是伴随着 CI 设计的。离开了对企业经营理念的传播,CI 设计就难以达到树立优良形象的目标。

4. 协调功能。一致性的目标是 CI 设计的结果,当零售企业内部在决策的过程中出现冲突时,可以利用这一目标来对不同的决策做出选择。同时,成功的 CI 设计有助于信息传递的可信性、真实性和统一性,有助于协调好企业与公众的各种关系,使企业的公共关系活动得到顺利发展,从而直接为企业的经营发展服务。

三、CI 设计系统的构成

CI 设计系统是一个企业区别于其他企业的标准和特征所形成的系统,其目的是通过在公众心目中占据特定的位置从而树立独特的形象。该系统包括三个构成要素,分别是理念识别系统(MIS)、行为识别系统(BIS)、视觉识别系统(VIS)(如图 6－1)。换句话说,CI 设计系统是对组织理念、行为、视觉形象进行系统化、标准化、规范化设计所形成的科学管理体系。

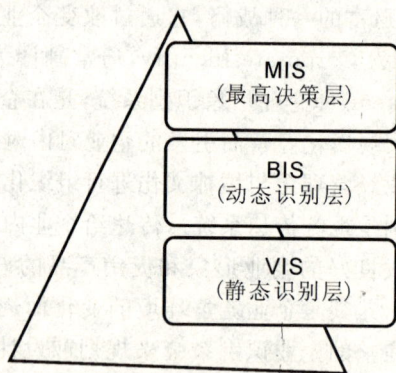

图 6－1　CI 设计系统

(一)理念识别系统——企业的"心"

理念识别系统(mind identity system,MIS)是指一个零售企业经营理念的定位,形成零售企业自身独特的经营理念,以区别于其他同类零售企业,从而确立该零售企业在市场上的形象地位。该系统是零售企业经营过程中设计、营销、服务、管理等经营理念的识别系统,是零售企业设计、策划、实施统一独特的企业理念并为公众所认知、认可的过程。理念识别系统是 CI 设计系统的核心和基本精神,是最高的决策层次,同时也为 CI 设计系统的顺利实施提供原动力。

企业理念识别系统是企业的灵魂,是企业哲学、企业精神、企业价值观等的集中表现,同时也是整个企业识别系统的核心和依据。如果将整个系统比作一个人的话,理念识别系统就相当于一个人的"心"。企业的经营理念要反映企业存在的社会价值、企业追求目标以及企业经营的基本思想。该系统主要包括企业精神、企业价值观、企业信条、经营宗旨、经营方针、市场定位、产业构成、组织体制、社会责任和发展规划等。

苏宁理念文化 MI

苏宁管理理念:制度重于权力,同事重于亲朋。

● 苏宁的管理不取决于哪一个人,而是建立一种组织结构、制度体系来规范管理。权力是企业赋予某一岗位的职责以及相对应的权限,而不是一种特权。运用权力要服从企业的利益,而不能依据个人的经验能力和兴趣好恶。

● 在苏宁,最重要的关系是同事关系,而不是亲朋关系。同事关系就是全体苏宁员工以苏宁事业为共同目标,团结协作,相互配合,相互支持,共同推动苏宁的快速发展。这是苏宁成功的根本保证,也是苏宁文化的一大特色。

苏宁价值观:做百年苏宁,国家企业员工,利益共享;树家庭氛围,沟通指导协助,责任共当。

● 苏宁是社会的苏宁,苏宁人的苏宁。苏宁强调社会价值、企业价值和个人价值有效统一,严谨的工作导向、友善的家庭式氛围是苏宁人的人际观。

苏宁服务观:至真至诚,苏宁服务。服务是苏宁的唯一产品,顾客满意是苏宁服务的终极目标。

苏宁人才观:人品优先,能力适度,敬业为本,团队第一。

苏宁精神:执着拼搏,永不言败。

(二)行为识别系统——企业的"手"

行为识别系统(behavior identity system,BIS)是零售企业在其经营理念的指导下所形成的一系列用于指导企业员工对内、外活动的行为规范和准则。该系统是企业所有工作者行为表现的综合,是零售企业制度对所有员工的要求及各项生产经营活动等的再现。行为识别系统表现为企业动态的识别形式。

行为识别系统是以企业精神和经营思想为内蕴动力,并形成区别于其他企业的经营活动,所以该系统就相当于一个人的"手"。行为识别系统的内容相当广泛,从零售企业的活动内容来看,主要包括对内的员工培训、作业制度、礼仪规范、管理模式、经营决策等和对外的市场调研与开发、公共关系、促销活动、公益活动、市场营销和广告竞争战略等。

苏宁行动文化 BI

苏宁人的七个标准

热爱企业:忠于企业,共同成长,长久发展。

热爱团队:维护团队荣誉,沟通协助,责任共当。

热爱工作:发掘工作价值与乐趣,勤奋敬业,满怀激情。

执着拼搏:对工作的目标与结果执着追求,永不言弃。

踏实严谨:对工作的执行与落实严谨细致,一丝不苟。

服从投入:对工作的分工与安排服从认同,全心投入。

迅速行动：对工作的要求与部署积极响应，行动迅速。

（三）视觉识别系统——企业的"脸"

视觉识别系统（visual identity system，VIS）是零售企业通过运用视觉传达设计的方法将企业的经营理念和行为准则传播给公众的过程。该识别系统的目的是使企业内部、社会各界以及消费者对企业产生一致的认同感和价值观，从而树立良好的企业形象。

视觉识别系统原则上由三大部分组成：基础部分、应用部分和终端形象店部分。

1. 基础部分（零售品牌标识、标准字体、品牌色彩体系、标志字体组合规范）。基础部分的建立是指导零售形象建设的有力工具，它把品牌标识作为视觉形象的中心点，通过零售品牌色彩、标志字体等来强化零售形象个性，达到视觉的差异化。基础系统的建立有效地指导了应用系统的延展和执行。

基础要素是以企业标志为核心进行的设计整合，是通过造型简单、意义明确的统一标准的视觉符号，将经营理念、企业文化、经营内容、产品特性等要素，传递给顾客，使之识别和认同零售企业的图案和文字。零售企业的标志代表整个零售企业，这种经过设计整合的基础要素，既要用可视的具体符号形象来展示零售企业的经营理念，又要作为各项设计的先导和基础，保证它在各项应用要素中落脚的时候保持同一面貌。通过基础要素来统一规范各项应用要素，达到零售形象的系统一致。

2005 年 9 月，苏宁电器更换了从 1999 年开始使用的 LOGO，在苏宁的各个店面开始使用新 LOGO。

"大气、稳定、庄重、动感、流畅、精致"，设计者用 6 个形容词概括了苏宁新 VI 系统的设计精髓。苏宁 VI 的最大变化在于取消了"SN"形标，并且在字标设计中强化了国际语言的应用，因为项目小组在长达一个月的市场调研中发现，原先字标形标的组合 LOGO 相对比较冗繁，而消费者对"苏宁"字标的认知度要远远高于"SN"形标，达到了 85% 以上，这样的调查数据使合作双方确定了取消形标，打造以字标为主的企业 VI 升级整体思路，最终设计出了全新的苏宁 VI 标识。

苏宁电器新（下）旧（上）LOGO

"新的标识看上去有些笨拙，这是我们有意为之。"苏宁有关负责人介绍说，"新的系统标识将突出苏宁的企业风格——不张扬，但有棱角。原有的中文字标为主的苏宁 LOGO 在国际市场很难被识别，对苏宁打造国际化品牌势必造成影响。在这样一个大背景下，苏宁'变脸'就成为了一种必然"。

2. 应用部分（包装袋、送货车辆、服饰等）。这是一些直接与顾客接触的视觉要素，它是基础系统的延续，通过这些要素的视觉塑造，有力地保证了零售企业视觉印象的统一，并在这个过程中品牌理念、核心价值等将作为企业形象应用系统开发的另一指导思想。

3. 终端形象店部分。店面内部装修是企业对外宣传企业形象的重要场所，零售企业的标志（Logo）、标准色等都可通过标识的制作、装饰材料或涂料的选用，甚至货架色彩的搭配来很好地表现出来。良好的装饰可以强化零售企业识别，创制整体统一的店面环境，增强员工凝聚力，提升企业品牌价值。

　　店面是企业产品或服务对外销售的直接场所，是零售企业形象推广的重要环节，店面一般处于街面或繁华的商业街，直接面对大众、消费者，周围环境纷繁复杂，要想吸引顾客必须有很强的识别性和统一性，与企业的 VI 系统协调呼应，店内装饰、门头、主色调都应严格延续 VI 系统，这样才能有效地传达企业可识别之处，增强品牌印象，从而推动产品的销售。连锁店是企业品牌推广的有效手段，它可以迅速扩大企业规模，增加销售网点，短时间内形成庞大的销售网络，但与此同时连锁店的装饰显得尤为重要，如果没有统一的店面识别规范，就会大大浪费零售企业资源，使顾客无法识别和了解企业。零售连锁企业必须有严格的规范，从

苏宁电器门店

门头、货架，甚至价签等都必须有明确的规范，这样才能使众多的连锁店形成整体、扩大影响、抢占商机。

　　高水平的视觉识别系统是对企业形象进行一次整体优化组合。不是将基础要素一一搬上应用领域就算了事，还必须考虑到基础要素在办公用品、广告宣传、包装展示等各类不同的应用范围中出现的时候，既要保持同一性，又要避免刻板机械。这些基础要素在具体应用中要能给包装、广告等各类设计带来生气与活力，带来良好的视觉效果，使人们产生美感。

　　理念识别系统、行为识别系统、视觉识别系统这三个系统是有机结合并且相互作用的，它们共同构成了整个 CI 设计系统。虽然它们相互联系，但是在层次上还是有差别的。理念识别系统是整个系统的最高决策层，是 CI 战略的策略层；行为识别系统是整个系统的动态识别形式，是 CI 战略的执行层；视觉识别系统是整个系统的静态识别符号系统，是 CI 战略的展开层。

国美的换标三部曲

　　中国著名的家电连锁零售商在其成长的过程中共换过三次企业的商标，一共使用过四个不同的商标。下面我们就来了解一下国美换标的三部曲：

　　[蓝色篇]

GO 红色，G 的尾端设计成箭头状，蓝色。ME 和国美电器皆为蓝色。

　　红蓝 logo 在国美品牌的树立过程中功劳巨大，电器连锁做的本来就是普通老百姓的生意，老百姓识别国美，首先要看到大块的蓝色以及大大的 logo，这个 logo 本身有许多问题，比如字体及灵活性等，但整体感很强。原有的品牌印象应该包含"信任"两个大字，国美消费有保障。但这种优势被这几次的标识折腾损失殆尽了。之前的一个职业预测家就该标志对国美前总裁黄光裕说："国美的标志第一个 G，设计成一个箭头，本来是不会错的，但是，箭头由上向下，能吉利吗？再说好好的一个箭头，干吗中间要搞断，换另外一种颜色？"

[绿色篇]

gome 橙色，房屋形象及国美电器为绿色。

go 橙色，me 绿色。

　　新标识的外形是个房子，寓意家，可以让消费者感受到国美对消费者家庭的关注，与消费者产生对家的情感共鸣。而"gome"和"国美"都在房子里，寓意国美电器"创新家电品质生活"的经营理念，让每个家的生活品质更高。同时，这个房子也是一个向上箭头的符号，寓意企业锐意进取、蓬勃发展。其实，绿橙标识有两个版本，绿房子是其一，另一个主体是英文字母。

[红色篇]

红色为底色，中英文字白色。

　　国美新标识以红色为底色，"国美电器"四字则为白色。最新版国美 logo 则又一次颠覆了绿房子创意，无论是从主体图形还是色彩上。用此次设计的服务商——来自香港的 BONE advertising 的话来说，就是选择了法拉利红，而标识主体变成了手书的 gome 字母以及较为复杂的辅助图形。本次标识最大的特点是浓墨重彩地在门店设计上做了许多规范设计，如红条、灰管以及主色的运用。

　　资料来源：MBA 智库百科

【思考】

　　1.请说明国美四种不同商标的优缺点。

　　2.请根据国美的历史谈谈国美频繁换商标的原因。

第三节　零售商店布局与空间规划

一、商店布局的原则

　　虽然在零售市场上会出现多种多样的布局类型，但是总体上来说这些布局需要遵循一定的原则。这些原则都是从顾客的角度入手的。日本的连锁超市做过一次市场调查，发现消费者对商品价格的重视程度只为 5%，而重视程度占前三位的是：开放式易进入占 25%，商品丰富、选择方便占 15%，明亮清洁占 14%。根据我国特有的国情，可归纳出适合我国零售商店的布局原则：顾客容易进入；顾客在店内停留的时间能够更久；明亮清洁的卖场。

　　1.顾客容易进入

　　顾客是卖场的主角，即使商店内拥有非常丰富、价格便宜的商品，但是消费者不愿意进来或者不知道如何进来，那么一切的努力都是白费。只有为顾客创造容易进入卖场获得商品的客观条件,才能开启生意的第一步。

2.顾客在店内停留的时间能够更久

据一项市场调查,到连锁商店买预先确定的特定商品的顾客只占总顾客的 25％,而 75％ 的消费者的购买都属于随机购买和冲动型购买。因此,如何能够让消费者在店内停留更长的时间,进行更多的随机购买和冲动型购买,成为零售商在店面设计过程中应考虑的一个十分重要的问题。

零售商可以采取一些方式来延长顾客的停留时间,比如提供丰富的、品类齐全的商品,因为这样就能够为顾客提供更大的选购余地。同时,零售商还必须发挥自己在商品特色上的优势,从而排除顾客在店内购物时所遇到的障碍。

3.明亮清洁的卖场

明亮清洁的卖场能够为消费者提供舒适的购物环境,同时还能够使消费者把明亮的购物环境同新鲜、优质的商品联系起来。在创造明亮清洁卖场的同时,还必须考虑到对室内有效空间的利用以及灯光、色彩、音响等的搭配。

二、商店布局的类型

对于零售商而言,有许多可以选择的商店布局。零售商在选择商店布局时应考虑市场定位、商品类型、商品成本类型、地理位置、经营面积等因素。目前,店面布局主要有以下三种类型:格子式布局,岛屿式布局,自由流动式布局。

(一)格子式布局

格子式布局是商品陈列货架与顾客通道都成长方形状分段安排,而且主通道与副通道宽度各保持一致,所有货架相互并行或直角排列的布局。该布局是传统的店面布局形式,通常适用于超市卖场。不过在一些非食品领域内也有采用这种布局的,特别是在希望使顾客产生价格便宜的印象时,适宜采用这种布局。该布局可以根据商店规模、卖场特点、顾客习惯而采取各种具体形式。

格子式布局的优点:

1.创造一个严肃而有效率的气氛;

2.走道根据客流量的需要而设计,从而可以充分利用卖场空间;

3.商品货架的规范化安置可以使顾客轻易识别商品类别及分布特点从而便于选购;

4.易于采用标准化货架,可节省成本;

5.有利于营业员与顾客的愉快合作,简化商品管理及安全保卫工作。

格子式布局的缺点:

1.商场气氛比较冷淡、单调;

2.当拥挤时,易使顾客产生被催促的不良感觉;

3.室内装饰缺乏创造力。

图 6—2   格子式布局的基本形式

(二)岛屿式布局

岛屿式布局是一种各不相连的岛屿分布在营业场所的布局,在该布局中,不同的商品陈列在不同的岛屿中。岛屿式布局一般用于百货商定或专卖店,主要用于陈列体积较小的商品。不过,有时为了弥补格子式布局呆板的感觉,该布局可作为格子式布局的补充。

随着国内百货商店不断改革经营手法,"岛屿"被不同的品牌专业店所使用,形成了"店中店"的形式,这种布局也越来越符合现代顾客的要求。

岛屿式布局的优点:

1. 可充分利用营业面积,在通道畅通的情况下,利用建筑物特点布置更多的商品货架;

2. 通过采用不同形状的岛屿设计来装饰和美化营业场所;

3. 富于变化的环境可以增加消费者购物的兴趣;

4. 满足消费者对某一品牌商品的全方位需求,对品牌供应商具有较强的吸引力。

岛屿式布局的缺点:

1. 由于营业场所与辅助场所隔离,不便于在营业时间内及时补充商品;

2. 存货面积有限,不能储存较多的备售商品;

3. 现场用人较多,不便于柜组营业员的相互协作;

4. 多样的商品货架,会增加商店的成本。

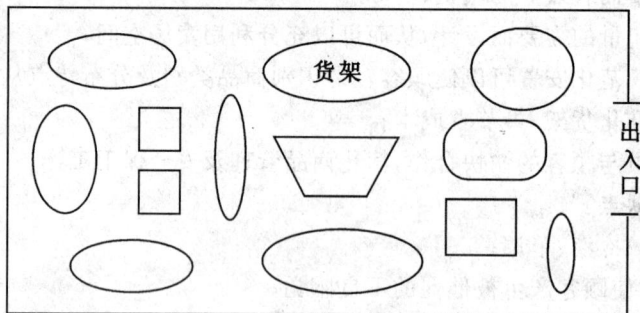

图 6—3   岛屿式布局的基本形式

(三)自由流动式布局

自由流动式布局是完全从顾客的角度出发,为了方便顾客而试图把商品最大限度地展示在顾客面前的布局。自由式布局融合了格子式布局和岛屿式布局的优点,有时采用格子式布局,有时采用岛屿式布局,其顾客通道呈不规则路线分布。如果自由格子的设计能够被很好地运用,就会使顾客感觉像在家里一样,从而增加购物量,进而使零售商从增加的销售额和利润中抵消增加的成本。

自由流动式布局的优点:

1.灵活的货物布局可以使顾客随意穿行于各个货架或柜台;

2.富于创造性的气氛促进顾客的冲动型购买;

3.宽松的自由度不会使顾客产生紧迫感。

自由流动式布局的缺点:

1.卖场出口难于寻找,顾客难免心生怨言;

2.顾客拥挤在某一柜台,不利于分散客流;

3.卖场不能充分利用,容易造成场地面积浪费。

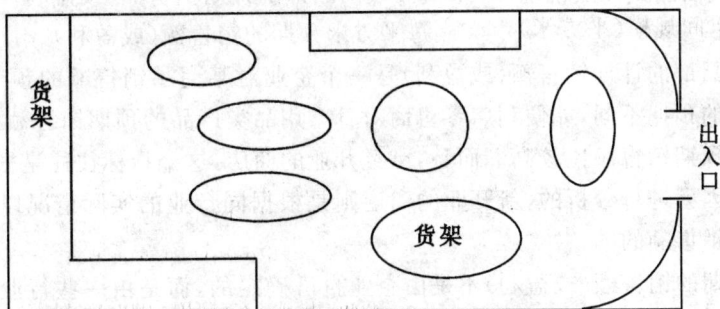

图6—4　自由流动式布局的基本形式

广东圣吉家具高层谈家具卖场的氛围营造细节

国内知名企业广东圣吉家具副总姜树云先生认为专卖店在营造卖场氛围上应该注意以下细节:

1.播放舒缓的音乐。因为舒缓的音乐可以让顾客久留。圣吉家具专卖店在营业前,一般先播放几分钟优雅恬静的乐曲。然后在营业中,可播放安抚性的乐曲,让顾客进入想象的空间。最后在营业结束前,播放明快、热情带有鼓动性的乐曲。

2.营造店内清新的气味。姜树云说:家具卖场中常充满油漆、板材和装修材料散发的异味。店内的异味将影响顾客的心情,我们广东圣吉家具每天营业前在店中喷洒植物香型的空气清新剂,并适当摆放植物品种,消除异味,让顾客拥有舒畅的心情。或者在衣柜和抽斗内放置少量花瓣,可以散发出自然香味。

3.播放品牌广告片和时尚家具欣赏电视片。广东圣吉家具充分利用影视平面对自己品牌产品特点、企业概况、企业文化、设计理念进行宣传推广(网络、电视、报纸、短信等),加强客人对品牌产品的印象,通过引导顾客对时尚家具的欣赏,培养客人对广东圣吉家具风格和最新设计理念的理解,提高客人对广东圣吉家具产品的鉴别能力。

4.运用家具提示牌(商品POP)。姜树云说:通过提示牌告诉顾客陈列产品的特点和好处。每张精美的提示牌可写上一句令人回味的话,比如:"用圣吉家具,看家有儿女"、"成长摇篮,圣吉家具"、"孩子好——才是真的好!"等。通过对细节的重视让顾客感受广东圣吉家具产品的魅力。

资料来源:中国家具网

三、商店的空间规划

在商品进入商店之前,商家需要对商店的空间进行合理的规划设计,从而最大限度地利用空间。因为增加一种货物的销售空间,必然会减少另一种货物的销售空间,所以对于零售商而言,商店的空间规划是一种学问。目前零售商店空间规划最常采用的两种方法是:销售生产率法和存货模型法。

(一)销售生产率法(sale-productivity ratio)

销售生产率法是零售商根据每单位的销售额或盈利分配销售空间的方法。高盈利商品获得较大的空间,而低盈利商品获得较小的空间。

公式如下:

$$\frac{\text{某商品或商品部的}}{\text{空间规模(平方米)}} = \frac{\text{某商品或商品部的计划销售额(或盈利)}}{\text{每平方米预期的销售额(或盈利)}}$$

某商品或商品部的计划销售额(或盈利)是一个企业对某商品销售额的预期,不同的零售商对同一件商品的预期不同,如便利店零售商对日常用品类产品的预期销售额比较高,而百货商店则对服装的预期销售额比较高。而且,已经开业的商店,这个指标往往是根据自己过去的销售记录和未来因素进行分析的,新开业的商店则是根据同行业的实际情况以及行业的平均水平来确定预期销售额的。

每平方米预期的销售额(或盈利)不是由企业自己确定的,而是由一些行业的协会组织确定的。国外有关的零售协会报告、商业性杂志经常会披露有关这方面的数据。

需要指出的是,这种方法要求零售商根据市场状况掌握各种商品的销量水平,这在无形中增加了零售商搜集信息的成本,而且市场的多变性使得零售商所掌握的信息不能够完全反映市场的未来趋势,从而造成零售商决策的失误。另外需要指出的是,销售空间和销售额之间并不是线性关系,还要取决于该产品的市场需求等。

(二)存货模型法(model stock approach)

存货模型法是零售商根据每个商品部需要陈列的商品数量和备售的商品数量决定销售空间规模的方法。

这种方法的具体步骤是:

(1)确定每一商品部的经营品种和存货数量。

(2)确定每一商品部所经营商品的陈列方式和存货方式,并确定陈列和存货所需要的货架数量。

(3)确定每一商品部销售的辅助场所,如试衣间、收银台等。

(4)评估每一商品部需要的总销售空间。

该方法要求零售商根据每个商品部逐一评估其所需要的空间,由于总体空间是一定的,如果加起来的所需空间超过商店的总面积,那么这个时候,零售商就需要仔细研究、修改每一商品部的经验商品和存货数,并减少一些花色品种,淘汰一些市场效率不好的商品,保留贡献大的商品,从而使零售商的商品组合在客观容量的条件下保持最优。

四、其他区域空间布局

在零售卖场中,顾客主要接触的是销售区域空间,这类空间的布局已经在上面做了介绍。

除此以外,还有很多消费者并没有很注意、接触较少或是根本不会接触的区域,比如通道、办公室等,这些空间区域的大小无疑会影响到卖场的空间生产率。下面,我们将对这些区域做一些简要介绍。

(一)通道

零售通道的布局就像一个无形的导游一样,会引导消费者在卖场中走向各种各样的商品。零售卖场的通道一般分为主通道和副通道。主通道是引导顾客行动方向的主线,而副通道则是顾客在卖场内移动的支线,是顾客进入卖场各个区域的通道。要让顾客浏览到卖场的每个角落,就需要首先确立主通道,然后在主通道的基础上延伸出副通道,而主打产品则应该放在主通道旁的货架上。副通道在主通道的引导下,其主要目的是使顾客到达不同的商品区域,副通道的数量和形态可以根据卖场的个别需求及空间大小决定。对于大型零售卖场来说,一般会设立主通道和副通道,而小型的零售商店一般只设立一条通道。

在通道的布局方面,零售商需要遵循以下原则:

1.保证通道的宽度。零售卖场通道的宽度要以方便顾客通过、浏览商品为宜。一般来说,经营面积在 600 平方米左右,主通道的宽度应该在 2 米以上,副通道的宽度则应在 1.2~1.5 米。通道的宽度最小不能小于 0.9 米,即两个成年人能同向或逆向通过的宽度。不同规模的零售卖场,其通道设计可以参考表 6—2。

表 6—2 零售卖场通道宽度设定参考

营业面积	主通道宽度	副通道宽度
50 平方米	0.9 米	
100 平方米	1.1 米	
150 平方米	1.3 米	
200 平方米	1.5 米	1.0 米
300 平方米	1.8 米	1.3 米

2.通道的宽度可以根据商品的种类、性质以及顾客的人流数量来决定。通常,通道宽度的确定方法是:货架或柜台前站立顾客所需宽度为 45 厘米,通常每一股人流所需的宽度为 60 厘米,则通道的宽度 W 由人流股数 N 来决定,即 $W = 2 \times 45 + 60N$,根据这种方法,通常采用表 6—3 中的数据。

表 6—3 零售卖场通道宽度数据

种类	程度	一般商店过道宽度(厘米)	综合商店过道宽度(厘米)
主通道	最小	80	160
	一般	90~150~200	180~220~360
	最大	360	450
副通道	最小	60	120
	一般	75~90~150	150~180~210
	最大	150	210

3.避免通道过长。卖场中的通道过长,会使顾客产生烦躁的情绪,令顾客有一种难以走到头的感觉。长度适宜、迂回的通道往往会增加顾客购物中的乐趣,使顾客体验发现商品的乐趣。20世纪80年代末,美国形成了零售商店18~24米的商品陈列线标准长度;日本零售商店的商品陈列长度为12~13米。不同国家的商品陈列线长度,反映了不同规模、不同面积和不同购物习惯的零售商店通道长度设置方面的差异。

4.通道避免设置障碍。通道是用来引导顾客在商店内浏览、选购商品的路线,通道的设计要考虑到顾客在通道内行走的宽敞感和通顺感。零售卖场设计者在设计通道时应该避免出现死角。在通道内,特别是主通道内,不要摆放、陈列一些与商品陈列或是促销无关的设备,避免出现通道阻断的现象,影响顾客在店内通行和挑选商品。

(二)办公室和其他职能性空间

每个商店卖场都必须包含一定数量的办公室和其他职能性空间。这一般包括一间为店员贮备的休息室、一间培训室、商店经理的办公室、一间现金保管办公室、洗手间以及其他可能的职能性空间。尽管这些空间是必须的,但是它们在位置方面的优先级要低于销售空间和库房。通常情况下,可以将它们安排在两层之间的夹层上,或是安置在空间太小不能用作库房的边缘地带。

五、提高空间生产率

商店在经营了一段时间后,零售商可以对其历史销售数据进行挖掘和利用,根据历史销售数据来评估销售业绩,优化其空间分配,提高空间生产率。测量空间分配效率的一个有效指标是空间生产率,即某种商品的总毛利在全部商品总毛利中所占的比例除以该种商品所使用的销售空间在全部商品销售空间中所占的比例。1.0是一个标准的生产率指数值,如果一种商品的空间生产率大于1.0,则表示该种商品的毛利率占比大于该商品的空间占用百分比,那么应该考虑为这种商品分配更大的空间;反之,如果某商品的生产率指数小于1.0,那么就应该考虑缩小该商品所占的空间。接下来,让我们来看一张空间生产率分析表(见表6—4)。

表6—4 空间生产率分析

商品类别	总销售额（美元）	在全部商品销售额中所占的百分比（%）	总销售空间（平方英尺）	在全部商品销售空间中所占的百分比（%）	每平方英尺上的销售额（美元）	总毛利（美元）	在全部商品总毛利中所占的百分比（%）	空间生产率指数
软性商品								
瘦小的女服	259645	3.9	1602	2.9	162.08	211497	4.57	1.58
礼服	47829	0.7	608	1.1	78.67	33426	0.72	0.66
均码女装	512458	7.7	3702	6.7	138.43	429403	9.29	1.39
成年女装	170819	2.6	1934	3.5	88.33	148899	3.22	0.92
少男装	184485	2.8	2542	4.6	72.58	144866	3.13	0.68
成年男装	751604	11.3	3591	6.5	209.30	603330	13.05	2.01

（续表）

商品类别	总销售额（美元）	在全部商品销售额中所占的百分比（%）	总销售空间（平方英尺）	在全部商品销售空间中所占的百分比（%）	每平方英尺上的销售额（美元）	总毛利（美元）	在全部商品总毛利中所占的百分比（%）	空间生产率指数
婴儿装	204983	3.1	1658	3.0	123.63	142545	3.08	1.03
儿童装	47829	0.7	497	0.9	96.24	43261	0.94	1.04
少女装	191318	2.9	2542	4.6	75.27	157573	3.41	0.74
内衣	273311	4.1	2431	4.4	112.43	262548	5.68	1.29
饰品	245980	3.7	1602	2.9	153.55	238735	5.16	1.78
珠宝	129823	1.9	829	1.5	156.60	123484	2.67	1.78
全部软性商品	3020084	45.2	23537	42.6	128.31	2539566	54.92	1.29
硬性商品								
家用织物	498792	7.5	4531	8.2	110.08	407745	8.82	1.08
HBA	464628	7.0	1989	3.6	233.60	153153	3.31	0.92
家用器皿	457795	6.8	3591	6.5	127.48	254979	5.51	0.85
化妆品	75160	1.1	608	1.1	123.62	55913	1.21	1.00
烟草	140187	2.1	221	0.4	634.33	37349	0.81	2.02
糖果	144944	2.2	387	0.7	374.53	88179	1.91	2.72
体育用品	184485	2.8	2652	1.8	69.56	129948	2.81	0.59
文具	307475	4.6	2763	5.0	111.28	254150	5.50	1.10
家具	75160	1.1	1547	2.8	48.58	60333	1.30	0.47
家庭娱乐设施	601284	9.0	2265	4.1	265.47	255973	5.54	1.35
玩具	300642	2.4	2431	4.4	123.67	143429	3.10	0.70
季节性商品	145333	2.2	2652	4.8	54.80	90168	1.95	0.41
五金器具、颜料	163986	2.5	2100	3.8	78.09	111274	2.41	0.63
宠物用品	13666	0.2	55	0.1	248.47	13094	0.28	2.83
汽车配件	81993	1.2	1271	2.3	64.51	29227	0.63	0.27
全部硬性商品	3655480	54.8	29061	52.6	125.79	2084914	45.08	0.86
非卖品	—	—	2652	4.8				
全部商品	6675564	100.0	55250	100.0		4624480	100.00	1.00

表6-4所显示的空间生产率分析结果表明,在该商店中,软性商品(服装和服装饰品)的指数为1.29,销售表现良好,可以给这些产品分配更大的空间;硬性商品的指数为0.86,销售

表现较差,可以缩小这类商品的展示空间。

当然,如同所有的经济学分析结果一样,空间生产率指数只是一个帮助管理者做出决策的工具,而绝不是决策的法则。尽管某种商品的空间生产率很低,高层管理者可能还是决定保留该种商品的全部销售空间,原因可能是这种商品对于营造商店形象有着非常重要的作用。某种商品的空间生产率指数很高,管理者也可能不增加该商品的销售空间,这可能是因为该商品是季节性商品,很快就要过季。总之,空间生产率分析对于分配商店空间有着重要的帮助,但并不是唯一的依据,商店管理者需要根据商品特性、商店定位等诸多因素,并以空间生产率作为参考依据,因地制宜地分配商店的销售空间。

从理性的角度看卖场陈列

某公司 CEO 曾说:"看一看门店的店容店貌,就知道店长的水平;看一看门店的销售与利润,就知道店长的能力。"这句话极其精炼地剖析了卖场陈列方式的两个方面,即感性陈列方式和理性陈列方式。从一定程度上来说,理性陈列方式往往代表了卖场陈列的内因,而感性陈列方式则代表了卖场陈列的外因,内因和外因同时决定了卖场日常经营管理的各个方面,是卖场高效运转不可或缺的重要因素。然而,要使卖场能够有序、高效、持久地运转,内因则对外因起决定性的作用,因此研究卖场健康运转的内因,就变得越发迫切和必要。理性陈列方式就是这样一种以卖场健康运转的内因为研究的出发点,以卖场的销售和利润为研究的核心内容,合理并有效地利用卖场各种配置资源,使其价值最大化的陈列方式。

一般认为,商品理性陈列必须遵循"优胜劣汰",必须以经营利润为核心,必须懂得应时应季应环境。

其实,商品的理性陈列方式,不可以简单地模仿和粗浅地分析,它是建立在大量的与商品有关的各种信息和数据的基础上,并围绕销售和利润,对各类配置资源进行综合、分析、判断得来的。理性陈列方式更加地贴近消费者的需求,更加地适应卖场的根本利益,也更加地符合卖场科学健康持续发展的内在要求。

资料来源:联商网

【思考】

1. 哪些商品需要季节性替换?
2. 药品零售商应该如何理性地陈列商品?

第四节　零售环境营造

在零售企业形象的影响因素中,零售店面的有形设施是一个重要方面。零售有形设施包括了零售店面的装修、温度、光线、卖场整体布局等一系列因素,这些因素都是顾客在卖场中消费、购物时会体验到的,包括了视觉、听觉、嗅觉等各种感官刺激。

在本节中,我们将具体介绍零售环境的营造。零售环境涉及零售店面的各个方面,我们将具体介绍照明、颜色、音乐、气味等四个方面的内容。

一、照明

(一)商店照明度的分配

商品各部分照明宜采取不同比例的照度值,一般从门口向店内亮度的比例应越来越大,以便吸引顾客和起诱导作用,如图6-5所示。

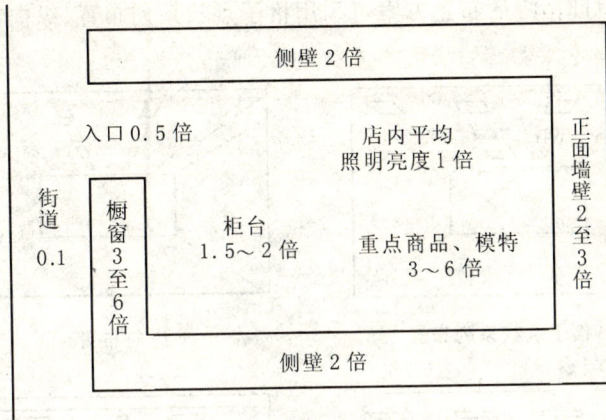

图6-5　零售商店照明度分配

店前照明靠店头照明、橱窗照明、广告栏照明等。入口照明不宜过高,以便使顾客感到室内明快;橱窗照明亮度采用店内亮度的3～6倍(店内流动区定为1倍),能够增加商品的立体感、质感、色彩等;店内侧壁亮度为2倍,墙上反光是一种烘托手法,提高室内亮度,可采用射灯或荧光灯等;店内正面最里亮度为2～3倍为好;店内的一般销售区亮度为1.5～2倍,重点陈列商品和模特处,可提高到3～6倍。

(二)商店照明设计

一般情况下,基本照明、重点照明和装饰照明这三种方式构成一个完整的照明。采用何种照明方式,应根据商品本身特点、营业方式来确定。

对于超级市场、廉价商店、药店、杂货店、化妆品店等零售商店来说,其出售的商品是大众化的、人们日常生活必须购置的商品,价格较低,消费者的购买决定往往比较迅速,不需要过于详细的对比。这些商品亮度的均匀感有着一定的要求,不能有使人感觉不快的眩光,只要设计一般照明就能解决。

而百货商场、各类专业商店出售的商品,如家电、家具等耐用品,其价格较高,消费者往往会经过审慎的选择后才会做出购买决策。因此,顾客在这类零售店内的滞留时间会比较长,而零售环境的舒适愉快就显得十分重要。在这种情况下,卖场整体灯光应采用低照度,而商品则用重点照明加强展示效果。在必要时,商品周围还要设置装饰照明。

1.基本照明

商店的基本照明,即为一般性的整体照明,它对商场空间形象、环境气氛都有着重要的影响力。商场不但要有水平照明,而且应有一定的垂直照明。一般照明亮度不宜过高,不然会使电力负荷增加,造成很大的浪费。基本照明应有大致一样的亮度,尽量减少明暗差别。基本照明一般没有方向性,在店内商品组合改变时,灯具配置并不需要变更,因此,一般照明灵活性大、适应性强。一般照明应选择显色指数较高的光源,尤其对需要识别颜色的商品,如服装、布

四、食品、装饰材料、儿童玩具等。光色选择也要适当,如服装、食品等最好用中低色温光源;金属制品,如铝、不锈钢制品,电器,五金等,可选用高色温光源。一般来说,商场各商品种类不同,可选用不同的光源,能使店内的照明气氛更加活跃。由于基本照明面积很大,对商场的空间形象、顾客的心理、环境气氛等都具有十分重要的影响。商店顶部照明可采用均匀布置灯或建筑单元化布置灯的方式,照明方式可选择嵌入式、吊灯式、吸顶式、反射式以及筒灯照明式。当基本照明采用荧光灯时,灯的布置方案可采用格子点状系列布置、纵向布置、横向布置、格子布置,见图6—6。

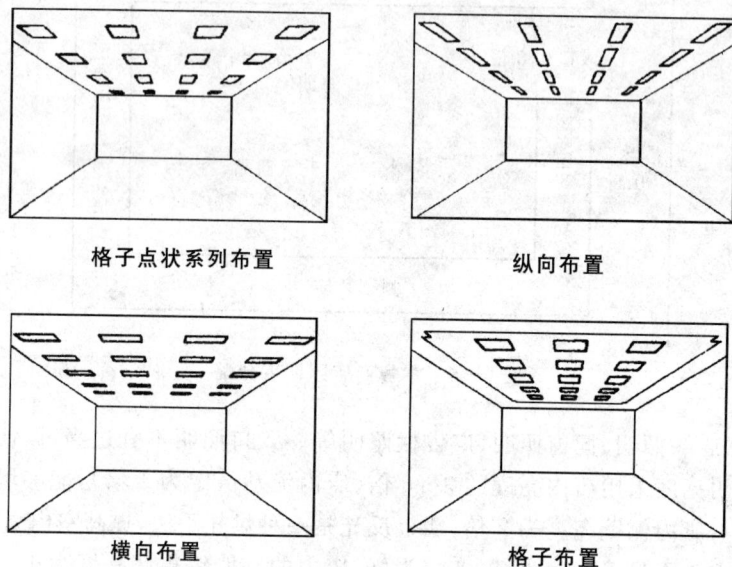

格子点状系列布置　　　　　　　　纵向布置

横向布置　　　　　　　　格子布置

图6—6　基本照明布灯方案

格子点状系列布灯——正方形嵌入式灯具,照度均匀有整齐感,适用各个方向都是通道的场所。售货场地设置,不需与灯具布置协调,适应性较好。如果商城在装修时采用此种布灯形式,且点缀了部分嵌入式筒灯,突出顶棚,效果很好。

纵向布灯——采用嵌入式、吸顶式格栅灯或者开启式灯具,能使人感觉深远、宁静。但与灯管平行方向墙面较亮,与灯管垂直方向较暗,室内明亮感差,对顾客吸引力较差。室内竖向深、横向窄的场所不宜采用。

横向布灯——适用嵌入式灯具,有繁华热闹的气氛,使人感到宽敞;适用于大众化商场,正面进深亮度较高,有助于吸引顾客。

格子布灯——适用嵌入式灯具。有"集中"和"中心"感,四周墙壁都比较亮,场地中部宽度高,墙边宽度稍差。售货场地设置不需与灯具布置协调,特别适用于两个方向都是通路进口的场所。

2.重点照明

对于商店内的主打商品,应采用重点照明,突出表现商品的质量,以吸引顾客。为使某些商品在色泽上显得更加鲜艳,也需加重点照明,如水果、服装等。重点照明的亮度,随商品的种类、形态、大小、展示方法等而定,而且应与店内基本照明相平衡。重点照明的照度,一般取基本照明的3～6倍。常常采用投射灯,投光位置在物体前面斜上方向,应采用含色光成分高的光源。如肉类或肉类加工的食品,应采用白炽灯作重点照明,它所含红光成分多。在比较讲究的饮食店内,餐厅或包间也应以白炽灯为主,以便增加食品的色泽和客人的食欲。

3.装饰照明

装饰照明能美化商场空间,是一种观赏照明。这种照明一般设在大型商场的路径会合点、自动扶梯附近以及商场中心公共场所等处。装饰照明不同于基本照明和重点照明,其目的是活跃店内气氛。

装饰照明,经常采用装饰性强、外形美观的灯具,如花吊灯、线状灯、彩灯、彩色标志灯、壁灯、托架灯等。可采用在天棚上将灯排成图案、反射式照明,以及与室内建筑装修相配合的照明方案等。在灯的控制上,可采用点灭控制、调光、霓虹灯等组合,以达到引人入胜的境界。

水晶森林 质素之美

身为日本 Lighting Planners Association. Inc 董事兼设计总监,面出熏先生的照明设计总是像施在建筑物上的魔力,在他的符咒下,建筑经历了一种转变,变得更加光芒四射、璀璨夺目,但这种效果不一定都是夸张的,更多的时候是简单而且安静的,封闭的灯光空间,纯粹的简素之美,让建筑以自然的姿态呈现在世人面前。坐落在东京银座的施华洛世奇旗舰店(Swarovski Ginza)的照明设计正是这种纯美光影空间的完美体现。

旗舰店的室内设计出自日本设计师吉冈德仁,面积达 256m²,分为上下两层,设计的主题是"Crystal Forest"——水晶森林。在建筑外立面的设计上,设计师使用了数以千计不锈钢棱镜构建出多重折射的浮雕墙,来装饰 9m×8m 的沿街巨窗,创造出一个让人惊艳的照明效果。鳞次栉比的不锈钢柱子隐射出闪闪光辉,捕捉了街道上的每个步伐、每丝光彩,特别是夜晚,如梦似幻,大胆展现了金属面的无限深度和丰富质感。

在面出熏的设计理念中,光应该像自然一样,与建筑物紧密结合,成为它与生俱来的一部分。在这家店铺的照明设计中,纯净的光仿佛水晶自身散发的光芒,没有一丝矫揉造作,店内使用的间接光源,连同产品陈列柜内的发光二极管,缔造了无尽反射的光学效果,营造了更强烈的光线效果和空间感。步入展厅内部,四周所有的墙都是白色的,并装饰有垂直状的浮雕,无数华美的水晶展品,让顾客步入其境,仿佛漫步在挂满水晶的森林,轻盈透明,梦幻夺目。

室内的墙面上从天花板夹缝里洒落的细密光线,以线的形式装饰着纯白的墙面,为整个展示空间创造了亦动亦静的背景画面。

整个水晶轩是照明设计的重点,结合了高科技和浪漫设计。专为其悉心构思的地面,将多面切割水晶铺砌成水

夜色中的建筑物外墙面

磨石地板,延展至第一层的水晶阶梯,是旗舰店的一大特色。阶梯底以先进的发光二极管照明,不锈钢结构中注入数以千计的多面切割水晶,5m 长的冬日水晶瀑布沿着阶梯急泄而下,点点光辉在地面闪烁舞动,璀璨如银瓶迸裂,洒落一地光华。由杜特·本捷尔设计的大型冰枝吊灯如同阳光下倾泻的冰棱,在室内形成点光源,吸引着顾客的目光,体验水晶的奇幻魔力。而吉冈德仁设计的名曰"星尘"的水晶灯仿佛散布在天空中不计其数的透明微粒,悬浮在展厅

的中央。而设计师誓要将建筑的四面都照射到通透，就连地面上的石材上也嵌入了水晶，自上而下的高明度光线穿透了空间的界限，将闪耀如星辰的水晶碎屑融化在光洁的大理石地面上，亦真亦幻如同神话一般，面出薰简单新颖的照明设计配合吉冈德仁轻盈透明、梦幻夺目的设计，创造了完美的视觉空间。

整个店铺使用了超过3吨的水晶石，打造出璀璨独特的空间效果。在灵感启发之中，体验浪漫诗意。面出薰的照明设计自然流畅，简素质朴，秉承他一贯的设计理念，淋漓尽致地发挥了有限能源，用光最本源的元素创造舒适的、与周围环境相适应的美好空间，用精致的光影效果回归建筑本来面貌，赋予建筑自然和谐的光环境。他的设计始终在追求如何用光来抚慰、愈疗人的身心，正如他所说，"怡人而舒适的光环境，就像用手捧着幽微的烛光，不只是光，还带来温暖与安定心灵的力量"。

资料来源：面出薰，缪菁.水晶森林 质素之美——东京施华洛世奇旗舰店照明设计.室内设计与装修，2009(8)

二、颜色

日本东京有座小茶馆，生意本来很兴隆，可店主人为了进一步招徕顾客，特意把茶馆四壁刷成浅绿色，并悬挂了名人字画。谁知，这座粉刷一新的茶馆，尽管整天座无虚席，可月末一结账，收入不但未增加，反而减少了一半。老板大惑不解，去求教学者，才知道茶馆的雅致，意外地起到挽留顾客的作用，顾客周转慢，茶馆卖座率降低，收入减少。于是，绿色改刷红色，茶馆门庭若市，收入大为增加。

无独有偶，在美国也有一家餐馆，设在闹市区，服务周到热情、价格也便宜，可是前来用餐的人却很少，生意欠佳。于是，店主人便去请教一位心理学家，那人来餐馆视察了一遍，建议店主人将室内墙壁的红色改成绿色，把白色餐桌改为红色，果然，前来吃饭的人大大增加，生意也兴隆起来。店主人向那位心理学家请教色彩改变的秘密。心理学家解释道："红色使人激动、烦燥，顾客进店后感到心神不安，哪里还想吃饭；而绿色却使人感到安定、宁静。"店主人忙问："那把餐桌也换成绿色不更好吗？"心理学家说："那样，顾客进来就不愿意离开了，占着桌子，会影响别人吃饭，而红色的桌子会促使顾客快吃快走。"

消费者进入商场的第一感觉就是色彩。精神上感到舒畅还是沉闷都与色彩有关。在商店内部恰当地运用和组合色彩，调整好店内环境的色彩关系，对形成特定的氛围空间能起到积极的作用。在对店内进行空间色调处理时应把握好色泽的类别、深度和亮度。

（一）色彩的心理效应

色彩的直接心理效应来自色彩的物理光刺激对人的生理发生的直接影响。

心理学家对此曾做过许多实验。他们发现，在红色环境中，人的脉搏会加快，血压有所升高，情绪兴奋冲动。而处在蓝色环境中，脉搏会减缓，情绪也较沉静。有的科学家发现，颜色能影响脑电波，脑电波对红色的反应是警觉，对蓝色的反应是放松。自19世纪中叶以后，心理学已从哲学转入科学的范畴，心理学家非常注重通过实验验证色彩心理的效果。

在不少色彩理论中都对此作过专门的介绍，肯定了色彩对人心理产生的影响。冷色与暖色是依据心理错觉对色彩的物理性分类，对于颜色的物质性印象，大致由冷暖两个色系产生。

波长长的红光和橙、黄色光,本身有暖和感,以次光照射到任何色都会有暖和感。相反,波长短的紫色光、蓝色光、绿色光,有寒冷的感觉。夏日,我们关掉室内的白炽灯,打开日光灯,就会有一种变凉爽的感觉。颜料也是如此,在冷食或冷的饮料包装上使用冷色,视觉上会使你产生冰冷的感觉。冬日,把卧室的窗帘换成暖色,就会增加室内的暖和感。

以上的冷暖感觉,并非来自物理上的真实温度,而是与我们的视觉与心理联想有关。总的来说,人们在日常生活中既需要暖色,又需要冷色,在色彩上也是如此。

冷色与暖色除去给我们温度上的不同感觉以外,还会带来其他的一些感受,例如重量感、湿度感等。比方说,暖色偏重,冷色偏轻;暖色有密度强的感觉,冷色有稀薄的感觉;冷色的透明感较强,暖色则透明感较弱;冷色显得湿润,暖色显得干燥;冷色有很远的感觉,暖色则有迫近感。

一般说来,在狭窄的空间中,若想使它变得宽敞,应该使用明亮的冷色调。由于暖色有前进感,冷色有后退感,可将细长的空间中的两壁涂以暖色,近处的两壁涂以冷色,空间就会从心理上感到更接近方形。

除去寒暖色系具有明显的心理区别以外,色彩的明度与纯度也会引起对色彩物理印象的错觉。一般来说,颜色的重量感主要取决于色彩的明度,暗色给人以重的感觉,明色给人以轻的感觉。纯度与明度的变化给人以色彩软硬的印象,如淡的亮色使人觉得柔软,暗的纯色则有强硬的感觉。

(二)色彩在商店中的用途

1. 色彩类别

红色是一种比较刺激的色彩,在使用过程中必须小心谨慎,它一般只用作强调色而不是基本的背景颜色。作为一种用于着重特定部位的颜色,其效果往往不错。在元旦或春节及其他重要节日,红色是一种非常合适的展示色。

黄色同红色一样,也非常惹眼并且造成视觉上的逼近感。对一些背景光彩较为暗淡的墙壁等地方可以运用黄色。另外,黄色被认为是一种属于儿童的颜色,所以在装饰婴儿或儿童用具部门时常用黄色。

橙色是一种比较特殊的颜色,主要是因为这种颜色的亮度同其他颜色不协调,它常常用于秋季,代表丰收的时节。

蓝色,常常与苍凉蔚蓝的天空和平静湛蓝的大海联系在一起。通过蓝色的添加能够创造一种恬静、放松的购物环境。蓝色常常被用作一种基本的色调,尤其是在男士用品部,代表一种深沉的力量。

绿色则表示清新的春天以及和平安详的大自然。许多人认为它是一种最为大众广泛接受的颜色。绿色的空间感较强,能让较小的地区显得更为宽阔。

紫色在商店内景中用得较少,除了为达到一些特殊效果。如果商店内部运用过多的紫色会挫伤顾客的情绪。

色彩的不同组合,可以表现出不同的情感和气氛。

▶ "和谐美丽",可以用对比色组合,如红与白、黑与白、蓝与白等。

▶ "优雅与稳重",则可用同色不同深浅的颜色组合,如紫蓝色与浅蓝色、深花色与浅褐色、绿色与浅白绿色、黄杨色与浅驼色等。

另外,色彩的对比与组合不同,商品及广告文字的醒目程度则不同。

2.色泽深度

在色泽的深度上也应该仔细研究。通过各种色彩不同程度的合理运用,能让店内许多实物设施产生崭新的、更加吸引人的视觉效果。

比较淡的颜色能产生一种放大的效果,而比较浓的颜色产生的效果则相反。例如,应用较浓的暖色调(如棕色)作为窄墙的基本色,而用较淡的冷色调作为宽墙的基本色都能创造较好的视觉效果。比较淡的中等色调(如灰色)常常用作固定设施的颜色。而较浓的颜色能够有效地吸引顾客的注意力。

3.色泽亮度

色泽的亮度同深度一样也会在一定程度上让顾客对一些实物的大小形成错觉。明亮的颜色使人感觉到实物的硬度,而暗色则让人感觉较为柔软。作为一个普遍规则,儿童一般喜欢明亮的颜色,因而在儿童用品部经常用这种颜色,而在成人商品部一般用柔色调。

1.在炎热的夏季,商场以蓝、棕、紫等冷色调为主,有凉爽、舒适的心理感受。

2.采用这个时期的流行色布置女士用品场所,能够刺激购买欲望,增加销售额。

3.儿童对红、粉、橙色反应敏感,销售儿童用品时采用,效果更佳。

4.色彩还可以弥补营业场所缺陷。如将天花板涂成浅蓝色,会给人一种高大的感觉;将商场营业场所墙壁两端的颜色涂得渐渐浅下去,给人一种辽阔的感觉。一段时间变换一次商场的色彩,会使顾客有新奇感。

5.商场一层营业厅,入口处顾客流量多,应以暖色装饰,形成热烈的迎宾气氛。也可以用冷色调装饰,缓解顾客紧张、忙乱的心理。

6.地下营业厅沉闷、阴暗易使人产生压抑的心理感觉,用浅色调装饰地面、天花板可以给人带来赏心悦目的清新感受。

7.色彩运用要在统一中求变化。商场应定出标准色,用于统一的视觉识别,显示企业特性。但是在运用中,商场的不同楼层不同位置,又要有所变化,形成不同的风格,使顾客依靠色调的变化来识别楼层和商品部位,唤起新鲜感,减少视觉与心理的疲劳。

三、音乐

商场里,细节和氛围成为最被关注的东西。舒缓的音乐缓缓流泻,顾客在明亮而又柔和的灯光下穿行,在商场,每一个不和谐细节都会影响顾客的购物情绪,而每一分恰到好处的细致都会让人舒服。这种看似不经意的氛围背后其实有着各种测算和数据支撑。

《法制晚报》与新浪网站《生活频道》曾联合推出了消费者关于商场背景音乐感受的调查,结果显示:绝大多数消费者都喜欢商场有些背景音乐。但是,由于背景音乐声音过大、节奏过快等原因,有接近80%的消费者都表示曾对商场的背景音乐感到烦躁不安,甚至有很多消费者因为背景音乐过于吵闹而离开商场,放弃了消费。

尽管很多消费者对多数商家的背景音乐不满意,但事实上,有86%以上的消费者还是希望商场播放背景音乐的,而且近96%的消费者认为商场背景音乐的质量对商场档次、形象有影响。播放背景音乐是烘托卖场气氛的一项有效的措施。背景音乐的适合与否不仅会影响营业员的工作态度,还会影响消费者的购买情绪,进而会影响到卖场的销售。因而,背景音乐的效果不容忽视。对于具体播放时间也有相应的管理制度。

(一)音乐的生理及心理效能

在生理方面,音乐能刺激人体的自主神经系统,而其主要功能是调节人体的心跳、呼吸速率、神经传导、血压和内分泌。

在心理方面,音乐会引起主管人类情绪和感觉的大脑之自主反应,而使得情绪发生改变。许多研究结果显示,平静或快乐的音乐可以减轻人的焦虑。另外,高音或节奏快的音乐会使人体肌肉紧张,而低音或节奏慢的音乐则会让人感觉放松。

音乐调适之所以有上述功效,原因在于音乐的结构模式与人的生理、心理活动模式,尤其是情感运动模式有着"异质同构"的关系,两者可以产生合拍共振。

首先,音乐运动的节奏、旋律以及变化的周期性,在过程和结构上与生命运动的状态是十分相似的。就音乐的来源而言,音乐一方面是自然界万事万物运动的节奏、节律在人脑中的反映,另一方面也是人自身生命节奏的外显。因而,音乐对生命有着神奇的亲和力,音乐的律动可以反过来影响生物体内在的运动节奏。现代生理学研究发现,人体的各种节奏,如心跳、脑电波有一个很大的特点,就是它趋向于和音乐的节奏同步同调。当人们听到每分钟 60 节拍的音乐时,身体会趋向于按照这一节奏活动,心脏跳动的次数也会放松到每分钟 60 次,而每分钟 60 次,则是缓冲大脑的理想次数。在这种状态下,人们就会感到头脑安谧,身体轻松。

其次,音乐的展开过程与人的心理活动过程,尤其是情感的流露过程是相似的。在音乐的创作过程中,作者融入了主观的生理、心理运动的节奏、节律,而后,在音乐的表演或播放过程中,这些再反作用于欣赏者的身心,即使是忙着购物或娱乐的消费者,在其无意或有意的听觉中,其心理活动状态,也会被音乐所同化和感染,进而产生心理共振和情感共鸣。

(二)音乐对消费的影响

但在现实生活中,有的卖场却没有注意到这一点,认为卖场中只要有音乐就行了,至于播放什么类型的音乐则完全没有目的性。更有甚者,完全是凭播音员的个人喜好,想放什么音乐就放什么音乐,孰不知这样往往会适得其反。我们应当了解音乐,并好好利用音乐,以便利用音乐创造更好更适宜的零售卖场形象。

1. 音乐类别

人们往往会将古典高雅的西洋音乐与欧洲的贵族或高社会阶层人士联系在一起。因此,在定位比较高的精品店中播放古典的、优雅的音乐,可以烘托出商品或服务的价值,使顾客想当然地认为商店内商品的品位也高,这符合卖场的定位。相反,流行音乐或乡村音乐更加贴近大众,播放这种音乐时,消费者会认为店内的商品价位会比较平实,贴近自身生活,因而这种音乐适宜在大卖场内播放。

2. 音乐的节奏

慢节奏的音乐,能够使人放松、沉静,可以使人静下心来轻松购物,因而在顾客不是很多的情况下,播放慢节奏的音乐可以相对延长顾客在卖场内停留的时间,增加顾客的消费。相反,节奏稍快的音乐,会加快人的运动节奏,同样也会提高人的购买欲,所以在客流高峰时适当播放节奏快的音乐,可以鼓励顾客加速消费或采购,缩短顾客在店内的停留时间。

3. 声量

音乐的声量大,虽然可以衬托出热闹的气氛,但是小声量的音乐,却可以鼓励顾客与销售人员进行对话,并做进一步的互动。因此,当商店需要人潮时(如大拍卖或遇节日庆典时),便可以播放稍大声量的音乐。相反地,如果销售已完成,需要顾客向服务人员进行多次咨询时(如古董字画、家具或高级服饰等),则小声量的音乐要来得恰当。此外,早晨开始营业时播放欢快的迎宾乐曲,打烊时播放轻缓的送别曲,在气候变化时播送音乐给顾客以温馨的提示……都可以增加顾客的满意度,提高顾客的购买量,树立起卖场的良好形象。

　　李伟坚和李华(2008)通过对386位消费者的研究发现,不同年龄层对背景音乐的喜好程度不同,其中50岁以上的消费者对背景音乐的喜好程度最低。部分消费者反映:不少服装专卖店背景音乐的选取完全取决于店内工作人员的个人喜好。近65%的消费者对服装专卖店的背景音乐类型及编排表示不满。尤其是35岁以上消费者,不满率占所访总数的85%以上。但是近72.5%的消费者还是喜欢在购物时听到背景音乐。

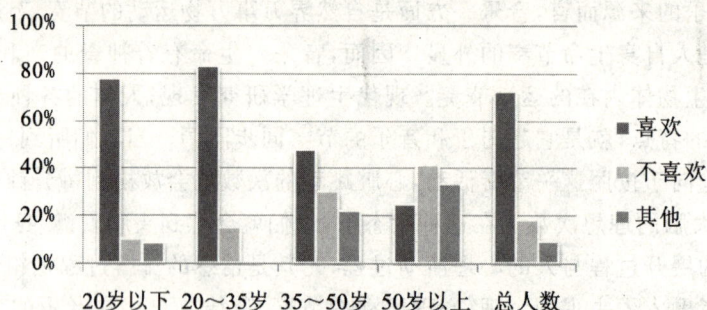

表 1   消费者是否喜欢在购物时听到背景音乐

项目	20 岁以下	20～35 岁	35～50 岁	50 岁以上	总人数
喜欢	61 (78.2%)	175 (83.3%)	41 (47.7%)	3 (25.0%)	280 (72.5%)
不喜欢	8 (10.3%)	32 (15.2%)	26 (30.2%)	5 (41.7%)	71 (18.4%)
其他	9 (11.5%)	3 (1.5%)	19 (22.1%)	4 (33.3%)	35 (9.1%)
总和	78 (100%)	210 (100%)	86 (100%)	12 (100%)	386 (100%)

　　表 2 数据显示,青少年喜欢节奏强劲的背景音乐,适合其个性特征。而 35 岁以上的消费者则偏爱于轻松柔和的背景音乐。节奏对人的影响十分明显。音乐中柔和、缓慢的节奏给人以平静、安全的感觉。如果节奏太强烈,缺乏呼吸间隔,就可能给人带来烦躁和焦虑不安的感觉。慢节奏背景音乐会使消费者在店内产生较慢的步伐,停留更长时间和消费更多。而过于

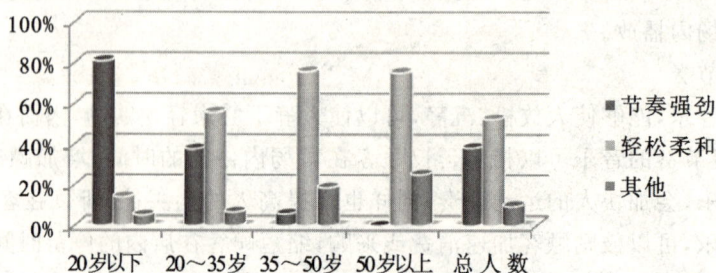

强劲的音乐会刺激一些心脏承受力弱的顾客,使其产生慌张的反应,这种现象在老年消费者身上比较突出。

表2 消费者对背景音乐类型的喜好

项目	20岁以下	20～35岁	35～50岁	50岁以上	总人数
节奏强劲	63（80.8%）	79（37.6%）	5（5.8%）	0（0%）	147（38.1%）
轻松柔和	11（14.1%）	117（55.7%）	65（75.6%）	9（75.0%）	202（52.3%）
其他	4（5.1%）	14（6.7%）	16（18.6%）	3（25.0%）	37（9.6%）
总和	78（100%）	210（100%）	86（100%）	12（100%）	386（100%）

如图1显示,消费者听到喜欢的背景音乐,心情舒畅,脚步放慢,延长停留时间,购买欲也会加强。也就是说,优美动听的背景音乐促使消费者产生积极的消费情感,有利于消费者对商品和服务产生良好的认知,以促进其购买行为的产生与完成。

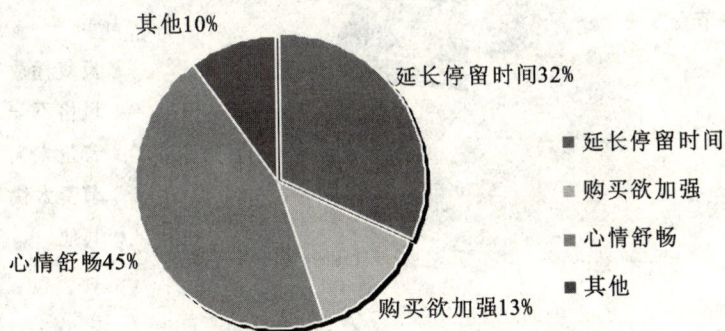

图1 消费者听到喜欢的背景音乐的反应

如图2显示,如果消费者对背景音乐感到不满,甚至心感烦躁、不安时,其购买欲会下降,会产生消极的消费情感,不利于购买行为的产生。有些消费者还会放弃购物快步离开该商店,例如冲动型、感情型消费者,容易受现场环境及当时情感的影响,其购买行为充满可变性。所以,商家对背景音乐的应用必须科学谨慎,否则将等于放弃这一类消费群体。正所谓"水能载舟,亦能覆舟",背景音乐亦然。

图2 消费者听到不满的背景音乐的反应

从图 3 可以看出,背景音乐的应用,主要误区在于:

(1)音量过大。服装卖场的各种声响一旦超过一定限度,不但不利于人与人之间的交流,而且使消费者产生一种急躁感、不安感,心情烦乱,甚至反感。销售人员也会心感浮躁,不利于其工作。

(2)歌曲反复播放。背景音乐的播放也要适时有度,要根据消费时间段、消费特点来选择曲目,以免使顾客产生不适感,甚至厌烦而达不到预期效果。

(3)背景音乐风格不统一。服装专卖店背景音乐的题材、风格等不仅要接近目标顾客的心理特征与音乐喜好,而且要与服装的品牌文化、风格定位相符合,要适合于不同的购物环境,即背景音乐所产生的心理和情感反应要与购物环境基本一致。

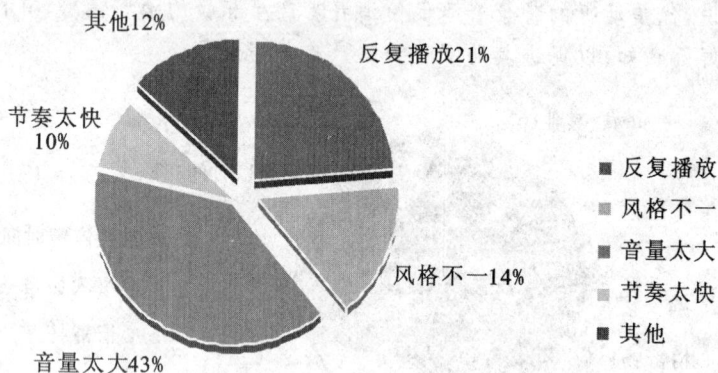

图 3   消费者对背景音乐感到不满意的原因

卖场背景音乐直接影响着消费者积极或消极的消费情感,从而促进或阻碍购买行为的产生与完成。随着消费水平的提高和消费观念的变化,消费者的需求已从"量的消费"、"质的消费"开始走向"情感消费"时代。由此,利用购物环境中背景音乐对消费者生理和心理乃至行为的效能去满足消费者情感,以促使购买行为的产生与完成,这是提高零售业绩的有效途径。

资料来源:李伟坚,李华.服装卖场背景音乐对消费者情感与购买行为的影响.市场研究,2008(8)

四、气味

(一)气味对消费者的影响过程

英国牛津大学的研究显示,人会把气味与特定的经验或物品联系在一起,该校心理学家让参与者分别吸入新的并能认得出来的气味,并扫描受测试者脑部,记录不同气味引发的脑部反应。相关的研究也表明,人的大脑中负责处理嗅觉的神经与主管情绪控制的中枢神经紧密相连,因此气味会强烈影响人的情绪。而且,嗅觉记忆比视觉记忆要可靠得多:人们回想 1 年前的气味准确度为 65%,然而回忆 3 个月前看过的照片,准确度仅为 50%。味道、气味牵动着人的情绪与记忆,有如一只温柔的手,触动消费者心底的一根琴弦,让消费者身临其境,感受大自然的清新、诱人的美食、安宁放松的舒缓,自然便对购买行为产生了影响。

消费者很多购买决策过程是建立在情感的基础上的。对于人的感觉而言,气味是最能影响情感和行为的因素。气味比其他感觉更直接,使消费者情感联想更丰富。特定的气味能给消费者带来一定的心情,如快乐、兴奋等,也可能让他们在店里停留的时间更长一些。气味通过影响消费者的情绪、生理反应来引导消费者的行为,其过程如图6-7所示。

图6-7　气味对消费者行为的影响过程

在此过程中感觉扮演着一个重要的角色,也就是感觉会导致行为的产生,而不是想法。例如,人们不会因为身边有太多的人而逃避一个环境,但我们可能会因为人多而产生的急躁和郁闷而逃避一个环境。在罗素的情感模型中就将环境对消费者的影响分为两个层面:愉悦程度和兴奋程度。如图6-8。

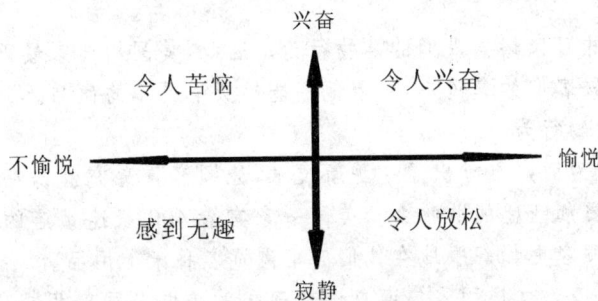

图6-8　罗素的情感模型

因此,卖场的嗅觉环境给消费者的感觉应该落在一、四象限中,给消费者一种兴奋、愉悦的感觉。

(二)气味氛围的营造

不同的人对不同的气味会产生不同的感觉。在超市中会存在一些不良的气味,如装饰材料的气味、消毒液的气味、水产品的腥味、鲜肉的血腥味、洗手间的气味等。这些气味都会给超市带来不利的影响,使消费者产生不愉快的感觉。为此,超市可采用一些具体的措施,例如,在生鲜区放一些切开的柠檬片,在生鲜食品柜特别是鱼、肉柜台附近定时喷洒空气清新剂,以免异味引起消费者嗅觉上的反感。一般来说,使用茉莉花、葡萄柚、柠檬、薄荷等带有激励、振奋、刺激的香味可以使人消除疲劳、恢复精神、思想清晰且敏捷、增加注意力、强化体力,使人感到清洁、舒服、协调、喜悦、愉快、兴奋。而这些感觉都有利于消费者进行挑选与采购,特别能促使冲动型消费者消费。而使用香味的比较经济的方法就是把带有芳香混合物的小球放在灯具里,让灯泡的热量把香味散发出来。

另外,营造良好的嗅觉环境应注意以下两点:第一,保证卖场内通风良好,这可以使香味均匀散发,作用倍增。要严格控制其他不良的气味,避免消费者产生巨大的反差感。第二,香气的使用要与整体的温度、灯光、音乐、装潢风格相协调,而且要做好调查统计工作,分析出哪种香气、什么浓度的香气可以使超市的效益最大。

克服气味负面因素的方法:

(1)商店要有良好的通风设备。

(2)采用空气过滤设备。

(3)定期释放一些芳香气味。

(4)对商品应经常检查,以防霉烂变质,散发不良味道。

(5)要防止商品相互串味。注意不同味道的商品要隔离布置,避免相互影响。如化妆品柜台应与食品柜台隔离,茶叶柜台应与香皂、洗衣粉等日用品隔离。

(6)各种商品所释放的气味和商店有意释放气味的浓度要与顾客的嗅觉限度相适应。

(7)如果商店新开张或店内某部分刚进行装修,有很大的异味,但在短时间内又无法消除时,商店应以张贴在店内的说明或告示牌的形式向顾客说明情况并表示歉意。顾客看到之后,心理上会觉得受到尊重而愉快,本来比较浓的异味会被这种愉悦心情淡化。

美国商店促销:特制香气牵牢女顾客鼻子

美国研究者说,气味可以影响人们的购物行为。因此,美国的商家最近纷纷求教气味配方公司,都想办法"牵着"顾客们的鼻子走,希望他们能够买下更多的商品。

商店的气味影响购物行为

美国的研究者最近为商户贡献出了一种新技术,让顾客置身充满诱惑性气味的购物环境当中,这样顾客就会有更加旺盛的购物欲。美国一家有着400家连锁店的床上用品商店就利用这种技术,让自己的顾客更加舒服地在他们店里浏览各种床上用品。

ScentAir是一家专门为这样的零售商户设计气味的美国公司。根据它的建议,美国的那家床上用品商店最后选用了克什米尔羊绒、琥珀、小豆蔻、肉桂和佛手的混合气味。据ScentAir公司说,这种混合气味能向顾客传递一种宁静安详的情绪。现在在美国,各种商店、宾馆、赌场甚至博物馆都纷纷想要一种适合自己顾客的气味。越来越多的研究机构也刺激了这种需求,因为他们的研究表明,气味能够影响顾客的购物行为。

广告界人士指出,尽管很多当代的商业广告都是瞄准人的眼睛,但还是有很多让人记忆深刻的动情时刻是由气味促成的。实验已经显示,气味可以唤起一长串的激动心情。比如柠檬味便能让人打起十足的精神或者感觉心旷神怡,而香草味向人提示温暖和舒适的感受。

香味不能让每个人都喜欢

并不是每一个人都欣赏零售商的做法。消费者们可并不愿意真的被零售商牵着鼻子走。加布里尔·格莱泽是《鼻子:性、美和生存的写照》一书的作者。她就说:"让一个人感觉美妙和愉悦的味道,可能让另一个人得周期性偏头疼。"在格莱泽看来,索尼公司企图用香味吸引女性顾客的做法有点自命不凡。

不过零售商们却说,格莱泽曲解了他们的意思。"我们不是想用味道摆布顾客,"索尼公司的贝利克说,"这很微妙,主要是关于保证人们能够获得一种舒适的感受。"现在,索尼公司在它旗下所有 37 家 SonyStyle 店里都使用上了香味促销。

索尼公司为女顾客寻求香味

去年，索尼公司希望扩大消费类电子产品的客户群，让更多的女性消费者到他们的"索尼风格"零售店去。他们也计划为自己的店里添加某种气味。索尼的创意总监克里斯汀·贝利克说："我们的产品像摄像机、电视和音乐播放器本来就是关于看和听，所以在我们的店里添加气味，可以创造出更多的感官体验。"

ScentAir 公司的气味混合专家首先了解了一下索尼顾客的一些偏好，如一般喜欢去哪里度假，地板瓷砖喜欢用哪种颜色这样的问题。然后专家研究了他们存有的 1500 种香味，从中找到几种香味，尝试在经过混合以后能够符合索尼商店的要求。经过 6 个月的实验，共有 30 种混合品从 ScentAir 公司的实验室被快递到索尼的办公室，最后选定了其中的 5 种。

然后范·埃普斯和索尼的管理团队见了面，揭晓这 5 种最终的候选香味。它们都被装在小玻璃药水瓶里，范·埃普斯请索尼的人给出自己的喜好和评价。范·埃普斯说，这可以让他的客户避免因个人的好恶影响挑选合适的气味。因为有人痛恨苹果味，原因是小时候被父母逼着每天吃一个苹果；而有的人讨厌紫罗兰的香味。

每一次闻这些香味的过程都仅仅限于几个样品，因为人的鼻子辨别不同香味的能力会随着闻过的香味增多而减弱。在最后，索尼差不多选定一种橙子和香草的混合味，再加上一些雪松木的味道，这样男性顾客也会喜欢这种偏向女性的混合气味。

索尼公司还有最后一个要求：橙子味能不能再明显一些，更加像一种血红色瓤的橙子。ScentAir 公司为了满足这个要求，又在大约 40 种橙子气味中寻寻觅觅，最后终于找到了这样的橙子气味。

各种各样的香味都用来促销

除索尼公司外，其他商业公司也跃跃欲试香味促销。一些公司选择某种香味，能够恰当地表示一些特定产品的内涵，希望能获得大卖的效果。一家名为 Bloomingdale's 的公司在它的婴儿服装部门散布婴儿用的香粉味道。同时，在展示内衣和泳装的部门里，丁香味和椰子香味飘荡在空气中。

ScentAir 推出的一种最受欢迎的气味是刚刚烘烤好的巧克力片甜点的香味。在美国的北卡罗来纳州，这种香味已经被广泛地运用在地产中介公司和售楼处。只要购房者一踏入这些地方，他们就会立即感觉到像在家里一样。一家美国高级冰激凌连锁店最近采用一种蛋筒冰激凌上锥形华夫薄饼的香味吸引顾客。本来萎靡不振的销售业绩一下子增长了 1/3。还有一些零售商定时按照顺序释放各种香味，"装饰"一下店里的环境。这样嗅觉疲劳的顾客也会注意到这些气味，即使他们往往在一种气味里呆上一到两分钟以后就不会有任何感觉。

定制香味花费不菲

像索尼公司或者威斯汀酒店定制的香味，价格在 5000 美元和 2.5 万美元之间，这取决于设计这些气味到底有多复杂。这些公司每个月还要支付一笔费用租用专门的鼓风机把香味散布到空气当中。比较小的零售商可以先买简单的香味——鼠尾草香、石榴香、迷迭香或者白姜香。这些现成的香味每个月只要 100 美元，包括了鼓风机的租金。ScentAir 公司不仅制造让人喜欢的气味，而且还准备了不少使人厌恶的。上个月，ScentAir 公司为一个军事模拟场景制作烧糊的电线味。更早些，这个公司甚至为一家儿童博物馆虚构出恐龙粪便的气味。

美国人每年在空气清新剂等气味产品上的开销达 83 亿美元。ScentAir 公司现在就准备让他们的气味离消费者更加接近一些,希望从中获利。今年8月,ScentAir公司开始提供小型家庭版本的香味机器,每个月的价格是30美元。这种香味机器能让人选择桉叶薄荷香、柠檬香、麝香和搭配一种南亚常绿树木的熏衣草香,据说这种香味有医疗上的用处。

资料来源:中华服装网

本章小结

零售企业形象的影响因素多种多样,总的来说,包括了九个维度——商品形象、服务形象、顾客形象、有形设施形象、便利性形象、促销形象、商店氛围形象、组织形象和购后满意度形象。

CI设计于20世纪60年代由美国首先提出,70年代在日本得以广泛推广和应用,是塑造企业形象并能为企业带来巨大财富的一种战略,它借助改变企业形象,注入新鲜感,使企业更能引起外界注意。CI设计具有识别、管理、传播和协调的功能。

CI设计系统是一个企业区别于其他企业的标准和特征所形成的系统,其目的是通过在公众心目中占据特定的位置从而树立独特的形象。该系统包括三个构成要素,分别是理念识别系统(MIS)、行为识别系统(BIS)、视觉识别系统(VIS)。三者相互联系、相互促进、不可分割;三者功能各异、相互配合、缺一不可。它们共同塑造企业的形象,推动企业的发展。

商店布局的原则:顾客容易进入,顾客在店内停留的时间能够更久,明亮清洁的卖场店面。而布局主要有格子式布局、岛屿式布局、自由流动式布局三种类型。

零售商必须对自己的商店进行规划,一方面最大化地利用其空间资源,另一方面要设计让消费者产生愉快的购物环境。目前零售商店空间规划最常采用的两种方法:销售生产率法和存货模型法。

商店过道的设计以及其他零售空间的设计要遵循一定的原则。最后,对零售空间布局绩效的考核可以采用空间生产率这一指标进行。

在零售企业形象的影响因素中,零售店面的有形设施是一个重要方面。零售有形设施包括了零售店面的装修、温度、光线、卖场整体布局等一系列因素,这些因素都是顾客在卖场中消费、购物时会体验到的,包括了视觉、听觉、嗅觉等各种感官刺激。零售环境涉及零售店面的各个方面,主要包括了照明、颜色、音乐、气味等四个方面的内容。

第七章　零售业商品策略

☞【开篇案例】

北京金象大药房："老"药店焕发新活力

在零售业中,药店给消费者的印象往往是刻板而沉闷的。然而,成立于 1997 年的北京金象大药房,其 300 多家门店却给中国人带来了不一样的感受。

四大门店

● 便利店以"7－Eleven"(即营业时间从早 7 点至晚 11 点)为模板,面积在 100 平方米左右,每个店只配备 1 个执业药师、1 个收银员、1 个店员和 1 个店长。结合中国的国情,金象便利店增加了生活必需品销售、电话卡代售、公交卡充值、照片冲印等服务项目,便利店的"亲民"和"快捷"是最大卖点。

● 而品类齐全则是会员店的优势,中低收入水平的大型社区居民、价格敏感度高的非流动人群是会员店的利基客户。京城新兴的大型社区往往租金便宜、客流可观,适合会员店中的二三线品种、代理品种和 OEM 品种(贴牌商品)主推及关联销售。

● 金象西单店作为其旗舰店的代表,目前的主要顾客群体是中高端顾客,而金象的主要盈利也来自于旗舰店。

● 自 2006 年开始,金象致力于靓丽金象、活力金象等药妆店探索,此类"店中店"为金象提供了新的利润增长点。与易初莲花等大型的商业集团、超市的战略合作让金象初尝甜头,美容类商品配合高档保健品和 OTC 类药品的品类结构基本定型。店中店一方面规避了两个药店间距 350 米的距离限制,一方面可以充分利用其丰富的客流资源,金象的算盘不可谓不精。邓劲光透露,截至目前已开了十几家店中店,发展状况很好,但是一些药店的品类结构存在一些问题,未来化妆品占比将超过 50%,加上高档滋补品、理疗器械等,金象将用"好位置＋好品牌"吸引高级白领和年轻女性。

三大品类

对于金象来说,管好了 1200 个品种就管住了 90% 的营业额,在金象大药房,品类管理已成为核心语汇。金象的实际销售数据表明,假如一家药店有 6000 个品种,销售排行前 1200 名的品种贡献的销售额和毛利均超过 80%。数据还显示,主推商品贡献的毛利达到了 70%。

2007～2008 年,金象一直在进行理顺品类结构的工作:筛选与区隔全国品牌产品、本地品牌产品、主推产品。做好主推产品培训、加强主推产品的销售,最终实现"现有的资源向有利于公司发展的两极品种倾斜,淘汰中间品种","品牌与高毛利齐飞"的目标。"带来人气和销量的品牌商品具有集客效应并能够高度地提升金象的品牌形象",邓劲光看中的是其带来的客流和营业外收入。2007 年与东阿阿胶等供应商深度合作,给金象带来了额外的营销资源。而二三线品种、贴牌商品是目前利润的主要来源，"独家销售"就是金象的主要策略。至于其他中间品种，则采取自然销售方式。

确定了四大门店、三大品类，金象的组织架构也发生了变化。原副总经理离职后，不再设置"副总经理"职衔，招募了人力资源总监和营销总监，设置了主管品类设计和采购的商品部，加强了市场运营部职能。在金象大药房的组织架构图中，整个业务流程形成商品部运作的商品线、市场运营部运作的营销线和人力资源部运作的人力资源发展线三条主线。

金象的营销策略也在进一步夯实。旗舰店、店中店通过广告、服务、专柜、丰富的促销等获取利润；社区店、会员店采取价格与市场接轨的营销策略。金象这一老品牌药店，不再固守传统的"药店"形象，从药妆、生活便利品、高档滋补品等品类在营销中的加重，可以看到金象对消费人群全方位覆盖的努力。

资料来源：康琦.北京金象大药房："老"药店焕发新活力.中国医药报，2008-2-27

第一节　商品分类管理

零售企业在面对最终消费者时，不可能满足各类消费者的所有需求。据不完全统计，市场上流通的商品在 25 万种以上，零售企业受到资源、规模、业态的限制，不可能经营所有的商品，只能选择其中的一类或一部分商品进行经营。这就使得零售企业在经营过程中必须进行选择，决定经营哪些商品。在这一决策过程中，便会涉及商品管理。要对商品进行管理，首先要对商品进行分类，并了解不同类型商品的不同特点。

一、商品分类的原则

商品分类是选择某种(些)标准对经营范围内的商品集合进行区分，以有效地实现经营目标和经营战略。零售企业对品种繁多的商品进行分类，是商店科学化、规范化管理的需要，它有利于商品的采购、配送、销售、库存、核算，提高管理效率和经济效益。商品分类的结果会因为分类标准、时间、地域等差异而发生变化。商品分类并不是对商品进行随意的划分，而是应该在一定的原则下，根据商品的特点、消费者需求和购买习惯进行合理划分。在进行商品分类时，要遵循以下原则：

1.目标性。分类必须以便利商品管理为目标，并要适应消费者需求和购买习惯。

2.区分性。分类必须从本质上把不同类别的商品明显地区分开来，使每一种商品只在一个特定类别里，形成一对一的关系。

3.关联性。分类必须使商品品种建立在并列从属关系的基础上，上一级类别与从属类别之间存在有机联系，下一级类别是对上一级类别的更具体分类。

4.稳定性。分类要具有可预见性和相对稳定性，为不断补充新商品留有余地。

5.便利性。分类必须便于采用数字编码、电子计算机进行处理，而且要便于对商品实体进行手工操作。

二、商品分类方法

商品分类可以根据不同的目的，按不同的分类标准来进行。对同一批商品可以有不同的划分方法，本书将简要地介绍以下几种分类方法。

(一)美国零售联盟的商品层次划分

美国零售联盟(NRF,the National Retailing Federation)制定了一份标准的商品层级分类方案，该方案详细界定了各层商品的范围以及它们的组合方式。目前，美国许多大型百货商店都采用了这一分类方法，其分类是：

1.商品组。作为 NRF 分类方案中的最高级别，商品组(merchandise group)是指经营商品的大类，类似于国内的商品大分类。如一个百货商场可能会经营化妆品、服装、家纺、体育用品等。

2.商品部。商品分类的第二级是商品部。商品部一般是将某一大类商品按照细分的消费市场进行再一次分类，如服装类商品可以分为男装、女装、童装等。

3.商品类别(品类)。商品分类的第三级别是商品类别。这是根据商品用途或细分市场顾客群而进一步划分的商品分类，如男装下面分为西装、衬衫、夹克等。

4.同类商品。同类商品(classification)是商品分类中商品类别的下一级。一般来说，同类商品是指顾客认为可以相互替代的一组商品。

5.存货单位(单品)。存货单位(stock keeping unit,SKU)是存货控制的最小单位。它是根据商品的尺寸、颜色、规格、价格、式样等来区分的，也称之为单品。

(二)超级市场的商品细分层次

消费者日常生活中接触最多的零售企业就是超级市场，在大中城市中，消费者基本上每天都要在超级市场中进行消费。在超级市场实际商品管理中，商品分类一般采用综合分类标准，将所有商品划分成大分类、中分类、小分类和单品四个层次。虽然大型超市和小便利店在经营品种上有着很大的差别，但它们的商品分类都包括上述四种层次，且每个层次的分类标准也基本相同，只不过便利店各层次类别相对较少，而大型超市各层次类别相对较多而已。

1. 大分类

大分类是超级市场线条最粗的分类。大分类的主要标准是商品特征，如畜产、水产、果菜、日用品、一般食品、家用电器等。为了便于管理，超市的大分类一般以不超过 10 个为宜。

2. 中分类

中分类是大分类中细分出来的类别，其分类标准主要有：

(1)按商品功能与用途划分。如日用品这一大分类下，可以分出牛奶、豆制品、冰品、冷冻食品等中分类。

(2)按商品制造方法划分。如畜产品这一大分类下，可以细分出牛肉、猪肉、羊肉等中分类。

(3)按商品产地划分。如水果蔬菜这个大分类下，可细分出国产水果与进口水果的中分类。

3. 小分类

小分类是从中分类中进一步细分出来的类别，主要的分类标准有：

(1)按功能用途划分。如"畜产"大分类中"猪肉"中分类下，可进一步细分出"排骨"、"里脊肉"、"蹄髈"等小分类。

（2）按规格包装划分。如"一般食品"大分类中"饮料"中分类下，可进一步细分出"听装饮料"、"瓶装饮料"、"盒装饮料"等小分类。

（3）按商品成分分类。如"日用百货"大分类中"鞋"中分类下，可进一步细分出"皮鞋"、"人造革鞋"、"布鞋"等小分类。

（4）按商品口味划分。如"糖果饼干"大分类中"饼干"中分类下，可进一步细分出"甜味饼干"、"咸味饼干"、"奶油饼干"等小分类。

4. 单品

单品是商品分类中不能进一步细分的、完整独立的商品品项。如"355ml 听装可口可乐"、"1.25L 瓶装可口可乐"、"2L 瓶装可口可乐"，就是三个不同的单品。

这里列举一个超级市场畜产品的商品分类表（见表 7—1）。

表 7—1　某超级市场商品分类表（畜产部分）

大分类	中分类 NO	中分类 名称	小分类 NO	小分类 名称	NO	名称	NO	名称	NO	名称	NO	名称
1 畜产	10	牛肉	1000 1004 1008	美国菲力 美国梅花 美国纽约克	1001 1005 1009	美国沙朗 美国后腿 澳洲后腿	1002 1006 1010	美国纽约克 澳洲菲力 澳洲牛腿	1003 1007	美国牛小排 澳洲沙朗		
	11	猪肉	1100 1104	猪肉块 猪小里脊	1101 1105	猪肉片 猪蹄	1102	猪肉丝	1103	猪肉排		
	12	羊肉	1200	羊肉块	1201	羊肉片						
	13	鸡肉	1300 1304	鸡全只 鸡里脊	1301 1305	鸡腿 其他	1302	鸡翅	1303	鸡胸肉		
	14	鸭肉	1400	鸭全只	1401	鸭半只						
	15	加工肉	1500 1504	香肠 腊肉	1501 1505	热狗 其他	1502	火腿	1503	培根		

（三）其他商品分类方法

1. 按商品的耐久性和有形性分类，可以分为耐用品、消耗品和服务

（1）耐用品

耐用品是指使用时间较长（一般在 1 年以上）、能多次使用的有形商品，如家用电器、交通工具、机械设备等。首先，因为耐用品具有使用周期长、购买频次低、价格相对较高等特点，因而消费者在选择耐用品时也更为谨慎。其次，耐用品在购买后往往需要后续的服务，如运送、安装、维修、退换，所以在选购耐用品时，零售商所提供的售后服务的优劣也成为消费者购买决策的重要影响因素。

（2）消耗品

消耗品是指一次或几次使用就被消耗掉的商品。这类商品往往具有价格低、购买频次高、使用量大等特点，如清洁剂、文具等。对于消费者来说，购买消耗品的主要影响因素是价格、便利性和品牌，经营此类商品的零售商应尽力迎合消费者的品牌偏好，网点分布也应该接近居民区。

表 7—2 耐用品和消耗品的特点

区分标准	耐用品	消耗品
价值量	大	小
使用周期	长	短
商品结构复杂性	复杂	简单
流转速度	低	高
消费者选购用时	长	短
售后服务要求	高	低
需要的分销网点	少	多
销售人员技术要求	高	低
毛利率水平	高	低

（3）服务

不同于耐用品和消耗品，服务是一种无形的商品。按照 Philip Kotler 的观点，服务是一方能够向另一方提供的基本上是无形的任何活动或利益，并且不会导致任何所有权的产生。零售商通过服务向顾客提供了某种效用，而并非是转移所有权。与有形商品相比，服务更强调过程性，服务的提供与其消费是同时进行的。服务的过程性往往意味着服务提供者与服务接受者之间存在着互动，商家与顾客一起为顾客的某种需求寻找解决方案。

2.按商品的用途分类，可以分为消费品和工业品

（1）消费品

消费品，亦称为消费资料、生活资料，是指最终消费者为了使用而购买、直接用于最终消费的商品。由于消费品的购买者往往缺乏一定的专业知识，其购买属于非专家型购买。此类商品的购买者在购买中具有较多的心理感受方面的特点，例如外观设计、商品品牌知名度、商品口碑等。随着顾客需求的变化及消费品的日益丰富，顾客对消费品的需求也呈现出多元化的特点，购买时不再要求购买同一产品，而是追求个性化特点。在零售企业中，大部分零售商经营的都是消费品。

（2）工业品

工业品，即企业为正常的生产活动而购入的商品，也称为资本品或生产资料。零售企业主要销售的是消费品，但也会销售一些用于生产和制造的工业品。与消费品相比，工业品的购买者、购买目的、购买数量、购买方式有着很大的差别。工业品的购买者往往是具有某种专业知识的行家，其购买计划性较强，他们更为重视商品的性价比，其购买决策也更为理性，而且往往是由群体或集体做出的。因此，在销售工业品时，销售人员必须掌握足够的商品知识，而且要了解客户的决策机制和人员。

3.按顾客对商品的选择程度，可以分为便利品、选购品、特殊品和未寻求品

（1）便利品

便利品通常是指消费者经常购买，而且不必花很多时间和精力进行选择的商品。这类商品的特点是标准化程度高，产品单位价值较低，需求相对稳定，多为习惯性购买。便利品又可

以进一步分为三类：

①日用品。日用品是指消费者日常生活中经常使用，购买次数频繁，单价不高，挑选性不大，对品牌敏感度不高的商品，如牙膏、电池、灯泡等。在购买日用品时，消费者对品牌的要求并不高，在某种程度上可以接受性质相同或相似的替代品，但是，就购买的便利性来说，消费者在日用品上的要求则相对较高。在面临众多选择时，消费者往往会选择自己熟悉的品牌。

②冲动购买品。冲动购买品是指消费者事前并无购买计划，因受到视觉、听觉、嗅觉或其他感官刺激而临时决定购买的商品。如风味小吃、烧烤等。对于冲动购买品来说，感官刺激是其促销的重要手段。

③应急品。应急品是指消费者事先并无购买计划，因遭到意外而临时决定购买的商品，如突然下雨而购买雨伞，到游泳池、海边而临时决定购买泳衣泳裤等。应急品的经营中，商品布置的可见度对销售有着较大影响。

（2）选购品

选购品是指顾客在购买过程中，需要对产品的适用性、质量、颜色、特色、款式和价格进行比较，挑选之后才做出购买决定的产品。选购商品一般是耐用品等挑选性商品，这类商品的特点是：价格较高，使用周期长，购买频率较低，多数是中、高档商品，如家具、家庭音响等。在购买选购品时，消费者往往会选择到商店集中地区或有声望的大商场购买。针对选购品的特点，零售企业应尽可能把店址设在同类商品相对集中的地方，以便顾客购买时进行挑选和比较。

（3）特殊品

特殊品是指具有特定性能、特殊用途、特殊效用和特定品牌的商品，这类商品一般有专门的消费对象。如工艺品、集邮品、文物、字画等，这些商品能满足消费者的某种特殊需求，消费者购买次数较少，但商品的单价往往都很高。销售特殊品适宜开设专门商店或专柜，并适宜集中经营。

（4）未寻求品

未寻求品是指消费者尚不知道，或者知道但还未有兴趣购买的商品，比如一些刚刚上市的新商品。未寻求品的性质决定了零售企业必须加强此类商品的广告宣传和推广工作，使消费者对这些商品有所了解、产生兴趣，吸引潜在顾客。

4.按顾客的购买习惯不同，可以划分为日用品、日用百货、专用品和流行品

（1）日用品

日用品是指家庭生活中经常消费的商品。对于此类商品，消费者购买次数较多，因此购买时要求价格便宜，选择标准一般为方便、坚固、美观，但对质量的要求并不怎么高。因为顾客一般选择就近购买，所以经营日用品，越接近顾客居住区越好。

（2）日用百货

日用百货是指顾客经常使用和购买的价值较低的商品。消费者对日用百货商品的选择标准是质量好、感觉好和种类丰富。价格中等偏上的日用百货比较容易销售，顾客购买日用百货的距离可以比日用品远些。

（3）专用品

专用品是指对顾客有特殊用途的商品。一般来说，专用品的价格较高，如体育用品、绘图仪器等。此类商品的购买次数少，消费者在购买时会相当谨慎。顾客在购买专用品时，最为重视的就是质量。由于购买次数少，消费者可以去很远的地方购买。

（4）流行品

流行品是指由于受某些因素的影响,而在短时期内出现大量需求的商品。流行品的消费具有较强的时间性,对特定的某个流行品来说,顾客一般只购买一次。在流行期内,消费者对高价格并不敏感,对质量的要求也不高,注重的是款式的漂亮、新颖。

5. 按商品生命周期的销售变化,可划分为狂热商品、时尚商品、大众化商品和季节性商品

（1）狂热商品

狂热商品是指在较短的时间内,销售量大、能产生很大销售额的商品。如某明星的服装、用品或某新产品,一般来说,狂热商品难以预测,经营此类商品的风险较大,但一旦把握住机会,利润会相当可观。

（2）时尚商品

时尚商品是指能持续销售多个季节,但销售额会随着季节变化而变化的商品,如男士西装、白领的制服等。时尚商品的生活周期依赖于这些商品的种类和目标市场,零售商要具备一定的实力和经验。

（3）大众化商品

大众化商品是指一些在很长的一段时间内都有连续不断需求的商品,如毛巾、袜子、牛仔裤等。即使是某些名牌的大众化商品也会走向衰退,因此零售商也要注意调整商品结构。

（4）季节性商品

季节性商品是指随着季节的转换而带来销售额的剧烈变化的商品。一般地说,时尚商品和大众化商品也有季节性,例如,时尚潮流的长袖卫衣在冬季特别畅销。这就要求零售商注意应市和存货量。

2007年,百思买在上海徐家汇开设了在中国的第一家旗舰店。

→ 4 楼的白色家电则按照功能来区分,顾客可以很方便地找到适合自己的商品。

←3 楼主营厨房电器、手机等产品,从小到大一应俱全。

← 2 楼的电器陈列是按照规格、尺寸,并非像其他卖场按照品牌来划分。

←1 楼主要是电子类产品。摆出来的样机全部是真品,顾客可以随意试用。

图7－1 百思买布局情况

资料来源:郭生婷. 逛逛努力与众不同的百思买. 建材与装修情报,2008(7)

商品分类方法多种多样,不同的零售业态、不同的行业,其划分方法往往也不同。但无论是哪种分类方式,都需要以顾客为出发点。商品划分要满足顾客购物的便利性与享受性需求,使顾客在卖场中的购物体验成为一段放松愉悦而又充满收获的旅程。

当代的商品分类,应努力突破原有框架的束缚,在立足顾客需求的基础上,发现顾客深层

的消费行为模式。应在现有的理论和实践经验基础上,通过各种创新的研究方法,探索出商品分类与消费者购买行为之间的关联,变被动适应为主动引导,发挥商品分类在零售管理中的实践指导作用。

第二节　零售商品结构及组合

一、商品结构

商品结构是指零售企业在一定的经营范围内,按一定的标志将所经营的商品划分为若干类别和项目,并确定各类别和项目在总构成中的比重。在零售企业中,商品结构在经营中占有很重要的地位。配置合理的商品结构,能够使零售企业的卖场资源使用效率最大化,取得良好的经济效益;反之,则会造成资源浪费,经济效益低下,投资回报率低。

在经营范围内,如何确定各种商品的比例,哪些商品作为主力商品,哪些商品是一般商品,在各品类商品中的品种构成应保持什么样的比例关系,主要经营哪些档次、哪些规格的商品,这些有关商品结构的问题必须在零售策划中具体确定。

(一)影响商品结构的主要因素

从客观条件来说,零售企业确定何种商品结构并不能绝对地由零售商自己决定,它受到来自社会经济环境、国家经济的发展、商品生产条件、国家制定的分配政策以及消费者消费偏好、习惯等因素的影响。从这个角度看,零售企业应考虑到这种客观因素的影响,来满足消费者的具体消费需求。

1. 宏观因素。宏观因素的影响主要表现为商品生产对零售企业商品结构的影响。在某个国家或地区,当商品生产与国家和地区的经济呈同步发展的态势时,这个国家或地区的商品结构往往比较合理。当商品生产难以满足消费者的需求时,该地区的商品结构也就会出现较为糟糕的情况。

2. 区位因素。区位因素对商品结构的影响主要表现为消费结构和消费习惯的变化。随着消费者收入水平的提高,在消费观念上表现出对消费商品数量、质量及服务产生新要求,不再满足于吃饱穿暖的基本需求,对新产品、奢侈品的需求开始增加,特别是居民收入上升迅速的地区,其区位因素的影响表现得尤为明显。

3. 竞争因素。邻近地区竞争商店商品结构的变化,会带来直接的影响。竞争商店扩大经营商品品种,会将潜在的消费者甚至核心圈内的消费者吸引过去,造成顾客流失。因此,如果竞争商店的商品结构发生改变,零售企业必须相应地做出商品结构调整或促销、服务的改变,来应对这种变化。

(二)商品结构的分类与内容

零售商品的结构,按照不同的标准可以分为不同类型。按商品自然种类划分,可以分为商品类别、品种、花色、规格、质量、等级、品牌等;按销售程度划分,可分为畅销商品、平销商品、滞销商品;按商品使用构成划分,可以分为主机商品和配件商品;按价格、质量划分,可以分为高、中、低档商品;按经营商品的构成划分,可以分为主力商品、辅助商品和关联商品等。下面从主力商品、辅助商品和关联商品方面对商品结构进行分析。

1. 主力商品。主力商品是指在销售量、销售额和利润贡献中占主要部分（70%～80%）的商品。主力商品一般由市场上具有竞争优势的名牌商品、畅销品组成，而且具体零售企业的主力商品要能体现本企业的经营特色和个性，从而在竞争企业的同类商品中脱颖而出。同时，主力商品也可能来源于某一零售企业在成本和价格上的优势。

2. 辅助商品。辅助商品是主力商品的补充，它可以衬托主力商品的销售，同时也会增加卖场商品的丰富性。辅助商品的加入可以避免零售卖场商品的单调，以商品的多样性来达到招徕顾客的目的。经营辅助商品的目的在于陪衬主力商品的优点，成为顾客选购商品时的比较对象，刺激顾客的购买欲望。对于辅助商品的经营，要注意商品的流行性与季节性，避免将过时、过季的商品作为辅助商品，否则不但不能促进主力商品的销售，还会造成辅助商品的滞销和商品组合的臃肿，进而影响资金周转。

3. 关联商品。关联商品是指与主力商品有着密切联系的商品，如西装与领带、网球拍与网球、打印机与墨盒等。配备关联商品，主要是为了方便顾客的购买，满足顾客购买中的便利需求。当然，关联商品还能够促进主力商品的销售，提高零售企业的销售量。

（三）商品结构的优化

零售企业商品结构的优化，要着重于两个方面：一是优化主力商品、辅助商品和关联商品的结构比例；二是优化高、中、低档商品的结构比例。

1. 主力商品、辅助商品和关联商品的结构比例

一般来说，主力商品、辅助商品和关联商品的比例应遵循 20/80 原则：主力商品的销售量和销售额，要占到总数的 70%～80%，而辅助商品和关联商品则约占 20%～30%。在经营中要实时关注商品结构的变化，并及时地加以调整。

2. 高、中、低档商品的结构比例

不同的零售企业有着不同的目标市场，这对零售企业的商品档次配备比例提出了不同的要求。在高收入的地区，高档商品应占大部分；反之，则应以中低档商品为主。

当目标市场的消费者属于高收入群体时，商品结构应以高、中档商品为主，高档商品应占60%～70%，中档商品约占 30%～40%。对于面向大众的零售企业来说，可以采用中、低档商品为主的商品结构，具体来说，高档商品占 20%，中档商品占 30%，低档商品占 50%。如果目标市场为低消费阶层，可以按中档商品 30%、低档商品 70% 的比例来安排。

表 7－3　各档次商品比例安排

零售企业档次	高档商品	中档商品	低档商品
高档次	60%～70%	30%～40%	无
中档次	20%	30%	50%
低档次	无	30%	70%

沃尔玛商品组合的"二八原则"。沃尔玛在经营商品品种选择上主要以销售量大、周转速度快、购买频次多的中档商品为主，适度兼顾高低档商品。商品销售量大、周转速度快是沃尔玛经营利润的来源，因为沃尔玛在商品销售中利润很低（1.7%左右，而行业平均 5% 以上），其主要靠年销售规模优势向生产厂家收取商品上架费、商品折扣、年底退佣及资金占用费等取得收益。沃尔玛在商品组合上采取"二八原则"，用 20% 的主力消费产品创造 80% 的销售额，根据零售业态的不同形式采取不同的商品组合。例如，山姆会员店向消费者提供"一站式购物"

服务,商品结构广宽度、中深度,也就是商品的种类齐全但单一商品类别适度齐全,商品品种大约在3万~6万种左右,而且50％以上商品为食品类;家居商店商品结构为宽度广而深,商品品种大约在8万种左右,产品品种非常齐全;折扣商品结构为窄而浅;购物广场的商品结构则采取窄而深,主要是日用生活品。

二、商品组合

零售商品组合,就是一个零售企业经营的全部商品的结构。它通常包括若干商品系列,即商品线,每个商品线又包括数目众多的商品种类。

(一)商品线

商品线是指密切相关的一组商品,也称为商品系列。如冰箱商品线下面会包括各种容积、品牌的不同商品。

1.商品线的宽度。指零售商经营的不同商品线的数量。一般说来,百货商店的商品线的宽度很宽,而便利店的商品线宽度就很窄。

2.商品线的深度。指一条商品线拥有的产品品种数量的多少。

3.商品线的关联度。指不同商品线之间的关联程度。如彩电商品线和DVD商品线的关联度就很强,而彩电商品线与服装商品线的关联度就很弱。

一家零售商店的商品结构实际上就是由不同商品线组成的。商品线的宽度和深度的不同组合,形成了商店商品结构的不同配置,这些配置形成了商店的经营特点,甚至决定了商店的业态。具体来说,两者的不同组合形成了以下四种商品品种策略:

1.既有宽度又有深度

这种品种策略是指商店选择经营的商品线多,而且每条商品线包括的品种也多,通常为大型综合超市和大型百货商店所采用。由于大型综合商场的目标市场是多元化的,常需要向消费者提供一篮子购物,因而必须备齐广泛的商品类别和品种。

2.有宽度而无深度

这种品种策略是指商店选择经营的商品线多,但在每一条商品线中花色品种选择较少。在这种策略中,商店提供广泛的商品种类供消费者购买,但对每类商品的品牌、规格、式样等给予限制,这种结构通常被廉价商店、杂货店、折扣店、中心百货商店等零售业态所采用。

3.无宽度但有深度

这种品种策略是指商店选择较少的商品线,而在每一条商品线中经营商品花色品种很丰富。该品种策略体现了商店的专业化经营,主要为专业商店、专卖店所采用。一些专业商店通过提供精心选择的几条商品线,在每条商品线中配有大量的品牌、花色品种和规格,吸引偏好选择的消费群。这种模式为很多业态所采用,如家电专业店等,消费者很愿意光临这种商店。

4.无宽度又缺乏深度

这种品种策略是指商店选择较少的商品线和在每一条商品线中选择较少的商品品种。该策略主要被一些小型的商店如廉价商店、折扣店、均价点、便利店、烟杂店所采用。这样的商店适宜经营一些价格低廉的日常生活用品,消费者无须挑选,商店地处居民区,居民购物方便。

上述几种宽度、深度的组合,各自有着优缺点,如表7-4所示。

表 7—4　不同商品品种策划的优缺点

	优点	缺点
宽且深	市场广阔 选择充分 客流量大 顾客忠诚度高 一站式购物 没有失望的顾客	存货投资高 一般形象 许多商品周转率低 有一些过时的商品
宽且浅	市场广阔 客流量大 重视便利顾客 比"宽且深"成本低 一站式购物	产品线内品种少 有一些失望的顾客 弱势形象 许多商品周转率低 顾客忠诚度降低
浅且深	专家形象 顾客选择很多 专业的员工 顾客忠诚度高 没有失望的顾客 比"宽且深"成本低	对单个种类过于重视 不是一站式购物 更容易受到趋势/周期的影响 为扩大交易面积需要更大的投入 很少有(或没有)延伸商品
窄且浅	目标是便利顾客 成本最低 商品周转率高	没有宽度和深度 不是一站式购物 有一些失望的顾客 弱势形象 顾客忠诚度低 交易面积小 很少有(或没有)延伸商品

(二)商品组合类型

零售企业在经营中,可以专门经营一个商品大类,也可以经营几种不同大类的商品。由于商品组合方式的不同,会形成零售企业不同的经营特点。零售商品组合大致上有多系列全面型、市场专业型、商品系列专业型、有限商品系列专业型、特殊商品专业型、特殊专业型。

1.多系列全面型

这种策略着眼于向任何顾客提供他们所需要的一切商品,采取这种策略的条件就是企业有能力照顾整个市场的需要。整个市场的含义可以是广义的,即不同行业的商品市场的总体;也可以是狭义的,即某个行业的各个市场面的总体。广义的多系列全面型商品组合策略就是尽可能增加商品系列的宽度和深度,不受商品系列之间关联性的束缚。

2.市场专业型

这种策略是向某个专业市场、某类顾客提供所需要的各种商品。例如,以建筑业为商品市场的工程机械公司,其商品组合就应该由推土机、压路机、重载卡车等商品组成。旅游公司及其商品组合就应考虑旅游者所需要的一切商品或服务,如住宿服务、饮食服务、交通服务,以及旅游者所需要的物品,包括纪念品、照相器材、文娱用品等。这种商品组合方式不考虑各商品系列之间的关联程度。

3.商品系列专业型

零售店专注于某一类商品的销售,将其商品销售给各类顾客。例如,某汽车制造厂的商品都是汽车,但根据不同的市场需要,而设立小轿车、大客车和运货卡车三种商品系列以适合家庭用户、团体用户及工业用户的需要。

4.有限商品系列专业型

采取这种商品组合策略的零售店根据自己的专长,集中经营有限的、甚至单一的商品系列以适应有限的或单一的市场需要。例如,大的汽车制造厂专门生产作为个人交通工具的小汽车,不生产大客车、运输卡车以及其他用途的汽车。

5.特殊商品专业型

零售店根据自己的专长经营某些具有较好销路的特殊商品项目,所能开拓的市场是有限的,但是竞争的威胁也很小。

说明:Sephora 提供 365 种颜色的唇膏、150 种颜色的指甲油,以及 150 种颜色的遮瑕笔。

6.特殊专业型

采用这种商品组合策略的零售店,能凭借它拥有的特殊销售条件提供满足某些特殊需要的商品,例如提供特殊的工程设计、低成本的制造技术,或根据需要可灵活转换的制造条件等。这种商品组合策略由于其商品具有突出的特殊性常能避免竞争威胁。

三、商品组合优化方法

对于经营商品项目众多的零售店,商品组合决策是一个十分复杂的问题。许多零售店在实践中创造了不少有效方法。目前,系统分析方法和电子计算机的应用,更为解决商品组合优化问题提供了良好的前景。下面介绍几种经过实践证明是行之有效的方法。

(一)商品环境分析法

商品环境分析法是把零售店的商品分为六个层次,然后分析研究每一种商品在未来的市场环境中的销售潜力和发展前景的方法,其具体内容有:

1.目前零售店的主要商品,根据市场环境的分析,是否继续发展;

2.零售店未来的主要商品,一般是指新商品投入市场后能打开市场销路的商品;

3.在市场竞争中,能使零售店获得较大利润的商品;

4.过去是主要商品,而现在销路已日趋萎缩的商品,零售店应决定采取改进、缩小或淘汰的决策;

5.对于尚未完全失去销路的商品,零售店可以采取维持或保留的商品决策;

6.对于完全失去销路的商品,或者经营失败的新商品一般应进行淘汰或转产。

(二)商品系列平衡法

商品系列平衡法是国外比较流行的一种商品组合优化的方法。它是把零售店的经营活动作为一个整体,围绕实现零售店目标,从零售店实力(竞争性)和市场引力(发展性)两个方面,对零售店的商品进行综合平衡,从而做出最佳的商品决策。

商品系列平衡法可分四个步骤进行：

1. 评定商品的市场引力（包括市场容量、利润率、增长率等）；

2. 评定零售店实力（包括综合生产能力、技术能力、销售能力、市场占有率等）；

3. 制作商品系列平衡象限图；

4. 分析与决策。

(三)四象限评价法(波士顿矩阵法)

这是一种根据商品市场占有率和销售增长率来对商品进行评价的方法，是由美国波士顿咨询公司提供的一种评价方法。

由市场占有率和销售增长率这两个指标以及它们的组合，就会有四种组合方式，形成四类商品。用图形表示，就构成四象限图。

第1类商品，是市场占有率高、销售增长率高的商品。这类商品很有发展前途，一般处于生命周期的成长期，是零售店的名牌或明星商品。对这类商品，零售店要在人力、物力、财力等方面给予支持和巩固，保证其现有的地位及将来的发展。

第2类商品，是市场占有率高、销售增长率低的商品，能带来很大的利润，是零售店目前的主要收入来源。这类商品一般处在生命周期的成熟期阶段，是零售店的厚利商品。对这类商品应采取努力改造、维持现状和提高盈利的对策。

第3类商品，是市场占有率低、销售增长率高的商品。这类商品在市场中处在成长期阶段，很有发展前途，但零售店尚未形成优势，带有一定的经营风险，因此称为风险或疑问商品。对这类商品应该集中力量，消除问题，扩大优势，创立名牌。

第4类商品，它的市场占有率和销售增长率都低，说明商品无利或微利，处于衰退期了。它是零售店的衰退或失败商品，应果断地有计划地淘汰，并作战略上的转移。

(四)资金利润率法

这是以商品的资金利润率为标准对商品进行评价的一种方法。

资金利润率是一个表示商品经济效益的综合性指标。它既是一个表示盈利能力的指标，又是一个表示投资回收能力的指标。它把生产一个商品的劳动耗费、劳动占用和零售店的经营管理成果结合在一起，是零售店生产和经营两个方面经济效益的综合反映。

应用这种方法，把商品资金利润率分别与银行贷款利率、行业的资金利润率水平、同行业先进零售店商品的资金利润率或零售店的经营目标及利润目标相对比，达不到目标水平的，说明盈利能力不高。

还可以把零售店各种商品（或系列商品）的资金利润率资料按零售店经营目标及标准进行分类，结合商品的市场发展情况，预测资金利润率的发展趋势，从而做出商品决策。

第三节　商品陈列

顾客在卖场中停留的几十分钟里，他会做出怎样的购买决策，能够注意到哪些商品，这与每个卖场的商品陈列是息息相关的。

一、商品陈列的基本原则

对于零售企业而言,商品展示技术多种多样,超市、商场往往会在商品陈列上花费大量心思。但无论采用什么样的陈列方式,商品规划者都必须考虑以下四个问题:

首先,可能是最重要的,商品展示应在一定程度上与商店的整体形象保持一致。例如,一些商店根据尺码展示男士衬衫,这样所有尺码的衬衫都放在了一起。于是,顾客可以很容易地挑选适合自己的尺码。这与商店追求实际的形象是一致的。还有一些零售企业,将所有的颜色/款色都结合放在了一起,这种展示唤起了一种更为超前时尚的观念,而且带来更多的美感和愉悦。但是,这也使顾客不得不在一堆存货中寻找自己的号码。

其次,商店规划者必须考虑商品的特性。牛仔裤可以很容易地放在货堆中展示,但裙子必须挂起来,这样顾客可以更容易地观察款式和设计。

再次,包装经常会决定商品如何展示。例如,折扣商店可以出售小包的螺母和螺栓,但是,五金商店仍然要按单位计量来销售这些商品。

最后,商品的潜在利润也影响着陈列决策。例如,低利润、高周转的商品,如在校学习使用的文具用品就不会像派克钢笔一样要求同等精美、昂贵的展示。

沃尔玛、家乐福商品策略对比

随着产品品种的日益丰富,越来越多的商品涌入超市零售市场。面对众多的产品选择,沃尔玛的对策是:根据目标顾客的需求,以"如果你在沃尔玛找不到它,或许你根本不需要它"为产品理念。例如,沃尔玛在深圳的山姆会员店采取限制商品品种、精选高质量品牌商品这一策略。再如,深圳的沃尔玛山姆会员店只有两个品种的空调,一是江门的三菱,二是日本的三菱。这种精心选择的商品组合的策略既满足了顾客对各种商品的需求,又保证了企业利润的获得,使得沃尔玛可以"与时俱进、长久盈利"。家乐福在创办之初就一改传统的经营理念,将销售方式的单一化和出售商品的专业化均改为多样化,所销售的商品琳琅满目,几乎无所不包。家乐福中国分店内,大到国际名牌,小到国内地方性品牌,应有尽有。样样俱全的商品品种,保证了顾客可以在家乐福的卖场中进行"一站式购物",刺激顾客更多地购买。

在商品陈列上,沃尔玛坚持标准化的卖场设计。无论是店铺面积、店铺装饰、卖场货架尺寸,还是商品摆放位置、商品标牌放置,沃尔玛都有统一的规定。此外,为了便于顾客了解商品的价格,沃尔玛还要求所有店铺必须将商品价格标牌都挂在货架上。在这种标准化要求下设计的沃尔玛卖场无疑显得平实且没有特色,但是这种设计便于沃尔玛统一管理,便于顾客很快找到自己需要的产品,因而给顾客留下了温馨、亲切的印象。例如,在大连的沃尔玛超市,超市没有专门的仓库,堆满商品的堆头随处可见,货架上层与下层之间的间隔很小,但是整个卖场简单而明亮,感觉很舒服。家乐福则更注重卖场的氛围设计,特别是店头的布置和店内装饰常常别出心裁。各店的店头都展示着一些经过专门设计的、能够烘托卖场氛围的热销产品,以此来渲染顾客的购物情绪。同时店内的装饰也常常让人耳目一新,比如家乐福北京方庄店入口大厅上是两条飞舞的龙,中关村店则是各式各样的花伞,这些装饰各具特色,但都能带给顾客愉快的心情,营造出愉快的购物体验。

资料来源:杨宜苗.沃尔玛、家乐福在华市场营销组合比较研究.商业研究,2008(8)

商品陈列有一些基本的要求、原则,其原则如下:

1. 容易判别原则

在这一点上,主要强调的是商品所处地点的容易判别性。卖场需要公布商品配置的分布图和商品指标牌,同时,所有的通道、陈列品和商品都必须有明确的标记,以便让顾客准确地找到商品陈列的位置。

2. 醒目的原则

醒目原则的目的在于:首先,使卖场内所有的商品都让顾客看清楚,让顾客对所有看清楚的商品做出购买与否的判断;其次,让顾客感到需要购买某些预定购买计划之外的商品,即激发其冲动性购物的心理。

3. 伸手可取的原则

商品陈列还必须使顾客自由方便地拿到手,放置过高或过低的商品都会影响顾客的购物兴趣。

4. 满陈列的原则

合理地利用货架空间资源,丰富的商品陈列能够刺激顾客的购买欲望。

5. 先进先出的原则

随着商品的售出,要不断地补充陈列。补充陈列的商品要按照先进先出的原则进行,应将原有的商品取出来,补充进新商品。

6. 关联性的原则

许多关联性商品往往是按照商品的类别来进行陈列的,也就是在一个中央双面陈列货架的两侧来陈列关联性商品,但这种陈列法往往是错误的。因为顾客常常是依货架的陈列方向行走并挑选商品的,很少回头再选购商品。所以,关联性商品应陈列在通道的两侧,或陈列在同一通道、同一方向、同一侧的不同组货架上,而不应该陈列在同一组双面货架的两侧。

7. 同类商品垂直陈列的原则

使同类商品呈一个直线式的陈列,体现商品的丰富感,会起到很强的促销作用。而且,同类商品垂直陈列会使得同类商品平均享受到货架上各个不同段位(上段、黄金段、中段、下段)的销售利益,而不至于产生由于横向陈列而带来的要么销售很好、要么销售很差的现象。

二、陈列技术

商品陈列有两种方式:一是常规展示,包括货架商品的摆放和商品群的摆放;二是特别展示或离架展示,它得到了来自零售管理和研究者的更多关注,展示效果的研究也主要集中在特别展示上。然而,每一区域的展示都会对商品销售产生影响,会影响到商店的整体形象以及有效空间的使用效率等。下面是在基本展示方法基础上发展起来的几种方法:

1. 开放式陈列。商品的摆放围绕顾客而不是远离顾客,常用于百货店和服装店。顾客更愿意停下来触摸商品,这时,购物者购买商品的可能性将增加。

2. 主题展示。主题的选择很广泛,包括当地或国家的事件、节日、特定的国际主题等。店方可以自行设计主题,以适合于特定的季节和与顾客有关的活动,例如支持当地的足球队。

3. 生活方式展示。展示中可能包含图片或其他展示品,用来向特定目标细分市场表示其商店及产品的适用性。常用于成衣零售店、运动用品商店以及其他业态。

4. 配套展示。将从逻辑上可以配套使用的商品放在一起展示。服装零售商展示成套服装;家具零售商展示完整的套房家具。用这种方法可以在一种相关性最好的环境下向消费者展示商品,同时也有助于促进顾客购买相关的商品。

5.品类主导展示。有些零售商所提供的某一类商品具有很大的宽度和深度。通过将特定商品的每种尺寸、颜色、型号集中展示,进一步加深购物者的印象。

6.集中通道展示。在主通道选择集中商品进行大量陈列,以加深价格便宜的印象。这种方法在折扣店、仓储式会员商店以及一些购物中心中使用。

7.字号或店中店展示。与某一字号相关的各种商品集中进行展示,这个品牌可以是外来的,如百货店中常见的店中店形式,也可以是内部品牌的集中展示。

表7-5 顾客对陈列方式的优先选择

超市非食品品类	陈列类型			
	通道货架	分割区域	精品店形式	字号或店中店形式
服装	30.0	59.7	63.4	48.3
家庭整理用品	93.2	94.6	8.1	4.2
家庭用品	58.4	71.0	44.1	27.0
药妆用品	87.5	91.8	13.2	7.8
文具	54.9	66.1	45.8	34.4
娱乐	32.7	51.8	64.8	51.6

注:100表示最受欢迎,0表示最不受欢迎。

资料来源:Hart and Davies,1996,"The location and merchandising of non-food in supermarkets",International Journal of Retail & Distribution Management,24(2),17~25

对如何进行产品群的陈列和展示的问题,确实有很多解决的途径和方法。一方面,陈列的目的是让购物者能够在商店浏览,找到所要的商品。另一方面,通过对相关商品的合适定位,商品陈列也为购物者提供了范围较广的建议和选择。

商品陈列展示并不局限于直接进行销售的区域,百货商店在很多年前就实行了精致的橱窗展示,这种陈列方式也被许多折扣店广泛地用于价格宣传。尽管橱窗能为商店增加吸引力,但它在某些零售业态已不再是主要的展示方式,其中一个理由是,橱窗陈列成本高而且必须依靠特别的技能才可以产生效果。另一个理由是,许多设计者往往要尽量减少阻隔商店内、外视线的潜在阻隔。为了给一个商店或封闭的购物中心一个开放的视野,可以在其前部采取完全开放的设计以达到这个目的。目前越来越多的人关注于整个商店的潜在展示功能,例如通过采用相关性商品对墙面和立柱进行装饰,会使这些墙面和立柱更有吸引力。同样,可以向较高的天花板延伸其展示物的范围,从而营造一种让人感到惊讶和兴奋的购物氛围,这种陈列方法也常为零售商店采用。

一些研究把重点放在陈列的直接效果上,研究者对卖场不同位置的销售情况进行了考察。表7-6描述了商店内四种不同类型的陈列地点的效果(Dyer)。很明显,放在第一排通道入口处的商品销售情况较好。在针对药品展示方法的一项研究中,Gagnon和Osterhaus也发现,在商店的不同区域,展示效果差异很大。

表7—6 展示位置的效果

	销售提升(%)
在商店后部货架的末端	110
在收银台前的中间通道	262
在商店后部货架的前端	153
在第一排通道的入口处	363

资料来源：Dyer，1980，"In-store research at Publix"，Progressive Grocer，59(12)，Chicago.

此外，有关陈列地点研究中，磁石点理论(Magnetic Theory)也同样关注于卖场不同地点的销售情况。所谓磁石，就是指商场中最能吸引顾客的地方，磁石点就是顾客的注意点，要创造这种吸引力就必须依靠商品的配置技巧来实现。磁石点理论要求在卖场中最能吸引顾客注意力的地方，配置合适的商品以促进销售，并能引导顾客逛完整个卖场，以提高顾客冲动性购买比重。磁石理论在超市业态中的具体实施如表7—7所示。

表7—7 超市磁石点理论

磁石点	店铺位置	陈列要点	陈列商品
第一磁石点	位于卖场中主通道的两侧，是顾客的必经之地，是商品销售最主要的位置	由于特殊的位置优势，不必刻意装饰即可达到很好的销售效果	主力商品；购买频率高的商品；采购力强的商品
第二磁石点	穿插在第一磁石点中间	有引导顾客走到商场各个角落的任务，需要突出照明度及陈列装饰	流行商品；色泽鲜艳、容易抓住人们眼球的商品；季节性很强的商品
第三磁石点	位于超市中央陈列货架两头的端架位置	是卖场中顾客接触频率最高的位置，盈利机会高，应重点配置，商品摆放三面朝外	特价商品；高利润商品；厂家促销商品
第四磁石点	卖场中副通道的两侧	重点以单项商品来吸引消费者，需要在陈列方法和促销方式上刻意体现	热销商品；有大量陈列的商品；广告宣传商品
第五磁石点	位于收银处前的中间卖场，是非固定卖场	能够引起一定程度的顾客集中，烘托门店气氛，展销主体要不断变化	用于大型展销、特卖活动或者节日促销商品

由于陈列方式的改变往往伴随着价格、广告、空间分配的调整，因此展示效果的衡量变得更为复杂。商品的特性和市场也对商品陈列效果产生影响。对于成熟的产品，对于那些在所属产品类别中没有哪个品牌占优势地位的产品，特殊展示会有比较好的效果。展示与降价的组合对于具有激烈竞争和广告占销售比率较低的商品具有较好的效果。对于某些商品，某种特殊展示可以让顾客考虑购买，并降低顾客对其价格的敏感性。因此，特殊展示在商品价格不变的情况下也会增加其销量。

对于零售商来说，在研究陈列问题方面面临的主要问题是要衡量展示对商店形象和客流的长期影响。一个采取了不同风格的促销展示的商店，其各类商品的销售可能在短期内都得到一定程度的提升，但会导致商店整体形象的不统一甚至混乱，从长远来看，则有可能导致客流的减少。相反，陈列也会不断强化商店销售环境出众或产品便宜的形象，虽然陈列所带来的这些长远影响不容易衡量，但零售企业在进行有关陈列决策时，却必须给予充分的考虑。

麦德龙——"未来商店"

麦德龙公司旗下的超市品牌"real"，坐落在德国杜伊斯堡市的郊区。麦德龙的这个未来商店，与国内的超市比起来，还是给人很多新的感觉。

麦德龙这个"未来商店"，和传统的超市大不相同，在这里，你会有全新的购物体验，更会对新科技对商业的巨大改变而惊叹不已。在麦德龙未来商店，最可爱、最吸引人的是名字叫"Ally"的电子导购机器人。Ally能够在超市里自由走动，如果顾客需要它的帮助，可以在其背后的触摸屏上进行操作，它可以告诉顾客超市里的一切。

在"未来商店"中，顾客从货架上取下一瓶白葡萄酒，当走到货架尽头时，只要把酒瓶上的RFID标签在自助销售终端上一扫，不但可以看到这瓶酒的品名、产地、年份、酒精度等常规信息，还会看到一份"厨师的建议"，告诉你适合与这瓶酒搭配的菜肴，并且这道菜的制作方法也会详细地在下边作出介绍。顾客可以打印这份菜单或者通过短信将其发送到自己的手机上，带回家去慢慢享受这美酒与美食，更享受这贴心的创意服务。在这里，思科公司为未来商店提供了无线局域网等基础设施，商店里安装的思科IP电话通过数据、语音、视频系统的结合帮助商场提高了沟通的效率。同时，思科提供的CDN网络还将音频、视频等内容从总店传到分店，支持大规模连锁店的多媒体信息播放。

IBM为未来商店开发出了"智能秤"和"聪明货架"。"聪明货架"可以与陈列的吉列、宝洁和卡夫产品进行"对话"，了解每个货架上货物的销售情况并确定补货的状态。有了智能货架的帮助，无线局域网就能对麦德龙未来商店几千平方米的每个角落都洞若观火。

▶ 手机购物

所有的购物流程都可以在手机上实现，这取代了原来大大的安装在购物车上的"个人购物助理"这样的电子设备。只要用手机的照相功能对准商品条码，就可以获知该商品的位置、价格等等信息，而且还可以通过手机实现结账。

▶ 新的音乐体验

超市里音像区里的试音设备较为常见，这个试音区的妙处在于上面的那块发音板，你不用带耳机，只要站在发音板的下面，就能听到你选择播放的音乐，不在这个发音板下面的人，却听不到音乐的声音。

▶ 新的运动体验

同样还是声音控制技术，在体育器材的销售区域内，确是另外一种应用。在跑步机的上面有一块发音板，跑步机上的人可以听到他自己选择的音乐，不会打扰别人。如果你选择自行车等户外用品，在户外用品区内，你可以听到近似户外的声音，鸟的鸣叫等等，让你感觉是在自然的怀抱中。如果你在运动产品区看体育赛事的电视转播，声音可以控制到只有你一个人听到电视里网球比赛的声音。

▶ 高科技卖鱼

德国人不很喜欢吃鱼,他们最喜欢吃猪肉,所以在德国卖鱼,需要多做些努力。麦德龙用上了高科技的音像技术。在鱼类柜台前,空中悬吊的投影仪在地面上投下了这样的一幅场景:鱼儿在热带海洋的珊瑚丛中游来游去。让人感到新鲜的是,如果你走到投影里面,走到鱼的身边,鱼儿会迅速地逃离你的大脚。

资料来源:远非.麦德龙 聪明的"未来商店".经营者,2009(22)

第四节　品类管理

一、品类管理

什么是品类管理? 概括说来,就是把品类作为战略业务单位来管理,着重通过满足消费者的需求来提高销售业绩的流程。它是重视产品品类而不是单个品牌业绩的零售企业的一种管理方法。它将产品分为战略业务单位,以更好地满足消费者需求,实现销售与利润目标。

对于品类这一概念,目前学术界还没有一个统一的定义,其大致的含义是:购买者认为相互关联或可以相互替代的一类产品。良好的品类管理由以下考虑因素推动:

1. 如果消费者能够自己摆放货架,那么就需要整理品类。

2. 品类结构必须是时间、空间和产品利用的函数。

3. 品类管理需要致力于推动多产品采购,而不是从相似产品品类中选择单个的存货单位。

4. 品类管理是变化的、动态的、决策中优先考虑的,而不是标准的、统一的、制度化的活动。

5. 品类管理的最终目标是创造独特的消费者价值,而不只是推动制造商—零售商销售。

6. 品类管理计划需要建立在交易区域的基础上。

7. 品类管理是一项排他的流程——是决定向所有人不卖什么和卖什么的方法。

8. 品类管理的基本数据库需要来自对交易区域需求的顾客界面分析。

9. 供应商的目标是在一个地理区域实现最大的采购和利润。零售商的目标是提高店铺或店铺群的盈利水平和生产率。

10. 品类管理是一种差异化战略。

北京华联婴儿护理中心(宝宝屋)是品类管理在超级品类中的应用。在此,品类定义显得尤其重要。传统上来讲,婴儿产品分散于不同的品类,如奶粉和成人奶粉放在一起,属奶制品品类;婴儿纸尿片和纸巾等放在一起,属纸制品品类。但消费者调查发现,抱着婴儿的妈妈或者即将成为妈妈的孕妇需要辛苦地走上 1～2 小时才能购齐所需妇婴物品,她们最大的希望是花较短的时间一次性购齐所需物品。于是,新的品类(妇婴用品品类)应运而生。这时,品类结构就需要重新定义。早期,婴儿奶粉等需要在奶制品区域和妇婴用品区域双边陈列,并对消费者进行引导。1～2 个月后,购物者便习惯性地步入华联宝宝屋购买妇婴用品了。宝宝屋的设立,使北京华联婴儿品类的生意增长了 33%,利润增长了 63%。

二、品类管理流程

品类管理的思想最早由宝洁公司于 1997 年引入中国，随着中国零售业的发展，品类管理的概念已深入人心。但是，如何让理论变成现实，在实践中应该注意些什么问题，这是零售商和供应商应该特别关注的。

一般说来，品类管理分为 8 个步骤，即品类定义、品类角色、品类评估、品类评分表、品类策略、品类战术、品类实施和品类回顾。

(一)品类定义

品类一般是指购物者认为是相互关联的或者可以相互

代替的、易于被统一管理的一类产品，比如个人及家庭清洁

图 7－2　品类管理的步骤

类产品中的洗发护发品类产品、衣物清洁护理类产品。品类的定义包括品类描述和品类结构两个方面：品类描述是指用文字说明此品类的特性，确定包括和不包括的产品范围；品类结构是把此品类内的产品进行细分，确定子品类。比如，目前对洗发护发品类一般分为洗发类产品、护发类产品、整发类产品这三个子品类，其中洗发类产品可进一步细分为女性、男性、婴儿及功能性洗发产品，还可以根据价格、功能、规格等标准进一步细分下去。另外，品类定义会随着购物者购物习惯的变化而改变，如婴儿用品传统上分散于食品、服装、纸品等品类，为方便怀孕的妈妈或者带着孩子的妈妈购物，出现了婴儿街、宝宝屋等购物区域，所有的婴儿用品都集中陈列，一个新的品类（婴儿用品品类）应运而生。

(二)品类角色

品类角色是研究如何对品类进行分工，给予不同的角色和衡量标准。

一般说来，品类的角色有四种：目标性、常规性、季节性和便利性。

1.目标性。实际上就是我们整体的目标。通过品类的组合及系统的管理使商店的形象能够得到提升，通过品类管理使购买者的需求能够得到满足，通过品类管理来促进其他品类的销售。品类管理不是面向全部的商品，而是针对一部分，通过对这一部分的品类管理来带动其他商品的销售。通常，目标性商品占了整个卖场商品巨大的销售份额。

2.常规性。常规性的商品主要满足消费者日常的需要，能够使商场的销售业绩和利润得到正常的提升。

3.季节性。由于季节的变化，商品的组织不一样，商品品类的组织分析也就不一样。这就需要利用季节性的商品来促进销售业绩的提升和利润的增加，从而满足消费者对某些季节性商品的需求。

4 便利性。除了主打商品、常规的日常商品和季节性商品外，还需要有更多的商品、品类角色来满足消费者的需求，这就需要便利性的商品提供给顾客顺带购买的机会。顾客可能不是冲着这一商品来的，但在购买了别的商品后，他会顺带购买。这类商品在商店里起到了一种拾遗补缺的作用。当然，便利性商品还可以帮助零售商增加利润，使得零售商既不需要降价，也不需要搞促销，而是通过给顾客带来方便，从而获得较大的利润空间。

目标性品类产品是零售商的标志。当提到某个品类时，消费者会把某个零售商当作首选，比如提到女性个人护理类产品，首先想到屈臣氏；提到新鲜大米，首先想到农工商超市。基本

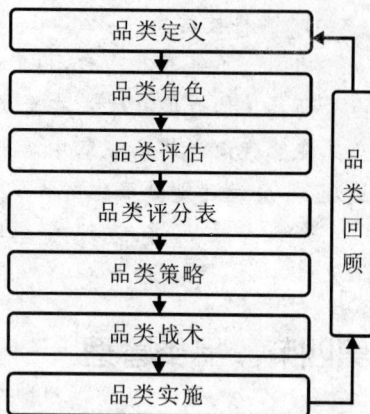

常规性品类是主要用来吸引客流，满足多方面需求并且能带来利润的品类。比如，洗发护发类产品一般被定义在这个角色里，哪个零售商都必须经营。对于季节性品类，因为其受季节性限制比较大，需要定期调整，比如沐浴露、杀虫剂、电风扇、取暖器等产品。便利性品类主要是为了满足购物者一站式购物需求的品类，销售额可能并不高，但是利润贡献较大。比如，越来越多的卖场里开始售卖鲜花。

(三)品类评估

品类评估的目的是为了全面分析零售商目前所处的状况，利用SWOT分析自己在市场上的定位、与竞争对手的差距，找出自己的优势劣势，同时通过数据分析全面量化并为下一步的品类评分表提供数据支持。一般包括品类发展趋势、自身销售状况、竞争对手状况、供应商能力综合评判等方面的评估。

(四)品类评分表

前面几个步骤设定了品类之于零售商的重要性，而且确定了优势劣势和进一步行动的目的，接着我们要利用品类评分表制定清晰的评价指标。这个评分表就是KPI，它因为目标品类的不同有所不同。比如便利性产品品类，因为销售额不会太大，评估应该主要以利润为主；基本常规类产品品类是零售商持续发展的品类，应该对其销售额、利润、库存天数、周转以及消费者满意度等予以综合考虑。

(五)品类策略

品类策略可以帮助零售商达到评分表中KPI。一般来说，常见的品类策略包括：刺激购买，提高客单价，增加人流量，维护忠诚度，提高消费量，降低成本，优化库存，提高供应链效率等。同一品类在不同的零售店可能是不同的角色，比如女性美容护理类产品，在一般卖场是常规性角色，而在屈臣氏这样的个人护理产品连锁店，就是目标性品类，所以角色不同，品类策略也有很大的不同。

在考虑品类策略时，要结合商店策略进行。商店宗旨和商店目标的制定要综合考虑商店的发展方向、商店的自身实力、商圈的市场容量和竞争环境等。商店策略和品类策略的制定要从了解商店的目标顾客群出发。到商店来买东西的主要是哪些人？商店吸引他们的能力怎样？他们对商店的评价如何？目前，不少零售商在制定商店策略和品类策略时存在以下一些误区：(1)目标顾客群定义不清或不知道应该吸引什么样的顾客群。(2)策略不明确，易随竞争对手而改变。(3)品类策略不能很好地支持商店策略。某些知名零售商也会犯这样的错误。

某大型卖场开业4年多，客流充足，收银台不堪重负。当附近一间新店开张并开通了载客穿梭车时，他们忍不住也开通了穿梭车。其实，该卖场此时的策略不在于增加客流量，而在于如何提高客单价或忠诚度。该卖场希望吸引月收入在5000元以上的顾客，实际上，该卖场也做到了。但分析卖场的女装、男装品类时，却发现它吸引了大量的2000元月收入的顾客，原因是该卖场女装品牌的产品选择、陈列、促销都倾向于低档或不知名的品牌。

(六)品类战术

关于品类战术，一般有以下几个方面：产品序列，商品陈列，新品引进，产品价格，产品促销，快速补货。而就国内零售市场发展现状来说，供应商与零售商合作的品类管理项目主要侧重于前面四种战术方法。

1.产品序列。零售商的货架空间总是稀缺有限的，必须选择能带来最大产出的商品组合。

高效的产品序列就是品类优化,剔除同质化产品,优化品种与数量,为消费者提供最佳的产品选择,优化库存结构,降低成本。主要的使用方法就是 80/20 原则。

2.商品陈列。与消费者最直接接触的就是零售商的陈列货架,高效的商品陈列可以把消费者吸引到货架前,引导并刺激其购买,同时方便消费者选择,并且突出品类的角色,树立零售商形象。

3.新品引进。产品序列决定了零售商的经营品种,而高效的新品引进则使得精简后的经营品种继续保持高效性。评估新品主要考虑品类的特点,如品类角色、规模、差异化等以及供应商对新品的市场支持程度。

4.产品价格。价格竞争越来越成为零售商竞争的主要手段,如何制定出吸引消费者的价格抢占市场份额,又能保证合理的利润同样需要考虑很多相关问题。首先要明确品类角色,制定整个品类的毛利率,同时细分到子品类、品牌与单品;然后确认商品价格带,使用定价技巧等。

(七)品类实施

无论之前理论研究的质量有多高,没有好的品类实施等于前功尽弃。在实际操作中,品类实施也是碰到障碍最多的一步。由于品类管理会影响到各方面各部门的利益分配,这一点在实施的时候就会显现出来,因此必须协调好方方面面的关系,保证选择的产品序列、货架陈列真正在店内得到落实。

(八)品类回顾

品类回顾应该是所有相关人员最关心的环节,以确定前面所做的工作并对下一步的计划进行安排。主要的衡量指标就是品类评分表里的各项 KPI。一般来说,品类管理项目的评估结果大多是理想的、有效的。但是,品类管理对于零售商、供应商的贡献并不仅仅是短期的销售利润的增长,更多地体现在对零售商观念的改变与流程优化上。

经过多年的实战经验积累,宝洁公司将品类管理流程发展成如图 7-3 所示的模型。也就是说,从商店层面和品类层面来进行分析,品类的策略必须很好地配合商店的策略,才能保证实体商店的成功。

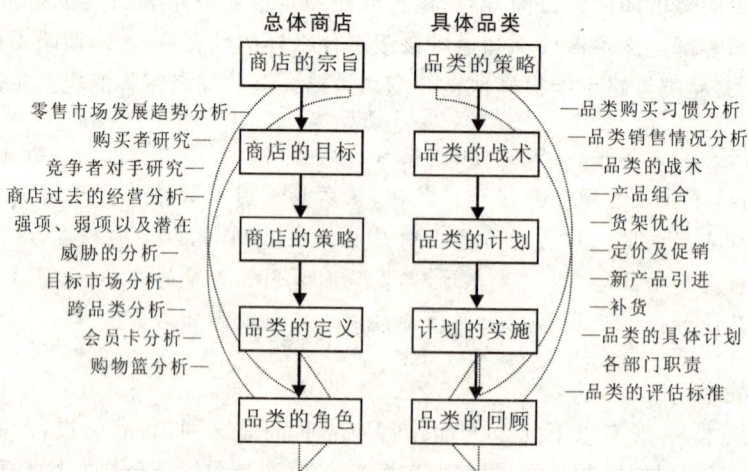

图 7-3　宝洁公司品类管理流程

在这个流程图中,品类和整个商家、整个商店相吻合的有两块:一块是商店总体的管理程序和流程;一块是品类管理需要进行的流程和它主要的管理内容。

图中商店宗旨指的是商店要干什么,要确定怎样的经营宗旨。商店的目标是指商家追求的方向以及市场定位。商店的策略是指商店要明确是采取低价策略还是采取高价策略。品类定义指商店自身对品类的定义,即确定这个品类仅仅是为了便于管理和区分,还是可以用来增加来客数和产生销量。对于总体商店,需要做好这样一些事情:

一是零售市场发展趋势分析。一个商店需要通过对零售市场发展趋势的分析,从而确定商店的经营宗旨。

二是对购买者的研究。通过对购买者进行研究来确定商场定位。

三是对竞争对手的研究。竞争对手到底是外资企业还是内地企业?通过确定竞争对手并对之进行研究,从而确定是与之进行错位经营还是绕道经营。

品类管理的研究不是单纯地研究商品的提升,而要通过对购物者和竞争对手的研究,来确定商家的经营宗旨和定位。

对于具体品类来说,商场在确定了其宗旨和经营方向后,就要对整个商场进行具体的品类管理了。首先要确定品类的策略,即明确是为了提高来客数,还是为了提高客单价或者是提高毛利。只有确定了品类的策略后,才能确定品类的战术。有了好的战略才有好的战术。有了战术,就要具体确定每个部门库房管理者怎样确保品类的库存、楼面管理怎样确保能及时上货、采购怎样确保将相关品类及时引进,从而确定完整的品类计划。品类计划确定以后,我们就需要将计划具体实施到采购管理和营运管理上,并要及时总结、回顾、研究这一次品类管理达到了什么效果和下一次应怎么做,如此循环往复并与总体商店相统一。

三、品类管理过程中制造商与零售商的组织合作

品类管理的基础是制造商和零售商的密切合作,因此需要双方的高层领导充分理解品类管理对各自的意义,并达成一致。然后,制造商根据零售商所处商圈、顾客群体的分类与需求等,结合自己企业多年的经验数据,确定适合双方的品类划分。

制造商与零售商定义品类之后,需要零售商和制造商提供各自企业以往的数据,根据每个品类对商店的重要程度、对于所处地点目标购物群体的重要程度以及对该品类的发展的重要程度,通过跨品类分析工具来确定该商品品类对于目标购物群体的重要程度,这样就可以确定该品类对于零售商来说应扮演怎样的角色。

在品类管理过程中,需要对商品和品类的现状进行评估。这不仅限于财务指标,还应考虑库存、人力投入等问题,这样有利于优化货架分配以及货品的新进与淘汰管理。通过品类的定义、品类角色的划分以及品类的评估,可以找出哪些品类是较受消费者喜爱的,由此来决定需要采用什么样的策略来提升该品类的竞争能力。品类策略的制定涉及到制造商的供货,不同的策略对应不同的订货、送货以及补货的问题,因此需要制造商和零售商共同制定品类策略。根据品类策略,品类管理很重要的部分就是品类战术的制定:高效的产品组合、高效的货架管理、高效的定价与促销、高效的补货以及高效的新产品引进。上述步骤规划之后,就需要进行品类计划的实施。品类管理不是一个一朝就能看到效果的管理,并且在实施的过程中会遇到一些问题,这需要制造商和零售商具有一定的信心和耐心,根据实施中存在的问题提出相应的解决措施,并运用到新一轮的品类管理之中。

(一)制造商与零售商组织合作中常见的问题

1.互信对合作的影响

品类管理需要制造商和零售商均以消费者的需求为中心,以开放的心态互利互助,才能达成让消费者满意这个终极目标,才能提升消费者对制造商和零售商的满意度。而品类管理中要求制造商作为一类商品的品类领队,对一类商品负责。同一品类包括很多产品与品牌,此时作为品类领队的制造商就不能只考虑自己企业的产品了,而必须要从消费者的角度出发,结合零售商的战略,考虑此品类商品的发展,从而对一类商品进行管理。

2.组织结构对合作的影响

品类管理是一种新型的管理,很多方面的发展并不成熟,在人员专业能力的培养或操作方式上还有缺陷,这样会在一定程度上影响企业对品类管理的认识。品类管理改善了组织之间机构的独立性,需要各个部门之间的协调合作。

3.权限对品类合作的影响

品类管理需要设定一个品类经理,他在与其他部门协调时,要经历很多的程序。在本部门要经过各级审批,在其他部门也要经过各级审批。在这个过程中,一旦某个环节出现耽搁,就会影响整个品类管理的进度。而品类经理是根据品类设定的职位,因此很多情况下并没有权威性,其协调也有可能是无效的。

(二)制造商与零售商组织合作的思路

1.建立充分的互信关系

从供应链的角度来说,制造商与零售商是在同一链条上的,互相都有很大的影响。双方建立起合作关系,可以充分发挥供应链条的作用,也可以加深品类管理的合作。这要求双方共同建立信息系统、共享信息,或签订协议,或在实施品类管理过程中,互相调配人员以加强信任度。

2.调整组织结构

合理的组织结构是企业开展各项工作的前提,能保证企业管理的合理操作。品类管理也必须建立在合理的组织结构之上。因此,应建立一致的组织形式,使办事处及其他部门协调运作。但在当前竞争激烈的形势下,建立各品类的专业优势是首要的任务,只有如此才能巩固市场地位,并取得竞争优势。

四、品类管理应用软件

目前,品类管理数据没有统一的或普遍适用的分析软件,各公司多采用 excel、access 等自行分析。而货架管理软件相对比较多。

(一)CMFacts Plus

Wincor 公司几年前为宝洁公司设计了 CMFacts 软件。该软件属宝洁公司所有,宝洁公司和零售商合作进行品类管理时,将其用于 POS 数据的分析。CMFacts Plus 是 CMFacts 的改进版,其逻辑参考了品类管理的 8 步骤流程,包括品类角色、品类策略等,很适合做品类管理分析。现在,Wincor 公司已经与 Nixdorf 公司合并,该软件属 Wincor Nixdorf 公司所有。Wincor Nixdorf 公司在中国的客户包括宜家(IKEA)、麦德龙(Metro)、家乐福(Carrefour)等。

(二)JDA Intactix

JDA Intactix 公司 1979 年创建于加拿大,1985 年创建美国公司。1996 年 3 月在 DAS-DAQ 股票交易中心上市,标记为 JDAS,是全球领先的空间管理和商品管理解决方案提供商。

全球超过 3300 家零售企业和制造企业使用 JDA Intactix 软件和咨询服务以提高商品生产率。主要工具包括 Pro/space 和 Pro/floor。Pro/floor 用于商店品类的布局和规划,其三维立体效果功能能带着你巡视整个卖场,切身体会卖场布局的效果。Pro/space 着重于货架排面的设计,相对于其前身 Intercept 具有更好的界面、视觉和图像输出效果,更强大的分析能力,更多样的货架类型选择。JDA Intactix 在中国的用户包括可口可乐、宝洁、高露洁、强生、沃尔玛、易初莲花(Lotus)等。

(三)英国商业街(Galleria)

Galleria 公司 1989 年成立于英国,致力于提供全面的零售业解决方案。拥有一批来自 Tesco 和 CWS 的管理层的零售业专家,在中国由北京盈科世纪公司代理。该公司的主要工具有品类专家(Market Profile)、货架王(GalaXXi)和自动单店特定排面图系统(Automated Shelf Profiler)。品类专家着重于数据分析和品种优化,货架王着重于货架陈列和陈列效果分析,自动单店特定排面图系统着重于店面的规划和品类的规划。Galleria 公司的主要客户包括 Tesco、麦德龙(Metro)、万客隆(Makro)、W H Smith、可口可乐(匈牙利)、德国汉高、雀巢(英国)等。

(四)Spaceman

Spaceman 是 ACNielsen(尼尔森市场研究公司)的产品。主要用于货架陈列及陈列效果分析。该公司使用 Spaceman 与部分零售商交换 POS 数据,并负责培训该软件的使用人员。百佳和宝洁(香港)目前都使用 Spaceman 制作货架图。

沃尔玛效应

当我们考虑零售企业的未来发展能力时,必须始终给沃尔玛以足够的关注。该公司以压倒性优势对很多商品产生了史无前例的影响,它就像一只从不肯离开屋子的 800 磅重的大猩猩。

沃尔玛几乎对每一位零售商和每一个品类巨头都产生了影响。随便说出一个处于零售地位的知名品牌的制造商,沃尔玛很可能是他的最大客户。下面列出一些在美国消费品领域的著名制造商:宝洁、卡夫、露华浓(Revlon)、吉列——随便说出几个名字都是同样的情况。消费品制造商总销售额中沃尔玛所占的比例令人震惊:占到 Dial 公司的 28%、Del Monte 食品公司的 24%以及高乐氏和露华浓公司的 23%。同时,沃尔玛还经营很多商品大类:狗食、玩具、袜子、服饰、清洁剂、珠宝、床上用品、钻石、家具、牙贴、运动商品、CD、DVD 以及电子游戏,其商品品类超过世界上任何一家零售商。

由于沃尔玛的存在,玩具反斗城这个美国最早的品类巨头,现在都被吊上了绞刑架。1998年,该公司损失 1.32 亿美元,被沃尔玛挤下了顶尖玩具零售商的位置。现在,沃尔玛拥有美国国内玩具市场上 21%的市场份额,而玩具反斗城只剩下 17%(塔吉特位列第三,占有 9%的市场份额;凯马特和 KB 玩具公司分别占有 4%~5%)。沃尔玛、塔吉特和凯马特都拥有这样的机动性,即在假期增加可选的玩具类别(从而吸引更多的顾客),然后在一年的其他时间里恢复到正常水平。这些折扣经营者有更有效的价格机制,从而可以以比玩具反斗城低得多的价格销售玩具。玩具反斗城在前首席执行官查尔斯·拉扎勒斯 1994 年退休以来，已经换了好几任领导。

2000 年，玩具专营商 FAQ Schwartz 公司（根据美国破产法 11 条规定，2003 年被迫宣布破产）的前首席执行官约翰·伊勒（John Eyler）到玩具反斗城担任相同的职务，同时开始从根本上改进顾客服务、店堂陈列及周围的环境气氛——从而使商店感觉上不再那么像仓库。"所有的零售领域都变得更富戏剧性，"伊勒说，"经营的关键是引起顾客的兴趣。仓库能引起顾客什么兴趣呢？"

为进一步实践伊勒的观点，玩具反斗城斥资 3500 万美元兴建了公司宣称的"世界上最大的玩具商店"，位于曼哈顿中心的时代广场，即 44 大街和 45 大街之间的百老汇街区。这家四层高的商店面积达 11 万平方英尺，夸张地矗立在"通向世界的十字路口"。这是一个多媒体中心，可以同时介绍、陈列并展示所有新商品，同时销售玩具反斗城的经营理念，而不是仅仅出售一大箱一大箱的玩具和游戏。

时代广场的商店具有其他地方没有的吸引消费者的特征。在这个四层的巨型建筑物中央，有一个 60 英尺高的 Ferris 旋转木马，木马上的 14 辆汽车分别代表一种玩具或者一个人物，例如芭比娃娃，或者是 Tonka 卡车。还有一个 30 英尺高、5 吨重的 T. Rex 恐龙，就像是刚刚从《侏罗纪公园》里跑出来的一样。

在这个商店里，芭比和她的朋友们住在两层的 4000 平方英尺的芭比公寓中（公寓附带有自己的电梯），而金刚（King Kong）站在 25 英尺高的仿制帝国大厦顶端。甜点商店是按照 Candy Land 桌上游戏的实际规模建成的。百老汇的行人可以通过 30 英尺高的玻璃墙看到商店里面的情况，一种特别的卷轴技术可以在 3 秒钟之内将窗户变成广告宣传牌（或告示牌），这在极大程度上吸引了行人的注意力。商店还为真正要购买玩具的顾客提供了单独的店员服务。VIP 顾客还可以停留在阳台上观看表演。大约 700 名员工分布在这个室内主题公园中，顾客目光所及的地方到处都是商品。同时分布在每一个转弯处的 45 台录像机放映器持续不断地放映商品的广告。

所有这些都非常完美，但这家商店仍然没能扭转 2003 年玩具反斗城在销售旺季继续衰退的趋势，公司排名降到了第三的位置上，这是伊勒上任后最差的一年，同一商店的销售下降了 5%。2004 年，玩具反斗城关闭了 146 间儿童反斗城童装商店以及 36 间 Omaginarium 商店，这些关闭的商店占到公司世界范围内 1629 个零售单元总数的 11%。

当然，公司也有积极的一面，它在国际市场上经营得非常成功：在公开上市的日本玩具反斗城中持有大量的份额，同时在固定资产份额持有上也占有绝对的比重。公司的婴儿反斗城成为了真正的赢家，这是成长最好同时也是经营最好的国内分部，获得了近 200 间商店中大约 15% 的销售，婴儿分部的优势之一是商店可以在整个一年中都保持忙碌，而不像玩具分部极大地依赖假期购物。

只要玩具反斗城开始依赖任何一种特定的商品类别——只要沃尔玛愿意，它就可以在任何时间统治这一特定类别——那么，该品类巨头的命运就将具有很大的不确定性。玩具反斗城曾经挤垮了很多小型玩具商店，现在它自己也处在这样一个尴尬的境地中，即使不被杀死，至少也会使公司元气大伤。但是，一些产业观察家预测，玩具生产商们会尽他们所能以保证玩具反斗城的长期有效经营，因为这些制造商们并不想只同沃尔玛和塔吉特这样的折扣经营者打交道。

沃尔玛给家用电子商品领域带来了同样的影响，特别是在服务和定价方面。家用电子商品已经变成了一种低价格的普通商品，因此即使是专卖店也很难保持利润。举个例子来说，大多数消费者都已经非常熟悉 DVD 机。因此，沃尔玛和塔吉特这样的折扣经营者就可以把它们高高地堆在货架上，同时以很低的价格出售，而不需要雇用知识丰富的销售人员提供服务和帮助。而制造商们把尽可能多的信息放在他们的网站上（还有商品外包装的盒子上），顾客事先就可以得到足够多的信息，做出明智的选择，而很少考虑最后的购买行为是发生在好事多、沃尔玛还是 Best Buy。Best Buy 已经在家用电器领域发起了明显的进攻，公司开始经营电冰箱、煤气灶以及微波炉之类的商品——目前，这个领域被 Lowe、家得宝以及长期的领导者西尔斯侵略性地占领。

资料来源：罗伯特·斯佩克特. 品类杀手——零售革命及其对消费文化的影响. 商务印书馆，2006

本章小结

本章围绕零售商品策略，从商品分类、商品结构及组合、商品陈列、品类管理这四个方面对此加以阐述，并简要介绍了商品陈列的一些基本点及相关研究。

商品分类作为零售商品管理的第一步，分类方法并没有统一而权威的标准。在符合特定原则的基础上，不同业态、不同行业有着不同的分类方式。零售企业应在理论和实践经验的基础上，采取符合消费者购买行为习惯的商品分类方式，以便利顾客的购买、激起顾客购买欲望、促进卖场的销售。

商品结构的确定会受到多种因素的影响，但发达的商品经济已经降低了这些影响。确定一个卖场的商品结构，最主要的决定因素在于卖场的自身定位。在确定了商品结构之后，不同的零售业态会采用不同的商品组合。零售业态的不同决定了店面商品品种的宽度和深度。

商品陈列是一项复杂的活动，在这个过程中需要零售商吸引并合理地分配顾客的注意力。零售商必须重视购物经历，体会消费者在整个购物过程中的全范围感受。

品类管理是管理零售企业的一种技术，即重视产品品种品类更甚于单个品牌绩效。它将产品分为战略业务单位，以更好地满足消费者的需求，实现财务目标。品类管理帮助零售人员制定商品决策，以最大化资产总收益。同时，品类管理需要供应商和零售商的通力合作，建立充分的信任，实现双方利益最大化。目前有大量基于个人电脑和网络、涵盖商品计划几乎所有方面的商品管理软件可以为零售商所用。

第八章 零售业物流管理与服务策略

☞【开篇案例】

ZARA"快时尚"

ZARA 是西班牙 Inditex 集团旗下的一个子公司,它既是服装品牌,也是专营 ZARA 品牌服装的连锁零售品牌。1975 年设立于西班牙的 ZARA,隶属于 Inditex 集团,为全球排名第三、西班牙排名第一的服装商,在世界各地 56 个国家内,设立超过两千多家的服装连锁店。ZARA 深受全球时尚青年的喜爱,设计师品牌的优异设计,价格却更为低廉,简单来说就是让平民拥抱 High Fashion。

业界常用"一流的设计、二流的面料、三流的价格"来形容 ZARA 的服装产品,从中不难发现 ZARA 所倡导的"快餐式服装文化"已经深入到每一个消费者的意识中去。ZARA 服装产品最吸引顾客的是每年 12000 多种极具流行感的款式。ZARA 作为服务零售业中"快时尚"的代表,其真正的秘密便来源于其最强有力的核心竞争力——物流。

产品包装检查完毕后,将通过长约 20 公里的地下传送带运送到拉科鲁尼亚配送中心。除了总部和马德里两物流中心外,在巴西、阿根廷和墨西哥还拥有几个较小的配送中心以应对南半球与欧洲相反的季节和遥远的路途。为了应对快速增长的非欧洲(主要是美国和亚洲)市场需求和给新开的门店快速配送,还将建立新的配送中心。拉科鲁尼亚的物流中心有 5 层楼那么高,建筑面积超过 50000 平方米,运用非常成熟的自动化管理软件系统:大部分是由 ZARA 或者 Inditex 的员工开发出来的。中心的员工有 1200 人,每周通常运作 4 天,运送的货物的数量依需求而定。

物流中心的运输卡车依据固定的发车时刻表,不断开往各地。该公司还有两个空运基地,一个在拉科鲁尼亚,另一个大一点的在智利的圣地亚哥。通常,欧洲的连锁店可以在 24 小时以内收到货物,美国的连锁店需要 48 小时,日本的在 48~72 小时之间。ZARA 特别强调速度的重要性,但不可思议的是,出货正确率达到了 98.9%,而出错率不足 0.5%。

为确保每一笔订单准时准确到达其目的地,ZARA 没有采取耗时较多且易出错的人工分检方法而是借用激光条形码读取工具,它每小时能挑选并分捡超过 80000 件衣服。除了当前岗位所需的具体技能外,员工还接受 IT 技能、英语等方面的培训以提升技能和经验。

每个专卖店的订单都会独立放在各自的箱子里,采用直配的模式。为加速物流周转,ZARA 总部还设有双车道高速公路直通配送中心。通常订单收到后 8 个小时以内货物就可以被运走,每周给各专卖店配货 2 次。从物流中心用卡车直接运送到欧洲的各个专卖店,利用附近的两个空运基地运送到美国和亚洲,再用第三方物流的卡车送往各专卖店。

Inditex 特别强调速度的重要性,该公司的一位高级经理说:"对于我们来说,距离不是用千米来衡量的,而是用时间来衡量的"。它在物流中心及相关设施上的投资超过1亿欧元。在产品配送阶段,ZARA与大多数服装企业不同的是:ZARA更强调的是速度,甚至有些不惜代价地抢时间,因为失去时间的概念也就没有了时尚的概念,而其他服装企业更注重的是成本;其配送中心在快速、高效地运作,实际上只是一个服装周转中心,其主要功能是周转而不是存储,而国内众多服装企业的配送中心是越建越大且里面成品堆积如山的仓库;ZARA的各专卖店基本上是采用从配送中心直配的模式,而国内大多数服装企业都是在当地设分公司建仓库,从而也在各级中间环节积压了大量成品库存;ZARA高频、快速、少量、多款的补货策略也保证了专卖店的出样丰富但库存少。

资料来源:肖利华.ZARA:强调速度的产品配送.纺织服装周刊,2006(27)

第一节　零售物流管理概述

一、物流概念

(一)物流及物流管理的概念

物流(Logistics)的英语字面意义从属于军事范畴,即所谓的"后勤"。物流管理在二战后应用于企业管理,其初期的研究和传播附属于市场营销之下。"Physical Distribution"一词于20世纪50年代中期从美国传入日本后,被直译成"物的流通"。1979年6月,我国物资工作者代表团赴日本参加第三届国际物流会议,在考察报告中第一次引用"物流"这一术语。1989年4月在北京召开的第八届国际物流会议结束后,"物流"一词在我国才逐渐推广开来,而对物流管理的概念及理论的研究始终不够深入、系统。直到1997年,《物流术语国家标准(征求意见稿)》才将物流(Logistics)定义为"以最小的总费用,按用户要求,将物质资料(包括原材料、在制品、产成品等)从供给地向需要地转移的过程。主要包括运输、储存、包装、装卸、配送、流通加工、信息处理等活动。"

美国物流管理协会(CLM)1962年对物流作了一个精要的概括:"所谓物流,即以最高效率和最大成本效益,满足顾客需要为目的,从商品的生产地点到消费地点,对原材料、在制品、最终成品及其相关信息的流动与贮存,进行设计、实施和控制的过程。"

现代物流管理是指将信息、运输、库存、仓库、物流搬运以及包装等物流活动综合起来的一种新型的集成式管理,它的任务是以尽可能低的成本为顾客提供最好的服务。物流管理不仅仅是对实物流通的管理,也包含了对服务这种重要的无形商品的管理。物流管理的一大特点是强调对各项物流活动进行集成化的管理,贯穿产品价值形成和实现的全过程。

因此,对物流系统,应当从相互影响和相互作用的角度,全面地理解和把握物流过程中的一切功能与活动,即要用系统的方法来进行物流管理。物流管理的主要内容如图8-1所示。物流管理系统的输入端为四种资源:自然资源、人力资源、财力资源、信息资源。物流管理部门通过对各项物流活动的管理实现物流系统的有效运作。其输出是顾客服务和产品的时间、地点效用,通过提供优良的物流服务使物流真正成为企业财富的重要源泉。

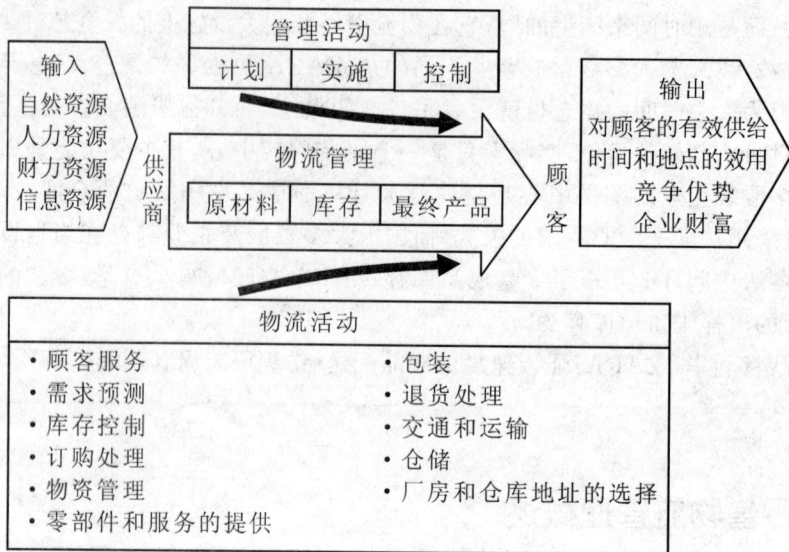

图 8-1　物流管理系统

(二)物流管理的任务

物流管理的任务可以概括为 5 Rights：以最少的成本，在正确的时间（right time）、正确的地点（right location），以正确的条件（right condition），将正确的商品（right goods）送到正确的顾客（right customer）手中。物流管理的核心在于创造价值。良好的物流管理要求供应链上的每一项活动均能实现增值，在为顾客创造价值的同时，也为企业自身及其供应商创造价值。物流管理所创造的价值体现在商品的时间和地点效用上，及保证顾客在需要的时候能方便地获取商品。

顾客导向是企业参与市场竞争的指导思想，物流的本质在于创造价值，而物流系统的输出正是顾客服务，越来越多的企业将物流管理视为提高盈利能力和竞争力的关键所在。以最低的物流成本，提供最好的服务，为顾客创造最大的价值，是企业赢得竞争的主要途径。

产品（product）、价格（price）、促销（promotion）和地点（place）是企业市场营销组合的四要素（4P's）。成功的市场营销要求企业拥有优良的产品、合理的价格、有力的促销手段，以及保证产品顺利输送到正确的地点。物流活动直接服务于地点要素，保证顾客在需要的时候能方便地购买到产品。图 8-2 概括描述了物流与市场营销诸要素之间的关系以及物流总成本的构成。

物流总成本是指实现物流需求所必须的全部开支。考虑物流总成本是一种系统方法，它是有效管理物流过程的关键。物流成本主要有六类：（1）客户服务成本；（2）库存管理成本；（3）运输成本；（4）批量（lot quantity）成本；（5）仓储成本；（6）订货处理和信息成本。权衡（trade-off）是物流管理的一个核心概念。物流的任务是以尽可能低的成本为顾客提供最好的服务。由于物流活动成本之间经常存在此消彼长的关系，因此需要在物流的各个活动之间进行成本的权衡。例如，客户服务水平显然受库存状态影响，为提高服务水平，最好是有庞大的库存，而庞大的库存的代价却是库存成本的提高。企业为实现长期盈利最大化的目标，必须不断调整顾客服务水平，迎合顾客的需要，这就要求企业将其有限的资源在市场营销四要素以及各项物流活动中合理配置，在不断提高顾客服务水平的同时降低总成本。

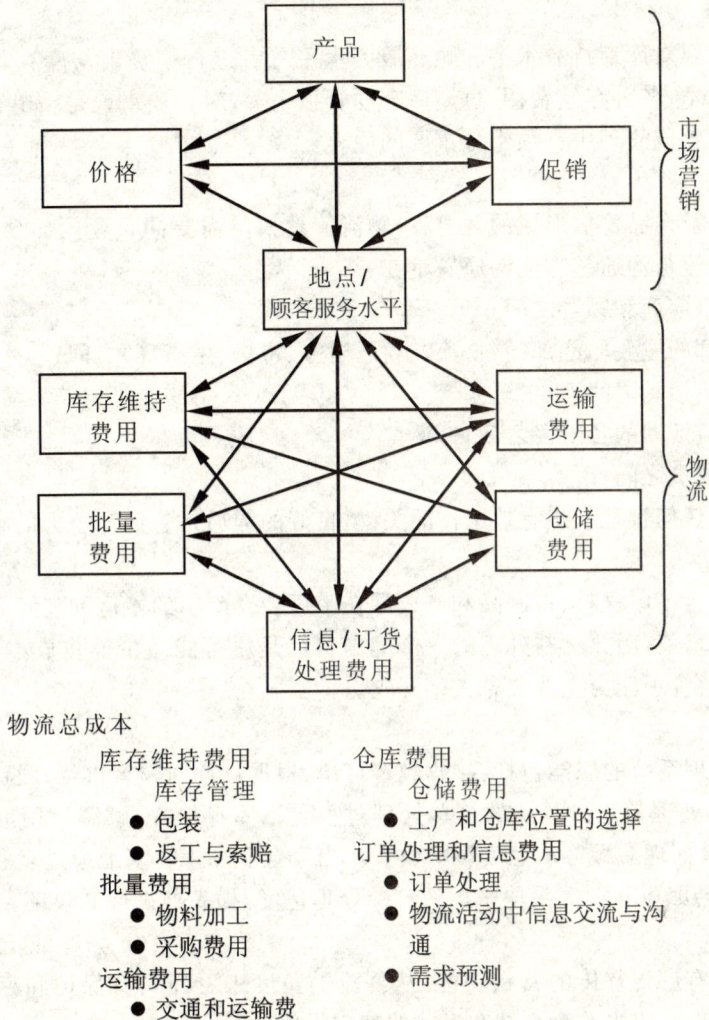

图8－2　物流成本权衡

企业物流受到了发达国家理论界和企业界的普遍认同和高度重视,被认为是"企业脚下的金矿"以及当前企业"最重要的竞争领域"。

(三)关键的物流活动

1.顾客服务

顾客服务是一种以顾客为导向的企业经营理念,强调在优化的服务成本－服务水平组合下,对企业与顾客的连结层面的所有要素进行集成管理。作为物流系统的产物,顾客服务的具体含义就是前面所提到的"5 Rights"。良好的顾客服务是顾客满意的根本保证。

2.需求预测和计划

在企业经营活动中存在多种需求预测。市场营销部门基于促销、价格竞争等影响因素作出顾客需求预测。生产部门根据市场销售需求预测和当前库存水平制定生产计划。而物流部门通常从采购的角度预测需向供应商订购多少原材料,或预测需向每个目标市场运输产品的数量。在一些企业中,物流部门甚至要负责生产计划的制定。

3.库存管理

库存管理需要对库存持有水平和顾客服务水平二者进行权衡。与库存相关联的成本,如库存占用资本成本、各种存储费用、过期库存物资损失等,对企业来说是一笔很大的开支,因此对库存的控制是物流管理中一项十分重要的内容。

4.物流沟通

物流管理涉及产品价值形成的全过程,物流管理人员需要同企业内部众多的职能部门和其他企业进行交流与沟通。物流沟通发生在:

(1)企业与供应商和顾客之间;

(2)企业内部的主要职能部门(物流、工程、财务、市场、生产等)之间;

(3)各项物流活动之间;

(4)每项物流活动的各阶段之间;

(5)供应链成员之间。

管理沟通是任何管理系统有效运作的关键,良好的沟通是企业竞争力的重要源泉。

5.物料处理

物料处理包含了原材料、在制品和产成品在工厂和仓库中的搬运和装卸等处理,这类操作并不实现物品的增值,因此物料处理的一个基本目标是尽可能减少操作成本。通过对物料流的细致分析,物料管理能为企业节省大笔开支。

6.订单处理

企业订单处理系统的职能包括:接收顾客订单,根据订单向顾客供货,跟踪订单处理状况,向顾客反馈订单处理信息。具体的订单处理过程包括库存检查、顾客信用审核、开具单据发票、发货等。订单处理对顾客满意度影响极大。当今企业越来越多地通过互联网、电子数据交换(EDI)和电子转账(EFT)等手段来加快订单处理速度,提高准确性和效率。

7.包装

包装不仅具有广告宣传的营销功能,从物流的角度来看还具有保护和存放商品的功能。良好的产品包装设计应当符合仓储和运输的特定需要。

8.产品售后服务支持

物流部门需提供产品的售后服务支持,包括产品的安装调试、存储充足的备用物品、回收有缺陷的产品、对顾客的维修或退换货请求做出快速响应等。

9.物流设施的选址

物流设施的选址是企业的一项重要战略决策,不仅影响到原材料和产成品的运输费用,也会影响顾客服务水平和对顾客需求的响应速度。

10.采购与供应

采购与供应是指外购物料或服务,以支持本企业的生产、销售以及物流等各项活动。采购活动的具体内容包括:供应商选择、与供应商的谈判、供应商品质评价等。企业应当与主要的供应商结成长期协作的战略伙伴关系。

11.退货处理

退货处理十分复杂,要求物流系统将分散的少量退货从顾客手中收集并运回,其物流流向与销售物流相反,而成本通常是后者的九倍之多。除了成本因素外,退货处理对顾客满意程度的影响也很大,因此越来越受到企业的重视。

12.交通和运输

商品在空间位置上的转移必须通过运输来实现。这是一项十分重要的物流活动,也是大多数企业开支最多的物流活动。其主要内容包括:选择运输方式,确定正确的运输路线,选择承运人等。

13.仓储

商品(特别是实物商品)的时间和地点价值只有在运输和仓储的支持下才能得以实现。仓储活动包括仓库的设计与构建、库存物品的管理、仓库租借决策等。

14.回收物流

特指物流过程中各种废弃物的回收与处理。随着社会对环保问题的日益关注,企业在环保方面受到越来越多的管制,回收物流也越来越重要。

二、零售业物流

(一)零售业物流的含义

零售业物流的概念,是伴随着现代零售业的发展和物流技术的进步而逐渐形成的。连锁商店的兴起,对零售业的物流提出了更高的要求。物流部门需要处理的商品数量和商品种类不断增多,商品的存储、包装、配送等一系列活动也变得更为复杂。20 世纪 80 年代后期,现代信息技术与互联网技术的飞速发展,使零售商从这一困惑中解脱出来。POS 技术、条码技术、EDI 技术以及现代包装分拣机的运用,大大缓解了零售业的物流压力,增加了零售业物流的职能。

现代零售业物流就是零售商计划、执行与控制商品从产地到消费者移动的实际流程,完成商品的采购、运输、仓储、流通加工以及相关的信息处理等功能,以达到顾客满意的目标。

(二)零售业物流的职能

作为为消费者提供商品和服务的重要支持环节,物流在零售企业的运营中发挥了巨大的作用。零售企业的物流部门通过采购、运输、仓储、流通加工以及相关的信息处理来实现支持门店经营、降低成本、帮助管理决策等目标,从而帮助整个企业满足顾客的需求。

具体来说,零售业物流系统的主要职能包括顾客服务、采购、运输、配送、流通加工、物流信息处理、包装、储存保管、装卸搬运等。

1.顾客服务职能

提高顾客满意度是企业在市场竞争中立身、发展、超越之本。以最小的物流成本,提供最好的物流服务,为顾客创造增值价值,是企业赢得市场竞争的主要手段,即通过实现 5R,保障顾客满意。

2.采购职能

采购是零售活动的起点。物流部门按照营销部门所提出的采购要求,通过多种方式采购商品。

3.运输职能

运输在物流活动中占有重要地位,是大多数企业开支最多的一项物流活动,它在很大程度上决定物流的效率。包括选择运输方式,确定正确的运输量、路线和承运人。运输方式可考虑自组车队或选择第三方物流公司的专业服务,主要考虑安全、迅速、准时、价廉等因素。

4.配送职能

零售企业物流配送主要包括进货、储存、分拣、配货、分放、配装、送货七个过程,在连锁企业物流系统当中位置特殊。只有通过配送,才能实现连锁企业的低成本和规模化发展。配送中心的运作在下章重点介绍。

5.流通加工职能

流通加工是在流通阶段实施的对商品的简单加工、组装活动。如生鲜食品的切割、大包装换成小包装等。它的目的是进一步适应顾客需求和增加附加值。大型连锁零售企业几乎所有的流通加工都集中在物流配送中心进行,扩大了店铺的营业面积,节省了人力,同时也实现了规模效益,提高了加工效率。

6.物流信息处理职能

物流信息在连锁经营中处于核心地位。连锁经营包括商流、物流、信息流、资金流四个方面,它们各成体系。信息流总是和物流联系在一起的。只有通过对物流信息的处理,才能获得其他的相关信息,为经营决策提供帮助。

7.包装职能

物流含义上的包装,主要是为了保护商品、区分商品、实现装卸的单位化。包装必须便于单位整合,方便运输和搬运。

8.储存保管职能

储存保管要考虑为下一项操作提供方便。物流配送中心的计算机的广泛应用和自动化仓库等物流技术的发展,为储存保管实现这一要求提供了可能。

9.装卸搬运职能

装卸搬运是一项衔接活动,要充分考虑为下一阶段操作提供方便。目前许多国家已经实现了装卸搬运的自动化,已有由计算机控制,由条码识别装置、高速自动分货装置、自动拣货装置等组成的自动装卸搬运系统。

10.选址职能

它是一项独立的活动,包括连锁分店和配送中心两个方面的选址。好的选址是成功的一半。它决定了物流配送效率、成本和经营效益。随着连锁业迅速的发展膨胀,连锁门店的选址工作变得越来越难。

(三)零售业物流系统流程图

不同的零售业态,其物流系统也有着自身的特点。总的来说,零售企业物流系统可以概括为百货店、大型仓储式超市、连锁超市三种典型的零售物流系统。

1.百货店物流系统

传统的百货店零售业态,其物流流程也相对比较简单。百货店从供应商处取得顾客所需要的商品,在经过验货入库、陈列出货的环节后,销售给顾客。商品的采购可以由供应商送达百货公司的仓库,也可以由百货公司自己根据不同商品、不同层次的顾客、不同的消费季节等销售情况向供应商采购并由自身来组织运输。如图8-3所示。

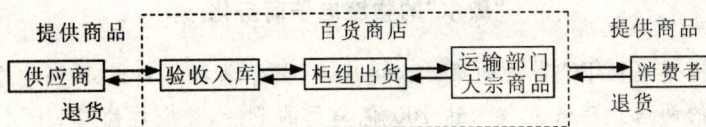

图8-3　百货店物流系统

资料来源:吴佩勋.零售管理.格致出版社,2009

2.大型仓储式超市物流系统

与传统百货店不同的是,大型仓储式超市的货物在检验合格后直接上架,并不需要经过仓库这一环节。大型仓储式超市就相当于一个大仓库,所有货物存放于卖场中,不需要设立专门的仓库。同时,它没有运输部门,货物的运输往往由供应商和顾客自己来完成。在这一物流系统中,商品流通所经过的渠道较短,因而节省了物流成本,从而能够获得成本上的优势。如图8-4所示。

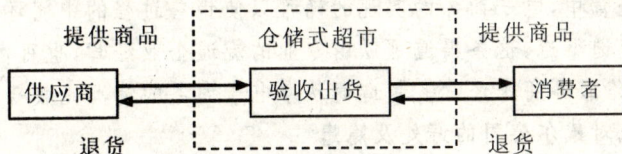

图8-4　大型仓储式超市物流系统

资料来源:吴佩勋.零售管理.格致出版社,2009

3.连锁超市物流系统

连锁经营是目前最为常见的零售业态之一。连锁超市的物流系统一般由连锁超市总部、其下属的若干个采购中心、配送中心以及众多的连锁销售门店构成。如图8-5所示。

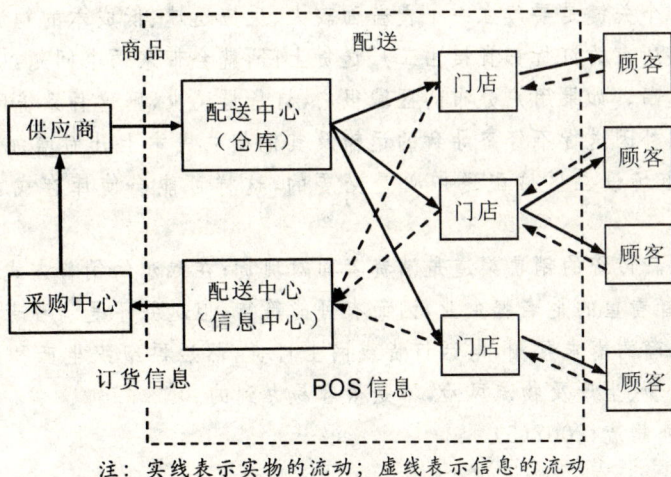

注:　实线表示实物的流动;虚线表示信息的流动

图8-5　连锁超市物流系统

资料来源:吴佩勋.零售管理.格致出版社,2009

"戴尔"的物流电子商务化

戴尔公司是商用桌面 PC 市场的第二大供应商,其销售额每年以 40% 的增长率递增,是该行业平均增长率的两倍。年营业收入达 100 亿美元的业绩,使它在康柏、IBM、苹果和 NEC 之后位居第五位。戴尔公司每天通过网络售出的电脑系统价值逾 1200 万美元,面对骄人的业绩,总裁迈克尔·戴尔简言,这归因于物流电子商务化的巧妙运用。

戴尔公司电子商务化物流取得的效果

戴尔公司的日销量超过 1200 万美元,但其销售全是通过国际互联网和企业内部网进行的。在日常的经营中戴尔公司仅保持两个星期的库存(行业的标准是刚超过 60 天),存货一年周转 30 次以上。基于这些数字,戴尔公司的毛利率和资本回报率分别是 21% 和 106%。戴尔公司实施电子商务化物流后取得的物流效果是:(1)1998 年成品库存为零;(2)零部件仅有 2.5亿美元的库存量(其盈利为 168 亿美元);(3)年库存周转次数为 50 次;(4)库存期平均为 7 天;(5)增长速度 4 倍于市场成长速度;(6)增长速度两倍于竞争对手。

在现实企业的经营中,电子商务的实现的确可以使销售过程的中间环节成为多余,并可以构造一条最简短的流通渠道,这条渠道可以由专业的流通企业经营,也可由专业的制造企业经营,还可以由信息网络服务商来经营。制造商从事电子商务的情况比较普遍。

电子商务化物流对戴尔公司的好处及隐患

电子商务化物流使戴尔公司既可以先拿到用户的预付款,待货运到后货运公司再结算运费(运费还要用户自己支付),戴尔既占压着用户的流动资金,又占压着物流公司的流动资金,按单生产又没有库存风险。戴尔的竞争对手一般保持着几个月的库存,而戴尔的库存只有几天,这些因素使戴尔的年均利润率超过 50%。当然,无论什么销售方式,首先必须对用户有好处。戴尔的电子商务型直销方式对用户的价值包括:一是用户的需求不管多么个性化都可以满足;二是戴尔精简的生产、销售、物流过程可以省去一些中间成本,因此戴尔的价格较低;三是用户可以享受到完善的售后服务,包括物流、配送服务,以及其他售后服务。决定戴尔直销系统成功与否的一个关键是要建立一个覆盖面较大、反应迅速、低成本的物流网络和系统。如果戴尔按照承诺将所有的订货都直接由工厂送货上门,就会带来两个问题:

1.物流成本过高。如果用户分布的区域很广,订货量又少,则这种系统因库存降低减少的库存费用是无法弥补因送货不经济导致的运输及其他相关成本上升而增加的费用的,可能在某些重要的销售市场设立区域配送中心是必要的,这样可能会使库存成本上升,但交货期缩短。

2.交货期过长。传统的销售渠道是消费者面对现货;在戴尔的销售方式下,用户面对的是期货。此时,消费者看重的是名牌企业,因而有可能等待,但这并不是消费者期望的事情,所以像戴尔这样依赖准确的需求预测,电话订货或网上订货,然后再组织生产和配送的模式,实际上蕴藏着较大的市场、生产及物流风险,不是很容易办到的。

资料来源:中外物流,2007(5)

第二节　零售物流配送和信息系统管理

一、零售物流配送管理

(一)配送的概念

配送是指以现代送货形式实现资源最终配置的经济活动;按用户的订货要求,在配送中心或其他物流节点进行货物配备并以最合理方式送交用户。

美国《物流管理供应链过程的一体化》对配送做出了这样的表述:配送这一领域涉及将制成品交给顾客的运输、配送过程可以使顾客服务的时间、空间的需要成为营销的一个整体组成部分。

配送不同于货物运输,它是比货物运输更为复杂的过程,它们之间是有明显区别的。主要表现在以下三个方面:

(1)配送不是单纯的运输或输送,而是运输与其他活动共同构成的组合体。配送集装卸、包装、保管、加工、运输等功能为一体,通过一系列活动将货物送达目的地。因此配送几乎包括了所有的物流功能要素,是物流的一个缩影或某一小范围中物流全部活动的体现,比单纯的运输要复杂得多。

(2)配送仅指从物流据点至需求用户之间的货物运输,在整个货物运输过程中处于"二次运输"或"终端运输"的地位。比如工厂通过配送中心向商店交货时,工厂和配送中心之间的货物输送称为运输,而配送中心到商店之间的货物输送则称为配送。

(3)由于配送运输的距离短、批量小、品种多,因而所采用的主要是短途运输工具——汽车,与一般的货物运输相比,其运输方式、运输工具单一。

资料来源:李俊阳.零售学.科学出版社,2009

(二)配送模式

在配送模式上,一般来说,常见的零售企业配送模式有四种,即供应商配送模式、零售商自营配送模式、第三方配送模式以及共同配送模式。

1.供应商配送模式

供应商配送是指由生产企业直接把连锁零售企业所需商品在规定时间范围内送到各连锁门店甚至货架的配送方式。主要适用于保质期较短、销售量较大的商品。我国很多大型生产企业(如海尔、海信、康师傅等)都在全国范围内建立了自己的分销体系,并根据商品的属性、运输距离以及季节等条件安排配送活动。更有一些零售企业与供应商建立了供需信息的快速传递系统,大大降低了配送成本。例如华联超市与保洁公司建立了自动补货系统(ERC),将"连锁超市补货"转变为"供应商补货",从而大大降低了交易成本,同时提高了供应商配送效率。

供应商配送模式的优势:

生产企业承担送货任务,大大降低了零售企业的物流成本,同时简化了连锁零售企业的运作,使其更好地专注于核心业务。

供应商配送模式的劣势：

①对连锁零售企业的规模要求较高。为了尽可能降低配送成本，供应商不会因为少批量的货物就提供送货服务，而要求零售企业的订货达到一定数量才会送货上门，也就是对连锁零售企业的规模有较高的要求。

②无法确保商品的及时供应。由于大部分生产企业的物流功能并不健全，而且零售商店的商品种类繁多，所以供应商往往无法充分满足众多零售店的配送需求，从而造成配送不及时、商品缺货的问题。这种情况在一些偏远或需求量小的门店更为严重。

③易造成零售企业的商品单一化。因为供应商的产品种类不会很丰富，而且要求在一定的采购量下才送货上门，所以会导致零售店大批量地采购同质商品，造成商品的单一化。

2.零售商自营配送模式

自营配送是指连锁零售企业物流配送的各个环节由企业自身筹建并组织管理，实现对企业内部及外部货物配送的模式。这种模式要求连锁企业根据各门店的商品需求量、经营规模以及布局网点等多种条件和环境，选择适当的地点出资建立一个或几个配送中心，然后集中完成对各门店的配送任务。随着连锁经营的发展，以配送中心为核心的自营配送系统的构建显得越来越重要，目前很多大型连锁零售公司都已经采用这一模式，纷纷建立自己的物流配送中心，实行统一配送。如上海华联超市股份有限公司早在2000年8月就启用了桃浦配送中心，其建筑面积28041平方米，库存能力90万箱，可同时停靠80辆货运卡车，服务半径长达250千米。它降低了华联超市的配送成本和商品损耗，增强了其在同行业中的竞争优势。

自营配送模式的优势：

①保证了零售企业对物流配送的有效控制。自营配送模式使得物流配送成为企业运营的一部分，方便企业进行监控和管理，使其更好地服务于企业的战略目标。同时还能够控制和避免竞争对手对配送系统的利用，保障企业在物流配送上的优先地位。

②更好地发挥统一管理、分散经营的成本优势。由于配送中心是集中采购，统一配送，所以可以享受批量优惠，压低采购成本和运送成本，使本企业的零售门店获得价格优势。

③提高连锁经营的效率。配送中心统一进货、分散配送使得各零售店可以不参与采购与配送环节，不用和供应商打交道，从而更好地专注于零售业务，提高了连锁经营的效率。

自营配送模式的劣势：

①一次性投资大，配送成本高。由于建立企业的自营配送体系涉及配送中心、运输、仓储等多个环节，所以需要一次性投入大量资金，初期投资很大。建成之后，仍需要大量的维持资金，一般企业很难负担。而且对于中小零售商来说，由于他们的企业规模不够大，无法形成物流的规模效应，会产生很高的配送成本，所以国内外利用这种模式经营配送业务的都是一些实力强且达到一定规模的企业，如美国的沃尔玛公司、日本的卡斯美公司、上海的华联超市等。

②风险高，易造成资源浪费。由于初期投入以及运营成本都很高，所以一旦企业效益不佳，很难回收资本。而且业务淡旺季的忙闲不均很容易造成资源的浪费，配送系统也很难随着企业的经营规模、业务范围的变化而进行调整，风险很高。

3.第三方配送模式

第三方配送模式是指交易双方把自己需要完成的配送业务外包给第三方来完成的一种配

送模式。大型连锁企业由于业务配送量很大，即使拥有自己的配送中心也不能完全满足要求，所以仍需要将部分业务的物流配送外包给第三方企业。而中小型零售企业则往往不具备足够的资金建立配送中心，所以也会选择将配送业务外包。与国外相比，目前我国物流配送方面第三方物流所占的比例还比较低，行业规模和服务水平有待进一步提高。

第三方配送模式的优势：

①零售企业可以集中精力经营核心业务。把物流配送外包给第三方企业，可以让连锁零售企业将有限的资源集中于企业擅长的核心业务上。

②压缩连锁零售企业的投资和物流成本，降低了风险。第三方配送模式避免了企业在物流体系上的投入，可以大大节约企业资本。而且由于专业的物流公司拥有大批量运送的规模优势，所以压低了配送成本，也降低了零售企业需要支付的物流费用。

③企业可以获得专业化的物流服务。第三方物流公司对物流配送经验丰富，更专业化，可以根据企业的不同情况"量身定做"适合零售企业的配送系统，为其带来更大的附加价值。

第三方配送模式的劣势：

①零售企业不能有效控制物流系统，很难与第三方企业磨合。由于零售企业无法直接控制物流，而且刚开始合作时，第三方物流公司对零售企业的配送需求了解得也不会很清楚，所以往往无法提供高质量的配送服务，企业之间需要很长的磨合期。

②合作关系不稳定，有企业信息泄露的风险。如果物流公司没有按照合同内容完成配送服务或者由于其他原因使得企业间的合作关系破裂，会导致连锁企业的供货中断，带来严重的经济损失。而且与第三方企业合作后，通常会对接信息平台，实现信息的共享，这种不稳定的合作关系还有可能会造成连锁零售企业业务信息的外泄，风险很大。

4.共同配送模式

共同配送是指多家企业共同参与，共同建立一家配送中心来承担他们的配送作业。它分为横向和纵向两种类型的组织方式：横向共同配送是多家连锁零售企业联合起来实现整体的物流配送；纵向共同配送是指连锁企业向供应链整合方向发展，与供应商（生产商、批发商）建立共同配送中心，进行供应链一体化构造。这种配送方式最早产生于日本，日本运输省对它的定义是，"在城市里，为使物流合理化，在几个有定期运货需求的货主的合作下，有一个卡车运输者，使用一个运送体系的配送"。

共同配送模式的优势：

①实现规模效益，降低成本。共同配送将多品种、小批量的零售需求集中到一起进行配送，可以获得规模优惠，大大降低物流成本。

②提高配送服务水平。共同配送可以实现多品种、小批量、高频率的物流服务，可以及时完成各零售企业的配送要求，高质、高量、高效率地完成配送服务。

共同配送模式的劣势：

①很难进行费用分摊。由于多家企业共同参与配送，而且对配送任务完成的贡献很难量化，所以费用不易分摊。

②有泄露商业机密的风险。共同配送必然会带来部分信息的共享，难免会出现商业信息泄露的情况。

③各合作企业之间很难磨合。由于每个企业对物流配送的要求都不会完全相同,所以在合作期间可能会出现运行理念和利益等方面的冲突,需要经过长时间的磨合。

(三)零售业配送流程

1.采购备货

备货是配送的准备工作,是配送机构根据客户的要求从供应商处集中商品的过程,包括筹集货源、订货或购货、进货及有关的质量检查、结算和交接等。配送的优势之一,就是可以集中用户的需求进行一定规模的备货。零售企业经营的特点之一是商品种类多、销售批量小,为了适应这一特点,零售企业需要从众多的供应商那里大批量地购进多种商品,这一环节被称为采购备货。

2.储存

储存是配送的一项重要内容,也是配送区别于一般送货的重要标志。在配送活动中,货物存储有两种表现形态:一种是储备形态;另一种是暂存形态。储备是按一定时期配送规模要求的合理数量进行的货物储存,它形成了配送的资源保证;暂存是在进行配送过程中,为方便作业,在理货场所进行的货物贮存。一般来说,储备的结构相对稳定,而暂存的结构易于变化;储备的时间相对较长,而暂存的时间较短。

3.订单处理

订单处理是独立存在于商品实体外的一个环节,它是对商品在理货作业完成后的流向做出决定的依据。订单处理在理货完成、商品在理货区处于暂存状态时就需完成。从严格意义上讲,零售企业的商品配送活动应是从配送中心接受各门店订单之后才真正开始的,配送部门只有接到各门店提交的订单并进行适当的整理、输出后,才能开始进行分拣、加工和配载、送货作业。

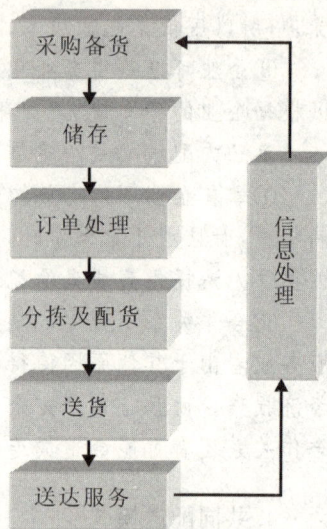

图8-6 零售业配送流程

4.分拣及配货

为了满足客户对商品不同种类、不同规格、不同数量的要求,配送中心必须按照配装要求进行货物分拣,并按计划理货。分拣是对货物按照进货和配送的先后次序、品种规格和数量大小等所进行的整理工作,是保证配送质量的一项基础作业,也是完善送货、支持送货的准备性工作。配货是依据用户的不同要求,从仓库中提取货物而形成的不同货物的组合。用户对商品的需求是多元化的,配送中心必须对货物进行组合、优化,合理选用运输工具,方便配送工作,满足用户需求。

5.送货

送货是借助运输工具等将装配好的货物送达目的地的一种运输活动,属于末端运输。要提高送货的效率,需要科学合理地规划和确立配送据点的地理位置。就一次送货过程而言,不仅要考虑客户的要求,而且要考虑送达的目的地、运输线路、运输时间以及运输工具等。

6.送达服务

送达服务是将货物送达目的地后,将货物交付给用户的一种活动,是一项配送活动的结束性工作。交货人员应和用户办理有关的交接手续,有效地、便捷地处理相关手续并完成结算。

7.信息处理

信息处理是为了使商品配送作业各个环节的工作能够连续地、有条不紊地进行,而对整个过程的信息进行及时接收和反馈的过程。信息处理并不是一个独立的环节,它伴随着每一个业务环节并贯穿于配送业务的始终,是整个商品配送业务的中枢系统。零售企业配送部门需要建立与各门店及企业总部之间的直接的信息交流渠道,及时获取卖场的销售信息,随时对库存商品信息进行分析,并据此安排采购和进货业务;在配送部门内部开展的拣选、分拣、流通加工和配载等作业的信息,也需要有一套完整、高效且灵活的信息处理系统进行处理;在企业和供应商、制造商之间,更应该建立有效的信息交流途径。

美国零售巨头 JCPenney 配送中心

2007 年 7 月,零售巨头 JCPenney 建设了其在美国的第六个零售物流中心。这个全新的配送中心坐落在加利福尼亚州莱斯罗普市(Lathrop),离奥克兰(Oakland)不远,主要承担进口集装箱货物的越库作业。

在配送中心内,货物按照要求被分拣,随后被运送到 JCPenney 遍布全美的 13 个区域店面支持中心。这是 JCPenney 首个应用了由德马泰克(DEMATIC)开发的超高性能的综合分拣子系统(Integrated Sortation Sub-System, 简称 ISS)的配送中心。配送中心每天处理165000 个纸箱,从收货到配送以及其间的每个作业环节都实现了高度自动化。

零售巨头 JCPenney

JCPenney 公司是美国的零售巨头之一,在美国和波多黎各运营着 1093 家百货公司以及全美最大的服装和家居产品网站之一 jcp. com,此外还拥有美国最大的通用商品目录业务。JCPenney 销售一系列国产、自有以及独家品牌产品,切实履行着公司"以合理的价格为用户提供款式和质量俱佳的商品"的承诺。JCPenney 的经营定位是"美国中产阶级的最佳购物选择",其将近 50% 的销售收入来自自有品牌商品。

JCPenney 总部位于得克萨斯州布兰诺市(Plano),拥有 155000 名员工,2007 年总营业额达 19 亿美元。

除了 Lathrop 物流中心,JCPenney 的物流网络还包括:另外 5 个零售物流中心,分别位于加利福尼亚的 Buena Park、北卡罗来纳州的 Statesville、得克萨斯州的 Haslet、佐治亚州的Forest Park 以及新泽西州的 North Bergen。此外,JCPenney 还拥有 13 个区域店面支持中心(Regional Store Support Center,简称 SSC),每个支持中心服务于 60~130 家店面;4 个直接配送中心(Direct Distribution Center,简称 DDC),用来处理来自目录销售业务及 jcp. com 的客户订单;4 个家具零售配送仓库(Retail Distribution Furniture Warehouse,简称 DFW)。

处理效率提升 20%

在 Lathrop 配送中心里,德马赛克为 JCPenney 开发了先进的高速分拣技术——综合分拣子系统(Integrated Sortation Sub-System,简称 ISS)。

ISS 的原理是将整个分拣子系统(包括多个独立的模块,如货物合并前、合并、间距控制和分拣)看成是一台完全集成的单点控制的机器。ISS 系统能够基于以下几点持续地调整速度:(a)系统在上游合并时有多少货物;(b)从分拣机中分拣出的货物量;(c)从合并前到分拣这一段有多少货物。实际上,从速度设定的角度来看,分拣是其中最重要的设备,系统中其他子系统必须以此为重。在子系统中有一个速度调节单元,观察分拣执行的快慢,然后调整其他子系统来适应这种节奏。

ISS 的突出特点就是整个系统采用了分布的、速度可变的控制技术，这主要基于有多少货物进入系统中以及多少货物从系统中拣出。与其他分拣系统不同的是，ISS 会根据需要处理的纸箱数量自动调整处理速度。整个系统各部分高度集成且互相连通，如进料模块可按照有多少纸箱进入分拣机自动调节速度，分拣机也根据输送和拣出的纸箱数量自动调整速度。

ISS 的优势体现在多个方面：整个系统只使用传送带，而没有滚筒，这能够增强组件控制；此外还包括纸箱间距的精确控制，以及高速并行分流滑靴式分拣机的使用。这使 ISS 在维持同等输送速度的同时比其他系统的处理效率提高了 20%。最终，Lathrop 配送中心每天处理 265000 个货箱，每个纸箱在被送到 JCPenney 的区域店面支持中心以前，在配送中心内平均仅仅停留 6 分钟。

JCPenney 认为，ISS 分拣系统出色地实现了 Lathrop 物流中心对于高速、高容量、越库作业的要求。

关键运作流程

由于收到了预先发货通知（Advanced Shipping Notice，ASN），Lathrop 物流中心很清楚将会有哪些货物送达，并为此作好准备。因此，从集装箱或送货卡车停靠在 Lathrop 物流中心的 17 个收货月台开始，在短短 6 分钟内纸箱就被接收完毕，并通过分拣子系统以及 20000 英尺长的输送机，装上卡车准备离开物流中心。Lathrop 物流中心从收货到配送的每个环节都实现了高度的自动化，在整个过程中，货箱仅仅被人工接触两次，一次是在卸载收货时，另一次则是在装载运送时。

Lathrop 物流中心的主要作业流程如下：

①收货卸载

高速卸载机直接进入卡车或集装箱卸载纸箱货物。每个纸箱都被迅速地分配给指定的 JCPenney 商店，当它们还在传送带上的时候就按照系统调配被自动贴上了带有 UPC 码的标签。

②预积放

很有可能从一个集装箱出来的成百上千的纸箱将前往同一个指定的商店，这就带来一个问题：当采用传统的合并操作处理这些前往同一商店的大批量纸箱时，毋庸置疑会引起分拣效率的下降。

为了解决这个问题，德马泰克设计了拉链并道（Zipper Merge）的方法，这个想法最初源于英国道路管理局对于交通的管理。也就是说，拉链并道会对所有纸箱的输送顺序进行重新安排，这样，前往同一商店的纸箱就不会紧挨着陆续进入分拣子系统，因此大大降低了大批量纸箱（例如 100 个紧挨着的纸箱）连续前往同一个指定地点的几率。

③合并与分拣

纸箱通过 3 条通道从合并前的积放点到达合并主道，每条通道的处理速度大约是每分钟 15 个纸箱（Cartons Per Minute，CPM）。这些纸箱以较慢的速度开始合并，而以较快的速度即每分钟 45 个纸箱被输出。此时分拣和合并操作被捆绑在一起，综合分拣子系统开始工作。ISS 实时监控分拣子系统，并根据输入货箱的数量决定到底是该加速还是减速。为了实现这一功能，合并和分拣之间的整个系统需要变速驱动机制以精确地控制传送带进行加速或者减速，变频驱动器通过控制供给马达的电力来调节交流电动机的转速。

④出货装车

分拣子系统共有 51 个格口,每一 SSC 有多个格口与之相对应。前往指定零售店的纸箱被装载机直接输送到卡车里。至此,物流中心的整个处理流程结束。

资料来源:朱佳.美国零售巨头 JCPenney 配送中心.物流技术与应用,2010(7)

二、零售物流信息系统管理

(一)物流信息系统简介

物流信息系统是指由人员、设备和程序组成的为物流管理者执行计划、实施、控制等职能提供信息的交互系统,它与物流作业系统一样都是物流系统的子系统。

物流信息系统是建立在物流信息基础上的,只有具备了大量的物流信息,物流信息系统才能发挥作用。在物流管理中,人们要寻找最经济、最有效的方法来克服生产和消费之间的时间距离和空间距离,就必须传递和处理各种与物流相关的情报,这种情报就是物流信息。它与物流过程中的订货、收货、库存管理、发货、配送及回收等职能有机地联系在一起,使整个物流活动顺利进行。

在企业的整个生产经营活动中,物流信息系统与各种物流作业活动密切相关,具有有效管理物流作业系统的职能。它有两个主要作用:一是随时把握商品流动所带来的商品量的变化;二是提高各种有关物流业务的作业效率。

(二)物流信息系统的功能

物流信息系统是物流系统的神经中枢,它作为整个物流系统的指挥和控制系统,具有多种子系统和多种基本功能。通常,可以将其基本功能归纳为以下几个方面:

1. 数据的收集和输入

物流数据的收集首先是将数据通过收集子系统从系统内部或者外部收集到预处理系统中,并整理成为系统要求的格式和形式,然后再通过输入子系统输入到物流信息系统中。这一过程是其他功能发挥作用的前提和基础,如果一开始收集和输入的信息不完全或不正确,在接下来的过程中得到的结果就可能与实际情况完全相左,这将会导致严重的后果。因此,在衡量一个信息系统的性能时,应注意它收集数据的完善性、准确性、校验能力以及预防和抵抗破坏能力等。

2. 信息的存储

物流数据经过收集和输入阶段后,在其得到处理之前,必须在系统中存储下来。即使在处理之后,若信息还有利用价值,也要将其保存下来,以供以后使用。物流信息系统的存储功能就是要保证已得到的物流信息能够不丢失、不走样、不外泄、整理得当、随时可用。无论哪一种物流信息系统,在涉及信息的存储问题时,都要考虑到存储量、信息格式、存储方式、使用方式、存储时间、安全保密等问题。如果这些问题没有得到妥善的解决,信息系统是不可能投入使用的。

3. 信息的传输

物流信息在物流系统中,一定要准确、及时地传输到各个职能环节,否则信息就会失去其使用价值。这就需要物流信息系统具有克服空间障碍的功能。物流信息系统在实际运行前,必须要充分考虑所要传递信息的种类、数量、频率、可靠性要求等因素。只有这些因素符合物流系统的实际需要时,物流信息系统才是有实际使用价值的。

4.信息的处理

物流信息系统的最根本目的就是要将输入的数据加工处理成物流系统所需要的物流信息。数据和信息是有所不同的,数据是得到信息的基础,数据往往不能直接利用,而信息是从数据加工中得到的,它可以直接利用。只有得到了具有实际使用价值的物流信息,物流信息系统的功能才算发挥。

5.信息的输出

信息的输出是物流信息系统的最后一项功能,也只有在实现了这个功能后,物流信息系统的任务才算完成。信息的输出必须采用便于人或计算机理解的形式,在输出形式上力求易读易懂,直观醒目。

这五项功能是物流信息系统的基本功能,缺一不可。而且,只有五个过程都没有出错,最后得到的物流信息才具有实际使用价值,否则会造成严重的后果。

(三)物流信息系统的内容

物流信息系统根据不同企业的需要可以有不同层次、不同程度的应用和不同子系统的划分。例如有的企业由于规模小、业务少,可能使用的仅仅是单机系统或单功能系统,而另一些企业可能就使用功能强大的多功能系统。一般来说,一个完整、典型的物流信息系统可由作业信息处理系统、控制信息处理系统、决策支持系统三个子系统组成。

1.作业信息处理系统

作业信息处理系统一般有电子自动订货系统(EOS)、销售时点信息系统(POS)、智能运输系统(ITS)等类型。

电子自动订货系统是指企业利用通信网络(VAN 或互联网)和终端设备以在线连接方式进行订货作业和订单信息交换的系统。电子订货系统按应用范围可分为企业内的 EOS(如连锁经营企业各连锁分店与总部之间建立的 EOS)、零售商与批发商之间 EOS 以及零售商、批发商与生产商之间的 EOS 等。及时准确地处理订单是 EOS 的重要职能。其中的订单处理子系统为企业与客户之间接受、传递、处理订单服务。订单处理子系统是面向整个订货周期的系统,即面向企业从发出订单到收到货物的期间。在这一期间内,要相继完成四项重要活动:订单传递、订单处理、订货准备、订货运输。其中实物流动由前向后,信息流动由后向前。订货周期中的任何一个环节缩短了时间,都可以为其他环节争取时间或者缩短订货周期,从而保证了客户服务水平的提高。因为从客户的角度来看,评价企业对客户需求的反应灵敏程度,是通过分析企业的订货周期的长短和稳定性来实现的。

销售时点信息系统(POS)是指通过自动读取设备在销售商品时直接读取商品销售信息如商品名、单价、销售数量、销售时间、购买顾客等,并通过通信网络和计算机系统传送至有关部门进行商品库存的数量分析、指定货位和调整库存以提高经营效率的系统。

智能运输系统(ITS)是典型的发货和配送系统,它将信息技术贯穿于发货和配送的全过程,能够快捷准确地将货物运达目的地。

2.控制信息处理系统

控制信息处理系统主要包括库存管理系统和配送管理系统。

库存管理系统负责利用收集到的物流信息,制定出最优库存方式、库存量、库存品种以及安全防范措施等。

配送管理系统则将商品按配送方向、配送要求分类,制定科学、合理、经济的运输工具调配计划和配送路线计划等。

3．决策支持系统

物流决策支持系统（LDSS）是为管理层提供的信息系统资源，是给决策过程提供所需要的信息、数据支持及方案选择支持。一般应用于非常规、非结构化问题的决策。但是决策支持系统只是一套计算机化的工具，可以帮助管理者更好地决策，但不能代替管理者决策。

沃尔玛的物流信息系统

沃尔玛先行对零售信息系统进行了非常积极的投资：最早使用计算机跟踪存货（1969年），全面实现单品库存控制（1974年），商店与总部之间建立相联结的卫星网络（1979年），最早使用条形码（1980年），最早使用品类管理软件（1984年），最早采用EDI（1985年），最早使用无线扫描枪（1988年），最早与宝洁公司等大供应商实现产销合作（1989年），通过RetailLink系统与供应商共享预测方法（1991年），启动Wal-Mart.com电子商务网（1996年），在Sam's Club测试RFID系统，与供应商之间的数据交换采用因特网数据标准（2002年），实施RFID计划（2005年）。在信息技术的支持下，沃尔玛能够以最低的成本、最优质的服务、最快速的管理反应进行全球运作。尽管信息技术并不是沃尔玛取得成功的充分条件，但它却是沃尔玛成功的必要条件。这些投资都使得沃尔玛可以显著降低成本，大幅提高资本生产率和劳动生产率。沃尔玛的物流信息技术主要包括以下几部分：

①数据采集技术。数据采集技术包括：条形码和射频技术（RFID）。条形码是有关生产商、批发商、零售商、运输商进行订货和接受订货、销售、运输、保管、入库验货、分货、盘点、退货等活动的信息源，在这些活动发生时点即能自动读取信息，及时捕捉到消费者的需要，提高了商品销售和物流系统的效率。沃尔玛为配合计算机网络系统，充分利用商品条形码技术，实现了存货自动控制。而RFID作为一种物品的标识手段，比条形码拥有更多的优点：标签信息容量大，一次读取数量多，读取距离近，读取能力强更新快，读取具有方便性、适应性等，而且更适合供应链管理，随着成本的下降和技术完善，预计今后将取代条形码成为主流。目前，沃尔玛已经开始要求供应商使用RFID，并已有成功的案例。

②EDI技术。利用电子数据交换系统EDI，企业与企业、企业与管理机构之间，可以利用电子通信来传递数据信息，产生托运单、订单和发票。通过供应商、物流服务商和客户的信息系统，得知最新的订单、存货和配送状况，使得数据传输的准确性与速度大幅提高，减少了纸张在商业交易中的使用，进而实现"无纸化贸易"。到1990年，沃尔玛已经与它的5000余家供应商中的1800家实现了电子数据交换，成为全美国该项技术最大的客户。

③门店管理系统。沃尔玛门店管理系统包括前台POS系统和后台MIS系统。POS是指通过自动读取设备（如收银机）在销售商品时，直接读取商品的销售信息，并通过通信网络和计算机传送到有关部门（如公司总部、生产部门、采购部门、供应部门等），进行分析加工以提高经营效率的系统。在门店完善前台POS系统的同时，沃尔玛也建立起了门店的后台系统SMART。这样，在商品销售的任何过程中任一时刻，商品的经营决策者都可以通过SMART了解和掌握POS系统的经营情况，实现了门店库存商品的动态管理，使商品的存储量保持在一个合理的水平，减少了不必要的库存。

④电子自动订货系统。又称EOS，是指企业间利用通信网络和终端设备，以在线联结方式，进行订货作业和订货信息交换的系统。简言之，就是订货数据通过网络传送到物流中心的

电脑系统。EOS缩短了订货商品的交货期,减少企业的库存水平,提高库存资金周转速度,有效防止销售缺货现象;对于供货厂商和批发商来说,EOS还可帮助分析零售商的商品订货信息,便于准确判断畅销商品和滞销品,有利于企业调整生产计划、物料计划、采购计划、商品库存计划和销售配送计划,使产供销一体化。EOS使各批发门店、零售门店将所需的订货数据输入计算机,并通过计算机的通信网络,将有关数据和资料传送到总公司、业务部、供应商或制造商,一旦订货得到确认后,物流中心根据总部通知,便将商品配送给各个订货的门店。

⑤预测和自动补货系统。即供应商预测未来商品需求,负起为零售商补货的责任,在供应链中,各成员互相交流、互动信息,维持长久稳定的战略合作伙伴关系。自动补货系统能够使供应商对其所供应的所有门类的货物在其销售点的库存情况了如指掌,从而自动跟踪补充各个销售点的货源,使供应商提高了供货的灵活性和预见性,即由供应商管理零售库存,并承担零售店里的全部产品的定位责任,使零售商的零售成本大大降低。沃尔玛成功地应用了自动补货系统以后,有效地减少了门店的库存量,并提高了门店的服务质量,不仅降低了物流成本,还加快了存货的流通速度,大大提高了沃尔玛供应链的经济效益和作业效率,为稳定沃尔玛的顾客忠诚度作出了杰出的贡献。

资料来源:吴伟强、陈福集.信息技术在零售物流的应用研究.商品储运与养护,2007(5)

第三节　零售物流系统的顾客服务要素

零售企业的任何业务,其产生和发展的基础都是向顾客提供服务并尽力满足其需要。在当前市场竞争激烈的时代,很多零售企业都提供了在价格、特性和质量方面雷同的产品。这时候,顾客服务的差异性将为企业提供超越于竞争对手的竞争优势。面对日益激烈的国内、国际市场竞争和消费者价值取向的多元化,零售企业管理者已发现加强物流管理、改进顾客服务是创造持久的竞争优势的有效手段。

从物流的角度看,顾客服务是所有物流活动或供应链过程的产物,顾客服务水平是衡量物流系统为顾客购买商品所创造的时间和地点效用能力的尺度。顾客的服务水平决定了企业能否留住现有的顾客及吸引新顾客的能力。当今的每一个行业,从汽车到服装,消费者都有很大的选择余地,顾客是企业的上帝。顾客服务水平直接影响着企业的市场份额和物流总成本,并最终影响其盈利能力。因此,在企业物流系统的设计和运作中,顾客服务是至关重要的环节。

一、顾客服务定义

(一)顾客满意

顾客服务经常和顾客满意相混淆。和顾客服务不同,顾客满意是指顾客通过对一个产品的可感知的效果(或结果)与他的期望值相比较后,所形成的愉悦或失望的感觉状态。从构成市场组合的四要素(4Ps),即产品(product)、价格(price)、促销(promotion)和地点(place)来看,顾客满意反映了顾客对企业提供的产品或服务是否满意的全方位的评价,因而顾客满意度是比顾客服务更广泛的概念。

顾客服务的质量直接影响着顾客满意的程度。赢得新顾客代价高昂,而留住老顾客至关重要。顾客服务的目标之一是"第一次就做好",以避免顾客抱怨的发生。研究显示,每当有1

个顾客对所购买的产品和服务产生抱怨,就会有 19 个潜在顾客投向其他厂商。当然,顾客的抱怨是难以杜绝的,但这也有助于企业发现潜在的问题,通过有针对性的改善和提高,能减少未来的抱怨。对顾客抱怨处理得当,还可以提高顾客的忠诚度。因此,高水平的顾客服务有助于获得高度的顾客满意。

(二)顾客服务

顾客服务的定义是随企业而变化的,不同的企业对顾客服务这一概念往往有不同的理解。例如,供应商和它的顾客对顾客服务的理解就有很大的不同,一般说来,可以理解为衡量物流系统为某种商品或服务创造时间和空间效用的好坏的尺度。这包括从接收顾客订单开始到商品送到顾客手中为止而发生的所有服务活动。

对大多数企业来说,顾客服务可以用一种或几种方式来定义:(1)一项管理活动或职能,如订货处理、顾客投诉处理等;(2)特殊参数的实际业务绩效,如在 24 小时内实现 98% 的订单送货率;(3)企业整体经营理念或经营哲学的一部分,而非简单的活动或绩效评价尺度。注意,如果企业把顾客服务作为一种经营理念和哲学,它应该有一个顾客服务功能以及多种性能测量。

顾客服务的一种定义是:顾客服务是发生在买方、卖方及第三方之间的一个过程,这个过程使交易中的产品或服务实现增值。这种发生在交易过程中的增值,对单次交易来说是短期的,当各方形成较为稳定的合同关系时,增值则是长期持久的。同时,这种增值意味着通过交易,各方都得到了价值的增加。因而,从过程管理的观点看,顾客服务是通过节省成本费用为供应链提供重要的附加价值的过程。

成功的市场营销要求不断争取到顾客并留住他们,从而实现企业长期盈利和获得投资回报的目标。然而,许多企业仅仅注重赢得新顾客,片面地通过产品、价格、促销等要素来创造需求,忽视了市场组合中的渠道管理以及与之相联系的顾客服务。顾客服务对市场需求有重要的影响,它决定着企业能否留住顾客。企业以盈利为目标,但在获得盈利之前,企业必须确定服务策略和计划方案以满足顾客的需要,并且以节省费用的方式来实现,这就是顾客服务。诸如宝洁等著名企业正是通过迎合甚至超越顾客对服务的期望而获取显著的市场竞争优势的。

二、顾客服务的要素

从零售企业整体的角度看,顾客服务可视为市场战略的一个基本组成部分。市场营销通常描述为四个要素(4Ps)的组合,其中渠道要素最直接地代表了物品的分销运送。与市场营销中产品的售前、售中、售后服务活动相联系,以买方与卖方发生交易的时间为参照,顾客服务的组成要素则可分为三类:交易前要素、交易中要素和交易后要素。

(一)交易前要素

交易前要素为零售企业开展良好的顾客服务创造适宜的环境。这部分要素尽管并不都与未来有关,但对产品销售有重要影响;顾客对零售企业及其所销售产品的印象和整体的满意度都与交易前要素密切相关。零售商为稳步持久地开展顾客服务活动,必须先对交易前要素做好正式的规范化的准备。顾客服务的交易前要素包括以下内容:

1.顾客服务条例的书面说明。顾客服务条例以正式文件的形式,反映顾客的需要,阐明服务的标准,明确每个员工的责任和具体业务内容;所规定的每项服务不仅要可度量与考核,还应有可操作性。

2.提供给顾客的服务文本。通过该文本,顾客了解到自己能够获得什么样的服务,否则顾客可能产生一些不切实际的要求。同时,顾客也可以知道在没有得到应有的服务时该与谁以什么方式联系。如果顾客在遇到问题或需要了解某些信息时找不到具体的人询问,他很可能一去不返。

3.组织结构。尽管不存在适合于所有零售企业成功实施其顾客服务的通用型最优组织结构模式,但对每个企业来说,应当有一个较好的组织结构以保障和促进各职能部门之间的沟通与协作。总体负责顾客服务工作的人在企业中应具有相当的职责和权威,因为这项工作涉及企业多个职能部门,往往需要多方协作和快速响应。

4.系统柔性。零售企业物流系统在设计时要注意柔性和必要的应急措施,以便顺利地应对诸如货源短缺、自然灾害、劳动力紧张等突发事件。

5.管理服务。零售企业应当为顾客提供购买、存储等方面的管理咨询服务。具体方式包括发放培训手册、举办培训班、面对面咨询等。这类服务往往免费或收费甚低。

上述交易前要素是相对稳定而长期的,较少发生变动,从而使得顾客对所获服务的期望保持相对稳定。

(二)交易中要素

交易中要素主要指直接发生在交货过程中的顾客服务活动,也就是最经常与顾客服务相联系的活动,主要包括以下内容:

1.缺货水平。它是对零售商产品可供性的衡量尺度。对每一次缺货情况要根据具体产品和顾客作完备记录,以便发现潜在的问题。当缺货发生时,零售企业要为顾客提供合适的替代产品,或尽可能地从其他地方调运,或向顾客承诺一旦有货立即安排运送,目的在于尽可能保持顾客的忠诚度,留住顾客。

2.订货信息。应向顾客快速准确地提供所购商品的库存信息、预计的运送日期。对顾客的购买需求,零售企业有时难以一次完全满足,这种订单需通过延期订货、分批运送来完成。延期订货发生的次数及相应的订货周期是评估物流系统运作优劣的重要指标。延期订货处理不当容易造成失销,对此,零售商要给予高度重视。

3.信息的准确性。顾客不仅希望快速获得广泛的数据信息,同时也要求这些关于订货和库存的信息是准确无误的。零售企业对不准确的数据应当注明并尽快更正。对经常发生的信息失真要特别关注并努力改进。

4.订货周期的稳定性。订货周期是从顾客下订单到收货为止所跨越的时间,包括下订单、订单汇总与处理、货物拣选、包装与配送。顾客往往更加关心订货周期的稳定性而非绝对的天数。当然,随着对时间竞争的日益关注,零售企业亦越发重视缩短整个订货周期。

5.特殊货运。有些订单的送货不能通过常规的运送体系来进行,而要借助特殊的货运方式。例如,有的货物需快速运送或需要特殊的运送条件。企业提供特殊货运的成本要高于正常运送方式,但失去顾客的代价可能更加高昂。

6.交叉多点运输。零售企业为避免失销,有时需要从多个店面或配送中心向顾客运送货物,这也是应对延期订货的策略之一。

7.订货的便利性。指顾客下订单的便利程度。顾客总是喜欢同便利和友好的卖方打交道。如果单据格式不正规、用语含糊不清,或在电话中等待过久,顾客都有可能产生不满,从而影响顾客与零售商的关系。对于这方面可能存在的问题,零售企业可以通过与顾客的直接交谈来获悉,并要予以详细记录和改进。

8.替代产品。顾客所订购的某种产品暂时缺货时,不同规格的同种产品或者其他品牌的类似产品可能也能够满足顾客的需要,这种情况在现实中时有发生。如图8-7所示,如果一种产品当前可供率为70%,该零售商还出售另一种替代产品,其当前可供率也为70%,则该产品的供应率就可提升至91%;类似地,如果存在两种可被顾客广泛接受的替代产品,其可供率可达97%。可见,为顾客提供可接受的替代产品可以大大提升零售企业的服务水平。

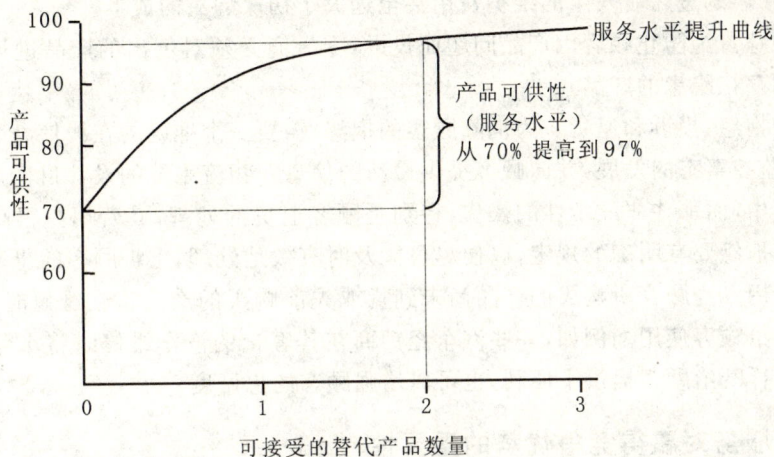

图8-7　替代产品对顾客服务水平的影响

零售企业在制定产品替代策略时要广泛征求顾客的意见,并及时将有关的政策和信息通知顾客。在有必要向顾客提供替代产品时,应征询顾客的意见并取得其认可。例如,某顾客需要容量为1公升的罐装漆,而油漆零售店正好卖光了这种1公升装的油漆。油漆零售商若提供5公升装的产品,则不是正确的替代方式,因为该顾客每次刷墙只需用2公升油漆,5公升的罐装产品打开后一次只能用一小半,多次使用也不方便。相反,如果油漆零售商提供1.5公升装的产品,对方很可能会乐意接受。

顾客服务的交易中要素往往倍受顾客关注,因为对顾客而言,这些要素是最直接和显而易见的。有80%的顾客认为产品的运送甚至与产品质量本身同等重要。图8-8显示,通常顾客抱怨的原因有44%来自送货的延迟,所以处理好顾客服务的交易中要素对于减少顾客抱怨十分重要。

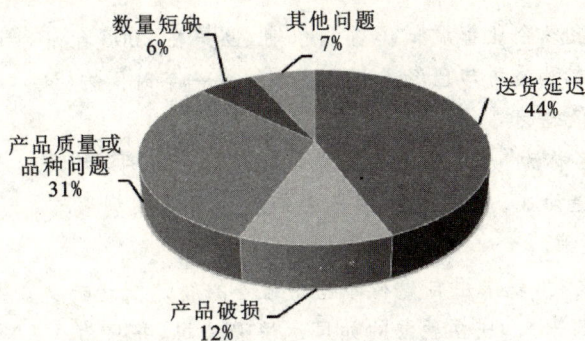

图8-8　顾客抱怨原因分析

（三）交易后要素

顾客服务的交易后要素是零售企业对顾客在接收到产品或服务之后继续提供的支持。这类要素曾经是顾客服务要素中最常被忽视的部分。售后服务对提高顾客满意度和留住顾客至关重要。交易后要素包括：

1. 安装、保修、更换、提供零配件。这些要素是顾客在做购买决策时经常考虑到的，特别对于一些设备，顾客购进之后发生的维护费用甚至远大于初次购买的成本。

2. 产品跟踪。为防止顾客因产品问题而投诉，零售商必须对售出的产品进行跟踪并及时从市场上收回存在隐患的产品。

3. 顾客的抱怨、投诉和退货。为消除顾客的抱怨，需要一个准确的在线信息系统处理来自顾客的信息，监控事态的发展，并向顾客提供最新的信息。物流系统的设计目标是将产品顺利传递到顾客手中，而那些非经常性的操作，特别是顾客退货的处理，其费用是很高的。零售企业对处理顾客抱怨要有明确的规定，以便尽可能及时有效地处理，维护顾客的忠诚度。

4. 临时借用。当顾客所购买的产品尚未到货或先前购买的产品正在维修时，可暂时将企业的备用品借给顾客使用。例如，一些汽车经销商在其客户的汽车维修时将车免费借给顾客暂时使用。这样既给顾客提供了便利，也可以增强顾客的忠诚度。

三、顾客服务对赢得竞争优势的重要性

顾客服务是零售企业物流系统的产出，换句话说，从顾客角度看到的是企业提供的顾客服务而不是抽象的物流管理。顾客服务是市场营销与物流管理两大职能的临界面，支撑市场组合的地点要素。更重要的是，良好的顾客服务有助于发展和保持顾客的忠诚与持久的满意，顾客服务的诸要素在顾客心目中的重要程度甚至高过产品价格、质量及其他有关的要素。

对于市场组合四要素而言，产品和价格较容易被竞争对手模仿，促销的努力也可能被竞争者赶上。提供令顾客满意的服务或处理顾客抱怨的高明手法则是企业区别于竞争对手、吸引顾客的重要途径。在短期内，企业顾客服务不容易被对手模仿。根据专家的估计，企业65％的销售来自老顾客，而发展一个新顾客的平均费用是保留一个老顾客所需费用的六倍；从财务角度分析，用于顾客服务的投资回报率要大大高于投资于促销和其他发展新顾客的活动。因此，物流管理产生的良好顾客服务是企业赢得竞争优势的重要武器。

VANCL 之自建配送队伍

尽管金融危机让很多企业都调低了盈利预期，但是在 2008 年底，创业仅一年的 VANCL 凡客诚品（北京）科技有限公司却已经盈利。在短短的一年时间内，VANCL 的生意从零开始，销售额迅速攀升至 3 亿元。

VANCL 的中文名称为"凡客诚品"，成立于 2007 年 10 月，由原卓越网创始人陈年创立、国际风险投资巨资打造而成。VANCL 的核心产品为男士系列服装，其中又以衬衫为主打产品，经营方式为网络直销。

VANCL 自成立之初，就采用自建和外包相结合的物流配送方式。2008 年 4 月，VANCL 又将自建物流系统分离出来，成立独立的如风达快递公司，并只为 VANCL 服务，主要保障核心城市的最后一公里配送服务。目前，如风达所提供的配送业务量约占 VANCL 总订单量的 25％，主要承担 VANCL 在北京、上海、广州、杭州以及苏州这五个核心城市的物流配送，一天

两次送货。

2010年,VANCL扩大了其自建配送系统的服务范围。VANCL在配送速度以及服务方面有了更大的提升,并于该年继续在一些一线城市(计划当中有10个城市)自建物流队伍。

和很多电子商务企业一样,其自建的配送队伍有着非常明显的"功利"色彩。一般情况下,自建的物流以及这些个性化的服务会增加企业20%～30%的成本,但这些成本也会被企业视作品牌价值投放,以期获得不错的回报。一方面,自建的配送队伍可以更好地保证回款速度,一般第三方物流企业在代收货款时往往都有最少1～3天不等的回款周期;另一方面,对自建配送团队的打造也被视为软性宣传的一部分。例如,VANCL自己的配送公司如风达就给快递员配备了统一的电动自行车,并对配送员统一配发带有公司LOGO的工装,这无疑将每一个配送员当作了一个流动的广告牌,与其路面上的广告遥相呼应。

VANCL颇具特色的快递纸盒包装

VANCL在推动二次配送、货到刷卡、开箱试穿、当场退换货等这样一些服务时,自建的配送队伍可以做得更好;另外,在内部人力资源的调配上也有好处,能够避免第三方物流节假日放假无法送货等困扰,并且更具灵活性。

对像VANCL这样的电子商务企业来说,客户服务的关键性自不必多言。如其推出的"30天内无条件退换货,货到刷卡,买家无需支付任何费用即可进行商品退换,甚至刷卡消费的商品,在退货之后将以现金形式返还"等,这些服务的推行就需要自建配送队伍强有力的支持。

另外,更为重要的是,电子商务企业更在乎资金安全。第三方物流企业提供的代收货款业务一直诟病甚多,自建的配送队伍在资金安全上的保证也更能让企业放心。VANCL推出的在订单下达后买家的货到付款,现在在主要地区已经升级到了货到刷卡——快递人员随身携带了移动POS机进行收款。

第四节　零售物流系统的顾客服务审计

顾客服务审计是评估零售企业顾客服务水平的一种方法,也是零售企业对其顾客服务策略作调整时产生的影响的评价标尺。审计的目标是:(1)识别关键的顾客服务要素;(2)识别这些要素的控制机制;(3)评估内部信息系统的质量和能力。

顾客服务审计包括四个阶段:

(1)外部顾客服务审计;

(2)内部顾客服务审计;

(3)识别潜在的改进方法和机会;

(4)确定顾客服务水平。

一、外部顾客服务审计

外部顾客服务审计是整个顾客服务审计的起点,其主要目标是:(1)识别顾客在做购买决策时认为重要的顾客服务要素;(2)确定本企业及主要的竞争对手所提供服务的顾客的比例。

首先要确定哪些顾客服务要素是顾客真正重视的,主要工作是对顾客进行调查与访谈。例如,某种普通消费品的零售商在衡量其供应商服务时主要考虑以下顾客服务要素:订货周期的稳定性,订货周期的绝对时间,是否使用 EDI,订单满足率,延期订货策略,单据处理程序,回收政策等。同样地,一般消费者在卖场购物的时候也会考虑这些问题,至少是这几个问题中的某几个。

在外部顾客服务审计阶段有必要邀请市场部门的人员参与工作,这有三方面的益处。首先,顾客服务从属于整个市场组合,而市场部门在市场组合的费用预算决策中是最有权威和发言权的部门。其次,市场营销部门的研究人员是调查问卷设计和分析的专家,而问卷调查工作是外部顾客服务审计的重要一环。第三,可以提高调查结果的可信度,从而有利于顾客服务战略的成功实施。

确定了重要的顾客服务因素之后,下一步就是对企业的有代表性的和统计有效的顾客群体进行问卷调查。问卷调查可以确定顾客服务要素及其他市场组合要素的相对重要性,评估顾客对本企业及主要竞争对手各方面服务绩效的满意程度以及顾客的购买倾向。依据调查的结果,企业可加强顾客重视的服务要素。在考虑竞争对手的强势和不足的同时,发展相应于顾客分类的战略。此外,问卷还能反映出顾客对关键服务要素的服务水平的期望值。

在进行正式的问卷调查之前,应在小范围的顾客样本中进行测试。问卷在设计时可能会漏掉一些重要问题,或有些条目使顾客难以读懂或难以清楚地回答。应针对出现的这些问题对问卷进行修正,以保证问卷调查的质量。

问卷调查的结果能帮助管理层发现潜在的问题和市场机遇。对大多数行业的零售商来说,下面这些服务要素都是最为重要的:按承诺日期送货的能力,按订单完备送货率,对送货延迟的提前通知,稳定的提前期(订货周期的稳定性),送货信息,提前期的长短,产品的质量价格比,有竞争力的价格,销售队伍的促销活动。

零售企业在把握各服务要素重要性的同时,也要关注顾客对本企业及竞争对手提供的各项服务的横向比较。企业和顾客对服务有各自的评价标准,但在市场竞争中,只有顾客是永远正确的。有时候顾客尚未认识到零售商某方面服务的努力,这时就有必要通过与顾客的交流来引导和告知顾客。

二、内部顾客服务审计

内部顾客服务审计是审查零售企业当前的服务业务的运作状况,为评估顾客服务水平发生变化时所产生的影响确立一个衡量标尺。为此,内部顾客服务审计应当回答下列问题:

(1)企业内部当前是如何评估顾客服务的?

(2)各服务项目(部门)的工作业绩如何考核?

(3)服务的标准或目标是什么?

(4)当前达到什么样的服务水平(与目标值相比较)?

(5)如何从企业的信息系统或订货处理系统中来导出这些测量?

(6)企业的内部顾客服务报告体系是什么？

(7)各个业务职能部门(如物流部门、市场部门)如何理解顾客服务？

(8)各个业务职能部门之间的沟通与控制关系是什么？

内部顾客服务审计的主要目的是检查零售企业的服务现状与顾客需求之间的差距。顾客实际接收到的顾客服务水平也有必要测定，因为顾客的评价有时会偏离企业的实际运作状况。如果零售企业确实已经做得很出色，则应当注意通过引导和促销来改变顾客的看法，而不是进一步调整企业的服务水平。

内部顾客服务审计的另一个重要内容是考察顾客与零售企业内部的沟通渠道，包括服务业绩的评估和报告体系。沟通是理解与顾客服务有关的问题的重要基础。缺乏良好的沟通，顾客服务就会流于事后的控制和不断地处理随时发生的问题，而难以实现良好的事前控制。

顾客与企业之间的沟通在订货－送货－收货循环过程中是相当基本的。订一送一收过程中的问题主要发生在以下方面：接收订单、订单检查与修改、送货、对送货时发生的各种问题的报告、开单、因单据错误而发生的纠纷、与付款有关的问题。

对管理层作访谈调查是主要的信息来源。访谈调查需涉及与物流活动有关的所有部门经理，范围包括：订货处理、存货管理、仓库、运输、顾客服务、财务/会计、生产、物料管理、市场销售等。访谈有助于了解这些管理人员如何看待顾客服务、如何与顾客沟通以及如何与其他部门合作。访谈要涉及下述内容：

(1)对职责的描述；

(2)组织结构；

(3)决策的权限与过程；

(4)业绩的考核与结果；

(5)对顾客服务的理解；

(6)如何理解顾客对顾客服务的定义；

(7)修改或改进顾客服务计划；

(8)部门内的沟通；

(9)部门间的沟通；

(10)与主要业务对象(如消费者、顾客、运输公司、供应商)的沟通。

管理层还必须对顾客服务考核和报告体系做出评估，以便明确顾客服务业绩的考核方法、考核部门、业务标准、当前的结果、每一活动的控制部门、数据的来源、报告的格式和汇编方法、报告的频度、报告的传递等。这还有助于明确顾客如何从企业获取信息。内部顾客服务审计应确定提供给顾客的信息类型、负责提供各类信息的部门与人员、顾客与这些部门及人员的沟通方法、对顾客询问的平均反应时间以及如何确保负责处理顾客询问的人员能获取充分的信息来答复顾客。

三、识别潜在的改进方法

外部顾客服务审计明确了零售企业在顾客服务和市场营销战略方面的问题，结合内部审计，可以帮助管理层针对各个服务要素和细分市场调整上述战略，提高企业的盈利能力。管理层在借助内、外部顾客服务审计提供的信息制定新的顾客服务和市场营销战略时，需针对竞争对手做详细的对比分析。

当顾客对本企业和各主要竞争者的服务业绩进行评价、比较并相互交流时，竞争性的目标基准(Bench-marking)显得更为重要了。

下面结合来自零售行业某一细分市场的数据来说明进行竞争性对比分析的方法。我们只分析两家零售企业的情况，其产品为日用消费品，顾客指一般消费者。该方法可扩展用于对多个细分市场多家竞争企业的分析。

第一步是制表(如表 8-1 所示)，表中包含了顾客对关键服务要素重要性的评分及对两家企业服务业绩的评分(满分均为 7 分)。作为一种简化了的情况，本例只取 10 个要素，并按顾客对其重要性的平均打分排列。

表 8-1　顾客服务要素的重要性和业绩评估

No.	要素	业绩评估			
		重要性得分	A 企业	B 企业	相对业绩(A 对 B)
1	按订单供货的准确率	6.42	5.54	5.65	−0.11
2	快速处理紧急订单的能力	6.25	4.98	5.23	−0.25
3	处理顾客抱怨	6.07	4.82	5.18	−0.36
4	对顾客定制的产品按期供货的能力	5.92	4.53	4.73	−0.2
5	供货完备率(最终按订单送货的百分比)	5.69	5.29	5.27	0.02
6	对开具单证和送货时发生错误的迅速纠正	5.34	4.64	4.9	−0.26
7	一揽子订单的可供率	4.55	5.03	4.15	0.88
8	送货频率	4.29	5.07	5.03	0.04
9	当地市场上有企业的专门人员处理订货	3.58	5.33	5.21	0.12
10	订单处理计算机化	2.3	4.07	3.53	0.54

第二步是绘制两维的(重要性与相对业绩)竞争地位矩阵。相对业绩的计算方法是用本公司的服务业绩得分减去竞争对手的得分。基于表 8-1 的数据，可以得到如图 8-9 所示的竞争地位矩阵。该矩阵显示 A 企业及其主要竞争对手 B 企业的服务业绩在顾客看来几乎是等同的。优势对等一列最顶上的单元格表明，A 企业应当改进编号为 1、2、3、4、5、6 的服务要素的服务水平，持续改进所需的费用肯定低于因此而增加的收益。

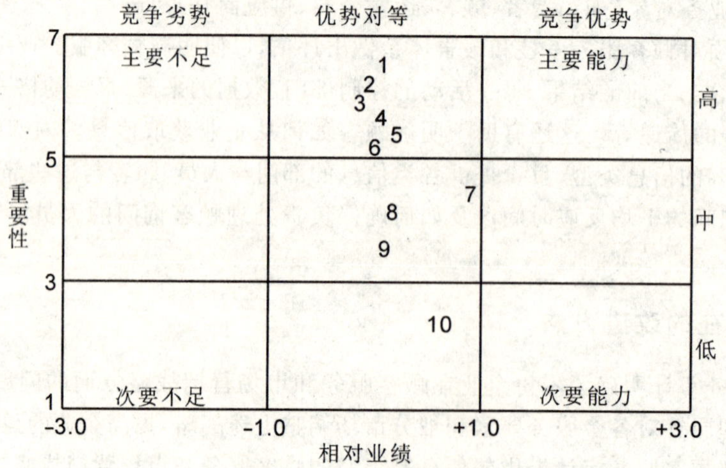

图 8-9　竞争地位矩阵

根据相对业绩(横轴),矩阵的九个单元格可划分为三大类:

1. 竞争优势

(1)主要能力(重要性高,相对业绩好);

(2)次要能力(重要性低,相对业绩好)。

2. 优势对等

3. 竞争劣势

(1)主要不足(重要性高,相对业绩差);

(2)次要不足(重要性低,相对业绩差)。

最重要的单元格代表本公司的主要能力(竞争优势),在与顾客沟通时要强调本单元格内的服务要素。次重要的单元格代表本公司的主要不足(竞争劣势),对其中的服务要素应加以改善,或使顾客确信这些要素是不重要的。次要能力的单元格表示本企业做得很好但并不为顾客所重视的服务要素。企业要引导顾客相信这些要素是很重要的,或者减少这方面的开支。

在下面的讨论中我们将看到,仅仅通过竞争地位矩阵来识别赢得竞争优势的战略机会是不完善的,必须结合业绩评价矩阵来综合分析。业绩评价矩阵的横轴为顾客对企业各服务要素的业绩评价,纵轴为对每一服务要素的重要性评价。如图8—10所示,该矩阵可划分为九个单元格:

(1)保持/改进服务(重要性高,业绩好);

(2)改进服务(重要性高,业绩一般);

(3)必须改进服务(重要性高,业绩差);

(4)改进服务(重要性一般,业绩差);

(5)保持服务(重要性一般,业绩一般);

(6)降低/保持服务(重要性一般,业绩好);

(7)保持服务(重要性低,业绩差);

(8)降低/保持服务(重要性低,业绩一般);

(9)降低/保持服务(重要性低,业绩好)。

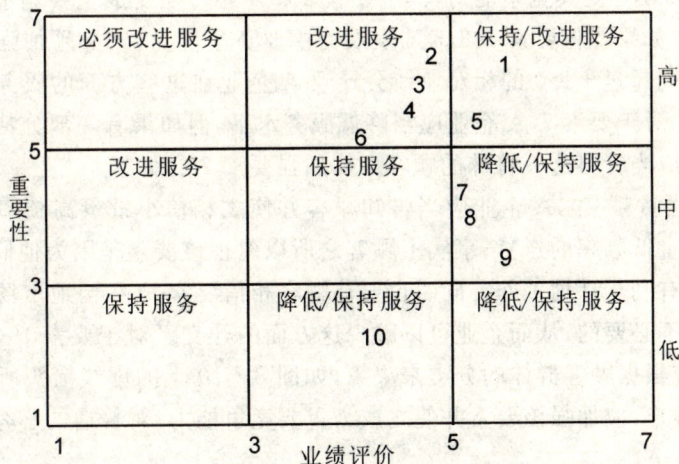

图 8—10 A 企业业绩评价矩阵

如图 8—10 所示的 A 企业业绩评价矩阵显示，在顾客最重视的前 6 个服务要素中，A 企业有 4 项低于顾客的期望，而对于重要性最低的两个要素（重要性得分分别为 2.30 和 3.58），A 企业的业绩又超出了顾客的期望。此处需注意：如果业绩评价得分的标准差过大，则要考虑是否存在细分市场的问题；倘若确实存在明显的细分市场，则必须按细分市场进行分析。

图 8—10 还说明，当企业的市场营销资源被最有效地分配时，所有的要素代码都应当落到矩阵的对角线上。也就是说，顾客所认为是十分重要的服务要素（得分为 5～7），其业绩评价应当高于 5 分；中等重要的服务要素，其业绩评价在 3～5 分之间，依此类推。然而，结合图 8—9 竞争地位矩阵的讨论将发现，这种"对角线策略"并不一定理想。

前面已经指出两个矩阵（图 8—9 和图 8—10）必须结合起来分析，因为单靠其中任何一个都不能得到完备的结论。例如，竞争地位矩阵显示，管理层应当增加对要素 1、2、3、4、5、6 的投入以使之变为主要（竞争）能力。看起来这 6 个要素都提供了相当大的机会；然而，通过对业绩评价矩阵的分析发现，要素 2、3、4、6 的改进更能增强企业的竞争优势。

比较分析显示 A、B 两家企业的服务业绩几乎相同。有时候，整个行业的企业在某个服务要素上做得都很差，此时某家企业如果改进其服务水平则可能赢得相当的竞争优势。在本例中，按订单供货的准确性（要素 1）最受顾客重视（得分为 6.4），但 A 企业及其主要竞争对手 B 企业的服务业绩得分都不十分出色（分别为 5.5 和 5.7），这就是一个改进服务的机会。

同时考虑图 8—9 与图 8—10 可以发现，要素 5 改进的潜力远不如要素 1、2、3、4 和 6，这是因为 A 企业在该要素上的服务业绩与顾客的期望值十分接近。图 8—10 显示要素 7、8、9、10 的服务水平都可以适当降低（根据"对角线策略"），但图 8—9 的分析则认为降低 A 企业对要素 8、9、10 的服务水平可能导致相对于 B 企业的竞争劣势。

对数据的理解必须结合服务要素的具体内容。比如要素 10（计算机订货系统）的重要性得分最低，但这一要素对企业为数不多的大客户来说却是至关重要的，直接通过计算机联网向企业订货可以帮助大客户节省许多人力与时间耗费；而计算机订货系统对大量的小客户来说则并不重要。

图 8—11 最完善地显示了如何调整企业资源的配置以增强竞争优势。提高要素 1、2、3、4、6 的服务水平，以使之更具竞争能力，其中要素 2 和 4 还可能变成主要竞争能力并成为竞争优势的主要源泉。如果要将要素 1、3、5、6 发展为主要竞争能力，则必须加强顾客对这些要素的重要性评价，否则超过 +1.0 的相对业绩会导致 A 企业在这些方面的服务水平超越顾客的期望而显得过高。对于要素 7，A 企业应当降低服务水平，但如果有一部分特殊的顾客十分重视该要素的话，则应当针对这一特殊的顾客群体加强要素 7 的服务。

对于要素 8（送货频率），A 企业应当告知顾客并使之相信小批量高频率的送货是十分重要的，它优于大批量低频率的送货；事实上顾客之所以忽视该要素是因为他们认为大批量低频率供货稳定性好，有利于计划工作。同时也要让顾客相信要素 9（在当地市场上有企业的专门人员处理订货）是不必要的，从而企业可以减少这方面的开支。对于要素 10（订单处理通过计算机网络进行），应根据顾客群体的分类来决策，如图 8—10 上的虚线箭头所示：对购买量大、企业获利高的大客户，应加强该要素并使之成为重要竞争能力；对普通的小客户则可以减少这方面的开支。

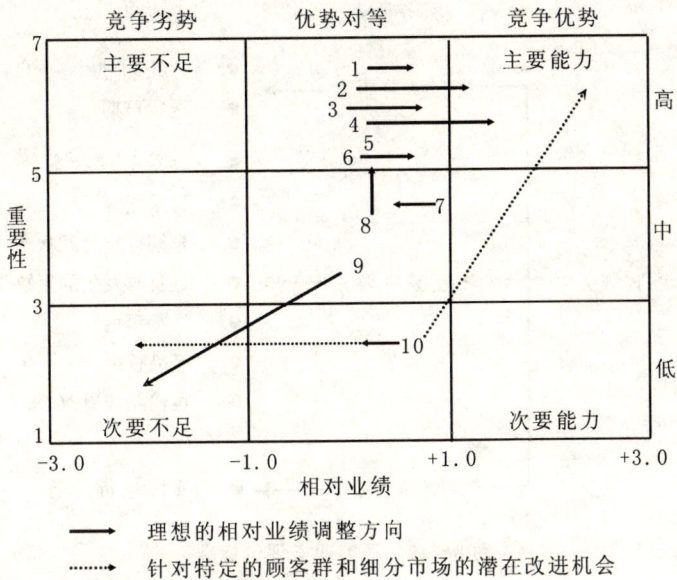

图8—11 获取竞争优势的战略机会竞争地位矩阵

四、确定顾客服务水平

顾客服务审计的最后一步是制定服务业绩标准和考核方法。管理层必须为各个细分领域（如不同的顾客类型、不同的地理区域、不同的分销渠道以及产品）详细制定目标服务水平，并将之切实传达到所有的相关部门及员工，同时辅之以必要的激励政策以激励员工努力实现企业的顾客服务目标。此外，还要有一套正式的业务报告文本格式。

管理层必须定期地按上述步骤进行顾客服务审计，以确保企业的顾客服务政策与运作满足当前顾客的需求。

五、制定和报告顾客服务标准，提高物流服务绩效

(一)制定和报告顾客服务标准

在明确了哪些顾客服务要素最为重要以后，管理层需制定服务业务标准。员工也应经常地向上级汇报工作情况。顾客服务绩效可以从以下四方面来评价和控制：

(1)制定每一服务要素的绩效量化标准；

(2)评估每一服务要素的实际绩效；

(3)分析实际绩效与目标之间的差异；

(4)采取必要的纠正措施将实际绩效纳入目标水平。

顾客服务可以从图8—12中所列示的一些方面来进行评价。

企业所重视的服务要素同时也应当是其顾客所认为的重要要素。诸如存货可供率、送货日期、订货处理状态、订单跟踪以及延期订货状态等要素需要企业与顾客之间良好的沟通。由于许多企业在订货处理过程方面的技术落后，提高顾客服务水平在这一领域大有潜力可挖。通过与顾客的计算机联网可以大大改进信息传递与交换的效率，顾客可以获取动态即时的库存信息，在缺货时可自主安排产品替代组合，还可得知较为准确的送货时间与收货日期。

```
              服务要素              评估标准

                                  ●   存货可供率
              交易前要素  ──────►
                                  ●   送货日期

                                  ●   订单处理状态
                                  ●   订单跟踪
                                  ●   延期订货处理状态
   顾客服务 ──┼──►  交易中要素 ──►  ●   送货时发生的短缺
                                  ●   送货延迟
                                  ●   产品替换
                                  ●   运输路线更改

              交易后要素  ──────►  ●   实际送货日期
```

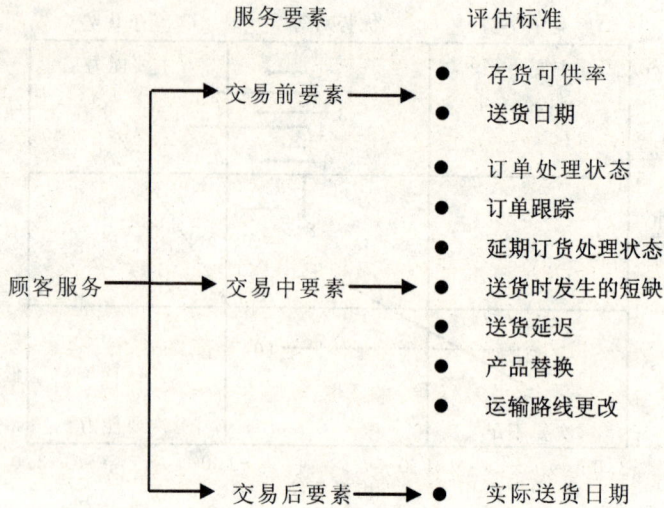

图 8—12   顾客服务评价标准

(二)提高物流服务绩效

企业通常可以通过以下四个活动来提高顾客服务绩效:

(1)彻底研究顾客的需求;

(2)在认真权衡成本与收益的基础上确定最优的顾客服务水平;

(3)在订货处理系统中采用最先进的技术手段;

(4)考核和评价物流管理各环节的绩效。

有效的顾客服务战略立足于深刻理解顾客对服务的需求。顾客服务审计和调查研究必不可少,一旦明确了顾客对服务的需求,管理层必须制定合适的顾客服务战略,以实现企业长期盈利和收回投资的目标。最优的顾客服务水平能以最低的服务成本为企业留住最有价值的顾客群。

最后,制定有效的顾客服务业务方案所需的顾客服务标准应满足以下要求:

(1)反映顾客的观点;

(2)能为服务业绩提供可操作和有针对性的评估方法;

(3)为管理层提供调整业务活动的线索。

本章小结

现代零售业物流就是零售商计划、执行与控制商品从产地到消费者移动的实际流程,完成商品的采购、运输、仓储、流通加工以及相关的信息处理等功能,以达到顾客满意的目标。零售业物流系统的主要职能包括顾客服务、采购、运输、配送、流通加工、物流信息处理、包装、储存保管、装卸搬运等。不同的零售业态,其物流系统也有着自身的特点。总的来说,零售企业物流系统可以概括为百货店、大型仓储式超市、连锁超市三种典型的零售物流系统。

配送是指以现代送货形式实现资源最终配置的经济活动;按用户的订货要求,在配送中心或其他物流节点进行货物配备并以最合理方式送交用户。在配送模式上,一般来说,常见的零售企业配送模式有四种,即供应商配送模式、零售商自营配送模式、第三方配送模式以及共同配送模式。

　　物流信息系统是指由人员、设备和程序组成的为物流管理者执行计划、实施、控制等职能提供信息的交互系统，它与物流作业系统一样，都是物流系统的子系统。在企业的整个生产经营活动中，物流信息系统与各种物流作业活动密切相关，具有有效管理物流作业系统的职能。它有两个主要作用：一是随时把握商品流动所带来的商品量的变化；二是提高各种有关物流业务的作业效率。

　　从物流的角度看，顾客服务是所有物流活动或供应链过程的产物，顾客服务水平是衡量物流系统为顾客购买商品所创造的时间和地点效用能力的尺度。顾客的服务水平决定了企业能否留住现有的顾客及吸引新顾客的能力。市场营销中产品的售前、售中、售后服务活动相联系，以买方与卖方发生交易的时间为参照，顾客服务的组成要素则可分为三类：交易前要素、交易中要素和交易后要素。

　　顾客服务审计是评估零售企业顾客服务水平的一种方法，也是零售企业对其顾客服务策略作调整时产生的影响的评价标尺。审计的目标是：(1)识别关键的顾客服务要素；(2)识别这些要素的控制机制；(3)评估内部信息系统的质量和能力。顾客服务审计包括四个阶段：(1)外部顾客服务审计；(2)内部顾客服务审计；(3)识别潜在的改进方法和机会；(4)确定顾客服务水平。管理层必须定期地按上述步骤进行顾客服务审计，以确保企业的顾客服务政策与运作满足当前顾客的需求。

　　零售企业通常可以通过以下四个活动来提高顾客服务绩效：(1)彻底研究顾客的需求；(2)在认真权衡成本与收益的基础上确定最优的顾客服务水平；(3)在订货处理系统中采用最先进的技术手段；(4)考核和评价物流管理各环节的绩效。

第九章 零售业物流网络设计与规划

☞【开篇案例】

苏宁的物流网络规划

苏宁电器的物流系统建设以"网络集成化、作业机械化、管理信息化"为发展目标,在全国若干大中城市建立了以区域物流中心为核心的仓储和长途运输网络,城市间最大配送距离达到1100公里;在各地建立城市配送中心、配送点,零售最大配送距离达到180公里。依托区域配送中心、城市配送中心和城市配送点三级物流网络,形成了长途配送到市、短途配送到店、零售配送到户的三级体系,日最大配送能力达15万台/套。2009年,苏宁电器在全国拥有3大物流基地、52个区域配送中心、29个城市配送中心、162个城市配送点、243个物流配送终端,建立了收、发、存、运、送的供应链管理信息系统,所有物流信息通过系统在连锁店、仓库、配送点之间准确、高速地传输,实现了商品销售后快速配送到区域内任何地点,最终实现了高效率、低成本的物流运作。

物流基地是苏宁电器集团连锁快速发展的后台支撑保障,是商务流通的核心平台,是商业企业最重要、最核心的资源与平台。苏宁物流通过区域化、集中化的物流作业,物流可支持的门店数量增加了,库存共享使得可卖数量和商品品项数增加了,顾客进行商品选择的丰富性增强了。库存资金占用进一步降低,商品周转率进一步提升。同时,规模化的作业使得物流的信息化、电子化、机械化有了用武之地,进一步压缩了企业的成本。在进、销、存统一了平台后,仓库操作工人的工作效率大大提高,人力下降了60%。在南京物流基地,通过使用多层货架、机械作业设备以及WMS库存管理等先进的信息系统,员工由原来高峰期400人降到目前的100来人,成本大幅下降。

围绕打造物流这一核心竞争力的战略,苏宁电器建立了区域配送中心、城市配送中心、转配点三级物流网络,依托WMS、TMS等先进信息系统,实现了长途配送、短途调拨与零售配送到户一体化运作。

2009年,苏宁电器已在北京、杭州、南京建成了三大物流基地,上海、天津、沈阳、成都、长春、无锡、合肥、徐州等地物流基地建设也全面铺开。按照规划,最终苏宁电器在全国的大型现代化物流基地将达60个左右。2009年初,苏宁电器董事长张近东在接受媒体采访时表示,加快建设物流中心是苏宁电器为百年老店目标奠定的基础。

苏宁电器将在60个物流基地中选取几个重要的基地,作为全国的3C类商品的调拨中心,真正做到集中存储、集中管理、加快周转、降低运营成本。

2009年,苏宁电器投资10多亿元,用于扩建南京物流配送中心,并新建北京、成都等8个配送中心。目前,苏宁投资3亿元的北京物流基地二期项目已在通州开工建设,该基地将于

2010 年底建成,物流仓库的面积将达到 5.6 万平方米,共有 3.2 万余个货位,大件商品存储能力 35 万台套,日配送能力则近 5 万台套,以支持苏宁在华北地区的市场拓展步伐。

资料来源:王长林.苏宁的物流网络优化.物流技术与应用,2010(4)

零售业物流网络规划的主要任务是确定产品从供应商起点到各个零售店面的整个产品实体分销渠道的结构,包括物流设施的类型、数量与位置,设施所服务的顾客群体与产品类别,以及产品在设施之间的运输方式。图 9—1 描述了一个普通的产品流通网络。需求方从所在地零售终端产品,各个零售终端则依靠配送中心来不断补充商品,保证货物充足,而配送中心则从供应商处采购商品。图 9—1 仅仅是一种以连锁超市为模板的概括性的网络结构,实际的分销网络可能较为简单,也可能更加复杂。

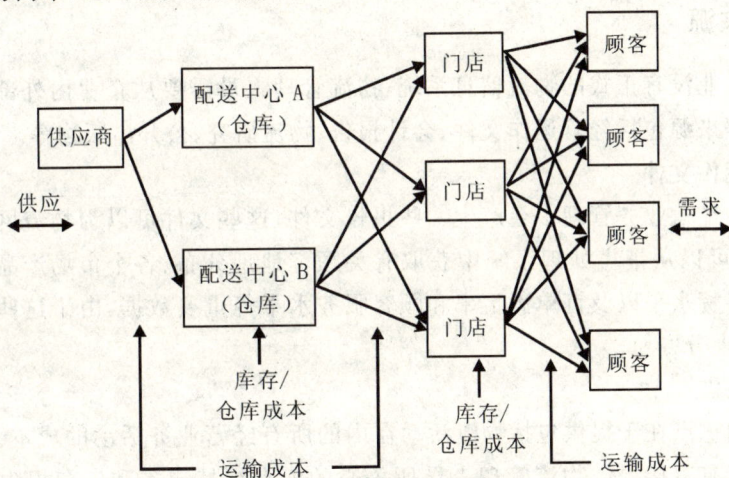

图 9—1　物流网络示例

零售物流网络设计必须充分考虑空间和时间两方面的因素。空间方面是指为供应商、配送中心、零售点等设施选址。时间问题是指保持产品的可得性以迎合顾客服务目标,涉及库存政策与运输管理。

第一节　零售物流网络规划所需的数据

一、数据清单

零售物流网络规划需要来自各方面的大量数据作为决策的基础,这些数据通常包括以下内容:

(1)所有产品清单;

(2)顾客、配送中心、供应商的地理分布;

(3)每一区域的顾客对每种产品的需求量;

(4)运输成本和费率;

(5)运输时间、订货周期、订单满足率;

(6)仓储成本和费率;

(7)采购成本;

(8)产品的运输批量;

(9)网络中各节点的存货水平及控制方法;

(10)订单的频率、批量、季节波动;

(11)订单处理成本与发生这些成本的物流环节;

(12)顾客服务目标;

(13)在服务能力限制范围内设备和设施的可用性;

(14)产品配送模式。

二、数据来源

绝大多数企业没有正式的物流信息系统,物流管理人员需要从企业内外部各环节收集数据。主要的数据来源包括经营运作文件、会计报告、物流研究、公开出版物等。

(一)经营运作文件

零售企业的经营业务管理中会产生一些报告文件,这些文件可以为物流网络规划提供原始数据。例如,可以从销售处理系统中获取有关顾客地理分布、各个市场产品的历史销售数据、运输批量、存货水平以及订单满足率和顾客服务水平等重要数据,由于这些数据存放在电脑中,使用起来十分方便。

(二)会计报告

会计数据的重点在于提供包括物流活动在内的所有经营业务活动的成本。当然,目前的会计体系往往没有直接提供物流管理人员所关心的库存维持成本和库存损失成本等重要数据,对某些物流成本的描述也含糊不清。尽管如此,会计报告仍是成本数据的主要来源。

(三)物流研究

与经营运作文件和会计报告的不同之处在于,物流研究描述和定义一些十分重要的基本关系,如销售与服务的关系、运输费率与运输距离的关系等。企业内部人员或企业外部的咨询机构、大学教授都可以开展物流研究。事实上,物流研究有时并非是直接为某个企业而开展的。社会上的一些研究机构经常资助开展行业性的物流研究,并将研究报告提供给会员单位。对同行业甚至其他行业的企业来说,这些研究报告都是极有价值的物流数据来源。

(四)公开出版物

公开出版物,如物流行业杂志、政府资助的研究报告以及一些学术期刊中包含了大量的关于物流成本、产业发展趋势、物流技术新进展、物流活动业务水平以及预测等重要信息。零售企业的物流管理人员必须具备相当的理论素质,经常地阅读这些公开出版物,可以从中获得指导和有价值的分析数据。

三、数据的信息化

数据仅仅是对现实的一种客观描述。必须对收集的数据进行组织、概括、分类等处理,使之成为辅助决策的有用信息。针对网络设计问题,有必要研究信息的关键要素以及信息的产生过程。

(一)数据单位

在物流分析中常用的单位有重量单位(如千克、吨)、货币单位(如元、美元等)、体积单位(如升、加仑)、计数单位(如箱、件)等。物流数据库以何种单位为主取决于零售企业管理层对数据的使用和分析习惯。一般来说,零售企业多采用货币单位。

(二)产品分类组合

零售企业出售的商品种类往往包含成百上千,这种多样性一方面是因为不同的产品特性与式样,另一方面也产生于同种产品的不同包装与尺寸。在物流网络设计中,显然不可能针对每一种如此细分的产品类别进行数据收集与分析,这就需要对产品进行分组归类。

网络分析通常要求作为分析对象的产品类别不超过 20 个。

(三)运输费率估算

零售业物流网络规划中,运输费率是一个重要的问题。由于物流成本是网络规划的主要决策依据,因此必须对各种方式的运输费率做出准确的估算。

零售企业自备运输的费率估算需要掌握较为详细的运作成本数据以及运输工具的行驶路线。表 9—1 是对 A 企业的自备卡车运输费率进行的估算(表中数据仅供参考)。

表 9—1　运输费率估算

数据类型	实际值	周费用(元)
每周总行驶里程	2700 公里	
每周实际工作时间	66 小时	
每周发车次数	3 次	
司机的工资	12 元/小时	792.00
额外奖金	工资的 18.75%	148.5
油耗(每升 10 公里)	3 元/升	810
卡车折旧	316.50 元/周	316.5
维护费	45 元/周	45
保险费	51 元/周	51
路桥通行费、餐饮费、装卸费	97.50 元/次	292.5
紧急故障处理费	30 元/次	90
总成本		2545.50
公司自备卡车运输费率=2545.50 元 / 2700 英里 = 0.94 元 / 公里		

从企业资源优化配置的目标出发,企业通常会将一部分产品运输工作交给企业外部运输力量来完成。租用外部运输力量的运输费由承运企业提供。

(四)顾客聚集处理

零售企业的顾客通常散布在各地,但又相对地集中在中心市镇。在物流网络规划中,没有必要对每个顾客进行单独分析;成千上万的顾客产生的购买需求量可以用地理分布上的一定数量的聚集点来表示。将整个市场销售用这些聚集点来代表而进行网络规划分析,在运输成本估算的准确性上不会有大的偏差。以美国为例,根据人口分布的密度将美国本土划分为 200 个左右的聚集点,其运输成本估算偏差小于 1%。

(五)设施成本

与配送中心、仓库等设施相联系的成本可分成三大类:固定成本、存储成本和操作成本。固定成本包括税收、租金、管理费用、资产折旧等项目,这类成本不随配送中心、仓库的存储量变动而变动。存储成本是平均存货水平的函数,而操作成本则随货物的周转量的变动而变动。

对于企业自行建造的配送中心、仓库等设施,会计部门定期提供成本清单。零售企业的物流管理人员需将这些成本细分为上述三大类,以便进行物流网络规划分析。当企业租用公共仓库时,则只需考虑可变的存储成本与操作成本,相关的费率很容易得到。

(六)设施能力限制

配送中心、仓库、零售店面等设施都有一定的运行能力限制,这是物流网络规划中的一个重要内容。当然,设施的运行能力限制并非是十分刚性的,可以通过多种方法使之在短期内得到一定程度的扩张,以满足紧急情况的需要。

(七)库存量－周转量的关系

由于物流网络规划中涉及配送中心、仓库的数量、选址与容量决策,有必要弄清楚配送中心、仓库的库存量与周转量的关系,估算物流网络中仓库的库存水平。一个简单的方法是根据企业的库存政策来确定。例如,零售企业的配送中心的周转率目标是每年周转 20 次,则表示该仓库平均库存量是它所服务的市场年销售量的 1/20。这种描述虽然对管理层来说容易理解,但并不是十分准确的。

更加准确的描述可以在对配送中心、仓库库存控制数据进行分析后得到。将每一仓库的平均库存水平与总周转量作为一组坐标,得到如图 9－2 所示的散点图。图 9－2 中横轴为仓库的年周转量,纵轴为不同的仓库平均库存量。将这些点拟合起来,得到一条库存量－周转量关系曲线。

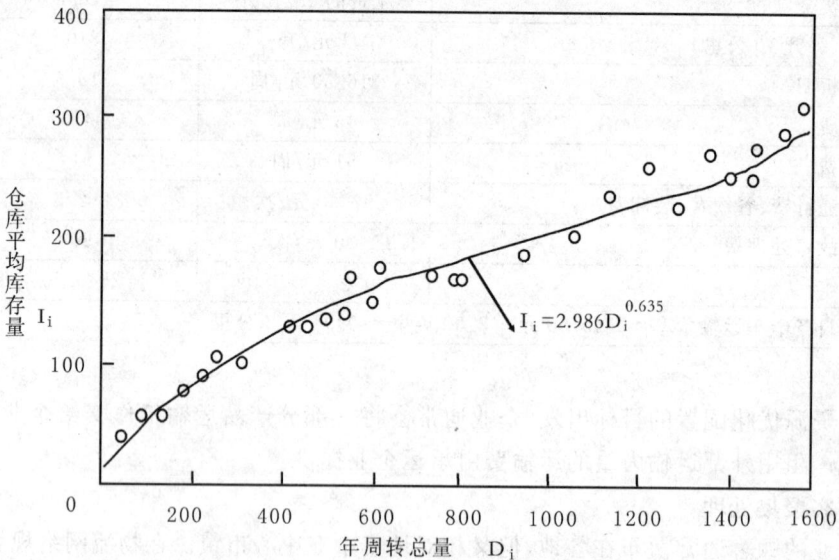

图中曲线标注:$I_i = 2.986 D_i^{0.635}$

纵轴:仓库平均库存量 I_i

横轴:年周转总量 D_i

图 9－2　某种商品库存量－周转量关系图

根据这条曲线,一旦为某仓库(现有的或将要建造的)确定了年服务量(年周转总量),就可以估算出相应的仓库库存水平。

（八）需求预测

完全基于历史数据和当前数据进行物流网络规划是没有意义的,因为物流网络规划是为企业未来的物流运作而设计的,因此在分析中有必要采用一些中期或长期预测方法。在实践中,许多零售企业采用五年预测数据进行网络设计。

（九）其他因素与限制

在收集了基本的经济数据之后,仍需要掌握一些重要的限制条件,有以下五条:

（1）财务限制,如对新设施的最大投资额;

（2）法规和政治限制,如在评估设施选址方案时必须排除某些特殊区域;

（3）人力资源限制,要充分考虑是否有足够数量和质量的人力来支持新的战略;

（4）时间限制;

（5）合同限制,包括现有的及未来可能发生的合同。

这些限制性的条件对零售企业的物流网络设计有重要影响。

Newegg.com 配送中心的设计

美国领先的网络零售商 Newegg.com 位于新泽西艾迪逊市的新配送中心,采用了堪称业界最为高效的物料处理系统,其中包括节能型传送带、带有电子标签的分区传递拣选系统、上跃式分拣机以及产品全程追踪系统。

为了向美国东部客户提供更好的服务,Newegg 决定在新泽西州艾迪逊市建设一座配送中心,综合采用当时最新的自动化物料处理技术。该配送中心投入使用后,不但完全符合Newegg 对海量商品、订单准确了解和订单处理速度的要求,而且树立了网络零售配送的典范。

Newegg 公司新建立的配送中心位于新泽西州艾迪逊市,面积达 37.4 万平方英尺,于2007 年初动工,同年 9 月竣工投入使用。该配送中心的建成,使 Newegg 公司 99％的客户可以在发货后 3 个工作日内收到所订货物。

谈到 Newegg 为什么投资兴建新泽西配送中心,Newegg.com 物流事务部副总裁表示:"公司之所以建设新泽西配送中心,是为了将我们的小规模配送设施整合成一个大型的自动化设施,以便为我们美国东部地区庞大的客户群提供更好的服务。在过去两三年里,公司的业务量迅猛增长,因此,修建一个新配送中心以适应业务发展的需要势在必行。"

考虑到公司的实际需求,在对多家物流系统供应商进行了全面考察之后,Newegg 最终选择了德马泰克公司,由其负责完成新泽西配送中心所需物料处理系统的规划设计与集成工作。Newegg 希望在新泽西配送中心采用最新的技术,以充分利用速度快、效率高的物流系统的优势,快速完成客户订单处理。德马泰克为新泽西配送中心提供了整套自动化解决方案,涵盖了从收货、拣选到发货的全部操作。

新泽西配送中心的建成,无疑为 Newegg 公司网上销售业务的进一步发展提供了强有力的支撑。

配送中心运行几个月之后,物流作业效率大幅提高。据介绍,在新泽西配送中心,处理一个订单所需时间平均为 20 分钟,较快的处理速度意味着更多的订单可以在第一时间发货,这对 Newegg 的客户来说更为有益。另外,系统采用大容量、高能力设计,这意味着可以在一个班次中处理订单,正如 Newegg 目前所做的那样,而不是跨越两个班次。随着订单处理量的增加,这种设计即可显现出巨大的扩展空间。

另外，Newegg 最关注的是向客户提供优质的服务。这是公司网上销售业务模式取得成功的核心。而配备了最尖端的自动化系统的新泽西配送中心将使 Newegg 公司在打造其独一无二的品牌方面更加得心应手。

对于新泽西配送中心规划建设过程中所涉及的数据，列示如下：

数据：Newegg 供应链环节中所有产品的电子清单

　　　Newegg 中客户、储存点的位置

　　　分布在不同位置的客户对多种产品的要求

　　　运输费率或运输成本

　　　送货时间、订单传输时间和订货履行率

　　　仓储费率或仓储成本

　　　采购/生产成本

　　　不同产品的运输批量

　　　不同地点、不同产品的库存水平和控制库存的方法

　　　订货的频率、订单规模、季节性特征和订单的内容

　　　订单处理成本以及产生订单处理成本的环节

　　　资金成本

　　　客户服务目标

　　　现有设备和设施以及处理能力限制

　　　当前满足销售需求的分销方式

数据来源：业务运作单据：销售订单及其附带数据是重要的数据来源，Newegg 常常将客户所在地、销售水平、销售条件、客户服务水平等数据输入电脑，并进行加工处理作为网络规划所需的信息

　　　　　财务报告：Newegg 侧重各项物流活动的运作成本

　　　　　物流研究：主要确定 Newegg 公司的销售与服务的关系和运输费率与距离的关系

　　　　　公开发布的信息：主要来自企业内部，Newegg 非常注重专业杂志、专业网站、政府网站组织的研究报告和学术期刊等

　　　　　人为判断：Newegg 内部有很多专业人士，主要有公司经理、销售顾问以及运作人员和供应商等

数据分析：分析单位：在网络规划初期，首先需要确定计量单位，Newegg 使用货币单位作为主要的计量单位

　　　　　产品分组：产品和包装的多样性，Newegg 主要是 IT 产品的分类以及对产品的汇总

　　　　　订单货运结构：Newegg 采用超大数量带来多种到货方式以及多数产品进入拣选系统中的主拣选站。而有些产品是批量购买的，会进入托盘区进行存储。Newegg 的产品销售基于实时库存状况，不接受延期订单。

　　　　　销售汇总：Newegg 利用地理编码确定

　　　　　估计里程

　　　　　设施成本：固定成本、存储成本和搬运成本

　　　　　库存一吞吐量之间的关系

　　　　　估计未来的需求：Newegg 的未来网络规划

其他因素和限制条件

未知信息：主要是 Newegg 内部的经济数据

第二节　零售物流网络规划的分析工具与分析步骤

获取足够的信息之后，要开展网络规划设计分析，以确定最优的设计方案。寻求最优设计方案的过程往往十分复杂，需借助一些数学模型与计算机模型。

一、模型的选择

物流网络最优化设计是比较复杂的，通常要借助数学模型和计算机来实现。物流网络规划分析中使用的模型大至可分为五类：(1)图表技术；(2)模拟模型；(3)优化模型；(4)启发式模型；(5)专家系统模型。

(一)图表技术

泛指大量的直观方法。虽然这类技术不需要深奥的数学分析，但能够综合反映各种现实的约束条件，其分析结果并非是低质量的。支持这种分析的方法大量存在并被广泛应用，如统计图表、加权评分法、电子表格等。借助这些方法，加上分析人员的经验、洞察力以及对网络设计的良好理解，往往能得到满意的设计方案。

(二)模拟模型

模拟技术在物流规划中十分重要，有广泛应用，其优点在于能方便地处理随机性的变量要素，并能对现实问题进行比较全面的描述。物流网络的模拟对成本、运输方式与运输批量、库存容量与周转等要素以合理的数量关系加以描述，并通过编制计算机程序进行物流网络的模拟运行。通过对模拟结果的评估分析，选出最优的网络设计方案。

(三)优化模型

优化模型通过精确的运筹学方法求出决策问题的最优解。在给定假设前提和足够的数据后，优化模型能够保证求出最优解。许多复杂的模型现在借助计算机程序已经可以方便地求解。其主要缺点在于，一个数学模型往往无法包含现实问题所有的约束条件与影响因素，使用者必须在运算能力限制与假设条件个数之间进行权衡。

(四)启发式模型

启发式模型在建模上介于模拟模型与优化模型之间，它能对现实问题进行较为全面的描述，但并不保证得到最优解。启发式模型追求的是满意解，而不是最优解，在解决物流管理中一些最困难的决策问题时，该方法具有很好的可操作性。

启发式模型在物流网络规划中常使用以下一些基本原则：配送中心的最佳选址往往在需求最密集的中心点附近；对需求量及需求提前期波动很小的商品，应当实行准时化(JIT)管理，尽量减少库存；在当前配送体系中增加新的设施(如仓库)的前提条件是，新增加的设施能最大化地节约物流总成本；从配送角度看，那些订货量小而且位于商品配送网络末梢的顾客其代价最高；所谓的经济运输批量，是将配送网络中从运输起点到最偏远的顾客之间的运输线路上的小批量需求累加起来而实现的满载运量。

(五)专家系统模型

专家系统,亦称人工智能系统,是将人们以往在解决问题中积累的经验、方法与专长转化为计算机程序,把专家的知识与解决问题的逻辑思维以程序的方式"传授"给计算机,借助其强大的计算能力来解决实际问题。开发专家系统的最大阻碍在于如何识别、获取专家的智慧与知识并将之转化成计算机程序。

物流网络规划要解决的问题就是要用数学规划方法对企业物流网络结构问题(主要是指使用的固体设施的数量、位置和规模)进行数学分析,以及对企业物流网络结构的规划流程进行分析,从而为企业物流网络结构设计与优化提供可行的设施选址问题的解决方案,并在此基础上制定出物流网络结构规划的流程。

二、物流网络规划的分析步骤

物流网络的设计问题是整个物流规划的起点,如图9-3所示。

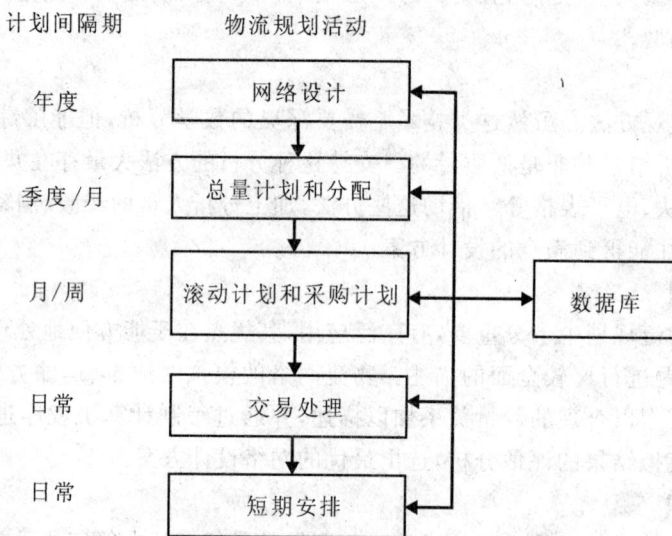

图9-3　物流规划层次图

网络设计,即设计良好的物流网络以实现企业的战略目标。确定配送中心、供应商以及其他节点的数量、选址与运行能力(容量或产量)。设定各节点的库存水平,确定顾客服务水平。网络设计所需的数据为总量数据与长期预测,该项工作的间隔期通常在一年以上。

总量计划和分配。决定配送中心、供应商及所需商品的总量(需求量、产量或采购量),以及总量在各节点的分配。计划间隔期为季度或月。

滚动计划和采购计划。本层计划与上一层计划的不同之处在于计划的对象是各种具体的商品而非笼统的总量。目标是确保需求预测与库存目标的实现。计划间隔期为月或周。

交易处理,是指为随机来到的顾客安排供货。

短期安排,指合理利用运输等企业资源,保证按时向顾客供货、送货。

零售企业物流网络设计的一般步骤如下:

(一)审计顾客服务水平

物流网络设计的第一步是进行顾客服务审计。顾客服务审计可以确定该企业当前的顾客服务水平以及顾客对服务水平的实际期望(具体过程和步骤详见本书第八章)。顾客服务水平对零售企业的物流成本与物流网络的收益能力影响很大;在网络设计中,顾客服务水平通常被看作一个重要的约束条件,网络设计必须兼顾顾客服务水平与相应的物流成本。

(二)组织和开展研究

网络设计第二阶段的工作通常包括定义项目的范围和目标,研究队伍的组建,确定所需信息的可得性和收集信息的步骤。目的是确定在特定情况下开展战略性研究的可能性,确定研究队伍的人员构成,以及得到有价值的研究结果的可能性。该阶段的主要内容如下:

(1)物流审计,即考察本零售企业物流运作的现状以确定成本、顾客服务水平和物流管理绩效,为物流系统的评估提供基础数据;

(2)与关键部门的管理人员及项目小组的所有成员进行访谈,明确管理层的目标,为研究工作缔造适宜的环境;

(3)列出初步的清单,内容包括研究工作的关键前提条件、物流运作和市场营销政策及其他准则,这些前提和准则对收集数据和评估物流系统备选方案至关重要;

(4)明确物流系统备选方案的评价准则,确定以物流成本和顾客服务水平为主要参数的物流系统评价指标;

(5)选择恰当的分析模型,要保证方案评价的可操作性和方便性、模型输入数据的可得性,并充分估计到相关的费用与所需的时间;

(6)明确对数据的特定要求,提出数据收集的步骤;

(7)确定必要的手工分析,作为对计算机模型分析的补充;

(8)举行一次项目小组工作会议,审查研究结果与发现、模型选择标准以及初步的项目工作计划;

(9)预测研究工作可能带来的成效与收益(物流成本的降低或顾客服务水平的提高);

(10)提供能立即降低物流成本或改进顾客服务水平的合理化建议;

(11)确定项目小组工作管理办法、人员组成、必要的工作设备(如计算机)与办公环境。

研究小组成员的构成要有利于项目的开展与最终方案的实施,应吸收那些对本项目有研究专长的人员以及研究可能涉及和影响到的主要部门的关键人员参加。通常来自生产运营和市场销售部门的人员是必不可少的。

(三)确定目标基准(Benchmarking)

以企业当前的管理政策、物流运作模式与绩效作为参照,即设定目标基准。典型的基准是企业当前物流系统的成本与顾客服务水平。建模分析是解决网络设计问题的流行方法,因为很多分析工作我们不可能放到实际运作中来进行,只能借助于适当的模型。基准的设置是模型分析中的重要一步,通过调整模型中的参数与变量,得到不同的运行结果,将这些结果与基准进行对比分析,可以确定一些重要参数(如需求量、库存量、运输批量等)与模型运行结果(如物流成本和顾客服务水平)之间的关系,据此才能选择出最优的物流网络设计方案。

(四)网络构架

网络构架的主要目标有以下三个:

(1)在一定的顾客服务水平约束下求得最低的物流总成本;

（2）在一定的物流总成本约束下实现最优的顾客服务水平；

（3）通过尽可能地扩大特定的顾客服务水平所创造的收益与相对应的物流总成本之间的差距，获得最大的利润贡献。

其中第三个目标与企业的经济目标最为接近，但由于难以对产品销售与顾客服务水平之间的关系精确定义，绝大多数模型都围绕第一个目标而设计，即在满足特定的顾客服务水平与仓库容量约束的情况下，对发生在采购、仓储、运输等环节的物流成本进行权衡与平衡，实现最低的物流总成本。

（五）渠道设计

网络构架主要确定设施的选址，与之相关的各节点的库存与节点之间的运输问题都是从总量上考虑的。此外，还需要考虑各种产品究竟是如何在物流网络中流动，直至到达消费者手中的。图9—4是一个多极物流渠道示例，需要思考以下几类问题：

（1）每种产品在渠道中各个层次和各存储点应当设置多少库存？

（2）各级节点之间应提供什么样的运输服务？

（3）在需求配送计划中应当采用拉动式抑或推动式库存控制战略？

（4）信息传递的最佳方式是什么？

（5）最佳的预测方式是什么？

可见，渠道设计的核心在于对网络的实际运作进行规

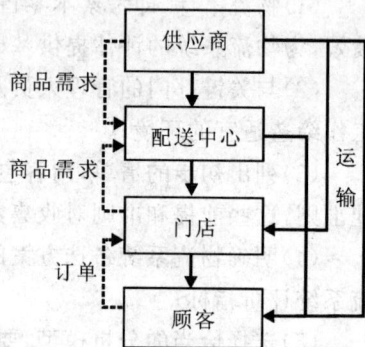

图9—4　多级物流渠道

划。一些物流管理较为出色的零售企业往往设有专门的渠道管理人员（如渠道专员），负责对产品在物流网络中的流动与存储进行监控和协调。

第三节　物流设施选址决策

物流网络中设施是指物流网络系统中的一些关键节点，如供应商、配送中心、销售网点等，其选址决策包括确定各类设施的数量、设施的地理定位、设施的规模。本节将简要介绍设施选址的一些模型与方法。

一、单设施选址

单设施选址是指为单个物流设施选址，最常用的是重心模型。重心法是一种静态的选址方法，将运输成本作为唯一的选址决策因素。给定供给点与需求点的坐标以及节点之间的运输量，则单设施选址应当使得运输总成本最小，即

$$\text{Min}\, TC = \sum_i V_i R_i d_i \tag{9.1}$$

其中：TC——运输总成本

V_i——节点 i 的运输总量

R_i——待选址设施到节点 i 的运输费率

d_i——待选址设施到节点 i 的距离

设施选址的坐标通过下面一组方程来确定：

$$\overline{X} = \frac{\sum_i V_i R_i X_i / d_i}{\sum_i V_i R_i / d_i} \tag{9.2}$$

$$\overline{Y} = \frac{\sum_i V_i R_i Y_i / d_i}{\sum_i V_i R_i / d_i} \tag{9.3}$$

其中：$(\overline{X}, \overline{Y})$——待选址设施的坐标

$(\overline{X}_i, \overline{Y}_i)$——已知的供给点与需求点的坐标

距离 d_i 的计算公式：

$$d_i = k[(X_i - \overline{X})^2 + (Y_i - \overline{Y})^2]^{1/2} \tag{9.4}$$

其中 k 是模型中坐标单位与实际空间距离的比例尺（如 $1 = 10$ 公里，则 $k = 10$）。

求解步骤如下：

(1)确定已知的供给点与需求点的坐标、运输量及线性运输费率；

(2)忽略距离 d_i，根据重心公式求得待选址设施的初始坐标 $(\overline{X}_0, \overline{Y}_0)$；

$$\overline{X}_0 = \frac{\sum_i V_i R_i X_i}{\sum_i V_i R_i} \tag{9.5}$$

$$\overline{Y}_0 = \frac{\sum_i V_i R_i Y_i}{\sum_i V_i R_i} \tag{9.6}$$

(3)根据第 2 步求得的 $(\overline{X}_0, \overline{Y}_0)$ 计算出 d_i，其中比例系数 k 暂不考虑；

(4)将 d_i 代入公式(9.2)和(9.3)，求出修正的 $(\overline{X}, \overline{Y})$；

(5)根据修正的 $(\overline{X}, \overline{Y})$ 重新计算 d_i；

(6)重复第 4 步与第 5 步，直到 $(\overline{X}, \overline{Y})$ 的变动小于理想的精度；

(7)最后，根据求得的最佳选址计算运输总成本。

例题 9—1 某企业的两个工厂分别生产 A、B 两种产品，供应三个市场(M_1, M_2, M_3)，已知的条件如图 9—5 及表 9—2 所示。现需设置一个中转仓库，A、B 两种产品通过该仓库间接向三个市场供货。请使用重心法求出仓库的最优选址。

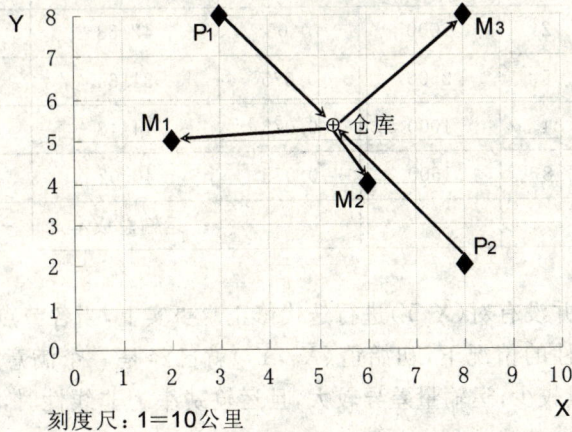

刻度尺：$1 = 10$ 公里

图 9—5

表 9—2

	节点(i)	产品	运输总量	运输费率	坐标	
					X_i	Y_i
1	P_1	A	2000	$0.05	3	8
2	P_2	B	3000	0.05	8	2
3	M_1	A&B	2500	0.075	2	5
4	M_2	A&B	1000	0.075	6	4
5	M_3	A&B	1500	0.075	8	8

求解:

利用公式(9.5)和(9.6),可以求出仓库的初始选址。

i	X_i	Y_i	V_i	R_i	V_iR_i	$V_iR_iX_i$	$V_iR_iY_i$
1	3	8	2000	0.05	100.00	300.00	800.00
2	8	2	3000	0.05	150.00	1200.00	300.00
3	2	5	2500	0.075	187.50	375.00	937.50
4	6	4	1000	0.075	75.00	450.00	300.00
5	8	8	1500	0.075	112.50	900.00	900.00
					625.00	3225.00	3237.50

根据上面的数据求得:

$$\overline{X} = 3225.00/625.00 = 5.16$$

$$\overline{Y} = 3237.50/625.00 = 5.18$$

相应的运输成本计算如下表:

表 9—3

i	X_i	Y_i	(4) V_i	(5) R_i	(6) d_i(公里)	(7)=(4)×(5)×(6) 成本($)
1	3	8	2000	0.05	35.52	3552
2	8	2	3000	0.05	42.63	6395
3	2	5	2500	0.075	31.65	5935
4	6	4	1000	0.075	14.48	1086
5	8	8	1500	0.075	40.02	4503
					运输总成本	$21471

在上面的例题中,并没有对($\overline{X}$,$\overline{Y}$)进行迭代修正。事实上,当各节点的坐标与运输总量分布均匀,运输费率为线性的情况下,初始值($\overline{X}_0$,$\overline{Y}_0$)就已经是一个满意解了。迭代结果如表9—3所示。当节点数量较少,运输量差异较大,且运输费率为非线性时,应当进行适当次数的迭代修正。

表 9—4

迭代次数	$\overline{X}$ 坐标	$\overline{Y}$ 坐标	总成本（$）
0	5.160	5.180	21471
1	5.038	5.056	21431.22
2	4.990	5.031	21427.11
3	4.966	5.032	21426.14
4	4.951	5.037	21425.69
5	4.940	5.042	21425.44
6	4.932	5.046	21425.3
·	·	·	·
·	·	·	·
·	·	·	·
100	4.910	5.058	21425.14

　　单设施选址还可通过其他一些方法求解。应当看到，任何模型都是对现实问题的一种抽象表述，模型求解往往需要一些假设前提以简化实际问题，如果假设前提并没有使模型的运算结果脱离实际情况，则无论从数学的角度还是从实用的角度，这种简化假设都是可取的。单设施选址的常用假设如下：

　　(1)需求量往往被聚集在一定数量的点上，每一个点代表分散在一定区域内的众多顾客的需求总量。

　　(2)单设施选址模型忽略了不同地点选址可能产生的固定资产构建、劳动力成本、库存成本等成本差异。

　　(3)运输费率的线性假设。事实上，绝大多数情况下的运输费用与运输距离并不是绝对的线性关系。

　　(4)直线运输假设。现实条件下，节点之间的直线距离与实际发生的行走路线之间存在差异，修正这种差异的方法是将两点之间的直线距离乘上一个修正系数。例如，市内运输的修正系数可以取 1.41，长途公路运输的修正系数可取 1.21，长途铁路运输的修正系数可取 1.24，这些修正系数都是经验值，在实际案例中应根据交通状况灵活调整。

　　(5)静态选址假设。往往不考虑未来的收益与成本变化。

二、多设施选址

　　多设施选址与单设施选址相比，更具现实意义，也更为复杂。以经常发生的仓库选址为例，需要解决的问题有：需设置的仓库的数量、容量及位置，每个仓库服务的顾客群，各仓库的产品供给源，每种产品的库存配置与运输。

(一)多重心法

　　以仓库选址为例，需确定要建立多少个仓库和每个仓库服务的市场范围，利用重心法为各个仓库确定最优选址，通过对仓库数量各种可能的选择进行考察，选出其中成本最小的方案。

例题 9—2 已知四个区域市场，如图 9—6 所示。现需要设置一些中转仓库，已知仓库到各市场的运输费率为 0.08 美元/件公里，每修建一个仓库每年需承担的固定成本（如折旧等）为 100000 美元，仓库的平均维持成本为 $500000\sqrt{N}$ 美元，其中 N 为仓库的个数。假设该种产品由国外进口，无论中转仓库建在目标市场中的什么位置，产品从生产厂到仓库之间的运输费用都大致相等，因此这部分费用在求解时不考虑。请作出仓库选择决策。

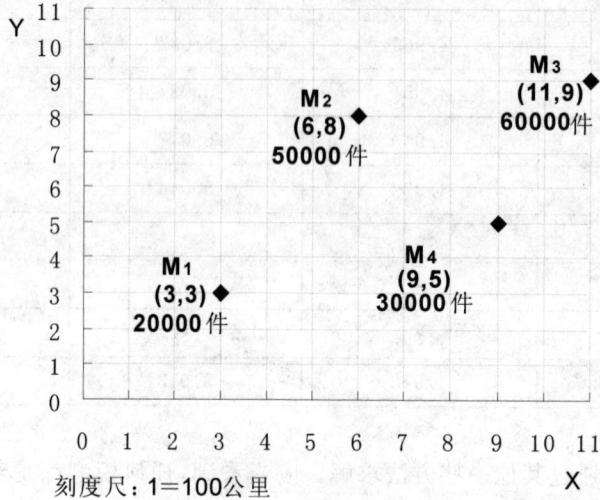

刻度尺：1=100公里

图 9—6 市场需求分布

求解：

仓库的个数最少为一个，最多为四个（分别建在每个市场中心）。对于每一种可能的仓库个数决策，分别用重心法求出最优选择，并计算物流总成本，然后从中选出总成本最小的方案。

不妨首先来考察修建 3 个仓库的情况。由于每个市场只能由某一个仓库供货，因此将 4 个市场的供货任务分配给 3 个仓库，共有 6 种可能的搭配方式。针对每一种搭配方式，利用重心法求出仓库的选址，其中运输总成本最低的方案就是 3 个仓库的最优选址决策方案。结果如表 9—5 所示。

表 9—5

方案	供货任务分配			最小运输总成本（$）
	仓库 1	仓库 2	仓库 3	
1	M_1，M_2	M_3	M_4	932953←
2	M_1，M_3	M_2	M_4	1600001
3	M_1，M_4	M_2	M_3	1011931
4	M_2，M_3	M_1	M_4	2039615
5	M_2，M_4	M_1	M_3	1018235
6	M_3，M_4	M_1	M_2	1073314

对仓库个数 N=1,2,3,4 的情况，分别求出最优选址方案，见下表：

表 9—6

仓库个数	供货任务最优配置	运输总成本最小时的仓库坐标(X,Y)	运输总成本($)	库存维持费用 $500000N^{1/2}$($)	总固定成本($)	物流总成本($)
1	M_1,M_2,M_3,M_4	8.09,7.44	4156042	500000	1000000	5656042
2	$M_1,M_2,M_4;M_3$	6,8;11,9	1951193	707107	2000000	4658300
3	$M_1,M_2;M_3;M_4$	6,8;11,9;9,5	932953	866025	3000000	4798978
4	$M_1;M_2;M_3;M_4$	3,3;6,8;11,9;9,5	0	1000000	4000000	5000000

结论:修建两个仓库,仓库1(6,8)服务市场{M_1,M_2,M_4},仓库2(11,9)服务市场{M_3}。

(二)混合整数线性规划

混合整数线性规划是解决物流网络设计问题常用的数学方法。以仓库选址为例,决策目标是在物流网络中确定仓库的数量、容量与位置,使得产品的物流总成本最小,决策问题的约束条件为:

(1)各生产厂的产量约束;

(2)所有的市场需求必须被满足;

(3)仓库的周转总量与库存量约束;

(4)同一市场所需的各种产品必须由同一个仓库供应,不允许交叉运输。

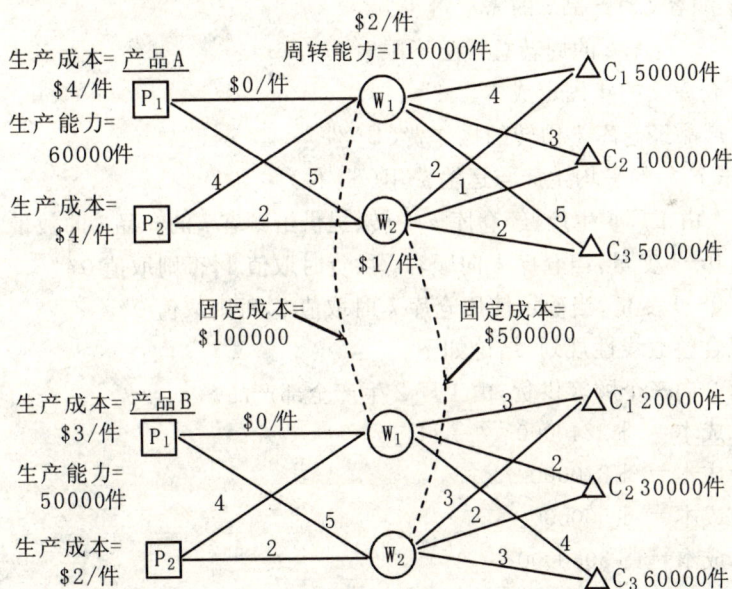

图 9—7

例题 9—3　如图9—7所示,有两种产品(A和B)通过仓库1和仓库2向3个市场(C_1,C_2,C_3)供货。仓库1(W_1)的固定成本为100000美元/年,每件产品经仓库1周转需支付2美元操作费,仓库1的年周转总量上限为110000件。仓库2(W_2)的固定成本为500000美元/年,每件产品经仓库2周转需支付1美元操作费,仓库2没有能力限制。工厂1(P_1)每年能生产60000件A产品及50000件B产品,工厂2(P_2)没有能力限制。生产成本与运输费率已在图9—7中标出。需确定使用哪个(或同时使用两个)仓库,仓库所需的产品由哪家工厂供货,并为各仓库分配服务市场(顾客)。

求解:

将该问题转化为混合整数线性规划:

$$\text{Min } TC = \sum_{ijkl} C_{ijkl} X_{ijkl} + \sum_k \left[f_k z_k + v_k \sum_l \left(\sum_i D_{il} \right) y_{kl} \right]$$

约束条件:

生产能力限制	$\sum_{kl} X_{ijkl} \leqslant S_{ij}$	
必须满足所有的需求	$\sum_j X_{ijkl} = D_{il} y_{kl}$	
顾客由单一仓库供货	$\sum_k y_{kl} = 1$	
仓库周转总量限制	$\underline{V}_k z_k \leqslant \sum_l \left(\sum_i D_{il} \right) y_{kl} \leqslant \bar{V}_k z_k$	

其中:

i——产品代号(1,2)

j——工厂代号(1,2)

k——仓库代号(1,2)

l——顾客代号(1,2,3)

S_{ij}——产品 i 在工厂 j 的产量

D_{il}——顾客 l 对产品 i 的需求量

$\underline{V}_k, \bar{V}_k$——仓库 k 的周转总量上下限

f_k——仓库 k 的年固定成本

v_k——产品经仓库 k 周转的操作费($/件)

C_{ijkl}——产品的平均生产与运输费用($/件)

X_{ijkl}——由工厂 j 生产、经仓库 k 中转、提供给顾客 l 的产品 i 的数量

y_{kl}——0—1变量,当仓库 k 向顾客 l 供货时取值1,否则取值0

z_{kl}——0—1变量,当确定使用仓库 k 时取值1,否则取值0

求解上述混合整数线性规划,结论如下:

只使用仓库2向三个顾客供货,由工厂2生产全部产品。

运输总成本= $2240000

仓库维持成本= $310000

仓库固定成本= $500000

总成本= $3050000

(三)模拟模型

模拟模型在求解的精确性上要低于数学优化模型,但由于它能满足企业人员"在全面反映实际问题的基础上求出满意解"的要求,且简单易懂,因而受到广泛的重视。

图9—8是一个配送中心选址模拟流程图。对输入数据的处理分两个部分:(1)预处理程序根据顾客订货量的大小,将订单分为两类。订货批量大的订单,由于达到经济送货批量而直接由供应商供货;另一类订单则由配送中心供货。(2)主程序对需要从配送中心供货的订单计算出顾客到配送中心及配送中心到供应商的运输距离。由于顾客的订货可能从多个配送中心得到满足,因此必须为各个顾客确定供货的配送中心,选择方法如下:程序首先找到五个距该

顾客最近的配送中心,然后分别计算物流总成本(包括从配送中心到顾客的送货成本,商品在配送中心中的手工操作成本与库存成本,以及从供应商到配送中心的运输成本),从中选出总成本最小的配送中心向该顾客供货。主程序根据商品的流动路线及顾客、配送中心与供应商的地理坐标,计算出配送中心选址方案的物流总成本。通过对各种选址方案进行模拟运行,企业管理人员可以从中选出满意的方案。

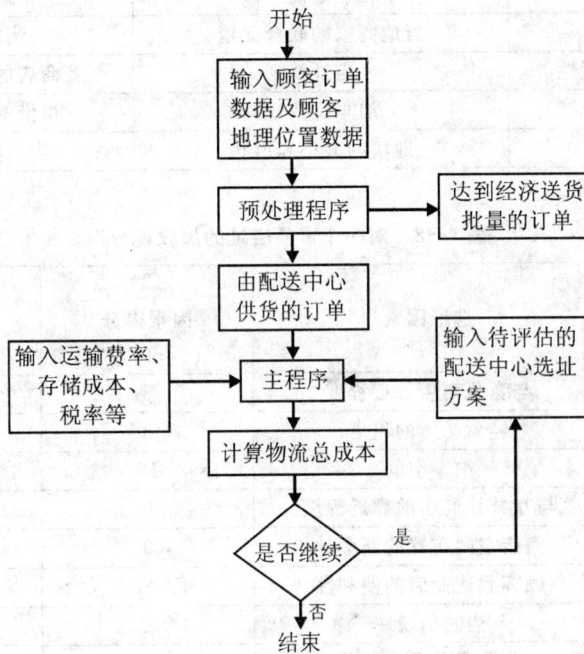

图 9-8　配送中心选址模拟流程

三、零售终端或服务设施选址

零售终端和服务中心通常是零售物流网络最末端的存储点,这类设施包括百货店、超市、银行储蓄所、紧急医疗中心、废物回收站、消防队和警署等。这类设施的选址分析不像配送中心的选址那么重视成本因素,而是更加关注对销售额影响较大的一些因素,如靠近竞争者、人口构成、客流模式、停车的便利性、靠近良好的运输路线、公众的态度等。由此可见,前面介绍的一些数学方法很难直接用于这类设施的选址问题。本书仅介绍两种常用的选址方法。

(一)加权评分法

零售终端或服务设施选址的许多重要决策因素难以精确量化,而对这些因素与指标缺乏一定程度的量化就难以对各种选址方案作对比分析。常用的处理方法是加权评分法。表9-7列出了零售/服务设施选址的主要决策因素,将这些因素的权重乘以选址方案在该因素上的得分,得到该方案在该因素上的加权得分,各因素加权得分加总得到该选址方案的最后评分,决策者可以根据加权评分判断备选方案的优劣。表9-8是加权评分法用于零售终端选址的一个例子。

表9—7   零售终端或服务设施选址的主要决策因素

·人口与购买力	·零售结构	现有建筑物的情况
当地的人口构成	本地区竞争者的数量	出入口的情况
当地居民的收入水平	本地区零售店的数量和类型	·法律和成本因素
·交通	与邻近商店的互补性	城市规划分区
车流量	是否靠近商业区	土地租借年限
行人流量	当地商家的联合促销	当地的税率
大量运输的可能性	·店址特征	商店的运作与维护
是否靠近公路干线	泊车位数量	租借的限制性条款
道路堵塞程度	地块的大小和形状	当地商家的行规

表9—8   对一个零售店址的加权评分

(1) 因素权重 (1~10分)	选址因素	(2) 因素得分 (1~10分)	(3)= (1)×(2) 加权得分
8	与竞争商店靠近程度	5	40
5	经营场所的租借	3	15
8	泊车空间	10	80
7	与互补性商店的靠近程度	8	56
6	商店空间布置的新潮性	9	54
9	顾客到达商店的便利性	8	72
3	当时的税率	2	6
3	公共服务设施情况	4	12
8	与重要交通干线的靠近程度	7	56
	加权总分	391	

(二)空间—引力模型

该模型的基本思想如下:散布在城市中各个区域的顾客与各个零售店有一定的空间距离,假设各零售店的商品种类大致相同,则顾客选择某一家零售店购物是因为这家零售店对他的"吸引力"较大,这一点类似于牛顿的万有引力定律,因此该模型得名为空间—引力模型。

空间—引力模型表述如下:

$$E_{ij} = P_{ij}C_i = \frac{S_j/T_{ij}^a}{\sum_j S_j/T_{ij}^a}C_i, \quad j = 1,2,\cdots,n \tag{9.7}$$

其中:

E_{ij} ——区域 i 的顾客对零售店 j 的购买量期望值

P_{ij} ——区域 i 的顾客到零售店 j 去购买商品的概率

C_i ——区域 i 的顾客的需求总量

S_j ——零售店 j 的规模

T_{ij} ——区域 i 到零售店 j 的交通时间

n ——零售店的个数($j = 1,2,\cdots,n$)

a——经验参数

模型中零售店规模 S 涵盖了所有的吸引顾客前来购物的变量(如商店的知名度、商品库存的可得性、价格、足够的停车空间等)。交通时间 T 涵盖了所有的阻碍顾客前来购物的因素(如顾客到商店的距离、交通便利程度等)。模型的目的是计算各零售店/服务中心的市场份额,而新设施的选址决策就是要获得最大的市场份额。

例题 9—4 如图 9—9 所示,在城市的某区域有一个购物中心 RA,另有一即将开业的购物中心 RB。三个主要的居民区 C1,C2,C3,潜在购买量分别为 $10000000,$5000000,$7000000。购物中心 RA 营业面积为 500000 平方尺,购物中心 RB 营业面积为 1000000 平方尺。经验参数 a 等于 2。

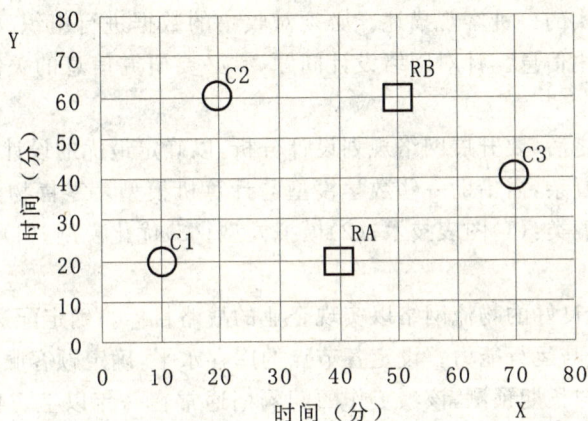

图 9—9

求解及结果:

购物中心 RA、RB 的市场份额计算如表 9—9 所示。其中,交通时间用居民区与购物中心之间的空间距离来代表,如 C1 到 RB 的交通时间表示为:

$$D_{1B} = [(X_1 - X_B)^2 + (Y_1 - Y_B)^2]^{\frac{1}{2}} = [(10-50)^2 + (20-60)^2]^{\frac{1}{2}} = 56.6$$

求得购物中心 RA、RB 的市场份额分别为 $9000000 和 $13000000。

表 9—9

顾客	从顾客 i 到地点 j 所需的时间		T_{ij}^2		$\dfrac{S_j}{T_{ij}^2}$		$P_{ij} = \dfrac{S_j/T_{ij}^a}{\sum_j S_j/T_{ij}^a}$		$E_{ij} = P_{ij}C_i$	
	A	B	A	B	A	B	A	B	A	B
C1	30.0	56.6	900	3200	555	313	0.64	0.36	MYM6.4	MYM3.6
C2	44.7	30.0	1200	900	250	1111	0.18	0.82	0.9	4.1
C3	36.0	28.3	1300	800	385	1250	0.24	0.76	1.7	5.3
							总销售额($ 百万)		9.0	13.0

本章小结

零售物流网络规划的主要任务是确定产品从供应商起点到零售终端的整个流通渠道的结构。包括物流设施的类型、数量与位置，设施所服务的顾客群体与产品类别，以及产品在设施之间的的运输方式。

零售物流网络规划需要来自各方面的大量数据作为决策的基础，这些数据通常包括：产品线上的所有产品清单，顾客、存货点、供应商的地理分布，每一区域的顾客对每种产品的需求量，运输成本和费率，运输时间、订货周期、订单满足率等内容。绝大多数零售企业没有正式的物流信息系统，物流管理人员需要从企业内外部各环节收集数据。主要的数据来源包括经营运作文件、会计报告、物流研究、公开出版物等。

数据仅仅是对现实的一种客观描述。必须对收集的数据进行组织、概括、分类等处理，使之成为辅助决策的有用信息。针对网络设计问题，有必要研究信息的关键要素以及信息的产生过程。

获取足够的信息之后，要开展网络规划设计分析，以确定最优的设计方案。寻求最优设计方案的过程往往十分复杂，需借助一些数学模型与计算机模型。零售物流网络规划分析中使用的模型大至可分为五类：(1)图表技术；(2)模拟模型；(3)优化模型；(4)启发式模型；(5)专家系统模型。

网络设计，即设计良好的物流网络以实现企业的战略目标。确定配送中心、零售终端以及其他节点的数量、选址与运行能力。设定各节点的库存水平，确定顾客服务水平。网络设计所需的数据为总量数据与长期预测，该项工作的间隔期通常在一年以上。物流网络设计的一般步骤包括：审计顾客服务水平；组织和开展研究；确定目标基准(Benchmarking)；网络构架；渠道设计等。

物流网络中设施是指物流网络系统中的一些关键节点，如供应商、配送中心、销售网点等，其选址决策包括确定各类设施的数量、设施的地理定位、设施的规模。单设施选址是指为单个物流设施选址，最常用的是重心模型。多设施选址与单设施选址相比，更具现实意义，也更为复杂。以仓库选址为例，需确定要建立多少个仓库和每个仓库服务的市场范围，利用重心法为各个仓库确定最优选址，通过对仓库数量各种可能的选择进行考察，选出其中成本最小的方案。

零售终端和服务中心通常是物流网络最末端的存储点，这类设施的选址分析更加关注对销售额影响较大的一些因素，如靠近竞争者、人口构成、客流模式、停车的便利性、靠近良好的运输路线、公众的态度等。零售终端选址两种常用的选址方法是：加权评分法；空间－引力模型。

第十章 零售业定价策略

☞【开篇案例】

史密诺夫酒的巧妙定价

休布雷公司在美国伏特加酒的市场上,属于营销十分出色的公司,其生产的史密诺夫酒,在伏特加酒市场上的占有率达23%。20世纪60年代,另一家公司推出一种新型伏特加酒,其质量不比史密诺夫酒低,每瓶价格却比它低1美元。

按照惯例,休布雷公司有三条对策可以选择:

1. 降价1美元,以保住市场占有率;

2. 维持原价,通过增加广告费用和推销支出来与对手竞争;

3. 维持原价,听任其市场占有率降低。

然而,不论该公司采取上述哪种策略,休布雷公司都会处于市场的被动地位。

但是,该公司的市场营销人员经过深思熟虑后,却采取了对方意想不到的第四种策略。那就是,将史密诺夫酒的价格再提高1美元,同时推出一种与竞争对手新伏特加酒价格一样的瑞色加酒和另一种价格更低的波波酒。

这一策略,一方面提高了史密诺夫酒的地位,同时使竞争对手的新产品沦为一种普通的品牌。结果,休布雷公司不仅渡过了难关,而且利润大增。

资料来源:崔英,王勇.中小零售企业成功经营的500个制胜谋略.中国经济出版社,2005:143~144

商品价格的制定是零售企业所面临的最经常和最重要的管理决策之一。在现代零售组合中,尽管非价格因素的作用越来越突出,但价格依然是零售营销中一个决定性的因素,是唯一能够直接给企业带来利润的要素。价格对于零售企业来说具有重要意义,它直接关系到商品能否为消费者所接受、市场占有率的高低、需求量的变化和利润的多少。零售营销中的商品价格决策,要以经济学的价格理论为基础,在了解纷繁多变的市场环境形势的基础上,权衡利弊,配合其他组合因素,灵活地决定商品的价格。

第一节 零售定价概述

一、零售价格的构成

零售商品价格一般应包括商品采购价格、流通费用、税金以及零售商的预期利润。即:

$$价格＝采购价格＋流通费用＋税金＋利润$$

1.采购价格。采购价格是零售商采购某种商品所付的费用。采购价格是零售价格的最主要部分,是制定商品价格的重要依据。

2.流通费用。商品流通费用是指零售商在采购、运输、保管和销售等商品流通过程中所发生的各项费用,分为经营费用、管理费用和财务费用。经营费用是指企业在整个经营环节所发生的各种费用,包括企业负担的运输费、包装费、展览费、广告费、差旅费等。管理费用是指企业为管理和组织商品经营所发生的各项费用,包括管理人员的工资、业务招待费、技术开发费、职工教育经费、管理人员福利费等。财务费用是指企业为筹集资金而发生的各项费用,包括利息净支出、支付的金融机构手续费等。

3.税金。税金是国家通过法令形式强制规定各类商品的税率并进行征收的。税率的高低直接影响产品的价格,因而税率是国家调控商品经营活动的重要手段。

4.利润。利润是生产劳动者为社会创造价值的货币表现,是商品销售价格减去生产成本、流通费用和税金后的余额,是零售商扩大再生产的重要资金来源。

二、影响零售价格的因素

(一)消费者价格心理因素

1.消费者的价值观念。不同的消费者,由于不同的收入和不同的社会地位等因素,形成不同的价格观念。企业在制定价格策略时,应了解企业目标市场消费者的价格评价标准,从而有的放矢。

2.消费者的质量价格心理。消费者往往把产品的价格看作是产品的质量指数。尤其当消费者对产品的质量缺乏了解时,往往把价格的高低看作质量高低的标志。

3.消费者的价格预期心理。这是指消费者对产品价格未来变化趋势做出估计后而产生的心理活动。不同的价格预期心理会产生不同的反应与购买行为。

4.消费者对价格变动的反应心理。当产品价格变动时,消费者会对价格的变化做出不同的解释,如对于产品降低价格,有的消费者认为是产品质量问题,有的则认为是企业的让利行为等等。因此,企业在调整产品价格时,要了解情况,做好信息沟通工作。

(二)商品因素

1.产品生命周期。产品生命周期是指产品从进入市场到退出市场所经历的市场生命循环过程。典型的产品生命周期一般可以分为四个阶段,即导入期、成长期、成熟期和衰退期。

在导入期,商品的价格可以定得很高,在短期内获取厚利,尽快收回投资;也可以把价格定得尽可能低一些,获得较高的销售量和市场占有率。

在成长期的商品应维持一个稳定且有适当利润空间的售价区域。

成熟期商品的定价与成长期类似,但应注意替代品的出现和竞争者的价格行为,要加大促销力度。

衰退期的商品应通过各种方式的促销活动尽快清理库存,并及时将其清退出卖场。

2.商品经营风险。时尚商品和鲜活商品经营风险较大,需选择灵活调整价格的策略;对于风险小的品种,则应选择适度稳健的价格策略,以占据有利的市场地位,致力于长期的竞争。

3.商品成本。商品成本是零售商经营商品所发生的费用的总和,主要是商品的进货成本和商品流通费用。这在零售价格构成中已经提到。

4.商品特征。商品特征是商品自身构造所形成的特色。一般指产品外形、质量、功能、服务、商标和包装等,它能反映产品对顾客的吸引力。商品特征好,该商品就可能成为名牌商品、时尚商品、高档商品,就会对顾客产生极大的吸引力。

(三)零售店因素

零售价格还受到零售商店址因素、服务因素和零售商形象因素的影响。

1.店址因素。零售商的店址对商品的价格有重要影响。一个零售商与相同或相似商品的竞争者距离越近,价格的制定就越要考虑竞争者的价格,它的定价灵活性就越小。零售商与顾客的距离远近也是很重要的。距离较远的顾客来零售店的交通成本和时间成本较高,因此如果零售商想吸引远距离的顾客,就必须将价格定得低一些。

2.服务因素。提供服务项目(如提供送货、安装、调试)多的企业,一般其提供的商品价格较高,因为每种服务都需要一定的成本,企业不得不提高价格水平。因此,在制定价格决策时必须连同服务决策一同考虑。

3.零售商形象因素。价格使消费者自觉或不自觉地在心目中形成一定的零售商形象。例如,如果一家一直经营高档服装的商店突然大打折扣销售,在消费者心目中,它就不再是原来的商店了。假如零售商的价格策略发生了变化,即使商品、装潢、职工保持不变,商店的形象还是会大大发生变化的。因此,价格是与零售商形象因素紧密相连的。

(四)市场竞争因素

随着买方市场的形成,零售商的定价在很大程度上要受到市场竞争的影响。

1.市场竞争结构

按照经济学原理,根据竞争程度的强弱,可以把市场划分为四种类型:完全竞争市场、垄断竞争市场、寡头垄断市场和完全垄断市场。

在完全竞争市场中,企业不能决定价格而只能被动接受;在垄断竞争市场中,企业不再是被动的价格接受者,而是占据有利地位的价格决定者;在寡头竞争条件下,少数几个大企业控制市场价格,它们彼此之间相互影响;在完全垄断条件下,企业完全控制市场价格,定价随意性较强。

2.竞争对手的价格

零售商的经营成败,不仅取决于自己的努力,而且取决于竞争对手的强弱。零售企业将自己的价格与竞争对手的价格进行比较,才能分析和判断自己处于优势还是劣势。特别是在购物环境、服务水平、信用等级大致相同的情况下,竞争对手的价格尤其重要。

(五)环境因素

价格也会受到季节、气候等外在环境的影响。

1.季节变化的因素。在季节更替时,消费者的需求也会随之变化,营销人员应当掌握季节的变化,并调整相应商品的价格。

2.天气的因素。天气因素在我国沿海地区表现尤为明显。比如,要注意台风动向的变化。台风来临前该准备的商品(如电池、蜡烛、矿泉水、方便面等)以及台风过后顾客急需的商品(如果蔬、鱼肉等)应及时控制货源、保证供应,此时部分商品就可以降价出售,以提高零售商形象,但能够赚取利润的商品则不必降价。

2008 空调销售遇冷

"靠天吃饭"的空调销售遭遇雨夏,2008 年销售市场明显遇冷。来自北京苏宁方面的资料显示,距 2008 冷冻年度销售结束仅剩半个月的时间,80％的空调厂家尚未完成年度销售任务。北京国美、大中电器方面也表示,今年空调销售没有达到预期目标。

据了解,空调冷冻年度是从前一年的 8 月 1 日到次年的 7 月 31 日。2008 年夏天的多雨天气,让年初雄心勃勃计划热销的空调厂商失望不已,从 2008 年 5 月开始,北京空调销售便陷入低迷,7 月传统的空调销售旺季也没有出现热销的局面。

面对这一状况,北京苏宁宣布,联合海尔、美的等 19 家空调厂商再度掀起价格战,最高降幅 40％,原价 1600 元的一款名牌 1P 冷暖空调跌破 1300 元。一位家电卖场的相关负责人表示,"空调厂商把年初的涨价都降回去了,厂商销售压力非常大"。记者了解到,国美、大中均已启动了新一轮的降价促销。

资料来源:李欢欢.八成空调厂商未达销售目标.北京商报,2008－7－15(4)

(六)制造商和批发商对价格的控制权

有些制造商和批发商为了保护商品的信誉和形象要对供给零售商的商品实行售价控制。他们事先制定了商品的零售价,要求零售商必须按此价格销售商品。但是零售商为了使自身利润最大化,也希望得到商品售价的控制权,按自己的考虑制定零售价格。这样,零售商和供货商就会产生冲突。双方相互实力的对比决定这种冲突的结果。

2008 年 1 月,贵州茅台集团宣布"封杀"外资零售商麦德龙——禁止全国茅台的经销商向麦德龙供货,原因是麦德龙出售的茅台价格过低,打乱了茅台的价格体系和品牌形象。

茅台集团董事长袁仁国告诉记者:"这件事始于 2005 年国庆节后,麦德龙低价倾销茅台酒,破坏了一些地区的市场,引起区域很多经销商和销售人员的不满。去年底茅台酒厂宣布禁止给麦德龙供货。"当记者分别向广州、北京、哈尔滨等地的经销商询问后,均被告之"禁令"没有取消。

(七)政府政策和法律因素

政府可以通过运用经济、法律和行政手段对经济运行进行调控。每种调控措施的出台、经济法规的施行和管制手段的运用,都将引起企业定价条件的改变,零售商在制定商品销售价格时必须充分考虑这些因素。

目前,我国制定了一系列价格法律和法规,其中最重要的是 1997 年 12 月 29 日全国八届人大第 29 次常委会审议通过并于 1998 年 5 月 1 日实施的《中华人民共和国价格法》。其他相关法律法规还包括《消费者权益保护法》、《反不正当竞争法》等。

方便面集体涨价违反《价格法》

2007 年 7 月下旬以来,国家发展和改革委员会不断收到群众投诉举报和律师来函,反映"世界拉面协会中国分会"及相关企业涉嫌串通上调方便面价格。国家发改委随即立案调查,并约见有关人员核实了解情况。

据调查,自 2006 年底至 2007 年 7 月初,方便面中国分会先后三次召集有关企业参加会议,协商方便面涨价事宜。有关企业按照以上会议协调安排,从2007年6月起,相继调高了方便面价格。

国家发改委认定:方便面中国分会多次组织、策划、协调企业商议方便面涨价幅度、步骤、时间;印刷会议纪要在《中国面制品》杂志刊发,向全行业传递龙头企业上调价格的信息;通过媒体发布方便面涨价信息,致使部分地区不明真相的群众排队抢购。上述行为,严重扰乱了市场价格秩序,阻碍了经营者之间的正当竞争,损害了消费者合法权益。此外,方便面中国分会在被调查过程中,没有提供完整的会议纪要文本;接受调查后,通过媒体发表不实言论,否认串通涨价事实。

方便面中国分会和相关企业的行为,违反了《价格法》第七条"经营者定价,应当遵循公平、合法和诚实信用的原则",第十四条"经营者不得相互串通,操纵市场认定价格",第十七条"行业组织应当遵守价格法律、法规,加强价格自律"的规定,以及国家发改委《制止价格垄断行为暂行规定》第四条"经营者之间不得通过协议、决议或者协调等串通方式统一确定、维持或变更价格"的规定,已经构成相互串通、操纵市场价格的行为。

国家发改委责令方便面中国分会立即改正错误;公开向社会做出正面说明,消除不良影响;宣布撤销三次会议纪要中有关集体涨价的内容。对方便面中国分会和相关企业的串通涨价行为,国家发改委将深入调查,并依法作出进一步处理。

资料来源:张毅.串通企业涨价违反价格法 方便面协会遭查处.天津日报,2007-8-17

三、价格需求弹性

价格需求弹性是指顾客需求相对于商品价格变动的敏感程度。价格需求弹性的大小用弹性系数来衡量。弹性系数是需求量变化的百分比与商品自身价格变化的百分比之间的比值。其计算公式是:

$$弹性系数 = \frac{需求量变动百分比}{价格变动百分比}$$

我们一般用 E 代表弹性系数,Q 代表需求量,P 代表价格,则上述公式可以表述为:

$$E = \frac{\Delta Q/Q}{\Delta P/P}$$

据此,我们可以将不同商品的价格需求弹性划分为5种类型:

1.需求富有弹性($E>1$)

需求富有弹性是指需求量变化的幅度大于商品价格变化的幅度,即商品价格较小的变化会引起顾客需求量较大的变化。在这种情况下,当该商品的价格下降时,需求量增加的幅度会大于价格下降的幅度,所以降价可以提高企业的总收益,企业对这种商品可以采取"薄利多销"的定价策略,以求增加总销售额。

2.需求缺乏弹性($E<1$)

需求缺乏弹性是指需求量变化的百分比小于商品价格变化的百分比,即商品价格即使有较大的变化,对顾客需求量的影响也不大。如果一种商品的需求是缺乏弹性的,当该商品价格下降时,需求量增加的幅度小于价格下降的幅度,企业总收益会减少。反之,当该商品价格提高时,需求量减少的幅度会小于价格提高的幅度,企业总收益会增加。

3.单位需求弹性（$E=1$）

单位需求弹性是指需求量变化的百分比等于商品价格变化的百分比。商品的需求具有单一价格弹性意味着价格下降会导致需求量同幅度增加，价格上升会导致需求量同幅度下降。因此，不管价格如何变化，企业总收益都会保持基本不变。

4.需求完全弹性（$E\to\infty$）

需求完全弹性是指商品价格的微小变化都会导致需求量无穷大的变化，即商品价格稍有提升，商店就会失去所有顾客；商品价格稍有下降，又能吸引到所有顾客。这种情况只在理论中的完美市场中才会出现，在实际中一般不存在。

5.需求完全缺乏弹性（$E\to 0$）

需求完全缺乏弹性是指不管商品价格如何变化，商品需求量都保持不变。这种情况也只存在于理论探讨中，在实际中极少见。

影响需求价格弹性的因素很多，其中主要有以下几个：

（1）商品的可替代性。一种商品的可替代品越多，相近程度越高，则该商品需求弹性往往越大；反之，则该商品的需求弹性越小。例如 2007 年以来，猪肉价格不断上涨，消费者就会减少对猪肉的需求量，加强对相近替代品如鸡肉的购买。

（2）商品用途的广泛性。一般来说，一种商品的用途越是广泛，它的需求弹性就可能越大；反之，需求弹性就可能越小。如果一种商品具有多种用途，当它价格越高时，消费者只购买较少的数量用于最重要的用途上，当它的价格逐步下降时，消费者的购买就会逐渐增加，将商品越来越多地用于其他的各种用途上。

（3）商品对消费者生活的重要性。一般来说，生活必需品的需求弹性较小，非必需品的需求弹性较大。例如，粮食的需求弹性要比电影票的需求弹性小。

（4）商品的消费支出在消费者预算总支出中所占的比重。消费者在某商品上的消费支出在预算支出中所占比重越大，该商品的需求弹性可能越大；反之，则越小。例如，消费者每月在食盐、酱油等调味品上的支出是很小的，消费者往往不太重视这类商品价格的变化，因此它们的需求弹性比较小；而汽车、空调等商品需求弹性则较大。

妙丽的"大胆"定价战术

妙丽集团在香港商业公司中是个佼佼者，发展甚为迅速。起初，它的营业额只有 4000 万港元左右。几年后就超过了 40 亿，竟扩大了 10 倍。

他们之所以发展迅速，与其营销手段和思想密不可分。在港九繁华的商业区不时可以见到妙丽集团的巨大标志——一幅形似孔雀开屏的霓虹灯。这一灯饰广告分外独特，引人注目。

为了宣传妙丽集团的形象，妙丽推广部制作的醒目标语"唔平赔五倍"（唔平：粤语"不便宜"）在各中心的货架上都可见到。其中的"平"字就突出了集团的经营宗旨——"平来平去，薄利多销"。而整个保证条款又突出地宣传了"妙丽"与众不同的形象。

这么一来"妙丽"天天门庭若市，买卖兴隆。如今，"要买便宜货，请到'妙丽'去"已成为香港人的一般常识。其实像香港这样繁华的地方，大大小小的商店、摊点简直不可胜数，再有天大的本事恐怕也难以把每家的价格都搞清楚。"妙丽"之所以敢于提出"唔平赔五倍"这样大胆的口号，除了一半靠调查资料作基础之外，另一半就是它对消费者的心理的谙熟了。

一般来讲，顾客选择到哪家商店去购物，图的是便宜。因此当顾客买了他们认为便宜的东西之后,除非偶然,是不会特意再到别处去做一番调查研究的。而且,顾客又常常习惯于相信卖方的宣传。这些消费者心理正好为"妙丽"大胆的战术创造了成功的条件。

为了确实取得顾客的信任,也为减少赔偿损失,"妙丽"有这样几条防范措施:第一,在充分调查的基础上确定价格,尽量做到比多数商店便宜。第二,赔偿费在100港元以内的,当场即付;100至500港元的,要做适当的调查核实;500至1000港元的,要经过详细调查方可确认。第三,某种商品一旦发现别家比"妙丽"便宜,该商品立即停售并做适当处理。

资料来源:陈兆祥.香港零售企业价格策略.中国市场,2007(3):20~21

【思考】

妙丽在"大胆"定价时考虑了哪些定价因素?

第二节　零售定价方法

零售定价方法是零售商为实现其定价目标所采用的具体方法。零售商品价格的高低主要受成本费用、市场需求和竞争状况等三方面因素的影响。在对零售商品进行定价时,应当从对此三方面的不同侧重点出发来选择不同的定价方法。零售定价方法可以分为成本导向、需求导向和竞争导向三类。

一、成本导向定价法

成本导向定价法侧重考虑成本费用的补偿问题。成本导向定价是以商品成本为定价基础依据,综合考虑其他因素来制定商品价格。主要包括加成定价法、盈亏平衡定价法和目标收益定价法等具体方法。

(一)加成定价法

加成定价法是一种简单易行的定价方法,是在单位商品进价成本的基础上加一定比例的利润作为商品的销售价格的定价方法,其基本公式是:零售价格＝进价成本＋毛利。

毛利是零售价格与进价成本之间的差额,即进销差价,一般多用百分数毛利率表示。

加成定价法又可以分为成本加成定价法和售价加成定价法。

1.成本加成定价法

成本加成定价法对蔬菜、水果等的定价比较适用。其原理是按商品的成本加上若干百分比的毛利率来定价。计算公式如下:

$$单位商品价格 ＝ 单位商品成本 \times (1＋毛利率)$$

2.售价加成定价法

售价加成定价法的原理是以商品最后售价为基数,再按售价一定的百分比来计算毛利率,最后得出商品售价。其计算公式为:

$$单位商品价格 ＝ 单位商品成本 \div (1－毛利率)$$

3.两种方法下毛利率的不同

在商品进货成本基础上计算:

$$毛利率 = \frac{单位商品价格 - 单位商品成本}{单位商品成本}$$

在商品最终售价基础上计算：

$$毛利率 = \frac{单位商品价格 - 单位商品成本}{单位商品价格}$$

如果我们以 r_1 代表在商品成本基础上计算出来的毛利率，以 r_2 代表在零售价格基础上计算出来的毛利率。由于通常情况下，单位商品价格总要大于单位商品成本，所以 $r_1 = r_2 \times \frac{1}{1-r_2}$，或 $r_2 = r_1 \times \frac{1}{1+r_1}$。

以最终售价为基础计算的毛利率小于以进价为基础计算的毛利率，因此用售价加成定价法所制定的价格更容易被顾客认为合理，同时为了商业统计的需要，零售商在实践中多用以售价为基础计算的利润率。

加成定价法最主要的优点就是计算方便。在市场环境诸因素基本稳定的情况下，采用这种方法可以保证各行业获得正常的利润率，从而可以保障零售店经营的正常进行。加成法定价在心理上给人一种公平合理的感觉，使人提不出反对的理由。不仅如此，加成定价法还能帮助企业确定能够接受的最高进价。如果某零售店知道某种商品能以 10 元的价格出售，也知道为了实现利润目标需要至少 30％的基于售价的加成率。那么，我们就可以计算出该零售店能够接受的最高价格。我们有：

$$0.3 = \frac{10 - 进货成本}{10}$$

进货成本＝7 元

如果这种商品的进货价格高于 7 元，那么就不能购进。

但是，加成定价法仍是一种比较落后的定价方法，是典型的生产导向观念的产物。加成定价法的基本原则是"保本求利"，它只是从零售商一方的利益出发定价，没有考虑需求一方的利益。除此之外，商品的销售量和毛利率的确定也比较随意，缺乏足够的科学依据。尤其对于新产品而言，其销售量是很难预测的，因而用其求出的成本也是不切实际的。在不准确的成本之上再加上一个估计出来的毛利率，所计算出来的价格可能难以为顾客接受，在市场上更谈不上竞争力。

(二)盈亏平衡定价法

盈亏平衡定价法是根据盈亏分界点来确定商品的最低价格的定价方法。其原理是：零售商在一定销售量的条件下，当价格增加到某一水平时，商品的成本费用恰好为销售收入所补偿，利润为零；如果价格低于这个水平就会亏损，高于该价格才会盈利。最低价格就是零售商盈利为零时的价格水平。如图 10－1 所示，其中 E 为盈亏分界点，Q 为盈亏平衡时的销售量。

根据图 10－1，我们可以得到以下计算公式：

$$P \cdot Q = FC + VC \cdot Q$$

$$P = \frac{FC}{Q} + VC$$

FC 代表固定成本，VC 代表变动成本，Q 代表销售量，P 代表商品的最低销售价格。

　　盈亏平衡定价法侧重于总成本费用的补偿,这一点对于经营多条商品线和多种商品项目的零售企业而言极为重要。因为在经营多种商品的情况下,一些商品的高盈利可能伴随着另一些商品微利甚至亏损的现象,零售商的着眼点应是利润总水平的提高。零售商在某种商品销量难以实现时,可采取保本经营的策略,而把盈利的重点转向其他适销的商品,在整体上实现商品结构及销量的优化。

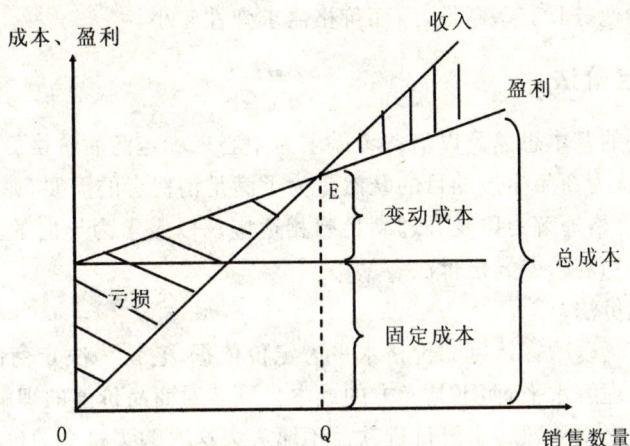

图 10-1　盈亏平衡分析图

(三)目标收益定价法

　　目标收益定价法的原理是先按企业的投资总额确定一个目标收益率,然后按目标收益率计算出目标利润额,再根据总成本、计划销售量和目标利润额算出商品价格。其基本步骤如下:

　　1.确定目标收益率。即确定要在什么期限内收回全部投资,也就是投资回收期限,然后就可以确定目标收益率。

$$目标收益率 = \frac{1}{投资回收期} \times 100\%$$

2.计算目标利润额。根据公式:

$$目标收益率 = \frac{目标利润额}{总投资额}$$

　　即可以得出:

$$目标利润额 = 总投资额 \times 目标收益率$$

3.计算单位商品价格。

$$单位商品价格 = \frac{固定成本}{预期销售量} + 单位商品变动成本 + 单位商品目标利润$$

　　目标收益定价法的优点是可以保证实现既定的目标利润和目标收益率,然而这种定价方法的缺点也是很明显的。

　　首先,跟加成定价法一样,这种方法只考虑了零售商一方的利益,而没有考虑竞争和需求状况,是一种生产导向观念下的定价方法。

其次,目标收益定价法在先确定了商品的销售量以后,再确定和计算商品的价格。这种做法在理论上是说不通的。因为,商品的需求量是价格的函数,即是价格决定和影响销售量,而不是销售量决定价格。因此,用这种方法计算出来的价格,不能保证销售量必然会实现。尤其对于价格需求弹性大的商品而言,这个问题就更为严重。

目标收益定价法对于市场占有率很高的零售商和具有垄断性质的零售商来说是比较适用的。因为这种企业的业务具有垄断性,因而价格需求弹性较小。

二、需求导向定价法

需求导向定价法的基本思路是以消费者需求为中心来确定商品价格。需求导向定价在消费者观念的指导下,认为商品生产的目的既然是为了满足消费者的需要,那么商品价格应与消费者的价格承受力、价格理解力以及心理满足感相适应。以需求为导向的价格制定方法主要包括理解价值定价法和需求差异定价法。

(一)理解价值定价法

理解价值定价法是以顾客认可的价格水平为定价依据,它认为决定商品价格的关键因素是买方对商品价值的理解水平,而不是卖方的成本。顾客对商品价值的理解不同,会形成不同的价格限度。这个限度就是顾客宁愿付货款而不愿失去这次购买机会的价格。当价格水平和消费者对商品价值的理解和认知水平大体上一致时,消费者就会接受这种价格;反之,则不会接受。因此,在为某一商品定价时,零售商首先要估计和测定商品在消费者心目中的价格水平,然后以此为依据确定商品的价格。理解价值定价法的步骤如下:

1.决定初始价格。根据商品的性能、用途、质量、外观、市场营销因素组合策略水平,确定顾客的理解价值,从而进一步确定商品的初始价格。

2.预测商品销售量。即在上述市场营销因素组合策略及初始价格的条件下,估计可能实现的销售量。

3.预测目标成本。计算公式为:目标成本总额＝销售收入总额－目标利润总额,或者为:单位商品目标成本＝单位商品价格－单位商品目标利润。

4.进行价格决策,适度提高或降低初始价格。若实际成本小于等于目标成本,则说明在初始价格下,目标利润可以保证,即可确定初始价格为商品实际定价。若实际成本大于目标成本,则说明初始价格偏低,目标利润得不到保证。需要进一步做出选择,可以选择降低目标利润水平;也可以选择进一步降低实际成本(运用价值分析或加强管理措施等),使原价格方案仍然付诸执行。

为了加深顾客对商品价值的理解,从而提高其支付意愿的价格限度,零售商定价时首先要做好商品的市场定位,突出商品的特征,并综合运用营销手段,加深顾客对商品的印象。

采用理解价值定价法的关键是要估计顾客对自己商品的价值理解水平。如果高估了消费者的价值理解,商品定价就会偏高;如果低估了,定价就会偏低。因此,零售商必须通过广泛的市场调研,了解消费者的需求偏好,判定消费者对商品的理解价值,确定商品的初始价格。

采用理解价值法要注意两个问题:首先,老练的消费者一般不会将自己愿意支付的价格如实相告。一旦顾客意识到零售商会按照自己的支付意愿调整价格,他们可能会有意误导零售商做出对顾客有利的定价。其次,这种定价法更根本的问题在于,零售营销的任务并非简单地以顾客当前愿意支付的价格销售商品,特别是针对市场上刚刚出现的新商品,顾客对其价值的认识和理解程度往往是不够的。这就需要零售商通过广泛的营销活动,向顾客传播商品价值,使新产品逐步被市场接受。

(二)需求差异定价法

需求差异定价法以销售对象、时间和地点等的差异为定价依据,对同一商品确定不同的价格水平。运用这种方法的假定是,不同消费者在不同时间、不同地点的购买动机强度及购买力是不同的,所认可的价格水平也不同,因此可以根据他们需求强度和消费感觉的不同,采取不同的定价。这种定价方法的基本条件是消费者在特定的购物条件下,由于选择成本较高和市场分割等因素,只能选择一种价格水平,而不能选择最有利的价格水平。需求差异定价法有以下几种具体形式:

1. 以时间为基础的差别定价

这种方法指对同种商品,根据消费者购买时间的不同制定不同价格。例如,消费者对服装、礼品等的需求强度,在春节前会明显高于春节后。对这些商品,在价格上也会有所差别。

2. 以地点为基础的差别定价

这种定价方法指对同一商品,按位置或地区的不同规定不同的价格。例如,对于同一种商品,坐落于市中心繁华地段的零售店的价格往往会高于处于居民小区的零售店。

3. 以顾客为基础的差别定价

这种定价方法指零售商在商品定价时考虑顾客的年龄、职业、阶层等的差异,针对不同顾客群采取不同的价格。但是,以顾客为基础的差别定价有可能会形成价格歧视,从而蕴藏着巨大的风险,一旦失败,可能会对公司经营造成负面影响。

纸尿布的差别定价

刊载于 2007 年 1 月埃森哲公司商业出版物 Outlook 上一篇题为《价格是恰当的,果真如此吗?》(The Price Is Right, Isn't It?)的文章谈到,纽约的医药连锁店杜安瑞蒂(Duane Reade)利用定价软件检测销售数据后发现,其产品年销售收入增长了 27%。在这篇文章中,埃森哲公司零售定价研究小组的领导者写道,相关数据表明,比之幼儿的父母来,新生儿父母对价格的敏感程度更低。为此,杜安瑞蒂降低了幼儿纸尿布的价格,以保持自己对其他零售店的竞争力,同时,提高了婴儿纸尿布的价格。

资料来源:沃顿知识在线.产品周期缩短时如何适当定价.中外管理,2007(12):86~88

亚马逊差别定价试验失败

亚马逊在 2000 年 9 月中旬开始了著名的差别定价实验。亚马逊选择了 68 种 DVD 碟片进行动态定价试验,试验当中,亚马逊根据潜在客户的人口统计资料、在亚马逊的购物历史、上网行为以及上网使用的软件系统确定对这 68 种碟片的报价水平。例如,名为《泰特斯》(Titus)的碟片对新顾客的报价为 22.74 美元,而对那些对该碟片表现出兴趣的老顾客的报价则为 26.24 美元。通过这一定价策略,部分顾客付出了比其他顾客更高的价格,亚马逊因此提高了销售的毛利率。但是好景不长,这一差别定价策略实施不到一个月,就有细心的消费者发现了这一秘密,通过在名为 DVDTalk 的音乐爱好者社区的交流,成百上千的 DVD 消费者知道了此事,那些付出高价的顾客当然怨声载道,纷纷在网上以激烈的言辞对亚马逊的做法进行遣责,有人甚至公开表示以后绝不会在亚马逊购买任何东西。更不巧的是,亚马逊前不久才公布了它对消费者在网站上的购物习惯和行为进行了跟踪和记录。因此,这次事件曝光后,消费者和媒体开始怀疑亚马逊是否利用其收集的消费者资料作为其价格调整的依据,这样的猜测让亚马逊的价格事件与敏感的网络隐私问题联系在了一起。

资料来源:刘向晖.网络营销差别定价策略的一个案例分析.价格理论与实践,2003(7):59～60

三、竞争导向定价法

竞争导向定价法是以市场上同类竞争商品的价格为定价依据,并根据竞争状况的变化来调整价格的定价方法。在市场竞争中,定价的成功不仅取决于零售商自身的定价策略,还取决于竞争对手对其做出的反应。竞争导向定价法以随竞争状况的变化确定和调整价格水平为特征,主要有随行就市定价法、竞争差异定价法、密封投标定价法等。

(一)随行就市定价法

随行就市定价法是以行业的平均价格水平或竞争对手的现行价格为基础,使商品的价格与竞争者商品的平均价格保持一致的定价方法。在存在众多竞争者的市场中,顾客希望能找到最低价格。此时零售商们只能制定彼此差不多的价格,不能主动控制价格,所以零售商们常采用"随行就市定价"。采用这种定价法可以达到以下目的:

1. 在人们的观念中,平均价格水平常被认为是"合理价格",易为顾客接受;

2. 可以避免激烈竞争产生的风险,有利于与竞争者和平相处;

3. 能够为零售商带来合理、适度的盈利。

但是随行就市定价法要求零售商的商业成本等于或低于行业平均成本,否则,零售商就会亏损。而且,这种定价方法毫无特色,不利于塑造商品和企业形象。

2003 年的杭城超市价格战,在欧尚和华润两家大超市开业之后,终于火爆升级。

1 月 15 日,华润超级市场一开业,就打出了鸡蛋 1.6 元/500g 的超低价,距离华润不远的欧尚、乐购、易初莲花超市,前几天打出的每 500g 鸡蛋价格也只需 1.7 元、1.65 元和 1.9 元。而在农贸市场,同样品质的鸡蛋要卖 2.4 元/500g,每 500g 整整相差了 5 至 8 毛钱!

由于华润是第一天开业,特价品最多,达到了 200 余种,城东、城北的居民更多地涌向了华润。电梯上人满为患,工作人员不得不在门口采取分流顾客的措施。许多老年人结伴而来,背回大米、油等各种商品。收银台、称量处全都排起了长队。鸡蛋准备了 7 吨,一天内被抢购一空。与此同时,欧尚、乐购也是一派热闹的场面,客流几乎和双休日差不多。虽然是中午吃饭时间,但在欧尚超市的烤鸡柜台前,排了足有四五十人,等着领取 6.3 元一只的超低价烤鸡。1.7 元/500g 的鸡蛋早已被抢光。乐购超市的鸡蛋柜台前排的队伍更长,数一数,足有 80 多人。

(二)竞争差异定价法

竞争差异定价法是指零售商根据竞争形势和自身商品与竞争者商品的差异确定价格的方法。零售商可以采取与竞争者同价、低于竞争者定价和高于竞争者定价等三种方式。

1. 与竞争者同价。零售商制定与竞争者相同的价格。与竞争者同价意味着零售商不以价格作为主要营销工具,而把地点、商品品质、服务、促销等要素作为重要营销工具,吸引消费者。

2.低于竞争者定价。对于一些价格需求弹性大的商品,低价有利于扩大销量,增加销售收入。零售商可以通过减少广告、人员推销等营销费用来降低经营成本,为低价竞争创造条件。通常超市、折扣店、集市等都采取这种定价方法。

3.高于竞争者定价。采用这种定价方法的零售商通常有明显经营特色和竞争优势。消费者认同这种特色和优势,从而愿意为此付出额外的代价。尤其对一些需求价格弹性较小的商品,这种方法更为适用。

在竞争差异定价法下,零售商应当努力凭借零售组合的特色来建立商店的信誉。如果能使商店差别显著,零售商就能操纵它所售商品的定价。

(三)密封投标定价法

在投标交易中,常常会采用密封投标定价法。零售商参加投标的目的是希望中标,所以它的报价应当低于竞争对手。报价高于竞争对手,目标利润大,但中标机会小;反之,报价低于竞争对手,中标机会大,但目标利润低。那么,零售商应当怎样确定投标价格呢?

首先,零售商根据自身的成本,确定备选的投标价格方案,并依据成本利润率计算出企业可能盈利的各个价格水平。其次,分析竞争对手的实力和可能报价,确定本企业各个备选方案的中标概率。运用密封投标定价法的最大困难在于估计中标概率,可以通过市场调查及对过去投标资料的分析大致估计。再次,根据每个方案可能的盈利水平和中标机会,计算每个方案的期望利润。每个方案的期望利润＝每个方案可能的盈利水平×中标概率。最后,根据零售商的投标目的来选择投标方案。如下例:

表 10－1　最佳报价分析

单位:元

报价	成本	目标利润	中标概率	预期利润
①	②	③＝①－②	④	⑤＝③×④
16500	15000	1500	85	1275
17500	15000	2500	60	1500
19000	15000	4000	30	1200
20000	15000	5000	20	1000

由表 10－1 可知,报价 17500 元,预期利润最高,为最佳报价。报价 16500 虽然中标概率高,但实现的预期利润低于 17500 元的报价。其余两个报价中标概率过低,很有可能导致败标而使其实际利润为零,不可取。

国美的"用户定价"模式

进入 2008 年,中国媒体围绕国美收购大中后引发中国家电连锁"雁阵格局"、国美实现"自竞争"模式等内容纷纷探讨。而在此期间,国美集团董事局黄光裕并没有在国内,而是亲自率领国美集团高管团队,参加美国拉斯维加斯一年一度全球规模最大的国际消费电子产品展(CES)。黄光裕和国美团队在展会期间特别受到美国消费电子协会(CEA)总裁兼首席执行官盖瑞·夏培罗的邀请,出席了由他本人主持的全球电子零售能力论坛。

此前,站在美国 CES 全球电子零售能力论坛上的人一直是美国、欧洲国家、日本等发达国家的电子零售商,全球电子零售能力论坛从来没有对中国的电子零售模式进行过集体学习。今年之所以邀请国美,主要是因为国美"为用户省钱"的零售发展模式让全球电子零售商找到了一种新的发展方向。

"为用户省钱"模式是国美在经营过程中自创的一种"用户定价"模式。长久以来,电子产品价格都是由制造商一手主导并制定的,也就是常说的从出厂价开始向外加价的方式,电子产品从出厂开始经过 4~5 级销售渠道的加价之后,到消费者手中时价格增长已经超过 30%,因此说在这个过程中受到最大价格损害的就是消费者。

国美的"为用户省钱"模式实际上是一种逆向经营方式,即由"制造商定价"模式改为"用户定价"模式,国美借助全国上千家零售网络广泛收集消费者对电子产品的价格需求和功能需求,然后通过业界最领先的信息化平台系统将终端需求信息传输给制造商,厂家再依据"用户定价"和功能需求信息进行准确的产品设计和价格制定,而国美与厂家达成取消中间流通环节的采购协议,这就砍掉了多级经销商的加价链条,将真正的实惠完全提供给消费者。据了解,通过采用这种经营模式,国美为全国消费者节省了 100 亿元。

全球电子零售能力论坛的专家认为,国美的"为用户省钱"模式实际上为消费者和厂家共同构建了一个最低成本供需体系,消费者可以通过自主定价和功能需求信息的反馈,获得高品质、低价格的电子产品;制造商可以实现真正的按需定制,有效降低库存。

资料来源:刘映花,黄光裕. 国美"用户定价"经营模式为消费者节约百亿. 腾讯财经, http://finance. qq. com/a/20080118/002168. htm

【思考】

1. 国美的"用户定价"模式运用了哪种定价方法?
2. 国美实行"用户定价"模式会产生哪些积极效果? 实施这一模式可能会遇到哪些困难?

第三节　零售定价策略和技巧

零售商在根据适当的定价方法确定了商品基本价格后,还必须采用一定的策略和技巧,以确定最终的价格。定价不仅是一门科学,而且是一门艺术。定价方法侧重于从量的方面对商品的基础价格做出科学的计算,而定价策略则是运用定价艺术和技巧,根据市场的具体情况制定出灵活机动的价格。

一、新产品定价策略

零售商在给新产品定价时,可以选择以下的定价策略:

(一)"撇脂"定价

"撇脂"原意是撇取牛奶上那层奶油,含有捞取精华的意思。"撇脂"定价策略是把新产品的价格定得很高,尽可能在短期内赚取更多的利润。采用"撇脂"策略在一定程度上利用了顾客求新、求奇的购买心理。在新产品投放市场的初期,商品的价格需求弹性较小,又常有专利权保护，竞争者也不多，市场提供了可以定高价的条件。因此，可以乘此机会，在竞争者研制出相似的商品之前，尽快把投资全部收回。当高价销售遇到困难时，可以迅速地降价促销，还可以达到促成顾客求廉购买的效果。

"撇脂"策略显然是一种追求短期最大利润的策略，由于利润很高，必然会迅速招引其他竞争对手。这不利于迅速开拓市场，也很容易招致顾客的反对。所以，从长远发展来看，这种策略是不可取的。

一个分析师曾这样形容英特尔公司的定价政策："这个集成电路巨人每12个月就要推出一种新的、具有更高盈利的微处理器，并把旧的微处理器的价格定在更低的价位上以满足需求。"当英特尔公司推出一种新的计算机芯片时，它的定价是1000美元，这个价格使它刚好能占有市场的一定份额。这些新的芯片能够提高高级个人电脑机和服务器的性能。如果顾客等不及，他们就会在价格较高的时候去购买。随着销售额的下降及竞争对手推出的相似芯片对其构成威胁时，英特尔公司就会降低其商品的价格来吸引对价格敏感的顾客。最终价格跌落到最低水平，每个芯片仅售200美元多一点，使该芯片成为一个热门大众市场的处理器。通过这种方式，英特尔公司从各个不同的市场中获取了最大程度的收入。

(二)渗透定价

渗透定价与"撇脂"定价正好相反。渗透定价是将新产品的价格定得尽量低一些，目的在于使新产品迅速地被消费者接受，打开和扩大市场，优先取得市场上的领先地位。这种定价方法的优点在于能迅速打开新产品的销路，有利于提高市场占有率，树立良好的零售商形象。缺点是投资回收期较长，价格变动余地小，难以应付短期内骤然出现的竞争或需求的较大变化。

渗透定价策略适合于需求弹性较大，替代品较多的新产品。但低价容易造成产品的低档形象，所以采用此种策略需要具备以下条件：产品需求的价格弹性大、目标市场对价格敏感；生产和分销成本有可能随产量和销量的扩大而降低。

太麦克斯的渗透定价

美国的太麦克斯公司原是一家生产军用品的小公司，1950年开始涉及手表制造业。面对当时强手如林、竞争激烈的手表业市场，它之所以能够杀出一条生路，开辟和扩大自己的产品市场，得益于几十年来一贯坚持渗透定价法不断推出自己的新产品。50年代，该公司投入市场的男式手表，每只定价仅7美元，比一般低档手表的价格要低得多。60年代它首次推出的电动手表售价30多美元，为当时市场上同类产品价格的一半。70年代推出的石英表售价仅125美元，是当时日本、瑞士和美国其他一些手表生产厂商生产的石英表价格的1/3，甚至1/10。正是由于该公司对新产品定价策略得当，使这个原本名不见经传的小公司得以在10年内就发展成为世界闻名的手表制造公司，工厂遍布世界各地，年销售额达2亿美元，其产品在美国的市场占有率达50%。

新田康夫的渗透定价

日本20世纪70年代的一次性打火机，售价一般在200日元左右。而新田康夫却在法国的一种打火机的启示下，进行技术改进，不仅使打火机的密封性、安全性明显提高，而且还大大降低了成本。新打火机上市时，定价为100日元。其质量优势和价格优势明显强于其他型号的打火机,因而迅速占领了国内一次性打火机90%的市场,产品还进军国际市场,成了世界第二大一次性打火机销售公司。一些打火机厂商试图夺回失去的市场,也将打火机的价格降到100日元。但是,新田的公司已经形成巨大的规模,大批量生产使制造成本降到了每只30日元,降价有相当大的潜力。其他的厂商,再也无法与其抗衡了。

(三)满意定价

满意定价法是介于撇脂和渗透两种方法之间,价格水平适中,同时兼顾零售商及顾客利益,使各方顺利接受的定价技巧。满意定价既能避免撇脂价格过高给消费者带来的损失,又能防止渗透价格过低可能给企业带来的经济困难,其目的在于从长期稳定的销量增长中获取平均利润。这种定价方法的优点是价格比较稳定,在正常情况下零售商的盈利目标可以按期实现;缺点是比较保守,不适于需求复杂或竞争激烈的市场环境。

广东农垦穗丰装饰厂生产的压塑雕花门,既有实木雕花门的美观效果,能满足消费者追求古典、高雅、豪华的消费需求,又具有普通夹板门的成本优势。该产品只是在普通夹板上贴合一层有浮雕花纹的塑料片,起阻燃、防水、免油漆、易清洁等作用。按当时的市场行情,普通夹板门市场价每扇为180~200元,实木雕花门每扇为600~3000元。他们因此将压塑雕花门的价格定在这两者之间,每扇门298元,结果深受消费者欢迎。

二、每日低价和高/低定价策略

在当今的零售市场上,流行着两种对立的定价策略:每日低价策略和高/低定价策略。

每日低价(everyday low pricing,EDLP)策略强调把价格定得低于正常价格,但高于其竞争者大打折扣后的价格。因此从某种意义上来说,"每日低价"这个词并不准确,其定价并非总是市场上的最低价。因此,这种策略更准确的表述应该是"每日稳定定价"。沃尔玛是这一策略最成功的实施者。始终如一地采用这一价格政策需要零售商具备不同寻常的成本控制能力。

高/低定价策略(high/low pricing strategy)指零售商制定的商品价格有时高于竞争对手,有时低于竞争对手,同一种价格经常变动。高/低定价策略近年来变得越来越流行。在过去,零售商仅仅在季末降价销售。现在为了应对日益激烈的竞争和顾客对价值的关注,零售商经常采用降价的方式进行促销。

与高/低定价相比,每日低价的优点有:

(1)减少价格战。每日低价策略使得零售商从与对手的残酷价格竞争中撤出。当顾客意识到零售商的价格合理时,他们就会更多、更经常地购买。

(2)减少促销支出。每日低价策略下的稳定价格减少了广告等促销活动的支出,使零售商可以把注意力更多地放在塑造零售商形象上。

(3)提高对顾客的服务水平。因为没有因降价销售的刺激而产生新的消费群,零售商的服务人员可以在原有顾客身上花更多的时间,提高服务质量。

(4)稳定的价格政策可以稳定商品销售,从而有利于库存管理并防止脱销。

(5)保持顾客忠诚。如果一种商品在顾客购买后不久即降价,顾客会产生一种被欺骗或吃亏的感觉,并由此对零售商的整体形象产生不信任。而稳定的价格政策会让顾客感觉标价诚实可靠,不必延迟购买,不会产生被欺骗的感觉,因而会对商店更忠诚。

与每日低价相比,高/低定价策略有如下优点:

(1)同一种商品在多重市场上具有吸引力。当新产品进入市场时,零售商定高价,对价格不敏感的求新求奇的顾客会率先购买;随着时间的推移,零售商逐步降低价格,就会吸引越来越多的对价格敏感的消费者进入市场。这样,同一种商品可以通过价格变化迎合不同顾客的需要。

(2)强调质量或服务。在初始时制定的高价格会给顾客一种信号:该商品质量很好或能提供优质的服务。在商品继续销售的过程中,顾客仍用原来的价格作为其价值衡量。

(3)以一带十,达到连带消费的目的。实行这种价格政策的零售商往往会选择一些特价商品作为招徕品,牺牲该商品的利润以吸引顾客前来购买。顾客进入商场一般不会只购买特价品,在商场气氛的影响下往往会产生冲动购买行为。于是,零售商降价促销的目的便达到了。

(4)对于以价格作为竞争武器的零售商而言,每日低价政策很难长期保持。稳定的低价政策确实是对零售商经营管理的一个考验,它需要更低的进货成本、更严格的作业规范、更快捷的物流配送体系等作支撑。如果没有这种低成本运作为基础,每日低价只能意味着每日低利润或无利润,这种情况是不可能长期维持企业运转的。

每日低价策略和高/低定价策略并不是一成不变的。实施每日低价的零售商(如沃尔玛)现在也开始进行经常性的促销活动,使用高/低定价策略的零售商为了稳定其价格也在使用每日低价策略。

两种价格政策各有自己的优势和劣势。当一个零售商习惯采用其中一种价格政策,并已经形成自己的经营风格时,在顾客心中也就形成了一定的认识。如果这个零售商在没有做好充分准备的情况下贸然改变自己的价格政策,有时会遭受意想不到的风险。

一个典型的失败的例子是西尔斯百货商店价格政策的转型。20 世纪 80 年代末,西尔斯宣布自己向天天平价转型。然而,由于其成本结构问题,西尔斯的价格并没有足够的吸引力,因此其在宣称天天平价之后继续其促销活动。在 1989 年 3 月～10 月之间,西尔斯还举办了两次大规模的、伴有大量广告的店内活动,以促进商品销售并争夺零售店的客流量。结果,很多顾客对西尔斯的定价政策感到迷惑。不仅如此,西尔斯天天平价的广告宣传刺激了 T.J. Maxx 和沃尔玛,引发了强烈的竞争反应。在 90 年代上半期,也就是声称天天平价之后大约 1 年的时候,西尔斯销售额平平,零售净收入下降了 63％。西尔斯不得不宣布 50000 种商品降价对增强价格竞争力没有什么效果,其经营种类和服务质量也没有什么大的改观。

三、心理定价策略

心理定价策略是一种运用心理学原理,根据不同类型消费者购买商品时的心理动机来确定价格,引导消费者购买的价格策略。

不同消费者因为年龄、文化程度、收入水平、性格、购买经历等因素的差异,通常具有不同的消费心理和习惯,从而在购物时表现出求实、求名、求新、求廉及求美等不同的动机。零售商为了促进商品的销售,在价格上可以针对消费者这些不同的消费心理和习惯,采用适当的定价策略。

（一）尾数定价

尾数定价是指在确定零售价格时保留价格尾数。例如，把方便面价格定为1.9元，而不是2元。这种定价使得价格保留在较低的一个档次上。一方面消费者直观上感觉到价格比较便宜，满足人们求实、求廉的消费心理；另一方面消费者常常认为这种价格是经过仔细计算得出来的，因而容易产生信任感。尾数的确定要合乎消费者的风俗习惯，不同的尾数在不同的国家、地区和民族中效果会不同。欧美国家对9这个数字比较喜欢，据统计，美国的连锁店中所有商品价格最后一个数字为9者占75%。尾数定价策略目前在我国也越来越广泛地被零售商所采用。根据我国的风俗和习惯，大部分尾数定为8或6。

尾数定价法一般适用于中低档消费品，尤其是日用小商品。因为对于这类商品，价格因素对消费者购买决策的影响很大，尾数定价能收到很好的效果。

值得注意的是，尾数定价技巧现在被越来越多的普通消费者所熟知，因而它有可能被人认为是一种骗人的技术，使人反感，从而弄巧成拙。

（二）整数定价

与尾数定价策略相反，整数定价是指零售商把原本应为零数的商品价格定为高于这个零数价格的整数。例如，精品店的服装可以定为1000元，而不是定为998元；原价990元一条的金项链，可定价为1000元。整数定价是为了迎合一部分求名动机强的消费者的需求而采取的定价策略。

对于一些名牌商品或高档商品，采用整数价格会抬高商品的"身价"，进而提高消费者的身份。此外，整数定价还便于结算。

日本江崎糖业公司想从"劳特"公司所垄断的泡泡糖市场分得一块蛋糕，其通过研究"劳特"产品的不足和短处，开发了成人泡泡糖市场，并专门针对"劳特"的定价缺陷制定了价格策略。"劳特"价格是110日元，顾客购买时需多掏10日元的硬币，往往感到不便。于是，江崎糖业公司将自己的产品价格定为50日元和100日元两种，避免了找零钱的麻烦。结果，江崎糖业公司销售大增，成功挤进了由"劳特"独霸的泡泡糖市场。

（三）招徕定价

招徕定价是指在多品种经营的零售商中，对某些商品定价很低，以吸引顾客，目的是招徕顾客购买低价商品时，也购买其他商品，从而带动整体销售。

5000日元一杯咖啡

招徕定价一般为低价招徕，但是也有例外。

当东京滨松町的一家咖啡屋的一杯咖啡要价5000日元的消息传开后，东京的豪客不禁大惊失色，不少人带着好奇心光顾该店。

该店的一种咖啡确实是一杯要价5000日元，只不过盛咖啡的是一种特别的杯子，名贵而豪华，每个价值4000日元。当顾客享用完咖啡后，服务员就将杯子包好，送给顾客作为纪念。而且这里的咖啡都是由名师当场精制而成，味道独特、可口。咖啡屋内装潢豪华如宫殿，女侍穿着古代皇宫服装，把顾客当作帝王殷勤待候。

抱着好奇心前来的客人,原以为不会再来,但咖啡屋对这些人产生了巨大的吸引力,身价倍增的感觉令人难以忘怀,不但自己来,而且还带亲朋好友来,使这家咖啡屋的知名度大大提高,生意十分兴隆。

这家咖啡屋当然也出售 100 日元左右一杯的咖啡、果汁、汽水等,这是真正赚钱的饮料。老板推出 5000 日元一杯的咖啡,是要提高咖啡屋的知名度,招徕顾客,用高价带动廉价商品的销售。

资料来源:孙安彬.招徕定价策略及其应用.商业研究,2000(4)

选择特价品时应注意,最适合充当招徕品的商品是那些购买频率较高的、购物者对其价格敏感的商品。譬如,超级市场把面包、鸡蛋、牛奶作为招徕品。而且,零售商经营商品的数量应当达到一定的规模,商品规格品种齐全,易于吸引顾客购买特价品以外的商品。此外,特价品的价格应确属低价,不得失信于消费者。零售商对特价品的数量应当设定一定的限额,否则会影响企业利润。

(四)声望定价

声望定价是指利用消费者仰慕名牌商品或名店的声望所产生的某种心理来确定商品的价格。采用声望定价主要有两个目的:一是提高商品形象,以价格说明它的名贵优质;二是满足某些购买者的欲望,因为价格也是一种自我身份的体现。对于以主观感觉为主的中高档产品,采用声望定价法是很有效的。因为对表面看不出差异的产品或服务,顾客往往会把价格的高低当作评价质量好坏的一个主要因素,从而选择价格高的产品。比如,对于两块外表看不出差别的宝石钟表,在初次选择的时候,人们总是认为价格高的质量更好。

但是,声望定价策略的运用必须慎重。声望价格中的一部分是为虚名付的款,因而这种价格也不是越高越有利。一旦价格高得"离谱",很可能适得其反,使消费者心目中存在的"价高质必优"的信念产生动摇。

(五)错觉定价

错觉定价是利用消费者对商品价格知觉上的误差性确定商品销售价格的一种定价方法。由于主客观的原因,消费者在购物时会对商品价格产生错觉。巧妙地利用消费者的错觉,可以收到意想不到的效果。

订阅一份报纸一年的费用为 75 元,但在推销时却说:"一星期只花 1.5 元。"某市一家商店有一套童装,标价 89 元,先放在甲组童装中,其他品种的童装价格都低于它,结果卖不出去。后来,把这套童装放在乙组中,该组其他童装价格都高于那套童装,结果很快卖掉。

零售商在制定商品价格时,利用顾客的错觉,可以起到促销的作用。通常零售商降价都采用折扣的方式,即 100 元打九折即 90 元销售。而有的商家针对顾客"便宜没好货"的心理,实行"100 元优惠 10% 买 110 元商品"。这两种定价方法表面上看,都是 10% 的差价。但实际上,100 元买 110 元商品不是 9 折,而是 9.09 折。这种微妙的差别一般不易被察觉到,给顾客造成的错觉是两者的折扣一样。

从商家角度来说,100 元买 110 元商品的方法比九折的方法高出 1% 的销售利润。另外,100 元买 110 元商品多销售了 1% 的库存商品。

(六)吉祥数字定价

如今生活节奏加快,人们竞争的压力很大,因此常希望能借助一些外界因素得到心理上的安慰和解脱,于是对象征兴旺发达、顺利平安的吉祥数字,就十分看重。在各零售店中,吉祥数字频频出现在五花八门的商品标价上。如衬衫标价 88 元,皮鞋每双 128 元。而含义深刻的 168(一路发)、518(我要发)在标价中更是屡见不鲜。在我国传统文化中,"6"也是个大吉大利的数字,有"六六大顺"之说,因此"6"在商品标价中也经常出现。

(七)分档定价

针对消费者比较价格的心理,可以将同类商品的价格有意识地分档拉开,把诸多不同型号、规格、花色、式样的商品分为适当的档次,每一档为一级价格。分档定价能起到如下作用:一是便于购买;二是便于定价;三是扩大销售。既可以满足一般顾客的需求,也可满足特殊顾客的要求,从而能够扩大产品销售量。

茅台、五粮液发力中档酒市场

在 2007 年底的经销商大会上,茅台、五粮液两大高端酒王 2008 年的目标不约而同地瞄准了中档酒市场。

经过陆续提价,目前茅台 53 度普通酒的出厂价是 358 元,公司终端指导价是 538 元。但在供不应求的局面下,茅台 53 度普通酒的终端价已经超过 600 元/瓶,而且市场上缺货严重,除专卖店外,商超基本断货。

随着茅台酒的供不应求和不断提价,有经销商认为 53 度茅台酒的终端价最终将达到 1000 元/瓶。有经销商认为:"由于目前产品系列和产品价格档次设计未能与时共进,这容易令产品断档,出现市场空隙,甚至可能因此丢失已有的市场份额。"

茅台与五粮液巩固高端酒市场垄断地位后,中档酒板块这个共同的软肋,成为两家重点发力的方向。

"2007 年 1~11 月茅台酒销量与上年持平,系列酒销量同比增长 87.1%"。刚结束的茅台经销商大会上,茅台集团总经理袁仁国对中档系列酒"宠爱有加"。然而袁仁国坦言,"系列酒推出市场 8 年,但还处于总量小、规模小的状态。而且这块业务还没有盈利。目前系列酒占公司总体收入 5%,影响尚小。"由此,中档酒成为茅台 2008 年一个工作重点。袁仁国给经销商的最新任务是:考察系列酒"铺货率"指标,从而切实拉动中档酒销售。

中档酒的市场潜力,在五粮液的 2007 年三季报中也非常突出。报告显示,三季度五粮液高档酒实现收入约 5 亿元,同比减少约 1/3,但中低档酒实现收入 12 亿元,同比增长 46%。在经销商大会上,五粮液股份公司副总经理刘中国称,产品线整合方面将重点打造两个战略单品和中价位酒。刘中国认为,1618 和五粮液老酒两款战略单品 2007 年已有良好的开端,前者上市 4 个月就实现 2.4 亿元的销售收入,并很快卖断货。2008 年以后能否有超额利润很大程度上要依赖这两个单品的运作。

然而,在五粮液提价之后,200~300 元之间的产品线上留下较多的市场空间,刘中国称公司计划推出五粮液中价位酒来弥补这一短板。刘中国寄望系列酒的重点运作能在 2009 年为经销商实现利润翻番。

茅台和五粮液两大高端酒王不约而同发力中档酒,来年中价位酒竞争格局将发生剧烈的变化。

资料来源:伍静妍.茅台中档酒涨价呼声高 五粮液欲退出中价酒.第一财经日报,2007—12—28(3)

(八)习惯定价

习惯定价是按消费者的习惯价格心理来确定价格,如报纸、油、盐等日常消费品的价格通常容易在顾客心中形成一种习惯性的标准,符合这一标准的价格会被顺利接受,而偏离这一标准的价格则容易引起顾客的猜疑和不满。高于习惯价格常被认为是不合理的加价,低于习惯价格又可能使消费者怀疑是否货真价实。因此,对于这类日常消费品的价格应力求稳定,避免价格被动波动带来不必要的损失。如果必须调整价格,应采取一些措施,如改换包装或品牌,以减轻习惯价格心理对新价格的影响。

在 20 世纪 80 年代,我国曾经发生过这样的事:火柴每盒 2 分钱的习惯价格保持了 20 多年。1984 年,湖南的火柴涨到每盒 3 分钱。很长一段时间,人们宁愿买 2 分一盒的小盒旅行火柴,也不愿买 3 分的。但原材料价格上涨,降价只能导致亏损。后来,厂家只好改为减量包装,价格仍为 2 分。在日本,太妃糖多年来尽管价格不变,但袋内糖的粒数却在不断减少。

(九)价格对比法

美国有一家玩具专卖店,采购人员同时购进了外型大体相同、价格相等的两种玩具小鹿。开始时购买者寥寥无几,后来店主想出一招:把一种小鹿的标价由原来的 0.38 美元提高到 0.56 美元,另一种小鹿放到同一个柜台上,价格不变。相似的小鹿价格却相差近一倍,这引起了顾客的注意。人们都觉得 0.38 元的小鹿价格便宜,因此纷纷前来购买。标 0.38 美元的小鹿很快被抢购一空。没改变价格之前,两种商品都卖不出去,改变价格,而且是提高了其中一种商品的价格,形成鲜明的价格对比,却激发了顾客的购买愿望,收到了意想不到的销售效果。

(十)"不二价"与弹性定价策略

"不二价"是指零售商对所出售的商品制定一个固定价格,不允许讨价还价。"不二价"会让消费者对所购买商品的性能、质量、品牌等有充分的信心,进而对零售商的信誉、实力产生较强的信赖感。

弹性定价即允许消费者对商品售价讨价还价。对于喜欢讨价还价的消费者,他们认为商家总是喜欢标高价格,而讨价还价之后,自己买到的商品比定价会低一些,就会产生一种成就感和满足感。需要注意,零售商采用弹性定价策略需要设定较高的初始价格和雇佣合格的销售人员。

四、组合定价策略

组合定价策略是指零售商从经营全局出发,根据商品使用上的相关特性制定商品的组合价格,以促进各种商品的销售和利润总额的增加。

(一)替代组合定价

替代商品是指可以满足消费者相似需求,可以相互代替的商品。如雨伞和雨衣、洗衣皂和洗衣粉之间就存在相互替代关系。替代组合定价是指为了提高整体销售业绩,有意识地安排替代商品之间的价格比例而采取的定价措施。

提高替代品的价格,不仅会使该商品销量减少,还会同时增加被替代商品的销量。因此,替代品的价格变动与被替代品的销量之间存在正相关关系。如果零售商希望保持销售结构的稳定,就应当维持替代品与被替代品之间的合理比价;如果零售商希望销售结构向某方面倾斜,则需调高或调低两者之间的比价。

（二）互补组合定价

互补品是指消费中需要配套使用的商品，如笔记本电脑和鼠标、毛笔和墨水、照相机和胶卷等。互补组合定价是指零售商利用价格对消费互补品需求的调节功能来全面提高销量所采取的定价技巧。

对于有互补关系的一组商品，可以将价值大、使用寿命长、购买频率低的商品价格有意识地定得低廉一些，而对与之配套使用的价值小、购买频率高的易耗品价格定得适当高一些，以此来求得长远和整体利益。例如，可以给照相机定低价、胶卷定高价，既增强了照相机在销售中的竞争力，又保证了原有的利润水平。

（三）产品线定价

在零售业中，产品线定价一般是对代表性产品确定适中的价格点，然后向上、下扩展。比如男子服装店可以将男式西装定在 3 种价格水平上：1500 元、2500 元和 3500 元。有了这 3 个价格点，顾客就会联想到这是低质量、中等质量、高质量的西装。即使 3 种价格都被适当调高，顾客通常仍会以他们更喜爱的价格点来选购套装。这就需要该品牌的西装从款式、做工、面料等方面正视这种差异的存在。

7-Eleven 连锁便利店：相对价格比绝对价格更重要

1927 年创立于美国德州达拉斯的 7-Eleven，初名为南方公司，主要业务是零售冰品、牛奶、鸡蛋。1964 年，推出了便利服务的"创举"，将营业时间延长为早上 7 点至晚上 11 点，自此，"7-Eleven"传奇性的名字诞生。1972 年 5 月，日本 7-Eleven 的第一家门店在东京开业。从此，作为"儿子"的日本 7-Eleven 在很短时间内，迅速变得强大起来。现在它的业务遍及四大洲 20 多个国家及地区，共设立 23000 多个零售点，每日为接近 3000 万的顾客服务，稳踞全球最大连锁便利店的宝座。

是什么原因使得日本 7-Eleven 公司取得如此骄人的成绩呢？7-Eleven 会长铃木敏文认为，现在的消费已经完全进入心理学的领域。如何掌握商品价值？对自己而言什么才是具有价值的商品？顾客需要什么样的商品？这些关乎便利店"生存发展"的问题必须从心理学的角度进行思考。为此，7-Eleven 渐渐地形成了自己的经营法则，其中一个很重要的法则便是"定价法则"——"相对价格比绝对价格更重要"。

7-Eleven 懂得重视顾客心中价值，比把价格当利器的廉价商店更具优势。比如卖羽绒被，18000 日元的羽绒被跟 58000 日元的羽绒被放在一起，58000 日元的羽绒被完全卖不出去。但是 7-Eleven 在两样商品之间，再放一种售价 38000 日元的羽绒被，58000 日元的羽绒被就卖得呱呱叫。因为 18000 日元和 58000 日元之间的差距太大，让顾客很难做比较，在这种情形下，顾客多半会买比较便宜的；但是中间再夹一种 38000 日元的货品，要比较三者就容易得多了。因为顾客会这样思考：18000 日元的羽绒被和 38000 日元的羽绒被，这里不相同；38000 日元的和 58000 日元的，那里不一样；58000 日元的羽绒被虽然贵了一点，但是比较划算。

资料来源：晨曦. 连锁便利店老大 7—11 的成功法则. 现代营销，2006(4)：24

【思考】

7-Eleven 的定价法则运用了哪种心理定价策略？

第四节　零售价格制定与价格策略选择

一、零售商品价格决策

一般来说,零售商品价格决策可以按照下面的步骤进行:

(1)目标市场选择;

(2)零售商形象选择;

(3)零售组合的形成;

(4)总体价格政策的抉择;

(5)基本价格策略的选择;

(6)价格的调整。

前四个步骤集中于总体价格决策的形成,后两步则是以贯彻执行为核心。价格决策的六个步骤是环环相扣的,全过程是一个制定、执行、调整到再制定的连续不断的决策过程。

首先是目标市场的挑选。目标市场的挑选是零售商价格决策的基础,也是经营者制定任何策略(商品策略、服务策略)的起点。目标市场一旦确定,就要创造出适当的零售商形象,使零售商能在目标顾客心中产生愉悦、舒适的联想。因此,目标市场的选择限定了经营者对零售商形象的塑造。

在组织零售组合时,零售商必须确定价格在营销组合中所起的作用。例如,通过大范围的降价,或者不依靠价格而是通过方便顾客、提高服务质量等吸引消费者。接下来,零售商就该进行总体价格决策了。总体价格决策使决策表现为一体化结构。例如,零售商必须决定,是否应为各项商品单独定价,或是使某类商品的价格相互联系,或是以广泛运用特价销售为基础。在进行价格决策时,必须考虑目标市场、商场形象和零售组合等因素。而且,零售商的实际价格和调整措施都必须同商店所定的总体价格决策方针相一致。

二、零售商品定价具体流程

零售商品定价的具体流程应包括:确定定价目标、预测商品需求、计算经营成本、分析竞争因素、选定定价方法以及确定最终价格。

(一)确定定价目标

在定价之前要研究确定一个和企业营销战略总目标相一致的定价目标,作为确定价格策略和定价方法的依据。零售商品定价的目标主要有以下几种:

1.以获得利润为目标

(1)最大利润目标。最大利润目标要求零售商所出售的所有商品价格要达到总体利润最大。当一个产品在市场上处于某种绝对优势地位时,可以实行高价。但由于市场竞争的存在,任何一个零售商想要在长时期内维持一个较高的市场价格几乎是不可能的,因为它必然会遭到来自各个方面的抵制或对抗。

(2)满意利润目标。很多零售商并不以没有切实把握的最大利润为定价目标,而是将满意利润作为定价目标。所谓满意利润是指在零售商所能掌握的市场信息和前景预测的基础上,按照已达到的成本水平,所能达到的最大利润,亦即零售商的目标利润。满意利润实际上是相对的最大利润。此种目标下,商品价格适中,顾客乐于接受,政府积极鼓励。

2.以实现预期投资收益率为目标

零售商对所投入的资金,都期望在预期时间内分批收回。为此,定价时一般在总成本费用之外加上一定比例的预期盈利。因此,在这种定价目标下,投资收益率的确定与价格水平直接相关。

零售商在定价时需要准确的信息,要估算某种投资收益率下的销售量在既定的年限内能否收回投资。一般来说,向银行借贷资金时,其投资收益率应高于银行贷款利率;当投资为企业自有或自筹资金时,则其投资收益率应高于银行存款利率。

3.以保持稳定的价格为目标

稳定的价格是零售商实现一定的投资报酬率和长期利润的重要途径。零售商需要有一个稳定的价格来留住原有顾客,使客流量保持在一定的水平,以此保证零售商在长期经营中获得稳定的利润。

行业中的大企业或领导性企业,由于具有较高的威信和影响力,往往先制定一个价格,别的企业仿照这一价格进行商品定价。这样制定价格可以保证大企业在长期的经营中获得稳定的利润。同时,稳定的价格也能维护零售商形象。对中小企业来说,由于大企业不随意降价,其利润也可以得到保障,否则激烈的价格竞争会给它们中的一部分带来灾难。

4.以保持或增加市场占有率为目标

市场占有率通常有两种表示形式:一是绝对占有率,是指本企业产品的销售额(量)在同类产品的市场销售总额中所占的百分比。二是相对占有率,是指本企业产品的销售额(量)占最大企业的销售额(量)的百分比。市场占有率是零售商经营状况和竞争力状况的综合反映。

用市场占有率来表示零售商的经营状况,有时要比用投资利润率表示更确切。因为,某一零售店在一定时期内的投资利润率高,可能是过去拥有较高的市场占有率的结果。如果市场占有率呈下降的趋势,最终也将导致投资利润率的下降。此外,计算和衡量市场占有率也比衡量利润最大化程度容易得多。

由于市场占有率指标对于企业经营有着非常特殊的作用,因此很多零售商都愿意用较长时间的低价策略来建立和扩充其市场占有率。但低价并不是在任何情况下都能提高市场份额,只有具备以下条件,企业才能将提高市场占有率作为定价目标:首先,市场对价格比较敏感,低价能够有效促使销售量增大,从而提高市场占有率;其次,销售量的增加能使平均销售费用显著降低,从长期看,低价能使企业保证应有的利润率;第三,零售商的经济实力足以承受一定时期内低价造成的利润和成本的损失;第四,低价能有效地抑制现实的或潜在的竞争,不致演变为竞争者之间两败俱伤的价格战。

5.以应付或防止竞争为目标

许多零售商在制定价格时,主要着眼于在竞争激烈的市场上应付或防止竞争。采用这种定价目标的零售商,在定价之前,一般都要广泛收集主要竞争对手的资料,将本企业产品的品质、规格与其竞争产品进行比较,根据企业的竞争实力,以对市场有决定影响的竞争者的价格为基础,制定出针锋相对的价格策略与战略。

一般来说,如果本企业产品在市场上有一定优势,企业实力雄厚,就可以将产品价格定得略低于竞争对手,以扩大产品销售量,提高市场占有率;如果本企业在产品品质及服务上与本行业的主导企业差不多,那么在市场竞争激烈的情况下,可以市场主要企业的价格为基础,随行就市定价,从而缓和竞争,稳定市场。

6.以树立良好的零售商形象为目标

零售商形象是零售商的无形资产和财富。以维护零售商形象为定价目标,企业在定价时,应考虑价格水平是否与目标顾客的需求相一致。例如,有的零售商销售名牌产品,在目标顾客心目中享有一定的声誉,就应当利用顾客的求名心理,制定一个较高的价格;有的零售商力争塑造物美价廉的形象,则应当尽量压低价格,使消费者对本企业的产品、品牌产生偏爱和购买欲望。

(二)预测商品需求

上面每一个定价目标的实现,都与商品需求有着紧密的联系。价格策略的变化,引起需求量的变化,从而决定能否实现定价目标。价格如何影响需求、在多大程度上影响需求,是零售商在进行价格决策时必须要考虑的。

1.顾客对价格的敏感程度

顾客对价格的敏感程度可以用需求价格弹性来表示。需求价格弹性即需求量变动的百分数与价格变动百分数之比。有关价格需求弹性的相关知识我们在本章第一节中已有详细介绍。一般来说,对于需求价格弹性低的商品,零售商可以通过提价获得更多的利润;对于需求价格弹性高的商品,零售商可以通过降价获得更多的利润。

2.需求规模的预测

在考虑了顾客对价格的敏感程度之后,就需要预测总的需求规模,以选择相应的价格水平。这里讲的需求规模是指在不同的价格水平下能实现的商品销售量。例如,某零售商新进一种饮料,这就要列出需求规模表,预测在 2 元一瓶时的销量,在 2.30 元、2.50 元及 2.80 元一瓶时的销量。这种预测可采取两种方法:

(1)排斥竞争对手。即先不考虑竞争对手的价格变动。这种方法可以在实验室进行试验,观察人们在不同售价情况下的购买量;也可以在商品现场进行询问,或是有系统地变动商品售价,观察其影响结果。这时,应注意非价格因素的影响,排除如广告、促销、宣传等影响因素。

(2)考虑竞争对手。考虑到在自身价格变动时,竞争对手价格也会相应变动,从而更为现实地估算需求规模。有些零售企业幻想着通过超低价格获取更大销量,结果却导致竞争对手把价格定得更低,最终未能使销量增加。

(三)计算经营成本

零售商给商品定价必须考虑自身的经营成本。需求为商品价格划定上限,而成本则为商品价格划定下限。零售商经营成本有固定成本和变动成本。前者是指租金、利息、人员工资等不随销售收入变化而变化的成本;后者是指进货成本、运费、库存费等随销售收入变化而变化的成本。

(四)分析竞争因素

零售商品的价格不仅取决于市场需求和产品成本,还取决于市场供给的情况,即竞争者的情况。多数情况下,零售商要面临众多的竞争者。这些竞争对手,对零售商的定价都会做出相应的反应,这就大大地增加了价格决策的难度和不确定性。因此,要深入了解、调查、研究竞争者的价格策略和非价格竞争因素。

（五）选定定价方法

零售商品的最低价格取决于商品的成本费用，最高价格取决于商品的市场需求。在最低价格和最高价格之间，零售商对商品价格制定得高低，则取决于零售商对成本、需求和竞争三个因素的侧重程度。定价方法有三类：成本导向定价法、需求导向定价法、竞争导向定价法。

（六）确定最终价格

依上述定价步骤确定的价格并非就是最终价格，只是确定了一个价格轴心。零售商围绕这个轴心，应结合一些非数量因素进行调整，才能确定最后的市场价格。需要考虑的因素主要有：

1.消费者的心理

例如香水、化妆品等商品可以采取声望定价法，制定较高的价格；而日用品则可以采用尾数定价法，能够使顾客产生便宜的感觉。

2.既定的价格政策

许多零售商明确规定了自身的价格形象，如同类商品比市价低 3%～7%，在定价时要体现这种公认的价格政策。

3.价格对其他各方面的影响

制定价格时，应考虑供货商、竞争对手、销售人员等对价格的反应，还要考虑政府会不会干涉和制止，是否符合有关法律规定等。

三、零售商品标价管理

在通过上述步骤将最终价格制定出来后，零售商需要将价格标示出来呈现给消费者。零售商品标价管理是零售商品价格管理非常重要的内容。

（一）零售商品标价卡的设计

在商品销售中，顾客通过商品标价卡来进行价格比较，进而购买符合自己要求的商品。商品标价卡的内容一般应包括：商品名称、商品质量、计量单位、价格及产地等。

商品标价卡标明的事项必须属实，如果在商品标价卡上存在夸大甚至造假现象，便会误导顾客做出错误的购买决策，这在法律上是禁止的。但是，由于商品价格在顾客眼中具有很大的主观感受性，零售店可以迎合顾客心理，精心设计商品标价卡。

零售店在设计商品标价卡时，价格和商品名称的排列很有讲究。廉价品可以加大价格的字号，强调价格便宜时，可以用红色，这样可以吸引顾客对价格的注意。一般来说，对不同类型的商品，可以采取不同的标价卡。

廉价品的价格应占标价卡 3/4 的空间，大众商品要写得小一些，占约 1/4。

对于价格较高的成套商品，可以增加商品名称的副标题的内容，这样可以强化顾客对商品名称的心理感受，弱化对价格数字的心理感受。

例如：成套美容化妆品盒，每盒 100 元，顾客感觉价格较高，如果增加标题内容，改为"成套美容化妆盒——包括粉底霜两瓶、唇膏三支、唇彩两支、眉笔两支、香水一瓶、指甲油一瓶，共计 100 元"，经过这样一番渲染，就分散了顾客对 100 元价格的注意力。顾客会认为 100 元可以买如此多的化妆品，应该是值得的。

当商品价格变动时，在商品标价卡上，凡现价低于原价可保留原价，并做取消原价符号，以示降价来吸引消费者；凡现价高于原价，应毫不犹豫地将原价除去，以免刺激消费者。

应当注意,不能在商品标价上粘贴,然后更改价格,这样会降低顾客对商品价格的信任感。

(二)零售商品标价的技巧

零售商不仅要精心设计商品的标价卡,同时也要注意运用灵活多样的标价技巧。

1. 单一标价

即零售商将各种品类、型号、款式的商品以单一价格销售。实行单一标价可以免除顾客在挑选商品时常出现的价格心理负担。例如,零售店里特价出售拖鞋,标明全部 5 元一双。这样顾客就会根据自己的需求选择拖鞋,而不必再考虑价格。

2. 对比标价

消费者对价格高低的判断,往往是从对同类商品的比较中获得的。运用对比标价技巧,既可以方便顾客进行比较,也可以促进商品销售。

零售商可以将价格高的市场同类商品价格与本店该商品的价格一并标出,让顾客进行比较。这样一方面方便了顾客,同时也可以树立本店的形象。这样的标价技巧比较适合中高档商品。

零售商也可以将商品的进销价格对比标出。尤其是在商品价格普遍上涨时,对比标出进销价格,可以减少顾客的抱怨和不满,求得顾客的理解。

此外,门店还可以对降价商品同时标注原价和现价,以吸引求廉动机强烈的顾客。

3. 组合标价

组合标价是将相关配套的商品,采用配合成套方式统一标价,成套商品价格低于购买单件价格之和。零售商采取组合标价,可以省去顾客成套购物时一物一价、加零整理的繁琐,较低的总价格也可以有效地刺激顾客的购买欲望。

例如,零售商在销售配套的客厅家具或卧室家具时,配套陈列整体标价,可以给顾客完整和身临其境的感觉。一般来说,家居用品、化妆用品等组合标价的销售效果好于单一标价。

4. 拆零标价

顾客在购买商品时,多注意的是单位价格的高低,而较少注意计价单位的大小。因此,价格贵、一次购买量较小的商品,利用较小的计价单位标价,顾客会产生价格便宜的感觉。

拆零标价是将销售标准单位拆小、分解进行标价。由于计价单位大小不同,顾客的心理感受不同。如大包装商品改为小包装,价格拆零计算。价格一样,但顾客感觉却不一样。例如,超市将每公斤 20 元的小点心,拆分为 50 克一包,每包 1 元,这既符合顾客喜欢少量购买的心理,又给顾客以价格不高的良好印象。

沃尔玛定价基本原则

1. 扩大市场份额,兼顾利润最大化

沃尔玛商品定价的目标主要有:

扩大市场占有率。沃尔玛把追求市场份额的扩大放在首位,一般通过尽可能低的价格,赢得最大的市场份额,进而实现最低的成本和最高的长期利润。

维持暂时营业。新开张或处于不利竞争环境下的商场以保本或亏损价格出售商品,以求渡过难关。

产品质量目标。以树立产品质量领先地位或特定的企业形象为目标,一般定价比较高,但必须符合物有所值的原则。

　　虽然沃尔玛商品定价目标会因其经营环境和自身状况的不断变化而发生变化，并且在同一个时期可能还会有多个目标，但是沃尔玛始终把不断扩大销售额、追求市场份额的最大化放在首位。

　　2.严格控制毛利率，确保沃尔玛保持低价位

　　由于沃尔玛店的竞争优势在于低价，沃尔玛能对市场价格特别是主要竞争对手的价格变化做出及时敏锐的反应。因此，除了一些率先导入市场的新商品因为此时竞争还不太激烈，可以采用成本导向定价法或需求导向定价法之外，其他大多数的商品，特别是一些消费者购买频率高、价格比较敏感的商品必须采用竞争导向定价法。

　　沃尔玛在定价前，会通过市场调查，收集分析竞争者的商品价格。如果竞争者的价格低于本公司的完全成本，甚至低于可变价格，或竞争者的价格虽不低于沃尔玛的成本价，但其认知价格高，沃尔玛要取得竞争力必须低于成本价销售，除非要以这些商品进行特价特卖的促销活动，或通过放大销量能较大幅度地降低采购成本，沃尔玛一般要放弃对该商品的经营。如果竞争者所制定的商品价格，在连锁店的成本线之上，则存在经营的空间，具体定价要比竞争者高还是低，高多少或低多少，则要根据与竞争者的认知价格差别以及消费者剩余多少来决定，如果沃尔玛连锁店的同一或同类商品的消费者认知价格比竞争对手高，则其定价与竞争者基本持平或略低一些即可。如果沃尔玛连锁店的认知价格低，则价格要比竞争者有较大幅度的下降。

　　资料来源：田方萌.沃尔玛零售方法.中国商业出版社，2002：71～74

【思考】

　　根据案例内容及你对沃尔玛的了解，思考沃尔玛是如何实现其定价目标的。

第五节　零售价格调整策略和应对价格战

　　零售价格并不是一成不变的，由于种种原因，零售商经常要调整价格。价格调整的形式有两种：降价和提价。

一、零售降价策略

　　零售降价是指零售商在原有商品价格基础上对商品降价出售，是零售商在实践中最常用的价格调整方式。零售商降价可能有以下几方面的原因：

　　(1)零售商因进价成本降低而采取降价策略；

　　(2)商品供过于求，竞争激烈，且该商品价格需求弹性较大；

　　(3)商品陈旧落后或残损变质，零售商应及早降价销售，最大限度地减少现有损失。

　　降价一般采用直接降价和间接降价两种方法。直接降价是指零售商直接降低商品的价格。在不宜采用直接降价或直接降价不能达到经营目的的情况下，可以选择适当的间接降价方法。间接降价方式很多，比如馈赠礼品、增加折扣等。

(一)零售降价的技巧

　　1.降价时机的选择

　　选择正确的降价时机是一项十分重要的工作。如果在商品销售旺季过早地降价，可能会

招致不必要的损失;如果在商品销售淡季不主动降价,就会占用经营资源,阻碍引入新商品,影响零售商的发展。关于降价时机的把握,主要有早降价、迟降价两种方式可以选择。选择降价时机,关键要看降价的结果。如果商品能顺利地销售,零售商可以选择晚降价;如果降价对顾客有足够的刺激,可以加速商品销售,就可以采用早降价的政策。

表10-2 降价时机的选择

降价时机	早降价	迟降价
主要策略	在商品处于销售旺季的时候,就实行降价,刺激消费者购买欲望。	在商品真正进入淡季以后才开始采用降价策略,处理滞销品。
优点	降价幅度比较小,为新商品腾出更多的销售空间,加快资金流动,减少经营风险。	商品有更多的机会按原价出售,减少零售商由于降价带来的毛利的减少。
缺点	可能蒙受不必要的降价损失。	降价幅度比较大,影响开发新产品,资金流动不快,存在经营风险。

2.降价幅度的选择

降价的幅度对降价的促销效果有着重要影响,合理地控制降价幅度,是一项艺术性很强的零售管理工作。

确定商品降价幅度,可以以商品的需求弹性为依据。需求弹性大的商品,只要有较小的降价幅度,就可以使商品销量大增;相反,需求弹性小的商品,需要有较大的降价幅度,才会扩大销售量。但是,由于需求弹性小的商品的降价可能会引起销售收入和销售利润减少,所以确定调价幅度时要慎重。

降价幅度还跟降价时机有关。如果零售商一直等到最后才降价,那么降价的幅度必须大到足以出清全部剩余的商品。如果降价比较早,那么降价幅度只需大到能够对销售起到一定的刺激作用。假设能够刺激销售,商店只需要注意它的活动;如果销售太慢,就要通过再次降价来进一步刺激销售。

降价幅度与商品属性和竞争状况也有关系。服装、鲜活商品、食品在销售季节变化时,降价幅度可以大一些。比如,中秋节后还没有卖完的月饼,必须大幅度降价。耐用消费品,比如汽车、冰箱、彩电,应该分步、小幅降价。而对有收藏价值和增值潜力的商品,比如金银首饰、工艺作品、书画真迹等商品,尽量不要实行降价。同一个季节的商品降价幅度要与竞争对手的降价情况相对应。如果竞争对手出现了更大幅度的降价,就要及时调整自己的降价策略。

美国波士顿有一家"法林联合百货公司",百货大楼下两层开设了一个"法林地下自动降价商店"。该店规定,每一种商品在上架时,除标明价格外,还要标明首次上架时间,以后按陈列的天数实行自动降价,比如第12天这件商品还未出售,就自动降价20%;再6天后,还未出售则降价50%;再过6天仍未售出,则降价75%。当降价幅度达到75%之后,若再过6天仍无人问津,这件商品就从售货架上取下,送给慈善机关。这个商店销售的商品大多是人们的日常生活用品,且商品保质保量,包退包换。

也许有人会问:"既然是自动降价,那顾客不是要等到价格降到最低时才来买货吗?""商店不是要赔钱吗?"经理解释说:"这里的商品都是生活必需品,价格适中,顾客看到自己喜欢的东西一般会当机立断,买走为上,以防在再次降价前被人买走。再说,谁有那么多时间经常到商店看价钱是不是降到了最低限度呢？所以真正降到最低价的商品是很少的。"

(二)顾客对降价的心理反应

顾客对降价的反应是零售商在降价时应考虑的重要因素,根据顾客的反应调价,才能收到好的效果。当零售商降低商品价格时,会对顾客心理产生积极和消极两方面的影响:

1. 积极影响。顾客会因买到了便宜的商品而产生满足感。而且,因为降价而为顾客节省下的开支,顾客可以用于其他购买。顾客这种满足心理会增加其对商品购买的热情,使零售商利润额增加。

2. 消极影响。有的顾客会对降价商品产生不同的理解,可能会想到是不是该种商品将被新型商品取代、卖场库存积压、商品已经过时,甚至怀疑零售店可能破产倒闭,等等。消费者的这些心理对降价商品的销售会产生不利影响,有时甚至会影响零售商形象。

(三)零售降价的风险

零售降价存在着下列风险:

1. 低质量误区。顾客会认为售价低的商品质量低于售价高的竞争商品的质量。例如,国产彩电几次价格战,反而形成了"国外彩电才是优质彩电"的尴尬局面。

2. 脆弱的市场占有率误区。低价能买到市场占有率,但买不到顾客忠诚。稍有变化,顾客就会转向另一个价格更低的公司。

3. 浅钱袋误区。浅钱袋误区是指由于市场领先者具有更深厚的储备,他们也能降价并能持续更长的时间。

二、零售提价策略

零售提价是指零售商在原有零售价格的基础上对商品加价出售。根据零售提价的原因,零售提价可以分为以下几种类型:

1. 通货膨胀型提价。在出现严重通货膨胀的时候(CPI＞5％),零售商必须及时关注各种商品制造成本的变动情况。对市场前景好、处于销售旺季的商品,要及时根据市场情况适度涨价,以避免通胀带来的损失。此时,一定程度的涨价,符合消费者的涨价预期,对商品销售不会有根本性影响。

2. 成本推进型提价。如果一种商品的采购成本因为正常情况上升,零售商可以考虑提价。提价对商品销售的影响会相互抵消,因为其他零售商也会因为成本上升而涨价。为了避免消费者的抵制情绪,零售商可以向消费者澄清提价原因。

牛奶价格上涨

伊利在 2007 年 11 月份上调了部分超高温灭菌奶的价格。伊利百利包纯牛奶价格从 1.2 元上调到了 1.3 元,利乐枕产品价格也有所上调。从市场价格来看,250 毫升左右的产品涨幅在 0.1 元左右,而 500 毫升左右的产品在 0.2 元左右。目前,市场上还没有蒙牛和光明涨价的消息。光明公关部表示,目前他们没有接到涨价通知。为了应对原料奶上涨的压力,他们会优化供应链,也不排除涨价的可能。

乳业专家分析认为,主流品牌调价的主要原因还是因为原料奶收购价格一直在"狂"涨。最近一段时间以来,原料奶收购价格的增长幅度在 30％～100％之间。各地都有乳制品涨价的消息,北京市场现在的情况属于补涨。由于奶粉出口量增长了一倍以上,而进口奶粉减少,因此国内对于奶粉的需求急剧上涨,再加上饲料、能源等价格上涨,导致原料奶价格持续走高。

但专家认为,这种涨价的幅度不会太大,也不会持续太久。随着国际乳品价格的调整,《国务院关于促进奶业持续健康发展的意见》颁布,促进牛奶的生产,再加上牛奶终端消费需求还没有大幅度上升,原料奶的收购价格不会长期走高。

3. 恢复性季节涨价。当一种商品由淡季进入旺季时,零售商需要停止降价行为,并根据市场需求情况,组织采购新商品,恢复应有的销售价格。如果商品出现新的品种、增加了新的功能、质量提高,还可以考虑制定高于上一个旺季的销售价格。

4. 垄断性商品涨价。有的商品生产资源是有限的,并且被单一的供应商拥有。供应商会根据市场开发情况,有计划、有步骤地涨价。如果零售商成为这些供应商的零售代理人,就要考虑同步的涨价行为。例如,在过去 20 多年来,茅台酒一直在有计划地涨价,因为茅台酒的产量增长受到制造场地特殊性的限制,难以迅速扩张。而喝茅台酒的人却随着经济水平的提高而日渐增加。

(一)零售提价技巧

为了避免不良影响,对于偏高的提价,零售商需要向顾客做出合理的解释,即赋予提价一种公正的意义。在涨价之前,零售商应先通知顾客,以便他们事先采购以减少冲击。零售商可以先试用不引人注目的价格技术,包括取消折扣、限量供应、消减低利润商品产量等。

食品价格高 日本超市新措施帮顾客省钱

2007 年以来,全球的食品价格都在上涨,超市里的食品价格很有可能一天一个样,于是,日本的一些超市想出了一些帮消费者省钱的办法来吸引顾客。

周一一大早,位于日本福冈的一家小超市外便排起了前来购物的长队。超市一开门,顾客便涌进去选购食品。这家超市规定,顾客可以选择一种商品将购物篮尽可能地装满,不论数量多少,价钱都一样。这些商品包括青椒、绿叶蔬菜、黄瓜、肉类、大米等农副产品,它们的价格也是相当的低,如一筐青椒只要 200 日元,约合 1.9 美元;一筐黄瓜只要 150 日元。针对方便面,超市规定顾客可以将方便面一个个垒起来,只要它能保持 5 秒钟不倒,不管垒多高,顾客只需支付 500 日元就可以全部拿走。由于价钱便宜,因此在每月一次的这样的日子里,这家超市总能吸引大批顾客。在另外一家超市,打出了诚信牌,在一些食品的价格标签旁,还有一个标签标注为什么这种食品在现在比较贵,并给出建议如现在购买可能不划算不如再等等,价钱可能降下来。这家超市的这一诚实措施也赢得了消费者的广泛欢迎。

提价的方法有几种,每种方法对顾客产生的影响各不相同,以下是零售商常用的几种调高价格的方法:

1. 时机提价法。提价应利用有利的时机,如季节性商品换季、年度交替、传统节日期间等,零售商不要错过可能涨价的机会。

2. 分段提价法。价格一下子提得太高,就很难让顾客接受。如果需要调整的价格幅度较大,可以采取分段调整的方法。一次涨价幅度不宜过大,从经济数据看,每次提价的幅度不宜超过原价的 10%。

3. 部分提价法。商店全部商品都提价很可能会遭到顾客的抵制，不建议零售商采用。选择局部商品提价，容易为顾客所接受。

4. 间接提价法。通过改变商品品质、包装，减少商品重量、数量等手段，间接提高价格，使顾客更容易接受涨价。

(二)顾客对提价的心理反应

商品涨价引起的顾客价格心理反应是复杂的，它既可以抑制消费者的购买行为，也有可能刺激顾客的购买欲望，所以在商品涨价时，零售商需要了解消费者对涨价的心理反应，使价格调整有利于零售商的商品销售。

当只有个别零售商涨价时，顾客会认为该零售商"为了赚钱，价格又涨了"。顾客会对零售商的价格产生不满，拒绝购买商品，从而引起零售商商品销售额大幅度降低。

当所有零售商对某种商品价格全部上调时，如果这种商品是生活必需品，顾客会对涨价无可奈何，维持原有商品的购买数量。

商品涨价也可能会刺激顾客的购买欲望。顾客会认为：商品涨价是因为销路好，如果不尽早买入，恐怕以后就买不到了；现在涨价仅仅是刚开始，以后还会继续上涨，以后买会花更多的钱。出于上述心理，顾客会增加购买商品的数量。

降价容易涨价难，因为消费者往往对降后又升的商品有抗拒心理。爱多 VCD 曾是家喻户晓的中央电视台黄金时段广告标王，是 VCD 行业的领导品牌，其产品供不应求。1997 年上半年淡季时，爱多发动了降价风暴，其产品卖得在全国断货，并引发了 VCD 行业的全面降价。但下半年在旺季到来时，爱多决定涨价，并认为爱多涨价后主要的竞争对手一定会跟进。但事实上在爱多涨价后，不仅主要竞争对手没跟进，大部分厂家也没跟进。因为 VCD 的替代性很强，爱多机出现了滞销。正是这次先降后涨的调价失误，改变了 VCD 行业的竞争格局，也改变了爱多的命运。

三、价格实验

零售商进行价格调整的最主要原因是定价上的失误。在营销实践中，由于大多数零售商缺乏对消费者需求的了解，定价失误是经常出现的。这种定价失误可以通过价格实验来改善。所谓价格实验是指零售商系统地变化某种商品的价格，同时努力控制外部因素，然后观察所产生的需求量的变化。

第一步是进行实验设计。一个比较容易使用的实验设计是事前事后控制组群设计。运用这种设计，企业至少需要两个经营方式和商圈相同的商店。使其中一个店的试验变量(价格)产生变化，这个商店叫实验商店，未运用实验变量的商店叫控制商店。对两个商店的销售量都要进行事前和事后的测量。在表 10-3 中，甲乙两个商店对 6 月 3~8 日这一周的销售量进行了测量(事前测量)，定为指数 100。

第二步，使甲店的一条商品线的价格下降 15%，而乙店的相同商品价格保持不变。然后对两个商店进行事后测量，以反映相对于事前测量的销售指数。甲店销售量在价格下降后上升了 40%，而没有降价的乙店的销售量上升了 22%。显然，一些非价格因素导致了乙店销量的上升。这里假设这些非价格因素也对甲店起了作用。这样我们就可以看出价格下降的纯效应是 140-122=18。

表 10－3　事前事后价格实验

零售店	事前销售量(6月3~8日)	降价 15%(6月9日)	事后销售量(6月9~15日)
甲	100	是	140
乙	100	否	122

在进行价格实验过程中,要选择好若干时点进行事后测量。有时价格下降所导致的需求量上升可能是消费者囤积购买行为的结果,即消费者是为未来而不是现在的消费而购买。在许多日用品上经常会发生这样的事情。如表 10－4 资料显示,虽然实验商店在降价后的那一周内销售量立即上升,但接下来的一周内的销售量低于控制商店的销售量。降价的商店在 6 月 9~29 日这三周内的销售量指数平均为 119,而控制商店的指数为 118.3。显然,降价对需求只有一个短期效应。从长期来看,其影响是微不足道的。

表 10－4　事前事后系列价格实验

零售店	事前销售量 (6月3~8日)	降价 15% (6月9日)	事后销售量			
			6月9~15日	6月16~22日	6月23~29日	平均(6月9~29日)
甲	100	是	140	114	103	119
乙	100	否	122	118	115	118.3

随着商品条形码和电子收款机的运用,零售商的价格实验变得更加容易操作了。这些现代化的工具可以使企业保持对商品运动的密切监视,然后将其结果与价格变化或促销活动变化联系起来进行分析研究。

四、应对价格战

在商战中,价格竞争是零售店之间最常见、最原始、最残酷的竞争方式。在零售商形象高度同质化的今天,低价是零售商制胜的重要法宝。激烈的价格竞争要求经营者必须对市场价格特别是竞争对象的价格变化做出及时、敏锐的反应,在竞争中赢得主动。价格战分为零售商主动发动的价格竞争和竞争对手发动的价格竞争。

(一)零售商主动发动价格战策略

如果零售商市场占有率下降,或者为了在市场竞争中处于主动,或者为了打压新进入的竞争者,零售商都可以主动发动价格战。零售商在制定降价策略和降价方案时,应当考虑顾客和竞争对手两方面的反应。

1.顾客。对顾客而言,降价一般会引起需求量的上升。但是降价的品种和幅度不同,对顾客的影响也是不同的。顾客对不经常购买的商品价格不敏感,而对经常购买的某些日用品和食品价格比较敏感。因此,零售商局部降价,应当选择价格敏感商品;当整体降价时,价格敏感商品的降价幅度应大一些。此外,零售商在降价时应当尽可能告知顾客降价原因,避免降价给顾客造成负面影响。

2.竞争对手。在零售商降价前,应当对竞争对手对降价可能做出的反应做出判断。竞争对手对降价的反应取决于其经营状况,包括其发展战略、经济实力、经营目标等。如果竞争对手以市场占有率为主要目标,它可能会跟进采取降价策略;如果竞争对手以获取最大利润为主要目标,则它可能维持价格不变,而采用提高宣传预算、改善服务质量等措施来应对。

(二)竞争对手率先降价的应对策略

竞争对手率先降价,发动价格战,零售店在有所行动之前,必须重点考虑并弄清楚 4 个问题:

1.竞争对手降价的目的。应弄清楚竞争对手降价是因为想侵占市场、领导全行业价格变动,还是因为成本下降、经营能力过剩以及对手目前可能有多大的胜算。

2.关于竞争对手降价的期限,是属于暂时性的还是长久性的。

3.考虑如果对竞争对手的降价不做出反应,对自身市场占有率和利润会产生怎样的影响,以及其他零售商的反应又会如何。

4.分析竞争对手对本店每一种可能的反应又将会如何应对。

根据零售商的实际情况,其对竞争对手降价的主要应对策略有三种:

1.维持现有价格不变。零售商可以在维持现有价格的基础上,通过提高服务质量、增加服务项目、改善购物环境、增加广告宣传等措施提高零售商形象。这种方法通常适用于四种情形:一是降价开始,还无法对竞争对手降价的真实目的以及未来的市场价格走势做出准确的判断和预测,所以采取暂时性措施以不变应万变;二是竞争对手降价幅度不大,或竞争对手的降价只是暂时和局部性的,对店铺的经营无太大影响;三是零售商信誉卓著,实力雄厚,对手的降价行为不会动摇其在该行业中的领导地位;四是自己的利润会因降价减少过多。

2.跟进降价。零售商在两种情况下会跟进竞争对手降价:一是当顾客对降价商品的价格十分敏感时,不将价格作相应下调会使零售店市场占有率大幅下降;二是如果零售商跟进降价,会使销量显著增加,而且随着销量的增加,成本会下降,从而增加利润。

3.优化商品群。如果零售商在市场上处于跟随者或补缺者的地位,与竞争对手在实力上有一定差距,那么就应避免与竞争者正面交锋,减少不必要的损失。零售店可以与竞争者进行错位定位,树立自身的经营特色,比如开发质优价廉的自有品牌商品等。

出人意料的涨价

在香港和内地,金利来领带几乎家喻户晓,成为名牌货。该公司董事长曾宪梓先生的价格策略是很高明的。他对香港领带行业进行调查研究后发现:能在大百货公司高价出售的,大多是法国、意大利等国生产的名牌货。由此,他悟出一个诀窍:领带是展示一个人身份的一种标志,若是名牌货,价格高一些也有人要。金狮领带要有出头之日,应该提高质量,按质计价。于是他先买来一批名牌领带,对用料、剪裁、图案、颜色搭配、设计以至商标丝带的大小,一一进行仔细研究。在摸清了外国名牌货特点后,他便从外国进口一批质量最好的布料,自己动手精工制作,并把自己制作的领带和外国名牌领带混在一起,拿给大百货公司鉴别,使行家分辨不出优劣。

质量提高后,曾宪梓又进一步在牌号上做文章。因"金狮"在广东话中与"金输"谐音,遂将"金狮"改为含有吉祥之意的"金利来",接着订出一个显示质优名贵的价格。

"金利来"牌子创立起来后,曾宪梓千方百计维护它的形象,他不因一时市场疲软或资金拮据就随便降价出售,自贬身价。1994 年,香港经济很不景气。不少经营者耐不住沉寂开始降价销售商品。一行则百效。一时间,"大降价"、"大甩卖"的广告满街头都是。然而这并没有使市场恢复景气。顾客对此仍然无动于衷。

曾宪梓,作为开业不久专营领带的金利来有限公司的董事长,在这种情况下,经过细心策划,决定反其道而行之,提高领带销售价格。

此举一出,同行无不议论纷纷甚至嘲笑曾宪梓愚不可及,不识时务。可是出人意料的是金利来领带价格上涨后,不仅销路畅通,而且由此创下了名牌,最终使金利来领带在国际市场上得到认可和好评。这样一来,同行无不为之所动,也对此举认真思考起来。

资料来源:陈兆祥.香港零售企业价格策略.中国市场,2007(3):20~21

【思考】

金利来的提价策略为什么会获得成功?

本章小结

零售商品价格是零售营销中唯一能够给零售商带来利润的要素。零售价格一般应包括商品采购价格、流通费用、税金以及零售商的预期利润。

影响零售价格的因素主要有消费者价格心理因素、商品因素、零售店因素、市场竞争因素、环境因素、制造商和批发商对价格的控制权、政府政策和法律因素。

价格需求弹性是指顾客需求相对于商品价格变动的敏感程度,即需求量变化的百分比与商品自身价格变化的百分比之间的比值。影响需求价格弹性的因素主要有商品的可替代性、商品用途的广泛性、商品对消费者生活的重要性和商品的消费支出在消费者预算总支出中所占的比重。

零售定价方法可以分为成本导向定价法、需求导向定价法和竞争导向定价法。

成本导向定价是以商品成本为定价基础依据,包括加成定价法、盈亏平衡定价法和目标收益定价法等具体方法。需求导向定价法是以消费者需求为中心来确定商品价格,主要包括理解价值定价法和需求差异定价法。竞争导向定价法是以市场上同类竞争商品的价格为定价依据,并根据竞争状况的变化来调整价格的定价方法。主要有随行就市定价法、竞争差异定价法、密封投标定价法等。

零售商需要针对不同的消费心理、销售条件、销售数量和销售方式,运用灵活的定价策略和技巧。主要的定价策略和技巧有新产品定价策略、每日低价和高/低定价策略、心理定价策略和组合定价策略。

零售商品定价的具体流程包括确定定价目标、预测商品需求、计算经营成本、分析竞争因素、选定定价方法以及确定最终价格。其中,零售定价目标包括:利润目标、预期投资收益率目标、稳定价格目标、市场占有率目标、应付和防止竞争目标、零售商形象目标。

在零售商品标价管理中,零售商可以运用一些技巧进行商品标价,例如单一标价、对比标价、组合标价、拆零标价等。

零售价格调整策略包括零售降价策略和零售提价策略。零售降价是指零售商在原有商品价格基础上对商品降价出售。零售提价是指零售商在原有零售价格的基础上对商品加价出售。零售商需要了解消费者对零售降价和提价的心理反应,掌握零售降价和提价的技巧。

在零售价格调整中的失误可以通过价格试验来改善。零售商系统地变化某种商品的价格,同时努力控制外部因素,然后观察所产生的需求量的变化。

价格战分为零售商主动发动的价格竞争和竞争对手发动的价格竞争。对于零售商主动发起的价格战,零售商需要考虑顾客和竞争对手两方面的反应。对于竞争对手率先发起的价格战,零售商应当根据竞争对手降价目的、降价期限等因素决定是保持现有价格不变、跟进降价还是优化商品群。

第十一章 零售促销策略

☞【开篇案例】

沃尔玛的促销策略

一、少量广告投入

沃尔玛的广告费用在各大零售企业中尤其之少。据统计,沃尔玛公司的广告投入,仅仅是营业额的 0.5%。相比之下,凯玛特与西尔斯都投入巨资进行广告宣传,平均估计,用每一美元营业额的 2.5% 和 3.8% 进行广告宣传,这与它们在业界的声誉似乎不相称。

早期的沃尔玛公司通过报纸广告来提醒顾客,称沃尔玛一向采取低价供应顾客所依赖的品牌。这种简单明了的广告形式给顾客很深的印象。等到市场做大了、商店多了时,沃尔玛就开始使用电视广告,但无线电广播广告则很少问津。

沃尔玛公司的经理人员严格细致地规划广告费用,一切都从有利竞争的角度来考虑。每当开设新的分店时,沃尔玛会大做广告,但热潮过后,就立即大幅度削减广告量,或者把广告的重心转到形象宣传上。从回收看,沃尔玛公司每花 1 美元广告费,就可以回收 192.85 美元的营业额,这比凯玛特与西尔斯收获的都多。分析家认为,尽管沃尔玛公司广告投入少,但这不等于它的广告效应停止了,它只不过转化到另一层面而已。

沃尔玛公司业务副总裁保罗·海曼说,沃尔玛公司在广告上的经费的确有限,但沃尔玛的目标就是尽可能压低广告费用。广告费越低,就越能用低价商品回报顾客,使他们一而再、再而三地回头。而他也承认,广告是主要的策略,是与未来和潜在的消费者的沟通方式之一,因此不可能不用,只是规模程度不同罢了。

沃尔玛的广告策略是其低价优势中的一部分。一方面它以较少的广告量来压缩成本,保持商品低价。另一方面,作为最有效率的零售商,沃尔玛了解顾客需要什么,很少为处理滞销品大幅降价。它经多年努力创立了每日低价的形象,从而大大减少了广告开支。

二、"广告"商品促销

沃尔玛虽然在广告上投入较低,但有自身特殊的广告方式,那就是"广告"商品。

所谓"广告"商品就是指零售店的促销商品,也叫"形象"商品。在不同经营风格的商店,会选出不同的促销商品。在早期廉价商店里,"广告"商品往往是那些保健品和美容护肤品,如牙膏、牙刷、止痛药、洗发膏等。它们本身的单价不高,而且是人们日常生活的必需品。这样的小商品几乎到处都可以买到,而且品质都相差无几。

而选择"广告"商品并非是盲目的,这些商品必须有其自身的特殊点。它们作为"广告"商品有其充分理由。比如,本身价值不能太高,这样按一定比例下压价格的绝对数实际不会很大,这样商家在减价时损失也不会很大。同时,由于这些商品的品质都大同小异,因而人们在选购它们时就不那么在乎品牌之间的比较了,价格才是他们最关心的。这些商品都很普通,因此几乎任何一家商店都不具有什么明显的基于商品本身的垄断优势,所有这些商品都会在每个商店里出现。作为生活必需品,人们对其需求是长期的,也是大量的,这就为薄利多销提供了可能性。同时,由于与日常生活密切相关,人们对它们的关注也就更多一些,它们的价格将会大大影响人们对商店其他商品价格的评价。

沃尔玛公司的促销思想就是通过把这些商品的定价压到低于成本的水平来吸引顾客进入商店,因此,这些商品本身并无利润可言,但可以起到广告的作用,吸引大量顾客来到店中,同时也会购买其他商品。这也是这些商品被称为"形象"商品的原因,为了不至因"广告"商品过多而损失利润,同时又保持其广告作用,沃尔玛商店想出一个很巧妙的方法,那就是周期性地轮换"广告"商品。每一个时期内只选取其中的 12 种商品大幅让利,并将其放在显要的位置上,大肆宣传。这样做的结果是某一时期因为人们会尽量在一种商品价格降得最厉害时去购买它,使这种商品成为真正的核心。

例如,有一回,沃尔玛决定将防冻剂和牙膏作为该季的主导商品。所以,他们进了两三辆卡车的普林斯通防冻剂和克坚斯特牙膏,然后以每加仑防冻剂 1 美元而每支牙膏 27 美分的特惠价出售。结果,顾客从四面八方赶来,而且人数如此之多,以至于最后不得不出动消防队上门维持秩序。消防队要求沃尔玛每次先把门打开五分钟,让顾客进去之后再关上门,等一批顾客买完东西之后再开门放进下一批顾客。

沃尔玛的店员分别站在收款机后头,个个忙得四脚朝天,就连山姆本人也随手抓起一只工具箱,权当现金出纳机,以尽可能快地给顾客结账。结果在那些日子里,不仅是牙膏和防冻剂,实际上是商店里所有商品的销售量都飞快地上升,利润达到了很高的水平。又往往有人说,沃尔玛的广告就是顾客的嘴巴和耳朵——依靠口耳相传,达到广告的效果。

因此,由于有低价销售的吸引,沃尔玛公司就用不着花太多的时间去制定各式各样的促销计划,也不用做太多的广告宣传。沃尔玛在零售业同行中,是广告花费最少的,而销售额却是最大的:真正的收益源泉,还是在于它的价格是最低的,同时服务是最好的。

资料来源:田方萌.沃尔玛零售方法.中国商业出版社,2002

在激烈的市场竞争中,零售商仅仅拥有一流的产品已经远远不够,"酒香不怕巷子深"的时代已经一去不返。正如 IBM 公司创始人沃森所说:科技为商场提供劳动力,促销为商场安上了翅膀。合理的促销策略能够帮助零售商迅速在市场中站稳脚跟,并进一步增强影响力,扩大市场份额;而不恰当的促销则可能缩小零售商的盈利空间,损害品牌形象。因此零售商必须通过科学的促销决策过程,制定并实施合理的促销策略,引起潜在消费者的注意和兴趣,激发其购买欲望和购买行为,从而达到扩大销售的目的。

第一节　零售促销的特征及形式

一、零售促销的概念

根据相关学者的定义,零售促销是指零售商通过开展各种活动、宣传报道和运用各种广告媒体,向顾客传递有关商品和服务信息,以期引起购买行为而实现销售的一系列活动。

零售促销的出现可以追溯到 18 世纪末。1853 年 6 月,美国一家帽子店曾经做过这样的销售活动:凡购买该店生产的某种帽子的顾客,均可免费拍摄一张戴帽子的照片,以作留念。在当时照相机还不普遍,顾客都希望把戴帽子的照片带给亲友欣赏。因此,活动一开始就吸引了大批顾客,有的顾客甚至从数十里外前来购买。时间不久,该店以及该店的帽子就在当地家喻户晓了。

经过两个多世纪的发展,零售促销的形式变得丰富多样,有关零售促销的理论也逐步完善。但零售促销的本质却没有改变,就是沟通信息、赢得信任、激发需求、促进购买和消费。

二、零售促销的目标

要对整个零售促销活动进行有效的管理,零售商必须首先确定零售促销目标。零售商进行促销活动的目标主要有以下几个:

(一)保留现有顾客

一个老顾客比一个新顾客能为零售商多带来 20%～85% 的利润,而为获得一个新顾客支出的费用则比留住现有顾客多 5 倍。零售商必须保持充足而稳定的顾客群,才能保证获得可观而稳定的利润。因此,零售商采取了大量的促销措施以刺激现有顾客的重复购买和升级购买行为,例如举办会员优惠和积分优惠等活动。

(二)吸引新顾客

零售商不仅需要留住现有顾客,还要进一步扩大顾客基础。因此,零售商需要通过促销活动,一方面从现有的商圈内吸引新顾客,另一方面,力求扩大商圈,吸引现有商圈以外的顾客。在经营特色高度同质的市场上,营业推广活动可在短期内产生强烈的销售反应,吸引大量经常转换商店的消费者。

(三)促使顾客大量购买,提高经营业绩

在有了一定的顾客基础之后,接下来就需要刺激顾客做出购买行为。零售商可以通过打折和现场气氛的布置等手段,刺激消费者的冲动性购买行为,从而提高销售额,改善经营业绩。

(四)提高零售商的知名度和美誉度

零售商在做促销活动时,不仅要关注经营业绩,还须注意零售商的知名度和美誉度,以实现持续经营。例如,沃尔玛通过"广告商品"和"天天平价"的促销口号,在全球范围内树立了极高的知名度和美誉度。

三、零售促销的作用

零售促销活动可以起到以下作用:

1. 促销提高了零售商的竞争力,是市场竞争的产物,是开展竞争的利器。促销主要是由竞争引起的。随着零售商门店数量的增多和规模的扩大,竞争也日趋激烈。于是,众多零售商加入到以促销来争取顾客的行列中。通过对顾客行为和竞争对手的研究,来制定合理、有效的促销活动,会增强零售商与消费者之间的沟通,刺激顾客的购买欲望,从而击败竞争对手。

2. 促销迎合了顾客的消费心理,进而刺激消费者做出购买行为。顾客的购买行为受消费心理的支配,促销活动只有迎合了顾客的消费心理才能达到预期效果。消费者在购买时的消费心理因人而异。例如有些顾客对商品价格比较在意,而对款式、质量不太苛求,这类顾客的求廉心理比较强。针对这种心理,零售商可以采取一些让利手段。还有一些顾客追求名牌商品和高品位商品,他们的求名心理比较强。针对这部分顾客,零售商则需要突出名牌商品的品牌宣传,同时注重卖场的装饰档次和品味塑造。

3.促销可以树立良好形象,扩大企业影响。在激烈的市场环境中,消费者往往因为难以察觉众多零售商的区别,而在众多零售商间不断转换。这就需要零售商通过促销活动宣传零售商"独特的销售主张",强调自己能给消费者带来的特殊利益,从而树立并巩固本企业的良好形象,提高知名度和顾客忠诚度。

4.促销是反映零售商经营活力的显示器,可以改善和提高销售额。促销活动可以使市场需求朝着有利于零售商的方向发展。当零售商的商品处于低需求状态时,促销活动可扩大需求;当需求处于潜伏状态,尚未被完全开发时,促销活动则可以开拓需求;当需求波动时,促销活动可以平衡需求;而当需求衰退时,促销活动又可以吸引更多的新用户,保持一定的销售势头。

四、零售促销的特征

零售促销的基本特征是计划性、主题性和参与性。

(一)计划性

零售促销活动应当在促销计划的指导下进行。制定促销计划是零售商营销部门的职能之一。促销计划可以分为年度促销计划、季度促销计划和月度促销计划。促销计划的具体内容应包括:促销活动的时机,促销活动的频率,促销活动的主题,促销商品的确定,促销活动的组织、协调和执行以及促销活动的评估等内容。

(二)主题性

在适当的时机推出适当的促销主题,往往可以对零售商的促销活动起到画龙点睛的作用。主题性促销活动需要关注顾客的需求和市场的卖点。按照促销主题划分,促销活动可以分为:

1.开业促销活动

这是零售商促销活动中影响最大的一种。这是零售商与顾客的第一次接触,零售商的商品、服务、价格等要素将会影响到顾客是否再次购买。因此,零售商将会尽可能通过促销活动给顾客留下好的印象。

2.周年店庆促销活动

在周年店庆时,零售商会要求供应商给予更多的优惠条件,以配合商场的促销活动,其促销业绩往往可以达到平时销售额的 1.5～2 倍。

3.例行性促销活动

例行性促销活动通常是在各种节日时推出的促销活动。零售商通常会根据节日的特点向特定的顾客推出相应的优惠活动。

不同月份和节日的商品促销主题

一月 1.新春大优待 2.春节礼品展 3.结婚用品礼品展 4.冬季大清仓 5.年终奖购物

二月 1.元宵节活动 2.欢乐寒假 3.开学用品大展销 4.冬季大清仓

三月 1.春装上市新展 2.盘存大清仓 3.妇女节优惠月

四月 1.春夏装上市 2.郊游用品展

五月 1.劳动节商品特价 2.母亲节商品展销 3.端午节礼品展 4.春季服装大平卖

六月 1.毕业礼品展销 2.考试前用品展销

七月 夏装服饰清仓

八月 1.开学用品展览

九月 1.中秋节 2.秋装上市

十月 1.运动服用品联展 2.冬装上市 3.国庆

十一月 1.火锅串串大众展 2.烤肉串大会

十二月 1.圣诞节礼品 2.保暖御寒用品展

★情人节

主题:甜蜜、浪漫、温馨。商品:饰品、鲜花、巧克力、礼品。

活动形式:1.巧克力要求厂家配合促销;2.男女情人购物赠鲜花;3.情人蜜吻玫瑰花。

★元宵节

主题:团圆、美满、喜庆。商品:汤圆。

活动形式:张灯结彩、游园和灯谜是元宵节的传统活动。

★三八妇女节

主题:关怀女性、尊重女性。商品:女性用品、化妆品、保健品、厨房用品。

活动形式:1.与厂家联合,女性用品三八优惠或赠品活动;2.用卡片向前来购物的女性致以节日祝贺。

★五一劳动节

主题:劳动节是全体劳动者的节日,突出劳动和贡献。商品:劳动劳保用品,节日食品。

活动形式:1.向下岗职工问候,凭下岗证购物优惠;2.宣传劳动保护法。

★六一儿童节

主题:关爱儿童,关心教育。商品:儿童用品、玩具、儿童节食品、婴儿食品(如奶粉)。

活动形式:1.少儿卡拉OK赛,少儿书画朗诵比赛;2.文艺表演,与希望工程办公室联系。

★母亲节

主题:母亲的慈爱与伟大。商品:化妆品、女性用品、保健品、婴儿用品、厨房用品。

活动形式:1.我的母亲征文大赛;2.向购买婴儿用品的女性赠贺卡;3.举行我与母亲或我的母亲摄影大赛。

★中秋节

主题:团圆,和美。商品:月饼。

活动形式:中秋赏月文艺晚会和有奖购物。

★国庆节

主题:回顾过去,展望未来。商品:糖烟酒、小吃等各类商品。

活动形式:十月一日出生的人购物优惠。

★教师节

主题:尊重老师,重视教育。商品:文具、礼品、保健品。

活动形式:1.向优秀教师致敬、邀请、购物打折;2.邀请幼儿园小朋友们表演有关教师的节目;3.凭教师证购物优惠。

(三)参与性

促销活动要想达到预期的效果,必须围绕顾客来进行,必须设法打动顾客的心。让顾客参与到促销活动中来,可以在情感上令消费者感到满意,使顾客真正体验到促销活动带来的实惠。

有消费者参与的促销活动形式多种多样,下面介绍六种常见的活动类型。

1.现场直接参与的促销活动

我们会发现很多零售商经常会举办一些趣味比赛,例如卡拉 OK 大赛、征文比赛、猜谜比赛、父亲节画父亲比赛等。这种类型的活动着眼于趣味性和参与性,可以吸引很多人观看和参与,对提升商场人气很有帮助。

2.举办公益活动

零售商可以选择举办与本企业经营理念相符合的公益活动,例如献血、救灾等慈善活动,保护动物、植树造林等环保活动。通过公众的参与和媒体的宣传,不仅可以提高自身知名度,更重要的是可以树立良好的公众形象,提高在商圈内的影响力。

3.聘请消费者做商场监督员,成立消费者顾问团

零售商可以邀请商圈内经常购物的消费者来担任监督员和顾问,定期举行咨询会议。咨询会议应每月举办一次,每次不超过 2 小时;会议前要将会议主题提前告诉消费者,以让其作相应准备;会议设置主持人引导并记录消费者的意见;会议中,应当公布上一次意见采纳情况。通过这种形式的参与,消费者会感到自己的意见受到了充分重视,其满意度和忠诚度会有很大提高。而且,商场也可以听取消费者的意见来改善自己的工作。

4.消费者访问

这种方式与消费者顾问团相比,形式较不正式,被访者也不固定。零售商可以在网站上设置投诉意见栏,也可以进行人员访问和电话访问。在使用这种方式时,应注意向消费者及时反馈处理结果,并对提出意见者给予奖励。

5.提供生活信息

零售商可以在商场中利用公告栏或印刷品提供日常生活信息。例如,在化妆品柜台前用公告栏展示如何正确保养皮肤;在生鲜柜台处发放传单,说明各种食物的营养成分和正确食用方法。这种形式应当让消费者体会到商场的体贴和关怀,提供的内容要有知识性和科学性,要长期实施并不断更新。

6.恭贺问候

利用顾客数据库,零售商应努力做到把顾客客户化,把"一对多"的营销变成"一对一"的营销,使每个顾客都感到自己是与众不同的,是被特殊关照的。零售商可以向消费者寄送生日贺卡或节庆卡片。应当注意的是卡片不要逾期,卡片形式要每年更换。

五、零售促销的形式

促销方式与促销活动是密不可分的。促销活动是各种促销方式的组合运用。零售促销方式主要有四种:广告、营业推广、公关促销和人员推销。

(一)广告

广告是零售商通过各种宣传媒介所进行的信息传播活动。主要的传播媒介有电视、广播、报纸、杂志、POP 以及互联网。

(二)营业推广

营业推广是指零售商通过短期的刺激性手段如降价、打折、积分优惠等,说服和鼓励消费者,激发他们的购买欲望。

(三)公关促销

公关促销是一种树立企业良好公共形象的策略。零售商通过在媒体上刊登介绍性的文章或召开新闻发布会等形式,对零售商的商品和服务进行有力的宣传,从而扩大知名度,达到促销的目的。

(四)人员推销

人员推销是一种简单的、传统的利用人员进行的直接促销活动。零售店通过其服务人员与消费者的直接对话和沟通,传达商品或服务的信息,促使消费者进行购买。

上面这些方式各有长处和特点,企业可以单独运用某种形式,也可以综合运用,组成各种不同的促销组合。在实践中,企业应根据商品特点、市场环境和消费者心理灵活地加以选择和利用。

母亲节促销

昨天是一年一度的"母亲节"。笔者走访商业街时发现,市场上最受欢迎的,是各种各样实用且别致的礼物,透着一股浓浓的子女孝顺母亲大人的温情与关爱。

"让妈妈轻松轻松"是不少小家电柜台营业员挂在嘴边的话。腰背部按摩器、颈椎治疗仪、高血压计量器被作为重点产品进行促销。床上用品专柜则摆出各种形状的靠垫,既有适合看电视时使用的,又有适合捡菜等弯腰时使用的。化妆品厂商推出的"母亲节礼盒"则瞄准年轻的准妈妈或新妈妈,有的产品专门为产后有发福趋势的新妈妈设计,有的产品则关心怀孕中腿部浮肿的准妈妈。

一些不需要额外花钱的节日促销礼品,也颇受勤俭持家的妈妈欢迎。静安寺的一家商场推出了"为妈妈画像"和"让妈妈永葆青春"的免费写真、摄影活动。子女只要消费满一定金额,专业摄影师就将为妈妈免费化妆、拍摄节日纪念照;素描画师会为妈妈现场画像。更多的商场和餐馆准备了免费小贺卡,若有不好意思说出口的悄悄话,可以当场写下来送给身边的妈妈。

即便是小商品市场,也能感受到母亲节的气氛。针对即将来临的黄梅雨季,不少商铺摆出了防蛀防霉的香木珠、方便收纳的真空袋,并打出"母亲节特卖"的口号。有些产品还特别有创意,例如蕾丝挂件,看起来只是普通的装饰品,可内藏的薰衣草具有防霉防蛀功能,让妈妈们爱不释手。

鲜花市场也迎来了一个小小的消费高峰。怎样让妈妈们满意,花商们动了不少脑筋。在永嘉花市、曹家渡花市,送给母亲的康乃馨铺天盖地。最普通的,20支康乃馨包在英语报纸中,价格只要10元钱,简单却不失情趣。考究一点的,康乃馨簇拥着牡丹花做成花球,适合雍容华贵的妈妈;康乃馨扎成的小动物,适合童心未泯的妈妈;两者的价格均在50元左右,非常符合妈妈们的收礼心理。几名摊主表示,这几天康乃馨花束的销售量在百束左右,已超过了玫瑰、百合等平时的热销花种。

资料来源:任翀.母亲节促销大打"实用牌".解放日报,2007—5—14(09)

【思考】

案例中体现了零售促销的哪些特征？主要利用了零售促销的哪些形式？

第二节　零售广告促销策略

广告促销是现代企业最常用的促销手段之一，是零售商经营中最常见的方式。美国一位资深广告业人士曾说，"想推销商品，又不做广告，就像黑暗中向情人暗送秋波"，一语道破了广告的魅力所在。

零售广告促销，是指零售商采用付费方式，委托广告经营部门通过宣传媒介，以现代科学技术和设备为手段，以策划为主体、创意为中心，对目标市场进行的以零售商名称、标志、定位等为主要内容的宣传活动，旨在使顾客在心目中牢固地树立企业形象，从而达到刺激并扩大市场需求、开拓潜在市场、扩大市场份额的目的。

一、零售商广告促销策略与制造商广告促销策略的不同

零售商广告促销策略和制造商广告促销策略有如下不同：

1. 广告目标不同。零售商比制造商具有更为集中的目标市场，因此，零售商比制造商能更好地适应本地的消费习惯和爱好。但是，零售商不可能像制造商那样容易使用全国性的宣传工具，中小型的零售商一般不使用全国性的电视广告。

2. 广告重点不同。制造商在广告中往往强调产品的若干属性，而零售商则总是把价格作为宣传的重点。此外，零售商常在一则广告中展示许多不同的商品，而制造商则喜欢将一则广告中的产品种类减少到最低。

3. 广告时机不同。制造商着重关心的是培养顾客对本公司产品的好感，而不是仅仅关心短期的销量。而零售商广告强调及时性，各种商品上市，在短时间内就登出广告，力求尽快吸引顾客前来购买。

4. 广告费用不同。零售商所用的宣传工具的费用往往低于制造商，再加上许多制造商希望在该店有更好的销量，因此广告费用经常由零售商和制造商分摊。

二、零售广告促销的作用

零售广告促销主要有以下作用：

1. 增加短期销售额；

2. 增加商店客流量；

3. 树立和提升商店声誉；

4. 向顾客介绍商品和商店各方面的信息；

5. 减轻售货员的工作量；

6. 刺激顾客对商品的需求。

三、零售广告促销策略

零售商实施广告促销策略时,必须进行以下 5 项主要决策,即所谓的 5M:

1.广告促销的目的是什么?(任务——Mission)

2.有多少钱可供花费?(金钱——Money)

3.应传递什么信息?(信息——Message)

4.应使用什么媒体?(媒体——Media)

5.应如何评估广告效果?(测量方法——Measurement)

零售商要想取得广告沟通的良好效果,制定一套合理、完整的广告促销方案,需要就以上五个问题依序进行决策。下面我们就对这五项决策进行详细阐述。

(一)确定零售广告目的

广告的目的是传递信息,促进销售,提高企业经济效益,这是广告促销的最终意义。一般来说,零售商广告的目的可以分为三类:信息性目的、说服性目的和提醒性目的。

信息性目的。零售商通过广告向消费者提供商品的各种信息,传播本企业的经营理念和企业文化,以便消费者对所经营的商品和本企业有初步的认识。在建立某一零售品牌的初期,信息性广告的作用是极其突出的。

说服性目的。即以说服消费者购买零售商所经营的商品为目的。这类广告着重宣传本企业出售商品的特色和优点,使消费者相信本企业的商品是他们的最佳选择。

提醒性目的。即以提醒老顾客继续购买或使之确信自己的选择十分正确为目的,希望通过备忘性广告保持企业在消费者心目中的形象,刺激其重复购买。

(二)零售广告预算决策

在确定了广告促销目标之后,零售商就需要编制广告预算了。广告预算是指零售商对广告促销活动费用的计算,是企业投入广告活动所需的经费总额、适用范围和使用方法。

1.广告经费的来源

零售商可以单独出资做广告,也可以与供应商或其他零售商联合作广告,即合作广告。如果零售商联合供应商共同出资作广告,那么这种广告就叫做垂直合作广告;如果几个零售商共同出资作广告,那么这种广告就叫做水平合作广告。

2.广告经费数额

广告经费来源确定了,接下来就需要考虑经费的数额。广告费用包括广告调研费、广告设计费、广告制作费、广告媒体费、广告机构办公费以及广告人员工资等。编制广告预算的方法主要有以下几种:

(1)量力支出法。这种方式下,零售商在支付其他营销费用有结余的情况下,将其所能拿出的资金用于广告,广告支出的多少与销售收入之间没有联系。这种方式的缺点在于,广告支出不是在广告目标的指导下确定的,因此可能会出现广告经费过多或不足的现象。

(2)销售百分比法。这种方式下,零售商按照销售额(实际销售额或预计销售额)的一定比例计算和决定广告开支。这种方法较为简易,但缺点也较为明显。这种方式颠倒了因果关系,视销售收入为广告支出的原因和出发点;广告预算的确定不是出于对市场机会的考虑。

(3)竞争均势法。在这种方式下,零售商在编制广告预算时比照竞争对手的广告开支,和他们保持相同的水平。采用这种方式的前提是要调查主要竞争对手的广告促销数额及其市场占有率。在此基础上,如果要维持本企业现有的市场占有率,则应确定出与竞争对手保持在同一水平的广告预算;如果要扩大市场占有率,则要在竞争对手广告费用占其市场占有率百分比的基础上,再结合本企业的预期市场占有率,定出强烈冲击主要竞争对手市场占有率的广告预算。其计算公式为:

$$广告促销预算 = \frac{竞争对手广告费用}{竞争对手市场占有率} \times 本企业现有市场占有率$$

$$或:广告促销预算 = \frac{竞争对手广告费用}{竞争对手市场占有率} \times 本企业预期市场占有率$$

(4)目标任务法。这种方法是由管理学上目标管理原理发展而来的,即先确定广告目标,然后制定实现目标应完成的广告工作任务,最后估算完成这些任务所需要的费用,即为广告费用。这种方式在逻辑上和操作上都有较强的科学性,因而被广泛采用。但其缺点是未从成本的角度考虑某项广告目标是否合理可行。因此,若先进行成本效益分析,再选择能够付诸实践的目标,根据边际成本和边际收益的估计来确定广告预算,效果会更好。

3.广告经费的分配

在用上述四种方法之一确定了广告经费的总额之后,还要决定其如何分配。在各类商品中都大量使用广告经费是不现实的,平均分配经费也是不可取的。因此,零售商需要对广告经费的分配做出明智的决策。零售商对广告经费进行分配的目的在于实现企业总体利润最大化。在实际工作中,由于存在不确定性和信息不充分,零售商只能做出近似准确的分配。总的来说,零售商应当把广告经费优先分配给毛利率高、广告需求弹性高的商品。

毛利率较高的商品可以更多地受益于质量较高的广告。如果某类商品的毛利率为20%,那么每元广告费用必须创造出至少5元的销售额,否则该商品的销售额将无法抵消其广告支出;如果另一类商品的毛利率为50%,它的每元广告费用只需创造出2元的销售额。

广告需求弹性是指广告经费的变动率与所引起的销售量变动率的比。广告需求弹性为2.4,表示广告经费增加1%,销售额将增加2.4%。对于广告需求弹性较大的商品,单位数额的广告经费可以产生较大的销售额,因而投入该商品的广告经费应较多。

(三)零售广告信息决策

零售广告信息决策是指零售企业决定通过广告向目标消费者传达什么信息以及怎样表达这些信息。有吸引力、有创意的广告可以给消费者留下持久而深刻的印象,并能有效地说服消费者做出购买行为。而要想制作出好的广告,零售商必须对广告信息进行评估、选择和表达。

好的促销广告一般需要集中表现某一个中心主题,不需提供太多的信息。因此,零售商必须对各种可能的广告信息进行评估。以一则30秒钟的电视广告为例:

在一望无际的湛蓝海面上,风平浪静。突然,船上的钓鱼者警觉起来,那粗粗的红色鱼线一下子被拉直了,巨大的水泡急速浮出水面,垂钓者迅速放开长线,一条大鲨鱼半身跃出海面,拼命向大海深处游去,拖着长长的线。接着,富有经验的垂钓者不时抽拉,不时放线,好长时间才将大鲨鱼整得疲惫不堪,最后被拖上船。这时画面定格,出现字幕:这是一条缝合线,李维斯牛仔裤缝的缝合线。这则广告只展示了李维斯牛仔裤缝合线的强度,给观众留下了深刻的印象。

零售商可以通过调研的方法寻找、收集并进行归纳推理,从而获得有价值的广告信息;然后对广告信息进行评价和选择,找到最能引发消费者需求的信息作为主体。零售商可以根据满意性、独特性和可信性三个标准选择广告主题。在广告主题确定后,零售商需要确定信息的表达形式。广告信息表达形式是一个具有较高专业性的技术性问题,常常涉及美术、文学、心理学、摄影等专业领域。因此,零售商可以跟专业广告公司合作制作广告。

在南宁有一家"吉祥米粉店",卖的是一种比较有特色的红油米粉。地点很偏僻。米粉店开张后生意一直不好。到第二周星期一,门口突然立放了一块道歉广告牌,牌上醒目写着:"尊敬的顾客,真对不起,今天的米粉已经卖完,明天清早来!"这块广告牌连续出现了6天,6天后,顾客渐渐多了起来,两周后,几乎天天顾客盈门。后来大家才知道,这是老板玩的"空城计"。

(四)零售广告媒体决策

零售广告促销是通过广告媒体进行传播的,零售商必须进行正确的广告媒体决策,其主要内容包括选择媒体类型、决定媒体使用时机。

1.零售广告媒体类型

零售商可以选择传统的四大媒体——电视、广播、报纸、杂志,还可以使用一些新型的宣传媒体。

(1)电视。电视媒体声画兼备,具有吸引力和感染力,普及率高,影响广泛,对创意的表现生动形象,说服力强,覆盖面广,传播迅速。但是,电视广告制作复杂,成本较高。除一些大零售商采用外,很少有中小零售商问津。

(2)报纸。报纸广告适合于各种零售商。其制作较简单,时效性好,接触度高,适合定期和长期作广告,限制较少。缺点是缺乏动感音效,吸引力弱,如果报纸上刊登的广告太多,则不易被发现。报纸广告常被商店用于优惠展销、节日推销等宣传,以地方性、区域性报纸刊登为好。

(3)广播。广播是诉诸受众听觉的媒介形式,它可以通过两条途径,一是电台广播,二是商店内部广播,来传递有关信息。广播广告听众明确,对象易掌握,收听广播不受限制,有很好的机动性和临场性,是提高商店知名度和信誉度非常有效的工具。缺点是广播一闪而过,不便受众对比,记忆度较差。

(4)杂志。杂志广告专业针对性强,保存时间久,广告持续效果好。印刷精美的广告,可以体现商品的质感。但是,杂志广告不灵活,信息覆盖面不及报纸,费用也比报纸高。

(5)户外广告。户外广告是指建在商店建筑物外面的招牌广告、栏架广告、临街广告、灯箱广告等。其特点是期限长,印象积累效果佳;位置固定,区域目标市场定位较准确。其缺点是费用高,重要位置难以取得。

(6)直接邮寄(DM)。通过邮寄印刷品广告给顾客,直接与顾客沟通。其特点是针对性强,不受其他广告的影响,成本较低,比较适合中小商店采用。其缺点是信息覆盖面小,不易引起重视。

DM的散发形式主要有两种:一种是通过报纸夹带赠送到消费者手中;另一种是通过广告人员派发。而后者又包括以下方法:在有选择的区域派发到消费者的住处;对重点消费者以邮寄方式发放;在重点人流区域如车站、停车场等公共场所派送;在商店门前入口处派发;在商场客服区内陈列并供消费者自由索取等。

DM 活动流程图

1.DM 立案及会议

2.采购部提前二周确定 DM 品项

3.企划部到楼面或供货商处取样品拍照、制版及初稿制作

4.采购部核对 DM 初稿,并对 DM 商品确定,交给企划部正式彩印

5.楼面到计算机部领取 DM 快讯清单

6.楼面制定端架计划,核实 DM 商品订单的下达以及追货

7.楼面到企划部申请 POP 牌,开始更换端架

8.撤掉上期 DM 商品的端架陈列

9.新 DM 商品进行端架陈列

10.摘取所有旧 DM 商品的 POP 卡和价格标

11.摆放所有新快讯商品的 POP 卡和价格标

12.检查新快讯商品计算机售价与 DM 商品宣传售价是否一致

13.检查服务台、收银台是否熟悉本期 DM 商品

14.检查上期 DM 商品价格是否复原

15.新 DM 商品销售

(7)包装广告。包装广告是将商店的店标、店名、地址、电话号码、经营项目等信息印在购买成交后包装商品的包装纸上。这种做法一方面方便携带和保护商品,同时也可以宣传商店、建立良好的商店形象。现在,不仅大中型商店采用包装广告,众多小商店也开始将其作为重要的促销手段。包装广告应讲求制作精美,同时节约资源、安全卫生。

(8)POP 广告。POP 又称店面广告或售点广告。"POP"是 Point of Purchase 的缩写。POP 广告是近年来逐渐为零售商接受的新型推销手段。它的做法是在销售现场张贴有关销售的广告宣传品,以图文并茂的形式提供商品性能、服务、说明等信息,刺激顾客欲望。众多学者对消费者的购买行为做过各种各样的研究,得出一个结论:"顾客在销售现场的购买中,三分之二左右属于非事先计划的随机购买,约三分之一为计划性购买。"恰当的卖场 POP 能够引起消费者的注意,唤起他们的潜在意识,激发其购买欲望,产生随机购买(冲动购买)行为,也能有效地促使计划性购买的顾客果断决策。

有些 POP 广告由商店自己制作,但更多的是厂商为了协助商店促销而印制的精美招贴画。由于 POP 广告常常可以免费获得,故颇受中小商店的欢迎。有效的 POP 广告应针对顾客的关心点进行诉求和解答。价格是顾客的第一大关心点,所以价目表应置于醒目位置;商品说明书、精美商品传单等资料应置于取阅方便的 POP 展示架上;对新产品,最好采用口语推荐的广告形式,说明解释,诱导购买。

POP 广告可以分为以下几类:

(1)店外 POP 广告:如商店周围悬挂的广告条幅、横幅、广告灯箱、广告牌、霓虹灯广告等。

(2)店头 POP 广告:置于店头的 POP 广告,如看板、站立广告牌、实物大样本等。

(3)天花板垂吊 POP 广告:如广告旗帜、吊牌广告物等。

(4)地面 POP 广告:从店头到店内的地面上放置的 POP 广告,具有商品展示与销售机能。

(5)柜台 POP 广告:指陈列或粘挂在柜台、货架上的各种广告宣传物,如电视录像、小型广

告牌。

(6)壁面 POP 广告:附在墙壁上的 POP 广告,如海报板、告示牌、装饰等。

(7)陈列架 POP 广告:附在商品陈列架上的小型 POP,如展示卡等。

某商品 POP 广告的布设

(1)制作 1×0.5m 导购牌(展板),设计制作要求品牌突出、诉求重点突出、图文并茂、制作牢固,摆放于商店门口两侧或店内合适位置。

(2)招贴画要选择店外两侧 1.4~1.8m 光洁墙面、店堂玻璃门或店内 1.4~1.8m 光洁墙面,粘贴牢固,排列张贴,视觉及宣传效果更佳。

(3)台牌卡放置柜台,靠近产品摆放处,内装折页或小手册,便于目标购买者详细了解产品。

(4)吊旗并排悬挂于进店 2.5m 高、正面柜台上方。

(5)户内灯箱亦要选择临近产品上方摆放。(由企划中心发放彩喷稿,依要求制作,必须具有统一性。)

(6)店招牌造价低,档次较高,耐久性较强。(企划中心出彩喷稿,当地广告公司制作。)

(7)产品模型分户内和户外两种,户内"金字塔式"拼摆,用透明胶固定,户外应注意避免碰损。

(8)巨幅:6×20m,视觉效果极佳、大气,但要注意防风设施。(悬挂于大型商场、超市正面或面对人流量较大的墙面上。)

(9)户外广告牌:大型广告牌,靠近卖场(售点),置于 5 层楼顶或裙楼。(市场成长、成熟期考虑操作。)

(10)车体(车贴)广告:前期买断主要线路公交车的车后贴或车前贴,产品成长期可根据条件考虑整车车体广告。

2.影响零售广告媒体选择的因素

零售商在进行广告促销时,广告媒体的选择起着至关重要的作用,它关系着广告的成本费用和广告的效果。

零售商在选择广告媒体时,需要考虑以下几个方面的因素:

各种媒体的优缺点:包括媒体在广告接触人数、广告频率和广告效果等方面的差异。

目标消费者的地理分布:如果广告商品是大众性消费者,广告对象众多,则应考虑选用电视媒体;如果产品是有特定用途的工业品,客户的针对性较强,那么则选用专业报纸比较合适。

目标消费者的媒体接触习惯:比如,很多人喜欢在早间或午间边做家务边听广播,这时就可以选用广播广告来介绍日用生活品。再比如,有些药品和食品,人们习惯于从包装上了解产品的成分和功用,那么广告就可以结合包装展开。

零售商品的性质:例如妇女服装广告最好刊登在彩色杂志上,以体现其色泽和质感。各种媒体在示范、形象化、说明、可信性和色彩等方面的潜力是不同的。

3.零售广告时机

零售广告发布时机必须根据商品类别以及其他具体情况加以确定。下面是一些可供参考的选择:

广告应当集中在目标顾客将拿到一笔钱的时间前后。例如,城市职工一般月初拿到工资,而农民大多在秋收后手头较富裕,这一时点前后作广告的效果是比较好的。

如果零售商的广告经费有限,应该把广告集中于需求旺季。例如,衬衫店的广告可集中于春季和秋季。

广告应当稍早于或就在消费者最可能购买的时间出现。如果大多数人最有可能在周六和周日进行杂货的购买,那么,杂货店可以在周五到周日之间作广告。

在天气持续不好时,要少作广告。因为天气不好,人们不太愿意出门购物。

(五)零售广告效果的评估

广告效果是指广告产生出预期结果的程度。零售广告促销效果包括沟通效果和销售效果两方面内容。

1. 沟通效果的测定

零售广告促销的沟通效果是指零售广告在商店知名度、商店认知、顾客满意度和顾客偏好等方面产生的效果。

测定沟通效果主要有以下 3 种方法:

(1)直接测试法。这种方法向一组顾客展示供选择的促销广告,然后请他们对这些广告进行评分。直接测试法可以用于评估广告在吸引顾客注意、认知、情绪和行动等方面的强度。得分较高的广告一般沟通效果较好。

(2)记忆测试法。这种方法是先让一组顾客观看(或听)一组广告,然后要求调查对象回忆所看(听)到的全部广告及内容。他们的回忆水平可以表示广告的视(听)觉冲击力和广告信息被理解和记忆的程度。

(3)实验测试法。这种方法利用仪器来测量顾客对广告的生理反应,如心率、血压、瞳孔扩大、出汗等。这些测试可以评估出广告引人入胜的能力。

2. 销售效果的测定

广告设计大师威廉·伯恩巴克说:"广告界中的任何人,如果不说他的目的是销售,那他不是无知,就是骗子。"因此,销售效果是衡量零售广告促销效果的关键指标。可以利用以下指标对零售广告的销售效果进行定量分析。

(1)销售费用率以及单位费用销售率。为测定每元销售额支出的广告费用,可以采用销售费用率这一相对指标,表明广告费与商店销售额之间的对比关系。计算公式为:

$$销售费用率 = \frac{本期广告费用总额}{本期广告后的销售总额} \times 100\%$$

销售费用率的倒数就是单位费用销售率,它表示每支出一元广告费所能实现的销售额。

$$单位费用销售率 = \frac{本期广告后的销售总额}{本期广告费用总额} \times 100\%$$

(2)单位广告费用销售增加额。为了测定投入广告后销售的增加幅度,可以计算单位广告费销售增加额。

$$单位广告费销售增加额 = \frac{本期广告后的销售总额 - 本期广告前的平均销售额}{本期广告费用总额}$$

(3)市场占有率和市场扩大率。市场占有率是指本商店经营的商品在一定时期内的销售量占同类产品销售总量的比例。

$$市场占有率 = \frac{本商店的商品销售额}{本行业同类商品的销售总额} \times 100\%$$

$$市场扩大率 = \frac{本广告后的市场占有率}{本广告前的市场占有率} \times 100\%$$

如果市场扩大率大于1,表示该商店的市场地位上升了;市场扩大率小于1,表示该商店的市场地位下降了。

大多数情况下,零售商广告效果不佳是由于犯了以下几个错误:

(1)广告内容没有针对目标市场,广告信息对目标顾客缺乏吸引力,不能激起消费者的购买欲望。

(2)广告内容或形式没有创意,不能给消费者视觉或听觉上的震撼,消费者对广告的记忆度较低。

(3)广告经费平均分配,不分主次,以致每类商品都有一些,但都不足。

(4)媒体选择不当,所选媒体与目标顾客所接触的媒体不一致。

(5)使用的媒体覆盖范围大大超越目标市场,因而许多经费都花在了根本不是潜在顾客的人身上。

家乐福的广告技巧

20世纪六七十年代,法国家乐福正处于高速成长期,但零售市场的竞争也正日趋激烈。在这样的背景下,家乐福要想争取主动,必须提高自己在消费者心目中的地位和形象,这对于任何零售商来讲都是很现实的。

为了扩大自己的宣传声势,家乐福召集许多广告商召开了一个会议。就是在这次会议上,许多广告商表现平平,没有提出什么建设性的意见,家乐福领导正为此烦躁的时候,当时没有名气的塞盖拉与众不同地发表了一通见解,从而赢得了家乐福总经理德福瑞的信任,为家乐福也为自己赢得了一次扬名的机会。

塞盖拉认为“此时的家乐福已经变得平庸、老化而缺乏创新,若要获得家乐福的第二青春,则需要创立属于自己的品牌”。这种有点叛逆的见解正好符合德福瑞心中积累已久的想法——“家乐福要创建一个属于自己的品牌,甚至是一个非品牌的品牌,我们要创立‘白色商品’,我们要在货架上摆上可以同国内知名品牌相媲美但价格远远低于它们的产品,但是产品的名字标签统统没有了。这是场革命,同当年我们创立自选商场服务同样重要。我们要打的品牌就是生活质量”。

这是塞盖拉从事广告业后碰上的第一个广告宣传大战,塞盖拉非常重视这个广告。家乐福给了塞盖拉3个月的期限去完成这个计划。他首先给家乐福的非品牌产品定义了一个新的概念:自由产品。自由产品就是指价廉物美的产品;而自由最好的象征就是在空中飞翔的海鸥。就这样,一个杰出的广告创意诞生了。广阔无垠的蓝天背景下,一只海鸥展翅飞翔。画面上很大字体的“Vivez Libre”特别亮眼,一种赋予家乐福产品的“自由”意味也就此产生了。该广告的广告语是:“让人们相信一个产品比另一个产品好只是因为它有一个名字,这难道叫做自由吗?‘自由产品’没有名字,一样好,更便宜。”

在这次广告战中,塞盖拉的广告作品因为融入了一种社会学的观念,而这在20世纪70年代的法国被认为是一个异端。塞盖拉自己也说“当时的这个广告像是定时炸弹,在社会上引起了巨大的震动”。这个广告不但引起了广告界、新闻界和广告主的普遍关注,也同时第一次引发了全法国人对一个广告的谈论。结果,家乐福的广告大大刺激了家乐福的商品销售。那些没有品牌标识的洗衣粉在上市的头一周就销售一空。两周内80％的消费者尝试过自由产品，70％的消费者成了回头客。广告发布后3个月里，家乐福的自由产品竟占据了法国市场同类产品销售量的30％。

事实上我们发现，塞盖拉这个广告创意的诞生及其后来的成功都是基于家乐福公司的一个基本理念，即顾客理念。没有名字的产品在那时能够成功，就是因为处于产品时代的商品，如果商家能以最优惠的价格销售出去，无疑是能够有效地刺激消费者购买热情的。"'自由产品'没有名字，一样好，更便宜。"这种广告语在当时与其说是一种社会理念性的宣传，还不如说是结合了当时的顾客心理做出的一种针对性反馈。

家乐福很注重对自己产品的宣传，这主要体现在各种直邮广告和促销广告的大量印发上。除了在开业典礼和周年庆典等类似场合，家乐福会做大规模的促销活动以外，在平时，家乐福也经常性地进行各种形式的现场促销。其中最有效的宣传方式是把广告宣传和促销形式结合在一起，形成一种整合性的宣传力量。

20世纪80年代，零售业态的雷同化趋势日益严重，因而家乐福只好一边寻求创新，一边与各家零售公司展开价格大比拼。不论何时，价格一直是消费者最敏感的购买因素。深谙这一道理同时又有实力的家乐福经常性地会推出一些大型的折价让利活动。1987年，家乐福在台湾地区掀起的一场号称规模"破天荒"的促销活动，折价的幅度很大，比普通的市场价低了20％至50％。为了能让所有的消费者都知道这个促销活动，家乐福在各大电视、报纸等媒介不惜重金投入，并每隔3天推出一种打折超过50％的商品作为广告促销的重点商品。

家乐福注重将多种促销方式进行有机结合，例如电视促销广告和报纸、商场宣传海报以及现场促销等诸种形式相结合，而且时常会更换广告口号。有段时间，家乐福打出的广告口号为"有'家乐福'，我就自信"，另一段时间又会改为"天天都便宜，就是家乐福"等。家乐福的营销专家们非常擅长捉摸并抓住顾客心理，将促销广告做到极致。

进入新世纪，家乐福在全球范围内仍进行着不断的扩张，在扩张的同时，家乐福也以一贯的做法和经营理念支持着整个销售系统。2001年，在台湾地区的促销广告中，家乐福一如既往地采用与传统媒体广告相结合的方式。其中，电视上的两则促销广告："水果之王篇"和"猫王篇"很富有创意，取得了良好的促销效果。其中的"水果之王篇"有一种叫"金枕头榴莲"的水果创意，画面中的"金枕头榴莲"带着墨镜，捧着话筒高唱"我很丑，可是我很可口"的歌曲，让人有种忍俊不禁的感觉。"猫王篇"是一则音响的促销广告。广告以突出该音响的"原生音质重现"的效果进行诉求，同时推出促销时间和促销价格。在这些广告的最后，都是家乐福的统一的广告口号："天天都便宜，就是家乐福。"这些定时的促销系列广告就像一张铺开的大网，把家乐福可能的目标市场扩大到了最大化。

就这样，通过这些大规模的广告宣传和促销形式的完美结合，家乐福把许多异彩纷呈的商品推到了消费者的眼前。

资料来源：余文.解析家乐福公关广告技巧.中国商报，2003－10－24

【思考】

　　1.家乐福的广告促销与沃尔玛的"广告"商品促销有何不同？

　　2.家乐福的广告促销对其品牌塑造产生了什么作用？

第三节 零售营业推广策略

零售营业推广（sales promotion）是在给定的时间和预算内，在某一目标市场中所采用的能够迅速产生激励作用，刺激需求，达到交易目的的促销措施。美国市场营销学会（AMA）对SP的定义是：人员推销、广告和公共关系以外的，用以增进消费者购买和交易效益的那些促销活动，诸如陈列、展览会、展示会等不规则的、非周期发生的销售努力。

长期以来，营业推广一直不被人们所普遍重视，直到最近十多年来，这一局面才明显改变。十多年前，市场营销中广告促销预算与营业推广预算的比例大约为 60：40。如今，在许多小型消费品行业中，这一比例倒了过来，营业推广占总促销预算的 60%～70%。营业推广开支每年平均增长 12%，而广告促销为 7.6%。

几个因素推动了市场营销中营业推广的迅猛发展：商店经营特色同质化现象严重；产品同质化使得顾客更加看重购买时的优惠；由于广告成本的日益增加、广告促销的泛滥和法律上的限制等因素的影响，使得广告促销效果开始下降。

一、营业推广的目的

一般而言，零售商营业推广的目的包括：

1. 提高市场对新产品的接受速度。当消费者对刚投入市场的新产品还未有足够的了解和做出积极响应时，零售商需要通过一系列必要的营业推广措施，在短时间内迅速为新产品开辟道路。

2. 说服再购买以建立购买习惯。如果产品符合了承诺的利益，营业推广就能促进再购买，建立起消费者的购买习惯。

3. 增加产品的销售额。通过营业推广活动，常会增加消费者对该产品的兴趣，从而增加产品的销售额。

4. 有效地对付竞争者的促销活动。当竞争者大规模地发起促销活动时，营业推广是在市场竞争中抵御和反击竞争者的有效武器。

5. 带动关联产品的销售。营业推广不仅能带动某品牌商品的销售，还能有效地带动关联商品的销售。

二、营业推广的特征和作用

营业推广最大的特征在于，它主要是战术性的营销工具，而非战略性的营销工具。

营业推广与广告促销有如下不同：

1. 传播信息不同。广告传播的是商品价格、功能等的信息，以帮助消费者做出购买决定。营业推广则是在一定时间内提供给消费者某种购买的奖励。这种奖励可以是商品、金钱或者附加的服务。

2. 行动导向不同。广告着眼于为某产品建立品牌形象和顾客忠诚。营业推广则着眼于瞬时的诱惑，追求即时的销售增长。

3.价值创造不同。广告为商品创造有形的和无形的价值。营业推广则不创造无形的价值,只增加产品销售上的实质价值。

4.品牌作用不同。广告在树立品牌形象和知名度方面效果较好。而营业推广在刺激消费者试用品牌以及促进消费者大量购买该品牌等方面的效果较好。

广告促销可以用来建立商店忠诚度,而营业推广则主要用来打破商店忠诚度。零售商经常利用营业推广来吸引新顾客。新顾客有三种:同一类型商店中其他商店的顾客;其他类型商店的顾客;经常转换商店的顾客。

营业推广主要吸引的是经常转换商店的顾客。这部分顾客主要追求低廉的价格和良好的奖励,因此营业推广活动可以吸引他们的光顾,但很难将他们变为忠诚顾客。在经营同质化严重的市场上,营业推广可以在短期内大幅度地提高销售额,但却很难达到长久的盈利。

美国市场营销专家布朗(Brown)在对 2500 名速溶咖啡的购买者进行调查研究后,得出了以下结论:

1.营业推广在商店销售中引起的反应快于广告促销;

2.由于营业推广主要吸引追求交易优惠的顾客,故很难改变他们的消费习惯;

3.广告促销一般可以提高顾客对某一商店的品牌忠诚度。

营业推广无法实现的作用有:

1.营业推广无法建立品牌忠诚度。营业推广注重的是对顾客购买的短期激励,一旦营业推广结束,顾客的注意力就可能转换到其他商品上去。因此,营业推广能增加知名度,但无法建立和增强忠诚度。

2.营业推广无法挽回销售衰退的趋势。在产品生命周期的衰退期,营业推广只能提供瞬间的收益,延缓最后的死亡,但不能拯救一个濒临死亡的品牌或产品。

广告和营业推广的效果对比如表 11-1:

表 11-1　广告和营业推广的效果比较

效果	广告	营业推广
销售量增长	慢	快
树立品牌形象	易	难
增加品牌知名度	易	难
从长远看,有利于销售量增长	是	未必
用于高档商品	合适	不太合适

许多零售企业不作或很少作广告,但却大量使用各种营业推广手段。一方面由于广告费用过高,目标不能明确,广告费流失现象严重;另一方面,营业推广确实有用,而且许多营业推广的费用和用品都由供应商提供,所以零售商对此相当欢迎。零售商开展营业推广主要涉及如下决策:选择营业推广工具;制定营业推广方案;评估营业推广效果。

三、选择营业推广工具

(一)样品

样品就是免费提供给顾客供其试用的产品。此类促销活动是提高特定商品销售量的好方法,因为通过实际使用和专业人员的介绍,会增加消费者购买的信心和日后持续购买的意愿。赠送样品也是一种昂贵的介绍新产品的方式。例如,美国利弗兄弟公司曾向美国4/5的家庭赠送了价值约4300万美元新开发出来的"浪花"牌洗涤剂的免费样品,使得"浪花"牌一下子成为了全国性的品牌。

适合使用样品作为促销工具的商品一般为日用品。这类商品如果能符合以下条件则更为合适:小包装的样品即能完全展现产品的特性;经过试用后,顾客能够立即感受到其好处。

1.样品发放的方法

(1)直接邮寄。此方法送达率高,因而效果显著。据相关研究,以住户为对象的赠送中,尝试购买率常可达70%~80%。

(2)入户派发。即由专人将样品亲自送到顾客家中。一般将样品放在门口,或直接交给开门的顾客。有些公司还要求发送人向住户作简单的介绍和说明。

(3)定点分发和展示。定点分发和展示也是一种将样品直接送到顾客手中的赠送方法。与入户派发不同,这种方式是将样品分发给流动的顾客。一般选择的地点是零售店、重要街道、饭店等人流量较大的公共场所。除了将样品分发给路过的顾客外,有时还要介绍相关的产品信息。也可搭配发送优惠券以鼓励顾客购买。例如,免费试吃水饺、薯条;免费为顾客染发等。

(4)媒体分送。如果样品体积小且薄,可以附在媒体中送给顾客。现在,企业常选择报纸、杂志等媒体向订户发放产品样品,同时还附有宣传材料。

(5)优惠券兑换。即将优惠券通过邮寄或媒体分送等方式派发给顾客,顾客可以用优惠券免费兑换样品。使用这种方式的样品,一般应价值较大,否则顾客不会愿意花费时间去兑换。

(6)联合或选择分送。根据目标顾客的特定需要,将相关且没有竞争性的产品集中装入一个样品袋内,然后由专业营销服务公司送到精选的目标顾客手中。

(7)夹包装分送。将产品样品附在非竞争性商品的包装中,此时该样品扮演着免费样品和赠品的双重角色。例如,在500克重的面包袋中,装入可冲一杯的奶粉样品。

2.样品分发的时机

至于什么时候才可以利用样品进行促销,这要看该产品的铺货率。一般而言,当产品达到50%铺货率的时候,样品促销才能具有较好的效果,因为当顾客使用样品后,如果在市场上买不到货,则可能降低顾客的购买兴趣,损坏厂商形象,使样品促销反而成了伤害。

(二)优惠券

优惠券是指用邮寄或附在其他产品包装内或登在报纸和杂志上赠送给顾客(包括现有顾客和潜在顾客)的小面额的代价券。优惠券这种营业推广方式可以使消费者节省支出,引起消费者尝试的兴趣,增加每次购买的商品数量,还可以起到吸引潜在购买者的作用。优惠券促销适用于有一定知名度、有一定品牌形象的产品。优惠券可以诱导对新产品的早期使用,也可以有效地刺激成熟期产品的销售。例如,1985年,克莱斯勒汽车的零售商印制了烫金边的精美礼券,寄给经过筛选的40万克莱斯勒用户,并附加该公司总裁署名的一封信,以感谢他们在该公司黑暗时期购买克莱斯勒汽车。顾客可以持这些礼券购买 1985 年克莱斯勒的任何车型，均可优惠 500 美元。

优惠券促销也存在一定的缺点：由于优惠券需要消费者到指定地点去兑奖，无疑给消费者带来了一定的麻烦，也影响了最终的兑奖率；优惠券的可信度存在问题，很多消费者由于不相信优惠券而不去兑奖。

1.优惠券的设计

优惠券应当标明的内容有：优惠的商品范围，优惠的金额或幅度，兑换的地点，有效期限等。优惠券的内容要简洁清楚，要明确指出优惠券的限制范围。有时还可以加上一小段吸引人的文字，以达到鼓励顾客使用的目的。

2.优惠券的使用

为了达到某时期促销特定商品的目的，优惠券应当限期使用；为了使顾客珍惜优惠券，每张优惠券最好限量使用。

一些快餐店如麦当劳、肯德基等对优惠券的使用最为频繁。以麦当劳为例，每年年初都会向它的顾客发放全年或今后几个月的优惠券，写清楚在什么时间顾客可以享受到什么样的优惠。由于麦当劳的快餐店网点众多，顾客可以很方便地到任意一个麦当劳店内使用优惠券。这样，既宣传了公司的品牌，又牢牢地抓住了现有的客户。

总结下来，麦当劳的优惠券有以下几点成功之处：

1.麦当劳可以充分利用自己的网络优势来派发优惠券，同时由于其网点分布广泛，为顾客使用带来了很大的方便。

2.每次麦当劳的优惠券赠送活动都主题鲜明，把产品和节日、年份完美地结合在一起，对产品促销起到了画龙点睛的作用。

3.麦当劳也充分利用优惠券来控制进入店内的客流量。比如，早餐优惠券就大大提高了在麦当劳用早餐的人数。

(三)折价促销

折价又称折让或折扣。它既是一种价格策略，也是一种促销手段。很多零售商在接受供应商的折扣之后，又把部分折扣返给顾客。折扣的实质就是把企业应得的一部分利润转让给消费者。

价格往往是消费者选择商品时最看重的因素，特别是在产品同质化程度高，品牌形象相差无几时，价格的影响力就显得更大。折价促销是对消费者冲击最大、最原始，也是最有效的促销武器。折价促销简单易行、立竿见影，企业为处理到期产品或减少库存、加速资金回笼经常用到。有时也作为了完成销售目标，在短期内增加产品销量，做最后冲刺的手段。有时候，折价也可以暂时用于抵制竞争对手即将入市的新产品。

但是，折价也有不容忽视的缺点：折价很容易诱发竞争对手的折价，引发价格战；折价只能起短期作用，不能解决企业营销的根本问题，无法帮助企业实现长期的销量增长；折价有损企业利润；过多折价会损害产品形象，也无法建立产品的忠诚度；折价对新产品作用不大，因为新产品知名度不高，品牌认知度也不高，消费者对它的价格定位没有什么概念。

零售商折扣的具体类型如下：

1.商品降价特卖(特价)。所谓特价就是直接将商品的原价调至较低的现价以吸引消费者增加购买。根据某专业杂志对消费者所做的调查，"价格合理"是消费者认为理想零售店最应具备的条件，特价促销也被商店经理认为是最佳的促销方式。实践证明，特价促销在促进商品销售方面的作用非常突出和明显，是商店最常采用的促销方法。

2. 数量折扣。即按顾客购买数量的多少，分别给予不同的折扣。具体方法有两种：

(1)累计数量折扣。为了鼓励顾客的重复购买和稳定客源，零售商对在一定时期内达到一定购买数量或金额的顾客，按购买总量给予不同的折扣。

(2)非累积数量折扣。为了鼓励顾客一次性大量购买，零售商按顾客每次的购买量来折价。

3. 有效期折扣。对于鸡蛋、牛奶等食品或生鲜商品，零售商有时会按商品离有效期时间的长短而给予不同的折扣。

4. 限时折扣。即在特定的营业时间段内对特定商品提供较大的优惠。这类活动以价格为着眼点，刺激顾客狂热购买。例如，限定上午开店一小时内，某种生鲜食品5折优惠。运用此种方法应注意：需以宣传单或商场广播的形式预告；价格优惠应较大，一般在3成以上才会对消费者产生足够的吸引力。

5. 季节折扣。季节折扣是零售商为了清理过季商品而向顾买者提供的折扣，这种促销方式对服装等季节性较强的商品比较适用。

6. 现金折扣。现金折扣是对那些分期付款的顾客和拖欠货款的组织购买者的一种价格折扣。例如，"2/10，净30"是指应在30天内偿还贷款，但如果能在10天内付清，将给予2%的折扣作为奖励。

折扣促销一般应用于重大节日或零售商庆典活动时，这些节日和庆典是折扣促销的绝好时机和借口。可以以"回报顾客"为促销主题，既能促进顾客购买，又能树立企业的良好形象。

使用折扣促销应当注意以下问题：

1. 应当争取供应商的积极响应和支持。折扣促销如果得不到供应商的支持就很难成功。对于折扣促销的具体条款应当在采购合同中加以注明。

2. 折扣幅度至少在20%以上。据相关研究，对一般商品而言，8折及以上的折扣才会对增加销售量有明显效果。

3. 在折扣促销中，为了不影响企业形象，要尽量避免使用诸如"跳楼价""大甩卖""清仓处理"等字样，而换用"大酬宾""优惠价"等词语来代替。

4. 折价促销尽量"师出有名"，如选择母亲节等，且限期促销，这样才不至于对品牌形象造成负面冲击。

(四)赠品

赠品是指免费或以较低代价向顾客提供某一物品，以刺激其购买某一特定商品。

1. 赠品的类型

赠品主要有两种形式：

(1)同一品牌的产品，买一种送另一种

即消费者购买某公司的A产品就可以得到该公司的B产品。比如，买雕牌洗衣粉送雕牌的肥皂，买笔记本电脑送电脑包。

这种促销方式最大的优点就是成本较低，而且可以利用现成的渠道，对被当作赠品的产品可起到一定的推介作用。但这种方式也有一定的问题：首先，赠品不一定真正送到消费者手中,而是被部分零售商或售货员占有。这也是我们在超市里看到的大部分此类促销都把赠品和产品通过胶带绑在一起的原因。其次,赠品的选择较难,好而新的赠品成本高,而淘汰或滞销的产品不仅很难吸引消费者,而且也会损害厂家的形象。

(2)买 A 品牌的产品,送 B 品牌的产品

即消费者购买本公司的产品 A,赠送其他公司的产品 B。对这种促销方式来说,赠品的选择是赠品促销设计的第一步,也是最为核心的一步,因为赠品的特性决定了主题创意、活动宣传和实际执行等各方面的计划和实施。在选择赠品时,需要注意产品和赠品之间最好存在某种联系,比如买肥皂送毛巾。这样的赠品可以为消费者带来很大的方便,容易吸引消费者的注意。

选择理想赠品的原则是:

(1)相关性。赠品须与产品相关,须符合品牌形象,须与目标消费者相关。

(2)重复性。赠品可重复使用,重复出现在消费者眼前,令顾客能经常回想起品牌。

(3)获益感。赠品须有价值,令人感兴趣。例如,质量好、美观、使用方便、耐用等。

2.赠品的发放形式

赠品的发放形式一般有三种:包装赠送、附加赠送和邮寄赠送。

(1)包装赠送。即将赠品直接随所销售的商品赠送,使顾客在购买时当即获得回报。赠品可以装在商品的包装里,也可以绑在商品外面。例如,美国魁克麦片公司在它的"健儿·拉森"牌狗食的包装内放入了价值 500 美元的金币和银币。

(2)附加赠送。这种方式可以改变包装,采用一个较大的容器装入比原来更多的产品,但售价不变甚至更低。例如,原来 300 克的罐装蜂蜜售价 15 元,而促销期间 400 克的罐装蜂蜜售价仍为 15 元,相当于免费赠送了 100 克蜂蜜。在以这种方式进行促销时,包装上应标明"送××克"或"加量不加价",以传达促销信息。也可以不改变包装,在原包装基础上,实行各种组合。例如,买一大包送一小包,或者买一送一等。

(3)邮寄赠品。即通过邮寄向顾客提供免费赠品或礼物。一般要求顾客把已购产品的凭证作为信物(如发票、包装上的小标志等)寄回公司,公司再邮寄赠品。

(五)竞赛和抽奖

竞赛是一种让顾客通过运用和发挥自己的才智去解决某一问题的活动,例如回答有关产品的信息,为品牌命名,提供广告创意等。竞赛促销可以让消费者参与其中,让他们通过竞赛充分了解产品的特点,既宣传了品牌又建立了品牌知名度。

抽奖是指顾客在商店购买一定金额的商品即可凭抽奖券在指定的时间参加商店组织的公开抽奖活动。与竞赛不同,抽奖活动中顾客不需要靠能力取胜,而完全是靠运气。此类活动主要利用人的侥幸和追求刺激的心理。抽奖活动对于新产品的推广和老产品进一步扩大市场份额均有帮助。

竞赛和抽奖可以创造出热闹的卖场气氛,提高卖场人气,使卖场成为顾客的热门话题,加深顾客对卖场的印象。这类活动最大的特色在于能同时面对众多消费者展开促销攻势,这一点对于目标广泛的大众消费者尤为适宜。这种大众化的活动能否足以吸引尽量多的人参加,是活动成败的关键。

竞赛和抽奖活动成功的主要因素之一,是有清晰、易懂的活动规则。美国广告代理商协会认为竞赛和抽奖适用如下规则:

（1）包含活动的截止日期。

（2）列出评选的方法，并说明如何宣布正确答案。

（3）列出参加的条件，如：参加者的资格，必须附寄的印刷物（如标签、商标等凭证）。

（4）列出奖品及金额。

（5）表明评选机构，以确认最后决权的职权。

（6）告知参加者，所有参与此活动的资料，其所有权属赞助商所有。

（7）中奖名单的发布告知，通常经其所附的回邮信封通知。

（8）说明奖品兑领赠送方式。

1984 年，美国温蒂速食汉堡连锁店用 3000 万美元，配合名噪一时的"牛肉在哪里？"的广告语，与美国棒球联赛合作举办抽奖活动。该年 8 月，温蒂连锁店印了 1300 万张列有全国棒球队的名字的游戏卡，发行到全美所有温蒂速食汉堡连锁店里。顾客每购买一次该店食品，就可获得一张游戏卡，当场用硬物刮掉游戏卡上的空白格子，就显示出两支球队的名称，如果正好是下一场比赛的两个队，就可自动参加球赛的抽奖活动。这次促销活动非常成功，1984 年温蒂的销售额增加了 20%。

（六）集点优惠

集点优惠，是指顾客每购买单位商品就可以获得一定的积分，筹集到一定数量的积分就可以免费获取或换购某种商品或奖品。

在美国，目前有 3/4 以上的消费者拥有某公司的积分卡，1/3 的消费者有两张以上。集点优惠与其他促销方式的最大区别在于稳定老顾客，提高顾客忠诚度。根据"二八原则"，商店 80% 的营业额和利润是由 20% 的顾客创造的。因此，商店最重要的顾客就是经常光顾的老顾客。通过集点优惠可以给老顾客很多看得见的利益，鼓励其重复购买行为，提高老顾客的满意度和忠诚度。

集点优惠最大的缺点就是活动时间较长，而且比较麻烦，会使很多消费者失去兴趣。在讲究速度的现代社会，收集点数对于很多繁忙的消费者来说太麻烦，他们需要的是眼前就能得到的利益。

一家洗车服务公司推出了洗车积分的赠奖活动。顾客只要上门洗一次车，就可以获得一个积分点。集满八个点，就可以兑换奖品。这家公司分别用两种方法进行这项忠诚客户促销计划。第一种做法是，给顾客一张空白的积分卡，告诉顾客只要集满 8 个点就可以兑换奖品；第二种做法是，给客户一张已经集了两个点的积分卡，告诉顾客公司免费赠送两个点，只要集满 10 个点，就可以兑换奖品。

实践证明，第二种做法，集点的顾客人数比较多，而且顾客完成集点的时间也比较短。因为顾客觉得集点这件事已经开始，只是没有完成而已。因此增加了他们想要赶快完成的动力。相比较而言，第一种做法，顾客则没有这种感觉。

（七）联合促销

联合促销是指零售点联合同行业的商店或上游的生产企业，利用双方各自的优势和特长，共同策划，开展商品促销活动。通过共同的努力和协作，赢得顾客的支持和信赖。这种策略在目前应用较为广泛,适用于多类产品和服务,同时也是企业间结成战略联盟的一种形式。这与生物界存在已久的同生共栖现象十分相似。两个公司从各自利益出发,寻求共同的发展前景,在战略合作的形式下用最低的成本产生最大的效益,达到$1+1>2$的效果。

联合促销主要适用于几下几种情况:

1.新产品上市时。新产品刚上市时,其功能、用途、特点等信息对消费者来说是陌生的,因此需要零售商和生产商联合起来,发挥各自优势,共同向消费者传达商品信息,为新产品销售打开局面。

2.费用不足或销售力量较薄弱时。生产商可以借助零售店的销售渠道,将自己的产品迅速推向市场,可节省一大笔推销费用;零售商以较优惠的条件从生产商那里购买商品,也减轻了经济压力。

3.需要缓和竞争时。通过联合起来开展促销活动,能够避免无序竞争造成的危害,维持价格和市场的稳定。

联合促销有以下优势:

1.联合促销的成本费用由各方分摊,减少了各方促销的投资,却可能收到更好的效果。

2.名牌商品的联合促销,可以借对方产品的知名度为自己增加新的消费群。弱势品牌如果能与强势品牌联合促销,可借对方的知名度提高自己的形象,带动弱势品牌的销售。

联合促销有以下缺点:

1.联合各方所承担的费用难以商定,利益冲突较难摆平,相互关系较难处理。

2.促销活动的时间、地点、内容和方式较难统一,各方都希望选取对自己最有利的促销时间、地点、内容和方式。

3.促销活动开始后,各方为了把顾客吸引到自己周围或提高自己产品的销量,有可能互相拆台,使合作伙伴成为竞争对手。

4.在联合促销活动中,要突出本企业或本企业产品的特色,有一定困难。

联合促销的操作需要考虑多方面的问题,具体步骤如下:

1.分析消费者。要明确本公司产品的目标消费者类型,他们对本公司产品的需求,为什么购买此类产品,他们的生活形态等。通过以上分析得到目标消费者的基本特征。

2.寻找品牌。根据目标消费者的行为特征和消费习惯,寻找目标消费者可能与之接触的较有影响的品牌。

3.评估品牌。结合本公司品牌的特点,对可能合作的品牌进行评估。对其品牌定位、知名度、美誉度等进行评价,对其整体形象做出判断,并将各评估因子与本品牌结合,对合作可行性进行评估,从而分析合作的利益点以及风险所在。

4.决定合作。在权衡利弊轻重之后,决定是否与该品牌合作,决定合作的基础是双方互惠互利的原则。接下来便是谈判、决定合作条件、签约等。

(八)展销式促销

商家可以邀请多家同类商品厂家,在所属分店内共同举办商品展销会,形成一定的声势和规模,让消费者有更多的选择机会。美国平均每年举办超过5000次的商品展销会,吸引的顾客超过8000万。通过举办展销会,经营者可以开创新的渠道维持与顾客的接触,介绍新产品,结识新顾客,也可以向老顾客销售更多的商品。

(九)展示促销

展示促销主要针对新产品。通过陈列、促销新产品,使新产品信息广泛传播,大量招揽顾客,兼具促销和广告作用。展示促销最突出的特点是"寓教于售"。很多新产品刚上市时,不为消费者所了解,零售店及时、适当地开展促销活动,可以迅速把新产品介绍给顾客,激发消费者需求,促进消费者的购买和消费。此外,通过展示促销,还可以加强零售点和顾客间的信息沟通和交流,了解顾客对新产品的反应和消费需求的变化。

展示促销有以下特点:

1.展示促销可以促使消费者更快地接受新产品。对于消费者而言,了解一种新产品最好的方法是对该产品实际的感受。

2.展示促销可以节省促销的费用开支。展示促销的成本主要是用于展示商品的费用、辅助品费用以及促销人员的劳务费用。与其他促销方式相比,展示促销的费用较低,而效果却较好,所以是零售店值得采用的一种很好的促销方式。

3.展示促销有一定的不足和缺陷。展示促销受商品的限制较大,一般只适用于新产品。而且展示效果的好坏,很大程度上受展示人员的影响。如果展示不当,反而会起到适得其反的作用。

食品展示八大要点

(1)即使离开促销台一分钟,也要把热的食品和食油拿开。

(2)不要给没有大人带领的小孩食物;当天烹制好的促销食品,如果没有用完,应倒掉,不要留到第二天食用,以免食物变质。

(3)拿取食物时要戴塑料手套。

(4)任何食物不能放在地上,所有备用食物必须盖好或用保鲜纸包好。

(5)需要烹饪或再加热的食品,温度要加热到 65 度;需冷藏保存的食品,促销样品温度保持在 2~7 度。

(6)烹制的食品要在切开后 10 分钟内给顾客品尝。

(7)顾客要拿好其样品,以免污染其他样品。

(8)促销员的头发要束好,以免碰到食物和设备。

(十)店头促销

店头促销也是门店的日常促销活动之一。店头促销的主要形式有三种:特别展示区、货架两端和堆头陈列。这三者都是消费者反复通过的、视觉最直接接触的地方,陈列在这里的产品通常属于促销商品、特别推荐产品、特价商品和新产品。

店头促销尤其适合于大卖场这种连锁超市业态。店头信息,尤其是特别展示区、端头陈列(货架两端)的促销商品信息,对非计划型购物的消费者,将起到很大的作用。以特别展示区、堆头、端头为主的店头促销,应该突出并充分展示促销商品、主力商品以及商品的精华部分,激发顾客的购买欲望。应该努力体现出店头的三种固有功能:展示功能、导向功能、选择和比较功能。应该利用多种形式,开展活泼的促销活动,努力塑造卖场低价、实惠、贴近顾客生活需求的形象。

四、制定营业推广方案

零售商在制定营业推广方案时必须考虑如下因素：

1. 确定所提供刺激的大小，即消费者能获得多大的实惠。若要使促销获得成功，最低限度的刺激物是必不可少的。较高的刺激程度会产生较高的销售效应，但其增加率却是递减的。

2. 确定促销总预算。确定促销预算的方法一般有两种：

（1）全面分析法。即零售商对各种促销方式进行选择，然后计算出它们所需的费用。计算公式为：

$$S = M + N$$

S——促销费用；

M——管理费用（包括印刷费、邮寄费、对中间商的促销费）；

N——诱因费用（包括赠品或小额减价费用、兑奖费用）。

例如，某商店经营的某品牌的洗面奶在限定的时间内每瓶降价 5 元出售，该洗面奶的正常售价为每瓶 30 元。经营人员希望这次降价能使商品销售出 100 万瓶，如果估计的管理费用为 10 万元，则总的促销费用应为 510 万元。

计算如下：

$$N = 5 \times 100 = 500（万元）$$
$$S = 10 + 500 = 510（万元）$$

（2）总促销预算百分比法。即根据该商店销售额在总销售额中的比例来确定促销预算。

例如，某品牌牙膏的销售额占该商店总销售额的 0.5%，本年度该商店总的销售预算为 1000 万元，则该品牌牙膏的促销预算应为 5 万元（1000 万元×0.5%）。

3. 制定活动参与条件，即哪些顾客可以参加此次促销活动。刺激物可以向每个人提供，也可以仅仅提供给那些已经购买该产品的顾客。

4. 决定促销持续时间。如果促销持续时间太短，许多顾客就不可能感受到促销带来的优惠。而如果太长，促销就会失去其吸引力。一位研究人员指出，理想的促销持续时间为每季度 3 周，其时间长度即是平均购买周期的长度。当然，理想的促销周期长度要根据不同产品种类和具体产品来确定。

5. 选择合适的分发途径。例如，一张减价 30 元的优惠券可以通过以下途径来分发：附在商品包装内分发、邮寄或附在广告媒体上分发。每一种分发方法的到达率、成本和影响都不同。

五、评估营业推广效果

同广告效果评估类似，零售商可以用销售效果和沟通效果两种方法对营业推广效果进行评估。

销售效果包括使用扫描器检查出的销售数据。在营业推广期间，销售额增长的效果往往是明显的，而营业推广的成本也是很大的。除了提供折扣、礼品等的直接成本以外，还有大量间接成本,如相关的宣传海报及其他宣传资料的印刷等。据统计,收益与成本相抵,大约只有16%的促销行动能够做到不亏本或有钱赚。就是说,在大部分的促销中,因销售增加带来的额外收入,还抵不上因让利和其他促销费用带来的损失。

既然大部分的促销活动都是亏本的,为什么还有那么多的公司乐此不疲呢?因为促销可能带来长期的销售额和市场份额的增长,具有很大的预期收益。图 11—1 展示了通常情况下,一个促销战役对市场份额的影响。

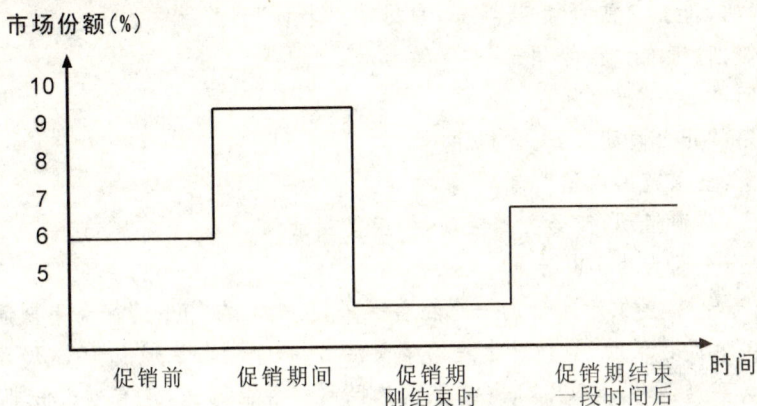

图 11—1 促销对市场份额的影响

假定一个零售企业在促销前有 6% 的市场份额,在促销期间突然上升到 10%,促销结束后跌到 4%,过些时间又升到 7%。显然,促销吸引了新顾客也刺激了原有顾客购买更多的商品。促销后销售量下降,这是因为消费者在促销期间作了囤积性购买,促销结束后消费者需要一段时间消化所囤积的商品。最后的市场份额长期维持在 7%,说明这个公司获得了一些新顾客,使得促销后的市场份额高于促销前的市场份额。这就是我们所说的促销活动的预期收益。

如果一个营业推广活动能将竞争对手的顾客拉过来试一下自己的产品,并使这些顾客永久地转换过来,那么这项促销活动是十分成功的。如果零售商的商品并不比竞争者好多少,那么商品的市场份额很有可能又回到促销前的水平。

零售商也可以用顾客调查去了解本次促销活动的沟通效果。顾客调查应当了解多少人记得这次促销,他们对促销活动的看法如何,多少人从中得到了好处,以及这次促销对于他们以后的品牌选择行为的影响程度。

王老吉的终端营业推广

2006 年,王老吉在零售终端做了很多营业推广活动。有些活动效果相当好,提高了王老吉的销售额,也加深了王老吉品牌在凉茶领域的影响力以及在消费者心目中的地位,现举几个案例与大家共同赏析。

一、"福到吉到团圆到"春节促销活动

1.活动时间:2006 年 1 月至 2 月

2.活动主题:"福到吉到团圆到"

3.活动对象:全国范围内消费者

4.活动方式:消费者购买王老吉产品可参与抽奖,有机会获得价值1680元的团圆饭一桌

5.活动费用:1680元/桌×全国1000桌=1680000元

春节是饮料销售的旺季,也是中国最重要的传统佳节,王老吉在春节期间进行"福到吉到团圆到"促销活动,是一个与全国消费者交流感情的很好机会,不但抢占了旺季市场、提升了产品销量及市场整体表现,而且红罐的王老吉迎合了中国人幸福安康、合家团圆、喜庆吉祥的节日文化氛围。该活动符合消费者希望经济实惠的消费心理,活动设计很出彩、很实在,主题突出,品牌形象鲜明,符合一贯的"吉庆时分,当然是王老吉"利益诉求。

二、"开心假期,王老吉相伴""五一"促销活动

1.活动时间:"五一"黄金周

2.活动主题:"开心假期,王老吉相伴"

3.活动对象:全国范围内消费者

4.活动方式:路演活动,商场买赠活动,婚庆促销活动

5.活动费用:全国大约100万元

5月份,天气转热,是饮料市场的一个销售高峰,王老吉在"五一"黄金周期间进行"开心假期,王老吉相伴"的促销活动,有动感十足的路演活动,每个销售区域有10～20场路演活动;有奖品丰富的商场买赠活动,单支、6联、12联的产品均有礼品赠送;还有专为假期办喜事的新人推出的婚庆促销活动,例如每桌喜宴送2罐。该活动形式多样,紧扣"开心假期,王老吉相伴"活动主题,通过内容丰富的宣传造势活动,提高了产品知名度,特别是婚庆促销的亲情牌,更是提升了王老吉的"健康家庭,永远相伴"品牌形象。

三、2006年全国终端形象布建大赛

1.活动时间:2006年5～7月

2.活动主题:"2006年全国终端形象布建创新大赛"

3.活动对象:全国办事处

4.活动方式:终端形象布建

5.活动费用:全国大约200万元

强势的终端形象是王老吉营销成功的原因之一。王老吉各办事处终端品牌形象布建制作,从战略战术考虑,塑造品牌形象、宣传造势、打击竞争对手,来提升企业品牌形象,不但更好地推广终端品牌形象建设,提高业务人员的技能,而且设计新颖、制作精良的终端品牌形象,很好地传播了王老吉品牌的核心功能利益,对终端销量也有明显的促进作用。

四、"不怕上火的世界杯"主题促销活动

1.活动时间:2006年6月～7月

2.活动主题:"不怕上火的世界杯"

3.活动对象:全国范围内消费者

4.活动方式:短信竞猜游戏、路演足球游戏、商场促销

5.活动费用:全国大约158万元

2006年四年一度的世界杯无疑是最热门的体育赛事,吸引着大批人群熬夜观看。"王老吉不怕上火的世界杯"促销活动在全国100多个大中城市全面展开,王老吉不怕上火球队竞猜规则:1张红牌为2个上火指数,1张黄牌为1个上火指数,整场下来哪个球队的上火指数高即为不怕上火的球队。消费者可以参加"不怕上火球队"短信竞猜游戏,也可以参加路演足球游

戏活动以及商场促销活动,赢取加多宝集团送出的世界杯主题精美礼品。王老吉及时抓住热点营销事件,带给球迷朋友们一个"不怕上火的世界杯"。在本次活动中,王老吉的广告宣传能紧紧依托活动主题,推出具有相当特色的广告词,吸引顾客的"眼球",淡化促销的商业目的,使活动更接近于消费者,更能打动消费者,喝王老吉当然成了球迷朋友们必然的选择,本活动也更好地宣传了"怕上火,喝王老吉"的品牌定位。

五、"双节庆团圆,好礼送万家"中秋促销活动

1. 活动时间:2006 年 10 月 1 日～2006 年 10 月 6 日

2. 活动主题:"双节庆团圆,好礼送万家"

3. 活动对象:全国范围内消费者

4. 活动方式:短信抽奖

5. 活动费用:全国大约 100 万元

中秋节是中国最重要的传统佳节之一,是家庭团圆、合家欢乐的日子,也是饮料的一个销售旺季。2006 年的中秋节是 10 月 6 日,正好与国庆黄金周重合,双节合一。红色罐装王老吉在全国范围内展开了"双节庆团圆,好礼送万家"主题促销活动,消费者在活动商场购买王老吉吉庆促销装,在 2006 年 9 月 21 日至 10 月 10 日期间发送刮刮卡密码到 9169458,就有机会赢得数码相机、免费手机图铃等意外惊喜奖项。本次活动营造热烈的节日氛围,具有刺激力,能刺激目标对象参与,不但提升产品销量及市场表现,而且紧扣双节活动主题,强化过节用王老吉送礼的消费心理,提高产品的美誉度,加深品牌的影响力以及在消费者心目中的地位。

六、2006 年"王老吉—中国川菜美食文化节"

1. 活动时间:2006 年 12 月～2007 年 2 月

2. 活动主题:"王老吉—中国川菜美食文化节"

3. 活动对象:全国范围内消费者

4. 活动方式:餐饮渠道推广

5. 活动费用:全国大约 150 万元

中国的饮食文化博大精深,川菜作为中国八大菜系之一,近几年异常火爆,在全国掀起一股食辣的热潮,日益被越来越多的人所接受。2006 年 12 月至 2007 年 2 月期间,四川省政府、加多宝集团以及各地主流报纸媒体在北京、广州、深圳、福州等各大城市联合举办了王老吉—川菜美食文化节。本次美食文化节活动在让消费者痛快畅享麻辣美食的同时,也品尝到了沁人心脾的王老吉凉茶,并深刻体验了"畅享麻辣——怕上火,喝王老吉!"核心价值。王老吉发动这次全国性的大规模促销活动,并且与政府、媒体合作,一起推波助澜,有助于借势和造势。长时间的持续性活动为营造热烈的活动氛围和为后续的公关性营销活动开展打下坚实的基础,使本次促销活动起到四两拨千金的作用。

资料来源:钟孝富.赏析王老吉经典行销案例.中国营销传播网

【思考】

1. 王老吉在零售终端利用了哪些营业推广方式?

2. 王老吉在运用这些营业推广方式时是如何体现促销的主题性的?

第四节　零售公关促销策略

据美国的一项对 286 名《广告时代》刊物的订阅者(这些订阅者均为美国各公司的营销管理人员)的调查结果显示,3/4 的被调查者表示他们的公司在使用公关促销。研究发现,公关促销无论对新开业的商店还是原有商店,在提高知名度方面都有着特殊的作用。

在零售促销活动中,广告促销有利于建立顾客对商店的忠诚度,营业推广有利于提高商店的市场占有率,而公关促销则有利于提高商店的知名度和美誉度。零售商需要将三者结合运用,才能取得最佳的促销效果。

零售公关促销是指零售商为了获得公众信任、加深顾客印象而进行的一系列旨在扩大品牌知名度和树立品牌形象的促销活动,是为企业生存和发展创造良好环境的经营管理艺术。这些活动包括:

1.争取对企业有利的新闻报道和产品宣传。

2.处理和清除对企业不利的事件和谣言。

3.通过游说,处理好企业与立法者和政府官员之间的关系,以促进立法和规章方面通过对其有利的条款,排除对企业不利的条款。

公关促销的基本出发点是建立和谐的社会销售环境,以此协调商品销售渠道以外的社会关系,创造良好的社会气氛,为扩大销售打基础。

公关促销的基本原则是互惠互利。公共关系是以一定的利益关系为基础的。它强调的是企业利益与公众利益的平衡协调。企业获利的前提是公众获利,因而在平等、互利的基础上,公关强调公众利益第一。

公关促销的基本方针是着眼于长远利益。公关促销不是急功近利,不能带来销售状况的骤然好转,但可起到潜移默化的作用,在未来需要时能得到公众的支持。

一、零售公关促销的特征

零售公关作为零售商的促销手段之一,与零售广告等其他促销手段相比有所不同。其基本特征是:

1.零售公关促销是涉及零售商形象和长远发展战略的促销,而不涉及一种产品或一个时期的销售额。

2.零售公关的对象更为广泛。零售公关促销的作用客体包括广大消费者、供货企业、社区、新闻媒体、政府机构、内部员工等。作用对象的广泛性,既为零售企业建立广泛的社会关系网络提供了良好的条件,同时也给零售企业公关协调工作加大了难度。

3.零售公关的传播方式更加多样。零售公关既可以通过新闻等传播媒介间接传播,也可以以人际交往形式直接传播。而零售广告的传播则主要是通过媒介进行间接传播。

二、零售公关促销的内容

零售公共关系包括零售组织内部的公共关系和组织外部的公共关系。对于零售商来说,外部公关显得更重要一些,它主要包括以下方面:

(一)消费者关系

消费者关系是零售商与自己商品购买者之间的关系。消费者是零售企业赖以生存和发展的基础。只有与消费者建立起良好的关系,赢得广大消费者对零售商的信任和支持,零售企业才能生存和发展壮大。具体来说,零售商可以采用以下措施来搞好消费者关系:

1.营业现场日常联系。零售商可以通过设置顾客服务台、顾客接待室、顾客投诉台及建立值班经理制度等形式加强与消费者的联系,及时收集消费者的意见和建议,及时处理、化解问题。顾客意见箱也可以加强与消费者的日常联系,但容易流于形式。因此,零售商要安排专人负责,尽可能做到每日察看、及时汇报、及时处理、及时反馈。

2.营业现场的定期或不定期联系。如发放调查问卷,了解顾客的意见和建议;让顾客现场给营业员打分,评选优秀营业员,增强顾客的参与感。这些形式不仅可以加深零售商与顾客之间的理解和信任,而且还能吸引顾客的注意和兴趣,达到促销的目的。

3.非营业现场联系。如上门访问,召开消费者座谈会,举办文娱联谊活动,发放纪念品和宣传品等。

(二)供货企业关系

零售商与供货企业之间关系的友善与否,关系到零售商能不能按照自己的意愿取得货源,这对其经营至关重要。

一方面零售商要通过事实的传播沟通,使供货企业了解并认识到本企业是其可靠的伙伴,有经销其产品所必需的设备、知识、经验和技术,有必要的服务能力,讲求信誉,付款及时;另一方面,零售商要积极帮助供货企业收集市场信息并及时准确地向供货商反馈,协助供货企业更好地了解顾客的需求;再次,在供货企业遇到困难时,零售商应当尽力帮助解决,甚至可以牺牲自己一时的利益,从长远角度出发做出一些让步。

(三)社区关系

社区关系是指零售商与其社区公众的相互关系。零售商是地域性的服务企业,社区是其生存和发展的根据地。零售商的社区关系涉及很广,包括与社区中的工厂、机关、学校、医院、商店、公益事业单位以及居民等各方面的关系。

零售商要正确处理社区关系,首先需要通过召集联谊会、座谈会等活动加强沟通,向社区宣传本企业的方针政策,表达建设和谐社区的真诚愿望,努力争取社区公众的信任和好感。另外,零售商要积极关心社区建设,在力所能及的条件下,为社区建设出力,如向当地社会福利事业、文化、教育、体育活动提供赞助;参加当地组织的公共建设、公共事务管理、宣传咨询等活动。

(四)新闻媒体关系

企业的信誉和形象除了靠自己"做"之外,还要靠"说",即对外宣传。建立良好的媒体关系是运用好大众传播手段的前提,也是营造良好舆论环境的关键。零售商在处理新闻媒体关系时要做到以诚相待、以礼相待。零售商可以为新闻单位撰写新闻稿件,创作反映企业情况的影片和录像片提供给新闻界;与新闻媒体合作开展公共关系活动;举办记者招待会等。

(五)政府关系

政府关系是零售商与政府及其职能部门,诸如财政、税务、物价、计量、工商等部门的关系。良好的政府关系可以使零售企业获得政策上的优惠和支持。零售企业应遵守国家法律,执行有关方针政策,加强与政府部门的沟通,及时、主动汇报情况,支持、资助地方基础设施建设。

(六)其他关系

除上述关系外,其他关系如银行关系、运输企业关系、同行关系等,也是需要零售商认真处理的。

三、零售公关促销策略

零售商的公关促销策略包括零售公关促销计划的制定、零售公关促销方式的选择以及零售公关促销方案的实施和效果评估。

(一)制定零售公关促销计划

零售商编制公关促销计划,必须按下列四个步骤进行。

1.确立公关促销目标。公关促销的根本目的是塑造企业良好形象,但零售企业还必须通过调查分析找出目前所要迫切解决的问题,确立公关活动的具体目标。具体来说,零售公关促销的目标主要有:

(1)提高零售商的知名度。公关促销可以利用媒体讲述一些案例或故事,以吸引公众对零售商的注意力。

(2)树立企业良好形象。零售商可以通过一些公益性的社会活动,如赈灾、环保等,来树立自己的良好形象。

(3)激励销售人员和经销商。公关促销可以帮助提高销售人员和经销商的工作热情。

(4)降低促销成本。公关促销的成本比广告和很多营业推广方式都要低。因此,对于很多促销预算少的企业,使用公关促销是一个不错的选择。

2.确定公关活动的受众。公关受众可以根据与零售商关系的密切程度分为关键受众、重要受众、一般受众。零售商应注意对关键受众的权利要求的处理,还要根据不同的公众特点,有针对性地开展活动。

3.确定公关活动的主题。一项规模较大的公关活动是由一系列较小的活动项目组成的。因此,一项大型公关活动必须有一个明确的主题,作为统帅整个活动、串联所有项目的核心。

4.制定具体实施方案。零售商在制定实施方案时要考虑项目和策略两个方面的因素。项目是为实现公关促销目标,围绕主题而采取的一系列有组织的行动。如举办庆祝会,开展各项竞赛和有奖促销活动,召开新闻发布会、记者招待会等。策略是实施预定公关项目时所需的技巧。这要求零售企业的公关工作人员表现出高度的创造性、组织能力和坚韧的精神。

美国加州酿酒公司聘请了丹尼尔·米德曼的顶尖公司来策划公关促销活动,提高该产品的市场占有率和形象,并使美国人确信饮酒是享受美好生活的一部分。为此,加州酿酒公司确定了以下零售公关促销目标:

(1)编写专栏性的有关酒的故事,并将它刊登在《时代周刊》《好家庭》等一流杂志和报纸的食品专栏和特定版面上。

(2)编写有关饮酒对健康非常有利的故事,并将这些故事寄给医务人员。

(3)在青年人市场、政府机构和不同的民族社区拟订特定的公关促销方案。

(二)选择零售公关促销方式

零售商营销活动中的公关促销方式主要有以下几种:

1.新闻宣传

零售营销人员在公关促销中的一个主要任务就是发现和创造对零售商有利的新闻。有时新闻就存在于客观环境中,但更多的时候需要零售商去创造新闻。

零售商可以巧借传统节日或纪念日,也可以就公众关注的话题制造新闻。此外,可以有意识地把名人与零售商联系起来,社会名流本身就是新闻人物,如果能请这些人参加商店的公关促销活动,新闻价值和公关效果便提高了。在制造新闻时,需要抓住"新、奇、特"三个要素,做到出奇制胜。

20世纪80年代,香港一家保险柜公司推出了一种新的防盗安全保险柜,为了迅速打开销路,在香港知名度极高的《大公报》和《文汇报》上打出了这样一则广告:"本公司展厅保险柜里放着10万美金,在不弄响报警器的前提下,各路英雄可用任何手段拿出来享用。"结果广告一出,即刻轰动香港。前往一试身手的有工程师、警察、侦探甚至小偷,但却无一得手。香港各大报对此大肆渲染。一时间,该品牌商品名扬全港,购者如云。

2.创造事件

零售营销人员可以有意创造一些事件来吸引外界对零售商的注意,例如记者招待会、展览会、竞赛或周年庆祝活动等。

美国最有名的猫食品牌是吉星高照食品公司的"九世猫"。该零售商的形象塑造是围绕童话中的"摩里斯"猫而展开的。吉星高照公司委托一家公关公司为它提出和实现下述构思:

(1)在美国9个主要城市开展寻找与"摩里斯"长相相似的猫的活动。

(2)写一本名为"摩里斯,一位密友的传记"的书。

(3)用青铜铸造一本名为"摩里斯指南"的小册子,告诉人们如何养猫。

3.举办公益活动

零售商可以通过投入一定的时间和金钱来从事一些公益性的活动,例如捐助希望小学、植树造林、募捐赈灾等,以提高商店在公众中的形象。

4.自我宣传

零售商可以运用所有自己能够控制的传播媒介进行宣传。例如,零售商可以通过创办内部刊物、举办展览会等形式,用实物、图片、录像等向消费者介绍企业概况、发展历程,展示企业的经营成果,借此扩大企业的影响。

(三)零售公关促销方案的实施

零售商在实施公关促销方案时,要注意方案的调整、实施的时机,还要注意排除干扰。

客观环境,包括面对的消费公众等都在不断地发展和变化之中。情况的变化与预定方案是否一致,直接关系到方案能否成功。如果实际的公共关系形势与预测有出入,则要根据实际情况对方案进行必要的调整。

零售商也要注意公关促销方案的时机选择。例如,公关促销活动最好安排在商品销售旺季到来之前,这样公关促销形成的知名度和美誉度的提高,将很快地体现在销售额的增加上。

另外,零售商在实施公关促销方案的过程中要注意排除干扰。公关促销方案在实施中常常会受到谣言及其他信息的干扰。有的竞争对手采取非法手段,故意制造谣言,混淆消费者的视听。对此,零售企业要非常敏锐地觉察到,迅速将其真相向消费者说明,澄清谣言,争取消费者和社会舆论的支持和理解。

(四)零售公关促销效果的评估

由于公关促销与其他促销一起使用,因此它的效果很难评估。常用的方法有以下几种:

1.展露衡量法。即检查在公关促销活动中某商店的展露次数,展露次数越多说明公关促销效果越好。但是,这种方法不能显示出有多少人真正看到、听到或记住了宣传的内容,也没有显示出顾客看了宣传之后的态度变化。因此,这种衡量方法需要与其他方法结合使用。

2.注意、理解、态度改变衡量法。这是一种较好的衡量方法,衡量在公关促销活动后顾客对该商店的注意、理解、态度三方面有何变化。例如:有多少人能回忆起看到的新闻节目?有多少人能将新闻转告他人?有多少人看后改变了对品牌的态度?

3.销售额和利润额衡量法。如果能取得有关资料,那么销售额和利润状况是最好的衡量方法。例如,在开展"摩里斯猫"公关促销活动的最后,"九世猫"的猫食销售额增长了43％,总销售额增加了150万美元。假如零售商估计公关促销所起的作用占其中的30％,那么公关促销带来了销售额12.9％(43％×30％)的增长。

宜家为何积极召回产品

2008年3月,瑞典家具巨头宜家集团召回在欧洲销售的3600把木高脚椅,原因是该椅子结构有问题,可能会使儿童掉下来。该集团发言人说:召回的3600把椅子,都是在今年一二月份生产、销售的,共在欧洲的22个国家销售;召回原因是椅子前面的固定栏杆原是用来防止儿童掉下来的,结果有一些松动了,但目前还没有儿童掉下来的报道。

2004年10月15日,宜家向外界宣布,其将从北京时间10月15日中午12时起,在全球范围内召回法格拉德儿童椅,货品编码是400.548.40。针对中国消费者,凡是购买了法格拉德儿童椅的消费者只需将该产品退回到宜家在中国的销售商店即可,无须携带任何购买凭证。

人无完人、物无完物,当发现产品存在可能的安全隐患时,积极主动地召回已经成为宜家一个惯例性的工作。作为世界最大家具巨头,宜家公司在其产品还没有造成任何事故的情况下做出如此举动有诸多可圈可点之处:

第一,积极与公众进行沟通,保证召回的主动性,同时也通过此次事件体现了一个跨国公司管理的规范性和负责任的态度。当公司工作人员在对其货品仓库进行巡检,发现部分法格拉德儿童椅的红色塑料脚垫未牢固安装于椅腿之后,宜家又再次对这一产品进行追加质量检测,并最终证实了问题的存在。此后,宜家不隐瞒、不回避,马上采取措施进行召回,而不是在消费者使用产品出现了问题并投诉后,企业才进行召回。这样,宜家不仅争取到了主动,而且还掐断了后期更大安全事故的导火索。表面上宜家承担了很大的经济损失,其实它杜绝了后期可能因在许多国家盛行的"产品责任"而需要付出的巨额罚金和赔偿款,更主要的是它进一步赢得了人心和信任。

第二,在整个产品召回的信息发布中,整个媒体的舆论导向是朝着对宜家有利的方向发展的。这一方面依赖于宜家积极主动的工作,另一方面依赖于宜家在与公众进行信息沟通的过程中保证了信息准确、及时、完整的传递和表达。一般来说,任何产品召回的行为多少都会产生一些对商家的不利影响。但是在宜家处理该危机的过程中,则没有产生。

第三,勇于承担责任的社会公民形象,给宜家的品牌增添了美誉度,进而赢得了消费者的理解和信赖。因为消费者和公众并不在乎问题本身(本身没有伤害事件发生),更在乎你处理问题的态度。这与一些品牌的产品一旦出现瑕疵就任其流入市场,甚至当消费者发现产品有大量瑕疵甚至有伤害产生的时候,还依然推脱和敷衍形成了鲜明的对比。宜家在这次召回的公关中体现了"我们主动发现了问题,我们主动来解决这个问题"的姿态,从而在广大消费者心目中树立了负责任、有胸怀的形象,展现了从用户角度思考问题,替用户着想,并且让用户满意的解决之道。

资料来源:叶秉喜,庞亚辉.宜家产品召回给中国企业的思考.中国管理传播网

【思考】

宜家是如何处理公共关系的? 这对宜家的品牌形象起到了什么作用?

第五节　零售人员推销策略

零售人员推销是指在商场、超市等产品销售场所,促销人员通过介绍、引导、激励等手段,直接向消费者推销自己所服务的品牌,使消费者产生购买兴趣和购买行为。人员推销通常适用于价值比较高的产品,如化妆品、电脑等。人员推销可以结合多种形式的促销手段,如免费品尝、现场抽奖、样品赠送等。人员推销的最高境界是让消费者成为企业产品的忠实客户,并愿意无偿向周围的人宣传该产品。

一、零售人员推销的优缺点

人员推销的优点:

1. 企业可以通过推销人员获得及时准确的市场信息。假如没有推销人员,企业的信息大部分通过零售商、市场调研公司获得。这些渠道获得的信息不是很准确,也不够及时。推销人员在第一线与顾客接触,非常清楚顾客们的需求。企业可以充分利用这些推销人员来获得及时可靠的市场资料。

2. 推销人员可以根据顾客需求提供更个性化的服务。每个顾客的需求都不是完全相同的,推销人员可以针对每一个顾客的需要来传达相应的信息,使顾客能够更快、更全面地了解企业的产品,从而促使消费者做出购买行为。

人员推销的缺点:

1. 成本比较高。人员推销的成本包括人员工资、人员培训成本、促销地点费用和促销品费用等,这使得单位销售额的成本就比较高了。

2. 只能影响范围较小的目标市场。虽然人员推销能够做到针对每个消费者的需求提供个性化的服务,但推销人员的数量毕竟有限,无法覆盖大规模的客户群。

二、零售人员推销的类型

零售人员推销有两种类型:

(一)接受购买

即营业员只是做一些最简单的例行性的工作,如准备展品,回答顾客简单的问题,进行销

售登记等。这种人员推销方式在超级市场这样的以自我服务为主的商店中最为常见。

(二)引导购买

即营业员主动地大量地向顾客提供信息,说服顾客购买。这样的营业员才是真正的推销人员。他们出售的一般是价值较大或者较复杂的商品,如电脑、洗衣机、空调。他们大多具有一定技术知识,因此工资收入较高。

现在,许多大卖场的家电柜台的推销员有相当部分是厂家派出的,他们的推销效率很高。还有些家电柜台的营业员虽是商店本身的,但可从生产企业那里领取一定的报酬,这种报酬取决于他(她)为该生产企业的品牌销售的业绩。这一做法有时会导致营业员忠诚于某个生产企业,而当顾客想购买其他品牌时,营业员态度冷淡或强行劝说顾客购买营业员自己忠诚的品牌。

三、零售推销人员行为规范

推销员是零售环境中最活跃的要素。通过推销员的推销活动和服务活动,可以使静态的购物环境动态化、人性化,从而提升零售店的整体形象和零售业绩。要提高推销员的服务水平,必须首先制定推销员的行为规范。下面从六个方面对推销员的行为提出了规范化要求:

(一)仪表可人

推销员上班时须统一穿着制服,保持头饰、服饰、足饰整洁美观。讲究个人卫生,男士要修边幅,女士要化淡妆。统一的服饰、统一的形象,可以对顾客的视觉产生强大的冲击力和吸引力,也可以提升零售商的整体形象。

(二)举止文雅

推销员的举止是通过其行为表现出来的,包括以下三个方面的要求:

1. 站相。推销员的站立姿势应保持挺胸直腰,双手交叉自然下垂放于腹部。精神饱满,身体不能倚靠物体,避免两肩无力下垂,腰部无力弯曲,给人以无精打采的印象。与人交谈时双手不要插入口袋或交叉胸前。

2. 走相。布履要稳健有力,不要过于匆忙或不紧不慢。

3. 习惯行为。上班时间尽量避免一些与零售无关的行为、不雅观的动作。

(三)精神焕发

推销员对客人的笑脸是零售点最好的装扮,而一脸苦相则会赶走顾客。推销员在顾客面前精神抖擞、仔细认真地工作会打动消费者,而无精打采、漫不经心会使顾客失去购物的情趣和信心。

(四)言谈得体

适时的、悦耳的问候声和交流声可以创造融洽的卖场气氛。与顾客交谈,要做到声调适中,语调亲切,用语规范礼貌,态度诚恳,解说耐心。

(五)服务得当

推销员在接待顾客时,应能根据顾客的特点灵活应用服务规范,为顾客提供个性化的服务。不要机械地使用服务用语,更不能违背顾客意愿强制推销。

(六)作业精细

推销员不断地从事必要的作业,其统一协调的动作会给零售点增添生机,同时创造自由的购物环境,而店员无所事事与聊天则会令顾客产生反感。一般情况下,推销员更多的时间是在从事一些店务工作,如货品上架、货品整理、清洁卫生等。推销员对店务工作要精益求精,在没有顾客或不需要接待顾客时,不要无所事事,应主动将店务工作做得更细。

四、零售人员推销过程

(一)准备阶段

销售是 90％的准备加 10％的推介,推销员若想成功地推销产品,充足的准备是必不可少的。在准备阶段,推销员需要了解公司、了解产品、了解顾客、了解竞争产品和了解卖场。

公司的形象、规模、实力、行业地位、声誉等,都会使顾客产生联想,从而影响到顾客对产品的信任。推销员了解公司情况,既可以使说服工作更加容易,也可以对公司产生荣誉感、自豪感,从而增强信心,成为工作的动力。推销员需要了解的公司情况包括:公司的历史、现状、未来、形象、宗旨等。

失败的推销员有一个共同之处,就是对产品不熟悉、不了解。推销员对自己所销售的产品了如指掌,可以更好地进行产品介绍,对顾客提出的产品问题能给出一个圆满的答复;他可以指导顾客如何使用及保管产品,克服销售阻力,提高实现销售的机会。推销员应当掌握的产品知识包括:产品的外观、原料和成分、生产过程、使用方法、性能、保修、价格等。推销员仅仅知道自己卖的是什么样的产品还不行,还要更进一步了解产品的卖点和优缺点,并制定相应对策。

顾客常常会把推销员所推销的产品和竞争品牌的产品进行对比,并提出一些问题。如果推销员说"对其他厂家的产品不知道",显然不是一个好的答复。另一方面,推销员应当找出自己品牌与竞争品牌相比的优劣势,采取对策,强化优势,转化劣势。

推销员的一个重要的日常工作就是通过产品陈列和 POP 广告等创造出卖场气氛,吸引顾客购买。因此,推销员需要了解产品陈列的基本规则和 POP 广告的设计、摆放方式,并掌握卖场的一些基本术语,如拾零、堆头、捕获、消磁、盘点等。

(二)现场推销阶段

在掌握相关的知识以后,推销员就需要结合现场销售工作灵活运用,取得销售业绩。整个现场推销过程可以分为一系列步骤,包括:

(1)待机;

(2)接近顾客;

(3)推介产品,包括了解顾客需求、产品说明、顾问式推介、解答顾客提出的疑问;

(4)建议顾客购买,与顾客达成最终交易、进行关联销售;

(5)欢送顾客。

1.待机

所谓待机,就是商店已经营业、顾客还没有上门或者暂时没有顾客光临的时候,推销员一边做销售准备,一边等待接待顾客。

推销员在待机过程中,不仅要想办法吸引顾客的视觉,用整理产品、宣传品等方法引起顾客的注意,还要随时做好接待顾客的准备。

如果推销员在接待顾客的空闲时间不知道该做些什么,站着发呆,或是与同伴聊天,这样的卖场是没有活力的。站在顾客的角度看,这是没有吸引力的商店。因此,为了创造出一种活泼的店内气氛,推销员有必要显得快乐并忙碌地工作。

例如,推销员可以检查陈列区和产品,清理自己负责区域的环境卫生,认真检查产品质量,把顾客挑选之后的产品重新摆放整齐,随时补充不足的产品,及时更换破损的 POP 及宣传品等。在有顾客来时,要立即停下手中的事,招呼顾客。切不可以躲起来偷看杂志、修指甲、吃零食或者倚靠着货架,无精打采。

2.接近顾客

接近顾客就是推销员向顾客打招呼表示欢迎,或是询问顾客需要的产品,是实际销售的开端。好的开始是成功的一半,正确地接近顾客是销售工作重要的一环,一定要紧紧抓住这一环,使顾客感到备受欢迎,为实现销售打下良好的基础。

接近顾客需要注意两个问题:一是接近的时机;二是接近的方法。

接近太早,顾客会有压迫感和警戒心;接近太迟,顾客会感到受冷落而失去购买兴趣。从心理学角度分析,顾客从入店观看产品到购买产品大致需要经历这样几个阶段:

(1)第一阶段:感到有兴趣——看到产品表示关心。

(2)第二阶段:引起注意——摸一摸,看一看。

(3)第三阶段:产生联想——使用这种商品会怎样。

(4)第四阶段:产生购买欲望——想买。

(5)第五阶段:比较判断——比较价格、质量、花色、式样等。

(6)第六阶段:决定购买——考虑好了,决定买。

(7)第七阶段:购后体验——得到商品,感觉如何。

在第一阶段,顾客对某一产品产生兴趣,推销员应及时表示欢迎并出示这一产品。由于第二阶段和第三阶段是顾客独自了解产品的过程,推销员不宜打搅,因此推销员的接近要从第三阶段结束开始。一般来说,在顾客表现出以下状态时是接近顾客比较好的时机:

(1)顾客表现出寻找某种产品时;

(2)顾客在注视某类产品或陈列时;

(3)顾客在用手触摸产品时;

(4)顾客在需要他人帮助时;

(5)在与顾客的视线接触时;

(6)顾客在与同伴商量时;

(7)顾客放下随身携带的物品时。

推销员接近顾客后的前几句话,能为整个销售活动定下基调。有些推销员见了顾客之后就问顾客"你要买些什么",这是不恰当的方法。如果顾客只是来参观浏览,没有明确购买目的,则会尴尬,甚至引起反感。在接近顾客时,如果顾客已经有了购买意向,推销员就可以直接向顾客推荐产品;如果顾客只是随意浏览,推销员就可以只向顾客问个好。具体来说,接近的方法有以下几种:

(1)产品介绍接近法。如果顾客正在观看一个产品,推销员就应该拿起或指着产品和顾客搭话,这样能够引起顾客的兴趣和注意。例如,导购员可以指着产品说:"您好,您正在看的是我们公司推出的最新产品,美国专利。若您感兴趣的话,我可以详细地介绍一下。"

(2)打招呼接近法。推销员可以热情地向顾客打个招呼、问个好,例如"早上好"、"您好"、"欢迎光临"之类的寒暄。也可以根据环境、天气等来打招呼,例如推销员可以对顾客说:"这么大雨您还跑到这里来,真是太感谢了。"

（3）服务接近法。当顾客没有在看产品，或者推销员不知道顾客的需求时，最有效的方法是用友好、职业性的服务接近顾客，向顾客提供帮助。如果顾客在看产品时不愿意被别人打搅，可能会说："我什么都不买，只是随便看看。"遇到这种情况，推销员应以真诚的口吻说："没关系，你可以慢慢看，如有什么需要帮忙的，请随时叫我。"

（4）POP接近法。就是导购员向顾客传递POP资料，接近顾客。如，推销员一边将宣传资料递给顾客一边说："您好，请看看我们公司的最新产品。"

3. 推荐产品

每一个来到推销员面前的顾客都是一个潜在的顾客。他们有的拿定主意要购买某一产品，有的想看看商店又有了什么新产品，有的则想寻找物美价廉的产品。推销员需要通过产品推介，找到能满足顾客需要的产品，促使其做出购买行为。

推销员向顾客推介产品，需要抓住以下方面：

（1）了解顾客需求

推销员在与顾客建立了初步的联系后，接下来就需要了解顾客的需求。许多顾客进入商店时并没有明确的购买目标，推销员应善于观察、善于向顾客询问，同时掌握一些倾听的技术和技巧。

①观察。通过观察顾客的动作和表情来了解顾客的需求。对顾客的观察要贯穿整个销售过程的始终。可以通过顾客即将购买的产品来判断顾客的兴趣，可以通过顾客的面部表情来揣测顾客的内心活动，也可以通过顾客对产品的意见确定他的购买时机。

②询问。推销员可以向顾客提出几个经过精心准备的问题询问顾客，引导顾客谈谈对产品的看法，使顾客把自己的需要、愿望、顾虑讲出来，以使推销员采取适当的服务手段和措施。

③倾听。推销员可以通过倾听顾客谈话，来了解顾客的需求心理。有效倾听的要点是：听清楚－理解－回应。

· 听清楚：保持目光接触、集中注意力。

· 理解：分析内容，抓住重点，了解含义。

· 回应：反问，复述。

（2）介绍产品

当顾客对某种商品表现出一定兴趣时，推销员应向顾客详细介绍商品的性能、优点以及能满足顾客哪些需要。在介绍商品时，推销员要态度诚恳、实事求是，切不可信口开河，言过其实，否则会引起顾客的不信任或反感。

①介绍产品本身的情况

让顾客了解产品的使用效果。顾客在购买产品之前，通常想知道这个产品在使用时的效果。因此，推销员一定要想方设法多向顾客介绍产品的款式、种类、使用方法、功能、原料、工艺等，这也是产品展示的过程。展示的目的就是要使顾客看清产品的特点，减少挑选的时间，引起其购买的兴趣。

尽可能鼓励顾客触摸、试用产品。推销员不仅要将产品知识解释给顾客听，拿给他看，更要让他触摸、试用，充分调动顾客的多种感官，以达到刺激其购买欲望的目的。

让顾客挑选几个产品。顾客在购买时都喜欢比较，在许多同类产品中挑选出一个最中意的。所以，推销员应将不同颜色、款式的产品供顾客自由选择。

②介绍产品行情

顾客大多有从众心理,他们会选择热销的产品。

③介绍时引用例证

一般可引用的证据有:荣誉证书、质量认证证书、数据统计资料、专家评论、广告宣传情况、报刊的报道情况等。除此以外,以往顾客使用产品的情况、体验与评价,都能作为说服顾客购买的依据。

(3)顾问式推介

经过推销员的一番详细说明之后,顾客对产品的特性、使用方法、价格等已经有了全面的认识,甚至会产生强烈的购买欲望。但是,大多数的顾客在这个阶段是不会冲动到立即付款的,他们会因价格、质量、性能、款式或品牌等原因而产生复杂微妙的心理冲突,这些冲突在某种程度上阻碍了交易的顺利完成。顾客的"比较权衡"是购买过程中买卖双方的交流将要达到高峰的阶段。在此时,推销员应把握机会,及时提供顾问式服务。所谓顾问式服务就是推销员要真诚地帮助顾客,站在顾客的立场上为其着想,针对顾客的需求给予他们更多的产品咨询和建议,使他们能放心、愉快地购物。

推销员在做顾问式推介时,应注意以下四点:

①要帮助顾客比较产品,利用各种例证充分说明所推荐的产品与其他产品的不同之处,并对顾客特别强调此产品的优点所在;

②要实事求是,始终本着诚实的原则,不能信口开河,把不好的说成好的,没有的说成有的;

③必须处处站在顾客的角度上,设身处地地为顾客的利益着想,只有这样才能比较容易地说服顾客购买;

④让产品说话,把产品自身的特点展示给顾客看,效果会更好。

有一个营业员当着一大群顾客推销一种钢化玻璃杯,在进行商品说明之后,他便向顾客作商品示范,即把一只钢化杯扔在地上而不会摔碎,以此证明酒杯质量之优越。可是他拿了一只杯子,猛地一扔,杯子却砸碎了。在一般情况下交易定会因此而遭到惨败。然而机灵的营业员却用一句话化解了尴尬的局面。当杯子砸碎之后,他没有流露出惊慌的情绪,而是沉着而富有幽默感地说:"你们看,像这样的杯子,我是不会卖给你们的。"顾客们禁不住大笑起来。气氛一下子变得活跃了。紧接着,这个营业员又接连扔了五只杯子都成功了,由此博得了顾客的信任,交易大获全胜。

(4)处理顾客异议

在这时,顾客会提出许多涉及产品质量、功能、原料、服务等方面的问题,推销员要化解顾客提出的各种疑问和挑剔。在处理顾客异议时,推销员应注意找出顾客误解和反对的真正原因,不要与顾客争辩,要始终保持积极的态度。

4.完成销售

(1)建议顾客购买

顾客经过推销员的劝导说服之后,表现出强烈的购买欲望,这时推销员应当抓住时机建议顾客做出购买行为。在建议顾客购买时,推销员需要注意以下两点:

①掌握成交时机。当顾客发出购买信号时,推销员要立即停止产品介绍,转入建议购买的

攻势中。机会稍纵即逝,要好好把握。

②提出成交要求。时机成熟时,就要大胆请求顾客购买。推销员提供给顾客的是一个好产品,为什么不非常自信、理直气壮地要求顾客下决心呢?

(2)办理成交

当顾客下定决心购买某种商品后,推销员应对顾客明智的选择给予适当的赞赏和夸奖,增添交易后的喜悦气氛,进一步坚定顾客对所购商品的信心。同时,按顾客要求包扎商品,力求安全牢固、整齐美观、便于携带。推销员在包扎商品时切忌聊天和观望别处。最后,将包扎好的商品双手递交顾客,并表示真诚的谢意。

(3)出售关联产品

5.售后服务

(1)收集相关信息

推销员要尽可能地记下顾客的性别、年龄、教育程度等资料以便反馈给公司。

(2)欢送顾客

无论是已购买还是没有购买产品的顾客,对他们都要表示真诚的感激之意。在顾客办完购买手续后,要礼貌地送行,否则会给顾客留下"钱一到手就变脸"的不良印象。

在送行过程中,推销员应注意几点:

①帮助顾客与送货人员接洽,帮助顾客把产品送到门口;

②注意顾客有无遗留物品,不要忙于收拾、整理东西;

③在顾客等待时,尽可能地陪顾客聊聊天,建立一种友好的关系,可以给顾客一张名片或服务宣传卡,宣传一下企业知识和企业文化;

④在向顾客表示感谢的同时,请他遇到困难时及时与我们的售后服务部门联系,也请他推荐亲朋好友来购买产品等。

有调查表明,接待顾客的前 5 秒钟和最后 5 秒钟是最重要的,好的开端和好的结尾最能给顾客留下圆满的好印象,推销员应当着重把握。

"货真价实"的推销技巧

在美国零售业中,有一家很有知名度的商店,它就是彭奈创设的"基督教商店"。彭奈常说,一个一次订十万元货品的顾客和一个买一元沙拉酱的顾客,虽然在金额上相去甚远,他们对店主的期望却是一样,那就是希望货品"货真价实"。

彭奈对"货真价实"的解释并不是"物美价廉",而是什么价钱买什么货。

彭奈的第一个零售店开业不久,有一天,一个中年男子来店里买搅蛋器。店员问:"先生,你是想要好一点的,还是要次一点的?"那位男子听了有些不高兴:"当然是要好的,不好的东西谁要?"

店员就把"多佛"牌搅蛋器拿出来给他看。男子问:"这是最好的吗?"

"是的,而且是牌子最老的。"

"多少钱?"

"120 元。"

"什么!为什么这么贵?我听说最好的才几十元。"

"几十元的我们也有,但那不是最好的。"

"可是，也不至于差这么多钱呀！"

"差的并不多，还有十几元钱一个的呢。"

男子听了店员的话，马上面现不悦之色，想立即掉头离去。彭奈急忙赶了过去，对男子说："先生，你想买搅蛋器是不是，我来介绍一种好产品给你。"

男子仿佛又有了兴趣，问："什么样的？"

彭奈拿出另外一种牌子的搅蛋器，说："就是这一种，请你看一看，式样还不错吧？"

"多少钱？"

"54元。"

"照你店员刚才的说法，这不是最好的，我不要。"

"我的这位店员刚才没有说清楚，搅蛋器有好几种牌子，每种牌子都有最好的货色，我刚拿出的这一种，是同一牌子中最好的。"

"可是，为什么'多佛'牌的差那么多钱呢？"

"这是制造成本的关系。每种品牌的机器构造不一样，所用的材料也不同，所以在价格上会有出入。至于'多佛'牌的价钱高，有两个原因，一是它的牌子信誉好；二是它的容量大，适合做糕饼生意用。"彭奈耐心地说。

男子脸色缓和了很多："噢，原来是这样的。"

彭奈又说："其实，有很多人喜欢用这种新牌子的，就拿我来说吧，我就是用的这种牌子，性能并不怎么差。而且它有个最大的优点，体积小，用起来方便，一般家庭最适合。府上有多少人？"

男子回答："5个。"

"那再合适不过了，我看你就拿这个回去用吧，担保不会让你失望。"

彭奈送走顾客，回来对他的店员说："你知道不知道你今天错在什么地方？"

那位店员愣愣地站在那里，显然不知道自己错在哪里。

"你错在太强调'最好'这个观念。"彭奈笑着说。

"可是，"店员说，"您经常告诫我们，要对顾客诚实，我的话并没有错呀！"

"你是没有错，只是缺乏技巧。我的生意做成了，难道我对顾客有不诚实的地方吗？"

店员默不做声，显然心中并不怎么服气。

"我说它是同一牌子中最好的，对不对？"

店员点点头。

"既然我没有欺骗顾客，又能把东西卖出去，你认为关键在什么地方？"

"说话的技巧。"

彭奈摇摇头，说："你只说对一半，主要是我摸清了他的心理，他一进门就说要最好的，对不？这表示他优越感很强，可是一听价钱太贵，他不肯承认他舍不得买，自然会把不是推到我们头上，这是一般顾客的通病。假如你想做成这笔生意，一定要变换一种方式，在不损伤他的优越感的情形下，使他买一种比较便宜的货。"

店员听得心服口服。

资料来源：陈兰云."货真价实"的推销技巧.大众商务，2007(16):52

【思考】

彭奈的推销技巧对你有何启发？

本章小结

零售促销是指零售商通过开展各种活动、宣传报道和运用各种广告媒体，向顾客传递有关商品和服务信息，以期引起购买行为而实现销售的一系列活动。

要对整个零售促销活动进行有效的管理，零售商必须首先确定零售促销目标。零售商进行促销活动的主要目标有：保留现有顾客；吸引新顾客；促使顾客大量购买，提高经营业绩；提高零售商的知名度和美誉度。零售促销活动可以改善和提高销售额，也可以树立企业的良好形象，从而提高零售商的核心竞争力。

零售促销的基本特征是计划性、主题性和参与性。零售促销的四种主要形式是广告、营业推广、公关促销和人员推销。

零售广告促销，是指零售商采用付费方式，委托广告经营部门通过宣传媒介，以现代科学技术和设备为手段，以策划为主体、创意为中心，对目标市场进行的以零售商名称、标志、定位等为主要内容的宣传活动。零售商实施广告促销策略时，需要确定零售广告目的，制定零售广告预算，确定零售广告信息，选择零售广告媒体，评估零售广告效果。零售广告的目的包括信息性目的、说服性目的和提醒性目的。零售广告预算决策指确定广告经费的来源、数额和分配。常见的零售广告媒体包括电视、广播、报纸、杂志、户外广告、DM、包装广告和 POP 广告。零售广告促销效果包括沟通效果和销售效果两方面内容。

零售营业推广（sales promotion）是在给定的时间和预算内，在某一目标市场中所采用的能够迅速产生激励作用，刺激需求，达到交易目的的促销措施。与广告促销不同，营业推广注重短期内销售额的提高。零售商开展营业推广时，需要选择营业推广工具，制定营业推广方案，评价营业推广效果。常见的营业推广工具有样品、优惠券、折价、赠品、竞赛和抽奖、集点优惠、联合促销、展览式促销、展示促销和店头促销等。

在零售促销活动中，广告促销有利于建立顾客对商店的忠诚度，营业推广有利于提高商店的市场占有率，而公关促销则有利于提高商店的知名度和美誉度。零售公关促销是指零售商为了获得公众信任、加深顾客印象而进行的一系列旨在扩大品牌知名度和树立品牌形象的促销活动，是为企业生存和发展创造良好环境的经营管理艺术。零售公共关系包括消费者关系、供货企业关系、社区关系、新闻媒体关系、政府关系和其他关系。零售商的公关促销策略包括零售公关促销计划的制定、零售公关促销方式的选择以及零售公关促销方案的实施和效果评估。

零售人员推销是指在商场、超市等产品销售场所，促销人员通过介绍、引导、激励等手段，直接向消费者推销自己所服务的品牌，使消费者产生购买兴趣和购买行为。零售人员推销的优点是：企业可以通过推销人员获得及时准确的市场信息；推销人员可以根据顾客需求提供更个性化的服务。缺点是：成本比较高；只能影响范围较小的目标市场。零售人员推销有两种类型：接受购买和引导购买。零售人员的推销过程主要分为两个阶段：准备阶段和现场推销阶段。在准备阶段，推销员需要了解公司、了解产品、了解顾客、了解竞争产品和了解卖场。现场推销阶段可以分为一系列步骤，包括待机、接近顾客、推介产品、建议顾客购买和欢送顾客等。

第十二章 零售业服务策略

☞【开篇案例】

真正的宜家精神,是由我们的热忱,我们持之以恒的创新精神,我们的成本意识,我们承担责任和乐于助人的愿望,我们的敬业精神,以及我们简洁的行为所构成的。

——宜家创始人 Ingvar Kamprad

宜家(IKEA)公司是一家跨国家居产品大型零售企业,成立于 1943 年,总部位于瑞典 Almhult 市。宜家公司从最初仅有一人的邮寄公司发展到今天遍布全世界 42 个国家,拥有 180 家专营店、7 万多名员工的大型跨国集团,年接待顾客 2 亿人次,销售额年平均增长率达到 15%。宜家的创新理念督促着宜家人六十年如一日地求新求变,不断地实践、总结,形成了宜家独特的创新服务。

让购买成为一种休闲旅行

宜家的服务理念是:"使购买家具更为快乐。"因此,每个家庭到宜家就像是"出外休闲的一次旅行",这在某种程度上使宜家成为一些家庭娱乐场所的竞争对手。宜家商场都建在城市的郊区,在商场内还有一些附属设施,如咖啡店、快餐店和小孩的活动空间。如果你累了,你可以在幽雅闲适的宜家餐厅,点一份正宗的欧式甜点,或者一杯咖啡,甚或只是小憩一会儿,没有人会打扰你。经营这些餐厅,宜家可不单单是为了盈利,为顾客营造一次难忘的购物经历,这才是宜家的真正目的。在卖场气氛营造上,宜家可谓是煽情的高手。到过宜家的人,没有一个不觉得清新,宜家要传递的正是"再现大自然,充满阳光和清新气息,朴实无华"的清新家居理念。宜家擅长于"色彩"促销,春节和情人节期间,宜家所推出的"红色恋情"、"橙色友情"和"蓝色亲情"的梦幻组合,使整个卖场充满了人情味。宜家有效地利用了终端,把商场当作家庭来布置,进行彻头彻尾的终端文化建设,将终端作为传播企业文化的大舞台,通过一切可用的传播手段来全方位地吸引和引导顾客,使顾客在潜移默化中了解宜家、钟情宜家。家具毕竟不同于一般的消费品,顾客购买决策会颇为慎重,需要有一个说服自己的缓冲时间,宜家在给消费者提供舒适、温情、轻松、休闲之余,也为顾客开辟了一个思考决策的空间。在这样良好的环境里顾客自然愿意多呆一会儿,多呆一会儿就会多挑选几样东西。

拒绝主动服务

宜家的经营者认为,没有人比顾客自己更愿意帮助自己,因此,宜家引导顾客扮演非传统角色,购货采用顾客自选的方式进行,鼓励顾客参与购物的全过程。在宜家商场内的工作人员不叫"salesman",而叫"co-worker",宜家规定其门店人员不得直接向顾客推销,而是任由顾客自行体验来决定,除非主动咨询。宜家商场的入口处,提供给顾客产品目录、尺、铅笔和便条,帮助顾客在没有销售人员的情况下做出选择。宜家认为对于顾客来说这些已经足够,售货员的全程"陪同"无非是在顾客需要时提供同样的信息和一些顾客不需要的东西。这样的服务方式除了使顾客有一个更轻松自在的购物经历、增加了从购物过程中所获得的满足感和成就感，也降低了对销售人员的需求，降低了销售费用。宜家的顾客自我服务方式恰当地把握了现代家居(社会)个性化的大趋势。满足了人们追求自在、自我，渴望成为主角和支配者的心理需求，因此赢得了很多消费者的喜爱。

相对于很多国内企业服务模式的千篇一律，宜家在以上服务方面所体现的创新服务很值得我们思考和借鉴，许多创新服务做法都可以根据企业实际进行尝试。但借鉴不是照搬，形式是很容易 copy 的，其真正的内容却很难 copy，从这一点来说，copy 同样需要创意。其实，在很多时候，我们比别人差的并不是资金和硬件能力，更多的是头脑中的创意。头脑中有了创新的意识，才能找出适合企业自身的创新服务举措，从而使企业不断焕发出蓬勃的生命力。

资料来源：刘彤.让购物更快乐——宜家创新服务的启示.企业管理，2004(4)

在产品同质化、价格竞争越来越激烈的今天，也许你并不能从沃尔玛、家乐福、苏果的商品中发现多大的差别，沃尔玛"天天低价"的策略再也不能保证其强有力的竞争优势。越来越多的零售商认识到，与其说自己在销售商品，不如说自己在出售服务。处于供应链的末端，零售商们真正能够自己决定的，就是服务。

第一节 零售业服务范畴

一、服务的定义

(一)服务的概念

有关服务营销和服务管理的研究主要开始于 20 世纪 70 年代，当时欧美的一些市场营销学者发现：由于"服务是一种过程，而不是一种商品"，服务产出与实体产品之间存在着本质差别，如果仍然采用强调降低成本和规模经济的管理方式来对服务进行管理的话，就会造成服务质量下降、员工士气低落，并进而导致顾客关系的破坏，最终出现利润下降的情况。

在这种情况下，不少学者开始探索服务的内涵。按照 Philip Kotler 的观点，服务是一方能够向另一方提供的基本上是无形的任何活动或者利益，并且不导致任何所有权的产生。它的产生可能与某种有形商品联系在一起，也可能毫无联系。泽斯曼尔则为服务提出了一个简单而广泛的定义：服务是行动、过程和表现。格罗鲁斯在研究服务的众多定义之后，基于服务特性的角度给出了以下的界定：服务是由一系列或多或少具有无形特性的活动所构成的一种过程，这种过程是在顾客与员工和有形资源的互动关系中进行的，这些有形资源(有形产品或有形系统)是作为顾客问题的解决方案而提供给顾客的。

虽然学者们对服务内涵的界定是不同的，但他们都强调了服务的特性，尤其是服务的无形性和过程性。

(二)服务的特性

与实体商品相比，服务自身有着不同于商品的显著特性，这些特性决定了服务管理与商品管理的差异。具体来说，服务有着四种特性，即无形性、异质性、过程性和易逝性。

1.无形性。服务与产品的最主要的差别就是无形性，服务的无形性是指服务在购买之间是看不见、摸不着的,并没有具体的量化指标对服务进行评价。比较而言,纯粹的产品则是高度有形的,而纯粹的服务是高度无形的。在多数情况下,有形产品可能是无形服务的载体,而无形产品可能是有形产品价值或功能的延伸,而纯粹的产品和纯粹的服务则非常少,许多企业向顾客提供的都是产品与服务的"综合体"。

2.异质性。由于服务是由一系列的活动组成的整合过程,顾客、员工和管理人员以及环境都会对服务的生产过程和交付过程产生影响,其中任何一个要素的变化都会对服务过程或服务结果产生影响。因此,服务提供者每一次提供的服务都可能会有所不同,这种不同既指两个完全不同的企业提供的同种服务有所不同,也指同一企业的同一个员工在不同的服务中所提供的服务不尽相同,而且即使服务完全相同,不同的接受者对该服务的评价过程与评价结果也可能存在差异。

3.过程性。服务是由一系列活动组成的。在这个活动过程中,生产和消费同时进行。商品一般首先进行生产,然后进行销售和消费;而大部分服务却是先进行销售,然后再进行同时的生产和消费。因此,服务的过程性往往意味着服务提供者与服务接受者之间的互动。提供者提供各种资源,包括物质、技术及人力资源等;接受者亲自参与和配合行动,企业与顾客一起寻找顾客问题的解决方案。

4.易逝性。服务是无形的,并且需要顾客参与其中,因此它也无法像有形产品那样可以存储。服务的不可存储性,构成了服务的易逝性。如果生产或制造出来的服务没有被及时地消费掉,那就只能浪费掉了。例如,对于网络服务而言,非使用高峰期的流量是无法存储起来的,因而无法用来缓解高峰期的拥挤状态。

二、零售业服务的范畴

零售与服务之间有着无法割裂的密切联系。从概念上讲,零售服务是个广义的术语;从本质上讲,零售本身就是一种服务,为最终消费者提供分销服务,提高获取效率。零售商还提供"产品编辑"形式的服务,针对特定顾客的需要划分产品系列和门类,同时也提供存货服务,以便顾客在需要的时候能够购买适当数量的产品。零售业中的服务可能更多地被称为"顾客服务",也可以指购买核心产品或服务时的各种"增值服务",增进消费者在交易过程中的体验。顾客服务可以是零售销售人员与顾客之间的互动——在购买之前提供建议、信息和帮助并在购买之后提供保证和建议。顾客服务还包括零售政策的实施(例如担保、换货和退款)以及咖啡厅、家庭停车场和卫生间设施的提供。

许多零售组织(例如美容店、银行和航空公司)的业务是向顾客出售服务而不是有形的产品。如图12—1所示,我们可以看一下从实物商品到服务商品的连续过渡。

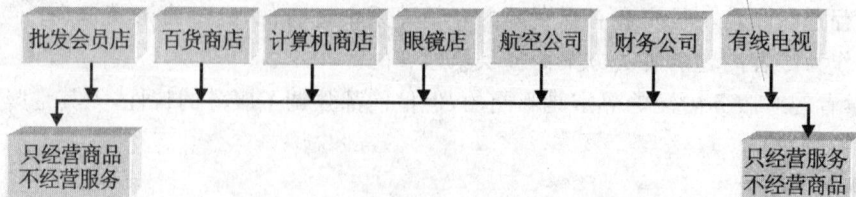

图12—1 从实物商品到服务商品的过渡

资料来源:为了突出服务零售组织,此图已经更新和改动,但是此图最先是由Lynn G. Shostack提出的。"Breaking Free from Product Marketing", Journal of Marketing 41(April 1977), pp. 73—80

图 12—1 的左侧是一些仓储会员店,例如沃尔玛的山姆会员店。这类零售商主要经营自助商品,只提供很少的服务。然而,即便是在这个连续过渡图的端头,最好的零售商也提供一些诸如支票兑现和信用卡之类的服务。在购买某些产品,如轮胎时,你会得到一些帮助。这些服务部门会把你买的轮胎装到你的车子上。

沿着这张连续过渡图移动,你会发现百货商店会提供一些礼品包装、换货、个人购物指导以及送货等项目的服务。多数计算机商店都有销售员助理和顾客服务技术人员。眼镜店位于产品/服务连续过渡图的中间,因为顾客经常是先检查眼睛(服务),而后再选取镜片和镜架(产品),所有这些活动都是在一次购物中完成的。许多人认为航空公司或财务公司是纯服务部门,但是航空公司也提供食品,并给儿童一些玩具和别针。此外,在年终时,你也经常会在邮件中发现股票经纪人寄来的日历。即使在连续过渡图的最右端,有线电视公司也经营一些与其服务相关的实物产品——电缆和控制盒。

零售商在零售活动中采用的服务方式可以分为多个种类。我们可以用"产品服务"、"便利服务"、"支付服务"、"产品供应服务"、"信息服务"和"顾客销售服务"来区分零售业中的服务活动。

(一)产品服务

这类服务与产品本身有直接的关系。它是产品的延伸或"附加物",有助于顾客产生需要得到全面满足的感觉。例如,如果顾客需要更换一台有故障的冰箱,只有新冰箱安装到顾客的厨房后,他们的需要才能得到全面的满足。顾客购买冰箱后要安排送货时间,送货车到达顾客家后,零售人员要打开冰箱的包装,将其搬到厨房的适当位置,并接上电源确信冰箱的性能正常,然后包装并搬走那台有故障的冰箱。零售商与顾客的关系肯定不是在成交时终止的,而是持续到与产品有关的服务提供完毕。

零售商提供的产品系列的补充服务因各系列产品的性质不同而有所不同。除礼品包装和送货上门等普遍提供的服务外,表 12—1 列出了适合特定零售部门提供的几种服务。

表 12—1　不同零售部门提供的产品服务

零售部门	产品服务
服装	更衣室、改做、退货政策
电子/电气	服务保证、上门安装
家具/家居装饰	上门组装、上门试验
汽车	试驾、担保、保险、汽车服务包

有些零售商在延伸性产品/服务的基础上走得更远。他们提供较高水平和(有时)较复杂的服务以满足顾客的要求,实际上是为了将自身与竞争对手区分开来。例如,电脑专营店针对顾客个人的需要提供定制化的一套硬件和软件;室内装饰公司提供家居装饰专家;百货店为购物者提供人员服务等。零售环境下的顾客需求日趋复杂,零售商有必要通过精心设计的产品与服务组合满足这些需求,为购物者提供一定程度的个性化选择。

(二)便利服务

快速的生活节奏、忙碌的生活方式使消费者的时间紧张,或者至少让他们有种紧迫的感觉,针对这种情况,零售商设计了高度侧重于便利的产品和服务组合。大型多店铺零售商在这

方面尤其积极,以下是超市零售商通常会或可能会提供的一系列便利服务:

(1)装袋;

(2)送货上门;

(3)自助餐厅;

(4)幼儿看护;

(5)卫生间;

(6)延长营业时间或 24 小时营业;

(7)取款机;

(8)各种购物车;

(9)停车位。

超市提供的某些产品种类可以视为便利取向,顾客不必专门再去专业商店购买;商场内的药店、面包房和熟食店都属于这一类型。此外,许多超级市场为顾客提供在店内购买"服务产品"的机会。干洗、银行、邮局和胶卷冲洗部是此类零售服务的例子。

20 世纪 90 年代早期,领先的食品零售商都对其服务做了某种大的调整。一个原因与针对消费者变化的对策有关——保持日益追求便利的超市顾客的满意;另一个原因是保持高质量服务的形象——服务方面的投入被视为比降价更具战略意义;第三个原因是竞争——超市零售商确信服务是夺取市场份额的有效手段。这导致某种程度的"服务战",各大食品连锁店争相提供系列化的"特色服务",如装袋、送货上门、停车位,甚至下雨天的雨伞服务! 有些服务只持续了较短时间(如送伞),但其他服务已经成为食品超市运营商不可或缺的服务,一种服务在被竞争对手效仿之前可以提供一时的竞争优势,服务生命周期描述了这个过程。

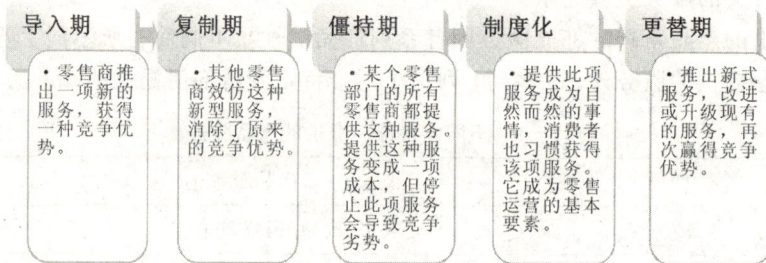

导入期	复制期	僵持期	制度化	更替期
·零售商推出一项新的服务,获得一种竞争优势。	·其他零售商效仿这种新型服务,消除了原来的竞争优势。	·某个零售部门的所有零售商都提供这种服务,提供这种服务变成一项成本,但停止此项服务会导致竞争劣势。	·提供此项服务成为自然而然的事情,消费者也习惯获得该项服务。它成为零售运营的基本要素。	·推出新式服务,改进或升级现有的服务,再次赢得竞争优势。

图 12-2 服务生命周期

资料来源:James, D. L. B. , Walker, J. and Etzel, M. J. et al. (1981) in P. J. McGoldrick (2002) Retail Marketing

(三)支付服务

为了提高购物过程中的便利性,零售商提供的支付方式越来越多。一方面,如果顾客难以按照自己偏好的方式付款,这种障碍可能导致交易无法完成,从而彻底失去销售机会。另一方面,有吸引力的支付方式和支付条件可以鼓励顾客继续购买。灵活的支付服务对高额交易特别重要。在当今的社会环境下,现金使用量越来越少,顾客钱包里的支付卡却越来越多。此外,信用消费几乎唾手可得,所以零售商提供的支付方式和支付条件要有灵活性,为顾客个人提供适当的安排。以下是普遍采用的零售支付方式:

（1）现金；

（2）支票；

（3）借记卡（转账卡）；

（4）信用卡；

（5）购物账户卡

（6）分期付款；

（7）有担保的分期付款；

（8）通过直接借记分月付款；

（9）有延长保证期的分月付款。

苏果超市可刷金陵通卡

说明：金陵通是南京市民出行普遍使用的交通卡，从 2007 年 12 月 25 日起，南京市民在苏果超市内消费可刷金陵通卡。

允许顾客在一定时期内分期付款的支付安排为零售商与顾客建立关系提供了机会，这是直接邮购、购物卡和积分卡的优势之一。这种安排可以收集顾客的详细信息，进而用于接下来的营销活动。

一些积分卡兼有支付卡的功能，在消费者看来有一定的持有价值，因为在他们的账户上，零售商的借项与贷项可以视为双方关系的不同方面。一方面，这种卡可以用来支付商品价款，另一方面，它又可以获取奖励积分及相关产品信息和优惠。

（四）产品供应服务

零售服务的另一个方面与产品的供求状况有关。购物者付出资源（时间、交通费用）去取产品时，他们希望这种付出能划得来，如果事与愿违，他们会感到失望。如果是由于零售商存货不足而不只是顾客自己的犹豫不决而导致这种情形，他们的受挫感肯定更强烈。然而，供应链措施已经提高了物流方面的服务水平，因此，作为一般规律，顾客找到所需产品的概率已经得到提高。确实出现的存货不足情形应当看作零售商一方的问题，因此要采取非常规服务来扭转这种情形，例如，安排送货到顾客家中。现代零售商面临的问题是零售供给很充足，如果顾客找不到某种产品，他便会到竞争对手那里购物。在自助服务的情况下，这种转移根本无法察觉。网络零售已经体会到这方面的困难；不理想的订单履约率和不可靠的送货服务使许多互联网销量下降、顾客流失增加。

（五）信息服务

零售商提供的关于其产品及企业运作方式的信息可以视为信息服务组合的一部分。这些信息有多种传达方式，例如，当面说明，打电话，利用网站、传单或目录。优质信息的主要标准是准确，能以补充和协调零售商总体企业形象的方式做出说明。多数大型零售商即使没有电子零售业务，他们也会建立信息网站，这是非常有效的顾客沟通方式。富有创意的零售商在他们的网站上提供他们认为顾客感兴趣的信息链接，此类服务有助于零售商在顾客心目中形成一种印象，即他们还提供基本服务以外的东西。

信息提供不仅可以看作一项服务，也可视为一项公关活动。超市内散发的关于健康、产品安全和环保等问题的传单可以增强顾客对零售商社会责任感的认识，进一步表明零售商对敏感问题的态度。

与一般的销售服务紧密联系的一类信息是关于顾客打算购买的产品的补充信息。虽然有些顾客可能把这理解为"硬性推销"，但 Polonsky 等（2000）发现，顾客一般认为搭配推销并无不当，这反而是优质顾客服务的补充。

(六)顾客销售服务

零售服务最直接、最明显地体现在顾客在商店内与销售人员的接触上。此类接触有些很消极,有些具有很强的互动性。在消极的情况下,顾客自行选择产品,销售人员只出现在销售点(如收银台)或只在为顾客提供具体帮助时出现。互动式服务的特点是顾客与销售人员之间的沟通较多,销售人员一般要接近对方并针对顾客的需要提供产品服务信息,最终达到完成销售的目的。

零售商店的服务水平与产品价格密切相关。专卖店的服务需要耗费大量的人力成本,而且销售人员要有较高水平的知识和经验。这些专业技术只能在员工流动率很低、有良好的培训设施的组织中培养。因此,零售组织的服务水平通常与采用的零售业态、零售商配备的员工水平以及产品利润率等因素有关,见表12-2。

表 12-2　零售业态与销售服务

零售形式	人员配备水平	产品知识和经验的要求	利润率
超市	中	低	低
专业商店	高	高	高
百货商店	高	高	高
目录商店	低	高	低
折扣商店	低	低	低
无店铺零售	中—低	中—低	低

第二节　零售服务设计

一、零售服务设计的概念

零售服务设计是指零售企业根据自身特点和运营目标,对服务运营管理做出的规划和设计,其核心内容为服务产品的开发和服务系统的设计。

服务设计是以客户的某一个需求为出发点,通过运用创造性的、以人为本的、客户参与的方法,确定服务提供的方式和内容的过程。服务设计作为一门学科,不应当孤立地看待,而应该同服务开发、管理、运营和营销结合起来。和一般的管理活动相比,设计活动具有更强的观念性和基础性。对于服务设计,目前尚未有统一的定义,它包括下面几层含义:

(1)设计活动的目的是满足顾客的需求;

(2)设计活动包括服务本身设计和服务提供过程的设计两方面内容;

(3)设计活动本身是一个转型处理过程;

(4)设计活动始于设计理念的形成,结束于设计理念被转化成各种具体要求。

零售服务设计的要素可以划分为结构性要素和管理性要素,它们向顾客和员工传递了预期服务与实际得到服务的概貌。

(一)结构性要素

1.传递过程设计:前台和后台、流程、服务自动化与标准化、顾客参与。

2.设施设计:商品陈列、商场布局、艺术性。

3.地点设计:服务地点特征、顾客人数、单一或多个地点、竞争特征。

4.能力设计:顾客等待管理、销售员人数、调节一般需求和高峰需求。

(二)管理性要素

1.服务情境:卖场服务文化,销售员激励、选择和培训,对销售员的授权。

2.服务质量:期望和感知、服务承诺。

3.能力和需求管理:调整需求和控制供应战略、顾客等待的管理。

4.信息设计:竞争性资源、数据收集。

表12-3列出了实体书店和网上书店的服务设计要素,虽然两者都是零售书店,但业态的不同使得它们的服务设计要素也有所不同。

表12-3 实体书店和网络书店的服务设计要素对比

设计要素	实体书店	网络书店
设施地址	多个销售点,接近顾客	集中化销售
设施布局	依照顾客需求特点布置	便于事务部门进行运货、取货,便于信息系统管理
产品设计	商店设计要突出畅销书目,应有合适的设备和娱乐	网站的设计强调售书,其他服务对用户均是免费的,另外要引导顾客浏览书目及其分布
工作时间安排	员工工作时间要满足顾客高峰需求;固定的时间表	员工需要具备较高技术、技能
质量控制、测评与时间标准	顾客对商店的信任度易变,进行质量测量和制定相应标准较困难	比较容易,可以通过网站的质量和网站点击时间测量
标准化	书店装潢一般是标准化的;与顾客的互动是个性化的	顾客的个人网页是个性化的,其他是标准化的
顾客接触时间	高	低
一线员工判断	员工与顾客的交流中需要高判断力	在与顾客的交流中,很少需要员工自己的判断力
销售机会	卖出非顾客目标书籍的机会和其他产品(如咖啡、音乐)的机会比较大	卖出其他产品的机会比较少
顾客参与	混合服务和自助销售	主要是顾客自我服务

二、服务流程和服务蓝图

服务流程与服务蓝图是服务设计的基础性工具。两者从不同的角度,对服务系统给出了描述,服务流程是从顾客的视角出发,服务蓝图则是从企业的视角出发。它们有助于管理者准确控制每个服务要素、优化服务系统流程、改进企业的服务质量。

(一)零售服务流程

流程是所有组织在开发、生产、运输商品和服务过程中在产品成本、质量、品种和可得性等方面适时适宜地满足客户需求时所使用的一种核心技术。现代企业的业务流程必须以外部的或内部的"顾客"为中心,以满足顾客需求为核心。服务流程是企业向顾客提供服务的整个过程,以及对完成该过程所需要素的组合方式、时间与产出的具体描述。

流程图是进行服务流程分析的主要工具,它由以下几种图形或符号组成:

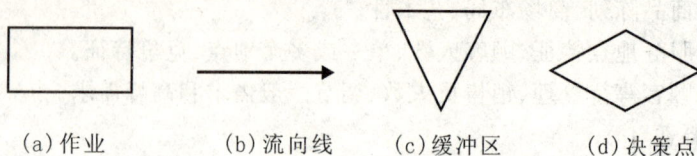

　　(a)作业　　　　　(b)流向线　　(c)缓冲区　　　(d)决策点

长方形代表流程中的作业,箭头(流向线)表示流程的方向,倒三角形表示缓冲区(库存点或处于等待状态),菱形表示决策点。

　　对于零售业而言,只有最终的销售员才会真正地面对顾客,而顾客对服务流程的评价将在很大程度上影响顾客对于服务过程的满意程度,从而影响到最终的顾客忠诚。在不同的零售业态中,顾客对服务的需要程度会有所不同。明显地,顾客在超市中所需的服务便显著地少于在百货商场所需的服务。下面,我们以百货商场为例,对服务流程及其改进作一个简要介绍。

　　现在,零售业的服务同质化特征明显。在激烈的竞争面前,国内零售业纷纷以国外零售巨头为标杆,如学习沃尔玛的3米微笑服务等。营业员的服务流程也基本相同,见图12—3。但根据我们的经历、观察和分析,百货卖场营业员往往不能全面理解并抓住顾客的关键需求点以提高顾客满意度。因此,应该对现有服务流程加以改进。

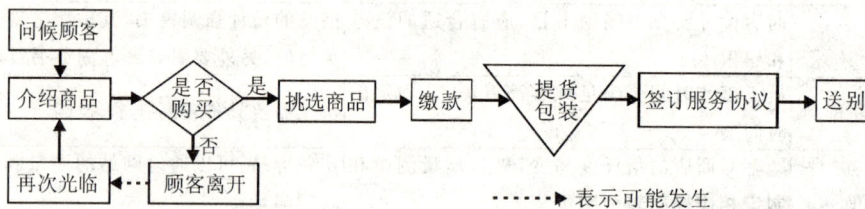

图12—3　某百货商场服务流程图

　　对顾客需求的理解与把握是建立优质业务流程的第一步。营业员不应把顾客找到所需要的商品作为唯一的顾客需求,尽管很多企业把营业员的功能定位为帮助顾客找到所需商品。顾客进入商场后的需求是多种多样的:

　　(1)顾客有放松、自由、不受干扰的需求;

　　(2)有掩盖自己对某些方面一无所知或知之不多的需求;

　　(3)有得到真诚帮助而挑选到自己满意的商品的需求,等等。

　　这些需求共同构成对卖场和营业员的期望。满足顾客需求则是改进现有业务流程的第二步。有关调查显示,大部分的消费者在购物前都会有一个大概的计划,这个比例为63%。25%的消费者在购物前完全没有计划,这部分群体中以女性居多。一般而言,大部分的女性在购买商品前并没有计划,或者是实际购物的品种和数量会超出原先的计划。绝大多数情况是在逛商场时购买的商品不在原先的计划中,或者选购商品时购买了计划之外的商品。有购物计划的消费者进入商场后,由于购物目标基本确定,所以往往是直奔商品陈列柜台,而没有购物计划的消费者则往往步履轻松,"逛商场"的特征比较明显。这种行为上的明显区别为营业员判断消费者类别提供了依据。对直奔柜台而来的消费者,趋步上前问候并认真解答顾客疑问,帮助顾客选择是正常的;但对没有明确购物目标的消费者,给他们一个自由的空间和时间则是非常必要的。此时营业员应该只奉上一句真切的问候,并和柜台保持一段合适距离而任由顾客浏览商品和商讨选择商品种类。这种方式可以满足顾客掩盖对商品一无所知或知之不多的需求。如果顾客离开柜台一段时间后再次光临同一柜台,说明经过商讨后已经有了较为明确的购买意向,此时营业员可以趋步上前详细介绍商品和服务。在介绍商品的过程中,一种非常有效的方法是换位思考,即营业员要站在顾客角度来介绍商品,使顾客感觉到营业员的一切工作都是为了使自己得到真诚帮助。但此时要把握一个"度",即顾客的期望,这里尤其指顾客的掩饰需求,或者说要避免让顾客感觉到因对商品知之不多而感到尴尬。满足顾客以上三种需求的环节是卖场服务流程关键环节,通过营业员的努力,在上述关键环节感到满意的顾客对卖场和营业员的期望大部分得以实现,流程的其他环节对消费者满意度的影响程度相对较低。

通过上述分析,改进后的卖场服务流程如图12-4所示:

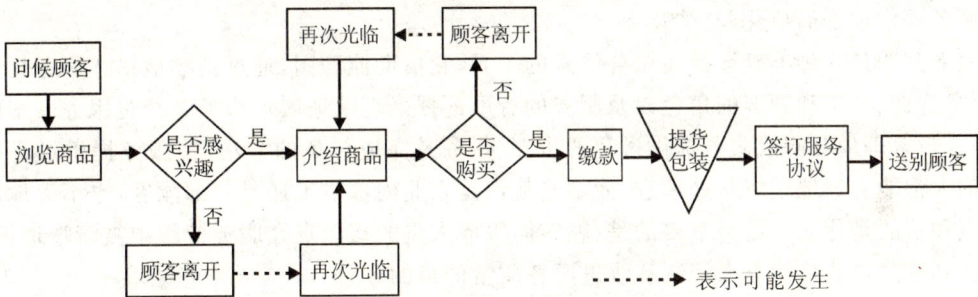

图12-4 改进后的某百货商场服务流程图

改进后的卖场服务流程的主要环节是从顾客浏览到商品介绍,即上面所说的关键环节。我们认为,优质服务是顾客的一种美好体验。营业员在关键环节提供优质服务,能使顾客期望较快得到实现,一方面可以使营业员和顾客在后续环节的工作得以融洽进行,另一方面可以降低顾客对营业员在后续环节表现出的不足的反应,最终会使顾客的满意度达到一个较高的水平,从而有助于提高顾客忠诚度,给企业带来稳定的利润源。

银行零售排队系统

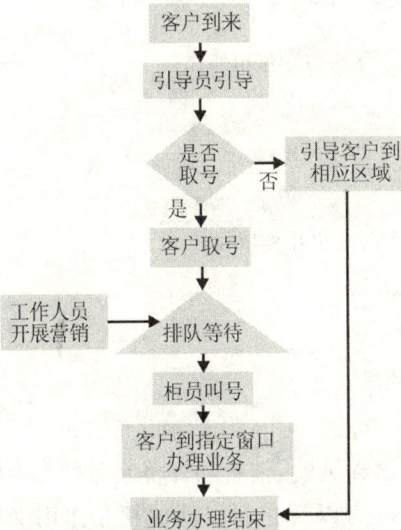

对于商业银行的经营,美国商业银行总裁弗农·希尔的看法颇为独特。他认为,银行并不属于金融业,而属于零售业,银行的业务模式应该是零售业的业务模式。

在银行零售服务方面,目前,国内大多数商业银行对于顾客等待时间的管理,都引进了排队机系统。此外,一些银行将分行排队系统和总行客户关系管理(CRM)平台、总行各电子渠道进行整合联动。这样,不但可满足贵宾客户优先需求,还将实现面向客户的个性化宣传和面向柜员的客户过往业务习惯提示等功能。

对于排队叫号的服务设计,一般银行的做法如左图所示,银行的服务流程图也大致如图所示。

但是,这种排队系统不足之处在于:它只是从业务种类上进行了分类,并未对客户分类。要实现优质客户的优先服务或针对不同客户由柜员给予不同的营销提示信息,就需要对客户进行识别、分类、客户信息的自动反馈,进一步完善柜台排队系统,增强营销针对性,提高柜台的营销效率,优化服务内容。

资料来源:曹申等.电子渠道联动 服务效率提速.金融电子化,2010(1)

(二)零售服务蓝图

20世纪80年代初,美国学者 Shostack 和 Kingmam-Brundage 提出在服务业使用服务蓝图技术来描绘服务体系,分析、评价服务质量,并在美国服务业中得到实际应用。该技术通过对服务流程、顾客行为、服务企业员工行为以及服务接触、服务证据等方面的描述,将复杂、抽象的服务提供过程简单化、具体化。

服务蓝图是一种准确地描述服务体系的工具,它借助流程图,通过持续地描述服务提供过程、服务遭遇、员工和顾客的角色以及服务的有形证据来直观地展示服务。经过服务蓝图的描述,服务被合理地分解成服务提供过程的步骤、任务及完成任务的方法,使服务提供过程中所涉及的人都能客观地理解和处理它,而不管他们是企业内部员工还是外部顾客,也不管他们的出发点和目的是什么。更为重要的是,顾客同服务人员的接触点在服务蓝图中被清晰地识别,从而达到通过这些接触点来控制和改进服务质量的目的。

服务蓝图技术主要用于描绘服务企业现有服务流程和服务体系的本质,它通过分解服务组织系统和架构,鉴别用户与服务人员以及服务体系内部的服务接触点,在服务流程分析基础上研究服务传递的各方面,准确地描绘服务全过程。

1.服务蓝图的结构

整个服务蓝图被三条线分成四个部分,自上而下它们分别是顾客行为、前台接待员工行为、后台接待员工行为以及支持行为,如图12-5所示:

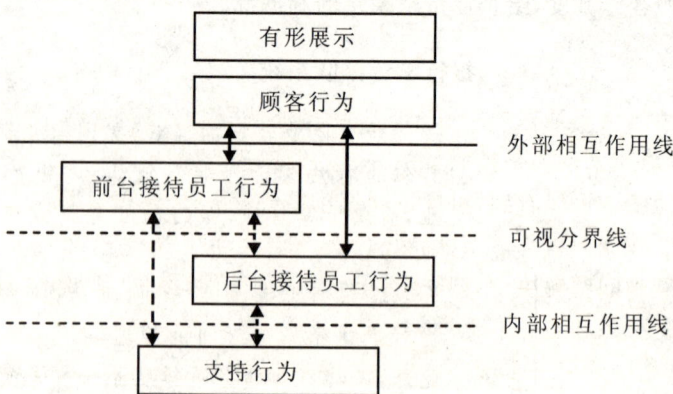

图12-5 服务蓝图的基本组成

（1）四种行为

最上面的一部分是顾客行为,这一部分紧紧围绕着顾客在采购、消费和评价服务过程中所采取的一系列步骤、所作的一系列选择、所表现的一系列行为以及它们之间的相互作用来展开。例如,在百货店零售的过程中,顾客行为可能包括购买决策、挑选、询问、试用、付款和离开等。

接下来的一种是前台接待员工行为。接触人员的行为和步骤中顾客看得见的部分是前台员工行为,例如,在百货零售的例子中,顾客看得见的行为是销售员的问候、对问题的解答、对所购商品的推荐,拿货、换货、开票、包装、告别,以及收银员的盖章、收款、找零等行为。

另一种顾客看不见、支持前台员工的行为是后台员工行为,如销售员与仓库管理人员进行联系以查看是否有货的行为。

最后一部分是服务的支持行为,这一部分覆盖了在传递服务过程中所发生的支持接待员工的各种内部服务及其步骤和它们之间的相互作用。例如,百货卖场对销售员的工作区域安排、卖场的清洁、销售员的培训等活动,都出现在这一区域中。

(2)流向线

流向线是用来连接四种服务行为的箭头,它显示了服务流程的顺序,并清楚地展现了服务过程中的接触点。

(3)三条分界线

隔开四个行动领域的三条水平线,最上面的一条线是外部相互作用线,它代表了顾客和服务企业之间的直接的相互作用,一旦有垂直线和它相交叉,服务遭遇(顾客和企业之间的直接接触)就发生了。中间的一条水平线是可视分界线,它把所有顾客看得见的服务活动与看不见的分隔开来,通过分析有多少服务发生在可视分界线以上及以下,就可以清楚为顾客提供服务的情况,并区分哪些活动是前台接待员工行为,哪些活动是台后接待员工行为。第三条线是内部相互作用线,它把接待员工的活动同对它的服务支持活动分隔开来,是"内部顾客"和"内部服务人员"之间的相互作用线,如有垂直线和它相交叉则意味着发生了内部服务遭遇。

(4)有形展示

另外,在某些服务蓝图的最上部有有关有形展示方面的内容,它表示顾客在整个服务体验过程中所看到的或所接受的服务的有形证据,如展台、商品、卖场空间布局设计、销售员的面部表情、着装等。

2.服务蓝图示例

图12—6给出了一个汽车销售的服务蓝图。图例略为复杂,因而省略了横向的服务流向线,但整个服务的过程总的来说还是按照从左往右的顺序进行的。

从汽车销售服务蓝图中可以看到,对应不同汽车销售服务环节,顾客与汽车销售人员之间有一些主要的接触点。在流向线与三条分界线的交点来看,可以看到这么几个主要的顾客接触点:客户接待,客户疑难问题解决,车型介绍、展示,试乘试驾,报价、协商,签订合同,递交新车,介绍售后服务,客户跟踪和服务补救。

如果需要的话,蓝图中的每个步骤还可以进行进一步的深化。比如,顾客对大厅展示的车型并不满意,却指定购买该品牌的某一车型,因而应该在蓝图中进一步细化并解决这一可能出现的问题。

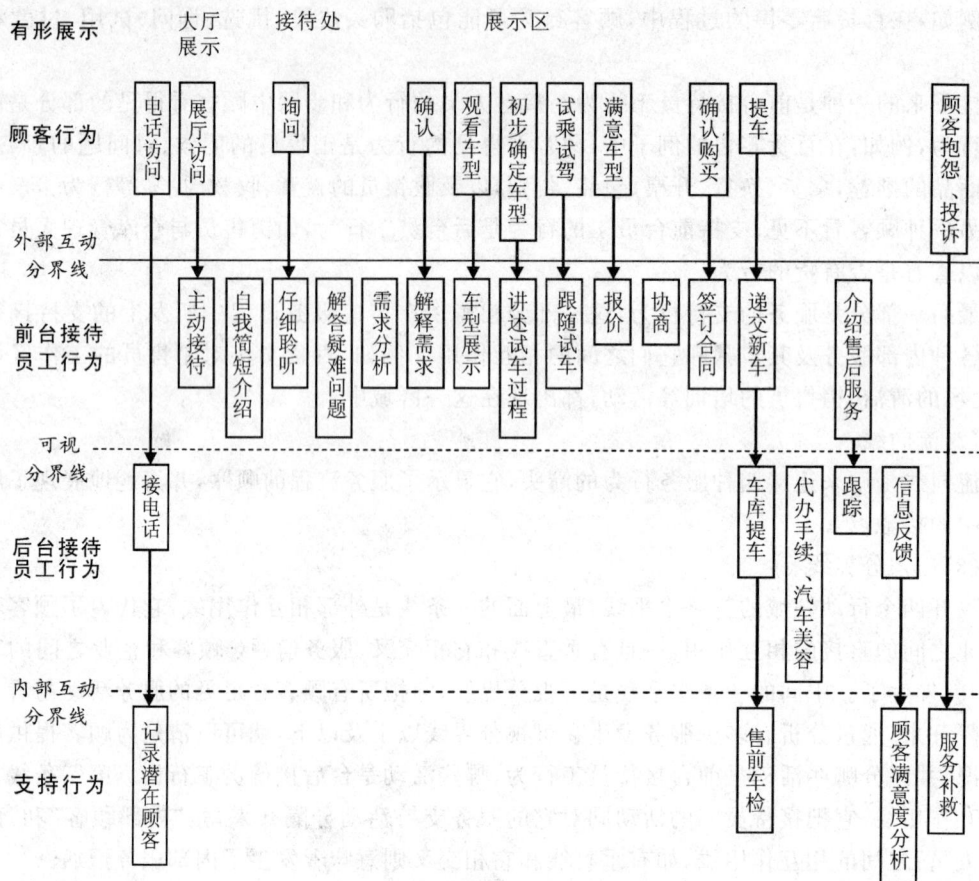

图12－6　汽车销售服务蓝图示例

3.零售服务蓝图的阅读与分析

有着不同的目的,可以有不同的蓝图阅读方法。总的来说,蓝图的阅读方法有三种:横向阅读、纵向阅读与全面阅读。

(1)横向阅读。其一,可以了解顾客对服务过程的观点。此时,阅读要跟踪顾客行为部分的事件进行过程,需要关注的问题是:服务是怎样产生的? 顾客有哪些选择? 在这一服务过程中,顾客是高介入度,还是低介入度? 从顾客角度出发,服务怎样才能有形展示?

其二,可以了解服务员工的角色。此时,阅读要集中在可视分界线上下的行为上,需要关注的问题是:服务过程合理、有效率吗? 哪些销售人员会与顾客有接触、接触什么时候进行、频率如何? 是一位销售员对顾客负责,还是顾客会从一位销售员转到下一位销售员?

(2)纵向阅读。可以了解服务过程中不同因素的组合,或是确定某一位销售员在整个服务流程中所处的位置。这样,能够弄清哪些服务内容、哪些员工在服务中起关键作用,还能够看到组织深处的内部行为与一线服务效果之间的关联。这时需要关注的问题是:为支持与顾客互动的关键环节,需要做哪些幕后工作? 相关的支持行为有哪些? 从一位销售员到另一位销售员的服务过程是怎样发生的?

(3)全面阅读。在进行服务再设计时,需要全面阅读服务蓝图。全面阅读蓝图,可以了解服务过程的复杂程度,以及如何改进服务流程,并从顾客的角度观察哪些流程的变化会影响员工和其他内部过程,或者反过来考虑。

4.蓝图的建立

零售服务蓝图的建立是一项复杂的任务,并不是某个销售员或某个管理人员就能完成的,甚至集一个部门的力量也不能完成零售服务蓝图的制定。服务蓝图的建立,会涉及零售企业的许多部门,而且需要将顾客的意见纳入考虑范围,这样才能绘制出一张令人满意的零售服务蓝图。图 12-7 给出了零售服务蓝图建立的基本步骤:

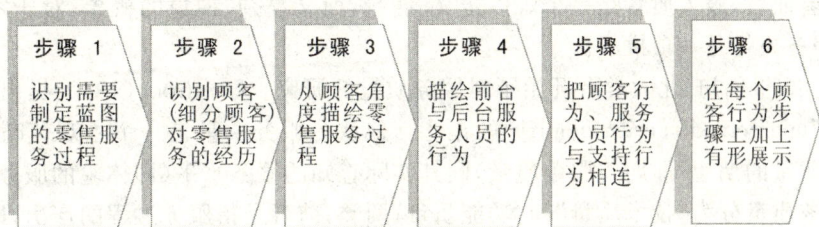

步骤 1	步骤 2	步骤 3	步骤 4	步骤 5	步骤 6
识别需要制定蓝图的零售服务过程	识别顾客(细分顾客)对零售服务的经历	从顾客角度描绘零售服务过程	描绘前台与后台服务人员的行为	把顾客行为、人员行为与支持行为相连	在每个顾客行为步骤上加上有形展示

图 12-7　零售服务蓝图建立的基本步骤

步骤 1:识别需要制定蓝图的零售服务过程。零售服务蓝图的制定可以在不同的水平上进行,在制定蓝图之前,需要确定需要制定蓝图的零售服务过程,以确保蓝图的制定在同一水平上进行。例如,可以绘制出电器销售的服务蓝图,而对于其中运送这一环节的详细情况,可以在子过程蓝图中给出详细解释。

步骤 2:识别顾客(细分顾客)对零售服务的经历。一般来说,不同细分市场的顾客需求是有所不同的。当不同细分市场的顾客需求差别较为明显时,就需要根据不同的需求开发不同的零售服务蓝图,以满足不同顾客对零售服务过程的不同需求。

步骤 3:从顾客角度描绘零售服务过程。该步骤主要是描述顾客在购买、消费和评价过程中执行或经历的选择和行为。该步骤的重点在于,要把注意力放在对顾客有影响的过程和步骤上,对"顾客是谁"达成共识,并就顾客如何感受服务过程进行细致的研究。研究表明,有时顾客所处的真正服务起点并不容易真正被发觉。例如,一些顾客在购买家用电器之前,可能会先浏览某些家电零售商的网站,查看相关产品的价格和他人评价,并打电话询问相关问题。因此,在开发家电零售服务蓝图时,在这个步骤上可以从顾客的角度把服务过程录制或拍摄下来,这样会大有益处。但是,通常情况是,零售管理人员和一线销售员工并不知道顾客在想什么,或是经历了些什么、看到了什么。

步骤 4:描绘前台与后台服务人员的行为。在这一步骤,首先应该画上外部互动作用线和内部互动作用线,然后从顾客和销售人员的角度出发,辨别出前台零售服务活动和后台零售服务活动。对于此步骤的活动,可以询问或观察终端销售人员的行为,并了解哪些行为可以被顾客看见,而哪些行为大都在幕后发生。

步骤 5:把顾客行为、服务人员行为与支持行为相连。此处的服务人员,既包括顾客可见的销售员、收银员,也包括在幕后工作的零售服务人员,统称为服务人员。在这一步骤,需要画出内部互动作用线,然后便可以辨别出服务人员与内部支持部门之间的联系。在这个过程中,内部支持行为对顾客的直接或间接影响才会显现出来。

步骤 6:在每个顾客行为步骤上加上有形展示。绘制零售服务蓝图的最后一步是在蓝图上加上有形展示,以显示顾客在零售服务过程中会看到的东西以及得到的有形物质。

第三节　零售服务质量管理

一、服务质量的概念

对于学者而言,服务质量是一个难以定义、测量,而又复杂、抽象的概念;对于零售业的从业者来说,服务质量是一项挑战。

20世纪80年代初,北欧学者开始了对服务质量的研究。Gronroos(1990)提出了"顾客感知服务质量"(perceived service quality)的概念。他认为服务质量是一个主观范畴,它取决于顾客对服务质量的期望(即期望服务质量)同其实际感知的服务水平(即体验的服务质量)的对比。他把服务质量分为"技术质量"和"功能质量"两类,前者是指服务过程的产出,即顾客通过服务所得到的东西,后者是顾客如何得到这种服务,提出作为过程的服务和作为结果的服务。同时,也指出了一些影响服务质量形成的因素。

Lewis和Booms(1983)把服务质量定义为:一种衡量企业服务水平能否满足顾客期望程度的工具。

美国营销学会(AMA)对服务质量所进行的大规模市场调查指出,服务质量是一个相对标准,而不是一个绝对概念,顾客对企业所提供的服务是否满意,取决于顾客事前的期待与其实际感受到的服务水平之间的比较。

中国零售企业服务质量的现状

在当前的买方市场环境中,留住既有顾客和挖掘潜在顾客是零售企业核心竞争力之所在,顾客的流失对企业利润的影响远远高于规模、市场占有率、单位成本及其他有关竞争优势的因素,近年来零售企业的服务质量状况虽然有了很大改观,但整体水平还是不高,与外资零售企业相比有较大差距,这些差距主要表现在以下几个方面:

1. 经营者服务意识不强

传统企业的经营观念属于交易过程驱动型,商家把注意力集中在如何满足顾客的现实需求以扩大销售上面。营销者只顾埋头寻找和吸引新顾客,增加当前销售额,而不管顾客在未来长期内是否有较大规模的潜在需求。许多企业向顾客提供服务的目的仅仅是把产品推销出去,而不是为了同顾客建立长期的友好合作关系。

2. 员工服务行为不到位

零售企业中员工服务行为的不到位主要表现在员工的服务态度和工作效率两个方面。由于管理人员忽视管理的艺术性,导致了员工服务态度不端正,缺乏热情,表现为"机械式"的微笑和"无感情化"的言谈。员工没有真正把向顾客提供服务当作自己的事业,而仅仅是在敷衍顾客。此外,员工的服务效率的意识也有待加强。

3. 服务环境营造较差

零售企业往往不重视顾客感官享受,细节工作常被忽略,顾客一进商场,就觉得灯光太亮,空气不流通。另外,各大商场在装修上"大同小异",严重同质化,无法给顾客带来新鲜感。休息设施、指示路牌、通信设施、配套服务等"人性化"细节工作没有做好,经常引来顾客的抱怨。

4. 服务质量体系不健全

这是指当前零售企业服务一般只跟"交易"有关,包括商品信息服务、包装服务、售后服务、人员服务,而改善购物环境、双向沟通、电子商务等先进的现代服务方式尚未普及。

资料来源:程娇.基于顾客价值的零售企业服务质量改进模式研究.中国商界,2008(5)

二、零售服务质量的顾客评价

(一)顾客期望

当顾客对零售商的服务质量进行评价时,通常的做法是,他们会将自己对零售服务的期望与自己实际感受到的服务相对比。当零售商提供的服务超过他们的期望时,顾客会觉得零售商的服务质量是不错的;而当零售商的服务不能达到顾客的期望时,顾客就会产生不满情绪。

顾客的期望是以自己的知识以及他们与零售商打交道的经历为基础的。例如,消费者希望超级市场能够提供免费的停车位,能够从清晨经营到深夜,拥有种类繁多而又便于寻找的新鲜商品,能够开架销售,并且提供快速结账柜台。消费者不希望过多的促销员站在过道里向你推销商品或是大声地叫嚷,他们希望的是一些有经验的销售员能够为自己提供各种有用的信息和帮助。

(二)影响零售顾客期望的因素

影响顾客对零售商店的期望的因素有很多。

首先,零售企业的口碑因素会影响到顾客对该企业的期望。例如,有些消费者可能跳过了好几个超级市场,而选择了一家比较远而且从没光顾过的超级市场进行购物,这可能是因为他听说这个卖场的氛围很好,而且物价也很便宜。在这种情况下,消费者的期望就受到了口碑因素的影响,从而形成了较高的期望。即使该超级市场提供了平均水平的服务(在通常情况下这是可以接受的),消费者在这种情况下也会产生不满的情绪。

其次,当顾客曾体验过某个百货商场的服务后,便会给顾客留下一定的记忆。当他再次在商场中购物时,如果现有的服务质量超过了上次的水平,顾客就会感到惊喜并觉得满意。因此,顾客与零售企业的第一次接触及多次接触所形成的服务体验,对顾客的期望形成也会产生显著的影响。

第三,零售卖场的环境也会影响到顾客的期望。当顾客走进一家商店时,如果商店的装潢十分高档,而且整个卖场的氛围也给顾客一种高雅的感觉时,顾客自然而然地就会觉得这家商店的服务质量也会比较高。而对于街边简陋的书报亭,大多数顾客都不会期望店主会提供多少服务。

最后,零售企业的营销策略也会影响到顾客的期望水平。传统的4Ps营销组合——产品、价格、渠道和促销是企业构筑竞争优势的有力武器,同时也会向消费者传达有关零售企业自身的信息。这四个营销组合因素都会影响到顾客对企业的印象和顾客的服务期望,零售商可以从这些方面来管理顾客的服务期望。例如,高价位在顾客看来就是高品质和高保证,而低价位往往会让消费者觉得实惠,但不一定可靠。

综合来看,顾客对于零售企业的期望在很大程度上受到口碑、服务体验、服务环境和零售商营销策略的影响,如图12-8所示:

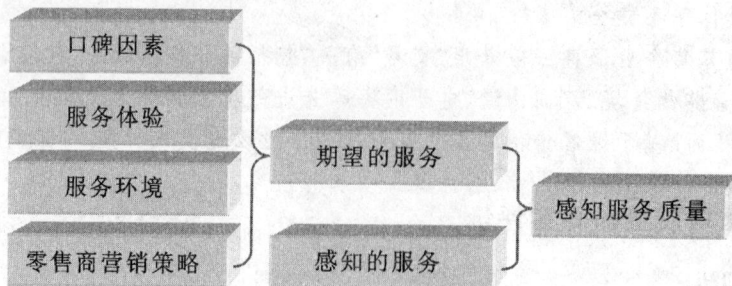

图 12—8　服务质量模型

(三)顾客对零售企业感知服务质量的评价

顾客对零售企业服务质量的评价是以预期为基础的,预期的服务水平会影响到他们对整体服务质量的感知。而预期的服务水平则是以顾客的感觉为基础的,因此,顾客对零售企业的评价往往是基于他们的感觉的。下面列出了顾客用来评估零售服务的一些要素。

顾客用来评估零售服务的尺度

可视服务　　　　　　　　　　　礼貌
◇商店的外观　　　　　　　　　◇员工的友善
◇商品的展示　　　　　　　　　◇对顾客表现的尊敬
◇销售人员的外观　　　　　　　◇对顾客表现的关心
了解顾客　　　　　　　　　　　亲切度
◇给予个别注意　　　　　　　　◇完成交易所需的最短等待时间
◇识别老顾客　　　　　　　　　◇方便的营业时间
安全性　　　　　　　　　　　　◇便利的位置
◇停车场地的安全　　　　　　　◇能否与商店经理商讨问题
◇交流和交易的保密度　　　　　胜任能力
信任度　　　　　　　　　　　　◇知识丰富和技术熟练的员工
◇信守承诺的名声　　　　　　　◇回答顾客提问的情况
◇推销人员的可信度　　　　　　反应
◇提供的担保和保证　　　　　　◇回复顾客电话
◇退货政策　　　　　　　　　　◇给予迅捷的服务
提供给顾客的信息　　　　　　　可靠性
◇服务项目说明及其成本　　　　◇账单的准确性
◇提供给顾客的票据　　　　　　◇在预定的时间提供服务
◇对解决问题做出的保证　　　　◇完成销售交易过程的准确度

在顾客的对服务质量的感知过程中,有两个因素起着很重要的作用——商店雇员和店铺设计,这是顾客购物过程中会直接面对的两个方面。

1.商店雇员

顾客对零售企业服务质量的评价通常是以商店员工提供服务时的态度为基准的。让我们想象一下下面的两种情形。在这两个情形中,相同的是某位顾客要求退换一把昨天在该卖场购买的不能正常工作的剃须刀。不同的情况是,第一家卖场规定,顾客退换货,首先要出示发票或收据,以验证商品是否是在本商场购买的;其次,销售员需要检查商品,以确定商品确实不能正常使用,而且不是因为顾客使用不当而造成的;再次,销售员还需要询问管理人员,是否能够退换该商品;第四,在获得批准后,还需要顾客和销售员填写相关的退换货单据;最后,顾客才能获得现金退款。而在第二家卖场,销售员只是简单地询问了顾客购买该商品所支付的货款数额,然后就支付给顾客相应的货款。在这两个例子中,结果是一样的——顾客获得了货款。但是,第二个卖场顾客的满意度肯定大大超过了第一个卖场顾客的满意度,他便捷而又迅速地获得了货款。因此,作为最终面对顾客的销售员,其表现在很大程度上影响了顾客对零售服务质量的感知,并会进一步影响顾客对服务的最终满意度。

2.店铺设计

在顾客购物过程中,卖场的设计所营造的氛围对顾客的服务体验会产生重要影响。毫无疑问,周围环境会对消费者的购物心情产生影响。相同的服务质量,对于一个愉悦的购物者来说,可能代表了高品质的服务,而对于一个心情很糟糕的顾客来说,这可能是一个灾难。

在一些零售业态中,顾客并不需要销售员的多少帮助,或者说他们只是在一些特殊情况下需要向销售员询问相关信息。这些顾客在购物过程中,有着明确的目的性,他们对于自己需要购买的商品十分了解,他们唯一需要的服务就是能够快速地找到自己所需要的商品。对于这些顾客来说,散布于商店各个角落的商品布局标志和指示牌就变得十分重要了。

百思买"She"门店的另类魅力

百思买 10 月 4 日在美国丹佛东南郊区开设了一家不同以往的"另类门店"。它被称为"Alternative(另类)",而不是"Different(与众不同)"或"Maverick(标新立异)"。唯有店铺设计、布局、服务理念及定位均打破常规的门店才能称其为"另类";唯有"另类"才足以诠释这一家"彻头彻尾"洋溢着浓浓女性气息的"She"门店。

门店设计

告别充满忧郁、压抑、沉闷、昏暗老人气息的仓库式蓝色内饰,自然光线透过几何状分布的硕大天窗洒落在柔软的蓝色地毯通道及货架地面之上,放眼而望灰色的金属货架包裹的那一层细木镶边,您的心情自然惬意放松,您的脚步自然轻松闲适,购物的心理负担一扫而空,回归自然亲近生命真谛的内心欢喜则油然而生。当您步入按照家居实景巧妙布置的"现代家电家居生活样板间",那种"宾至如归"的幸福感觉将难以抑制。软照明、生活感以及更中性的色彩色调视觉体验,这就是百思买最新推出的完美融合"自然"、"生命"、"家"、"环保"、"健康"等设计元素的"She"商店。从商店环境到门店雇员,百思买均进行了大胆的"变革和尝试"。而这正是百思买依据深入当地消费者中所收集了解到的资料数据,所采取的极力满足当地市场特殊需求的必然举措。因此,该门店的设计理念中大量融入了反映科罗拉多州居民生活方式的个性化元素,尤其是该店面装修风格充分采纳了当地居民所提供的建设性建议,使得百思买"现代家电家居生活样板间"充满了科罗拉多州"家"的情调。

销售员

该公司邀请了 40 名当地女性客户成为他们的兼职员工,而该店总计 90 名全职、兼职员工则清一色由女性雇员组成。继母亲节期间高调宣称:Don't Guess What Mom Wants This

Year,Ask Best Buy!（不要猜测老妈今年想要啥，去问百思买！）之后，深谙"Customers be the best sales"（顾客是最好的销售员）零售商哲学的百思买，在"She"营销方面迈出了前所未有的一大步。之所以这样说，是因为该门店系百思买自去年2月份推行"Director of Winning With Women"（妇女致胜导向）战略以来，所推出的第一个新概念门店，在"战略落地"表现方面具有重要的意义。

随着MP3播放器、数码相机以及笔记本电脑的普及，妇女在电子产品采购决策方面影响越来越大。美国消费趋势调查专业机构NPO集团9月23日发布一项研究报告指出，85%以上的美国少女表示，相比较2007年她们在消费电子产品，玩视频游戏、电脑游戏方面花费了更多的时间和金钱，而这正是娱乐软件占其总销售量近20%的消费电子零售商百思买所需要的。女性顾客无论是25岁以上的家庭主妇、14～25岁的妙龄少女，还是2～5岁的学龄前儿童、9～12岁的青春期少女，都将是百思买"She"门店的目标顾客群。但是，百思买公司更愿意这一家新概念门店，在做到极力提升女性顾客消费体验的同时，并没有将"男人拒之门外"，而是把她们的儿子、丈夫"一网打尽"。让女人主宰消费、百思买引导消费潮流，这才是百思买推出女性化电子产品零售商店的最终目的。"有史以来百思买在顾客亲和力方面的表现都非常棒！"百思买女性致胜店铺营销战略的倡导者Sorvari Bucklin说。

资料来源：端木清言.百思买"她（She）"门店的另类魅力.品牌，2008(10)

三、零售商服务质量改进

大多数零售商希望他们提供的服务能够使顾客满意，因此他们往往会制定一系列的服务标准，并极力希望消费者能够享受购物过程，体会到他们的贴心服务。但即使这样，也还是会有许多不满意的顾客，而且有些顾客不满意的原因甚至会让零售企业摸不着头脑——自己明明为顾客细致服务到了每一个角落，顾客的回应却是：你们太过热情了。

（一）零售服务质量差距模型

零售商竭力想为顾客提供完善的服务，消费者却无动于衷。究其原因，是因为在零售管理层、服务人员以及消费者感知和期望之间存在着一定的差距——零售服务差距。零售服务差距是指顾客对零售服务中的期望与对实际交付的服务感知之间的差距，它的产生是零售服务研究、制定、沟通、执行各环节所产生的差距总和，来源于零售服务过程中的认知差距、标准差距、交付差距、沟通差距。图12-9给出了零售服务质量的差距模型。

要想消除零售服务差距，零售企业必须消除或努力缩小以下四个差距：

(1)认知差距：顾客实际的期望与零售商认为的顾客期望之间的差距。

(2)标准差距：零售商对顾客期望的感知与其针对顾客服务交付所制定的服务规范之间的差距。

(3)交付差距：零售商针对服务交付所制定的服务规范与实际交付的服务质量之间的差距。

(4)沟通差距：实际交付的服务质量与零售商对外沟通中所描述的服务质量之间的差距。

最后，零售服务差距是认知差距、标准差距、交付差距、沟通差距的函数，零售服务差距会随着任何一个差距的增加或减少而发生同方向的变化。

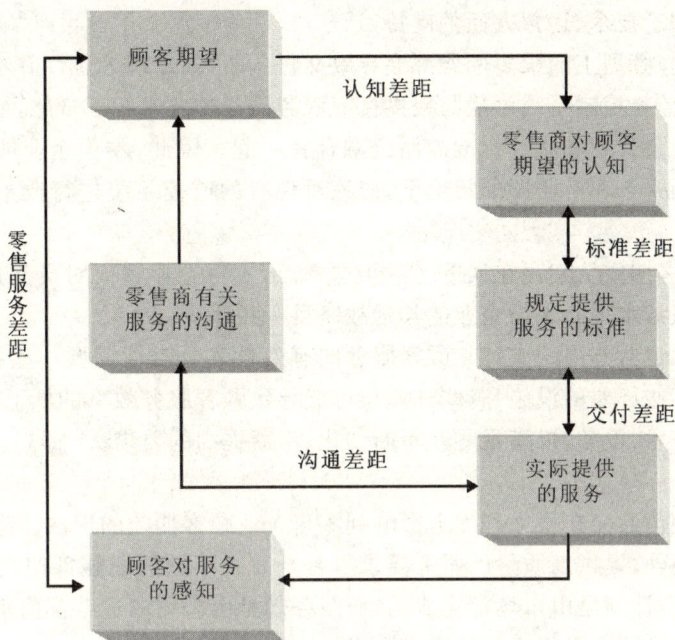

图 12－9　服务质量的差距模型(适合零售业)

资料来源:改编自 Parasuraman，Zeithaml 和 Berry 等(1990)

(二)零售服务差距改进

1.认知差距

在顾客期望方面,零售商总会自认为很了解顾客期望,然而事实上并不是这样。要解决这个问题,零售企业需要让管理层多与顾客人群接触,并向它们提供更多充实的调查结果。市场调查可以帮助管理层更好地理解顾客的期望和企业所提供服务的质量。获得这些信息的方法可以是综合调查,也可以是简单地询问顾客一些有关商店服务的问题。

2.标准差距

当零售商清楚了顾客的期望是什么后,下一步就需要利用这些信息来制定相关的服务规范和标准。为消除或缩小标准差距,零售商需要做好以下工作:

(1)确保提供优质的服务。要确保顾客能够得到优质的服务,需要在三个环节加以努力。首先,只有当高层管理者提供指导并显示执行的决心时,才会产生优质服务。其次,虽然高层管理者设置了服务质量标准,但是商店管理者才是执行这些标准的关键,管理者们必须看到他们提供优质服务的努力受到重视和奖赏。最后,店面员工通过提供优质的服务获得可观的报酬,优质服务才能真正实现。

(2)发展解决服务问题的创新决策。对于一些尚未满足或是新产生的顾客需求,需要零售商富有创意地思考或是运用一些技术手段来加以解决。

(3)制定服务目标。为保证提供优质服务的连续性,零售商需要通过制定目标或标准来指导员工。这些目标应该是具体的、可度量的、由大家共享的并由员工参与制定的,这样的目标才会具有特别的激励作用。

3.交付差距

导致零售交付差距的原因有很多,总结起来,可以分为三类:管理不力,员工对顾客期望认知存在误差以及缺乏技术、运营方面的支持。

（1）管理不力。管理上的很多问题都会导致交付差距，如管理者也许并不支持和鼓励改进质量的行为，或是监督控制系统可能与提供良好服务质量的要求相互抵触，或者监督和奖励机制的建立没有与质量计划和服务标准的制定融合在一起。因此，零售企业的管理者应该消除这些产生冲突的因素。在有需要的情况下，应该对现有的监控系统进行改革以使其与服务质量标准相匹配。

（2）员工对顾客期望认知存在误差。对于这一点，零售企业需要对员工进行有效的培训，以使员工认识到服务水平必须与企业的长远战略目标相适应。

（3）缺乏技术、运营方面的支持。顾客服务的有效性和及时性需要一些技术上的支持，当零售企业缺少了某些必要的设施和设备时，很可能导致顾客服务效率的低下。因此，零售企业需要适时地更新技术、设备，以满足顾客不断变化、不断提高的要求。

4. 沟通差距

与顾客之间的沟通会在很大程度上影响到零售企业顾客期望的形成。除了要与顾客进行有效而准确的沟通外，提供高质量的服务要求零售企业在不同的职能部门之间也要进行良好的沟通。例如，广告计划是由市场部完成的，而服务却是由公司的运营部门负责的。这些部门之间的不良沟通会导致广告行为与商店实际提供的服务不相匹配。

在与顾客的沟通方面，零售企业需要有效地控制顾客期望。在广告宣传中，要能够引起顾客的购买兴趣，但不能使得顾客期望值过高。有效的沟通可以让顾客真正了解公司能够提供的服务，同时也让顾客了解他们在接受服务方面的作用和义务，也可以向顾客提供一些建议，以使他们能够获得更好的服务。

第四节　零售服务人员管理

著名服务专家伦纳德·贝利（Leonard Berry）曾写到，对员工的成功投资是许多公司持续成功经营的关键驱动因素。原因何在？为什么大型零售企业往往选择向员工大力投资？让我们先看看下面这些真实故事：

- 一位施乐公司的服务工程师在给顾客送一台复印机时，发现顾客需要一张桌子放置复印机。尽管桌子并没有订购，服务工程师还是驱车到当地百货商场购买了一张合适的桌子，价值65美元。顾客非常高兴，服务工程师也同样感到满意。

- 一位环球信用卡服务公司（Universal Card Services）的电话服务员接到一位丈夫的电话，他的妻子得了老年痴呆症，并且离家出走，他希望通过追踪妻子使用环球信用卡的记录找到妻子。他要求电话服务员对信用卡进行控制，一旦发现使用该卡，立即打电话通知他。大约一周之后，服务员与这位丈夫取得联系，在医生与警察的帮助下，走失的妻子回到家中。

- 一位顾客为孩子购买了3盒惠氏奶粉，并获赠一张光盘，孩子很喜欢这张光盘。但回到家后，却发现光盘不见了。于是孩子母亲与销售员联系，销售员答应会帮忙寻找。第二天，销售员告知这位母亲，并没有找到，但可以再免费送一张光盘给这位母亲。她感到非常满意，并表示会一直购买惠氏的产品。

从上面的故事中不难看出,在使顾客满意和建立与顾客的关系过程中,服务员工担当了重要的角色。在零售企业中,一线服务提供者都对其所代表组织的成功起到了巨大的作用。

一、零售服务员工角色

与舞台上的演员一样,零售服务员工在卖场中也会扮演一定的角色。在员工上岗之前,零售企业会规定员工所扮演的角色,这些角色多种多样,主要视服务传递过程中的要求而定,并在职务说明中作出交代。但是,在实际的服务过程中,往往会出现与设想不一致的情形,如角色冲突、角色模糊和角色过度。

(一)角色冲突

零售一线员工的角色可以分为三种:对零售商的角色、在零售服务传递过程中的责任和对顾客的责任。在大多数情况下,这些角色是一致的,但有时候它们也会发生冲突。例如,某家电卖场的空调安装人员上门安装的规定时间是 1 小时,但顾客在安装完成后却要求安装人员留下来提供一些使用建议和注意事项,在这种情况下,安装人员就需要在保持安装进程与提供优秀的顾客服务之间做出选择。在零售服务人员提供服务的过程中,角色冲突的情形时常会发生。一般而言,零售企业的利益最重要,但是实际上,有经验的零售服务员工都会偏向于满足那些日常接触的顾客要求。在上述情形中,安装员工会给顾客仔细讲解,然后在接下来的安装过程中努力弥补这些时间。如果员工确实无法协调组织要求和顾客要求,员工可能会感到挫败、压抑和不确定。

(二)角色模糊

零售服务人员角色冲突的一个常见原因是角色模糊,即组织对服务员工的期望不明确。例如,没有明确规定某个职位的工作职责和范围,员工没有决策权力或绩效评估不当,都会引起角色模糊。当出现角色模糊的情况时,员工会感到自己不受组织控制了,可以完全由自己决定。在某些情况下,这也许并不是什么坏事,因为他们可以自如地应对顾客的各种需求。但与此同时,员工也可能变得不确定,不知道自己在做什么,就算提供服务也只是浪费时间,而不是改善服务绩效。零售管理人员一定要认真处理一线人员的角色模糊,避免使员工偏离服务传递过程和组织战略的方向。

(三)角色过度

当一线零售员工提供的顾客服务存在很多可变因素时,他们就会处于角色过度的境地,即员工被各种关于服务时间和资源的要求所淹没,无法提供成功的服务过程。例如,当商场出售了一批存在质量问题的商品而遭到众多的顾客抱怨和投诉时,零售员工就会面对许许多多不满的顾客;同样,当网络零售公司的系统出现问题时,公司的软件工程师也会被各种问题所吞没。在这种情况下,员工也许会停止工作或是在压力下犯错误。因此,管理人员要提前估计这种情况,追加各种资源,如加派人手、将顾客分流,甚至短时间内暂停服务。

二、零售管理者角色

管理零售商店的员工是一项富有挑战性的工作。零售商店的管理者往往工作时间较长,不仅要控制费用,还要能够有效地激励员工。

零售商店管理者的职责如表 12—4 所示,其职责主要包括 5 个部分:管理员工、防止存货损失的发生、管理商品、提供顾客服务和控制存货水平。

表 12-4　商店管理者的职责

管理商店员工	提供顾客服务
招聘和培训	控制存货
社团化和培训	记录商品
激励	接受和开票
考评及提供建议性反馈	点数存货
奖励和报酬	防止员工和顾客偷窃造成的损失
管理商品	
陈列商品	
与采购人员共同工作	

零售防损

"拿者无心，抓者有意"，在开放的自选式零售企业——商店、超市内，第一大防损难题就是顾客们或有心或无意的夹藏、顺带。据业内人士透露，国内一般超市每年由于盗窃所遭受的损失几乎都超过 3‰，有的甚至高达 5‰，这对本身利润微薄的超市来说无疑是吞噬了很大的利润额；而且小贼们的手段五花八门，方法也层出不穷。因此，各大超市内几乎都设有专门的防损员、保安等岗位，并不惜重金安装各类防盗设备，这些超市猎人们时刻与活跃在超市内部和外部的小贼们进行脑力和智力的较量。

盗窃类型四五种

不知隐匿何方的摄像探头、完善的电磁设备、各种规格的磁条、软硬标签等一系列防盗设备，就像严密的天罗地网将超市保护得密不透风，但这仍挡不住各店每年居高不下的损失率。经常与小偷斗智斗勇的超市将小贼们分为团伙型、恶意型、顺手牵羊型、贪图小便宜型等各种类型。其中使超市损失最大的是恶意型、团伙型盗窃。例如有的窃贼会穿很大的裙子，除了遍布全身的口袋之外，甚至还会挂满挂钩，并在摄像头监视不到的角落撕掉标签、条码等；有的则采取倒换包装的方式，比如将黑人、佳洁士、竹盐与田七、中华等不同价位的牙膏包装互换，堂而皇之地在收银台结账，成功地偷龙转凤；有的窃贼还乔装孕妇，将商品装进"肚子"。另外，出于贪图小便宜或者羞愧心理，一些随手可拿的小件商品、药店内的计生用品等也频遭黑手；而对于以经营食品为主的超市来说，并不属于偷盗范围的"品尝"也让超市蒙受了相当一部分损失。在众多的商品中，奶粉的"遭贼率"可谓是最高的，主要还是因为奶粉的单价较高，便于携带。

内损占到一半

与外部损耗相比，最让各商家头痛的还是内部人员的监守自盗，大部分超市的内损外损率几乎是平分秋色，一些管理不到位的超市甚至内损占比更高。在内损中最容易出现问题的环节是收银台。由于收银员岗位的特殊性，高价低扫、低价漏扫、大件商品只按单只结算（例如纸杯，有的条码是单只价格，而一套纸杯的正确价格需要用单价乘以整件商品的数量）；如果超市的信息系统不完善、盘点不及时，这样的损耗就很难被发现。另外，除收银这条线外，卖场内的保洁、保安人员，收货区的搬运工人等都是内部防损需要严密管理的对象。这些熟知超市管理流程、最能掌握卖场死角、清楚超市薄弱环节的内部员工往往容易造成更大、更严重的损失。

兵来将挡、水来土掩，那么盗贼来了，超市应该怎么管呢？据了解，根据卖场面积、经营商品、企业文化等各方面的差异,各企业的防损办法也不尽相同,但其中提高超市自身管理水平、加强员工教育培训是众多企业的共识。

防损建议

Ⅰ　加强硬件的投入、管理,对软标、硬标每天都进行测试,而且常年坚持。设备投入使用后,关键是要好好利用,有些超市的设备是在摆样子,或者是假设备,或者安装后并不注意使用,这就给小偷提供了漏洞。

这里有一个有趣的例子:某超市抓住一个小偷后问他还去什么地方偷过,小偷回答说去过某超市。工作人员诧异道,那家超市的摄像头到处都是,你怎么还敢去? 而小偷却很不屑地说:"他们家的摄像头连电线都没有,蒙谁呢!"

Ⅱ　对于恶意的盗窃行为,一些超市还发明了自己的通缉备案策略。如果发现超市内大宗物品丢失,通过监控录像锁定作案窃贼,将其身材、长相、穿着等特征通过光盘、照片等形式发到每个超市的店长、防损员的手中,甚至还将截图放到收银员的电脑上,进行通缉;并且还按偷盗数额的大小划分通缉等级。在这种连锁的通缉下,有些小偷还没进卖场就会被员工认出,并被扭送公安机关。

Ⅲ　对于内部人员的偷盗行为,可以建立一定的举报机制来降低被盗率。在每个门店都设有总经理信箱,员工可以对任何事情进行投诉。超市在制定销售奖励上,可以施行除了优秀员工的个人奖励之外,还根据总体销售额的提升对全员进行奖励的政策,如果因为某个员工的偷盗行为使销售额下降,那么所有员工的奖金都被取消。内部偷盗行为不仅是偷了企业,同时还在一定意义上偷了其他的员工,这样有利于员工互相监督。

Ⅳ　对于内部防损来说,收银线是一条很重要的通道,而且也是最难防的一条通道。对此,超市可以加强上下班时间员工通道的核检,制定员工下班购物的流程,设立专门的员工通道,采取员工下班到专门的收银台去付钱等方式来控制内损。

资料来源:杨金龙.超市防盗 内外兼顾.中国商贸,2008(6)

三、零售员工管理

零售企业服务员工管理一般包括4个方面:招聘选拔、培训、激励和绩效考核。如图12-10所示。

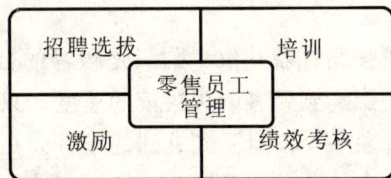

```
┌──────────────┬──────────────┐
│  招聘选拔    │    培训      │
│      ┌───────────┐          │
│      │ 零售员工  │          │
│      │   管理    │          │
│      └───────────┘          │
│   激励       │   绩效考核   │
└──────────────┴──────────────┘
```

图 12-10　零售企业服务员工管理内容

(一)招聘选拔

零售企业在选拔零售员工(主要指销售员)时,主要考虑四个方面:性别和年龄,个性,知识、才智和文化程度,经历。

1.性别与年龄。招聘和选拔销售员时,对申请人的性别、年龄的考虑是十分重要的。不同的行业,对销售员的性别、年龄的要求是不同的。例如,音像制品的主要消费群体是青少年,选用30岁以下的销售员较为合适;而高级妇女时装商店的主要目标群体是高级职业女性等,一般不选用文化素质低、年龄过大的妇女。

2.个性。对于销售人员来说，有着良好的个性是很重要的。零售企业需要那种待人友好、自信、稳健和富有风采的个性，这些可以通过与申请人的个人交谈或有关个人的材料来了解。

3.知识、才智和文化程度。零售商店销售的许多商品在技术上是比较复杂的，具有丰富商品知识的销售员对商品的销售是很有帮助的。另外，销售员要对顾客的各种询问做出满意的回答，也需要有一定的文化知识。

4.经历。考察销售员业务能力的最可靠的依据之一是他以前的工作经历，主要是从事销售工作的经历。当然，有许多年轻人是第一次求职，对这些申请人，可以根据他们个人的特点以及显露出来的雄心、干劲和职业道德来做出评价。

(二)培训

销售技巧培训的内容包括心理、语言、行为等多方面。具体来说，以下内容是必须学习的：

1.商品专业知识

销售人员要把自己负责的商品销售出去，就必须了解和熟悉商品的各种特性，特别是家电、化妆品、服装等专业性较强的商品，顾客会把销售人员的意见看得比较重要。如果自己对商品的专业知识都不了解，很难取得顾客信任，自然就难以完成销售任务。所以，对商品专业知识的学习是销售技巧培训的第一步，也是基础工作。

2.顾客心理分析和掌握

到店里来的顾客形形色色，有的是有明确购买意向的，有的是随便看看。面对各种各样的顾客，如果有效地分析和筛选有价值的对象，进而提供有针对性的服务，是促成销售的重要一环，这就对销售人员的观察力、分析力和反应力提出了要求，也是销售技巧培训的一个很重要的内容。

3.语言能力

销售员在实际销售过程中，很重要的一点就是沟通能力。良好的沟通能力能够打动顾客，但不适合的语言却会使顾客不满。对什么样的顾客说什么样的话，在什么场合说什么样的话，不是一件简单的事情。从一定意义上说，所有的销售技巧都是要依赖语言体现出来的，作为最有效最直接的载体，语言能力对销售的影响是不言而喻的。销售人员也必须在语言能力的训练上下苦功。

4.商务礼仪

在现代销售行为中，越来越强调礼貌礼仪。购买是顾客的行为，不是强买强卖就可以的，销售人员让顾客的感觉如何，会影响到顾客购买决策的速度。只有当顾客受到礼貌的对待时，顾客才会乐意购买产品，很难想象一个没有受到礼遇的顾客会在店里花一分钱。

　　沃尔玛雇佣当地人，给予训练，并鼓励他们提出问题。公司非常重视对职工的培养和教育，在总部和各级商店开设各类培训班，利用晚间上课；并设有沃尔顿零售学校、萨姆营运学院等培训组织，专门培养高级管理人员。沃尔玛还非常注重提高分店经理的业务能力，并且在做法上别具一格。沃尔玛的最高管理层不是直接指导每家分店负责人该怎样做生意，而是要创造一种环境，让分店经理们从市场、从其他分店学习这门功课。例如，沃尔玛的先进情报资讯系统，为分店经理提供了有关顾客行为的详细资料。此外，沃尔玛还投资购置了专机，定期载送各分店经理飞往公司总部，参加有关市场趋势及商品采购的研讨会。后随公司规模的持续扩大又装置了卫星通信系统,公司总部经常召开电话会议,分店经理无须跨出店门便能和其他分店彼此交换市场信息。沃尔玛正是通过其独特的培训方法,迅速提高了其员工的能力和业务水平。

(三)激励

在员工接受了最初的培训之后,管理者必须对员工进行适当的激励,促进他们实现业绩目标。对于商店管理者来说,激励员工发挥出他们的最大潜能是一项具有挑战性而又十分重要的工作。

1.提高员工的工作积极性

销售人员的积极性对商店的销售业绩有着非常显著的影响。当销售情况很好而且员工得到充分激励时,员工的积极性会明显提高,销售业绩也会进一步提高。但在激励不充分的情况下,销售业绩降低,员工积极性也会随之降低,进而导致更低的销售业绩。

管理者可以在商店或部门的集体会议上来激励员工。在会议上,管理者可以传达关于新货品和计划的信息,还可以征求员工对管理制度、引进新产品、销售方式的建议和意见。

此外,管理者还可以采用弹性工作制、工作共享来提高员工的积极性。弹性工作制使得员工能够选择自己的工作时间和安排工作日程。通过工作共享,两名员工可以自愿负责以前由一人承担的工作,帮助员工协调他们的工作和非工作任务。

2.制定销售目标

只有在获得以下感觉时,销售员才会改进他们的表现:(1)他们通过努力可以实现管理者为其设立的销售目标;(2)如果顺利完成了销售,他们可以获得令自己满意的报酬。因此,管理者需要为员工设定切实可行的目标和支付给员工他们希望的报酬来激励员工。

管理者对销售目标的制定需要谨慎。如果目标过高,销售员会感到泄气,就无法受到激励,甚至会放弃达成目标的努力。如果目标设置得过低,销售人员可能会轻易地完成任务,也不会由于激励而发挥他们的所有潜力。

3.酬劳激励

销售员从工作中能获得的既有外在奖励,也有内在奖励。

外在奖励是指由管理者给予员工的奖励,如报酬、提升、公开表彰等。管理者可以通过一系列的外在奖励来激励员工,但是并不是所有的商店员工都寻求同样的奖励,某些销售员想获得更多的物质奖励,而另一些人则可能更倾向于获得提升或上级的公开表彰。

内在奖励则是指员工个人从干好工作中得到的乐趣,如销售员喜欢销售工作通常是因为他们认为这是一项充满挑战的工作。如果销售人员在完成销售目标后,只是重复不断地从公司获得自己的报酬,那工作的内在乐趣就会降低。因此,管理者可以通过举办竞赛并给予小额奖励等方法来提高销售工作的趣味性,避免使销售员感觉工作过于枯燥。

员工利益与沃尔玛紧紧相联。除了让工资奖金与员工自身的工作业绩挂钩外,沃尔玛还实行职工入股、利润分享等制度。沃尔玛的员工为合伙人,坚持让员工从公司的成长中获得好处。沃尔玛的最大股东是员工分红信托基金组织。1977 年,该基金只有 440 万美元,到 1983 年已达 9850 万美元,随着沃尔玛的成长,该基金也不断增加。1982 年,沃尔玛发给每一位员工的红利,相当于其年薪的 5.6%。此外,沃尔玛的员工可以利用扣薪的方式购买公司股票,公司补助 15%的价款。沃尔玛股票从 80 年代开始成为纽约证券交易所的明星,从 1977 年到

1987 年,股票价格上涨了 20 倍,1992 年,沃尔玛公司董事会宣布实行自 1971 年以来的第 10 次一分为二的股票拆细,20 年的股票回报高达近 4000 倍。参加股票购买方案的员工都得到了丰厚的回报。正因为沃尔玛与员工利益紧密相联,沃尔玛的每个基层店,都挂有这样的标记牌"今天我们公司的股票价格,就靠我们的工作"。员工具有强烈的归属感和自豪感。沃尔玛的员工不是被称为"雇员(employee)",而是被称为"合作者(partner)"或"同事(associate)"。从总裁到营业员,每一位员工左胸前都佩戴着工作牌,除姓名外更醒目地印着"我们的员工与众不同"。为提高员工士气,沃尔玛还设有一连串奖励办法,如地区明星奖、特殊区域明星荣誉榜、销售竞赛奖、百货销售荣誉、控制损失奖等。得奖人的姓名和照片都会刊登在公司刊物《Wal-Mart 世界》上。

(四)考核

员工的考核一般是由商店的人力资源管理部门设计的,但考核工作本身则是由员工的直接上级及与该员工工作最直接的管理者来完成。

大多数零售商每年或每半年考评一次员工。通过考评得到的反馈是提高员工工作技巧最有效的途径。因此,当管理者准备提高不熟练员工的技能时,考评更需要经常地进行,但是,过于频繁的考评会花费管理者大量时间,而且会导致员工没有足够的时间来消化得到的建议。因此,管理者一般采用经常进行非正式考评的方法作为正式考评的补充。

第五节 零售服务失误与补救

| 9% | 19% | 54% | 82% |

你也许对以上的几个百分数感到困惑,为什么在一节的开始放上这么几个毫无规律的数字?

这是美国消费者办公室(TARP)的研究结果:在批量购买中,未提出批评的顾客的重复购买率为 9%;抱怨未得到解决而重复购买的为 19%;抱怨得到解决而重复购买的为 54%;抱怨得到快速解决的,其重复购买率达到了 82%。

这样,谈到服务失败,你还会忧心忡忡吗?

一、零售服务失败

(一)零售服务失败的类型

中村卯一郎(1992)根据自己曾经在百货公司工作、实际面对顾客的经历,总结了顾客对百货公司的四类抱怨:(1)由商品不良引起的抱怨,包括品质不良、制造上的瑕疵、商品的安全性与商品标识不全等。(2)由服务方式引起的抱怨,包括态度恶劣、用语不当、说明不足、运送不当、礼品包装不当与新兴推销或销售方式等。(3)使用不习惯的新产品、新材料产生的抱怨,包括因为顾客对于新产品或新材料的特性不熟悉,导致使用后产生问题。(4)顾客误会或错误时所产生的抱怨。

Kelly、Hoffman 和 Davis(1993)以零售业为研究对象,对 661 件案例进行分析,针对 Bitner

等(1990)所提出的分类,做进一步分析,并增加了产品失误的员工反应,故将零售顾客抱怨原因归纳为三大类共 15 项:(1)服务传送系统或产品失误的员工反应,包括服务政策失误、缓慢或未提供服务、系统定价、包装错误、缺货、产品缺陷、持有灾祸、产品送修错误、坏消息等。(2)顾客需求及要求之员工反应,包括特殊订单或要求、顾客选购或使用错误等。(3)员工自身行为所造成的错误,包括记账错误、偷窃揭发、员工制造的窘境、员工注意力失误。

根据以上研究,再结合零售企业的实际情况,我们将零售企业服务失误的成因归为以下三个方面,概括如下:

1.服务提供者的原因。首先是管理制度的失误。具体表现:组织目标缺乏明确性;管理者对顾客需求分析存在偏差;制度设计存在"服务于企业而不是顾客"的观念失误;服务标准复杂或苛刻导致管理混乱。其次是员工失误。具体表现:员工缺乏顾客服务意识,导致顾客受到不公正的待遇,或者服务承诺缺乏(过高)而引起失误;员工对服务流程缺乏熟悉,导致服务迟缓;员工的情绪化严重,导致服务态度恶劣。第三是沟通失误。具体表现:管理者与供应商缺乏沟通,出现断货、换货无效等问题;管理者与内部员工缺乏沟通,导致对立和冲突发生;员工与顾客的沟通失误。

2.顾客的原因。由于服务具有生产与消费的同时性特点,在很多情况下,顾客对服务失误也具有不可推卸的责任。首先,顾客的服务期望过高。在顾客的服务期望中,既有显性期望,也有隐性期望,还有模糊的期望。一方面,由于零售企业长期持久的刺激,使顾客对于企业的服务质量有了较高的期望;另一方面,由于顾客对自身购买力以及身份角色缺乏准确的判断,导致对自身期望过高。其次,顾客与员工的沟通存在问题。顾客有时无法准确表述自己对服务的期望,由此形成的后果是服务的失败。服务一旦失败,再好的服务过程都不会有任何意义。

3.不确定性因素的影响。在企业提供服务的过程中,一些不确定性因素比如停电、机器故障等原因,也会造成顾客的不满。由不确定性因素,特别是自然灾害等不可抗力所造成的服务失误都是不可控的。

(二)零售服务失败的顾客反应

面对零售企业的服务失败,顾客首先会自问:是谁导致了这样的结果。如果顾客将服务失败的原因归结为自己,那就不会引起顾客多大的不满或情绪。但是,当顾客认为是零售企业或员工造成了服务失败时,顾客就会做出如图 12—11 所示的反应。

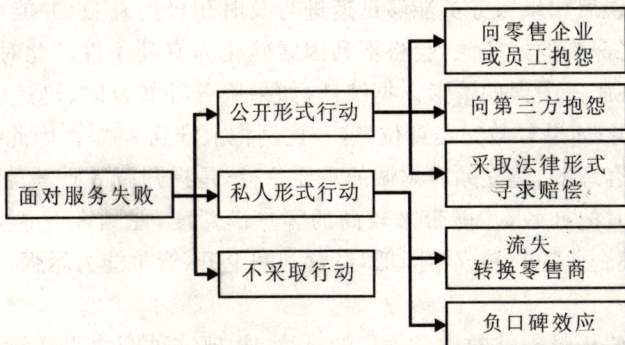

图 12—11　服务失败顾客反应图

实证研究表明,仅有5％～10％的不满顾客会主动抱怨和投诉,每一个抱怨的顾客后面都存在着19个不满意却没有选择抱怨的顾客。对于那些选择抱怨的顾客来说,他们的抱怨会通过各种渠道传达给企业,从而给了企业一个弥补错误的机会,好的服务补救甚至能够让顾客变得更加忠诚。

顾客抱怨的对象可能是多种多样的。最好的情况是,顾客在对服务感到不满意时立即对零售企业或员工进行抱怨,给零售商一个改正的机会,这种方式还避免了负面的口碑传播。

最坏的情况是,顾客没有向零售商抱怨,而是选择了向自己的朋友、亲戚、同事讲述自己的经历。这种负面的口碑会无声无息地削弱企业的顾客基础,并且让零售企业丧失可能的销售机会。

另外,顾客还可能向第三方抱怨,比如零售行业协会、消费者协会、政府的主管部门以及许可证发放部门。零售企业也可以和同行业或政府部门合作,从他们那里获得消费者不满意的信息来提高服务补救能力。

二、零售服务补救

零售服务补救是指零售企业的员工在为顾客提供服务的过程中,对因服务失误而引发的顾客抱怨所采取的弥补性、挽救性行为。恰当、及时的服务补救措施以及真诚、主动的服务补救行为,可以减弱顾客的不满情绪,有效化解矛盾,避免商业服务危机,最终换取顾客的忠诚,赢得顾客的满意,树立企业的形象,提高企业的声望。

(一)有效服务补救的要求

服务补救应达到以下要求:

1. 预防为主

服务补救应以预防为主,补救为辅。失误发生之前应作积极预防,避免失误的发生。如果失误已经出现,只能是事后补救。为此,零售企业应防患于未然,应针对可能出现的服务失误进行服务补救训练,培训员工如何避免失误,如何在失误发生时采取正确措施,如何正确处理人际关系,如何提高服务补救的应变能力等,使员工面对服务失误能理清思路,迅速补救,妥善解决,正确使用授权,提高补救效果。

2. 迅速及时

"补救"应迅速、及时。补救越及时,反应越迅速,补救行动越快捷,补救效果就越好。据研究表明,出现服务失误后如果服务员能够迅速进行及时积极的补救,并能成功地予以解决,往往会给客人留下记忆深刻的好印象,会将不利因素转化为有利条件。此时顾客对服务的评价反而要高于没有出现服务失误的情形。据统计,如果服务补救及时、迅速,那些不满的顾客中将有70％会继续购买;如果补救完美到位,这一比例将上升到95％。因此,零售企业及时进行服务补救,是取得顾客理解、建立顾客忠诚的重要途径,是提升服务质量、消除服务失误的必要手段。只有迅速、及时的补救,才能带来较高的客户满意度,使顾客对企业建立信心,产生依赖,带来后续购买,使企业的交易成本降低,经营利润上升,竞争能力增强。

3. 主动真诚

零售企业要树立"从服务补救中学习"的观念,并把这种观念融入到商业文化的建设中去。对营业员而言,进行服务补救是一个能力问题,更是一个情感问题。必须使所有员工树立问题意识,认识到弥补服务缺陷以换取客户忠诚是店员的责任和义务,只有这样,才能真正地做好服务补救工作。营业员应主动地去发现服务失误并真诚地采取措施解决失误,如真心诚意地向顾客致歉,并提供弥补的办法。道歉表达了员工对顾客的高度尊重,补救表明了店方解决问题的诚意,这是与顾客真诚沟通,重新赢得顾客信任的有效办法。这可以有效地平衡商家和客户的利益,留住为此而可能流失的顾客。

4.现场解决

服务补救是一项全过程、全员性的管理工作。而顾客抱怨管理则是由专门的部门来进行的阶段性的管理工作。顾客抱怨处理一般在事后进行,但服务补救必须在事发时、在事发现场即时解决,即服务补救具有鲜明的现场性。企业应适度授权于一线员工,使营业员在服务失误发生的现场能及时采取弥补措施,通过现场即时补救,在现场将问题就地解决,而不能等专门的人员来处理顾客的抱怨,那样,将会耽误服务补救的时机,顾客会以为店方缺乏诚意而使抱怨升级,从而增大服务补救的成本。所以,适度授权,让出现服务失误的店员在第一时间进行现场服务补救是至为关键的。

(二)零售服务补救策略

从服务补救策略上,服务补救可以分为有形补救和无形补救。有形补救主要指物质补偿手段,如打折、更换、赠送商品等;无形补救则指道歉、解释等。对此,研究者们曾得出了一些研究结论。

Kelley、Hoffman 和 Davis(1993)针对零售业考察了 661 个关键事件,提出 7 种服务补救策略,包括折扣、纠正、管理介入、额外补偿、更新、道歉以及退款。他们的研究还发现诸如折扣、纠正、管理介入和更新等策略要比道歉和退款更为有效。

郑绍成(1997)以零售服务业为研究对象,针对服务业顾客抱怨原因、顾客抱怨处理方式与顾客反应等进行研究,发现顾客最满意的补救方式为免费取得产品或服务,未做任何处理则是最不满意的方式,而若再加上实质物品的补偿则会使顾客更为满意。李宜玲(2000)以百货公司为研究对象,发现顾客抱怨处理方式偏好顺序如图 12—12。

即时实质补偿　　即时心理补偿　　非即时实质补偿　　非即时心理补偿

图 12—12　顾客抱怨处理方式偏好顺序

由以上研究结论可以看出,在零售业服务补救过程中,有多种补救方式可以采用,但具体采用哪种补救方式,要看服务失误的性质。多数研究者认为,当服务失误为结果性失误时,应主要采用物质补偿的形式,而当服务失误为程序性失误时,应主要采用道歉、解释等补偿形式。当然,如果仅从效果上来看,服务补救的水平越高,带来的补救结果越好,但企业在采取服务补救措施时,也要考虑到成本和企业的发展战略。

总的来说,零售企业的服务补救需要从两个方面展开:一是内部员工,二是顾客。

1.从制度上规范补救性服务,依靠员工改进服务补救

补救性服务是一项综合性的服务管理工作,零售企业必须制定相应的规范,完善质量管理体系。

(1)设立并更新服务补救预案。企业应主要针对服务流程中最有可能出现服务缺陷环节的"关键体验点"(如厅堂服务、商品推荐服务、收退费服务、退换货服务等)制定补救预案。在

补救预案中,必须规范工作程序、明确责任、设计对策,并激励员工不断地用自己的服务经验丰富补救预案。

(2)确立"警戒指标"。根据企业的目标群体,以客户流失率或钱包份额(VIP为主)、周(月)营业额、顾客满意程度、"不良口碑"率等作为警戒指标。当"警戒指标"变化时,企业应密切关注可能出现的潜在问题;当临近警戒点时,企业应着手启动应对预案并进行模拟。

(3)建立"顾客数据库"。虽然零售企业面临的客户流量非常大,但是企业仍然应该采取主动的、双向的信息收集办法,以科学的方法对顾客的相关信息(尤其是VIP)进行动态处理,使之变"活"并实现资源共享,从而为各部门的服务和补救服务提供依据。

(4)树立员工的服务补救意识。员工是服务补救的执行者,规范的服务补救制度的贯彻和措施的执行离不开员工的支持。因此,企业既要树立员工"满足顾客需求"的观念,同时又要针对零售业客流量大、消费者差异性强的特点,树立员工的服务补救意识。

(5)强化员工"服务补救"的训练。首先是完善训练内容,重点强调沟通技巧、训练员工察言观色和平息事态扩张的能力;其次是增加训练频次来强化员工的补救意识,提高员工的快速反应能力,同时可以对设计的服务补救预案的可行性进行检测,进一步理顺补救过程中的跨部门协作关系。

(6)合理授权。顾客认为,最有效的补救就是企业一线服务员工能主动地出现在现场,承认问题的存在,向顾客道歉(在恰当的时候可以解释),并将问题当面解决。所以,管理者有必要对服务员工进行有针对性的系统培训,使其掌握处理顾客关系所需要的知识与技能,提高解决顾客问题的能力。培训的主要内容可包括书面和口头沟通技巧,如何倾听顾客意见、平息顾客愤怒、分析顾客问题等。除了对员工进行服务补救针对性训练以外,企业还应对员工进行必要的授权,使员工有一定程度的自主解决顾客问题的权限。授权可以增加员工的责任感,提高其工作的主动性、积极性和创造性,使其能够迅速、及时地解决顾客问题。并且,通过培训和授权,一线员工在某些情况下能够预测补救需求,即在问题出现前预见到问题即将发生而予以避免。

2.针对顾客的服务补救策略

(1)调整顾客期望

顾客对服务水平的判断会随着顾客的期望值发生变化。对于零售企业而言,影响顾客期望值的因素包括企业的有形展示、企业形象、服务定位、服务承诺以及"口碑效应"等。因此,零售企业需要对顾客的期望进行分析和预测,掌握顾客对零售企业的物质期待和心理期待,以此作为零售企业提供补救服务的重要依据。预测的依据是顾客的基本背景信息(如性别、年龄、职业、居住地等)和消费信息(如消费心理、消费行为、消费感受等)。

(2)组合补救措施

根据顾客期望的多样化影响因素,企业应该从顾客心理和经济两个层面设计补救措施,具体内容见图12—13。

一般来说,顾客对服务补救措施的满意呈现递进过程。首先是心理补救,即在服务出现失误时,一线服务员工能主动地出现在现场,承认失误并给予道歉、解释,或者由高级别的管理者出面将服务失误及时补救。其次是经济补救,即当服务失误对顾客造成了严重的精神损害或经济损害时,顾客可能希望零售企业能够通过经济补救来弥补失误,具体包括退货、折扣、免费和赔偿等手段的单一或组合形式。因此,零售企业在提供补救服务时,应妥善应用心理补救和经济补救的组合。同时需要注意的是，顾客对于两种补救方式，其实更倾向于经济补救。

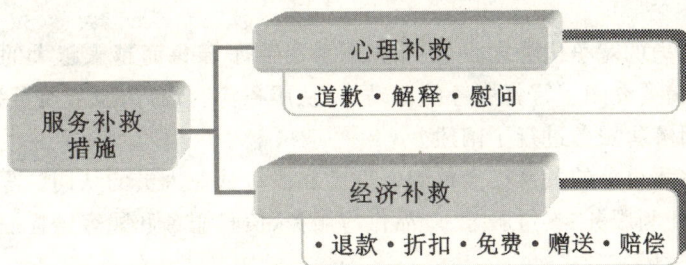

图 12—13　服务补救措施

（3）"定制"补救服务

所谓定制补救服务，就是要求零售企业在满足一般顾客共性期待的基础上，根据每一位顾客不同的个性期待，量身定制他们所需要的特定服务，并在追加这一服务时，让顾客感受到这是零售企业专门为其设计的。这种补救服务不是常规的按既定流程推出的固定服务，而是带有很大的随机性和特定性，因而更容易获得顾客的好感。

三十五次紧急电话

一天下午，日本东京东武百货公司的一名售货员彬彬有礼地接待一位来买随身 CD 的女顾客。

当时，售货员为顾客挑选了一台未启封的新力 CD。最后，售货员清理商品时发现，原来是将一个只有外观的样品机器卖给了那位美国女顾客。于是，他立即向公司警卫做了报告，警卫马上四处寻找那位女顾客，但是一直没找到其踪影。

东武百货公司经理马上召集有关人员进行研究，可是只知道那位女顾客是美国一位名叫基泰丝的记者，除留下一张"美国快递公司"的名片之外，别无其他线索。

公关部连夜开始了一连串查找，打电话向东京各大酒店查询，毫无结果。又打长途电话向"美国快递公司"日本大阪总部查询，在深夜的回话中得知了基泰丝父母在美国的电话号码。接着，工作人员打国际电话，找到了基泰丝的父母，进而打听到基泰丝在东京的住址和电话号码。完成这一过程，总共打了三十五个紧急电话。

第二天一早，东武百货公司给基泰丝打了道歉电话，并由副经理和公关人员前往基泰丝的住处。见到基泰丝，他们深深鞠躬表示歉意，他们为基泰丝送来一台新的新力 CD 外，还加送了 CD 光盘一张、蛋糕一盒和毛巾一套，副经理还拿出记事本，宣读了怎么查询顾客的住址和电话号码、实时纠正失误的全部记录。

基泰丝由此深受感动，她本来是要把随身 CD 送给日本的亲戚作为见面礼的，但买回家发现随身 CD 有问题根本不能用。她非常恼怒，立即写了题为《笑脸背后的真面目》的批评稿，准备第二天拿到东武百货公司兴师问罪。

可是没想到，东武百货公司竟然实时纠正了错误，并花了那么多时间和精力。基泰丝为此撕掉了批评稿，而重新写了一篇题为《三十五次紧急电话》的特稿。该文章发表后，引起社会强烈反响，东武百货公司也因此名声鹊起，门庭若市。

资料来源：张伟.35 次紧急电话.现代工业经济和信息化,2011(2)

本章小结

作为企业强有力的竞争优势之一，近年来服务受到了零售商越来越大的关注。本章以零售服务为关注点，简要介绍了零售服务的范畴，并从服务流程设计、服务质量、服务人员和服务补救这四个方面对零售服务进行了阐述。

零售与服务密不可分的关系已经得到研究者和零售从业人员的认同。零售商的服务主要可以用产品服务、便利服务、支付服务、产品供应服务、信息服务和顾客销售服务来进行区分和描述。

在零售服务设计的过程中，主要用到的是零售服务流程图和零售服务蓝图。服务流程与服务蓝图是服务设计的基础性工具。两者从不同的角度，对服务系统进行了描述，服务流程是从顾客的视角出发，服务蓝图则是从企业的视角出发。它们有助于管理者准确控制每个服务要素、优化服务系统流程、改进企业的服务质量。

零售服务质量是影响消费者对零售企业满意度的重要因素。在服务质量的管理过程中，零售商需要做好顾客期望的管理，同时要以服务差距模型为根据，从认知差距、标准差距、交付差距、沟通差距这四个方面来改进自己的服务。

零售员工是提供零售服务的关键人员，是服务质量控制的关键点。在服务员工的管理中，商店管理者起着重要的作用。对零售员工的管理，一般从招聘、培训、激励和绩效考核四个方面入手。

在出现服务失败、顾客抱怨时，需要零售商及时、有效地应对。出色的零售服务补救甚至会增加顾客的满意度。服务补救是零售企业的一门必修课程，不仅要做好服务失败的预防工作，更要做好服务失败后的补救预案，以积极、真诚的心态来对待顾客抱怨。

第十三章　网络零售

☞【开篇案例】

优衣库的曲线淘宝之路

从 2009 年 4 月中旬开始,优衣库(Uniqlo)开始成为一个网络热词,它不仅仅是一个只有上海人才熟悉的日本服装牌子了,现在,从线上到线下,从一线城市到二三级市场,淘宝的网络直销让优衣库终于像佐丹奴、ZARA、H&M 一样为大众所知。在上淘宝开店之前,对于这个有 10 年电子商务经验、亚洲最大的服装零售商来说,"平价"战略能够托起一个日本首富,却未必能在中国市场打开局面。而优衣库短短几个月的渠道变革,却在中国市场打开了另一片天空。

价格 渠道皆失灵

在日本,优衣库海量的设计、亲民的价格策略曾让优衣库在日本成为国服,但到了中国,价格战却不灵了。

门店数量增加缓慢也是过去几年困扰优衣库的主要问题之一,2002 年,优衣库的第一家中国门店在上海开张,截止到目前,优衣库在中国仅拥有 24 家实体店,而且集中在上海、北京等少数大城市。竞争对手的情况则大为不同,佐丹奴 2008 年国内门店数量达到 909 家,与 2007 年相比,净增加 89 家。2007 年 H&M 进入中国市场,当年即开出了 7 家门店,2008 年又增加了 6 家,仅 2 年时间门店总数达到 13 家,优衣库门店达到同样的水平几乎用了 6 年。

传统渠道的增速缓慢,最终让优衣库选择网络平台作为突破口。

而淘宝网作为中国目前最大的网络零售平台,拥有上亿优质的用户资源和覆盖中国、辐射亚洲的渠道优势,优衣库在淘宝网上的网络零售旗舰店将能直接共享这些资源,并在最短的时间内创造出业绩。

4 月 16 日,优衣库在淘宝的旗舰店正式开张。开张当天就达成了近 3000 笔交易,实现 30 多万元的交易额。携裹着国际最时尚的潮流风尚,优衣库在淘宝一发不可收拾。

统计显示,4 月 16 日到 4 月 26 日,有 43 万人光临过优衣库淘宝旗舰店,也就是说平均每天有 4 万人在淘宝上逛优衣库,相当于优衣库在中国所有实体店每日客流量的总和。这也相当于沃尔玛这样大型商场每天的客流量。这 43 万人在短短 11 天时间里消费了 410 万元,平均每天有 4 万笔交易,平均每秒钟超过一笔成交。从目前的统计数据看,优衣库在淘宝 11 天的成交额和客流量相当于在中国线下所有实体店之和,而后者是优衣库进入中国 9 年时间累积的成果。

开业 10 天,优衣库已经稳居淘宝商城男装、女装销量第一位,超越了此前入驻淘宝商城的 Levi's 和 Justyle 等服装品牌。其实,优衣库淘宝店在价格上和实体店相比并没有多少优惠,但商品种类更全,而且每周都推出新款式,这才是消费者最青睐的。一个有趣的现象是,在优衣库正式入驻淘宝之前,淘宝网上也有很多个卖家在销售优衣库的服饰,价格普遍较低。但自从优衣库旗舰店上线以来,旗舰店之外的销售明显下降。分析人士说,这证明淘宝买家不仅仅在乎网上商品的价格优势,而且更愿意为可靠品质、完善服务和时尚潮流买单。

奇迹源自二三线

之前优衣库除了门店数量扩张缓慢外,大片的国内市场也是空白的。门店主要集中在上海及其周边市场。国内一线城市尚且没有完全覆盖到,更不用说开发二三线城市。如何在中国市场发力无疑是优衣库的老板柳井正颇费心思的一个问题。而统计数据显示,优衣库淘宝旗舰店的消费者超过 2/3 来自优衣库尚未开启实体店的地区,这些地区主要是二三线区域。那里的消费者蕴藏巨大的消费潜力,只是缺少释放渠道。

优衣库淘宝旗舰店开业后,销售额与优衣库一个顶级实体门店的收入旗鼓相当,但是网上销售的火爆并没有影响实体门店的收入,上海、北京的实体店销售继续高速增长,与网络销售齐头并进。除了在淘宝开设旗舰店以外,优衣库在自己的官方网站上也开设了购物平台,这个平台使用的是淘宝的支付系统,维护也是与淘宝合作。

资料来源:中国新闻网

第一节　网络零售现状

一、中国互联网现状分析

(一)网民规模

根据中国互联网络信息中心(CNNIC)于 2010 年 7 月发布的《中国互联网络发展状况统计报告》,截至 2010 年 6 月,中国总体网民规模达到 4.2 亿,突破了 4 亿关口,较 2009 年底增加 3600 万人。互联网普及率攀升至 31.8%,较 2009 年底提高 2.9 个百分点。见图 13-1。

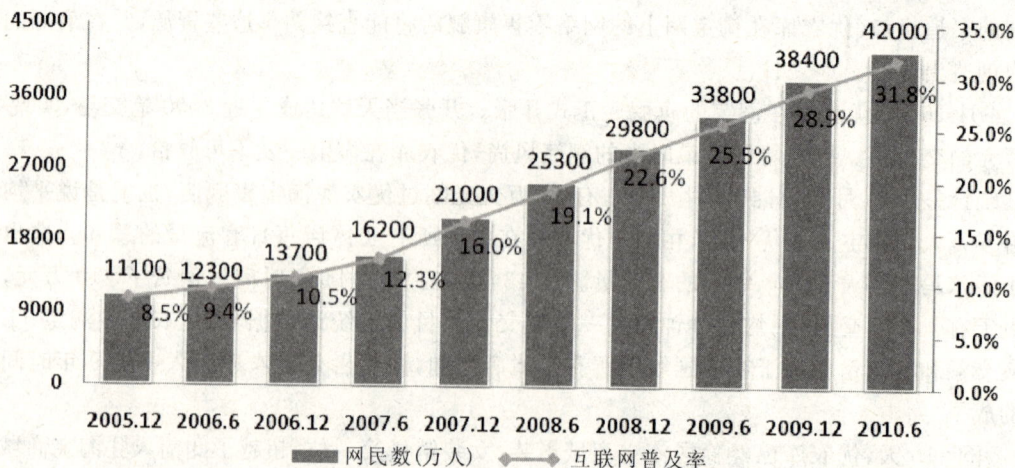

图 13-1　2005～2010 年中国网民规模

(二)网民结构特征

1.性别结构

目前,我国网民男女性别比例为54.8∶45.2,男性群体占比高出女性近10个百分点,女性互联网普及程度相对较低(见图13—2)。

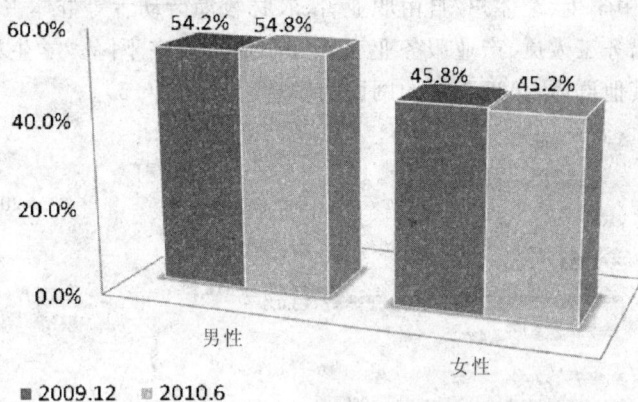

图 13—2　中国网民性别比例

2.年龄结构

网民年龄结构继续向成熟化发展。30岁以上各年龄段网民占比均有所上升,整体从2009年底的38.6%攀升至2010年中的41%。这主要是由于互联网的门槛降低,网络渗透的重点从低龄群体逐步转向中高龄群体所致,如图13—3所示。

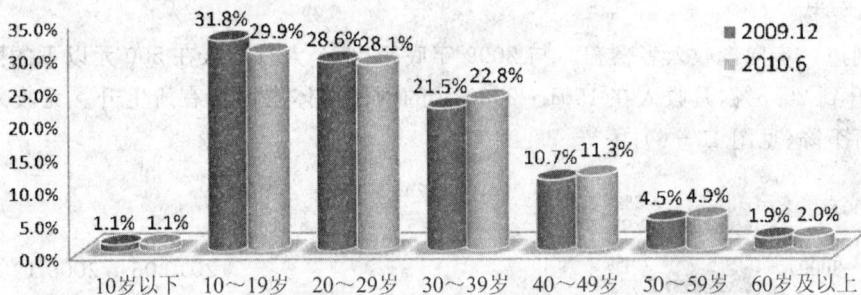

图 13—3　中国网民年龄分布

3.学历结构

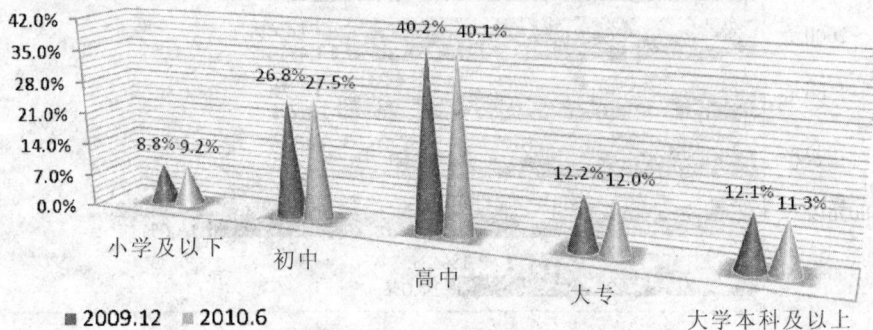

图 13—4　中国网民学历结构

网民学历结构呈低端化变动趋势。截至 2010 年 6 月,初中和小学以下学历网民分别占到整体网民的 27.5% 和 9.2%,增速超过整体网民。大专及以上学历网民占比继续降低,下降至 23.3%(见图 13—4)。

4.职业结构

分职业看,网民中学生、个体户/自由职业者、农林牧渔劳动者等群体占比上升较快,无业/下岗/失业、农村外出务工人员、产业服务业工人等职业占比在下降。学生群体在整体网民中的占比仍远远高于其他群体,接近 1/3 的网民为学生(见图 13—5)。

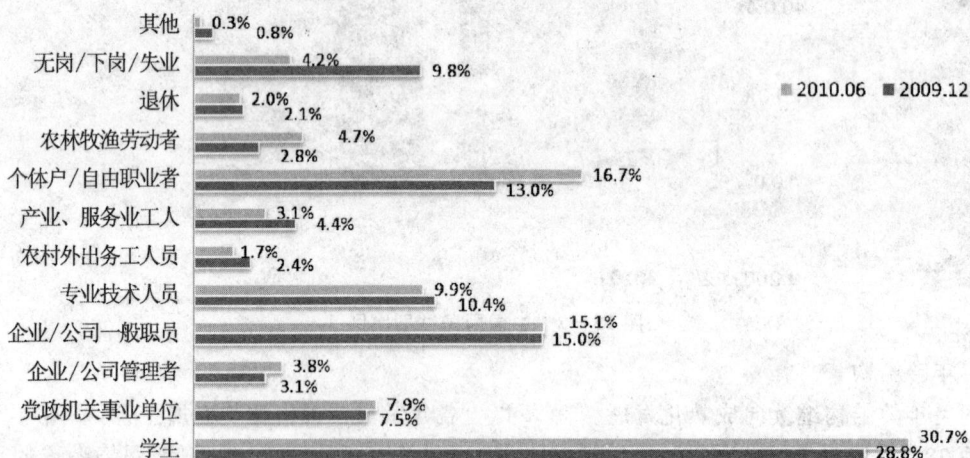

图 13—5 中国网民职业结构

5.收入结构

互联网进一步向低收入者覆盖。与 2009 年底相比,个人月收入在 500 元以下的网民占比从 18% 上升到 20.5%,月收入在 1501~2000 元的网民群体占比也有所上升。无收入群体网民占比有所下降(见图 13—6)。

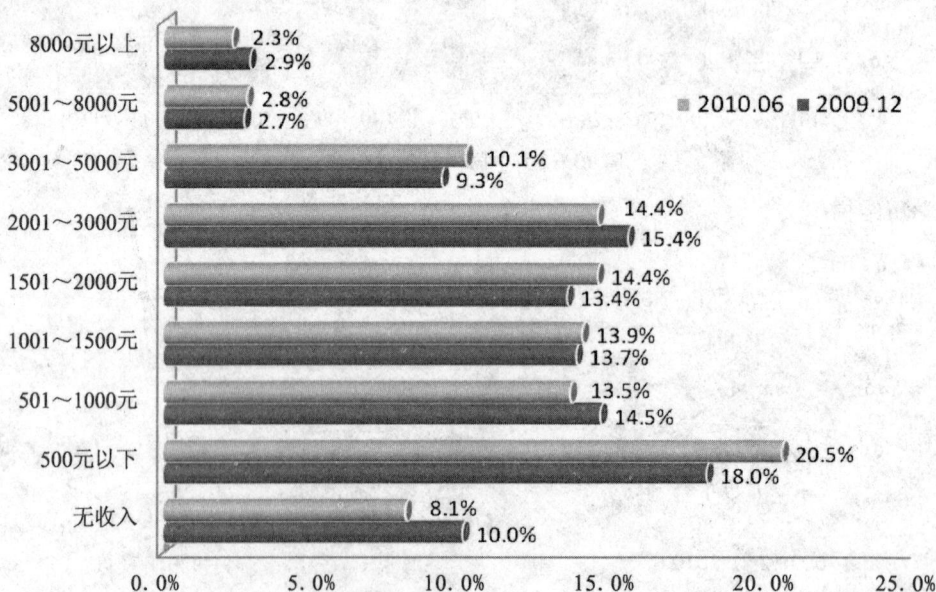

图 13—6 中国网民收入结构

6. 城乡结构

如图 13－7 所示,截至 2010 年 6 月,农村网民规模达到 11508 万,占整体网民的 27.4%,半年增幅为 7.7%;城镇网民规模达到 30492 万,占比 72.6%,半年增幅为 10%。受制于经济社会发展水平滞后、互联网接入条件不足、硬件设备落后等因素,农村地区网民的增长仍显得较为缓慢,增幅小于城镇地区。值得期待的是,目前三网融合方案已经获得通过,并在部分农村地区已经开始试点推广,这将会给农村互联网的发展带来质的变化,未来农村网民规模有望加快增长。

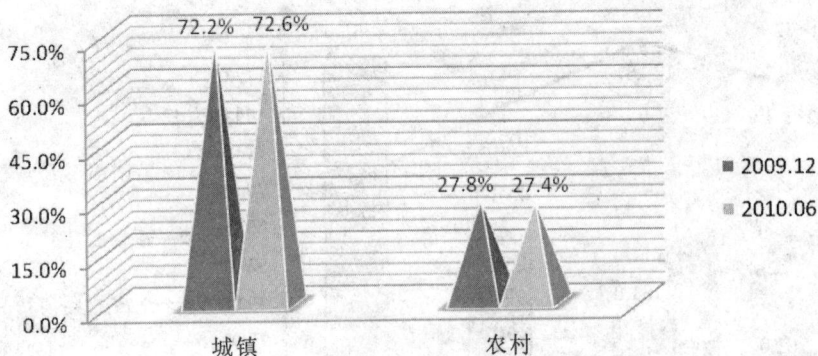

图 13－7　中国网民城乡分布

二、中国网络零售概况

(一)中国网络零售的几个重要发展阶段

表 13－1　中国网络零售的几个重要阶段

序号	第一阶段 1999~2002 年	第二阶段 2003~2005 年	第三阶段 2006~今
1	易趣(1999 年)	淘宝(2003 年)	Vancl(2007 年)
2	当当网(1999 年)	京东(2004 年)	lightinthebox(2007 年)
3	卓越网(1999 年)	红孩子(2004 年)	麦包包(2006 年)
背景	互联网的兴起	2003 年非典	2008 年经济危机

第一阶段:中国网上购物的兴起

1999 年福建联邦软件的王俊涛在北京做了网络 72 小时全封闭生存试验,可以说这个实验的成功是一个进军中国电子商务 B2C 的里程碑;这个阶段代表性的 B2C 网站规模较大的有 8848、当当、卓越等。这个阶段中国网络零售的基本模式都是在复制当时世界上最大的美国亚马逊网站的商业模式。这一阶段是这个行业由突飞猛进的发展到大批倒闭的阶段。

第二阶段:中国网上购物的复苏阶段

从 2003 年开始中国网络零售进入复苏发展阶段。一场无法预计的"非典"导致中国老百姓传统的购买行为发生了短时间内的"质的改变"。大家认识到网上购物的真正魅力所在:在家中点击鼠标也可以买到东西。进一步,大家认识到网上购物跨地域、跨时空、第三方收货的购物魅力。淘宝网也在这一段时间内快速崛起,并成功超越易趣。

第三阶段:中国网上购物的高速发展阶段

2006 年后网上购物进入到一个高速发展阶段,C2C 和 B2C 都得到充分的发展。但到目前为止仍未出现大规模盈利的网站。在这个阶段,出现柠檬绿茶等类似的淘宝大卖家,营收上亿。另外,部分企业开始关注海外市场,如 lightinthebox,这类企业普遍盈利状况好于从事内贸的相关网站等。

(二)中国网络零售现状

艾瑞咨询发布的统计数据显示,2009 年中国网络购物交易额规模继续高速增长,达到 2630.0亿元,较 2008 年增长 105.2%。2009 年的销售额占社会消费品销售总额的比重为 2.1%,保持了继续上升的趋势。如图 13－8 所示。

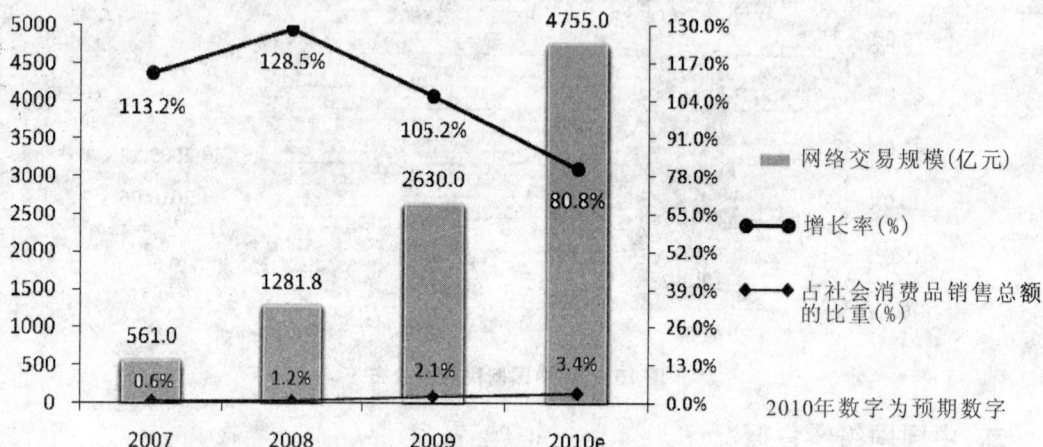

图 13－8　2007～2010 年中国网络购物交易规模

同时,虽然网络购物占社会消费品销售总额的比重有所上升,但所占的比例还比较低,与发达国家仍存在较大差距。2009 年,中国网络购物用户规模继续上升,达到了 1.09 亿人,占中国互联网网民的 28.4%,但在美国,网络购物用户占到了网民总数的近 80%。总的来说,我国的网络零售市场还处于起步发展阶段,网络零售市场仍有较大的空间可开发。

1.我国网络购物在地域上发展相当不平衡

经济发达省市的网民人数占全国网民数的 31%,且有 1/3 的购物网民集中在这里,各网络购物网站对这些省市都极为关注。CNNIC 发布的《2009 年中国网络购物市场研究报告》显示,截至 2008 年上半年,上海的网络购物渗透率达到 52.6%,是网络购物最为普及的城市。其次是北京,网民中的网络购物渗透率为 51.3%,其他城市的平均网络购物渗透率则要低一些。如表 13－2 所示。

表 13－2　全国部分城市网络购物渗透率

城市	网购渗透率
上海	52.60%
北京	51.30%
武汉	38.90%
广州	35.20%
深圳	34.10%
天津	31.80%
洛阳	27.00%
邯郸	22.00%
哈尔滨	19.90%

2.网站的功能设计和配套措施相对落后

网站的功能设计和配套措施是网络购物顺畅进行的基本保障,网站品牌可靠性、产品种类丰富度、电子支付安全性、送货速度、送货质量、售后服务均为零售网站的核心功能,这些方面任何一点做得不好,都可能会造成用户流失。此外,网站设计美观程度、搜索便捷度、商家信用评价功能、网站安全问题、登录速度和客户服务解决效率等网站附加功能也会对用户购物产生影响。

(1)信誉度是网络购物中最突出的问题

信誉度问题有两方面的含义:一方面是商家不发布虚假商品、销售信息,即商家的信誉度;另一方面是购物者提交订单后不无故取消,即买家的忠诚度。商家的信誉度需要有一个规则来解决,关键是这个规则由谁来制定。业内专家认为,首先应该是行业自律,其次是各个商家联合起来组成行业协会,这样会对网络购物的发展具有积极促进作用。而对于商家,购买者的忠诚度同样也被看中,目前商家的解决方法一般是通过先付款或是预付订金的方式尽量避免由坏定单带来的损失,但这种方式一般是以降低交易成功率为代价的。

(2)网站相关建设有待提高

目前,网络零售商店在网上有自己商品的分类、图片展示、资料介绍、用户评论等信息,还提供商品搜索功能,这相对于网络购物的初期阶段,已经有很大的进步了,但这仍然不能满足网络购物日益发展的需要。对于网络商店而言,更多的问题集中在商品的供应上,缺货往往是购买者提出的主要问题。这需要网络商家根据客户对商品的搜索,分析出购买者的商品需求信息。目前国内有些商家已经可以通过网络商店的搜索功能了解每件商品的查询次数及购买者查询过但是店内没有的商品等信息,根据这些信息,网络购物网站的工作人员再进行商品的采购、补充,通过这种方式,达到供需双方的信息通畅,大大提高交易的成功率。

(3)配送问题

传统购物一般是在选好货物直接付款后就可以拿走,而网络购物则需要一个订货后的等待过程。物流公司为网络购物者送货上门起到了重要作用,在目前的商品配送上,就同城配送而言,最快的一般需要1个小时,最长的则需要2天时间。如果购买者需要的东西很急,网络购物一般就不适合。另外,送货时货物丢失或损坏、快递人员态度不好、运费过高等也是网络购物者投诉较多的问题,物流的管理需要进一步加强。

(4)国内目前没有针对网络购物的政策和法规

网络交易环境下消费者对销售商的基本信息缺乏了解,一旦产生买卖纠纷,责任主体将难以确认;消费者对网络产品仅享有部分知情权,容易引发产品质量纠纷。对网络购物纠纷案件来讲,要确认诉讼管辖法院也存在一定的困难,这会影响立案及案件审判进度和效率,使诉讼成本增高。在证据调取上,消费者往往处于弱势群体地位,对网络欺诈如何适用法律问题界定不明。在这种情况下,网上商业活动要遵循传统商业的政策,对模式不同的网络购物发展造成了一定阻碍。

3.购物者的认同感影响了网络零售的发展

从对新消费方式的认同感来看,许多网民认为网上商品无实体感,对其质量不放心,而宁愿选择自己去商场购买,这种眼见为实的购买心态以及对新事物的不信任感,多少也制约了网络购物的发展。

三、网络零售交易模式

目前的网络零售模式五花八门，主要分为 B2C 和 C2C 两种模式（图 13－9）。

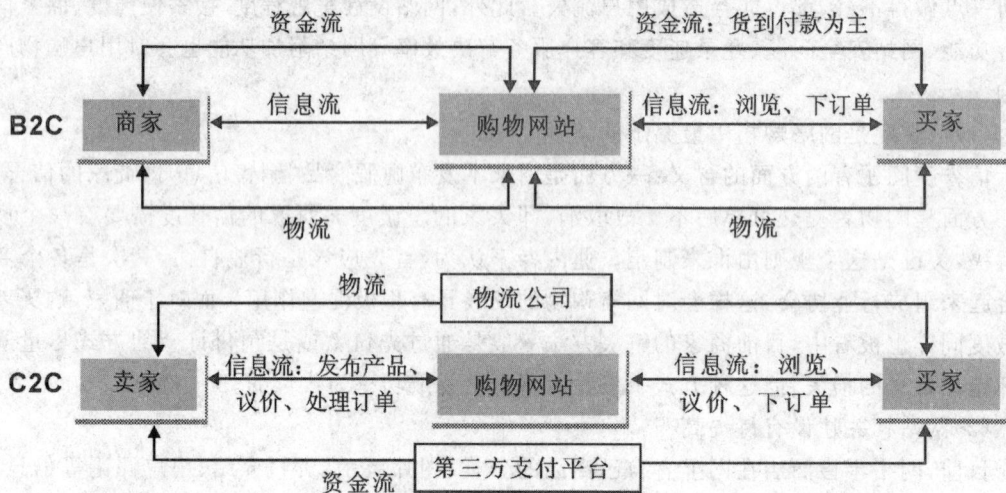

图 13－9　网络零售模式

B2C（Business to Customer）即企业通过互联网为消费者提供新型的购物环境——网上商店，消费者通过网络完成购物和付款。当当网即为这种模式的典型代表。

C2C（Customer to Customer）即消费者在网站提供的交易平台进行个人对个人的网上交易，网站以按交易金额比例或会员制收费的方式收取提供平台的服务费用。淘宝网即为这种模式的典型代表。

当当网和淘宝网经营模式的比较如表 13－3 所示。

表 13－3　当当网和淘宝网经营模式比较

	当当网（B2C）	淘宝网（C2C）
交易信用度	企业信用	个人信用
网站欺诈投诉	少	多
物流配送	有庞大的物流配送体系	无自营物流配送体系，由卖家个人配送
支付方式	1.货到付款 ；2.直接付给网站（包括网上支付、邮局汇款、银行转账等）	支付宝（第三方支付平台）
信息交流工具	无即时通信工具	淘宝旺旺
信息交流	工作人员少（客服）	工作人员多（卖家）
商品价格	均价高	均价低
商品种类	较少	非常多

资料来源：陆弘彦.中国网络零售业未来走向研究.广西经济管理干部学院学报，2007（2）

依据交易主体和交易方式的不同，可以将网络零售模式归纳为以下四种：

(一)网络拓展经营模式

如美国 Barnes & Noble 网上书店、苏宁电器的易购网上商城等。这种经营模式主要为一些传统零售商建立网络零售公司所采用，作为其业务拓展的新渠道。

传统零售商拥有庞大的零售网络，可以充分利用其分销渠道提供更优质的售前售后服务，同时其知名度较高，资金雄厚，人才力量优势明显，但在线零售通常只是其线下零售的一个附加部分，没有作为主要发展战略考虑，所以对在线零售商的冲击暂时还不是非常大。

苏宁易购网站

(二)纯网络经营模式

如美国 Amazon 公司。这类网络零售公司没有店铺，一般只有几家大的物流中转中心。纯网络经营模式越过了中间商，旨在降低成本，提供的商品品种众多。

纯网络经营的公司往往是从经营单品的基础上发展起来的。在一开始，这类公司往往专营某一类商品，最典型的就是以经营书刊、音像制品为主的卓越、当当。这类企业是 B2C 商务模式的代表，对网络零售市场的走向一直具有巨大的影响力。

(三)网络门户媒介模式

如美国 AOL、Yahoo 和中国搜狐、新浪等建立的虚拟商城。网络门户商与传统零售商之间可以形成互补关系，零售商通过与网络门户商合作能扩大零售能力，而网络门户商可通过零售商同消费者建立联系，借以提高知名度、扩大网络服务范围。

这类企业的 B2C 购物网站不是其核心业务，仅仅是其众多业务中的一部分。这些网站原来的主营业务不是 B2C，例如新浪、163、中华网，但它们的 B2C 的构架比较成熟，也形成了其若干主要业务中的一部分。

(四)中介服务经营模式

这种网络零售商是商业促进者，如美国 eBay 和中国易趣公司。这些经营者建立了一种既不接触实际商品，也不储存货物，或者根本不进行实体商品销售的"低接触"型商业模式。他们只作为买者和卖者之间的一种特殊的中介，运用其有效的双向交流功能，为零售商和消费者提供服务。

该类网站仅提供商品分类链接，不参与商品的交易流通，以收取租金费或其他各种网络服务费作为收入的主要来源。这方面的网站，在中国最有名的非淘宝网莫属。淘宝网的商品分类目录相当齐全，几乎涵盖了市场上会出现的所有商品。同时，淘宝网还推出了淘宝商城，各类知名品牌都在淘宝上开设了旗舰专卖店，淘宝商城为传统零售商开辟了一条 B2C 通道。

第二节 网络消费者分析

一、网络消费者特征

(一)性别结构

从网络消费者的性别结构看，网购群体中女性显优，占比高于男性。在当今这个网络普及化的年代,女性和男性拥有几乎同样的网络资源,网民的男女比例为53:47。但是,由于网络购物的时尚性、便捷性和娱乐性与女性的购物习惯相吻合,女性热衷购物的习惯得以在线上延伸,女性网民也逐渐成为网络购物的活跃人群。不仅如此,女性在网络购物用户中的比重也在逐步提高。2008年女性占网购网民的比例为50.8%,略高于男性。到2009年,这一比例提升到61.5%,明显高于男性。

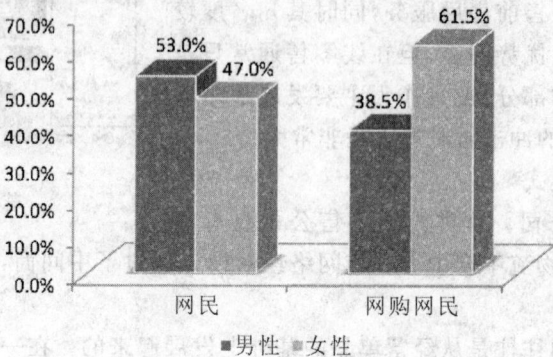

图 13—10 2009 年网民、网购网民性别的比例

女性网络消费者的心理特点

网络给现代女性提供了更为时尚、主动和个性化的消费空间,女性网络消费者表现出以下心理特点:

(1)消费情绪化。女性感情丰富,易受非理性心理影响,这一心理特点在网络消费中仍表现得十分突出。一般来说,女性消费者易受折扣、广告等市场氛围影响,容易诱发感性冲动。女性消费者还倾向于把自己的消费经验传递给她所处群体中的其他成员,从而产生群体内的交互从众心理,普遍引发情绪型消费。

(2)追求时尚,注重审美。在很多人眼里,网络消费是一种时尚,通过网络购物,可以帮助女性消费者享受到更时尚的生活。女性不仅自己爱美,而且还关注家庭其他成员的形象;不仅对商品造型美相当"挑剔",还很注重产品的使用之美。营销过程所体现的各种美感都可能唤起她们的购物欲望。因此,女性审美观在一定程度上支配着消费时尚,领导着流行演变。

(3)自我意识强烈。现代女性强调商品要与自己的个性、气质、家庭环境和谐统一,还表现出强烈的自我意识。为了彰显个性、展示自我,女性消费者在进行网络购物时,千方百计地使自己所购商品的款式、风格与众不同,甚至愿意付出高昂费用来度身定制消费品。

(4)消费角色多重性。已婚女性网民承担着赡养老人、养育孩子的重担,注重家庭生活。相对于未婚群体,她们更加精打细算,注重实用,消费范围也更广。对于那些能促进家庭成员身体健康、心理愉悦和家庭温馨的商品,她们往往表现出相当浓厚的兴趣。

(5)对价格敏感。随着生活方式的改变,现代女性工作、生活节奏加快,用来购物的时间不断减少。同时,女性较男性心思细密,对商品观察仔细,求廉动机十分突出,在各方面条件相近的情况下,她们往往不惜花时间精挑细选。网络提供的"信息高速公路"成为女性消费者既注重消费的便利性又坚守低价原则的有效途径。

(6)对网络购物安全的不信任。据第24次《中国互联网发展状况》,过去半年内有1.1亿网民曾遭遇过账号或密码被盗的问题,网络安全隐患使网民对互联网的信任度下降,仅有

29％的网民认为网上交易是安全的。女性消费者本来就比男性更为谨慎,极易产生对网络购物的不安全感,这已成为阻碍女性进行网络购物的重要因素。

女性消费者网络购物的行为特点

在以上心理因素的作用下,女性消费者的网络购物行为表现出以下特点:

(1)冲动购买。女性消费者容易被外观漂亮、能彰显个性的商品所吸引,在商家的促销策略下,女性消费者容易产生冲动购买。这一点与男性消费者的理性购买有着极大差异。

(2)理性购买。吸引女性消费者网上购物,并非为了"骗取"她们的购买冲动。实际上,女性消费者对购买过程和产品质量的感受尤为深刻,如果她在某次网络消费行为中产生了不愉快的体验,就有可能导致对网络消费的抗拒心理。特别是对一些价格较为昂贵的商品,理性的女性消费者不仅在网上"货比三家",甚至亲自去实体商店体验商品,反复比较之后再做网上购买决策。

(3)重复购买。女性在生活中的消费行为倾向于保守,在网络这个虚拟世界里进行购物,就更需要安全感。她们更喜欢去首席的网络商店,购买熟悉的品牌,认为这些熟悉的商店和品牌会更有保障。可以说,女性顾客比男性顾客有更高的忠诚度。

(4)从众购买。女性消费者的从众心理较男性更加明显。通常情况下,女性的表达力、感染力和传播力较强,善于通过说服、劝诱等形式,对其他消费者产生影响。女性消费者在购物后,会把自己购买产品的满意度当作炫耀的资本,向其他人宣讲,以证明自己是有眼光的、精明的。反过来,女性购物决策也较易受到其他消费者购买和使用经验的影响,倾向于模仿别人已经成功的购买经验。

资料来源:倪莉.女性消费者网络购物心理分析及营销策略探析.中国商贸,2009(21)

(二)年龄结构

从网络消费者的年龄构成看,网络消费者群体较一般网民更偏年轻化。如图 13—11 所示,2009 年,18～30 岁的网民是网购的主力,占网络消费者总数的 81.7％。其中,18～24 岁的网络消费者占比还在提升,年增幅达 15.4 个百分点。未成年人和 40 岁以上网民群体网购使用相对较少。前者由于经济独立性较差,可支配收入较少,网络消费实力不强;后者网络购物的生理和心理屏障较多,网络购物动力较弱。但是,与 2008 年相比,2009 年 18 岁以下购物网民比例出现小幅上升,增长了0.2个百分点。与 40 岁以上的中老年人相比,未成年网民进行网络购物的可能性更大。

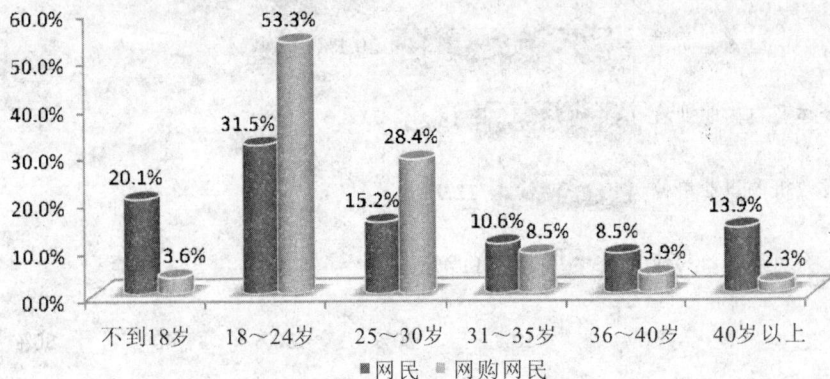

图 13—11 2009 年网民、网购网民比例分布

(三)学历结构

从网购消费者的学历结构看,网络消费者整体学历偏高,但有逐步向低学历渗透的趋势。如图 13—12 所示,与普通网民相比,网络消费者中高学历群体占比较高,大专以上学历的占到71.8%,初中以下的只有4.4%。从变化趋势看,大专学历用户已经取代大学本科学历用户成为网络消费者的主体,网络消费者的学历结构发生较大变化;同时,低学历网络消费者的比例逐步提高。其中,初中、高中以及大专学历网络消费者占比分别上升了 0.8、12.3 和 13.4 个百分点。网络消费者向低学历渗透,表明我国网络购物门槛开始降低,从少数人使用的另类方式向大众服务转变。

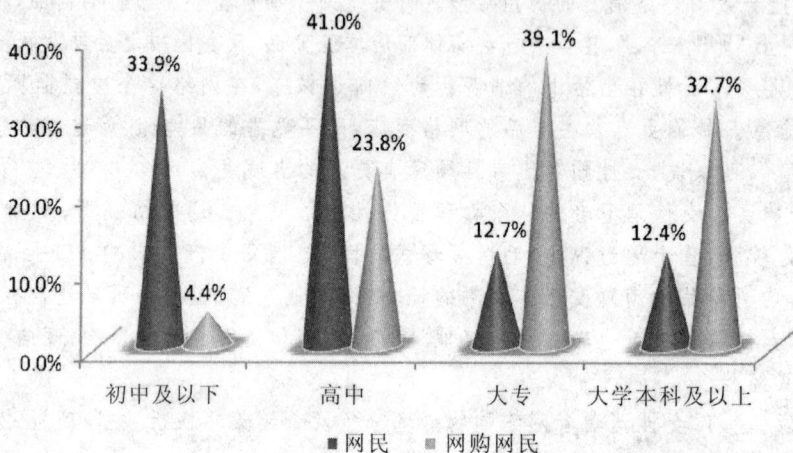

图 13—12　2009 年网民、网购网民学历结构

(四)职业结构

从网络消费者的职业分布看,2009 年我国网络消费者以企业公司人员为主,这一群体占比达 43.4%。学生群体是网购市场第二大用户群体,占比达 20.1%,低于整体网民中学生占比(31.7%)。这主要是由于中小学生网络购物比例较低,使用网络购物的学生群体主要是大专院校的学生。如图 13—13 所示。

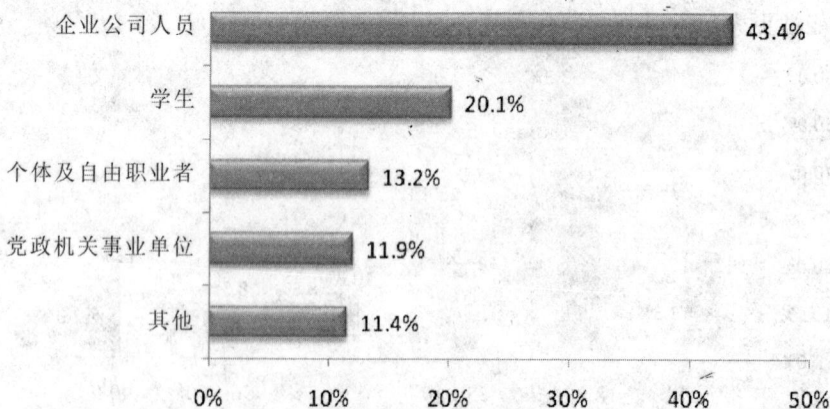

图 13—13　2009 年网络消费者职业分布

(五)收入结构

从网络消费者的收入分布看,我国网络消费者中收入在 1000~3000 元的人数较多,并且在网络消费者中的占比在逐步增大。2009 年,这一群体已经占到了网络消费者总数的 54.7%。其中,收入在 1001~2000 元的网民是网络消费者中最多的群体,达到 29.8%。其次是月收入在 2001~3000 元的网民,占比为 24.9%。如图 13—14 所示。

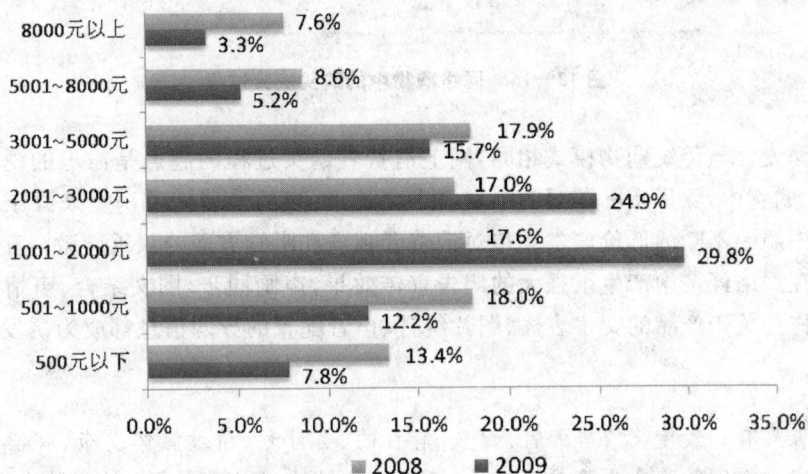

图 13—14 2008 年、2009 年网络消费者收入分布

(六)城乡结构

从网络消费者的城乡分布看,网络消费者主要集中在城市,有 92.6% 的人居住在城镇(图 13—15)。与农村网民快速增长相比,网络购物在农村地区的渗透难度较大。农村地区网络使用率不高,网络使用时间较短,人均消费水平远低于城市。农村网民网络使用也更加偏娱乐化,网络购物等较为深度的应用在农村地区推广难度较大。

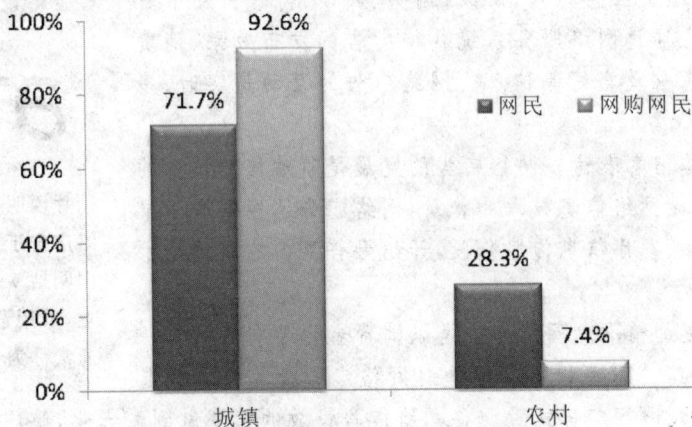

图 13—15 2009 年网民、网购网民城乡分布比例

资料来源:以上数据来源于 CNNIC《2009 年网络购物市场研究报告》

二、网络购物中消费者的购买决策过程分析

由于购买方式的不同,网络购物中消费者的购买决策过程与传统购物相比有所变化,大致可分为以下几个步骤(图13—16):

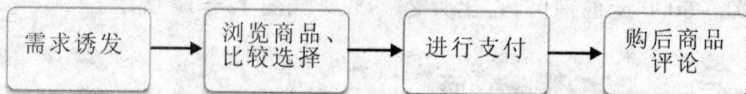

需求诱发 → 浏览商品、比较选择 → 进行支付 → 购后商品评论

图13—16　网络购物中的购买决策过程

1.需求诱发。与传统购物模式相同,网上消费者购买过程的起点是需求的诱发。然而不同点是,网上购物中,除了实际需要的消费需求之外,更多的消费需求诱发来源于互联网上商家店铺页面中源源不断的低价广告宣传对消费者视觉和听觉方面的双重刺激。互联网的多媒体技术运用在网络经济中产生了强大的广告宣传效果,声画同步,图文结合、声情并茂的广告以及各种各样的关于产品的文字表述、图片统计、声音配置的导购信息都成为诱发消费者购买的直接动因。

网络广告具有一般传统广告的特点——有目的、有计划、通过媒体发布、有偿的信息传播活动。网络媒体相比传统广告更具互动性、多媒体传播性、灵活性、准确性等特点,信息覆盖范围也较传统媒体广泛。根据网络媒体的特点,我们分析网络广告的特点如下:

1.广告更具交互性。传统的广告媒体如户外广告、电视广告、平面广告等,属于单向信息传播。传统的大众传播中所有的智慧都集中在信息的起始点,信息传播者决定一切。大量的信息推向受众,而受众一般只能被动接受。受众单方面接收广告信息,没有互动产生,而网络广告是交互的信息传播。浏览者主动地点击需求信息,并通过网络交互行为对信息的浏览、回馈、需求引发下一步的动作。广告主通过网络服务系统获得广告的发布效果、消费者对相关产品的需求及喜好等信息。网络广告的互动是实时、多次和持续的互动。

图片说明:世界上第一则网络广告于1994年投放在美国网站www.hotwired.com上,采用静态图片的形式,通常称为banner。

2.丰富的媒体信息表达。网络广告的发展是随着信息技术的发展而发展的,随着网络信息技术的普及,网络广告已经摆脱了早期的文字信息传播、图片信息传播阶段,开始融合更多的媒体技术应用于信息传递。

3.广告投放更加精准。网络广告是以消费者为导向的一对一信息传播,通过网络技术可以更精准地对网络广告投放媒体做选择,针对不同的受众进行广告投放。将网络广告投放的精度做到最大化,使广告效果得到更好的扩展。

4.广告传播范围广。网络广告大大地增加了消费者获得信息的渠道,也大大扩展了广告传播的范围。传统媒体广告在传播的范围和传播的时间段上有限制,网络广告则突破了国家与国家、地区与地区、不同时间段的限制,广告传播范围最广。

2.浏览商品、比较选择。网络购物的最大特点就是让消费者可以足不出户就能购买到自己称心如意的产品。消费者只要轻点鼠标,就可以通过互联网浏览购物网站,商家店铺的网页上显示的文字、图片等说明性资料来了解自己所需要商品的具体信息。面对浩瀚如海的商品信息,有接近一半的消费者习惯于通过站内搜索浏览商品,这样不仅可以在最短的时间内找到自己需要的商品,而且可以对搜索出来的商品进行全方位的对比,综合产品质量、价格、配送服务等多方面的因素来决定自己是否购买该产品。因此,购物网站内搜索功能的完善与否会对消费者的行为产生不可估量的影响。此外,消费者在选购商品时,还会关注其他信息,比如在很多门户网站的首页上浏览相关的广告和促销信息,通过百度等专门的搜索引擎搜索商品,进入特定网店挑选商品,进入衣服、手机等门类下分类浏览和看排行榜推荐商品等。

亚马逊:强大的搜索功能

产品搜索和在线采购

当您浏览一般的电子商务网页时,常常会面对一片凌乱的布局,让你不知所措。而亚马逊则通过为数不多的简洁区块或者独特的元素立即就能捕捉用户的眼睛,即在导航搜索的左上角和靠近顶端的搜索 / 购物车控制器。这使得亚马逊的简单的双重目的得以实现:首先,用户可以快速查找和购买产品;其次,卖方能够快速处理网上订单并获得利润。

亚马逊的设计师和架构师团队必须确保在网站的结构中这两个元素是足够突出和可用的。设计师、客户、项目经理和参与建设电子商务网站的开发人员,从一开始的用户体验(无论是第一次用户还是回头客)就会明确强调产品搜索和在线购买。

内容适合当前用户

一旦建立了网站的产品搜索与网上购物等功能,用户最有可能想利用这些特性的优势马上开始搜索。亚马逊使用 Cookies 来记录用户登录情况,并对用户的购物习惯进行跟踪并存储到服务器端。这是一个很好的提高,因为它能动态地定制用户体验:以事先进行搜索、网页浏览、愿望清单添加、评价填写为基础,并达到最终购买目的。

基于先前行为的推荐产品

只要浏览器的 Cookies 保持不变,这种定制相同类型的内容就会在随后的访问中一连串地出现。

正如亚马逊这样,一个好的电子商务网站将跟踪客户端行为(在服务器端),以确保每个用户每次访问都能越来越适合他们的口味和习惯。这就将增加用户进行购买的可能性,在某些情况下,还能加快采购进程。更重要的是,它可以将更广泛的产品和配合他们感兴趣领域的服务公开给用户。

"查找内部"功能

书是在亚马逊最常被购买的产品之一,所以毋庸置疑,亚马逊的开发小组已经建立了一个关于"查找内部"内容的功能。"查找内部"的功能可以让购物者观看到书籍的某些部分:封面、目录、首页、索引和封底。这会非常有用,因为消费者能够一目了然,通过一个内容表或目录就知道一本书是否适合他们。

"内搜索"功能

"查找内部"功能的预览菜单上还有一个小盒子标有"书内搜索",它可以让用户搜索整本书,而不仅仅是部分章节预览。当用户从"查找内部"的菜单选择一项时,一个灯箱弹出,让用户预览的产品几乎是和你持有手中的书一样好。

"内搜索"的功能,可以从书中的任何页面返回结果,但如果页面不能被预览就会通知用户不可用。现在的搜索引擎很智能,甚至能直观地判别单词的单复数,这是搜索的最佳实践。虽然这个功能好像是一个婴儿车般简单,但当你需要对一本书进行研究的时候,它仍然是一个很好的选择。

可定制的历史和推荐

在"今天为你推荐"的下面,亚马逊针对购物者个人网页上列出的产品清单可以进行编辑。点击"修改这一建议"链接,将显示一个窗口,正好说明为什么推荐这个产品,并提供购物者去选择改变它的机会。通常一个被推荐的产品是以记录事先购买行为并跟踪购物习惯为基础的。在这里购物者可以告诉亚马逊不要推荐以某些因素为基础的产品。另一个可定制的功能则是购物者已经浏览的所有产品历史记录,这个选项会出现在该用户的个人页面的顶部。

产品的显示顺序是从你最近一次访问过的产品开始,而且每个项目都有一个"删除此产品"选项,类似于在购物车页面查找商品。当一个产品被删除,页面将重新加载并更新清单。在同一页的右侧栏,用户还会看到一个列表是他们最近浏览的搜索条件和类别。

这些定制或编辑功能,能够确保购物体验不会给用户带来繁重的负担。如果用户对收到的推荐并不满意,他们可以修改它们,以改善今后的访问。电子商务开发人员可以按照这个例子,允许任何动态个性化用户尽可能地为其定制内容。这可以确保用户不会感觉好像内容正在通过广告或促销奖励强迫他们购买。

资料来源:于宗博.亚马逊:用户体验改善.商界评论,2010(7)

3. 进行支付。网络购物的另一个便捷的特征就是它改变了传统消费过程中面对面的、一手交钱一手交货的交易方式,可以采取多种多样的网上结算方式,例如可以通过汇款的方式、使用信用卡(或借记卡)的方式,通过网上银行支付,还有像支付宝、财付通等专业的电子商务支付方式,现在甚至推出了手机支付的新方式。

从图13—17中我们不难看出:网上支付已经成为中国消费者网上购物最重要、最常用的一种支付方式,其次便是货到付款。接下来,我们就简要介绍一下这两种支付方式。

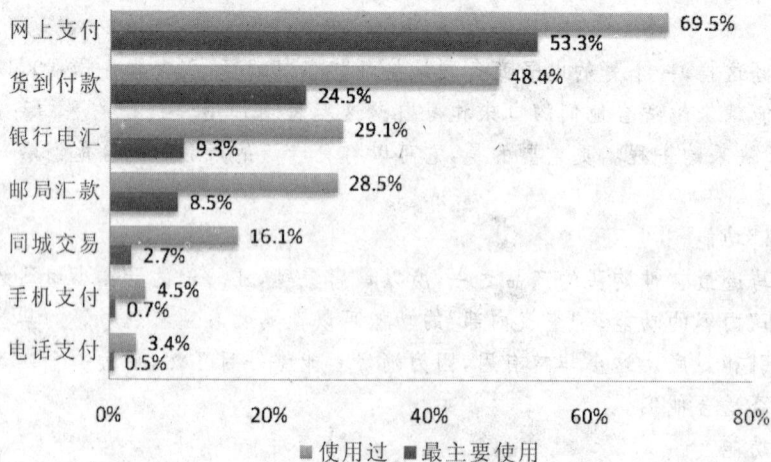

支付方式	使用过	最主要使用
网上支付	69.5%	53.3%
货到付款	48.4%	24.5%
银行电汇	29.1%	9.3%
邮局汇款	28.5%	8.5%
同城交易	16.1%	2.7%
手机支付	4.5%	0.7%
电话支付	3.4%	0.5%

图13—17　网络消费支付方式

目前,主要的网络支付方式是第三方支付,例如淘宝网的支付宝、QQ拍拍网的财付通等。在第三方支付中,消费者的钱实际上是被转存到第三方支付平台上,在收到货物验证无误后即确认付款。出于对卖家的保障,一般在卖家发货后一定期限内买方不进行"确认收货"并支付的话,系统就会默认将钱支付给卖家。所以一旦遇上奸商,在购物纠纷的处理中,消费者常常因苦于无证可举而被强行扣款。

货到付款有两类:一个是现金,一个是刷卡。如果产品的价格偏高,货到付款时,对顾客及配送人员来说拿过多的现金都不太方便。目前新推出的移动 POS 机刷卡支付,支持所有银联卡,对刷卡消费额度没有限制,积分的情况与各个发卡银行有关系,和在商场刷卡没有两样。

4. 购后商品评论。对于网上购买的商品,消费者试用和体验后,会根据自己的感受进行评价。消费者除了对产品本身有一个评价外,还会对该网上商店有一定的评价。消费者的购后评价是相当重要的,网络空间中信息传递的速度与广度无法衡量,消费者好的购后体验若在网上反映,可能会令厂商获益匪浅,但若消费者购后产生不满意感而通过网络将它表达出来,就会在广大网民心中产生不良影响,打消很多潜在消费者的购买欲望。消费者发表购后评论的主要渠道是购物网站。90.2%的消费者在原购物网站商品下方发表评论,有近10%的消费者在原购物网站社区中发表评论,另有部分消费者在其他网站上或自己的博客中发表商品评论。

Nan Hu、Paul A. Pavlou 等人研究指出,在线评论作为传统口碑的数字化版本已经成为网络消费者的主要信息来源之一,同时对企业的管理活动也有重大的意义。但是,对产品而言,评论的平均得分并不一定能揭示产品的真实质量,反而有可能误导消费者。

Chatterjee(2001)、Dellarocas 等(2004)、Godes 和 Mayzlin(2004),研究了在线评论对公司销售的影响。研究发现,在线书评的平均得分的增加与书的销售量正相关。

Chrysanthos Dellarocas 研究指出,在线反馈机制不但可以有效地传播企业信息,而且可以较低的成本从网络社区为公司收集、整理信息,是目前为止最好的在网络市场建立信任、培养合作的技术之一。在线评论如此受欢迎,使得它对于公司的很多管理活动,如开发潜在用户、维持老用户、品牌建立、产品开发、质量管理等都有潜在的重大意义。

Judith A. Chevalier 和 Dina Mayzlin(2005)研究检验了在线述评对于亚马逊书店和电子零售 Barnesandnoble.com (BNBN)的书籍销售量的影响,发现在线书评对两者均有正面的影响;而且书评质量的提高与销售量的增加有一定联系;另外抽样发现一星级的评论比五星级的评论的影响要大;最后,从对评论长度的调查统计数据来看,消费者看中的是评论的内容而不是简单的统计数据。

Pei-yu Chen、Samita Dhanasobhon(2007)指出在线评论有助于信息在消费者之间的传播,消费者可以利用这些信息评估网上产品的质量,消除网络消费者对于网上购物的一些顾虑,建立买卖双方的信任。在回顾了仅有的相关文献之后,作者提出了公式:

$$q = aq_p + (1-a)q_m$$

其中,q 是测量出来的书的质量,q_p 是消费者预先感知的书的质量,a 是权重,q_m 是基于其他信息测量出来的书的质量。

他们检测了在给定 q_p 和 a 的情况下消费者是如何得到 q_m 的。当消费者看到了 N 条在线评论后,则

$$q_m = \sum_{i=1}^{N} r_i w_i \delta_i$$

其中,w_i 是对评论者的资信度,δ_i 是评论内容的质量。

然后作者提出了研究假设,并根据从亚马逊网站获得数据进行了分析发现,评论的质量(the quality of the review)和评论者的资信(the reputation of the reviewer)对于书的销售量均有影响。

三、消费者网络购物的动机

一般而言,消费者的购物动机分为生理性的购物动机和心理性的购物动机两类。消费者购物行为往往不是由单一的购物动机引起的,而是几种购物动机共同作用的结果,既包括生理性的,也包括心理性的。消费者的网络购物动机,是指在网上购物活动中,能使消费者产生网上购买行为的某些内在的驱动力。消费者除了通过网上购物满足生理上和心理上的需求外,还有其他一些具体的购物动机,如角色扮演和人际交流、隐匿、享乐、求新、求廉和求方便等,主要体现了网络购物的有用性、方便性和享乐性。

具体来说,消费者网购的动机分为以下几种:

1. 方便型动机。方便型动机是为了减少体力与心理上的支出而出现的消费原因。网上购物只需要消费者点击鼠标,在网上寻找并查自己所需要的产品,然后通过确认就可以完成购买过程,这样可以免去他们去商场购物的往返路途时间、寻找商品和挑选商品时间、排队交款结账时间,同时免除他们去商场购物所产生的体能消耗。由此可见,网络购物可以方便消费者的购买,减少购买过程的麻烦(网络购物基本上都采取送货上门),减少消费者的劳动强度,节省体力,这样就可以满足消费者寻求方便的动机。

2. 求廉型动机。求廉型动机是消费者追求商品低价格的一种消费动机。网上购物之所以具有生命力,重要的原因之一是网上销售的商品价格普遍低廉。由于通过网络销售产品,可以减少经销商、代理商等中间环节,采用订单生产、减少库存,从而降低了成本,因此往往同种商品网上的价格比超市和商场的价格低廉,许多网络消费者就是因此选择网络购物的。

3. 表现型动机。表现型动机是指消费者通过购买商品来宣扬自我、夸耀自我的一种消费动机。这种消费动机因个性不同而出现较大的差异性,有些消费者的表现型动机十分微弱,有些消费者的表现型动机比较强烈。目前网络用户多以年轻、高学历用户为主,这些青年人处于从少年向中年的过渡时期,少年人的未成熟心理与中年人的成熟心理共存。体现自我意识是青年人在消费中的心理需求,因此他们更喜欢能够体现个性的商品,往往把所购商品与个人性格、理想、身份、职业、兴趣等联系在一起。青年人喜欢追求标新立异、强调个性色彩,而不愿落入"大众化","与众不同"的消费心理较"追求流行"更为强烈。网络上提供的产品包括很多新颖的产品,即新产品或时尚类产品,并且这些产品一般来说是在本地传统市场中暂时无法买到或不容易买到的产品,因此网络购物能比较容易地实现他们的这一要求,即可以满足他们展示自己的个性和与众不同品位的需要。

4. 好奇型动机。好奇型动机是指寻找事物发生的原因的一种消费动机。这种动机既是生活中的重要动机形式,也是消费者动机中的重要组成部分。好奇是每个人都具有的一种心理。当人们对某些事物觉得新鲜有趣奇怪的时候,想要了解它、理解它、尝试它的好奇之心就产生了。所以,促使消费者产生好奇之心并且激发其购买欲望的商品,都是些外观新奇、功能奇特或给消费者意想不到的发现的商品。新上市的娱乐用具、玩具等,一般都会激发消费者的好奇型动机。网络的诞生改变了人们的生活,网络构造了一个全球化的虚拟大市场。在这个市场中,最先进的产品和最时尚的商品会以最快的速度与消费者见面。以年轻人为主体的网络消费者通过网络获得这些商品信息,这些信息很容易激发消费者的好奇心,而许多网络消费者为了追求时尚与形象、展现个性与发展自我,必然很快接受这些新商品。

5. 心理平衡型动机。心理平衡型动机是指由于消费者本人存在某些方面的不足,要通过消费商品来弥补个人的不足以取得心理平衡的消费动机。比如,环境信赖型消费者在周围的人们都购买了某种商品时,也会购买同样的商品以达到心理平衡。对于许多网络消费者来说,由于具有追求流行、时尚的特点,看见周围的人通过网络购买商品后会发现自己似乎落伍了,从而进行模仿,也通过网络选择自己需要的商品,以此来融入这个信息化的社会。有些消费者为了改变自我形象而通过网络购买商品,有些消费者因为自信心不足也通过网络购物来增强自信心,这些消费都源于消费者追求心理平衡的动机。

四、消费者网络购物的影响因素

一般来讲,网络购物行为的相关研究的目的是为了了解和预测消费者的网络购物行为。因此,确定影响网络购物行为的因素是十分重要的。根据 Cao(2005)关于网络购物行为影响因素的综述,以往的研究中,影响网络购物行为的因素可以大致分为感知的网络购物渠道特征、厂商和产品特征、在线消费者特征等三大类。

(一)感知网络购物渠道特征

作为一个销售渠道,互联网同时处理信息系统和市场行为。因此,一个网络商店的在线特征和线下特征都会影响消费者的在线购物行为。网络商店、传统商店和其他购物渠道在彼此竞争。消费者对于网上购物是否接受很大程度上取决于其所感知到的网络商店相对于其他购物渠道的优越性和缺点。

感知网络购物渠道特征包括四个方面:网络购物服务的质量、网络购物的相对优势、感知网络购物风险和信任。

1. 网络购物服务的质量

网络购物服务的质量包括系统质量、信息质量、服务质量、产品质量、交货质量和售后服务质量。

(1)系统质量

系统质量是指网站作为信息处理系统工程导向的表现,比如操作效率和速度以及设计、导航、回复时间等,这些因素对于消费者在线购物的意向有积极的作用。一个与实体商店类似的逼真的体验,大大地影响了消费者在线购物的参与程度,它的设计好坏将会对网络消费者的第一印象产生重要作用。

(2)信息质量

在网络购物环境下,信息质量是指网站提供的内容质量。信息质量可以帮助消费者比较各种产品以便做出更好的选择。如果产品很难被找到或者只能找到很少的产品信息,消费者就不那么可能会选择这种产品。

(3)服务质量

服务质量公认的定义是提供服务的优秀或卓越水平,服务质量的感知来自于期望和实际表现之间的比较。测量服务质量的五个要素包括可靠性、响应性、保证性、移情性、有形性。顾客从这五个方面将预期的服务和接受到的服务相比较，最终形成自己对服务质量的判断，期望与感知之间的差距是服务质量的量度。从满意度看，既可能是正面的也可能是负面的。在网络购物环境下，好的服务质量可以增强网站的可使用性，在购买的每一个步骤上给予消费者支持。

（4）产品质量

产品质量是指产品的实际功能性。一般来讲，消费者更愿意访问有更多更好商品的网上商店。实证发现，产品质量好对消费者网上购物的意向有积极的作用。如果产品的质量不能在网络商店中得到验证，消费者也不大可能会选择该网络商店。同时，产品的多样性也会对消费者的网络购物意愿起积极的促进作用。

（5）交货质量

可靠和及时的送货服务是网络购物者的一个基本要求。可靠和及时的送货服务可以增加消费者的满意度，增加网络购物的可能性。相反的，消费者很有可能因为送货的问题而终止网上交易。在线消费免除了消费者到传统商店的路途辛苦，因此希望避免自己运送货物的顾客会更加倾向于选择在线购物。

（6）售后服务质量

售后服务同样会影响网络购物行为。当网络零售商为消费者提供了退款保障后，更会引起消费者的购物欲望，消费者担心退还商品的问题可能导致其中止网上交易。

2.网络购物的相对优势

相对优势是被感觉到的通过创新所带来的优势程度，这里是指消费者感受到的网上购物相对传统购物渠道的优势程度。

2004年，CNNIC发布的专家深度访谈报告指出了网上购物相对传统购物的优势与劣势。优势方面主要有商品种类多、没有时间限制、购物成本低、服务范围广、价格相对较低等。

Hoffman和Novak认为消费者从网络获得的最大的益处是可以浏览丰富的商品信息，并能通过复杂的、非线性的、间接的方式来提高消费者购买过程中的决策能力。详细描述商品信息，如价格、形象等，并且能使消费者迅速获得有关评估商品的正确信息，可以促进消费者形成网上购买意向。消费者更偏好提供有用信息、个性化和有兴趣内容的网站，更喜欢清晰地显示界面和容易浏览的零售网站。

3.感知网络购物风险

感知风险最初的概念是由Bauer（1960）首次从心理学延伸出来的，他认为消费者任何的购买行为，都可能无法确知其预期的结果是否正确，而某些结果可能会令消费者不愉快，所以消费者购买决策中隐含着对结果的"不确定性"。感知风险是指一项行为导致的不确定性和负面的结果。

网上购物的具体风险包括财务风险、产品质量、便利性、支付、交易安全、技术、厂商、客户、隐私、网络故障。

Heijden等认为感知风险对在线购物态度有显著的负面影响，进而对网上购物的意向产生消极影响。而Jinsook Cho则认为消费者对网上购物的感知风险直接影响消费者的购物意向和行为。总体来说，感知风险会负面地影响消费者网络购物意向和行为，消费者会更倾向于光顾安全性和隐私性高的网络商店。

4.信任

在很多交易关系中,信任是一个重要的催化剂,它决定了很多商业实质和社会秩序。信任是和风险相关的一个特征。如果有风险,消费者在进行交易之前需要信任才能进行交易。感知到的风险越大,需要的信任越多。在线交易中对在线交易和商家缺乏信任是网络购物发展的重要阻碍之一。

Gefen 在实证研究中发现,个人对网站的"熟悉"与"信任"会对网站使用者询问商品信息以及发生网上购买与在线交易商品的行为产生显著的正面影响,其中"信任"的影响程度更大。

(二)商家和产品特征

商家和消费者是网络购物的两个主体。商家有能力影响消费者的网络购物行为。一个知名的商家可以让消费者感知风险减少,对其产生更多的信任,由此推动消费者在此进行在线消费。有些产品是适合在网络环境中购买的,而有些适合在传统的购物渠道中购买。消费者对不同商品的购买决策是不同的,所以网上商店出售商品的特性也将影响消费者购物行为。人们通常将商品分为两大类:体验商品和搜索商品。产品的特征会影响到消费者的购物行为。

1.商家特征

网络商家的整体质量会对消费者网络购物行为产生影响,感知商家声誉和规模大小对消费者的网络购物意向有积极的影响作用。

2.产品特征

总的来说,低成本、经常购买的、与其他产品有很高的差异性的产品和服务更加容易被消费者在网上采购。网络的个性化定制产品服务满足了某些消费者独特性方面的需求。越来越多的消费者希望拥有专为自己量身定做的商品,既可以满足某些特殊需求,又可以体现消费个性。

(三)消费者的个人特征

在产品交易的两个主体中,商家的角色是很重要的。同时,学者们注意到消费者的购物行为与消费者的个人特征有密切的关系。不同特征的消费者对网络购物的反应是不同的。实证研究证明一系列不同的个人特征影响着网络购物行为,比如购物取向、个性、经验、人口统计特征、社会和心理特征。

1.购物取向

购物取向是指顾客对购物这项行为的总体倾向。购物取向被定义为生活方式的特定维度,反映在对购物的行为、兴趣和观点上。

首先,便利取向的消费者更加可能在网上购物。因为网络购物提高了搜索商品的效率和交易的效率,节省时间型的消费者更喜欢通过互联网进行购物。其次,将在网上购物看成是一项有趣好玩的活动的消费者更愿意在网上购物;认为网络购物与其生活方式相一致的消费者更愿意在网上购物;当网络商店提供更低的价格或其他利益,价格敏感的消费者会更倾向于网络购物。而品牌导向的消费者会在网上购买知名品牌的商品,以消除感知风险。

2.个性

消费者的个性研究主要是对消费者创新性进行的研究。创新性指的是个体对新思想或新事物的接受度,是消费者个体自身的一种特性。在线购物被视为一种购物方式的创新,创新性必然对网上购物行为产生影响。消费者在不同领域的创新倾向和行为有明显差异。冲动型和多样型消费者更容易在网上购物,而想将风险降低到最小值的消费者则不易于在网上购物。

相反的,勇于冒险的消费者更易在网上购物。

3.消费者的相关经验

经验是由参与行为产生的客观的结果,是过去知识的积累,这些知识将帮助形成和调节信念、强化行为。研究表明,消费者过去积累的经验知识影响意向的形成。消费者的相关经验不仅仅是互联网和计算机的使用经验,也包括在家购物的经验,比如用邮件、电话、目录、电视购物的经验。在家购物的经验一般来讲可以增加消费者在线购物的可能性。

4.心理变量

这些变量来自心理学领域上的研究。少数几个社会和心理变量是在线购物采纳意向和行为的关键决定因素,并得到了很多研究文献的支持。一些研究证实对在线购物的态度会对在线购物的使用意向产生切实影响。此外,个体的主观规范也已证明会对在线购物意向产生重要影响。此外,研究发现使用网络搜索信息意向对网络购物意向有显著正向影响。还有一个重要的心理变量是感知行为控制。感知行为控制是指个人感知到的其完成行为的能力。学者们发现感知行为控制对网络购物和实际使用有积极的影响。

5.人口统计特征

消费者人口统计变量如性别、年龄、受教育程度和收入等会影响消费者的网上购物行为。有关零售领域的研究表明,高收入、受过高等教育的年轻人比较容易接受创新的购物模式,如目录邮购、电话购物和电视购物等。许多研究得出网上购物者与传统消费者在性别、收入、年龄和教育程度、购物导向等方面存在差异的结论。比如,男性比较容易在网上购买硬件、软件以及家用电器等产品,较少在线购买食物等。

人口统计变量对网上购物意向和行为的影响仍有争议。有些研究证实性别、年龄、教育和收入对在线购物意向有积极影响,但是也有些研究不支持这个结论。很可能这些人口统计变量本身并没有什么意义,而是受一些更深层次的因素的影响所致。

第三节　网络零售营销策略

4C营销组合作为一种以顾客利益为导向的营销组合,是符合网络营销的特征和策略制定的需要的,但针对不同的企业形态和不同的经济发展环境,4C组合也需要做新的调整和完善。在网络环境中,除了这4C,还有第5个重要的C——Credit,信用。之所以要加入"信用"这一重要元素,是因为信用是网络零售业发展的重要支撑点。

一、网络零售顾客策略

顾客策略,即以顾客需求为导向,站在顾客的角度为其提供所需产品或服务的策略。对于网络零售企业来说,制定顾客策略的前提是了解顾客的需求。网络零售企业的顾客策略包括产品管理、网站服务及网页设计三部分。

(一)产品管理策略

产品是网络零售企业提供给顾客并满足其需求的核心组成要素,顾客登录购物网站的最终目的是为了购买产品。因此,对产品的管理策略直接决定了网络零售企业在顾客心目中的形象。在竞争日益激烈的今天,不管是产品的种类还是产品的品牌都在呈几何数级式的增长。

网络零售企业的首要任务就是对这些产品进行选择和组合,以最优的方式呈现在顾客面前供其挑选。网络零售企业的产品管理主要可以采取以下几个策略,即品类管理策略、精品化策略及长尾策略。

1. 品类管理策略

对于网络零售企业来说,运用品类管理策略能有效地提高消费者的满意度、忠诚度和忠诚消费者的比例,有助于建立和供应商之间的合作伙伴关系,同时减少商品滞销和脱销现象,提高采购效率和库存管理水平。由于大型网络零售企业在信息技术和顾客资料收集、分析方面的优势,使其有能力更好地实施品类管理策略。

网络零售企业对品类管理策略的实施,通常可以分为以下几个步骤(图13-18):

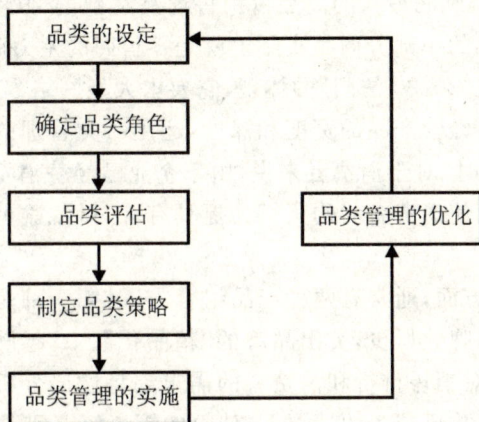

图13-18　品类管理策略实施步骤

(1)品类的设定。即要确定某个品类是什么及如何进行管理,要在一系列多品牌、多功能的产品中清晰定义出品类并对其做进一步的细分。通过对品类的细分,企业可以把众多产品按类别归于一个个品类当中,便于从品类的角度进行商业运作,而不是仅仅对某一种产品进行经营。

(2)确定品类角色。品类角色是零售商对不同品类的优先性和重要性的认定,并通过对企业资源的优化配置反映出各个品类的不同地位。

(3)品类评估。品类评估是指在对品类的角色进行界定的基础上,大型网络零售企业需要对照品类角色和品类指标,把握品类及其组成部分所处的状态、对企业贡献的利润等。这一步的意义在于帮助大型网络零售企业进行产品管理资源的优化,因为企业的资源(库存、资金、人力、促销费用、网页空间等)是有限的,品类评估可以帮助管理者识别高贡献的产品并集中"优势兵力"于这种品类上,以提高销售业绩。

(4)制定品类策略。即企业根据某种品类在市场上的表现以及相关的顾客购买数据,发现该品类的价值大小,从而制定该品类在优化产品组合、网页广告位置、促销、定价、补货等方面的具体策略。

(5)品类管理的实施与完善。品类管理的实施要得到零售商和供应商双方管理者的支持,同时由于在品类评估和策略制定方面要涉及大量数据的处理和分析,也需要营销人员与技术人员的配合和帮助。此外,随着市场形势的变化,品类管理也应该是一个不断优化、不断完善的过程,营销人员需要根据品类的销售表现持续对品类策略进行调整,才能使品类管理收到良好的效果,不断地增加网络零售企业的销售额并提高顾客的满意度。

2. 精品化策略

网络零售企业在产品种类的选择上,要考虑两个方面:一个是产品的宽度,即所经营产品的大类的数量,如卓越网所经营的产品包括图书、影视、音乐、数码、百货、手机等几个大类;另一个方面是产品的深度,即某一类产品中包含的不同品牌或规格的产品数目,如"手机"类产品中就包括三星、夏新、MOTO、TCL、海尔等几个品牌。

意大利经济学家帕累托提出的用于解决经济问题的"20/80 法则"被证明也适用于零售业的经营活动中,即 80% 商品的销售额只占总销售额的 20%,而 20% 的小部分商品的销售额却占总销售额的 80%。同时,利润最大的商品占销售商品总数的 20%,所贡献的利润却占了全部销售额的 80%。这 20% 的小部分商品实际上就是零售商的主力商品。

所谓的精品化策略,是"20/80 法则"的体现,它要求大型网络零售企业根据企业的经营目标和市场状况,不断调整所经营产品的宽度和深度,运用品类管理的方法,使优势兵力集中于最具销售潜力的 20%。同时,对于消费者来说,由于企业已经替消费者进行了筛选,"剔除"了一些边缘产品和品牌,从而使消费者的购买行为更具有针对性,避免因过多选择造成的"眼花缭乱"。

在精品化策略的实施方面,通常有两种产品组合方式:第一种是"宽—浅"组合,即产品类别很多,而每一类别下的品牌数目少,突出品牌的"精品化"。卓越网曾经推出过精品化策略,安排专业的产品管理人员对销售排行和消费者的需求趋势做出分析,从而精简每种产品大类下的品牌数目,在产品小类数目减少的情况下,使总的销售额得到提升。这都得益于每一个品牌都是"精品",可以吸引到大量的订单。另一种是"窄—深"组合,即产品类别少,但每种类型产品包含的品牌众多,突出产品类别的精品化。一些经营类别比较专业的网络零售企业即是运用了这种策略,它容易建立企业在消费者心目中的定位。

3. 长尾策略

长尾策略是相对于精品化策略而推出的另一种产品管理策略,简而言之就是对"宽—长"的产品组合的运用。"长尾"(the long tail)是由美国《连线》杂志主编 Chris Anderson 在其专著《长尾理论》中提出的,用以描述诸如亚马逊和 Netflix 之类的网络零售企业的产品组合和经营模式。长尾理论是指,"众多小市场汇聚成的市场能量可与主流大市场相抗衡——只要产品存储和流通的渠道足够多,需求不旺或销售不佳的'冷门'产品所共同占据的市场份额,可以和那些少数热销产品所占据的市场份额相匹敌甚至更大"。同时,"创造一个繁荣长尾市场的秘诀,一是低成本地提供所有产品,二是高质量地帮助找到它们"。

长尾理论的兴起顺应了消费者需求多样化和口味无限细分的趋势,对于很多顾客而言,品种多的企业总是更具有吸引力,网络购物环境的无差异性也使产品种类众多显得更为重要。对于网络零售企业而言,之所以在应用长尾理论方面比传统零售企业更有优势,一方面是由于网络零售企业以网络为依托,再加上信息技术的不断提升,可以使其在低成本的情况下"容纳"更多的产品,而且在与供应商达成协议的情况下,企业本身不必为库存增加负担,即可按照供应商的产品种类延长自己的产品目录;另一方面,传统零售企业中的"选择悖论"(即过多的选择妨碍了消费者做出购买决策),事实证明是缺乏完善的"选择助理"的结果,而大型网络零售企业可以给网上购物顾客提供多样化的辅助工具,如产品检索工具、产品对比工具等,从而使顾客很方便地找到符合自己口味的商品。以亚马逊为例，它提供"已经出版的所有书籍"，丰富的商品促进了顾客浏览和进行不同品类商品的交叉购买，使商品种类的"长尾"不断延长，尾部商品销量最终能够达到甚至超过传统"20/80 法则"中占 80％销量的畅销品。

需要注意的是，虽然热门的"20/80"主流和"长尾"的非主流看似相互矛盾，但它们都是对消费者需求满足的关注，只是"20/80"关注的是宽众，即普遍存在的需求；"长尾"关注的是窄众，即消费者的某些独特需求。但借助互联网技术的普及应用，宽众市场和窄众市场是可以兼顾的，完全可以做到在窄的产品类别中无限延长其中的产品类型，或者在无限多的产品类别中提供"精品"，实现"长尾"与"20/80 法则"的共生应用、"精品路线"与"长尾"的共存。网络零售企业，应当根据企业的具体情况、经营目标及面对的网上顾客群体选择有利于企业发展的产品管理策略。

网络零售中长尾理论的运用——以淘宝为例

根据《长尾理论》一书，我们试对长尾理论的本质做如下归纳：低成本地供应多种产品，开发长尾市场，利润积少成多，但不放弃大热门。之所以称之为本质，是因为这符合安德森对开发长尾市场的核心主张，但并非对该理论精准的定义。"如果你可以大大降低供给与需求的连接成本，那么，你能改变整个市场的内涵"。"利基产品其实一直存在，但随着接触它们的成本迅速降低（消费者们更容易找到它们，它们也更容易找到消费者），它们突然变成了一种不可小觑的文化和经济力量"。安德森一再提到的更低的成本是由长尾的三种力量实现的：生产者、集合器、过滤器。

（一）生产工具的普及

安德森在书中指出，随着各种媒体技术的进步，大部分数字文化产品都可以由非专业人员制作出来。这种生产者越来越非专业化的趋势使得长尾市场不断发展壮大，比如人们可以自己制作电影和 MTV，将自己的思想观点通过博客表达出来。安德森指出，这种非专业化的文化生产属于高兴趣而低成本的生产行为，原因是人们从事这些文化创作一开始并不能获得商业利润，通常是为了乐趣或者名誉，加上生产工具普及和成本越来越低廉，使得这种非专业文化生产越来越流行，其结果是长尾越来越长："我们的选择空间正在以前所未有的速度膨胀。这会让长尾向右延伸，成倍扩大可选产品的阵营。"

（二）传播工具的普及

安德森将这一力量称为长尾的集合器，意为集中大量不同类别的产品并传播给消费者，使各种产品都能跨过物理障碍找到适合自己的消费者。安德森将集合器划分为有形产品（如淘宝、eBay）、数字产品（如 iTunes）、广告服务（如 Google）、信息（如维基百科）、网上社区与用户自创内容（如博客）五种。这些集合器为产品提供无限量低成本的虚拟存储空间，将产品信息传到消费者面前，供其选择。

（三）过滤器

过滤器指的是各类网络集合器上的搜索引擎、排行榜、消费者评价、推荐等系统，引导人们的网络购买行为。之所以称为过滤器，是因为面对无数商品，人们往往很可能失去选择能力。而各种搜索引擎和来自其他消费者的评价及推荐系统则能帮助人们找到最适合自己的商品。比如淘宝的信用评价体系、卓越的书评和排行榜，都具有过滤器功能。过滤器的优势在于更加准确地反映消费者的需求，因为它们来自消费者的事后反应，但也因此而具有滞后性和不专业的缺陷。

关于淘宝网

淘宝网由阿里巴巴集团成立于 2003 年 5 月,目前被称为亚洲第一大网络零售商圈,号称"没有淘不到的宝贝,没有卖不出去的宝贝"。淘宝网跨越 B2C、C2C 两个领域,既有大量的"个体户"店家,也有很多名牌连锁店进驻淘宝商城。

(一)非专业化的生产者

淘宝网上集中着来自全国各地甚至国外的卖家,出售的商品应有尽有,除了能在现实商场见到的产品,还有大量手工自制的产品。比如一些手工缝纫店,出售自制的工艺品和服装饰品;还有出售家庭自制小吃的店,比如四川的麻辣牛肉和泡椒鸡爪。在淘宝上可以找到最正宗的来自普通家庭妇女之手的美味产品。当然这跟安德森所说的文化产品还是有区别的,不过无疑淘宝网给了这些非专业人士一个平台,来展示自己的产品,同时也给了其他消费者更多的选择。这些自制产品就是构成巨大长尾的重要部分。

(二)集合器

如果说非专业化生产者的作用有待考察,那么淘宝作为集合器所发挥的作用则是毋庸置疑的。无论是有形还是无形产品,淘宝网的确做到了"没有买不到的宝贝"。大众热门产品,从名牌服装、化妆品、健身器材到书籍等等,细看淘宝的分类目录就知道,囊括了所有的商品种类。现代邮路的发达使得人们购买商品就像发邮件那么简单,前提当然是淘宝给了双方相互连接的机会。现在的年轻人在需要购买一件商品时,通常首先在淘宝上了解大致行情、各个店家的介绍和进行价格对比,然后选择最优性价比的商品,或者作为去实体店购买的依据。淘宝上无奇不有,有卖蚊子标本的、卖电脑故障解决方法的、卖山寨产品的等,至少在笔者及周围朋友的生活范围之内,还没有发现哪种商品是淘宝上找不到的。比如刚才笔者就以"新疆香巴拉"为关键字搜索出了几百项商品,这是一种新疆特产的牛肉干,除了新疆其他地方没有卖的,但是现在淘宝上可以很方便地购买且送货上门。对于这些卖家来说,在淘宝上开个店非常简单,成本很低,还省去了实体店的很多费用,因此产品价格相对实体店更低。同时没有货架限制,网络提供的无限空间让人不用担心摆上冷门产品是一种浪费,反而总是想着,也许有人买,摆上也不要钱。对消费者来说,就是有了无尽的选择。总是可以找到自己想要的产品然后尽情地货比多家,选择自己最满意的一家进行交易。因此,更低的成本和更多的选择,的确是淘宝集合器最大的优势。

(三)过滤器

如果仅有集合器,将成千上万的产品放到消费者眼前,同样是一种浪费,因为消费者无法有效地找到自己需要的产品。因此,过滤器是将消费需求推向长尾的重要力量,如果没有过滤器,人们大部分还是会选择短头产品,因为更大众也更安全。淘宝最重要的过滤器之一就是关键字搜索。在每一类产品之下,都有更多更细致的关键字,比如选择女装,下一级关键字就是裙子、裤子、鞋子等大类,进入裤子一级后,又根据长度、材质、花纹、品牌、价格和风格设置不同关键字,方便消费者迅速找到自己想要的产品,就像一位业务熟练的售货员一样马上带你去你指定的产品区域,无需你在大商场里晕头转向也找不到自己想要的东西。

淘宝中的另一过滤器就是信用评价体系。在每一个商品页面上,都清楚地标示着卖家的信用等级,点击进去还能看到买过的人对该产品和服务的评价。根据这些信用和评价购买者就能大致了解产品质量和售后服务等方面的情况,从而做出自己的判断。安德森在《长尾理论》中也提到,其他消费者的评价更加可信,因为他们跟我们是一样的。这些评价的可靠性远远强过广告和网站自己的排行榜。根据人们对信息信任度的研究,信源身份与自己相同也是增加信任度的因素之一。对于在淘宝上购物的人来说,看信用等级和产品评价是做出购买决策的关键,这也是卖家都很看重这些评价的原因,通常一个差评就能砸了招牌。而在现实中,一个顾客的投诉很难真正影响到所有后来的顾客。

综上,淘宝具有良好的集合器和过滤器功能,因此成为越来越多人的选择。而非专业生产者的经济效应却不如安德森说的那么乐观,至少在文化产品领域,这种非专业产品较难形成经济效应,能够带来利润的通常还是长尾中的短头。但这并不妨碍长尾理论在网络零售领域发挥巨大作用,集合器和过滤器就已经颠覆了传统的购买过程,人们可以买到很多以前不可能买到的产品。

资料来源:王文娟.以淘宝网为例探讨网络零售中长尾理论的运用.东南传播,2010(6)

(二)网站服务策略

对于网络零售企业来说,一套优化的产品管理策略满足了网上购物的顾客对于产品多样化的需求,可以称之为网络零售企业用来满足顾客需求的"硬件"。然而对于日益挑剔的顾客来说,要想在互联网的世界中脱颖而出,就必须配置精良的"软件",即网络零售企业的网站给网上购物的消费者提供的各种服务。

由于网络零售企业提供的服务是以互联网为依托的,使其在信息化和便捷化方面拥有优于传统企业的特性,有能力为登录网站进行浏览和购买商品的顾客提供更为周到和人性化的服务。

1.产品搜索服务

随着产品种类和品牌的增多,顾客走入传统的零售店,想要找到自己需要的产品往往需要耗费大量的时间和精力,然而在网络零售企业的网站,功能强大的产品搜索服务使顾客只需点击鼠标即可找到符合自己要求的产品。网络零售企业通常在网页最醒目的地方提供快速检索服务,可以以关键词的方式进行检索。如果顾客想要得到更精确的检索结果,则可以使用网站提供的组合检索及模糊检索服务,通过对检索途径进行限定,找出符合条件的产品。此外,为了充分利用空间,一些购物网站在查询选项的开头部分设立"热门检索词"服务,跟踪最新热卖商品信息,将其作为检索词放置在页面上供顾客选择,可以节省顾客输入检索词的时间,也可对顾客起一定的引导和提示作用,这都为顾客搜索产品提供了帮助。

2.产品信息服务

顾客在传统零售渠道对产品信息的了解,一般只能通过对产品外观的认识、对说明书的阅读或者求助于导购人员。然而从这些途径获得的信息往往比较片面,且带有较大的主观性。而网络零售企业,在扩大自己所经营的品种和范围的同时,也应该建立庞大的产品信息数据库,为顾客提供完整而全面的产品信息。

以网络零售企业所销售的图书为例,顾客可以获得以下信息:

1.图书的外观信息,包括图书的封面、尺寸、装订形式等。尽管书籍是知识信息产品,但封面设计也可能影响顾客的购买决策,因此有必要全面充分地进行展示。

2.图书的出版信息,包括作者、出版者、出版日期等基本信息,同时还应附有图书的目录和提供部分内容的预览。

3.书评交流信息,这是网络零售企业提供给顾客产品信息中的一大特点。网络零售网站提供的书评主要来自书的作者、专业人士和读者。作者对图书的评论主要包括图书的精华部分,如写作初衷、对图书内容的简介以及对图书内容的评价;专业人士包括出版社人员、网站邀请的专业图书编辑等,是从专业的角度对图书的内容进行评论;读者评论是已读过此书的顾客对这本书的反馈。通过了解不同读者对此书的评价,更有利于消费者做出理性的购买决策,而这些信息是顾客很难从传统的书店获得的。

3.产品对比服务

对类似的几种品牌的产品进行对比,往往是顾客在购物过程中感到比较麻烦的事情。网络零售企业的网站凭借其数据库功能,可以为顾客提供产品对比服务,以帮助其做出购买决策。如顾客可以选择几种品牌或型号的笔记本电脑,然后对比这几款电脑的性能、价格。

产品名称	索尼 S118EC/B(黑)	惠普 ProBook 4321s (WP418PA)
产品图片	共27张图片	共45张图片
产品价格	￥7599	￥6800
上市时间	2010年01月	2010年05月
主要性能	索尼 S118EC/B(黑)	惠普 ProBook 4321s (WP418PA)
产品定位	家用	商用
主板芯片组	-	Intel HM57
内存容量	4GB	2GB
最大内存容量	-	8GB
硬盘容量	320GB	500GB
硬盘描述	SATA接口, 5400转	SATA接口, 7200转
光驱描述	内置托盘式,支持双层刻录	内置托盘式,支持双层及光雕刻录
视频	索尼 S118EC/B(黑)	惠普 ProBook 4321s (WP418PA)
显卡类型	独立显卡	独立/集成
显卡型号	NVIDIA GeForce 310M	ATI Mobility Radeon HD 4350 集成Intel HD Graphics

4.实时推荐服务

有些顾客在对购物网站的网页进行浏览时,并没有对所需购买的产品有十分清晰的定位,这时就要求网络零售企业提供实时推荐服务。这项服务出现在顾客购买行为的不同阶段:在顾客刚刚登录购物网站的首页时,即可看到"热门商品"、"热荐商品"、"畅销排名"等醒目的专区,为顾客推荐网站中最热门的产品;当顾客选择某一产品大类时,如图书类别,则网页又会给出"新书首发"、"每周排行榜"、"每月排行榜"、"年度总排行"等榜单,为消费者推荐各类图书中的"精品"和"热门";在顾客选定某一种产品进行信息浏览时,实时推荐服务又会给出"查看此商品的顾客也查看了"、"与此商品类似的其他热销产品"等相关链接。实时推荐服务可以使顾客在企业的引导和帮助下,逐步找到自己心仪的产品,同时也是大型网络零售企业促进关联销售、挖掘顾客潜在需求的有利手段。

5.FAQ 服务

消费者在选购产品时,难免会遇到一些问题,为了方便顾客进行"自助解答",购物网站应该提供 FAQ 服务。FAQ(Frequently Asked Questions)即常见问题解答,用以回答顾客经常提出的一些问题。网络零售企业,一般都在醒目处设置了"帮助中心",其中设有顾客问题检索功能,顾客可以通过对问题关键字的输入查找到需要的答案。同时,网站还列出了常见问题目录,如付款流程、配送范围、退货流程等,方便顾客直接而快速地找到答案。

FAQ 应该是一个不断进行自我扩充的系统,而为它进行扩充的正是网上购物的顾客。当顾客提出一些比较不常见的问题时,可由专门的客服人员给出解答,并自动加入到 FAQ 的问题数据库中,若下次还有顾客提出类似的问题,系统则直接调用上次的解答即可,从而大大降低了企业的客服成本。

6.延缓购买式服务

网络零售企业的周到服务之一就是其"记忆性",可以替消费者免去重复寻找的麻烦。所谓暂缓购买式服务是指网络零售企业的网页设置了"暂存架"或"收藏夹"功能(如图13—19所示),当顾客对某种产品感兴趣但还没有确定是否购买时,可以将产品投入"暂存架",以便以后再决定是否购买。卓越网提供的"暂缓购买式服务"是具有"实时跟踪"性质的,即使顾客没有将产品放入暂存架,网站依然会自动记录下顾客此次登录网页所浏览的所有产品,并在顾客所打开的网页中进行随时的显示,使顾客一旦决定购买某种以前浏览过的产品便可立即将其找到。延缓购买式服务实现了网站服务的人性化,在为顾客提供方便的同时也提高了网站产品的销售几率。

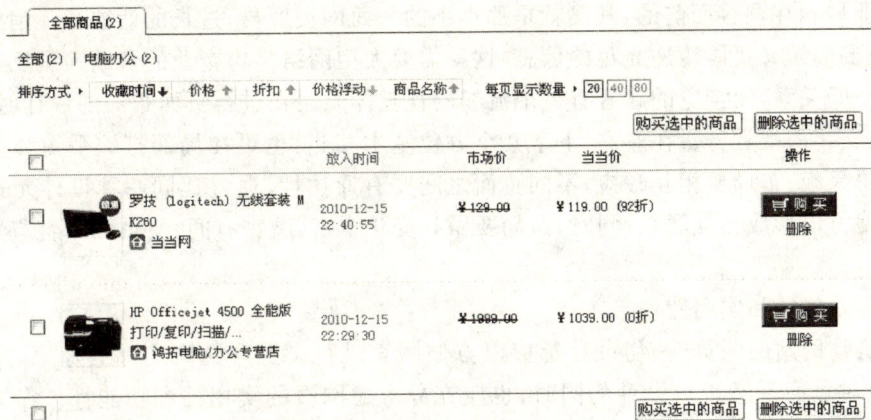

图13—19　当当网的收藏夹功能

(三)网页设计策略

购物对于现代人来说,已经不仅仅是一种用货币换取所需所欲产品的过程,购物过程的本身应该是一次令人愉快的体验,而良好舒适的购物氛围是创造这种体验的一个必不可少的因素。国内外众多大型的购物中心、Shopping Mall恰恰体现了这一点,因此备受顾客的青睐,它们在给顾客提供所需要的产品和服务的同时,也给顾客提供了一个令人愉悦的购物环境——井井有条的商品摆放、充满艺术美感的装潢、耳边响起的古典音乐、精巧而实用的配套设施,这一切都将提升商家在顾客心目中的整体形象,同时也促使顾客更加"慷慨"地进行消费。

对于网络零售企业来说,也应该提供给顾客一个愉悦的购物氛围,所不同的是它无法提供传统零售店的实体氛围,但借助日益先进的网络多媒体技术,也可以使这种氛围的营造成为可能——网页,便是传递这种氛围的媒介。网页设计策略,直接影响到为顾客提供的购物体验以及网络零售企业的网络营销效果。网页设计策略具体由以下几个部分组成:

1.良好的界面观感

网页的界面观感即页面的视觉效果,它包括对风格、色彩和页面布局等的设计。

在风格方面,首先要清楚本企业所经营的产品适合什么风格的页面设计。一个售书的网页过于活泼显然不太合适(除非是儿童书籍专栏),像贝塔斯曼网上书城,就给人一种充满书卷气、很高雅的感觉。其次,要考虑所面对的目标顾客的特征。玩具网的目标顾客是青少年儿童,因此整体风格就应该富有童趣。最后,就要在整体和细节上不断强化和完善这种风格。以原生态购物网为例,由于它专门经营有民族特色的商品和饰品,因此不管在大的板块还是小的栏目,都给人一种很有民族风味的感觉。

色彩是人类视觉最敏感的元素,因此在界面观感中起着重要的作用。不同的色彩及其搭配,往往会给浏览的顾客不同的心理感受,进而影响消费时的情绪,如红色令人产生冲动感、绿色令人宁静、蓝色让人感觉清爽。作为购物网站的网页,为了引人注目,要做到色彩鲜明,同时又要防止色彩过多、花哨艳丽。要做到与网页的主题、风格搭配,并与想要向顾客传递的信息和气氛相吻合,如在女性商品专区,柔和的粉色既能体现所售产品的整体特点,又能使女性购物者有认同感和亲和感。

页面布局指在限定面积和范围内以最适合浏览的方式安排图形、图像和文字的位置。网络零售企业展示在顾客面前的,其实就是那小小的一面网页屏幕,过长的话往往让消费者不耐烦,因此既要简短又要能传递充足的信息,这就需要大型网络零售企业的营销人员反复推敲各个部分的空间关系,使浏览的顾客有一个流畅的视觉体验。在进行页面布局的设计时,要使页面的图像、文字的视觉分量在左右、上下几个方位基本相当,也可在局部打破平衡和对称以避免网页显得呆板;布局要相互呼应,不同页面之间要有通达性,通过让同一种设计元素同时出现在不同地方以形成相互联系;同时,布局要做到变化丰富、疏密有间,使页面产生节奏感和层次感。

2.体现功能性和实用性

作为购物网站的网页,一切设计都应以方便顾客进行浏览和选购产品为原则,忌华而不实,因此在对页面观感进行设计的同时,也应充分考虑网页的实用性和功能性。在进行设计时,首先要方便顾客进行浏览,因此可采用分组、分区或小标题的方式将页面分成小块;应当尽量使主页一目了然,保证主要内容能在第一屏得到完整显示,其他小的专栏、内页可采取与主页标题链接的方式;同时导航栏和搜索栏一定要清晰、醒目,导航栏一般应该在第一屏就显示出来,并且横向放置的导航栏要优于纵向放置的导航栏……总之,要站在顾客的角度不断对页面进行调整和完善,使网站真正成为方便顾客使用的"购物车"。

3.多媒体技术的应用

如今的互联网页面,早已从以往的静态变得"动"了起来,图片、flash、音乐、视频板块等多媒体技术成为每个网页必不可少的元素。在网上购物的网页界面适时地运用多媒体技术,可以使顾客形象地理解与记忆信息,二维或三维的产品形象可以满足顾客对于产品外观信息了解的需要,同时多媒体技术的运用也增加了 Web 界面的美学效果,从而达到吸引顾客注意力、延长浏览时间、激发购买欲望的目的。但同时也必须注意,过多"多媒体模块"的运用势必会影响网页的显示速度。相关调查表明,如果一个网页超过 20 秒还没有打开,浏览者通常会选择放弃等待而转向其他页面,因此,网络零售企业在对多媒体技术进行应用的同时,也应注意将其与网页速度这一重要因素进行平衡的考虑。

综上,合理的产品组合、优质的网站服务及令人愉悦的购物氛围,是网络零售企业实施顾客策略的主要方面,同时也是吸引顾客选择网上购物的重要因素。

亚马逊:让用户感觉舒适

简单轻松的导航条

任何网上商店的成功,至关重要的一点,就是用户可以简单轻松地使用导航条,包括基本店铺分类、用户页面、购物车页面、采购页面等。像这样的任何购物体验点都可以轻松方便地被访问,在这方面亚马逊做了很好的工作,例如下方截图所示编号的部分。

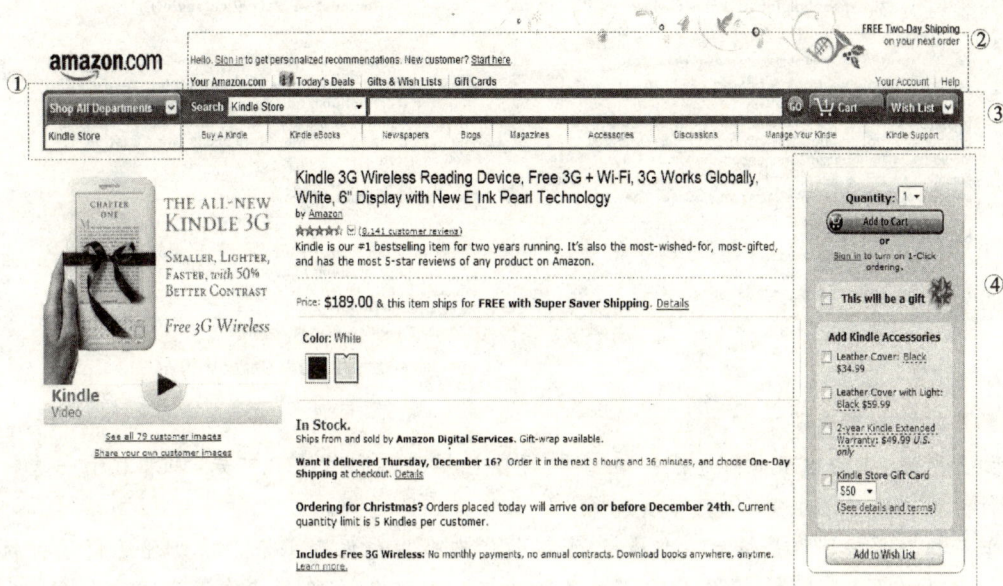

对"商店所有分类"悬停按钮(①)触发一个下拉菜单,显示了所有主要产品类别,让消费者轻松访问其他产品。导航元素的位置,恰恰是用户期望它被放在屏幕左上角 LOGO 下面的位置。

在 LOGO 的旁边(②)有少数几个同样重要的链接,如登出的、个性化的推荐和用户的亚马逊个人页面。这一部分并不是非常突出,但出现的地方却是在顶部或上面与 LOGO 视觉平行的位置。

下一个元素(③)部分有"购物车"和"愿望单"。购物车功能的位置几乎没有什么变化,总是位于电子商务网站布局的右上角。

每当用户浏览产品页面时,邀请他们加入自己的产品购物车或希望清单(④)。恰好这个位置是在亚马逊产品及产品细节的右边,用户可以很自然地找到此功能。

易于筛选和用户评价比较

下面的截图比较两种对立的客户评级和评论(所示两边"VS"图形)。用户还可以按等级过滤客户评论。通过获得有好有坏透彻的客户评论,使他们更加安心购买,并帮助他们做出明智的决定。用户不是迫于压力才购买商品的,而是认为购买产品的决策权是完全掌握在自己手中的。

Customer Reviews

Kindle 3G Wireless Reading Device, Free 3G + Wi-Fi, 3G Works Globally, White, 6" Display with New E Ink Pearl Technology

8,141 Reviews

5 star:	(5,611)
4 star:	(1,486)
3 star:	(411)
2 star:	(229)
1 star:	(404)

Average Customer Review
★★★★½ (8,141 customer reviews)
Share your thoughts with other customers
Create your own review

Search Customer Reviews
[   ] GO
☑ Only search this product's reviews

The most helpful favorable review

13,212 of 13,318 people found the following review helpful:

★★★★★ **Kindle vs. Nook (updated 12/1/2010)**
If you're trying to choose between a Nook and a Kindle, perhaps I can help. My wife and I have owned a Nook (the original one, not the new Nook Color), a Kindle 2, and a Kindle DX. When Amazon announced the Kindle 3 this summer, we pre-ordered two Kindle 3's: the wi-fi only model in graphite, and the wi-fi + 3G model in white. They arrived in late August and we have...
Read the full review ›
Published 3 months ago by Ron Cronovich

› See more 5 star, 4 star reviews

Vs.

The most helpful critical review

4,362 of 4,438 people found the following review helpful:

★★★☆☆ **Worth the money. Not perfect, but very very good for start to finish novels in good light**
The Kindle is my first e-ink reader. I own an iPad, an iPhone, and have owned a Windows-based phone in the past that I used as an ereader.

My overall impression of the device is good.

The good:
I'd honestly rather read linear (read from page one to the end, one page at a time) fiction from it than a book, because I can't always get...
Read the full review ›
Published 3 months ago by Jeffrey Stanley

› See more 3 star, 2 star, 1 star reviews

额外的购物车选项

如上所述,在购物车页面包括一些选项,可以让用户感到舒适。首先,如果对于一次特定购买行为用户改变了主意,他们有权选择从购物车里删除它们。

但亚马逊希望删除是最后一个选择,所以他们选择用先保存下来以后处理替代了去执行删除。你可以称之为"软删除":它会从购物车的产品中移出,但会保存在用户购物车页面上的物品清单里,在任何时候用户都可以很容易地再添加回购物车中。

🛒 **Shopping Cart** Already a customer? Sign in

See more items like those in your Cart

subtotal = $189.00
Make any changes below? Update

Shopping Cart Items--To Buy Now | Price: | Qty:

Item added on December 15, 2010 **Kindle 3G Wireless Reading Device, Free 3G + Wi-Fi, 3G Works Globally, White, 6" Display with New E Ink Pearl Technology** - Amazon.com
Condition: New
In Stock $189.00 [1]

Save for later

Delete Eligible for FREE Super Saver Shipping

☐ This will be a Gift 🎁 (Learn more)

在运送页面更改或删除产品

在随后的购买步骤中,用户可以继续控制。当选择物流选项时,用户将看到该页面,这可能意味着他们已经承诺或接近承诺,购买该产品了。

当选择送货方式时,提供用户一个相当突出的按钮去"更改数量或删除"。根据所选的运送方式,用户很可能需要这些选项,因此,现在该按钮可以让用户得到帮助并使他放心使用。

提醒用户"继续"并不意味着"最终决定"。

在用户往购物车添加了产品,并选择了送货方式后,他们可以回顾一下他们的订单概要,并点击"继续"按钮继续他们的购物。该按钮不是让他们确认订单,也不是他们实际购买的最后一个页面。

为了确保用户知道这不是"最后"一步,放在下方的"继续"按钮是一个有益的提醒,提醒他们把最终的订单放在最后汇总页面确认。

一切围绕购物体验

通过学习亚马逊移情用户体验的例子，电子商务开发人员可以理解用户各项关注和忧虑，包括一个用户每个阶段可能的购物体验。

总结亚马逊的页面设置，我们可以发现其工程师始终是围绕着用户的购物体验在动脑筋，而使用户感到舒适和可控是一切设计的核心。

1)一个电子商务网站的焦点，应是产品搜索和在线购买；

2)只要有可能，应该为每个用户提供个性化内容；

3)给予"为什么我们购物"的提醒创建销售奖励；

4)让用户尽可能多地接触到产品；

5)不要让用户感到有些产品或服务正在强迫他们购买；

6)在适当的时候可轻松地访问重要部分；

7)在任何时候让顾客感到舒服和可控。

资料来源：于宗博.亚马逊：用户体验改善.商界评论，2010(7)

二、网络零售成本策略

以顾客为中心，一个重要的方面就是企业要把注意力从关注产品定价转移到顾客成本上来。对于网络零售企业来讲，要站在顾客的角度考虑其愿意为产品和服务付出的成本，并以此为依据制定定价等相关的策略，才能有效地达到顾客满意与企业盈利的"双赢"。

(一)顾客成本分析

顾客成本是指顾客为满足某一需要或欲望所耗费的货币、时间、体力与精神的总和。顾客成本直接影响顾客的让渡价值，从而影响到顾客的购买决策及满意的程度，因此对其构成及优化要加以关注和分析。感知价值关系模式如图 13—20 所示。

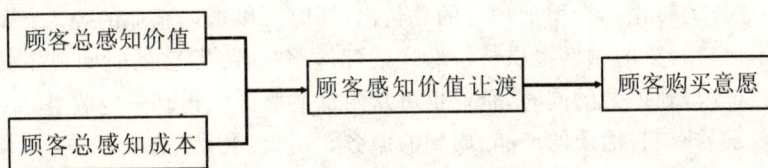

图 13—20　感知价值关系模式图

顾客成本的构成：

1.从顾客成本的表现形式来看，顾客成本由货币成本、时间成本、体力成本和精神成本构成。

顾客成本中的货币成本是可以很方便地进行量化和度量的，但时间成本、体力成本和精神成本很难用实际的会计成本来衡量。不同的顾客对其时间、体力和精神的机会成本的判断是不同的，这取决于这些成本对于一个人来讲的"稀有"程度。例如，一个生活节奏不断加快的城市白领，时间对于他来说"稀有"程度很高，时间就具有很大的机会成本，因此他希望能花尽量少的时间成本方便地进行购物和消费，而大型网络零售企业恰恰可以利用其优势减少顾客搜索和等待的时间，以降低其时间和精神成本。

2.按顾客成本的去向划分,可以分为直接成本和间接成本。直接成本是指流向企业收入的那一部分顾客成本,即顾客为了获取产品或服务而向企业支付的价格。间接成本是指顾客付出了但企业并没有获得的那一部分顾客成本,如为了购买某种产品或服务而支付的交通、通讯、信息搜寻等成本。

通常情况下,企业往往只关注顾客的直接成本,认为与顾客进行交换,就是将提供的产品或服务与顾客支付的直接成本进行交换,因为这影响到了企业的销售额和利润,事实证明这种想法过于片面。从顾客的角度来看,他们为了满足某种需要或欲望,在与企业进行交换的过程中,不仅付出了直接成本,而且付出了间接成本,尽管这些成本无法在企业的会计账目上体现出来,却也会在很大程度上影响顾客的购买决策。因为对于顾客来说,直接成本和间接成本是一个整体,它们一起决定了购买某种产品或服务是否"值得"。正如顾客选择网上购物,前提是必须支付一定的间接成本,如上网费用、电脑相关配置费用等,这些看似与网络零售企业无关,但是对于顾客来讲,如果他认为网络零售企业所提供的价格折扣不足以弥补其所付出的间接成本,就有可能降低购买意愿。

(二)顾客成本的优化

在满足顾客的需要和欲望时,应力图在货币成本、时间成本、体力成本和精神成本之间,以及直接成本和间接成本之间寻求一种最佳的组合以使得顾客满意程度最大,即对成本进行优化。对于网络零售企业来说,为了强化顾客的购买意愿,促使其进行网上消费,除了不断提升产品和服务的质量以增加顾客的总感知价值外,还必须对顾客成本进行优化,使其感到"物有所值"。对顾客成本的优化主要有两个途径:

1.降低顾客成本。通过降低某项顾客成本,可以直接提高顾客的让渡价值,从而增加顾客的满意度和购买意愿。因此,企业要尽量降低顾客成本,既要关注货币成本的降低,也要注重其他成本的降低,如购物网站提供的产品检索服务,就大大降低了顾客的时间成本。

2.转化顾客成本。转化顾客成本指在顾客成本总量不变的情况下,企业可利用顾客对不同成本"稀有"程度的认知不同而对不同类型的顾客成本进行转化,将某种顾客成本转化为另一种顾客成本,这样的转化不会增加顾客的总付出,同时可以增加企业的收入。如网络零售企业可对时间成本比较看重的顾客提供特快专递的配送服务,将顾客的时间成本转化为货币成本,在顾客的满意度得到提升的同时,企业也可从附加的服务中得到一定收益。对顾客成本的优化受到多种因素的影响,优质的产品、周到的服务、快捷的物流、方便的支付、与顾客的良好沟通及信用和安全方面的保障,都直接或间接地对顾客认为所付出成本"是否值得"的判断产生影响,提高这些方面的水平对增加顾客的总感知价值、优化顾客成本起着很重要的作用。

(三)基于顾客成本的定价策略

网络零售企业相比传统的零售企业,在价格策略方面更注重个性化、差别化和动态化。同时互联网技术提高了网络零售企业对数据的处理及与顾客进行互动和沟通的能力,因此其定价策略能够更加灵活,同时更能体现顾客的意愿。

1.折扣定价策略

折扣定价策略是目前网络零售企业普遍采用的一

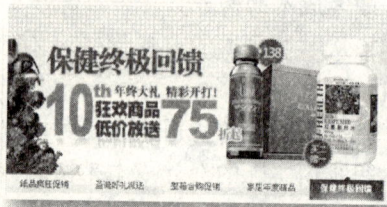

红孩子商城保健品打折活动

种定价策略,即以"高质低价"为原则进行定价,可以有效地吸引顾客的注意。正如之前对网上购物消费者的分析,其对价格的敏感程度是呈上升趋势的,因此实行折扣定价策略,有利于网络零售企业提高市场份额和竞争力,扩大企业的知名度,吸引更多价格敏感型的顾客。

在实施价格折扣定价策略的过程中,网络零售企业相比传统零售店更有优势。由于网络零售企业是以互联网为依托开展经营活动的,因而在渠道费用、库存费用、固定资产投资等方面拥有很大的成本压缩空间,使其有能力将节省的这部分资源转化为"折扣"让利给顾客。

2. 差别定价策略

差别定价是指企业在出售完全一样或是简单差别化的同类产品时,对不同的消费者索取不同的价格。差别定价被认为是网络营销中的一种基本的定价策略,甚至有企业提出"要始终进行差别定价"。然而在互联网时代的今天,大型网络零售企业要想成功地运用差别定价,就必须对其实现条件和实施方式进行研究。

在传统的经济学理论中,实施差别定价可以通过以下几种方式:对于相同的产品或服务,不同顾客可能愿意支付的价格不同;不同形式的产品可以制定不同的价格,而这种价格的差异并不一定是由于成本造成的;根据销售的地点不同制定不同的价格,实质是一种基于区域的歧视定价;根据销售时间的不同制定不同的价格。从微观经济学的角度来看,实施差别定价不一定会损害社会总体的利益,还有可能促使帕累托最优的实现,但实施差别定价必须满足三个条件:

a. 企业是价格的制定者而不是市场价格的接受者;

b. 企业可以对市场进行细分并且能阻止套利;

c. 不同的细分市场对商品的需求弹性不同。

3. 动态定价策略

动态定价指企业根据单个交易水平的供求状况即时确定出售产品或服务的价格。动态定价是利用网络信息技术对差别定价的一种完善和升级,使其定价水平更适应市场的需求、顾客和竞争者的变化。对于顾客来说,随着可选商品和可选商家的增多,消费者的需求和口味处在"动态"的变化中,因此网络零售企业要针对消费者的口味变化对价格进行调整。对于大型网络零售企业来说,网络技术使获取市场和顾客需求变化信息的成本大大降低了,同时由于网络零售企业有较低的"菜单成本"(即调整价格时发生的贴标签、换标签等成本),使其有能力根据市场和竞争者的变化"动态"地在价格上做出反应,从而提高企业的竞争力、减少存货过多的风险,并赢得更多顾客的青睐。

(1)根据产品生命周期进行动态定价

产品在市场中通常会经历引入、成长、成熟和衰退四个阶段,根据每个阶段产品所要完成的盈利目标和市场潜力的不同,网络零售企业应对其定价进行动态的调整,从而分别达到寻求投资回报、获取最大利润、保持市场占有率、最大限度获取眼前利润的目的。以期刊这种时效性很高的商品为例,一旦超过了销售期就应下调价格,例如在99网上书城,刚刚上架时20元的期刊,当新的一期出版后,老的一期则以8元的打折价出售,一方面使价格反映了价值的动态变化,另一方面也便于企业消化库存,盘活资金。

(2)根据顾客的需求进行动态定价

顾客的需求应该成为网络零售企业定价的"风向标",企业应该适时观察和把握顾客需求的变化,并将这些信息动态地体现在价格的制定上。顾客对某种商品的需求旺盛则形成销售旺季,反之则是该种商品的销售淡季。正如夏季顾客对空调、风扇等制冷家电产品需求旺盛,而冬季则是这类产品的需求淡季,国美电器网上商城经常在冬季对空调、电扇进行打折促销,取得了良好的收益,通过价格的刺激,实现了"淡季热卖",在让利于顾客的同时,从整体上提升了企业的销售业绩。

（3）根据竞争者的情况进行动态定价

由于顾客获取信息日益便利,使其有能力对不同的网络零售企业进行比较,从而选择其认为最"物美价廉"的。对于大型网络零售企业来说,要想在顾客的"比较"中脱颖而出,就得首先将自己与同类的购物网站进行比较,并以此为依据不断地进行价格的动态调整,以制定出有竞争力的价格。国外著名的 Book.com 网上图书中心利用其电脑系统将自己的图书价格与亚马逊及巴诺网上书店的同类图书进行比较,列出比较图,如果看到某项价格高于对手则会进行适当的调价。我国一些大型网络零售企业目前也建立起了针对同类零售网站的"监控"系统,针对竞争者的价格变动、打折促销活动动态地调整自己的价格以适应激烈的市场竞争。

综上所述,折扣定价策略是网络零售企业吸引顾客、提升竞争力的有力手段;差别定价策略促使网络零售企业进行市场的细分,从而提高自己的盈利水平和销售额;动态定价策略使网络零售企业能对顾客需求、市场变化和竞争者的动向做出快速的反应。这些定价策略并不是彼此独立和分离的,而是一种融合关系,共同作用于网络零售企业的定价活动,使产品和服务更好地与其在顾客心目中的感知成本相符合,和其他相关策略一起,实现顾客让渡价值的最大化,从而提升企业在顾客中的形象和地位。

三、网络零售沟通策略

网络的本质在于沟通,从传统营销组合中的促销策略到网络营销中的沟通策略,互联网为企业和顾客搭建了一座信息双向流动的桥梁,也使沟通策略相对于传统的促销策略有了进一步的完善和升级。在网络营销沟通策略的实施过程中,充分体现了交互性、顾客主动性及个性化的特点。对于网络零售企业来说,日常与顾客的沟通活动也会使用许多传统的媒介,如电视、报纸等,但由于本章主要分析其网络营销策略,因此将重点放在以互联网为媒介的沟通策略上。网络零售企业的沟通策略主要有网站推广策略、网络促销策略等。

（一）网站推广策略

对于网络零售企业来说,网络营销的沟通不是用产品和服务直接与顾客进行沟通,他们之间存在一种特殊的媒介,即网站。网络零售企业的营销人员如何让自己的网站从成千上万的网站中脱颖而出,是与顾客进行有效沟通的前提和基础,即首先要把顾客吸引到自己的网站上来。这就要运用搜索引擎推广、联盟推广及病毒式营销等网站推广策略。

1. 搜索引擎推广策略

搜索引擎推广是指利用搜索引擎、分类目录等具有在线检索功能的网络工具进行网站推广的方法。搜索引擎对于网络营销很有价值,尤其是在网民寻找新网站时,搜索引擎是首选工具。同时,顾客不仅在收集网站资料方面越来越依赖于搜索引擎,面且对搜索引擎的信任度也日渐提高,

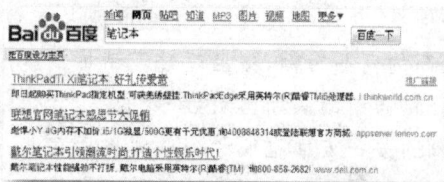

百度搜索"笔记本"出现的推广链接

这也是为什么许多商业网站很大程度上都是依靠搜索引擎来扩大自己的知名度。

2.网站联盟推广策略

顾客在网络购物的网站中经常可以看到"友情链接"、"合作伙伴企业"等栏目,这就是网站联盟策略的体现。所谓网站联盟就是企业将自己的网站链接或者企业广告放置在联盟企业的网页上,其作用在于能够增加访问概率、加深顾客浏览时的印象,在搜索引擎排名中增加优势(这往往成为排名的一个指标),同时通过知名的合作网站的推荐增加顾客对企业的信任度。

3.病毒式营销策略

病毒式营销可以作为一种网站推广的有效方式。它并非传播病毒,所谓病毒式营销(viral marketing),是指通过顾客向顾客传递营销信息的方式,即像"病毒"一样利用个人用户向其他用户传递信息,从而使信息受众的数量以几何数级的速度增长。病毒式营销并不是一个新事物,在传统的营销活动中就已经被广泛地应用,如"口碑营销"就是病毒式营销的一种具体体现。但在互联网的大环境下,病毒式营销的优势更加明显。对于网络零售企业来说,有效地实施病毒式营销可以很好地达到网站推广及扩大企业自身知名度的目的。

随着各种传播方式的出现,病毒式营销作为网站的推广工具还有很大的发展潜力,但大型网络零售企业在应用这种方法的过程中,要注意网站推广信息的质量和发布的频率,因为过多过繁的"病毒"反而会让顾客对购物网站产生反感。

(二)网络促销策略

同传统零售企业一样,网络营销中的促销对于提高网络零售企业的销售额也起着重要的作用,要求企业的营销人员根据网络零售企业的特点及网上购物消费者的特征制定相应的促销策略。大型网络零售企业的促销活动具有即时互动、形式多样及针对性强等特点,通常有以下几种促销形式:

1.网络广告促销

广告是促销中一个永恒的主题,通过广告可以传播促销信息,刺激顾客的购买欲望。而互联网为网络广告加入了更多的元素,如多媒体、实时互动等,这使得网络广告成为大型网络零售企业促销的先锋,其形式层出不穷,不断翻新,本章主要研究比较有代表性的几种网络广告形式。

(1)旗帜广告

旗帜广告是网页中最常见的也是最有效的广告形式,占所有互联网广告的60%,通常放在网页的最上方或最下方,可以设计成静态的或者动态的flash形式。大型网络零售网站通常将一些热荐商品放入其中,由于其位置比较醒目,因此可以在众多的信息干扰中吸引浏览者的注意力。

(2)按钮广告

按钮广告一般表现为图标,通常是大型网络零售企业用来宣传其产品或专栏的特定标志,它的面积一般较小,可以放在相关栏目或内容旁边,当顾客点击该按钮时,则会被带入另一个网页,因此常被当作进入延伸界面的桥梁。

(3)弹跳式广告

弹跳式广告是当一个网站被打开时,在网页的一处弹出的广告。由于其"跳跃性",比较容易吸引顾客的注意力。这些广告一般显示几秒钟即消失,顾客如果对其感兴趣点击即可。大型网络零售企业可用它公布一些即时的促销信息。

（4）在线游戏广告

即利用小游戏作为广告的平台，是一种顾客参与性很强的网络广告形式。如某购物网站为南孚电池做了"足球射门"促销广告，南孚电池的品牌标志就出现在球门的背后和左右，顾客点击鼠标进行射门，每次射门失败之后就会出现"坚持就是胜利"的广告，能有效地引起顾客对产品的联想，从而潜移默化地加强品牌宣传效果。同时，这种游戏广告由于满足了顾客的娱乐体验，因此更能加深顾客对促销信息的印象和认同感。

（5）网络"窄告"

即"窄而告之"、"专而告之"，是针对性原则在网络广告中的体现。"窄告"一般由统一的广告代理商将企业的广告有选择地投放到不同的网站，可直接放置在与之内容相关的网络媒体的文章周围，还可根据浏览者的偏好、使用习性、地理位置等，有针对性地将"窄告"投放到真正对产品和服务有兴趣的浏览者面前，例如在涉及保健知识的网站为网络零售企业的蜂蜜、阿胶等产品发布促销广告，这样可以大大提高广告的有效性。同时，大型网络零售企业在对网络广告进行管理的过程中，要注意对其内容和形式进行不断的更新和完善，以增加其趣味性和新鲜感，从而更有利于广告信息被顾客所接受和记忆。

2. 网站销售促进

网站即是网络零售企业的卖场，正如传统零售商每天进行各式各样的卖场促销活动一样，大型网络零售企业的网站销售促进就是在网站上对商品和服务进行"现场"促销，其形式也是丰富多彩、多种多样的。

（1）网上折价促销

对产品进行打折，是网络零售企业最常用的一种网站销售促进形式。在当当网、卓越网的特价专区，一些商品甚至可以低至 2.3 折；折价的另一种形式是"加量不加价"，即在不提高价格的前提下，提高产品或服务的数量，如支付两箱方便面的钱可以买三箱方便面。由于网络零售企业的折扣普遍比较大，反面让顾客对产品的品质产生质疑，利用价格不变但数量增加的方法容易获得消费者的信任。

（2）网上赠品促销

即对一些产品实施免费的赠送或试用，这种方法在新产品刚刚引入、产品类型更新、对抗竞争品牌以及开辟新市场时使用，能取得比较好的促销效果，因为它能够促进顾客经常访问网站以获得更多的优惠信息，同时也可根据消费者对赠品索取的热情度判断产品的市场潜力。大型网络零售企业在实施该方法时，首先要保证赠品的质量，送出质量不过关的产品只能是"出力不讨好"；同时要考虑赠送的时机，最好是消费者收到后马上能用得上的产品，如夏季赠防晒霜，冬季赠护手霜，否则不容易引起消费者的兴趣。

（3）网上抽奖促销

即以抽奖的方式吸引消费者的关注，激发其消费欲望。网上抽奖促销主要附加在市场调查、产品销售、扩大市场份额、新产品推广、企业庆典等活动之中，如购物网站对购买过某种新产品的顾客进行幸运抽奖，获奖者将退还当次购物金额等。

（4）"满就送"促销

是针对顾客购买数量或购买金额而采取的一种网上销售促进形式，例如当顾客购买金额达到 100 元时，即可获赠 10 元的抵值券供顾客下次消费时使用。同时，也可以采取送"服务"的形式来进行促销，如当当网、卓越网都实行的"购物满 99 元，享受免费送货上门服务"的促销政策。

3.网络公共关系

顾客选择某一个购物网站进行购物,虽然要考虑其产品和服务是否"物美价廉",但更注重该网站的信誉和企业形象,这就是为什么在网络的世界,企业更要"先做公关、再做广告"。网络公共关系是公共关系的一部分,包括开展在线活动、进行信息发布、完善危机预警机制等策略。

(1)开展在线活动

网络零售企业可以通过互联网开展一些公益性的活动来树立企业形象,例如曾经有一批知名的网上音像制品销售网站联合在网络上开展"打击盗版、维护正版"的活动,虽然没有取得直接的经济效益,但无形中树立起了其追求产品质量的企业形象。也可以借鉴著名的"农夫山泉"公关活动:"饮水思源——您每喝一瓶农夫山泉,就是为水源地的孩子捐赠了一分钱。"这每瓶一分钱不会对企业的盈利造成多大的损失,但因此开辟的市场和在大众心目中树立的公益形象却是多少广告费都换不来的。其实在互联网上,诸如此类的公益主题也很多,比如反盗版、提倡健康上网、呼吁绿色网上环境等,大型网络零售企业的营销人员要注重"挖掘"这些主题的潜力,通过在线公益活动的形式为企业的形象加分。

(2)进行信息发布

网络零售企业可以通过自己的网站或网络社区、BBS发布消息,然而这里所指的消息是非商业性质的,否则就有做广告之嫌了。其信息发布的目的是为了更好地为顾客、员工和社会进行服务,如莎啦啦鲜花礼品网为顾客提供一些关于鲜花保鲜、花语、意义等的常识,让顾客感到企业的人性化。企业也可以通过这个平台为员工提供培训资料,对员工的意见给以回应,拉近与员工的距离,这不但有益于企业的良好运营,还是构成企业在顾客心目中形象的重要因素。这些信息看似与企业的盈利活动没有直接相关性,却能够吸引顾客对网站的关注,使网站不再仅仅是一个"商人",更是一个富有亲和力的"良师益友"。

(3)完善危机预警机制

网络在信息传播方面的优势对企业来说是把双刃剑,在方便网络零售企业进行宣传和推广的同时,也时时存在着"危机",任何对企业不利的消息都可能在一个很短的时间内以极快的速度进行传播。因此,大型网络零售企业需要不断完善其危机预警机制,对一些主流的网络媒体及比较有影响力的网上论坛、BBS进行实时"监控",一旦发现有不利于企业的失实消息,要第一时间进行"辟谣"等相关处理。解决公关危机的首要原则就是快速及时,因此一个高灵敏度的危机预警机制及危机公关体系对于网络零售企业的网络公关来说是必不可少的。

joyo卓越 amazon.cn

2009年12月23日凌晨1时至4时许,在中国最大的购书网站之一的卓越网上,一系列价格数百甚至上千元的古籍竟然均售价25元。如:《二十四史》、《明史》、《全宋词》、《资政通鉴》等等。很多网友开始抢购,甚至有一次购买几套的消费者,一些书籍很快被抢购一空,显示处于缺货状态。但到了12月23日凌晨6时许,该批优惠书籍都提回原价。卓越客服人员表明,25元的标价是网站修改图书标价时发生错误。订单在客户不知情的情况下被卓越网单方面全部取消。

360buy京东商城 .com

2010年6月3日下午,有网友在京东商城买到极其便宜的王麻子菜刀,原来标价169元的套装只卖26元,据说短短2小时被抢购了数万套。紧接着,原以为京东会以各种理由爽约。但是在下午4点多的时候,京东商城发布了一则公告称:由于系统漏洞导致价格标错,但是仍对以错误价格所下的订单履约。

四、网络零售方便策略

为网上购物的顾客提供方便快捷的服务是大型网络零售企业以顾客为中心的重要体现，也是顾客选择网上购物的原因之一。这里所指的"方便"包括三个方面，即顾客可以方便地进行购物、方便地进行付款，并且方便快捷地收到所购商品。正如本章第一节所述，网络零售企业通过给顾客提供产品检索、比较、推荐等周到而细致的服务，使顾客可以方便地选购符合自己需求的产品，接下来，就进入付款和收货的阶段了。因此，本节研究的重点就是网络零售企业的支付策略和物流配送策略，从而真正实现网络零售企业提供给顾客全程的"方便"购物体验。

(一)支付策略

支付对于网络零售企业和网上购物的顾客是一个必不可少的环节，它是双方交易完成的重要标志之一。在传统的零售企业中，支付即"一手交钱、一手交货"，商家和顾客通常是面对面接触的，而在互联网时代，网络零售企业与顾客的所有交易行为都依托于网络这一虚拟的平台，而并非进行直接的货币与产品的交换。因此，对于网络零售企业而言，在支付方式和支付策略方面有其特殊性和多样性。

1.离线支付策略

网络零售企业发展的时间并不长，此外由于很多网上购物的顾客观念上更习惯于传统的支付方式，因此像汇款、货到付款等离线支付方式依然是网络零售企业支付策略的重要组成部分。

2.电子支付

网络技术的发展与革新不仅推动了网络零售业的发展，也催生了网上银行等金融机构的网络服务模式，这对提高网络零售企业的支付效率起到了极大的推动作用。通过与银行等金融机构的网络进行互联和合作，使电子支付成为网络零售企业的重要支付策略。由于网络零售企业的电子支付是通过互联网进行的，因此也可以称之为网上支付，它正成为越来越多网上购物的顾客喜爱的支付方式。据艾瑞市场调查中心的相关报告，2006年网上购物市场网上支付规模达到73亿元，未来几年中国网上购物市场的网上支付规模将继续扩大，2010年达到560亿元，占总支付规模的32%左右。

3.第三方支付平台

近年来支付宝、腾讯财付通等支付平台的兴起，使第三方支付平台成为网络零售企业支付策略的另一个重要的组成部分。

与其他电子支付的运行流程不同，第三方支付平台由于第三方机构的介入，在交易流程方面更体现了安全性和信用原则，更能保障顾客和网络零售企业双方的利益，是当前有可能解决支付安全和交易信用双重问题的较合理的支付方案。

网络零售企业目前为网上购物的顾客提供了多种支付渠道，综合运用各种支付策略为顾客服务，以满足顾客对于"支付方便"的需求。支付方式也将随着网络技术的发展得到不断的完善和创新，但这一切都要以方便顾客为宗旨，才能通过支付这一重要环节提高顾客的满意度。

(二)物流配送策略

物流配送是网上购物的顾客与网络零售企业进行交易的最后一个环节，其质量高低也直接影响到网络零售企业是否能提供给顾客一次"方便"的购物体验。网络零售企业的物流配送是指在经济合理的区域范围内,网络零售企业根据顾客的网上购物订单和顾客所要求送达地点的地址信息,将顾客网上购买的产品进行包装后通过各种配送途径送达顾客的物流活动。

物流配送是网上购物过程的重要组成部分,是体现网络零售企业给顾客提供"方便"服务的关键。顾客选择在网上进行购物,追求的就是方便快捷,良好的网站服务与多样的支付渠道使顾客通过点击鼠标就可顺利完成,但如果接下来需要经过漫长的等待才能收到订购的产品,那顾客必然要为网络零售企业的"方便"扣分。同时,物流配送也是网络零售企业盈利与否的关键,它被美国著名的管理学家彼得·德鲁克认为是"一块经济界的黑暗大陆",具有极大的利润创造空间。对于网络零售企业来说,采用一个合理的物流配送策略,通过物流配送成本的降低提高企业的成本优势,必将增强企业在市场中的竞争力。

国内外关于物流配送有很多种策略模式,目前网络零售企业普遍采用以下三种物流配送策略,即自营物流配送策略、邮政物流配送策略及第三方物流配送策略。

1. 自营物流配送策略

大型网络零售企业的自营物流配送策略即企业自己筹资组建物流配送系统,而没有第三方的参与。进行自营物流配送,网络零售企业自身具有对整个配送过程的控制权,不需要与其他企业组织进行协调,能够进行快速的配送决策。同时,这种物流配送策略使企业可以对物流配送的全程进行监控,货物经由线路、是否出现意外、顾客是否接收并付款等信息,企业均可第一时间获得,从而可以做出快速的反应。

然而,网络零售企业在实施自营物流配送策略时,还必须认识到自营物流配送的不足。自己建立物流配送系统,一次性投资很大,建立配送系统需要建立配送中心、仓库等设施,购买运输、配送等设备工具,占用资金较多,这对于企业来说是一个很大的负担;在具体运营过程中,无论是运输、仓储,还是配送信息系统的建立与运作都由企业一方承担,配送系统优化受到企业自身资源条件限制;同时,由于不是配送专业化经营,在人才、技术方面的不足很有可能影响到配送工作的质量。

可见,自营物流配送在给予网络零售企业更多控制权和自主权的同时,也需要企业投入大量的人力、物力、财力对其运营过程进行监控和管理,这对企业的核心业务发展势必造成一定的影响,因此企业必须在两者之间做出权衡以决定是否要自建物流配送体系。

2. 邮政物流配送策略

我国的网络零售企业从发展之初到现今逐步走向成熟与完善,都一直将中国邮政作为自己重要的物流配送渠道之一。邮政充当网络零售企业物流配送的重要工具和合作伙伴,有其特有的优势:

(1)优质的物流配送基础设施;

(2)功能齐全的邮政金融网络;

(3)良好的社会信誉。

中国邮政在发挥物流配送优势的同时,也暴露出诸多不足,存在诸如运行机制和运作模式僵化、在管理和营销观念上与当前的竞争环境不适应、成本偏高等问题。但"把物流作为未来业务突破口"是中国邮政的发展方向。我国的网络零售企业应充分与邮政系统发展合作伙伴关系,利用其优势,并协助其改善配送等服务,使邮政系统成为网络零售企业物流配送的有力工具之一。

3.第三方物流配送策略

第三方物流配送策略即网络零售企业将物流配送工作外包给第三方物流企业。第三方物流企业是指为了实现顾客满意,连接网络零售企业和网上购物的顾客,克服空间和时间障碍,有效快速地将产品送递给顾客的物流企业。据美国田纳西大学的研究表明,现代化第三方物流企业的配送可使作业成本降低60%,服务水平提高60%,雇员减少50%。

相比其他物流配送策略,采用第三方物流配送策略最有利于建立有效的配送供应链系统,提高供应链的配送能力,最有利于提高配送服务质量并降低配送成本,因而是网络零售企业未来物流配送的主流趋势,其优势在于:

(1)使企业集中精力于核心业务;

(2)第三方物流配送企业具有配送规模优势;

(3)第三方物流配送企业拥有配送的专业优势和技术优势;

(4)第三方物流配送企业可以提高物流的自动化水平。

网络零售企业在其物流配送策略的选择和实施的过程中,可根据企业自身情况和业务范围对以上几种策略进行组合式应用。例如可选择自营物流与第三方物流相结合的物流配送方案:自营配货部分,送货部分外包;自营重要部分,次要部分外包;本地以自营为主,异地与第三方进行合作,国外及边远地区可以使用邮政配送。总之,要将所有的物流配送策略指向一个方向——使顾客方便、快捷、安全地收到产品,使物流配送不再是网络零售业发展的瓶颈,而成为其发挥自身优势的重要工具。

多渠道的支付及快捷的物流配送使顾客真正体会到网上购物带来的"方便",网络零售通过不断完善其"方便"策略,必将促使越来越多的顾客选择网上购物并将其作为购物消费的重要渠道之一,从而推动网络零售产业的整体发展。

五、网络零售信用策略

著名经济学家吴敬琏曾经说过:"市场经济是信用经济"。"信用"对企业生存和发展具有重要意义,信用也是网络零售企业正常运营的重要支撑。本节所指的"信用"有两个方面的含义:一方面是"交易信用",它涉及网络零售企业和网上购物的顾客这两个主体在互联网上进行交易时对彼此的"信用";另一方面是"网络安全",即交易主体对互联网本身的信用水平的判定。因此,对于网络零售企业而言,制定一个完善的信用策略,就要首先对信用风险的表现形式有清晰的认识,从而完善企业的信用体系,并采取相关的网络安全措施。

(一)认识信用风险

大型网络零售企业所在的互联网环境与传统零售企业所在的市场环境有很大的不同。网络的开放性、虚拟性及匿名性给网上购物交易的运行带来了很多信用风险,其表现形式有很多种,分别涉及信息、身份认定、网上支付等方面。

1.信息风险

信息风险一方面是指网络零售企业提供给顾客的产品信息存在着的信用风险。在网上购物的过程中,顾客对产品信息的了解依赖于企业提供的产品图片及相关介绍信息。如果企业的信用有问题,提供的产品信息有虚假成分,顾客在收到产品后发现"名不符实",就会给顾客带来损失。

信息风险的另一方面就是网络安全给顾客带来的风险。顾客在和网络零售企业进行交易时,有必要提供相关的个人资料,如姓名、邮箱、证件号码、地址甚至银行卡账号。由于顾客与网站进行的交易活动全部依赖网络来进行,这就可能被不法分子所利用,在网络的传输渠道上,对顾客的一些机密信息如账号、密码等进行截获和盗取,从而有可能给顾客带来巨大的损失,网络零售企业也会因此无法进行正常的交易。

2.身份风险

网上购物交易的两个主体是"互不见面"的,因而对其真实身份的识别难度较大,这也形成了一种信用风险。对顾客而言,从事经营性互联网信息业务的网站必须办理 ICP 许可证,但经调查未办理经营性 ICP 许可证而进行在线商务交易的网络零售企业为数不少,而顾客对此无法进行准确的判断与了解,因而在这样的网站上购物的顾客,所面临的信用风险是很高的。对网络零售企业而言,也很难对顾客的匿名身份进行约束,顾客在网络零售企业注册的信息存在很大的信用风险,有可能是不实的,比如顾客可以通过多次注册得到新顾客才可以获赠的购物优惠券等。

3.支付风险

网上支付是目前网上购物的顾客采用的一种重要的支付方式,它在给交易双方提供便捷和高效的同时,也给支付带来了一定的信用风险。主要表现在:支付账号和密码等隐私支付信息在网络传送过程中被窃取或盗用;支付金额被更改;对支付行为或支付的信息内容予以抵赖、修改或否认;网络支付系统突然人为性中断瘫痪、被攻击或被故意延迟等。这都会给顾客及网络零售企业双方带来损失。这几方面的风险仅仅是网上信用风险的几种表现形式,它们会严重影响网上购物交易的安全进行,并成为网上企业发展的绊脚石,因此必须实施相关的信用策略来完善网络零售企业的信用体系、增强网络交易的安全性。

(二)完善信用体系

信用体系的建立与完善要靠企业、顾客、社会、政府等多个方面的共同努力,本节主要研究网络零售企业本身对完善其信用体系所采取的相关信用策略。

1.建立顾客信用档案

庞大的顾客资料数据库是大型网络零售企业开展网络客户关系管理等相关工作的重要资料,同时,为了对顾客的信用进行评估和管理,网络零售企业还必须建立顾客信用档案。信用档案主要包括三个方面的信息:一是顾客的基本资料,如姓名、职业等;二是顾客的交易信用资料,即顾客与网络零售企业交易的历史数据等资料,如是否经常拒绝收货、是否经常无故退货等;三是顾客的社会信用资料,网络零售企业可以通过与银行、公安部门达成合作协议,在安全的前提下对顾客的信贷信用及有无犯罪行为等信息进行查询。同时,对档案资料的收集是一个连续的过程,信用信息具有明显的动态性特征,需要利用信用跟踪系统实现实时更新,以确保其权威性。

2.建立个人信用评估系统

网络零售企业的个人信用评估系统是建立在顾客信用档案的基础上的。运用一定的数学模型和评价标准对基本的个人信用数据进行分析,并测算出信用风险系数、信用分数,对个人信用进行量化和评级,可以更深入地了解消费者的履约能力和信誉程度。同时,网络零售企业可以据此实施信用奖惩机制,对信用级别较高的顾客给予更多的优惠,而将信用状况很差的顾客拉入"黑名单",限制对其的服务,例如要求其先付款才发货,不提供货到付款等,从而为企业减少由顾客信用问题所造成的损失。

3.引入第三方资质认证

为了更好地提高网络零售企业的信用度,使顾客放心地在网站上进行购物,网络零售企业应引入第三方资质认证对其本身的资质问题做出保证。例如,北京工商行政管理局的红盾信息网,就可以对网站准入资格进行审核,凡具有法人资格、符合申报条件的经营性网站均可上网进行备案登记,红盾网审核通过后将向网站发放统一制作的经营性网站备案电子标识,网站经营者可以将备案电子标识安装在网站首页的右下方,并将其链接到工商行政管理局网站的"经营性网站备案信息"数据库,以备公众查询。网站的基础信息如注册资本、固定地址、法人姓名、网站域名、网站登记号等重要资料都可以在网上查询到,备案网站还需每年参加网上年检,公众可以方便地查询年检结果。网站备案制度可以规范网站行为,增强访问者信心,较好地将网上网下的信用结合起来。此外,中国电子商务协会成立的电子商务诚信联盟,也为用户了解主办者资质提供了查询平台。网络零售企业通过主动加入认证名单,可以增强顾客对它的信任感和认同感。

4.建立交易承诺制度

由于网上购物的过程中无法接触产品实体,同时网络零售企业对产品的描述也可能模糊或夸大,这给顾客增加了因"名不符实"而带来的信用风险。为此,网络零售企业应建立相应的交易承诺制度以减少这种信用风险,如卓越网提出的"无条件退货"、"假一赔一"等承诺,有效地保障了网上购物顾客的利益,为其解决了信用方面的后顾之忧。

(三)加强网络安全

顾客对互联网这一交易环境与交易平台安全程度的判定,直接影响到其对整个交易信用水平的判定,进而影响到购买决策。对网络零售企业而言,网络安全涉及信息风险、支付风险等多种信用风险。因此,面对网上不法分子不断升级的恶意攻击,必须采取有效的网络安全措施,借助网络安全技术,提高网络交易的信用度和安全性。

1.进行网络监控

大型网络零售企业的网络管理员应对网络实施监控,服务器应记录用户对网络资源的访问,对非法的网络访问,服务器应以图形、文字或声音等形式报警,以引起网络管理员的注意。如果不法之徒试图进入网络,服务器应自动记录企图闯入网络的次数,如果非法访问的次数达到设定数值,那么该账户将被自动锁定。通过分析记录数据,可以发现可疑的网络活动,并采取措施预先阻止可能发生的入侵行为。

2.安装高性能防火墙

防火墙建立在通信技术和信息安全技术之上,它用于在网络之间建立一个安全屏障,根据指定的策略对网络数据进行过滤、分析和审计,并对各种攻击提供有效的防范。对于网络零售企业来说,必须在企业交易系统内部网络与外部网络的接口处设置防火墙,在网络边界上通过建立起来的相应网络通信监控系统来隔离内部和外部网络,以阻挡外部网络的侵入,确保交易系统内部网络中的数据安全。

3.采用数据加密技术

加密技术是保证网络零售安全的重要手段,许多密码算法现已成为网络安全和商务信息安全的基础。密码技术利用密钥来对敏感信息进行加密,然后把加密好的数据和密钥通过安全方式发送给接收者,接收者可利用同样的密码算法和传递来的密钥对数据进行解密,从而保证了网络数据的机密性。利用这种技术可以满足对网络零售过程安全的需求,保证网上购物交易的机密性、完整性、真实性和不可否认性等。

4. 对交易过程进行安全认证

安全认证能够有效地保障网络零售交易中各种交易信息在互联网上的安全"流动",安全认证技术主要有数字摘要技术、数字签名技术、数字证书技术以及负责审核用户真实身份并对此提供证明的认证中心等。通过这些安全措施的采用可以大大降低信息在互联网上进行传输的安全风险。

随着网上购物顾客群体的增加,网络零售企业的网络安全已经受到了越来越多的关注,用以维护网上购物安全的技术也在不断翻新以应对各种网络犯罪活动。网络零售企业应合理应用各种安全技术,并将其进行有机结合,为网上购物构建一个可靠、可信的安全平台。

网络零售企业信用体系的完善与网络安全的加强是一个连续而递进的过程,只有不断地对信用策略进行"升级",才能有效地减少各种信用风险的发生,从而保证网络零售企业网络营销策略的有力开展及企业的长期健康发展。

本章小结

互联网在中国乃至世界的发展时间都不长,但发展速度却十分迅速。随着中国网民的不断增加,中国网络零售的盈利机遇也越发地凸显出来。中国网民在性别、年龄、收入、职业等方面有着明显的特征,这些特征也造就了中国互联网发展的趋势。网络的 B2C、C2C 模式为制造商、零售商及个体经营者都带来了新的机会和理念,也对传统的零售模式提出了挑战。

网络消费者在性别、年龄、收入、地域等方面有着自己的特点,与普通网民在这些方面的特征有所不同。在网络消费者的消费决策中,除了有着传统消费者一般的关注点外,他们还十分重视风险的存在。

网络零售企业的网络营销 5C 组合策略是一个有机的整体。顾客策略(customer)是对网上购物顾客的多样化、个性化需求的满足;成本策略(cost)站在顾客的角度,为其提供让渡价值的最大化,从而增强其购买意愿;沟通策略(communication)通过逐步拉近与顾客的距离,并与之进行深层次的交流,与顾客建立稳定的关系,提高顾客对网络零售企业的忠诚度;方便策略(convenience)通过不断改善其支付及物流配送水平,使网上购物方便快捷的优势得以充分发挥;信用策略(credit)为整个交易提供了一个安全可靠的平台,有效保障了交易双方的利益。每个"C"都是建立顾客满意不可缺少的组成部分,综合而灵活地对 5C 组合进行运用,是网络零售企业实施有效的网络营销策略的关键。

第十四章　零售业自有品牌战略

☞【开篇案例】

"秀水街"自有品牌商品亮相

以往假货泛滥的秀水街市场,正在逐步推出自己的品牌商品。中外游客今后逛秀水将可看到以"秀水街(SILK STREET)"为品牌的领带、丝巾、衬衫、桌布等产品。

2008 年 1 月 23 日,秀水街服装市场宣布,"秀水街"自有品牌正式亮相,北京市工商局、市知识产权局为首批 41 家获得授权的商户颁发了商标授权证书。这是北京出现的首个以市场名称命名的商品品牌。

首次推出的"秀水街"品牌商品包括领带、衬衫、桌布桌旗、成衣制作、丝巾 5 个品类,共 41 家商户、近百个摊位获得授权准许销售。这些自有品牌商品大多出自名厂之手,如衬衫出自瑞蚨祥。商品上还有一个特别的"质量保证"签,表示"该商品经秀水街市场认证,质量合格,如发现质量问题,市场愿承担赔偿责任"。

据秀水街市场总经理汪自力介绍,商户必须至少在半年内没有售假记录,不出售伪劣商品,无投诉,才能获得销售该品牌的资格。"秀水街"品牌商品只允许在秀水街市场内销售,私用盗用将追究法律责任。他透露,目前"秀水街"的注册商标正在申请之中。

北京市工商局商标处负责人表示,"秀水街"推出自有品牌,对秀水保护知识产权、发展品牌秀水意义重大。

资料来源:廖爱玲."秀水街"自有品牌商品亮相.新京报,2008-1-24(10)

"家乐福"的饮料、"沃尔玛"的纸杯、"屈臣氏"的个人护理类商品、"华普"的面巾纸、"易初莲花"的蜂蜜……细心的消费者走进家乐福、沃尔玛、易初莲花等大型超市,会发现贴着零售商自有品牌的商品无处不在,小到纸巾、纸杯、面包、饮料,大到食用油和床上用品,品种繁多的自有品牌商品在零售市场悄悄蔓延,占据了越来越多的货架。

随着零售业竞争的日益激烈,单纯的商品销售利差趋于微薄,越来越多的零售商把盈利点集中于通道利润的获取。但是,把通道费作为主要的利润来源并非零售商的长久之计,因为这会恶化工商关系,弱化企业的经营管理能力。因此,要实现零售企业的良性发展,必须在供应链的整合上有所突破,找到新的利润增长点。而自有品牌的开发,是零售企业向上游进行供应链整合的一个有效突破点和切入口。加强自有品牌的开发,将挖掘出零售商新的利润源泉。

第一节　自有品牌基本理论

自有品牌在国外已有几十年的历史,正日益受到企业的重视,尤其是大型零售商。欧美的大型超级市场、连锁商店、百货公司几乎都出售自有品牌的商品。在美国,越来越多的消费者开始青睐零售商自有品牌。据 Nielsen 公司 2007 年 5 月发表的销售和消费性需求研究报告,美国的自有品牌市场已达 690 亿美元,其中有 19 类产品的销售额超过了 10 亿美元。

一、自有品牌的定义

自有品牌,常见的英文名称有 private brand 和 private label,大部分学者对二者没有进行区分,统称为自有品牌,但是 Stefan(2003)指出,private brand 才是真正的自有品牌,private label 只是自有标签,它不过是用简单的盒子包装、模仿品牌产品,并没有成为真正的品牌。

关于零售商自有品牌的定义,在过去很多年使用最为广泛的是 J. Walter Thompson 的定义:零售商自有品牌是指零售商以自己的品牌名称命名的产品,而且该品牌只在该零售商的店中销售。随着自有品牌的发展,下述定义目前得到更多学者的认可:自有品牌商品,即零售企业通过搜集、整理、分析消费者对某类商品的需求特性的信息,提出新产品功能、价格、造型方面的设计要求,自设生产基地或者选择合适的生产企业进行加工生产,最终由零售企业使用自己的商标对该产品注册并在本企业销售的商品。

零售商自有品牌的发展,对消费者的购买行为、零售商和制造商的营销决策都产生了极大的影响。很多学者从消费者、零售商和制造商等相关利益者角度,对零售商自有品牌问题进行了大量研究,主要集中在三个方面:自有品牌购买者特征及态度、零售商自有品牌策略的选择和制造商如何应对零售商的自有品牌策略。

二、自有品牌的起源和发展

国外零售商自有品牌的发展从出现到现在已经走过四个阶段(见表 14—1):

第一,无名产品阶段。此阶段,自有品牌产品的价格、质量和产品形象定位远低于市场主导产品。外观设计相对简单,往往用简单的技术就可以生产,市场进入壁垒低下,产品容易模仿,主要集中在食品类的产品上。

第二,店牌品牌阶段。零售商自有品牌的市场定位有了提高,单个商品的市场销售增加,价格依然低廉,并开始跟随市场主导产品,但是以单一商品为主的自有品牌仍然没有自身的独特性和显著性。

第三,家族品牌阶段。零售商自有品牌延伸到一个或者几个产品类别,形成品牌家族,并具有一定程度的独特性。其产品质量有了提高,生产技术有了突破,创新程度几乎可以和市场主导产品相提并论,零售商已经可以做出一定的质量保证和承诺,并委托生产商代加工,定点、定牌、定样监制生产(OEM)。

第四,市场主导产品品牌阶段。零售商自有品牌从质量到形象,其市场定位至少达到了市场主导产品的水平,在一个品牌家族当中包括了很多为细分市场服务的产品类别和花色品种,它们独具品牌自身特色,产品质量优良,生产技术先进,通常由只生产自有品牌的国际性的厂商来生产。

表14—1 自有品牌发展的四个阶段

	第一代	第二代	第三代	第四代
品牌类型	一般性;无名字;品牌免费;无品牌	"准品牌";自有标识	自有品牌	经过扩展的自有品牌
战略	一般性	最低的价格	趋同	增加附加值
目标	提高边际利润;提供定价选择	提高边际利润;削弱制造商力量;提供价值含量更高的产品	加强商品门类的边际利润;扩张商品门类;在消费者中树立零售商的形象	维持扩大客户群;加强商品门类的边际利润;进一步提升形象;差异化
产品	基本的功能性产品	大批量的一次性常见商品	商品种类繁多	有助于提升形象的产品;很多种小批量的商品
质量形象	低质量,以及相比起来处于劣势的形象	质量中等但仍然被认为是和领先的制造商比起来差了一截,仍是二流品牌形象	能够同品牌领先者相提并论	同品牌领先者并驾齐驱甚至超越了品牌领先者;创新的、不同于品牌领先者的产品
价格	比品牌领先者低20%,甚至更多	比品牌领先者低10%~20%	只比品牌领先者低5%~10%	同知名品牌相同甚至更高
消费者购买动机	价格是购买的主要动机	价格因素仍然很重要	价格和质量很重要(即物有所值)	更好的、更为独特的产品
供应商	全国的、非专门的	全国的、部分专门制造自有标志产品	全国的、大部分专门制造自有品牌产品	国际化的、制造的产品大部分都是自有品牌产品

资料来源:乔纳森·雷诺兹,克里斯廷·卡斯伯森.制胜零售业.电子工业出版社,2005:13

在各国,自有品牌产品占零售企业销售的产品比例各有不同:瑞士最高,约为41.2%;其次是英国,为40%;比利时、德国、法国和美国均在16%~20%之间;日本为5%~8%左右。自有品牌在许多国际性大型零售企业的销售额中占有较高比重,如英国的马狮公司的自有品牌食品销售额已占到其全部食品销售额的99%,被称为世界上最大的"没有工厂的制造商"。美国著名的西尔斯零售公司90%的商品用的是自有品牌。日本最大的零售商大荣连锁集团自有品牌的数量也占到了40%左右。英国的马狮百货集团,经营的所有商品都使用自有品牌"圣米高",虽然品牌单一,但产品花色和种类繁多。目前"圣米高"系列商品由遍布全球的800多家企业生产,马狮百货集团也已成为英国盈利能力最强的零售商业集团。

三、自有品牌对制造商的影响

零售商自有品牌的产生与发展给制造商所带来的影响不容忽视,主要包括:

1.导致了商品流通市场竞争的加剧。零售商选择开发的自有品牌一般都是品牌意识不强、购买频率高且技术含量低的产品,这些行业的进入壁垒低、产品差异化程度小且可获利润高,因而零售商自有品牌的进入必然会加剧商品流通市场的竞争程度。

2.导致了制造商产品价格的下跌。由于零售商品牌产品总成本低、价格低廉,因此会对其所在领域造成巨大的冲击,从而使制造商的产品价格和利润大幅度降低。来自自有品牌的竞争压力以及消费者讨价还价的压力迫使制造商降低产品价格以求得生存。

3.导致了制造商的部分市场份额流失。零售商自有品牌的出现为消费者提供了更大的选择范围和空间,加之零售商品牌的产品价格通常要比制造商品牌低 10%～30%,而零售商过度的促销导致了消费者的价格敏感度不断上升。因此,消费者会更多地转向选择价格更为低廉的替代品,尤其在日用品、食品等消费品领域,零售商品牌正在逐步侵蚀制造商品牌的市场,并对制造商品牌的传统地位构成威胁。

4.丧失了品牌竞争的主动权。在自有品牌出现之前,零售商只是以销售生产商的产品而获得收益,对产品品种和价格缺乏自主控制,这样各制造商可以充分利用其品牌价值优势参与竞争,如今自有品牌则成了零售商应对强势制造商品牌提价和降价手段的武器。以超市为例,无论制造商品牌价值如何,零售商都将货架的黄金位置(中间层次)留给自己的产品摆放。

5.削弱了制造商与零售商在谈判中的实力。零售商自有品牌的发展使制造商对零售商的影响和控制力大大减弱,一方面减少了零售商对大的制造商品牌的依赖,另一方面成为零售商与制造商谈判中的强有力武器,导致了制造商在谈判中较为被动的局面。

四、零售商发展自有品牌的原因

(一)有利于降低成本,提高盈利水平

企业的利润以投入与产出的效果而定,零售商开发自有品牌主要是减少投入从而提高利润。这主要表现在以下几个方面:(1)大型零售企业自己生产或者委托生产,这样大大简化了进货环节,从而节省了大量的流通费用;(2)自有品牌商品利用自有渠道网络进行销售,其广告宣传主要借助于宝贵的商誉资产,在商场内采用广告单、闭路电视、广播等方式进行,品牌的推广也只是集中于一个或几个品牌,这样广告费用就可以大幅度地减少;(3)大型的零售企业拥有众多的连锁分店,这样就可以大批量的销售取得规模效益,降低生产成本,便于薄利多销;(4)由于零售商与消费者接触较多,了解消费者的需求,使得开发的自有品牌的产品易于被消费者接受,从而加快了资金的回流,减少了资金的流通成本。

因而,具有低成本优势的自有品牌产品不仅可以吸引很多对价格敏感的顾客购买,而且还能为零售商带来更多利润。如沃尔玛开发的 Sam's Choice 可乐,价格比普通可乐低 10%,利润却高出 10%,在沃尔玛门店中的销量仅次于可口可乐。

屈臣氏在比较中西女性的购物习惯后,最终将主要目标市场锁定在 18～40 岁的女性,特别是 18～35 岁的时尚女性,因为这个年龄段的女性消费者喜欢用最好的产品,寻求新奇体验,追求个性和时尚,愿意在朋友面前展示自我,同时思维活跃、热爱生活,愿意进行各种新的尝试。这个目标顾客的特点与屈臣氏自有品牌的"健康、美态、快乐"(health,good,fun)三大理念,协助热爱生活、注重品质的人们塑造自己内在美与外在美统一的品牌定位是非常符合的。

(二)有利于零售商实施差异化的市场竞争战略

突出低成本优势、以廉价取胜是零售商开发自有品牌的主要动因,但不是唯一的原因。对

于有些零售业态(如便利店、百货店)而言,其目标顾客对商店所提供自有品牌产品的关注不仅仅在于价格是否低廉,他们可能更加看中产品的个性、特色或口味。如遍布日本的 7-Eleven 便利店里,有许多别处买不到的自有品牌商品,其中有不少产品的价格要高于普通的制造商品牌,但令人惊讶的是,它们非常受欢迎。其主要原因在于 7-Eleven 便利店在调研顾客需求新趋势的基础上,开发了上百种具有独特口味的食品,受到了消费者的欢迎,降低了顾客对价格的敏感性,每天销售比竞争对手高出约 50%。

五、零售商发展自有品牌的优势

(一)信誉优势

零售商在长期的经营实践中,以一种或几种经营特色形成了自己良好的信誉,树立了一定的品牌形象,使零售商创立的自有品牌从一开始就具备了名牌的许多特征,极易被消费者接受与认可。

(二)价格优势

质优价廉往往成为零售商自有品牌营销的优势,欧美零售商自有品牌的商品一般比同类商品价格低 10%~30%,足以显示自有品牌的价格优势。

(三)特色优势

制造商品牌所有零售商都可以经营,这使得各零售商在品牌经营上的差异日趋缩小,从而造成零售商在经营上趋同。而零售商自有品牌与制造商品牌的最显著区别在于自有品牌只由开发自有品牌的零售商销售。因此,使用自有品牌可以把零售商的经营特色体现出来,以特色经营赢得顾客。

(四)信息优势

零售商直接面对广大的消费者,能比较准确地把握市场需求特点及其变动趋势,从而能根据消费需求特点来设计、开发、生产和组织商品销售。这样,就使自有品牌的商品比制造商品牌更能快捷地反映市场需求、领先一步,在市场竞争中处于先发制人的有利地位,掌握竞争的主动权。

六、我国零售业发展自有品牌的意义

(一)自有品牌是品牌经营的发展趋势

市场的竞争就是品牌的竞争,品牌经营水平的高低在很大程度上可以体现一个国家的经济实力。在国外,品牌经营已经从单一的制造商品牌过渡到制造商品牌与零售商自有品牌共同发展的阶段。自有品牌在零售业成熟的欧美国家已经非常发达,受到众多零售企业尤其是连锁超市的追捧。有关资料显示,在各国自有品牌产品占零售业销售的产品比例方面,瑞士约为 41.2%,英国为 40%。日本流通问题研究协会所做的调查显示,日本有 60% 以上的连锁商业集团在开发自有品牌商品,大约有 30%~40% 的综合连锁超市自有品牌商品销售额已经占到企业销售总额的 1/3。从国外品牌经营和自有品牌的发展历程上看,我们有理由认为,发展自有品牌是一个国家品牌经营水平提升的标志,是品牌经营发展的必由之路。因此,我国要提高品牌经营水平,也必须加快零售商自有品牌的发展,缩短与其他发达国家品牌经营水平的差距。

(二)自有品牌有利于我国零售业经营水平的提高

从已经进入国内的国外零售商来看,无论是美国最大的零售集团公司沃尔玛还是欧洲最大的零售集团公司法国的家乐福,它们都非常重视自有品牌开发。沃尔玛公司的制造商必须根据沃尔玛公司设计的造型、装潢、质量要求进行产品生产,产品须印上沃尔玛的自有品牌标志。家乐福所经营的生鲜食品全部都是自行设计的自有品牌商品。由此可见,零售业发展到一定阶段,研发自有品牌便成了发挥品牌效应、增强核心竞争力及增强获利能力的必要手段。在国内,从传统的计划经济走过来的商家,以往重视的是经营人家的品牌,却很少注意开发自有品牌。原因当然是多方面的,其中最重要的是零售商的品牌意识不强,思路不够开阔,不敢做新的尝试。随着我国零售业的发展和国外先进经验的引入,零售商们开始关注品牌经营这个有效的竞争战略。从这个角度而言,发展自有品牌是我国零售业发展的一个转折点,是我国零售业突破传统的价格战向更高层次竞争的标志。

(三)自有品牌有利于我国零售业的健康发展

零售商发展自有品牌有利于培养自己的忠诚顾客群。在没有自有品牌之前,一个经营业绩不错的零售商一旦迁址,那么其业绩很有可能一落千丈,其原因是因为在消费者眼里零售商只不过是一个提供他们所需产品的载体,消费者认定的是产品的品牌。可是,一旦零售商有了自有品牌并且得到消费者的认可,那么顾客分流的情况就很有可能不会发生,从而有效地培养了忠诚顾客。

目前在我国的零售业中的竞争主要是价格竞争。价格竞争是所有竞争状态中最为基础的竞争,但是,在中国这样供大于求的现实面前,价格竞争几乎成了唯一有效的竞争手段,为了争夺顾客或者市场领先地位,不断降低售价、流失利润已经从一剂良药变成了毒药。但是偏偏还有更多零售商在向这个恶性循环的怪圈中添砖加瓦,使环境进一步恶化,使得我国零售业发展缓慢,在面对国外大零售商时显得毫无竞争力。如果零售商发展自有品牌,就能够有效地回避同行业间低档次的竞争。因为自有品牌具有的个性特点是别人难以模仿的,也就使得零售商间的竞争变为错位竞争,进而带动零售业健康发展,使我国的零售商快速成长壮大。

七、我国加快发展自有品牌的机遇

(一)零售业连锁经营的蓬勃发展

我国零售商的规模化、连锁化程度不断提高。自有品牌战略的实施必须以相当规模为基础,连锁化是实现规模经营的重要组织形式之一。近年来,我国大型零售企业如"雨后春笋",发展迅速。根据中国连锁经营协会行业调查,2007年"中国连锁百强"销售规模突破10000亿元人民币,达到10022亿元,占社会消费品零售总额的比重从2003年的6.0%提高到2007年的11.2%。2007年,"连锁百强"的前10家企业总销售规模达到5029万亿元,占"连锁百强"销售总额的50%。规模化发展为自有品牌战略的实施创造了条件,有利于自有品牌的推出和发展。

(二)中小型制造企业生产能力的剩余

目前在我国存在着许多中小型制造企业,他们大多实力薄弱,对市场缺乏认识,对于消费者的需求没有深入的了解,以致花大量的人力、物力、财力在消费者不认可的产品上,使企业经营状况恶化。如果零售商能依据自身的营销优势开发自有品牌,组织或委托厂家定牌生产,对于身处窘境的制造企业而言是求之不得的,而作为零售商则可以据此选择适当的制造企业构造战略联盟。

(三)假冒伪劣产品的存在和消费者对品牌的偏好

目前由于制度的不完善,一些不法企业为了获取暴利,大量生产伪劣产品或者假冒生产著名品牌的产品,使得消费者在选购中常常被欺骗,并且在维权处理中遇到诸多麻烦。这种情况下,零售商品牌会给消费者更多的安全感,容易得到顾客的信任。目前消费者对品牌的偏好尤其突出,而零售商在流通领域中所处的特殊位置使其不仅能够了解消费者的需求变化而且了解制造商的信息,这决定了零售商完全可以凭借自身的优势发展自有品牌,在这个品牌时代里占有一席之地。

(四)中间商品牌市场的空白

目前在我国除了几家老字号的企业(如"同仁堂"、"张小泉"、"永安"等)和为数不多的新兴企业(如"恒源祥"、"联华"、"燕莎"等)拥有自有品牌外,零售商品牌市场几乎是一片空白。因此,有条件的零售商若能率先实施自有品牌战略,便能够占领零售商品牌发展的先机,提升零售业的经营水平。

连锁药店自有品牌战略的 SWOT 分析

连锁药店所面对的竞争来自同行的药店、药品生产商和消费者,竞争压力空前,而自有品牌战略的实施有助于缓解激烈的市场竞争,形成特色经营,构建差异化竞争优势。

1. 优势分析

随着医药零售业新的经营业态不断涌现,我国药品零售企业已逐步由过去的单店经营向集团化、连锁化方向发展。一些优势连锁企业通过联合、购并、加盟等方式,使经营规模取得突飞猛进的发展。经营规模的增大、良好的商誉,是实施自有品牌战略最宝贵的资源。目前已有一批大型药品零售企业以其优质的商品和完善的服务在消费者心目中树立起良好的企业形象,初步具备了经营自有品牌商品的品牌优势,例如北京同仁堂、深圳海王星辰等。此外,我国一些药品零售企业也已经有自有品牌经营的实践。如海王星辰推出了第一个自有品牌产品——电动牙刷,至今已拥有包括抗生素、维生素制剂等常用药自有品牌产品。

2. 劣势分析

连锁药店必须对属于自身的品牌负责。自有品牌的引进与创建是两个完全不同的概念,连锁药店在引进自有品牌药品后,需要花费比平时更多的精力去塑造品牌。自有品牌的设计、自有品牌店内的营销、保证自有品牌品质的质量管控体系的建立与完善、配送费用的增加等都会增加连锁药店的经营成本。

3. 机会分析

随着医药零售业开放程度的不断提高,国内药品零售企业的营销观念也在逐步改变,自有品牌已被越来越多的商家所认知和重视,再加上名牌进名店的观念日益深入人心,生产企业与零售企业的合作愿望更加强烈,这些都为我国药品零售企业走自有品牌之路创造了积极条件。另一方面,我国医药生产企业多为中小型企业,由于受自身实力的限制,很多企业缺乏自己的优势产品,缺乏竞争力,品牌创建能力薄弱,因此它们大都愿意与零售商合作,为零售商生产自有品牌产品,以获取稳定利润。

4. 问题分析

能实施自有品牌战略的连锁药店,将会付出巨大的采购、经营成本。自有品牌战略的实施的基础就是强大的资金支持,因此,如果规划不到位,不能有效处理突发事件,实力再雄厚的企业也会遇到现金流短缺的问题。且自有品牌对于连锁企业来说是一把双刃剑,它在带给企业机会的同时,如处理不当也会对企业带来巨大的危害,如药店核心竞争力的下降、顾客的流失等,甚至威胁到药店的生存。

资料来源:赵丰.中国连锁药业自有品牌建设与发展.武汉理工大学硕士学位论文,2007

【思考】

根据 SWOT 分析,连锁药店在开发自有品牌时应注意哪些问题?

第二节　自有品牌消费者态度和行为

一、消费者对自有品牌的态度

对于消费者对自有品牌的态度,学者们进行了质量、价格和风险三个方面的研究。在早期的研究中,通常认为消费者对零售商自有品牌的看法是低价格、低质量、高风险。随着自有品牌的发展和广告推广,消费者的态度发生了很大的变化,越来越多的人认为自有品牌与制造商品牌在质量、价格和风险方面没有明显的差别。

在欧美进行的多个实证研究都证明,越来越多的消费者认为自有品牌的质量和制造商品牌一样好,自有品牌物有所值,值得以与制造商品牌相同的价格来买。但是也有学者提出,消费者对自有品牌存在着风险意识,比如会买制造商品牌送给朋友,买自有品牌自己用。这种对自有品牌的看法,延缓了自有品牌在某些高成本、高声望耐用消费品行业的发展。不过学者们一致认为,自有品牌越来越受到消费者的信任。

二、自有品牌商品购买倾向影响因素分析

所谓零售商自有品牌商品购买倾向,就是消费者倾向于实际购买自有品牌的程度。这是当前研究自有品牌的一个热点问题。零售商自有品牌购买倾向影响因素主要有以下几个方面:

(一)货币感知价值

货币感知价值就是产品的价格并不以价格的绝对数量来衡量,而是同特定制造商品牌价格相对比来衡量。强调货币感知价值是许多零售商促销活动的一个组成部分。通过这些促销活动,零售商可以吸引市场两个不同群体:(1)认为自有品牌的价格较低且质量较好的消费者;(2)认为自有品牌的价格较低但质量较差的消费者。前一市场群体能够得到同价格差异相联系的完整效用,而后者只能得到较低的效用。其他条件相同的情况下,较高的货币感知价值将会导致较高水平的自有品牌购买行为。

(二)感知风险

感知风险与自有品牌购买之间存在相关关系,消费者对风险的感知是影响其是否购买自有品牌的因素之一。如果购买自有品牌的感知风险比较高,那么消费者会选择制造商品牌。有学者发现与自有品牌购买相联系的关于自有品牌质量和风险感知的不确定性是关键的变

量,这些变量可以将个人倾向从制造商品牌购买者中分离出来。

(三)感知质量

感知质量是购买决策中一个关键因素。自有品牌质量通常情况下被认为比制造商品牌差,比如口味、结构、气味、成分的安全性、营养价值以及整体质量。所以,即使自有品牌质量同制造商品牌质量相同,较差的感知质量也可能会降低货币感知价值。制造商品牌和自有品牌之间的感知质量差异也可能直接影响购买这些产品时的感知风险。质量感知的差异可能会导致这样一个信念:自有品牌性能不如期望的那样,缺乏安全性。

零售企业可以通过市场调查,根据消费者心理,把握消费者购买动机,针对某一顾客群,依据他们所关心的问题和欣赏问题的角度,确定让他们有切身感受的易于理解并引起共鸣的品牌主题。美国零售企业 H－E－B 根据南德州居民的饮食口味,通过与厂家携手合作,精心打造出适合南德州风味的配方,并进行顾客调查和味觉测试,在获得满意的测试结果后,公司推出了 Tierra Linda 品牌系列食品,其定位为正宗西班牙风味而深得当地居民的喜爱,Tierra Linda 系列食品取得了远远超过预期销量的成绩,正如公司的工作人员所说,"Tierra Linda 系列是 H－E－B 迎合南德州顾客需要的典型例子"。

(四)外部信号的依赖性

外部信号是与产品相关的特性,例如产品名称、包装和价格,这些特性并不是实物产品的一部分。外部信号构成了产品的形象,并反映了独立于产品特征之外的市场营销战略。消费者在进行品牌评估的时候会充分利用外部信号。例如,有学者发现品牌形象对于产品评估的较强的作用。外部信号对于产品评估的作用存在于包装和标签以及商店外部形象。

自有品牌质量的不利感知可能由消费者在做质量判断时对于外部信号的依赖而产生。外部信号依赖性也可能会加大购买自有品牌时的感知风险。例如,不做广告或者缺乏一个响亮的名称都有可能加强自有品牌质量的不确定性。此外,声誉较低的自有品牌也可能会增加感知风险,并在某些特殊情况下限制了自有品牌的使用,例如买这些产品会被熟人看到的时候。

(五)熟悉程度

制造商品牌的目标顾客是那些缺乏产品知识,仅仅利用价格或是产品名称来简单评估产品的人。而自有品牌的目标顾客是那些具有一定知识和专业技能的顾客。消费者的熟悉程度能够减少对价格和产品名称等外部信号的依赖性,因为消费者有能力在质量评估中综合较广泛的信息。

(六)对不确定性的容忍度

个体对外来刺激的反应是不一样的。对不确定性容忍度低的人在面对新鲜的产品时会感觉不舒服。这些人对变化是抵制的,因为他们没有能力去将附加的信息综合到之前存在的信念结构当中。他们选择熟悉的刺激,并寻求高度组织化的、客观的和规定的方法来进行决策。这些个体在解决问题时更倾向于传统的方法。

对不确定性的容忍度已经被认为是一个重要的概念,它会影响对外部信号(例如价格和产品名称)的依赖程度。对不确定性的容忍度低的消费者在市场中购买相互竞争的品牌时,更可能寻求熟悉的、更易识别的和较不含糊的信号。

(七)社会经济因素

大多数自有品牌倾向性的研究试图考察一系列社会经济变量能够解释自有品牌购买倾向

的程度。因为自有品牌比制造商品牌要便宜，所以从逻辑上说，自有品牌应该吸引特定社会经济群体的个体。

1. 收入

家庭购买自有品牌比购买制造商品牌更能节省开支，通过购买自有品牌产品，家庭可以收紧预算。低收入家庭由于财政压力，购买自有品牌的动机更加强烈。

2. 教育

关于教育，它同自有品牌倾向的关系要模糊一些。一方面，教育是衡量收入的一个替代方法。在其他条件相同的情况下，受教育程度较高的人收入也较高，那么他们选择品牌时更加自由。这样分析的结果就是教育与自有品牌倾向之间是负相关关系。另一方面，教育程度较高的个人能够更好地区分制造商品牌和自有品牌，并且能够更好地处理与产品相关的信号。如果是这种情况，教育与自有品牌倾向的关系就是正相关关系。

3. 家庭中购买者的年龄

家庭中购买者的年龄也可能会影响自有品牌倾向。在其他条件相同的情况下，年长的购买者比年轻的购买者具有更多的购物经验和技巧。年轻购买者在选择品牌时仅凭简单的直观判断，而年长的购买者在选择品牌时已经形成了较复杂的选择过程。而且，年纪大的消费者较在意商品的价格，由于自有品牌采取低价策略，因此年纪大的消费者对自有品牌的购买意愿较高。

三、各影响因素的相对重要性分析

对自有品牌倾向性的影响因素的相对重要性的分析表明，对零售商自有品牌的熟悉程度是最关键的。熟悉程度的重要性表明，对自有品牌较熟悉的消费者更可能视它们为高质量、低风险的产品，并提供较高的货币价值。对自有品牌缺乏经验的消费者则可能对它们心存怀疑，并认为自有品牌是有风险的选择。对自有品牌不熟悉也可能导致消费者在质量评估时对外部信号（例如品牌名称、包装和价格）的依赖程度增加，在上述领域中，零售商的自有品牌同制造商品牌相比处于劣势。增加消费者对于自有品牌的熟悉程度，是使消费者接受自有品牌非常重要的第一步。增加熟悉程度的方法主要有商店口味测试、与制造商品牌产品进行匿名对比、派送免费样本试用以及在收银台向制造商品牌产品的购买者提供自有品牌产品的优惠券。

在质量评估中同样重要的是消费者对于外部信号的依赖程度。这种依赖对于消费者对自有品牌的态度会产生负作用。外部信号的依赖将会大大增强制造商品牌和自有品牌质量感知的差异，并增加使用自有品牌的风险感知。由于缺乏关于内在质量的信息，外部信号成为判断质量高低的替代指标。自有品牌外部信号的改进将会使消费者更容易接受自有品牌。

强调货币价值的促销战略会对自有品牌购买倾向起到显著的正面作用。但是，如果消费者认为购买自有品牌存在质量差异或风险，那么这种促销战略就不会非常有效。

因为自有品牌缺乏较易辨认的产品相关信息，所以对不确定性容忍度低的顾客，更倾向于认为自有品牌的感知货币价值较低。这一研究结果进一步表明，零售商可以通过改进同自有品牌相联系的包装、标签和促销活动而赢得更大的自有品牌号召力。

四、消费者行为分析在自有品牌开发阶段的应用

(一)自有品牌创意的产生

"自有品牌创意的产生"可定义为零售商开发自有品牌的商品品类选择的想法和计划。当

零售商发展到一定经营规模时,大多数都会想到走自有品牌之路,但这不意味着所有的品类都适合开发自有品牌,也不意味着有了自有品牌的创意就一定会成功。经调研发现,对于那些消费者品牌意识非常强的商品,零售商想要开发自有品牌的难度很大,即使开发出来也很难得到消费者的认可。因此,在零售商决定将对哪些商品进行自有品牌开发时,必须调查和研究消费者对该种商品竞争品牌的忠诚度。

(二)自有品牌概念的测试

品牌概念测试涉及品牌创意的前期测试。自有品牌概念可定义为零售商努力构筑到自有品牌创意中的消费者的意愿。例如:超市一种新自有品牌的冰激凌产生,该品牌的概念可能就是要诞生一种消费者认为质量卫生、味道可口甚至可与哈根达斯冰激凌味道媲美但价格却低廉且老少皆宜的冰淇淋。为确定某一品种自有品牌概念的市场是否存在,零售商可以进行商品品牌定位分析与调查,重点是确定消费者对这一品牌概念可能持有的态度。在确定消费者对所选品种的自有品牌概念的认知正如零售商所愿之后,方可开始自有品牌开发的过程。

(三)自有品牌的开发

在品牌开发的这一阶段必须关注许多消费者行为的相关概念。研究人员应该关心消费者如何处理关于新品牌的信息、新自有品牌的名称是否符合消费者的文化品位、消费者是否接受赋予新品牌的商品、消费者能否非常容易记住品牌的名称。同时研究人员还必须关心消费者对新自有品牌的态度的形成过程。消费者是否喜欢该商品原来的品牌?他们是否相信该品牌的介绍?他们是否喜欢该品牌的标志和形象?只有把上述有关消费者行为的一系列概念全部弄清,才能确定自有品牌的开发阶段是否达到了预期目标。这样自有品牌才可以顺利地进入下一阶段的运行——市场测试阶段。

(四)自有品牌的市场测试

当零售商确信自有品牌开发阶段实现预期目标后,自有品牌将进入市场测试阶段。在这一阶段里,首先是要将自有品牌商品投到有限的消费群中用以检测和发现任何潜在的问题和不足,并测试整个开发过程。其次,还要采取额外的态度测试手段,以确定消费者是否形成了预期的忠诚度、情感反应和购买欲望。最后,还需要测试消费者购买后的满意度。消费者购买自有品牌商品后是否高兴?他们是否会再次购买?他们是否显出形成品牌忠诚度的迹象?总之,市场测试的目标就是确定自有品牌策略是否奏效。

五、消费者行为分析在自有品牌营销阶段的应用

(一)制定适当的价格

制定恰当的价格是自有品牌营销的最基本的一项任务。对消费者的行为分析主要体现在预测商品的定价对消费者可能造成的影响,首先应分析消费者对其的态度和品牌意识形成过程,然后据此设定合理的便于消费者接受的价格。对于具有强势品牌存在的品类,自有品牌的价格应该明显低于领导品牌的定价,以此来吸引消费者,利用价格优势突出自有品牌商品的高性价比,循序渐进地培养消费者的品牌忠诚度。对于品牌意识模糊的商品,消费者更多的是尝试购买,这时自有品牌的价格可以与其他品牌商品平均价格相当,但关键是要采取相应的促销手段鼓励顾客对自有品牌的试用,让其体验自有品牌商品的高性价比,便于短期内消费者品牌信任感的形成。而对于那些没有制造商知名品牌的品类,消费者还未形成对某一品牌的特殊情感,这时自有品牌很容易成为最强势的品牌,零售商对此类商品在价格方面具有决定优先

权,但是在定价前的关键工作是大量的广告宣传,目的是使消费者对该产品的特性产生信任,当这种信任建立起来后,就可以利用强势品牌的优势制定同品类中较高的价格。

(二)合理的商品陈列

通常来看,零售商的自有品牌,很少在市面上流通,品牌知名度不高。要想在零售店成千上万的商品中脱颖而出,吸引消费者的目光,合理的陈列方式就是自有品牌营销的重要环节。消费者行为分析在这一环节的应用主要体现在,针对上述三种自有品牌商品品类价格的制定,应配套采用三种不同的商品陈列方式,实现消费者购买习惯和自有品牌策略的统一和谐。自有品牌的陈列方式主要有三种:(1)"堆头"陈列方式,这种方式一般用于要力推的自有品牌,针对的是消费者品牌意识模糊的商品。这种陈列方式可对消费者迅速形成强烈的视觉冲击效果,对自有品牌产生较深的印象。(2)"紧挨"式货架陈列,即把自有品牌系列产品与相关品类的驰名品牌产品"紧挨"在一起,针对的是消费者品牌意识强的商品。这种陈列方式是为了提高消费者对自有品牌系列产品注意的频率及品质联想度而采用的策略。(3)特设自有品牌区,针对的是没有知名品牌的品类。该种陈列方式是为了实现品牌推广的规模性效果,达到向消费者充分展示自有品牌的功能和理念特色的目的,从而提高自有品牌的品牌渗透力,影响消费者的购买行为,形成该品类自有品牌在消费者购买意识中的"垄断"品牌形象。

(三)选择适当的促销手段

欲使自有品牌产品快速地被消费者接受,除了需要制定合理的价格和采用合理的陈列方式外,选取适当的促销方式是成功完成自有品牌战略的助推器。最常见的促销方式是广告、人员推销、公共宣传和营业推广等四种。实践证明,基于自有品牌的特殊性,最有效的两种促销方式是人员推销和营业推广。消费者行为分析在这两种促销方式中的运用主要体现为:(1)在人员推广中,促销人员应事先对自身和消费者间存在的文化和亚文化差异进行分析,避免由于不恰当的语言或行动带来的各种问题;(2)在营业推广中多采用给会员直接邮寄产品资料、提供激励措施等促销形式。进行直接邮寄时应事先对计划接触的会员开展精确的人口统计学和心理学的剖析;在选取激励措施时应对影响消费者参与程度的因素进行详尽的分析,包括消费者喜欢的激励类型、消费者喜欢的沟通特征、消费者的个性等。

屈臣氏自有品牌的经营过程

屈臣氏,大型的个人护理专业店,全球第三大保健及美容产品零售集团,在亚洲和欧洲拥有3300多间零售店。在过去两年,屈臣氏在个人护理产品的销售市场中占据了21%的市场份额,屈臣氏的自有品牌产品更是由于可靠的品质和良好的性价比在消费者中"家喻户晓"。有数字表明在屈臣氏所售产品中,10%为屈臣氏自有品牌。自有品牌品种数量由最初的200多个产品类别,迅速增长到目前的1000多个,每周200多个新产品中,有10%～20%是自有品牌。而在屈臣氏的年销售额中,自有品牌占25%。

屈臣氏凭借独特的自有品牌优势,加上自有品牌经营理念的积淀,使其经营时得心应手。如下图所示,屈臣氏的自有品牌经过详细的市场信息收集及市场细分,依据超强研发能力选择最有利的生产商进行生产加工,最后在其渠道控制优势下进行市场推广。其中,信息收集是基础,市场细分是关键,产品研发与产品生产是经营的保证,市场营销组合是手段。屈臣氏正是从这几个环节着手,有时匠心独具,有时稳抓稳打,逐步确立了其自有品牌的成功地位。

| 信息收集 | 市场细分 | 产品研发 | 产品生产 | 产品:专业产品
价格:溢价获得
分销:连锁经营
促销:专业形象 |

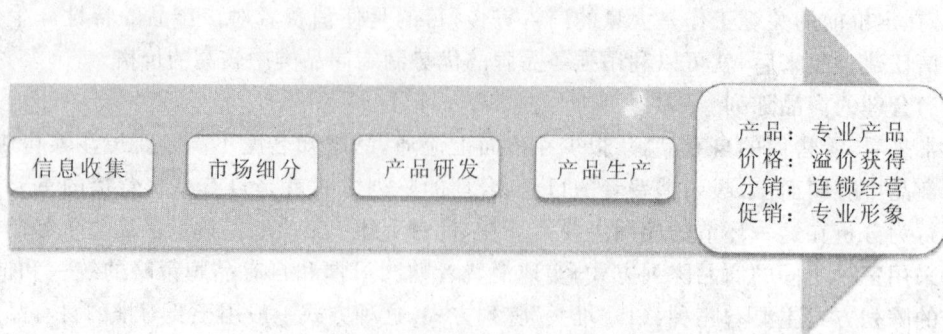

屈臣氏自有品牌开发过程

1.信息收集。屈臣氏的产品都经过市场调研,根据商品销售情况及消费者倾向预测市场趋势。信息收集多采用问卷形式完成,得到第一手数据,随时掌握市场动向。

2.市场细分。屈臣氏针对不同的细分市场推出不同的自有品牌产品。如对地理位置进行细分,在广东地区因其特有的清热养生观念和人文环境,推出 MJ 清润系列饮料;根据对消费心理细分,依年轻人追求时尚心理,推出了屈臣氏蒸馏水:流线型瓶身、简洁时尚的绿色包装及独有的双重瓶盖设计,把单纯的"水"变成了一款独具时尚品位尽显个人风格的产品。

3.产品研发。屈臣氏自有品牌的成功,与其产品研发能力有很大关系。包括合理选择研发对象及对产品大胆创新。

(1)对研发对象合理选择。屈臣氏选择那些适合发展自有品牌的产品大类作为研发对象。产品属性不同,成功实施自有品牌战略的可能性也存在较大差异。并非所有产品都适合打造自有品牌。屈臣氏利用这一规律将以下五种产品作为研发对象:技术含量不高的商品;单价较低的商品;购买频率较高的商品;保质期短、保鲜程度高的商品;品牌意识弱的商品。这类产品即使没有名气只要能进入强势终端(屈臣氏个人护理店)就很容易得到消费者肯定,因为消费者已完全信任屈臣氏个人护理店销售的产品。

(2)对产品研发大胆创新。例如饮用水产品,屈臣氏紧跟顾客需求,在各个方面都表现出杰出的创新能力:20 世纪 50 年代率先为商业用户提供玻璃桶装水,1994 年首创屈臣氏饮水机"防漏密封系统",1996 年首创 12 升家庭饮用水,1998 年首创内置手柄、流线型的"易提"水桶,而目前的双层瓶盖和水滴凹纹等独具匠心的设计更方便消费者使用。以顾客需求为根本出发点,不断带给消费者新鲜理念,为屈臣氏自有品牌的实施带来了成功。

4.产品生产。屈臣氏根据不同的自有品牌选择不同的生产方式并实行全面质量管理来控制生产成本和保证产品质量。

(1)产品生产方式。如下表所列,一般品类产品由于不需要进行再设计,可比照已有产品加工,多采用订购的方式;而特殊品类产品需要进行再设计,按照再设计后的标准进行严格生产加工,多采用委托生产。选择好生产方式,下一步是选择合适的生产商。屈臣氏总是在充分评估制造商生产能力、交货能力、应变能力及信誉后再选择合适的生产商。屈臣氏会考虑生产能力过剩而市场开拓能力较弱的制造商,向厂家提出产品性能、规格、质量、包装等要求。屈臣氏将通过 OEM(贴牌加工)方式生产的产品购进后作为自己品牌上架销售。这样,一方面,与制造商直接联手省去许多中间环节,节约了交易费用和流通成本;另一方面,有效利用了自己的强势终端,节约了营销成本。

屈臣氏自有品牌生产方式

生产方式	产品分类	是否需要设计	生产特点
订购生产	一般品类	不需要	比照已有产品加工
委托生产	特殊品类	需要	按照严格标准加工

(2)产品质量控制。在生产商生产加工过程中,屈臣氏还随时检查产品各项指标,派专人验收或深入企业参与管理,保证产品真正达到顾客要求。屈臣氏还实行了全面质量管理,以顾客所需要的质量为导向来指导生产,进行管理。其全面质量管理中不仅包括屈臣氏及其生产商还包含原料供应商和产品分销商等。

5.市场营销。屈臣氏依据产品、价格、分销、促销四方面对自有品牌实行全方位营销组合策略。屈臣氏自有品牌仅在个人护理店内部销售,其广告宣传主要借助屈臣氏商誉,通过一些醒目标识和简单的推广手段,如店内广播和促销电视即可达到宣传效果,省去了巨额广告宣传费。比采用大众媒体广告,成本大大降低。屈臣氏店内25%空间留给自有品牌,包括所有一般品类以及特殊品类,摆放在屈臣氏自有品牌区域显眼位置。屈臣氏深谙"公关营销"之道,通过一系列爱心活动充分体现屈臣氏的社会责任感,赢得良好口碑。

资料来源:张静.屈臣氏自有品牌经营分析.价值工程,2008(1):134～135

【思考】

屈臣氏在开发自有品牌时是如何以消费者需求为中心的?

第三节　自有品牌开发及营销策略

一、定位策略

市场定位是通过为自己的产品创立鲜明的个性,从而塑造出独特的市场形象来实现的。自有品牌定位是自有品牌战略的重要部分。在确定零售商自有品牌的市场定位的时候,必须和制造商品牌一起加以考虑,因为零售商通过后向一体化延伸到生产领域后,造成了零售商自有品牌和制造商品牌的水平竞争。图14—1描述了在价格和质量两维空间下不同发展阶段的零售商自有品牌的市场定位。

处在第一象限最上端的是顶级制造商品牌,如顶级酒类、香水和服装。它们在消费者心目中享有特别崇高的声誉,除了其无可挑剔的质量水平之外,声望在这类产品的购买中起了很大的作用。对顶级零售商品牌来说,优质是其区别于其他品牌的核心内容。这类品牌通过给消费者带来基本的和附加的品牌价值赢得消费者的偏爱。接下来就是传统的制造商品牌,它们的基本特征是广泛的销售网络和市场渗透、持续不断的产品创新等。和传统的制造商品牌相比,制造商B、C品牌的销售范围更窄,市场渗透更低,相应地它们的知名度也更低。薄弱的广告支持和更长的创新周期使得它们的特色并不明显,在市场上处于和传统的零售商品牌直接竞争的位置。

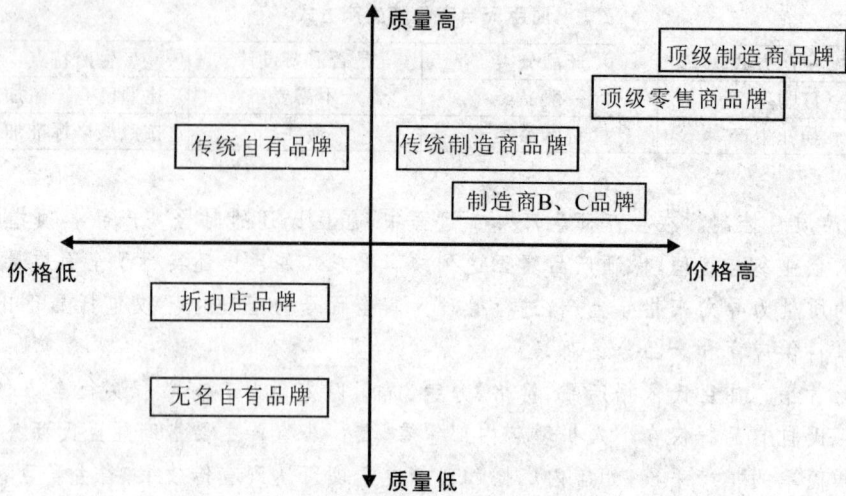

图 14-1 零售商自有品牌市场定位

处于第二象限的是传统自有品牌,它们具备和制造商 B、C 品牌可比的产品质量,但是市场销售价格更低,由此具备了更高的性价比,获得消费者的青睐。这类自有品牌往往拷贝一些市场销售业绩良好的制造商品牌的产品特征,如包装、广告宣传等。由于具有直接仿造的特点,这类自有品牌又被称为制造商品牌的"对手品牌"或者"竞争品牌"。

处在第三象限的是第一代和第二代的自有品牌。由于连锁折扣经营晚于第一代自有品牌的出现,从产品质量上看,折扣店经营的品牌已经比第一代的自有品牌有了提高,而价格优势依然明显,这类品牌在折扣店的经营品种当中往往占到相当高的比例。处于市场位置最低端的就是所谓的无名产品,也被称为"白色产品"。它们满足了最基本的质量要求,价格的制定则以进入市场为前提。为了避免对企业整体形象带来消极影响,零售商名称往往不会直接出现在产品的包装上。产品类别局限于购买风险低的最基本的日常生活用品,包装简单,宣传上通过突出价格以招徕顾客,能满足消费者的基本需要。

通过对制造商品牌和零售商品牌的定位分析可以知道,两者的竞争主要集中在传统的零售商品牌和制造商 B、C 品牌之间。我国目前的自有品牌主要是第一和第二代自有品牌,也就是图 14-1 所示的位于第三象限的自有品牌定位。这一象限的品牌定位主要是以价格取胜,但它们的销售范围和市场渗透有限,仅仅以价格优势来做区分是很容易被替代的,因此目前我国零售企业自有品牌的定位,应该是朝第二象限的商品发展,也就是把同传统的制造商 B、C 品牌之间的竞争作为主要竞争。

二、品牌策略

从零售企业自有品牌战略的选择来看,主要有以下几种类型:

1. 单一自有品牌,也被称为硬品牌,即零售企业经营的所有商品都只采用自有品牌,不使用制造商品牌等其他品牌。这样可以借助原有零售企业的品牌知名度,品牌导入期短,缺点是如果自有品牌经营不成功会对零售企业品牌造成损害。

2. 双重品牌,也被称为软品牌。对同一种商品,既采用制造商品牌,又采用零售企业自有品牌。这种品牌策略既能宣传商家形象,也能扩大厂家的知名度,很好地兼顾产销双方的利益。

3.混合品牌,即零售企业在所经营的商品中,部分采用制造商品牌,部分采用零售企业自有品牌。一般地,对于制造商品牌优势大的商品,零售企业倾向于采用制造商品牌,而对于制造商品牌优势不突出的商品,则采用零售企业自有品牌。针对我国零售商目前的现状,双重品牌和混合品牌应是其主要选择。

易初莲花:易初莲花的母公司是正大,在20世纪80年代末就在中国声名显赫的正大集团的主营业务在于农业。多年来在农业方面的浸淫,正大早已经打通从种子、饲料到粮食与肉类品加工的任督二脉,所以它的自有品牌就从粮食、食油和禽类、肉类、蛋类等生鲜食品入手。不只是进货价格便宜,且质量有保障。也许正因如此,易初莲花在自有品牌上尝到了甜头,并由食品、饮料扩展到日用品乃至小家电,除了"易初莲花"外还有"泉信""好脉"等自有品牌。而在食品饮料类加工企业的选择上尽量选择与正大集团有关联或业务往来的企业。如肉禽类商品就是由正大集团与北京合资公司大发正大有限公司自供。这样不仅保证了价格与质量,并且由于对母公司的业绩有所回报,而能得到集团的更大支持。

沃尔玛:在沃尔玛我们可以看到,它的自有品牌商品并没有使用"沃尔玛"品牌,每一类别的自有品牌商品都隶属于不同的品牌,每一个品牌都有其鲜明的特征和定位。我国的连锁超市企业往往都将企业品牌作为自有品牌来开发,沃尔玛的做法恰恰相反,它没有使用其具有强大号召力的企业品牌作为自有品牌,因为使用不同的品牌可以差异化定位各自有品牌,可以提高消费者对自有品牌的接纳度,同时避免出现问题的自有品牌商品的"株连效应",便于企业对自有品牌进行管理。

三、开发策略

零售商创立自有品牌需要一个艰辛的过程,并不是简单的命名、设计包装、定点生产、摆上货架这样简单,必须遵循品牌的成长规律进行合理规划,选择合适的商品,科学开发。否则,开发的自有品牌只能称之为自有标签或自有商标,不能真正享受自有品牌带来的利益。

(一)贴牌生产

贴牌生产就是零售商利用现有制造商的生产条件定点、定牌、定样监制生产。英国的马狮百货公司被誉为"没有工厂的制造商",为马狮公司加工生产"圣米高"牌商品的工厂就有800多家,马狮公司只向这些制造商提出原材料、生产工艺、品质等方面的要求,同时提供技术支援、管理咨询等,所生产的商品照单全收。

贴牌生产是零售商发展自有品牌经常采用的开发策略,但要慎重选择制造商,这是零售商开发自有品牌的最大难点。零售商对自有品牌商品的品质要求较高,在对潜在制造商进行选择时,要考虑制造商的生产能力、管理水平、地理位置等方面因素。品种越多,选择的制造商越多,货源供给、质量检测等方面的问题越多,风险也就越大。零售商应随时检测产品的各项指标,最好派专人深入制造商参与管理,以保证产品真正符合市场需求。

(二)参股、控股制造商

零售商可以采用参股、控股等方式同有关制造商合作,发展自己的生产基地。上海开开实业股份有限公司,在十年前以资本经营为纽带,先后运用参股、控股等多种方式,巩固和发展生产基地,组建全国乃至国外的市场销售网络。如今,"开开"已成为年产400多万件衬衫、100

多万件羊毛衫的企业集团,在 2006 年我国零售业排名中位列第 45 位。

(三)自产自销

一些实力雄厚的零售商还可以独资创建自己的生产加工基地,走工商一体化之路。南京苏宁电器集团原本是南京市的一家空调经销商,自 1990 年到 2001 年,苏宁以超常的速度迅速发展,在国内各地建立家电连锁销售企业,并在 2001 年参股上游企业,出资收购合肥飞歌空调公司,开始销售由飞歌公司为其定牌生产的苏宁牌空调。

无论是贴牌生产、控股制造商还是自产自销,零售商有两个问题必须注意,也可以说是自有品牌开发的"软肋"。一是简单仿制。有的零售商"拷贝"成功的制造商产品而忽视市场的个性特征,造成自有品牌销售不良。二是不能有效实施质量监控。在自有品牌开发中,有些零售商将自有品牌定位于低价产品,报价最低的供应商往往会受到青睐。在这种情况下,质量很容易成为被牺牲的对象。

四、产品策略

并非所有的商品都适合做自有品牌,零售商应当选择最能突出自己营销优势的商品项目。那么,哪些商品适合做自有品牌呢?

1. 品牌意识较弱的商品。对于某些商品,如胶卷、电脑、化妆品等,消费者的品牌意识较强,趋于购买品牌商品,零售商开发自有品牌的难度很大,即使开发出来也很难得到消费者的认可。而另一些商品,消费者的品牌意识较弱,如洗衣粉、洗衣皂、卫生纸等日常生活用品或一些食品,零售商采用一些促销手段便很容易影响消费者的购买行为,因而这些商品可以作为自有品牌的开发项目。

2. 销售量大或购买频率高的商品。只有销售量大的商品,零售商才可以大量采购、降低成本,从而保证自有品牌低价格的优势。另外,购买频率高的商品使得零售商和消费者接触频繁,商品的品牌忠诚度较低,消费者很可能在其他营销因素的影响下变换品牌,这有利于自有品牌的营销。

3. 单价较低或技术含量较低的商品。对单价较低的日用品,消费者对价格的敏感度较高,在同等质量的条件下,消费者更易于接受价格较低的自有品牌。另外,技术含量高的商品不宜作为自有品牌的开发对象,主要是因为此类商品的品牌忠诚度较高,不易改变消费者的购买态度。再者,这类商品往往需要强大的售后服务来支撑,而这恰恰是零售商的弱势。

4. 保鲜、保质要求程度高的商品。保质期短的商品,如食品、蔬菜、水产品以及一些保质要求高的商品,零售商可以以其良好的信誉作保证,并利用短渠道的优势及时把货真价实的商品提供给消费者,适合开发自有品牌。而且,这类商品一般地产地销,制造商的规模有限,在渠道博弈中容易被零售商所控制。

5. 时尚性强的商品。时尚性强的商品,如服装、鞋帽、首饰等,可以利用零售商接近消费者、了解需求趋势、渠道短等优势,迅速开发,及时上市,使顾客产生一种"新潮"、"流行"的感觉,体现自有品牌的领先优势。

零售商在选择自有品牌的商品品类时,除以上因素外,还应充分考虑该商品品类的目标顾客群对自有品牌的接受程度、产品开发与零售商自身的定位是否一致、供应商物流和销售管理水平等。

五、定价策略

制定适当的价格是自有品牌营销的一项重要内容。自有品牌的定价策略比较简单，在有强势品牌存在的品类中，自有品牌一般采取低价策略，体现价格优势，而且其价格的差异程度与领导品牌的强势程度成正比。如广州易初莲花的"泉信"啤酒只卖 1.7 元，而其他品牌的标价是 2.8 元；700 克的"好脉"麦片只卖 4.9 元，而同样 700 克装的其他品牌至少卖 8.9 元。相反，在没有强势品牌存在，自有品牌就是强势品牌的情况下，也可采取高价策略。如家乐福的"欧蕴"(harmony)拖鞋就是在拖鞋这个品类中价格最高的品牌之一。

自有品牌商品的定价也要依据不同产品的市场定位。根据自有品牌商品的发展状况，对于第一和第二代自有品牌商品，低价格和质量保障是其差异化的主要竞争点，因此这类产品的价格制定主要参考同行业其他零售商该品类中的最低价。第三代自有品牌商品的价格在进行成本定价的基础上，参照竞争品牌的价格来制定。其价格的差距根据产品性质不同而不同，平均差价在 10%～25%。第四代自有品牌商品主要是强调特色化的品牌特点，因此价格的制定应参考制造商的顶级品牌商品，通常此类商品具有较高的价格和毛利。

自有品牌因具有多种优势因而能实现低价竞争，但不能忘记它同时也是零售企业实现差异化经营的有力手段。差异化经营的目的在于向消费者提供独特的产品，并由此获得溢价报酬。H－E－B 公司于 1905 年在德州克尔维尔创建，今天它已经发展成为全美最大的独立经营食品零售商之一，年营业额达到 80 亿美元。在 H－E－B，他们使用两个自有品牌：一个是以价格赢得声誉的 Hill Country Fare 食品；另一个是以差异化胜出的 H－E－B 品牌。两个品牌，一高一低的价格，都获得了成功，为企业带来了巨额利润。

屈臣氏选了 1200 多种产品进行让利，其中自有品牌产品占减价商品的 15%，这些自有品牌产品的价格甚至比同类产品在其他超市的售价低 20%～30% 左右。由于零售商自有品牌一般仅在该零售商的内部进行销售，其室内宣传顾客集中度高，广告针对性强，经济效益高，宣传效果要比制造商品牌好得多，特别是在人员推销、营业推广方面，零售商自有品牌更是"近水楼台先得月"，屈臣氏的自有品牌在推入市场之前先要由员工试用，再让员工向消费者宣传，这样员工就成了最好的代言人，能够进行高效、有效的行销和口碑传播。

六、渠道策略

自有品牌整合是一种渠道的垂直整合，自有品牌的渠道垂直整合可以缩短渠道，使得上游渠道成员更接近终端消费者。这种渠道整合模式主要有以下几种方式：

1. 战略联盟模式。即两个或两个以上的企业通过各种契约而结成的优势互补、风险共担的关系。在战略联盟模式中，制造商获得相应的加工费用，零售企业则可以享有来自生产和流通的双重利润。

2. 自己生产组织形式。零售企业通过控股或参股等方式与生产厂家合作或独资创建自己的生产加工基地，自行独立完成自有品牌商品生产的全过程。这种组织形式对企业来说，需投入较多的资金和人力，风险比较大，同时期望收益的回报要求相应也较高。

3. 市场购买组织形式。这种组织形式是指商业企业所经营的自有品牌商品在开发、生产中存在着购买行为，或者购买别人所开发研究的成果，或者购买别人所生产出的商品，以自己的品牌来进行销售。零售企业不进行产品设计,而是通过了解市场、调查需求,针对市场上已有的产品进行定位,然后直接向经过甄选的制造商定购无品牌产品,使用自有品牌进行销售。

七、促销策略

在竞争压力不断上升的市场背景下,零售企业的促销策略正在引起越来越多的关注。自有品牌以推式策略为主,主要通过降价销售、现场促销人员介绍等方式,主动地把商品信息传达给消费者。人员推销是比较适合自有品牌的一种促销手段,它针对性强,推销的成功率较高。特别是在自有品牌商品的初级阶段,人员推销能够充分突出自有品牌这一特点,有利于增强顾客对自有品牌的了解和认知。此外,还有一些其他的促销策略:

(一)公共关系促销

自有品牌营销能否成功的一个重要方面在于自有品牌的定位与零售商的定位是否一致,零售商与其自有品牌应该是相互促进、相得益彰,自有品牌的定位及宣传必须有利于企业商誉的建立。例如,易初莲花举办"买自有品牌商品,爱心救助大熊猫"的宣传推广活动,每买一件自有品牌商品,易初莲花捐出 0.1 元用于大熊猫的保护工作。由正大集团、易初莲花超市有限公司、《少年日报》共同主办的"易初莲花自有品牌杯——我与大熊猫交朋友"少年儿童绘画比赛,更可看出易初莲花的良苦用心——从小教育消费者认同易初莲花自有品牌。

(二)店内宣传促销

由于自有品牌仅在零售商自家店内销售,其广告宣传主要是借助零售商的商誉,在商店内采用广告单、POP、闭路电视、广播等方式进行,与采用电视、报纸等大众媒体进行广告宣传的制造商品牌相比,零售商自有品牌的宣传成本大大降低。例如,只要走进易初莲花各大卖场,随处可见"易初莲花自有品牌"的字样,在醒目位置更是将自有品牌作为宣传主打,在入口处及各区域的主要位置开辟了一个又一个自有品牌专区,并配以大大的"省"字来吸引消费者。

(三)陈列促销

恰当的陈列可以有效地鼓励消费者对自有品牌的试用,因而也是自有品牌营销的重要方面。自有品牌商品的陈列是有讲究的,需要注意以下几个细节:一是摆放要邻近同类领导品牌,借用领导品牌的高购买率,加深顾客对自有品牌的印象和关注度,并凭借价格优势吸引顾客的购买,提升自有品牌的销售量和认知度。二是摆放在货架最佳视觉区,一般从人的脖子到头部这个高度为最佳区域。三是除货架陈列外,在通道区、收银区、促销区多点陈列。顾客在卖场是流动的,而且很多时候是无意识地关注和购买。所以,如何提高顾客对商品的关注度和认可度,是自有品牌营销的一个重点。

在自有品牌商品的促销策略上,乐购超市结合了推式策略和拉式策略。

(1)在超市的入口放置了醒目的 POP 广告牌,其中有产品的图片、超市系列产品的低价定位、品质保证以及自有品牌商品能够保持低价的原因。

(2)阶段性地将自有品牌商品放置在主通道和卖场的主题促销区。在自有品牌上市的初级阶段,能够拉近顾客与产品的距离,增强顾客对自有品牌商品的印象和意识。

(3)建立一个产品展示和试吃厨房。促销员可以对自有品牌商品进行现场烹饪,然后请消费者试吃或试用,通过这种面对面的沟通,在宣传产品的同时,也可以及时得到消费者对产品意见的反馈。

（4）增加自有品牌商品在货架上的陈列量，并且在货架上方或两侧布置了醒目的 POP 广告牌，使顾客能够更加方便快捷地找到自有品牌商品。

（5）通过乐购的会员海报，宣传自有品牌商品。在海报上利用两个页面，向顾客介绍自有品牌商品。

八、我国自有品牌建设中的问题

虽然很多零售企业对自有品牌建设都进行了大胆的尝试且发展迅速，但从大的经济环境来看，我国零售企业发展自有品牌所占比重仍然很低，自有品牌开发在我国的发展情况并不理想，绝大多数零售商对自有品牌商品的开发都还处于一种试探性的阶段，中国零售商在自有品牌的经营上，还存在许多问题。

（一）自有品牌在中国的开发度与认知度很低

从零售商角度看，自有品牌观念的缺乏是制约零售商自有品牌发展的深层原因。很多零售商没有意识到开发自有品牌的价值，或者没有真正下大力气开发自有品牌商品。目前国内除华联、联华等少数商家拥有一定数量的自有品牌商品外，多数商家还没有意识到自有品牌的作用。

从消费者角度看，中国消费者对自有品牌的认知度相对较低，很多消费者将自有品牌的低价格等同于"低品质"，甚至一些消费者对自有品牌商品产生排斥心理，这在零售商声誉不高、店铺规模较小的情况下更加普遍。

综观国内外知名品牌，无不在产品推广与品牌传播上不遗余力，它们都花了很大的力气去和消费者沟通，让消费者认识和了解产品的优势和利益，以激发顾客的购买欲望。而本土零售商往往不重视对自有品牌产品的宣传和推广，宣传手段单一，很少有自有品牌产品在大众媒体上作广告，有许多消费者对自有品牌一无所知。据了解，一些本土连锁药店甚至不敢让消费者知道哪些是自有品牌产品，不公开宣传。据 AC 尼尔森在中国内地 7 个城市抽取的 4400 多个问卷中对中国消费者购物趋势的调查，尽管零售商花了大力气发展自有品牌，但是消费者对自有品牌的认知度仍然非常低，49% 受访者不知道自有品牌的存在。

沃尔玛在经营自有品牌时，主要通过人员推销和营业推广来鼓励顾客尝试，进而建立品牌忠诚度。通过系统陈列和联动促销来鼓励人们试用自有品牌。在陈列方式上，沃尔玛将自有品牌贴近同类的领导品牌，如把自有品牌 equator 的洗发水和宝洁的飘柔摆放在一起，很容易使自己的产品得到试用，取得了很好的促销效果。

（二）我国零售商的规模化和连锁化程度低

据南京苏果超市核算，连锁经营必须有 20 家以上连锁店才能达到规模经济的要求，优化经营成本；家乐福认为在一个区域内至少达到 35 家连锁店的规模，并建立起统一的配送中心，才能降低采购成本。自有品牌的开发、建设和管理必须以大规模经营和广阔的销售网络为基础，这样，企业才能以大订单吸引生产企业的合作，降低单位产品的生产成本和经营费用，并利用自身广大的销售网络加以推广，自有品牌商品的各种优势才能发挥出来。

国外零售巨头的自有品牌之所以成功，关键在于它们庞大的销售网络和足够大的规模，如沃尔玛在全球拥有 5000 多个连锁店铺，年销售额约 2000 多亿美元。只有拥有了如此庞大的销售网络和雄厚的资金实力,才可以通过订单迫使生产商提供最低的进货价格,从而在销售过程中获得更多的毛利,自有品牌商品才会更具竞争力。而目前中国零售企业规模普遍较小,很难迫使生产商在进货价格上做出太大让步,结果导致自有品牌商品在价格上失去了竞争优势。虽然我国零售商在走集团化、连锁化的道路,但其规模相对于使用自有品牌的要求来说还远远不够。

(三)我国零售商的组织结构和人员素质不符合要求

零售商经营自有品牌是一项系统工程,它对企业组织结构和员工素质的要求较高。一方面,零售商需要有专门的组织机构对自有品牌的开发、生产、销售等整个流程进行全面管理,但是现阶段我国零售企业中很少有专门的自有品牌组织机构;另一方面,零售商经营自有品牌必须有高素质的质检人员和技术人员,但从目前情况来看,零售行业这两方面的人才十分缺乏,客观上制约了自有品牌商品的开发与经营。

国外大型零售商都有一个专业的团队来开发自己的自有品牌商品,因为从研发到营销是一项非常复杂的工程。只有当零售商从研发做起,掌握了网点资源、市场信息、有效消费者等一系列资源之后,自有品牌商品才会畅销。而当前中国本土零售商要经营成千上万种商品,将有限的资源分配到众多产品开发项目上去是非常困难的,由于在自有品牌研发上缺乏人才、实力和经验,导致自有品牌商品主要集中在一些简单的低端商品上。

(四)质量控制体系的缺乏

近几年,零售商委托制造商加工的自有品牌产品多次因质量不合格而被曝光。据北京食品安全协会(2005年9月)公布,某零售集团委托制造商监制的沙嗲味牛肉粒、五香味牛肉粒共5个批次的自有品牌休闲食品因为质量不合格上榜。该集团有关负责人说,这5个批次的自有品牌食品已于当年8月8日和9日在全市各分店下架,集团在接受罚款处理的同时,中止了与厂家的合作关系,不再将其列入公司的生产供货商之列。自有品牌产品的质量问题不仅出现在本土零售商身上,即便是家乐福、沃尔玛和迪亚天天这些对于自有品牌产品有着严格的质量控制体系的零售商也难免出现质量事故。尤其是防腐剂超标、重金属超标等食品安全问题,将对国内零售商刚刚起步的自有品牌造成致命的打击。产品质量隐患已成为制约零售商自有品牌在我国健康、持续发展的突出问题,如果任其蔓延,将不利于商业生态系统的和谐发展。

(五)忽视产品的差异化

本土零售商自有品牌商品覆盖的范围主要有这样几类:(1)净菜、水果、自制家庭厨房商品;(2)消费量大、周转率高商品,如纸巾、保鲜袋、一次性水杯等;(3)无差别性产品,如白糖、面粉等。对于有差别、同类但品牌不同的产品,如方便面及洗发水类商品,其质量、性质差别较大,零售商则很少开发。其中主要原因是这类商品的品牌效应强。另一方面,自有品牌的开发流于简单的模仿,结果很多零售商开发出来的商品仅仅只是品牌不同而已。商品种类结构时至今日仍然千篇一律,开发的产品没有足够的差异,产品没有自己的特色,就没有足够吸引顾客的要素,通过自有品牌实现差异就成了一句空话。

(六)忽视品牌管理

我国零售商对自有品牌的管理过程缺乏科学性、整体性和长期性的认识。在品牌策略选择时,大多使用企业名称作为自有品牌,不考虑产品形象与企业形象之间的关系和影响,加大了企业信誉风险。一旦创建一个自有品牌便无限制地延伸和过度拓展,放弃必要的品牌需求调研、品牌定位、品牌提升等营销支持。忽视自有品牌的产权保护，对自有品牌商标和外观设计只使用不注册，一旦被他人抢注，就会严重损害品牌价值。

　　零售商开发自有品牌从某种意义上讲就是在卖零售商的牌子，依靠消费者对零售商牌子的信任，转移为对自有品牌的信任。但我国多数连锁零售企业基本上还没有形成自己的强势品牌，主要依靠跑马圈地的方式占领市场，在销售产品和提供服务方面都没有形成特色，所以消费者还没有形成对国内连锁零售企业品牌的信任和品牌忠诚度，因而很难形成对自有品牌的认可。

　　盖普（GAP）是著名的服装专业店，创立之初，以销售 Levi's 品牌服装为主，同时兼营部分 GAP 牌服装，以满足年轻人的更多需求。20 世纪 80 年代早期，由于知名服装品牌越来越多地通过百货商店和折扣店销售，给 GAP 的经营带来了压力，于是公司进行战略调整，加大了自有品牌商品的开发和销售比例，逐渐减少直至停止出售所有非 GAP 品牌商品。1994 年后，随着公司战略定位的扩大，目标市场从青年延伸到儿童和中年市场，其自有品牌开发策略也有了新的变化，即将品牌在宽度和深度上同时延伸，最终形成了针对不同目标市场的 GAP、Banana Republic、Old Navy 三大品牌，然后，对目标市场的顾客需求再予细分，进行品牌深度开发。自有品牌的成长对 GAP 公司的业务扩张给予了强大支持，分别以 GAP、Banana Republic 和 Old Navy 命名的专卖店迅速增加，营业额稳步增长，使 GAP 公司在全球零售业百强中的排名稳步前移。由此看出，GAP 公司的自有品牌开发策略已经成为企业发展战略的一部分，成为企业扩张的重要手段。

九、我国零售商自有品牌建设的对策

（一）制定公司自有品牌战略规划

　　一些企业把自有品牌的开发仅仅看作扩大商品销售的权宜之计，并没有从企业发展战略高度整体规划自有品牌的发展，因而可能导致对开发自有品牌的机会和风险认识不足，开发资源得不到保证，员工的观念意识滞后，管理制度、组织机构不健全和客户关系调整不到位等，对自有品牌的开发产生不利影响。只有把开发自有品牌作为公司发展的一项长期战略来看待，才有助于提高公司开发自有品牌的前瞻性、科学性和有效性；才有助于公司全面、系统地考虑该选择什么商品做自有品牌，自有品牌将给顾客带来什么样的影响，哪种商品做自有品牌能给公司带来最大回报，自有品牌单品的成本收益比、店铺运营能力调研及竞争对手分析、供应链成员关系的协调等战略问题。然后在此基础上决定自有品牌开发的采购、组织、质量、销售等具体操作问题。

（二）通过店铺形象优化提升顾客自有品牌感知

　　对于一个已经达到基本质量标准的自有品牌而言，利用自有品牌声誉与零售商自身声誉紧密相连的特点，通过店铺形象的优化来提高顾客自有品牌感知，是零售企业自有品牌发展的有效途径。很多学者的研究证明，店铺形象对顾客自有品牌感知有着重要的影响。对于当前国内零售商家而言，应该努力在店铺形象的优化方面多下功夫，只有让消费者感知到一个理想满意的零售店铺形象，才有可能提高消费者对该店铺出售的自有品牌商品的感知，进而对自有品牌的购买行为才有可能发生。

(三)快速、健康发展连锁经营

由于规模经营对自有品牌的发展意义重大,零售商可以通过兼并、收购、无形资产和有形资产的参股控股等方式与其他小型零售商联合,从而组成分布合理、连锁经营的集团,达到扩大企业经营规模的目的,为发展自有品牌创造有利条件。

对自供的生鲜类产品,易初莲花专门成立了 QC 监控小组,严格控制质量,并且尽量与大厂合作。比如易初莲花雪饼由"旺旺"制造,易初莲花果汁饮料则是通过"统一公司"生产,易初莲花牛奶则选择的是"三元全佳"。而从上面提到的"寻求 OEM 厂家"文件中,易初莲花对品牌合作伙伴的要求有两个硬件——"员工人数:501~1000 人;年营业额:人民币 1 亿元以上"。这样就有效地保证了产品的品质。

近年来,中国本土零售商并购重组频繁,如上海华联、北京西单、北京超市发三强携手,共同组建北京西单华联超市;北京西单、物美、小白羊、燕莎望京等 13 家企业组建了首都连锁商业集团;上海一百有限公司、华联有限公司、友谊有限公司和上海市经委直属的物资总公司归并整合成国内零售业"航母"——百联集团,以及百联集团通过"间接并购"大商股份的形式与大商集团合作,组建了大商国际有限公司等。**随着零售商规模的扩大和实力的增强,将有助于自有品牌战略的实施。**

(四)注重专业化人才队伍的培养

本土零售商必须造就和培养一支高素质的研发队伍。他们并不是一般意义上的品牌的监制,而是真正的开发产品的队伍。"没有工厂的制造商"——英国马狮集团是开发自有品牌的典范。它的商品开发过程是这样的:先从顾客那里收集对商品的需求,由其专门的技术开发部门进行产品创意和设计,再交给制造商生产和制作。只有从顾客的需要出发,主动开发产品,创造自己的资源,掌握更多的主动权,才能够获得更大的利润空间。

零售商开发自有品牌并不是简单地模仿制造商的产品,而是一项系统的营销活动。它要求企业在市场调研、店铺销售趋势、消费者偏好分析基础上,从产品研发做起,组织实施产品的设计、生产、质量控制、营销传播、卖场管理等活动。因此,企业只有建立一支非常专业的团队,通过团队之间的分工与合作,才能最终提供消费者满意的自有品牌。

(五)提升产品品质,实施全面质量管理

零售商要想提高产品质量,增强自有品牌商品的开发能力,有几个关键点:第一,配备专门人员从事产品的设计开发,并加强与制造商的沟通和协调。第二,要制定严格、规范的管理制度,制定严格的技术标准,实行全面的质量监督与管理,同时一定要通过国家强制认证。第三,强化服务质量是实行全面质量管理的重要内容。

自有品牌商品质优价廉,必然使企业形象在消费者心中形成良性循环。而质量差则会在消费者心中笼罩上一层阴影,企业多年的商誉就会受到损害。因此,零售商开发自有品牌时,必须具有一批高素质的商检人员。英国马狮百货公司在所属 250 家连锁店中经营自有品牌"圣米高"商品时,就拥有 350 名技术人员负责"圣米高"商品的质量检测工作。在家乐福,除了对制造商生产的各个环节进行严格监控外,在产品上市前,还要通过第三方实验室对产品质量实施检测。

(六)合理定位,形成品牌差异化

零售商应当根据自有品牌商品的特点以及目标顾客的购买行为特征,以质量和价格为重

点，并结合零售企业的优势进行市场定位，以突出自有品牌的优势，满足目标顾客的需求。例如对顶级商品、奢侈品和名牌商品，零售商定位于高质量、高价格，通过给消费者带来基本的和附加的品牌价值赢得消费者的偏好。例如易初莲花的拥有者正大集团是一个以农牧业为优势产业和主导产业的企业。易初莲花超市的自有品牌战略就充分根据自身背景进行了准确定位，开发了诸如蜂蜜、牛奶等以农产品为主的一系列自有品牌商品，而不是洗衣粉、肥皂等化工系列的产品或服装类商品。注重核心商品战略的运用，是零售商实施自有品牌战略、进行商品选择和定位的关键。

乐购超市开发的自有品牌商品定位，主要是基于特易购的自有品牌商品定位原则。分三种类型，Value、Standard 和 Finest。Value 为超值商品，此类商品价格保持在每个分类中的最低价格，并且不高于竞争对手的同类自有品牌商品，如家乐福的"棒"系列和大润发的"大拇指"系列商品。Value 系列商品不仅价格最低，并且质量有充分的保障，主要竞争对手为制造商的B、C 类商品。Standard 系列商品的价格高于超值系列，主要针对传统制造商品牌商品，与当前制造商的主打产品质量相当，但价格略低。Finest 系列定位于顶级的零售商品牌，主要与顶级的零售商品牌商品竞争，满足以高品质为特征的消费者需求。

辽宁大型百货集团自有品牌管理的问题

一、商品管理缺乏计划

面对来自国内外激烈的竞争，辽宁大型百货集团频繁使用诸如"降价处理"、"打折优惠"、"巨奖销售"、"店面装饰"等低层次竞争手段来推销制造商品牌商品。大多数百货集团依然固守传统的经营观念，没有认识到自有品牌对于企业争取市场主动权的战略意义，所以自有品牌往往被看成短期盈利工具，还有些企业根本不愿涉足自有品牌商品。因此，自有品牌商品管理的计划性不强。

1. 商品品类较少和规模较小

目前，辽宁四家百货集团中除大商集团已经开发自有品牌外，其他三家公司在近期并没有开发自有品牌的设想和计划。而大商集团的自有品牌也呈现出商品品种少、以低价值的方便品为主和销售收入较低的特点。大商集团选择了纸类、洗涤类、内衣、拖鞋 4 个系列 40 余个单品作为"新玛特"品牌在其超市集团系统中进行销售。2005 年自有品牌产品实现销售 1000 万元，占大商全年零售总额的两千分之一都不到。

而采用单一品牌战略的马狮百货公司是英国目前最大的零售商，仅在英国就拥有 260 家连锁分店，另有 7 家分布于其他国家。美国西尔斯百货约有 90% 以上的商品采用自有品牌，800 多家商场分布全美各州，年营业额高达 300 亿美元之多。在我国，青岛利群集团拥有"利群"牌珠宝、衬衣；上海开开百货商店的"开开"牌衬衫名列"中国十大名牌衬衫"；北京燕莎友谊商城也注册了"燕莎"商标，并开发了燕莎牌衬衫、箱包等自有品牌商品。可见，辽宁大型百货集团在自有品牌商品的开发品类和销售规模上都与国内、外同行相距甚远。

2. 商品同质化严重

辽宁大型百货集团在长期经营中，一直采取价格竞争规模扩张的策略，加之进货渠道相似，导致各百货集团商品结构相似，企业形象模糊。这种经营习惯使自有品牌开发后负载着回收投资、创造利润的压力，而其超越产品层次、服务层次进入体验层次的竞争优势，并没有被百货集团的管理者充分认识。开发的自有品牌再次步入品类雷同、供应商基地相似、低价竞争的经营怪圈。百货集团"千店一面"、商品同质化现象并没有明显改变。

二、营销管理过于简单

1. 市场调研难以准确

由于辽宁大型百货集团在辽宁零售业中长期占据主导地位，而且一般是以代销经营制造商品牌为主，资金压力较小，往往使企业更多地关注竞争对手而忽视消费人群。另外，百货企业的经营品种多、商圈范围大、信息管理系统比较落后，都使企业难以获得比较准确的顾客需求信息，确定出清晰的目标顾客群，企业普遍感到市场调研难度较大。在不了解目标市场的前提下实施自有品牌战略，进一步加大了企业的经营风险。

2. 营销策略僵化保守

一些百货集团过分相信和依赖自有品牌商品的价格优势、渠道优势和企业营销能力。在营销策略的运用上忽视产品生命周期的变化，长期使用"低价格促销"策略、"就近陈列"和"扩大陈列"策略。这种手段简单、形式枯燥的做法虽然为企业节约了一些营销费用，但也在消费者心目中形成了"自有品牌商品是低质商品、假冒名牌"的印象，结果反而影响产品销售。

三、形象管理有失耐心

1. 自有品牌定位模糊

辽宁大型百货集团自有品牌大多与企业同名。但由于企业商业服务特色不突出，消费者对企业品牌的信任度不高，因而对自有品牌的定位影响不大。自有品牌的商标、包装等外观设计更是缺少个性和特色，不能引起消费者在购物过程中的注意。但在自有品牌延伸的问题上，企业却比较积极，一旦认为某自有品牌市场表现尚可，便无限制地进行产品线延伸，造成原品牌形象淡化，新老产品争夺市场的结果。种种不考虑企业形象、产品形象、品牌形象之间关系的做法加大了企业信誉风险。

2. 自有品牌传播不利

辽宁大型百货集团对自有品牌商品的品牌传播甚是原始单一。与在同一个卖场中的制造商强势品牌相比，自有品牌品种较少，也没有引人注意的宣传内容和传播活动，甚至可能有助于自有品牌销售的企业形象广告也很少看到。在接触频率较低、信息质量不高的情况下，消费者难以形成对自有品牌清晰、连贯的认识，建立顾客忠诚。

3. 忽视自有品牌产权保护

对自有品牌商标和外观设计只使用不注册，成为百货集团的习惯做法。企业管理者认为自有品牌只在自营渠道中进行销售，不存在渠道风险，不会受到仿冒产品的干扰，没有必要在自己任职的期间内，浪费财力和资源进行自有品牌知识产权法律保护。

这样做的结果是一旦自有品牌的相关要素被他人抢注，将严重损害品牌文化，打击企业自有品牌开发热情，并给企业带来管理水平低下的不良评价，后果非常严重。

四、组织管理明显滞后

1. 缺少专门人才

百货业是劳动密集型产业，员工专业单一、学历较低、理论与水平不高的现象明显。辽宁的大型百货集团大都受到人才流失、人才匮乏和人才结构不合理的困扰。企业缺乏既懂零售又对产品知识精通的领导人才，给自有品牌决策增加了难度。原有的高素质人才的退休或者跳槽，造成企业通晓商品知识、营销知识和法律知识的自有品牌管理人才匮乏。这些问题都不利于自有品牌的开发与经营、长期监督与管理。

　　2. 管理机构建设滞后

　　由于自有品牌开发还处于起步阶段，百货集团尚未建立完整的自有品牌管理组织体系。自有品牌管理部门或作为一个普通部门与采购部、广告部、业务部等处于同等地位；或作为百货集团中一个自负盈亏的独立部门。自有品牌管理组织中不同产品类别的负责人，并没有特殊的权力调动企业的资源用于自有品牌的整体运作。

　　3. 管理制度不健全

　　人才缺失和机构建设落后，造成自有品牌的管理制度不健全或形同虚设。已形成的制度不同程度地存在着制度与实际情况脱节的现象。对管理制度的执行不严肃、不严格、不严密，使管理制度的运行质量不到位。在产品开发、检验与推广，供应商选择与考核，品牌保护与管理，风险预防与处理等环节，工作人员凭经验办事、凭关系办事现象比较明显。这些问题在一定程度上造成自有品牌管理的盲目性和随意性，影响自有品牌的健康发展。

　　资料来源：李艳松. 辽宁大型百货集团自有品牌管理的问题与对策. 江苏商论，2008(4)：20～22

【思考】

　　针对案例中提到的相关问题，辽宁大型百货集团应如何采取自有品牌营销策略？

本章小结

　　自有品牌商品，是零售企业通过搜集、整理、分析消费者对某类商品的需求特性的信息，提出新产品功能、价格、造型方面的设计要求，自设生产基地或者选择合适的生产企业进行加工生产，最终由零售企业使用自己的商标对该产品注册并在本企业销售的商品。本章对零售商自有品牌的研究主要集中在两个方面：自有品牌购买者态度和行为及自有品牌策略的选择。

　　自有品牌的发展主要经历了四个阶段：无名产品阶段、店牌品牌阶段、家族品牌阶段、市场主导产品品牌阶段。我国零售商应当努力提升自有品牌的产品品质，形成差异化，使自有品牌向高层次阶段发展。

　　零售商实施自有品牌策略会导致市场竞争的加剧、产品价格的降低，蚕食制造商的部分市场份额，使零售商在竞争中取得主动权。自有品牌有利于零售商降低成本、提高盈利水平，有利于零售商实施差异化的市场竞争策略。零售商发展自有品牌有信誉优势、价格优势、特色优势和信息优势。

　　自有品牌是零售商品牌经营的发展趋势，有利于我国零售业经营水平的提高，有利于我国零售业的健康发展。我国发展自有品牌有巨大的潜在优势：零售业连锁经营蓬勃发展，中小型制造商生产能力过剩，假冒伪劣产品的存在和消费者对品牌的偏好，以及中间商品牌市场的空白。

　　对于消费者的自有品牌态度，零售商可以从货币感知价值、感知风险、感知质量、外部信号的依赖性、熟悉程度、对不确定性的容忍度和社会经济因素等方面进行研究。学者的研究表明，零售商的自有品牌的熟悉程度对自有品牌购买倾向影响最大，增加熟悉程度的方法主要有商店口味测试、产品试用等。零售商也需要关注消费者对外部信号的依赖，改善产品包装，并实施一些促销活动。零售商应当把消费者行为分析应用于自有品牌的开发和营销的各个阶段。

　　零售商在对自有品牌进行定位时，可以定位于跟制造商的普通品牌进行竞争，在保持低价的基础上提升产品品质，并寻求差异化。零售商经营自有品牌可以使用单一品牌策略、双重品牌策略或混合品牌策略。零售商可以委托制造商贴牌生产，参股、控股制造商或者自产自销。并不是所有的商品都适合做自有品牌，零售商应当选择品牌意识较弱，销售量大或购买频率高，单价低或技术含量低，保鲜、保质要求程度高，时尚性强的商品发展自有品牌。在有强势品牌存在的商品中，自有品牌一般采取低价策略。如果没有强势品牌存在，自有品牌可以采取高价策略。自有品牌的渠道整合模式有战略联盟模式、自己生产组织形式和市场购买组织形式。人员推销是比较适合的自有品牌促销手段，此外还可以采用公共关系促销、店内宣传促销、陈列促销等促销方式。我国零售商面临着开发度和认知度低、规模化和连锁化程度低、组织结构和人员素质不合要求、质量控制体系缺乏、忽视产品差异化和品牌管理等问题。针对这些问题，我国零售商应当制定公司自有品牌战略规划，通过提升店铺形象来提高自有品牌感知，发展连锁经营，注重专业化人才队伍的培养，提升产品品质、实施全面质量管理，合理定位、形成品牌差异化。

参考文献

1. （美）巴里·伯曼，（美）乔尔·R.埃文斯.零售管理.吕一林，韩笑译.北京：中国人民大学出版社，2007
2. （英）彼得·J.麦戈德瑞克.零售营销.裴亮等译.北京：机械工业出版社，2004
3. （美）帕特里克·M.邓恩，（美）罗伯特·F.路希，（美）戴维·A.格里菲思.零售学.刘晓玲，肖勇波，李琦译.北京：中信出版社，2006
4. （美）迈克尔·利维，（美）巴顿·A.韦茨.零售学精要.郭武文等译.北京：机械工业出版社，2000
5. 陈己寰.零售学.广州：暨南大学出版社，2004
6. （美）帕特里克·M.邓恩，（美）罗伯特·F.勒斯克.零售管理.赵娅译.北京：清华大学出版社，2007
7. （英）罗玛丽·瓦利，（英）莫尔曼德·拉夫.零售管理教程.胡金有译.北京：经济管理出版社，2004
8. 周筱莲，庄贵军.零售学.北京：北京大学出版社，2009
9. 王国才，王希凤.营销渠道.北京：清华大学出版社，2007
10. 吴佩勋.零售管理.上海：格致出版社，2009
11. 王琍.零售管理.上海：立信会计出版社，2005
12. （美）瓦拉瑞尔·A.泽丝曼尔，（美）玛丽·乔·比特纳.服务营销.张金成，白长虹译.北京：机械工业出版社，2001
13. 王永贵.服务营销.北京：北京师范大学出版社，2007
14. 蔺雷，吴贵生.服务管理.北京：清华大学出版社，2008
15. 姚远.我国大型网上零售企业的网络营销策略研究.东北财经大学硕士学位论文，2007